Postsozialismus

Christopher Hann ist einer der beiden Gründungsdirektoren des Max-Planck-Instituts für ethnologische Forschung in Halle/Saale, das sich unter anderem auf Feldforschungsprojekte in postsozialistischen Ländern spezialisiert hat.

Christopher Hann (Hg.)

Postsozialismus

Transformationsprozesse in Europa und Asien
aus ethnologischer Perspektive

Campus Verlag
Frankfurt/New York

Die englische Originalausgabe erschien 2002 unter dem Titel »Postsocialism. Ideals, ideologies and practices in Eurasia« bei Routledge/London.
Copyright © 2002. Selection and editorial matter C. M. Hann: individual chapters, © 2002 the contributors.

Die Deutsche Bibliothek – CIP-Einheitsaufnahme

Ein Titeldatensatz für diese Publikation ist bei
Der Deutschen Bibliothek erhältlich.
ISBN 3-593-37051-4

Das Werk einschließlich aller seiner Teile ist urheberrechtlich geschützt.
Jede Verwertung ist ohne Zustimmung des Verlags unzulässig. Das gilt insbesondere für Vervielfältigungen, Übersetzungen, Mikroverfilmungen und die Einspeicherung und Verarbeitung in elektronischen Systemen.
Copyright © 2002. Alle deutschen Rechte bei Campus Verlag GmbH, Frankfurt/Main
Umschlaggestaltung: Letter und Grafik, Hausen/Wied
Umschlagabbildung: Fragment des Denkmals der Befreiung
von Zsigmond Kisfaludy Strobl, 1947. (Seit 1990 im
Kulturpark / Szoborpark, Budapest. www.szoborpark.hu.)
Druck und Bindung: KM-Druck, Groß-Umstadt
Gedruckt auf säurefreiem und chlorfrei gebleichtem Papier.
Printed in Germany

Besuchen Sie uns im Internet: www.campus.de

Inhalt

Vorwort 7

Einleitung:
Der Postsozialismus als Gegenstand ethnologischer Untersuchung 11
Chris Hann, Caroline Humphrey und Katherine Verdery

    – Abschied vom sozialistischen „Anderen" 11
      Chris Hann

    – Ist „postsozialistisch" noch eine brauchbare Kategorie? 26
      Caroline Humphrey

    – Wohin mit dem Postsozialismus? 31
      Katherine Verdery

TEIL I
SOZIALES KAPITAL, VERTRAUEN UND LEGITIMITÄT

2.   Vom Vorteil „kollektiviert" zu sein:
     Führungskräfte ehemaliger Agrargenossenschaften
     in der postsozialistischen Wirtschaft 55
     Martha Lampland

3.   Wirtschaftskrise und Niedergang von Riten und Ritualen
     in Osteuropa 91
     Gerald W. Creed

4. Die soziale Produktion von Misstrauen 117
   Christian Giordano und Dobrinka Kostova

TEIL II

DIMENSIONEN DER UNGLEICHHEIT:
GESCHLECHT, KLASSE UND „UNDERCLASS"

5. Rückzug in den Haushalt? Geschlechterspezifische Bereiche im
   postsozialistischen Polen 147
   Frances Pine

6. Die Auflösung der ost- und mitteleuropäischen Arbeiterklasse 175
   David A. Kideckel

7. „Underclass" oder soziale Ausgrenzung?
   Der Fall der *Roma* 201
   Michael Stewart

TEIL III:

GEWALTSAME GESCHICHTEN UND
DIE WIEDERHERSTELLUNG DER IDENTITÄTEN

8. Intolerante Souveränitäten und „multi-multi"- Protektorate:
   Der Kampf um heilige Stätten und (In)toleranz auf dem Balkan ... 237
   Robert M. Hayden

9. Rückzug vom Land: die soziale und spirituelle Krise
   der indigenen Bevölkerung der russischen Arktis 265
   Piers Vitebsky

10. Überreste der Revolution in China 287
    Stephan Feuchtwang

Teil IV
EIN AUSGEDEHNTER POSTSOZIALISMUS

11. Den Konsum überdenken:
    Soziale Palliative und Rhetorik der Transition
    im postsozialistischen China 317
    Kevin Latham

12. Inwieweit lassen sich Analysen des Postsozialismus übertragen?
    Der Fall Zentralasiens 345
    Deniz Kandiyoti

13. „Eurasianismus" – Ideologie und politische Vorstellungen
    in der russischen Provinz 373
    Caroline Humphrey

Teil V:
DER EXPORT DER DEMOKRATIE UND DIE GLOBALE ZIVILGESELLSCHAFT

14. Das Säen der Zivilgesellschaft in Zentralasien 401
    Ruth Mandel

15. Jenseits der Transition:
    Elitekonfigurationen auf dem Balkan neu gedacht 425
    Steven Sampson

16. Nachwort:
    Globalismus und postsozialistische Perspektiven 453
    Don Kalb

Autorenliste 479

Register 481

Vorwort

Der 1989 seinen Anfang nehmende Zusammenbruch der sozialistischen Systeme ist von keinem Sozialwissenschaftler vorausgesagt worden, und die meisten Versuche, eine Erklärung für das zu finden, was in den betroffenen Ländern seither geschehen ist, sind fehlgeschlagen. Zwar wurde ausgiebig über den wirtschaftlichen Verfall und die politische Unsicherheit in diesen Staaten geschrieben, die tieferen Ursachen und Auswirkungen dieser Prozesse sind jedoch vielfach nicht erkannt worden. Das erklärt auch, weshalb viele der bisherigen Lösungsvorschläge – wie etwa die Unterstützung von nichtstaatlichen Organisationen als Basis einer neuen „Zivilgesellschaft" – so wenig Erfolg hatten.

Die zwangsweise Einführung des sozialistischen Systems zerstörte die Integrität vieler sozialer Gruppen sowie einzelner Lebensschicksale, aber auch der Untergang dieses Systems wirkte sich für Millionen von Menschen in den postsozialistischen Staaten Osteuropas und Asiens verheerend aus. Ethnologische Untersuchungen zeigen, dass vor dem Hintergrund der gegenwärtigen Veränderungen bestimmte frühere Werte und Verhaltensmuster auch heute noch eine signifikante Rolle spielen. Die Zeit blieb nie stehen und das tat sie auch während der zwei oder drei Generationen andauernden sozialistischen Herrschaft nicht. Man könnte sich die postsozialistische Gesellschaft wie einen kontinuierlichen Fluss sich neu gestaltender Institutionen und Praktiken vorstellen – einen Fluss, dessen Quellen in der Vergangenheit entsprangen und der jetzt allmählich aus dem Tal des Sozialismus hervortritt. Der Begriff postsozialistisch, auch wenn er inzwischen eine zunehmend mythische Färbung annimmt, wird so lange relevant bleiben wie die Ideale, Ideologien und Praktiken des Sozialismus für das Verständnis der gegenwärtigen Lage den betroffenen Menschen als Bezugspunkt dienen.

Die in diesem Buch zusammengestellten Beiträge sind das Produkt einer Konferenz, die im November 2000 unter dem Titel „Actually-existing Postsocialism" in Halle stattfand. Zusammen mit einer dieser Konferenz unmittelbar vorausgehenden Fachtagung über den Norden Russlands, deren Beiträge in gesonderten Bänden veröffentlicht werden,* war dies die erste große Konferenz des im Jahr zuvor in Halle gegründeten *Max-Planck-Instituts für ethnologische Forschung*. Der geographische Standort des Instituts in der ehemaligen DDR prädestiniert es dafür, der Welt des Postsozialismus besondere Beachtung zu schenken. Ziel ist es, nicht nur Experten anderer Disziplinen zu zeigen, welchen Beitrag die Ethnologie bei der Erforschung der gegenwärtig vonstatten gehenden sozialen Veränderungen in den Ländern Osteuropas und Asiens leisten kann, sondern auch den eigenen Kollegen die Relevanz zu verdeutlichen, die diese Studien für andere Problemkreise der Ethnologie besitzen. Weite Regionen Europas und Asiens sind in den tonangebenden Traditionen der ethnologischen Forschung bisher vernachlässigt worden und hätten schon längst in das allgemeine Forschungsfeld der Disziplin integriert werden müssen.

Da die meisten Mitarbeiter des Instituts ihre Stellen erst im Jahr 2000 angetreten haben, konnten die Ergebnisse unserer eigenen jüngsten Feldforschungsprojekte zum Thema der Eigentumsverhältnisse in postsozialistischen Gesellschaften im Rahmen dieser Konferenz noch nicht vorgelegt werden (Einzelheiten unter: www.eth.mpg.de). Dafür war es uns aber möglich, namhafte internationale Wissenschaftler einzuladen, die uns Teile ihrer jüngsten Arbeiten präsentierten sowie gleichzeitig das Gespräch auf allgemeinere Themen lenkten und einen Gesamtüberblick über den neuesten Wissensstand zu zahlreichen wichtigen Problemkreisen und Ländern vermittelten. Jeder einzelne unserer Gäste hatte in den Jahren nach dem Zusammenbruch des Sozialismus Feldforschung betrieben – in den meisten Fällen bei Bevölkerungsgruppen, mit denen er oder sie schon unter dem *ancien régime* vertraut war. Der ethnologische Ansatz bietet auf der Mikro-Ebene gewonnene Einblicke in bestimmte sozioökonomische Umwandlungsprozesse, besitzt aber auch eine über die Grenzen der Fallstudien hinausreichende Gültigkeit, die eine wertvolle Ergänzung der Perspektiven anderer Disziplinen liefert. Die Besonderheit dieses Ansatzes kann nicht auf einen Satz von Theorien oder Methoden reduziert werden. Die Autoren beziehen sich eklektizistisch auf eine Reihe verschiedener akademischer Traditionen, die von der klassischen Soziologie bis zu Postkolonialismusstudien, von der politischen Theorie bis zur Psychotherapie reichen. Auch die Art und Weise wie sie ihre Feldforschung durchführen, ist sehr unterschiedlich. Dennoch beinhalten einzelne Kapitel des Bandes gewisse, stets wiederkehrende Themen und sind durch ein gemeinsames intellektuelles Anliegen miteinander verbunden – das Bestreben zu

---

* Kasten, Erich (Hg.) *Pathways to Reform in post-Soviet Siberia*, Berlin, Reimer Verlag (Band I: *People and the Land*, 2002).

verstehen, wie sich weitreichende soziale Transformationsprozesse auf das soziale Beziehungsnetz und die Lebenswelten der Bürger in postsozialistischen Staaten auswirken. Dieses Anliegen ist oftmals verbunden mit einem Skeptizismus gegenüber verschiedenen heute gerne ins Feld geführten Gesamtplänen für Veränderungen, und spiegelt den Skeptizismus wieder, den viele Bürger aufgrund ihrer bitteren Erfahrungen mit den Sozialingenieuren des Sozialismus entwickelt haben.

Es versteht sich von selbst, dass die in den Beiträgen aufgegriffene Themen nicht alle mit dem Postsozialismus in Zusammenhang stehenden Fragen abdecken. Diese Unvollständigkeit erklärt sich erstens dadurch, dass – obwohl sich unser Institut ebenfalls für die Auswirkungen des Sozialismus in anderen Teilen der Welt interessiert – wir uns aus praktischen Gründen dazu entschieden haben, unsere vergleichenden Studien hauptsächlich auf Europa und Asien zu beschränken. Trotzdem konnten selbst innerhalb dieser geographischen Eingrenzung einige wichtige Länder (wie Vietnam, die Mongolei, Deutschland und die Ukraine) bedauerlicherweise nicht berücksichtigt werden. China wurde in das Spektrum aufgenommen, obwohl sich der Weg aus dem Sozialismus, den dieses Land gewählt hat, sehr individuell gestaltet. Der Sozialismus hat die meisten Teile Europas und Asiens während einer kurzen Zeitspanne mit einer bemerkenswert uniformen Sozialstruktur überzogen. Zu einem Zeitpunkt, zu dem die meisten machthabenden Politiker in Westeuropa eine nur sehr eingeschränkte Osterweiterung ihres Clubs im Auge haben, scheint es uns wichtig, diese grundlegende ethnologische Einheit Europas und Asiens nicht zu vergessen.

Ein zweites Defizit der vorliegenden Veröffentlichung besteht darin, dass kaum „einheimische" Fachleute zu Wort kommen, d. h. jene zahlreichen Wissenschaftler, die sich in ihren eigenen Ländern auf verschiedenste Weise mit ethnologischer Forschung befassen und deren Unterstützung und Zusammenarbeit für die meisten nicht ansässigen Forscher von ausschlaggebender Bedeutung ist. Doch war es aus praktischen Gründen während dieser ersten Konferenz nicht möglich, diese Ethnologen (mögen sie sich nun als solche bezeichnen oder nicht) mit einzubeziehen, oder die Formen des gegenseitigen Beziehungsverhältnisses von lokalen und nicht lokalen Forschern genauer darzustellen. Wir haben versucht, dieses Defizit auszugleichen, indem wir Yulian Konstantinov (Bulgarien) und Mihály Sárkány (Ungarn) baten, am Ende der Konferenz eine abschließende und sehr produktive Diskussionsrunde zu leiten. Wir werden uns bemühen, bei späteren Gelegenheiten bessere Lösungen zu finden und mit Hilfe unserer Kollegen in den postsozialistischen Ländern auch die Geschichte unseres gemeinsamen Faches im Sozialismus näher zu untersuchen.

Die Struktur dieses Buches entspricht nicht dem Ablauf der Konferenz. Das erste Kapitel enthält die überarbeitete Verschriftlichung mündlicher Beiträge und Bemerkungen, die Caroline Humphrey, Katherine Verdery und ich während der Diskussion am „runden Tisch" zur Eröffnung der Konferenz zum Begriff „postsozialistisch" eingebracht haben. Darüber hinaus habe ich meinen eigenen Beitrag in diesem Kapitel durch zahlreiche Querverweise auf andere ethnologische Forschungsarbeiten erweitert, auch wenn die gesamte diesbezügliche Literatur nicht berücksichtigt werden konnte. Den folgenden Teilen habe ich jeweils eine kurze Einführung in den Themenkreis dieser Kapitel vorangestellt.

Da wir zur Zeit der Tagung noch keine geeigneten Räumlichkeiten hatten, möchte ich mich ganz herzlich bei dem Direktor der *Franckeschen Stiftungen* und bei den Mitarbeitern der *Martin-Luther-Universität Halle-Wittenberg* dafür bedanken, dass sie uns Räume zur Verfügung stellten.

Vorwort zur deutschen Ausgabe

Trotz der geographischen Nähe haben sich deutsche Ethnologen sowie andere Sozialwissenschaftler bisher nur wenig für die Erforschung des Sozialismus und Postsozialismus interessiert. Es steht aber außer Frage, dass der Sozialismus die Menschen in den neuen Bundesländern in den letzten Jahrzehnten tief geprägt, aber seit dem 19. Jahrhundert auch den gesamten deutschsprachigen Raum stark beeinflusst hat. Diese Situation stellt für unser Institut und unsere künftigen Studenten eine große Herausforderung dar. Ein aus dem Westen kommender Wissenschaftler, der jetzt in Sachsen-Anhalt lebt und arbeitet, fragt sich, ob diese Themen den Deutschen zu heikel sind oder ihnen zu nahe stehen? Ich freue mich deshalb ganz besonders, dass der Campus Verlag erst wenige Monate nach Erscheinen der englischen Ausgabe dieses Bandes dem deutschen Publikum dessen Übersetzung zur Verfügung stellt.

Mein Dank gilt unserer Übersetzerin, Frau Ingrid Racz, aber auch den deutschsprachigen Kollegen und Freunden Susanne Brandtstädter, John Eidson, Peter Finke, Hannes Grandits, Erich Kasten, Claudia Keilig, Gesine Koch, Carolin Leutloff, Diana Quetz, Florian Stammler, Tatjana Thelen, Stefan Troebst, Katrin Ullmann, Thomas Widlok, Sevdalina Wiezorrek und Konstanze Wunneburg, an erster Stelle jedoch Anke Brüning, Andreas Hemming und Bettina Mann, die maßgeblich an der Endfassung dieses Textes beteiligt waren.

Chris Hann, Halle, Februar 2002

1. Einleitung
Der Postsozialismus als Gegenstand ethnologischer Forschung

Chris Hann, Caroline Humphrey und Katherine Verdery

Abschied vom sozialistischen „Anderen"[1]

Chris Hann

Der Kampf zwischen Kapitalismus und Sozialismus war ein lang andauernder Wettstreit, der das politische Bewusstsein des größeren Teils der Weltbevölkerung in entscheidendem Maße formte und noch heute, ein Jahrzehnt nach dem Sieg der „freien Welt", überall seine Wirkung zeigt. Die ehemaligen sozialistischen Länder sind Schauplatz tiefgreifender Veränderungen geworden. Zahlreiche Disziplinen haben sich mit diesen Veränderungen auseinandergesetzt und in einigen Fällen – insbesondere in der Wirtschaftswissenschaft – wurden Paradigmen der Disziplin nicht nur zur Erklärung genutzt, sondern auch um Veränderungen in eine bestimmte Richtung zu lenken. Doch nach mehr als zehn Jahren derartiger Versuche sind wir immer noch mit vielen Defiziten des sozialwissenschaftlichen Verständnisses der „Transition" konfrontiert. Ich möchte behaupten, dass die Ethnologie in der Lage ist, die für den Ausgleich der Defizite der „Transitionstheorien" erforderlichen Korrektive zu liefern und vielleicht können auch in anderen Teilen der Welt vorgenommene ethnologische Untersuchungen von den Resultaten der neu entstehenden Postsozialismusforschung profitieren.[2]

Für den nicht mit der modernen Ethnologie vertrauten Leser sei erklärend vorausgeschickt, dass das grundlegende Ziel dieser Forschungen darin besteht, die sozialen Arrangements der Menschen in all ihrer historischen und geographischen Vielfalt zu dokumentieren und zu analysieren. Seit den Anfängen der Disziplin zu Beginn des neunzehnten Jahrhunderts, als der Studienschwerpunkt auf kleinen Gemeinschaften von „Wilden" – den so genannten *Naturvölkern* – lag, haben die Ethnologen im Laufe des zwanzigsten Jahrhunderts ihr Interessengebiet wesentlich erweitert. Zunächst dehnten sie ihre Untersuchungen auf bäuerliche Gemeinschaften aus und begannen, Länder von enormer Größe und mit einer langen Zivilisationsgeschichte – wie China, Indien und Mexiko – in ihre

Forschung einzubeziehen. Nach dem Zerfall der europäischen Kolonialreiche wandten sie ihre Aufmerksamkeit allmählich auch den Gesellschaften Europas zu (einer Region, in der sich die Beziehung zwischen Ethnologen und ortsansässigen Volkskundlern manchmal problematisch gestaltete). Im Laufe dieser Entwicklung befreite sich die ethnologische Forschung weitgehend vom Studium isolierter ländlicher Gruppen und widmete sich städtischen Kontexten und zwar nicht nur den „kleinen Leuten" und Migranten, sondern auch den städtischen Mittelklassen und Eliten. Ende des zwanzigsten Jahrhunderts wurden die früheren disziplinären Grenzen zum Teil durchbrochen. Heute gilt das Grundprinzip des Respekts gegenüber unterschiedlichen Wegen der Organisation von Gesellschaften sowie unterschiedlichen Weltanschauungen und sozialen Praktiken. Das wichtigste Merkmal der modernen Ethnologie besteht jedoch in ihrer Methode, d. h. in der durch die Feldforschung ermöglichten „Nahaufnahme". Hier veranlassen die „qualitativen" ethnologischen Daten die Forscher, die statistischen Verallgemeinerungen und abstrakten Modelle anderer Disziplinen in Frage zu stellen. Auf der Grundlage dieser Einstellung sind alle menschlichen Aktivitäten und Institutionen demnach gleichermaßen geeignete Forschungsobjekte für Ethnologen, auch wenn einige Ethnologen damit fortfahren, sich besonderen Themen zuzuwenden und an Orten zu arbeiten, wo Kollegen aus der Soziologie oder den *cultural studies* kaum anzutreffen sind.

Trotz der zweifellos großen Anzahl sozialistischer Staaten in Asien und Osteuropa und deren vielfältiger sozialer Lebensformen war die Ethnologie hier kaum vertreten. Dies lässt sich zum Teil aus den Ursprüngen der Disziplin und dem traditionsbedingten starken Interesse an „exotischen" Stammesgesellschaften in Regionen, die von europäischen Großmächten kolonisiert worden waren, erklären. Auch Russland war eine Kolonialmacht und Ethnographen begannen schon in der zaristischen Zeit, die an der Peripherie des Imperiums lebenden Völker zu erfassen. Die Nachfolger dieser frühen Forscher waren nach der Revolution bei ihren Untersuchungen durch die Zwangsjacke des Marxismus-Leninismus eingeschränkt, und sowohl die sowjetische als auch die chinesische Minderheitenpolitik wurde stark von Stalin beeinflusst. In gewisser Hinsicht stützte sich diese Forschung auf ein Paradigma, das in westlichen Ländern zunehmend an Bedeutung verlor – der Idee nämlich, dass hauptsächlich weit entfernt liegende, untergehende soziale Welten zu untersuchen seien, also Gruppen, die als Antithese zu dem herrschenden aggressiven Modernismus der sozialistischen Ideologie existierten. Westlichen Ethnologen war ein Zugang zu diesen Projekten kaum erlaubt. Dies begann sich zu ändern, als in den 1970er Jahren eine Reihe osteuropäischer Staaten zu weicheren Formen des Sozialismus übergingen. Zwar schenkten die ersten westlichen Ethnologen, denen erlaubt wurde, Feldforschung in einem sozialistischen Land durchzuführen, immer noch entfernt liegenden Dörfern und Randgruppen eine disproportionale Aufmerksamkeit, doch lieferten diese Untersuchungen wertvolle Korrektive zu den gängigen sozialwissenschaftlichen Modellen des Sozialismus, indem sie zeigten, wie die Bevölkerung in diesen Ländern das dort existierende sozialistische Modell erlebte und in ihren Alltag integrierte.[3]

Die dramatischen Ereignisse zwischen 1989 und 1991 eröffneten nicht nur etablierten Wissenschaftlern, sondern auch einer neuen Generation von Feldforschern neue Möglichkeiten. Da niemand mit der aus diesen Arbeiten resultierenden Flut von Veröffentlichungen Schritt halten kann, bietet die folgende Darstellung vor allem eine Art Skizze für Leser an, die über bestimmte Themen informiert bleiben möchten, ohne den Anspruch zu erheben, einen ausgewogenen Überblick zu geben.[4] Sowohl die Forschungsfragen als auch die Forschungsmethoden reflektieren nicht nur den veränderten Charakter des erforschten Terrains, sondern zeigen auch, inwieweit sich die Zielsetzungen der Disziplin verändert haben sowie das Bewusstsein für bestehende philosophische und ethische Dilemmata gestärkt wurde (De Soto und Dudwick 2000). Ethnologen der jüngeren Generation, die Postsozialismusstudien betreiben, interessieren sich zum Beispiel für die aufkommende Vielfalt der Lebensstile in der Welt moderner Städte, die Hauptstädte inbegriffen, da große Teile der Bevölkerung heute eben dort leben (Berdahl et al. 2000). Andere, die heutzutage „klassische" Feldforschung in dörflichen Gemeinschaften durchführen, widmen sich vollkommen anderen Themen als denen früherer Dorfstudien. So bildeten z. B. Fragen zu Erinnerung, Konsum und Identität den Schwerpunkt einer von Daphne Berdahl (1999) in einer ostdeutschen Dorfgemeinde durchgeführten Studie, während Fragestellungen im Zusammenhang mit der Landwirtschaft und anderen Arbeitsformen in den Hintergrund traten.

Andererseits gibt es im Hinblick auf die Fragestellungen und geographischen Standorte der Postsozialismusstudien auch wichtige Kontinuitäten. Eine Reihe von Forschern hat sich die Gelegenheit nicht entgehen lassen, in entfernt liegenden Regionen vor allem Sibiriens und Zentralasiens zu arbeiten, die früher außerhalb zugänglicher Reichweite lagen (Anderson 2000; Grant 1995; Kandiyoti und Mandel 1998; Sneath 2000). Die Landwirtschaftsgenossenschaften standen während der sozialistischen Periode im Mittelpunkt der meisten Monographien und die Auflösung dieser „totalen sozialen Institutionen" bildete das wichtigste Thema der im dörflichen Bereich durchgeführten Untersuchungen zum Postsozialismus (umfassende Daten zu diesem Thema wurden zusammengetragen von:

Abrahams 1996; Anderson und Pine 1995; Kideckel 1995). Der Auflösungsprozess solcher Einrichtungen begann in China schon früher und ist dort auch gut dokumentiert (Chan *et al* 1992; Hann 1999; Jing 1996; Liu 2000; Nie 2001; Potter und Potter 1990; Ruf 1998; Sui 1998a; Vermeer *et al.* 1998). Einige Forscher, die schon zur Zeit des Kommunismus in bestimmten ländlichen Gemeinden sozialistischer Länder Feldforschung betrieben hatten, konnten im Licht der postsozialistischen Wende Wandlungsprozesse und Kontinuitäten erforschen und ihre aktualisierten Ergebnisse neu veröffentlichen. So hat Caroline Humphrey zum Beispiel ihre wegbereitende Studie zu Burjatien neu herausgebracht (1998). Die von Gerald Creed in Bulgarien (1998) und Martha Lampland in Ungarn (1995) vorgenommenen Untersuchungen im Hinblick darauf, wie die dörfliche Bevölkerung in diesen Regionen die Kollektivierung erlebt hat, liefern ein etwas positiveres Bild als David Kideckels Forschungsprojekt in Rumänien (1993). Auch die postsozialistische Entwicklung als solche verläuft von einem Land zum anderen sehr unterschiedlich, doch besteht ein weitgehender Konsens darüber, dass die ländliche Bevölkerung besonders stark zu leiden hatte, auch in China, obwohl dort zunächst eine Verbesserung der Lage in den Dörfern registriert werden konnte. Ich selbst (1993b; 1996) konnte zeigen, dass die ländliche Bevölkerung Ungarns das Gefühl hat, ihre „staatsbürgerlichen" (*citizenship*) Rechte seien durch die postsozialistischen Entwicklungen beschnitten worden, und Myriam Hivon (1995) verzeichnete in ländlichen Regionen Russlands Widerstand gegen zunehmende Ungleichheiten. Deema Kaneff (1996) schließlich zeigte, wie sich die Menschen in den Dörfern Bulgariens darum bemühten, wenigstens einige ihrer kollektiven Institutionen aufrecht zu erhalten.

Der Wiederaufbau der postsozialistischen ländlichen Gesellschaft ist in starkem Maße von Prozessen der Privatisierung von Land bestimmt.[5] Mit Blick auf Rumänien hat Katherine Verdery von der „Elastizität" des Bodens gesprochen, wenn mehrere Eigentümer dieselben Land- und Ackerflächen beanspruchen. Sie hat zugleich auf die Notwendigkeit hingewiesen, Studien zum Thema der Eigentumsrechte durch Untersuchungen zu den Pflichten und Verantwortungen zu ergänzen, die diese Rechte mit sich bringen (1996, 1999b, 2001; Hirschhausen 1997; Cartwright 2001). Hier lässt sich nicht einfach der Schluss ziehen, dass die Zielsetzungen der moralischen Gerechtigkeit (die darin bestehen könnte, Land an seine früheren Eigentümer zurückzugeben) und die der wirtschaftlichen Rationalität (die besagt, dass Land in großen zusammenhängenden Flächen beibehalten werden sollte, weil es in dieser Form effizienter bewirtschaftet werden kann) in vielen Fällen unvereinbar sind. Manchmal scheint das Streben nach Privateigentum keiner dieser Zielsetzungen zu dienen und nur das Produkt einer neuen Ideologie zu sein, die der postsozialistischen Welt aufgezwungen wird. Die scheinbar angemessene liberale westliche Unterscheidung zwischen „öffentlichen" (kollektiven) und „privaten" (individuellen) Formen von Eigentum kann zum Beispiel angesichts der großen Verschwommenheit der Eigentumsverhältnisse in China kaum angewendet werden (Oi und Walder 1999).

Natürlich begegnen wir dem Dilemma zwischen Privatisierung und moralischer Gerechtigkeit nicht nur in ländlichen Regionen. Urbane Kontexte gestalten sich insofern komplexer, als es in der Regel unmöglich ist, industrielle Produktionsmittel so aufzuteilen, dass daraus kleinere Einheiten in Form von Familienbetrieben geschaffen werden könnten, wie dies – zumindest theoretisch – in der Landwirtschaft möglich ist. Es kann in der Tat sehr entmutigend sein, eine Gemeinschaft von Arbeitern umfassend zu analysieren. Der Feldforscher wird sich wahrscheinlich eher auf eine detaillierte Beschreibung bestimmter Netzwerke oder spezifischer Typen sozialer Interaktion konzentrieren oder sich die diffusere Welt der Diskurse zum Gegenstand nehmen (zum Beispiel Ries 1997). Nichtsdestotrotz liegen einige ethnographische Studien über Fabrikarbeiter vor, einschließlich derer, deren Arbeitsplatz wegrationalisiert oder in Folge einer ausländischen Intervention radikal umstrukturiert wurde (Czegledy 1999; Dunn 1999; Müller 1993, 1996, 1999). Im Arbeitermilieu der Städte ist die Hoffnungslosigkeit manchmal sogar noch größer als auf dem Lande, weil hier eine gesamte Lebensweise zu Ende geht und die Betroffenen dem hilflos gegenüberstehen. Manche arbeitslos gewordenen Fabrikarbeiter haben versucht, auf das Land zurückzukehren, wo sie wenigstens einen Großteil ihrer Nahrungsmittel selbst herstellen können (siehe dazu den in diesem Band enthaltenen Artikel von David Kideckel). Fest steht, dass in so gut wie allen vom Postsozialismus betroffenen Regionen und Wirtschaftssektoren soziale Ungleichheit und Armut zugenommen haben. Nur Mikrostudien können darüber Auskunft geben, wie die verschiedenen sozialen Gruppen ihre Budgets, die häusliche Arbeitsteilung und Verantwortung den neuen Umständen anpassen (Bridger und Pine 1998; Kandiyoti 1998). Die negativen Begleiterscheinungen der wirtschaftlichen Liberalisierung für die Mehrzahl der Frauen sind von Elizabeth Croll (1994), Delia Davin (1998) sowie Tamara Jacka und Ellen R. Judd (1994) für die ländlichen Regionen Chinas und von Susan Gal und Gail Kligman (2000a) sowie Frances Pine (1996a, 1996b, 1998; siehe auch ihren Artikel in diesem Band) für Osteuropa untersucht worden.

Weitere Bereiche des ökonomischen Lebens, die die Aufmerksamkeit von Ethnologen auf sich gezogen haben, sind Märkte und Konsum. Während Wirtschaftswissenschaftler in der Regel Präferenzen als gegeben und stabil betrachten, analysieren Ethnologen diejenigen sozialen Faktoren, die die Muster des Konsumverhaltens und dessen Änderungen bestimmen – wie dies Caroline Humphrey am Beispiel Moskaus gezeigt hat. In ihren weit reichenden Studien der postsozialistischen Dynamiken (2000, 2002) betont sie den ungeregelten Charakter der Veränderungen in allen Bereichen der post-sowjetischen Wirtschaft. Chris Hann (1992b), Ladislav Holy (1992) und Yulian Konstantinov (1997) haben sich der Frage der Auswirkung des „Marktprinzips" in Ost-Europa gewidmet, einschließlich der Verbreitung von Kleinhändlern, die über Staatsgrenzen hinweg agieren. Yunxiang Yan (1997) hat die Auswirkungen von McDonald's in Peking beschrieben, wo amerikanisches „fast food" ganz andere Assoziationen hervorruft als in seinem Ursprungsland. Als globales Unternehmen bemüht sich diese Firma aus wirtschaftlichen Überlegungen heraus bewusst darum, sich den lokalen Gegebenheiten eines Landes anzupassen. Leider wird dieser Punkt von vielen nicht-kommerziellen sogenannten „Hilfs- und Entwicklungsprogrammen" außer Acht gelassen. Ethnologen kritisieren deswegen scharfsinnig die Implementation solcher Programme (Bruno 1998; Mandel in diesem Band; Sampson 1996 und in diesem Band; Wedel 1998; Wedel und Creed 1997).

Die meisten Ethnologen stehen solchen Maßnahmen kritisch gegenüber, die auf der Übertragung westlicher Modelle basieren und über das institutionelle Umfeld sowie auch über die unvermeidlichen Kontinuitäten des Alltagslebens hinwegsehen. Die meisten Wirtschaftswissenschaftler tendieren dazu, von diesen Punkten abzusehen. Glücklicherweise gibt es jedoch auch ermutigende Anzeichen dafür, dass es doch möglich ist, sogar mit den „exaktesten" Bereichen der Sozialwissenschaften in einen fruchtbaren Dialog zu treten. Paul Seabright (2000) zeigt, wie ethnologische und soziologische Ansätze gemeinsam mit wirtschaftswissenschaftlichen Gesichtspunkten integriert werden können, um die Desintegration und Bedeutung des Tauschhandels in den postsowjetischen Wirtschaftsbereichen zu beleuchten. Schrader (2000) untersuchte die sich wandelnde Bedeutung von Pfandhäusern in den wirtschaftlichen Strategien der armen Haushalte und der neuen Geschäftsmänner von Sankt Petersburg und bietet ein gutes Beispiel dafür, wie ein einziger Forscher eine ganze Reihe verschiedener Forschungsmethoden zur Anwendung bringen kann.

Auch in vielen anderen Bereichen zeigen sich Möglichkeiten einander zu ergänzen. Im Rechtswesen z. B. kann kein Zweifel darüber bestehen, dass zumindest einige westliche Verfassungsjuristen, die mit der Aufgabe betraut waren, einen neuen Gesetzeskodex zu erarbeiten, es nicht für erforderlich hielten, das lokale Umfeld zu beachten. In einem Kontext, in dem die Menschen für die Lösung ihrer Probleme auf kollektiver Ebene immer noch auf den Staat hoffen, kann ein Rechtssystem, das immer wieder die Stärkung des privaten Eigentumsrechts anstrebt, durchaus deplaziert sein. In einem anderen, in höchstem Maße umstrittenen Rechtsbereich, dem der retributiven Rechtssprechung, hat sich John Borneman (1998) bei seinen Untersuchungen insbesondere für den speziellen Fall Ostdeutschland interessiert, speziell, weil dieser ehemalige sozialistische Staat gänzlich verschwunden ist. Wir brauchen uns Bornemans provokante Theorie zur postsozialistischen Gerechtigkeit im allgemeinen nicht zu eigen zu machen, um empirische Studien zu begrüßen, die weitere Schichten sozial-legaler Normen hervorbringen, die ihre Spuren auf der importierten Blaupause hinterlassen.

Ähnliche Beobachtungen gelten im Hinblick auf die Entwicklung neuer lokaler administrativer und politischer Institutionen – ein Forschungsbereich, der insbesondere China in den Mittelpunkt eingehender Analysen gestellt hat (Feuchtwang und Wang 2001; Hoi 1989; Siu 1989a; Vermeer et al. 1998). In anderen Regionen sind nur wenige Forscher dem Aufruf Katherine Verderys (1995, S. 230) gefolgt, sich um Einblicke in die „Mechanismen und Arenen staatlicher Transformation" zu bemühen. Eine solche Studie haben zum Beispiel Caroline Humphrey und David Sneath (1999) erstellt, deren komparative Untersuchung pastoraler Anpassungsstrategien die Probleme wachsender Einkommensunterschiede und der Umweltzerstörung in verschiedenen Ländern Zentralasiens aufzeigt. In Kapitel 13 dieses Buches fordert Caroline Humphrey ein radikaleres Überdenken bestehender ethnologischer Ansätze zur Erforschung des politischen Feldes, da kein standardisiertes Modell des „Staates" auf das politisch instabile Feld des postsowjetischen Russlands angewendet werden kann.

Aus verständlichen Gründen haben Fragen der Ethnizität, des Nationalismus und der Minoritätenrechte das Interesse von Vertretern zahlreicher Disziplinen wachgerufen. Die Probleme, mit denen die Roma heute konfrontiert werden, sind gut dokumentiert, aber – wie Michael Stewart (1997) gezeigt hat – reichen sie weit zurück und haben sich während der Zeit des Sozialismus noch verschärft. Stewart besteht in seinem Beitrag zu diesem Band auf dem Erfordernis detaillierter Kenntnisse über diese Menschen und spricht sich deutlich gegen Lösungen aus, die auf dem amerikanischen Modell einer durch rassische Begriffe definierten „underclass" basieren. Ein generelleres Problem der von Politikwissenschaftlern und Menschenrechtsexperten entwickelten Modelle besteht darin, dass sie der Flexibilität kollektiver Identitäten in der Zeitdimension, der Möglichkeit, dass Personen verschiedenen Minoritäten gleichzeitig angehören können oder kontextabhängig eine gegenüber der anderen bevorzugen, kaum Rechnung tragen. Aber solange der Kontext nicht untersucht und Ethnizität als eine primordiale Essenz begriffen wird, läuft die Gesetzgebung Gefahr, das genaue Gegenteil von dem zu erreichen, was sie als Endresultat ihrer Bemühungen angestrebt hatte. Die Bedeutung lokaler Identitäten steht im Vordergrund der umfassenden Berichte über die UdSSR, die Anatoly M. Khazanov (1995) und Valery Tishkov (1997) zusammengestellt haben. In Osteuropa ist diese Problematik hauptsächlich mit Blick auf den Balkan untersucht worden, obwohl Kürti und Langman (1997) auch andere Regionen in ihre Studie mit einbezogen haben. Zahlreiche Wissenschaftler haben gezeigt, wie lokale Faktoren zu den „ethnischen Säuberungen" im früheren Jugoslawien geführt haben und diese Region immer noch im weiteren Umkreis destabilisieren (Bax 2000, in Vorbereitung; Bringa 1995; Cowan 2001; Duijzings 2000; Halpern und Kideckel 2000). Eine lange Geschichte der „Klan"-Organisation und Gewalt in einem Kontext ineffektiver Staatsmacht gehört sicherlich zu den gemeinsamen Schlüsselfaktoren. Auf dieser Basis können Ethnologen zu Überlegungen über die Grundprinzipien einer konstitutionellen Demokratie in diesen Ländern übergehen – Grundprinzipien, die nicht ausschließlich auf postsozialistische Länder zu beschränken sind (Hayden 1999, in diesem Band).

Die Politikrelevanz ethnologischer Forschung sowie die Verbindungen zu der expandierenden, disziplinenübergreifenden Literatur über kultur- und menschenrechtsbezogene Faktoren stehen für die erwähnten Bereiche außer Zweifel. Wertvolle Arbeit wird jedoch auch auf Gebieten geleistet, wo die unmittelbaren Anwendungsbezüge weniger offensichtlich sind, etwa im Bereich von Ritual und Religion. Näheres Hinsehen zeigt, dass auch hier eine wichtige Verbindung zu den gegenwärtig stattfindenden politischen und ökonomischen Prozessen besteht. Michał Buchowski (2001) hat Zygmunt Bauman folgend die Frage aufgeworfen, inwieweit die gegenwärtigen systemischen Transformationsprozesse als liminale Phase eines *rite de passage* betrachtet werden können. Katherine Verdery (1999a) hat die Bedeutung von Todesritualen im Hinblick auf den Ausdruck von Werten und die Mobilisierung von Menschen zur Unterstützung bestimmter Interessen hervorgehoben (siehe auch Kubiks Studie zur Spätphase des sozialistischen Polen [1994]). Die neuen nationalen Symbole einer unabhängigen Ukraine hat Catherine Wanner (1998) dokumentiert und Bulag (1998) den hybriden Charakter der neuen nationalen Identität der Mongolen. Die Dimension des Symbolischen steht auch im Vordergrund der Untersuchungen von Deborah Cahalen (in Vorbereitung) zum Fortbestehen einer stark ausgeprägten *regionalen* Identität in Polen – und zwar trotz zunehmender Einbindung der lokalen Wirtschaft in globale Netzwerke. Wie auch Gerald Creed in diesem Band zeigt, spielen Rituale eine wichtige Rolle in der Aufrechterhaltung spezifisch lokaler Abgrenzungen bestimmter Gruppen. Rituale gehören ebenfalls zu den Hauptthemen ethnologischer Studien im postmaoistischen China, wo einige Forscher eine starke Renaissance von vorsozialistischen Gebräuchen festgestellt haben (Potter und Potter 1990), während andere darauf aufmerksam machen, dass in diesem wie in anderen Bereichen auch die sozialistische Vergangenheit ihre Spuren hinterlassen hat (Siu 1989b; Brandtstädter 2000; Feuchtwang 2000, in diesem Band). Sowohl das neuerliche Wiederaufleben traditioneller religiöser Praktiken als auch das Aufkommen zahlreicher neuer Sekten und Kulte müssen im Zusammenhang mit einem allgemeinen Verlust des Glaubens an den Sozialismus als ideologisches System verstanden werden. Die zunehmende soziale Instabilität hat sich in einer Vielfalt religiöser Phänomene in der sozialistischen Periode manifestiert. Ein extremes Beispiel dafür sind die Marienkulte von Medjugorje (Bax 1995). Die Aufhebung sozialistischer Restriktionen hat zur Wiederbelebung des Schamanismus in großen Teilen der früheren Sowjetunion geführt (Balzer 1996; Bellér-Hann 2001; Vitebsky, in diesem Band). Das externe Insistieren auf Pluralismus und eine „offene Gesellschaft" impliziert einen Marktplatz der Religionen analog zu wirtschaftlichen Marktplätzen, ein Rezept, das ethnologische Arbeiten mit Vorsicht betrachten, insbesondere in Ländern mit einer dominanten Kirche wie Polen.[6]

Viele Studien zum Postsozialismus haben sich explizit mit geschichtlichen Aspekten befasst. Ein solcher Ansatz ist an sich nicht neu. Katherine Verderys erste Monographie (1983) war in der Hauptsache eine historische Studie über Jahrhunderte überspannende Gruppendynamiken in Transylvanien. Neu ist nicht nur, dass Ethnologen – wie auch Vertreter anderer Disziplinen – jetzt davon profitieren, in den ehemaligen sozialistischen Staaten in Archiven arbeiten zu können, die bislang für sie geschlossen waren. Nach dem Zusammenbruch der sozialistischen Orientierung an der Zukunft konnten sie auch ein verstärktes Interesse an der Vergangenheit in der Gegenwart (*the past in the present*) dokumentieren. Sie waren unter den Ersten, die traumatische Erinnerungen untersuchten und „secret histories" ans Licht brachten (Jing 1996; Vitebsky, in diesem Band; Watson 1994), in Studien zu postsozialistischer Historiographie und Ikonographie, die zeigten, wie lokale Konstruktionen der Vergangenheit Gruppen mit wandelnden nationalen Ideologien verbanden (Anagnost 1997; Niedermüller 1998; Kaneff 2000; Shnirelman 1996). All dies verweist noch einmal auf das große Potential einer Zusammenarbeit zwischen Ethnologen und Experten anderer Disziplinen, in diesem Fall mit Vertretern der *oral history* ebenso wie mit denen, die auf der Grundlage von Dokumenten arbeiten. In einigen Fällen kombinieren Forscher Methoden aus allen diesen Bereichen (Lehmann 2001; Skultans 1998). Es wird inzwischen allgemein anerkannt, dass ethnographische Analysen an Qualität gewinnen, wenn sie sich in einem längeren zeitlichen Rahmen bewegen (Giordano und Kostova, in diesem Band).

Vertreter anderer Disziplinen mögen immer noch fragen, ob diese Art ethnologischer Forschung die makro-sozialen Probleme des Postsozialismus beleuchten kann. Die Antwort ist, dass die durch die „Nahaufnahme"-Technik der Feldforschung gewonnenen Einsichten vor allem zu Zeiten von Unsicherheit und fehlender institutioneller Stabilität viel zum Verständnis beitragen, ein Punkt, der auch in benachbarten Disziplinen zunehmende Akzeptanz erfährt (Bridger und Pine 1998; Burawoy und Verdery 1999). Die in diesen zwei Aufsatzsammlungen aufgeführten Fallstudien zeigen eine starke Überlappung ethnologischer und soziologischer Arbeiten – zumindest solcher soziologischen Arbeiten, die aufgrund eigener Feldforschung mit Menschen und ihren sozialen Praktiken in Kontakt kommen. Es ist allerdings nicht leicht, im Rahmen eines kurzen Aufsatzes die volle Bedeutung eines bestimmten sozialen Kontexts zu vermitteln. Diese Schwierigkeit haftet auch manchem ethnographischen Material im vorliegenden Buch an. Leser, die dieses Material für unrepräsentativ oder für zu anekdotenhaft halten, werden ermutigt, nach der Lektüre eines Artikels in diesem Buch detailliertere Arbeiten desselben Autors bzw. Arbeiten eines anderen Ethnologen, der sich mit demselben Thema auseinandergesetzt hat, einzusehen. Wir hoffen, dass die fragmentarischen Abhandlungen in den hier vorgelegten Berichten den Leser anregen werden, sich auf die Suche nach genauer ausgearbeiteten Versionen der Studien zu machen.

Obwohl sich der größte Teil ethnologischer Forschungen auf spezifische Praktiken auf der Mikro-Ebene konzentriert, beinhaltet diese Forschungsweise ausnahmslos weitere Implikationen. Die Frage ist, wie dieser erklärende Sprung von einem Bereich in den anderen stattfindet und welche größeren Forschungseinheiten dabei ins Spiel kommen? Ein Großteil ethnologischer Arbeiten tendierte dazu, die Ergebnisse aus den *community studies* auf Einheiten wie „die Gesellschaft" oder „die Kultur" zu extrapolieren, obwohl dieser Schritt z. B. im Falle von Vielvölkerstaaten sofort zu Problemen führt. Hier wird der Begriff „Kultur", der allgemein als Leitkonzept der Disziplin verstanden wird, oft unbewusst benutzt. In diesem Band – und überhaupt in der postsozialistischen Ethnologie – steht gerade dieser Terminus erkennbar im Vordergrund (Wolfe 2000). Von den meisten der oben erwähnten Arbeiten kann in der Tat gesagt werden, dass sie bemüht sind herauszuarbeiten wie bestimmte *kulturelle* Verständnisse die Verhaltensweisen der Menschen formen. Wollte man die Hauptkritik des Ethnologen gegenüber anderen sozialwissenschaftlichen Ansätzen zur Erforschung von Transitionsprozessen in einem einzigen Satz zusammenfassen, müsste dieser lauten: „Sie vernachlässigen die Dimension der Kultur".

Für mich wirft der Kulturbegriff jedoch im postsozialistischen Kontext ernsthafte Probleme auf, und zwar aus zweierlei Gründen: Erstens ist der „Kulturrassismus"[7], der für viele Teile der Welt dokumentiert ist, in einer Reihe postsozialistischer Kontexte außerordentlich deutlich, vor allem dort, wo ehemalige föderalistische multi-ethnische Staaten auseinandergefallen sind. Viele postsozialistische Eliten haben sich implizit oder explizit auf die Idee der Kultur als ein integriertes Ganzes bezogen, um Grenzen der Exklusion zu ziehen und im schlimmsten Fall, um Gewalt gegenüber denen zu rechtfertigen, die angeblich eine andere Kultur haben. Ethnologen mögen sich gegen eine solche Auslegung des Kulturbegriffs wenden und betonen, dass ihr eigenes Kulturkonzept ganz andere Implikationen beinhaltet, doch bezweifle ich, dass wir diesen populären Gebrauch des Begriffs korrigieren können, insbesondere da einige Ethnologen selbst die Einheit der „Kulturen", die sie untersuchen, hervorheben.

Der Kulturbegriff wird auch in einem zweiten, oftmals mit dem ersten in Verbindung stehenden Sinn missbraucht – und zwar dann, wenn Vorstellungen wie „die Balkanmentalität", „das Wesen der Zigeuner" oder „die fatalistische orthodoxe Seele" ins Feld geführt werden, um zu erklären, weshalb bestimmte politische Maßnahmen, die in einem Kontext erfolgreich waren, scheitern, sobald sie in einen anderen transplantiert werden. Diese Interpretationen sehen in der Kultur eine mysteriöse residuale Variable und betrachten sie als die letztendliche Ursache dafür, dass eine ganze Region bzw. Bevölkerungsgruppe vom Pfad der Entwicklung – wie er von den hartnäckigeren Versionen der „Modernisierungstheorie" vorgeschrieben wird – abkommt. Dieser etwas mystische black box-Ansatz wurde von vielen ethnologischen Arbeiten unterstützt, die dazu tendierten, ganz kleine Gruppen als gesonderte Einheiten zu behandeln und die bestehenden Ähnlichkeiten auf höheren regionalen und kontinentalen Ebenen zu vernachlässigen. In unserem Fall kann dieser Tatbestand korrigiert werden, indem wir den zahlreichen gemeinsamen Merkmalen der früheren marxistisch-leninistisch regierten Staaten in Asien und Osteuropa größere Beachtung schenken. Freilich würden sich dann sofort interessante Probleme auftun, denn es ist klar, dass das sozialistische Eurasien im kulturgeschichtlichen Sinne eine außerordentliche Vielfalt aufzuweisen hatte. Von lutheranischen Protestanten in Deutschland bis hin zu buddhistischen Lamas und islamischen Mullahs in Zentralasien, von römisch-katholischen und jüdischen Traditionen in Polen bis hin zu konfuzianisch geprägten Gebieten in China und dem sibirischen Schamanismus, war in diesem Territorium eine außerordentliche Mannigfaltigkeit religiöser Traditionen sowohl innerhalb als auch außerhalb eines Landes zu finden. Trotzdem legte die große Ähnlichkeit sozialistischer Institutionen in all diesen Ländern einen Schleier der Gleichförmigkeit über diese ganze Vielfalt. Katherine Verdery (1991, 1996) hat diesen Schleier in einem allgemeinen sozialistischen „Machtzuweisungsmodell" einer scharfsinnigen Analyse unterzogen – einer Analyse, die als gute Ergänzung zu ihren zahlreichen spezifischen Fallstudien in Rumänien gilt (siehe auch Hann 1994). Sie spricht nicht von einer Kultur des Sozialismus, sondern setzt den Schwerpunkt auf die Institutionen und die Logik des bürokratischen Zentralismus. Verdery zeigt, dass es möglich ist, von einer Teleologie des „Übergangs" – d. h. der Annahme, die Zukunft ehemaliger sozialistischer Länder könne vom Entwicklungspfad des westlichen Kapitalismus abgelesen werden – Abstand zu nehmen, ohne jedoch in die Falle eines Kulturalismus hinein zu geraten (1996).

Jedoch dürfen wir die typischen Charakteristika der sozialistischen Länder untereinander auch nicht wieder so stark herausstreichen, dass die zahlreichen gemeinsamen Züge nicht mehr gesehen werden, die diese Länder mit anderen Teilen der Welt – einschließlich der hoch entwickelten westlichen Industriestaaten – schon immer aufzuweisen hatten. In der sozialwissenschaftlichen Literatur zum Thema des Sozialismus bestand bislang die Tendenz, in Analogie zum „wilden Anderen" aus der Ethnologie der Kolonialzeit, auch hier das „Andere" zu konstruieren. Schon als der Kalte Krieg noch lange nicht zu Ende war, begann die Ethnologie, die simplistischen Modelle des „Totalitarismus" zu untergraben. Die postsozialistische Ethnologie kann vielleicht noch einen Schritt weiter gehen und einige der hier geltenden zentralen Begriffe auch auf andere Teile der Welt anwenden. Dass diese Möglichkeit gegeben ist, zeigt der Begriff der „Zivilgesellschaft" – ein Konzept, das in den letzten Jahren des Sozialismus als Gegenkonzept zum totalitären Staat wiederentdeckt wurde (Gellner 1994; Hann 1995). Wegen seiner normativen Anreize ist dieser Begriff in zahlreichen westlichen Hilfsprogrammen immer wieder verwendet worden (Kalb in diesem Band; Mandel in diesem Band; Sampson 1996 und in diesem Band; Wedel 1998). Doch blieb auch er oft eine nicht greifbare Kategorie mit black box-Charakter. Manche Experten aus anderen Disziplinen haben versucht, den Terminus zu operationalisieren, unter denen sie auch internationale Nichtregierungsorganisationen zusammenfassten, die in einer Gesellschaft aktiv waren, um die auf diese Weise zustande gekommene Liste als Indiz für die Gesundheit einer Gesellschaft zu nehmen (Cellarius und Staddon 2002). Doch Ethnologen, die sich mit den Problemen des Postsozialismus befassen, stehen solchen Ansätzen eher skeptisch gegenüber. Sie wissen nämlich, dass die aus diesem Ansatz resultierende Vielzahl „autonomer" Hilfsorganisationen und Verbände nur ein geringer Trost für die Menschen sein kann, die plötzlich ohne Arbeit und ohne staatliche Unterstützung auskommen müssen. Eine allzu simple westliche Auslegung des Begriffs der Zivilgesellschaft kann genau zum Gegenteil führen (Hann 1998). Der Begriff muss daher ermittelt, relativiert und den lokalen Gegebenheiten angepasst werden (Brook und Frolic 1997; De Soto und Anderson 1993; Hann 1992a, 1995; Hann und Dunn 1996; Kligman 1990). Nur dann wird Zivilgesellschaft ein brauchbarer Terminus sein. Er bezeichnet den zwischen der häuslichen Privatsphäre und der Sphäre des Staates hin und her fließenden Strom sozialer Aktivitäten (die schon seit jeher in der ethnologischen Forschung von zentraler Bedeutung sind), ohne diese beiden Bereiche scharf voneinander zu trennen.

Ein anderer Begriff, der erneut zu hinterfragen wäre, ist der der „Einbettung" – eine durch Karl Polanyi angepasste, von Richard Thurnwald übernommene Metapher, die von den frühen substantivistischen Wirtschaftsethnologen benutzt wurde, um das zu bezeichnen, was ihrer Meinung nach die modernen kapitalistischen Volkswirtschaften auf ihre so eigentümliche Art und Weise zerstören, wenn sie die traditionelle Integration von wirtschaftlicher Tätigkeit und der übrigen Lebensbereiche auflösen. Sind die postsozialistischen Marktwirtschaften stärker ihrer Einbettung entrissen worden als ihre Vorläufer, und wenn ja, in welcher Hinsicht? Welche anderen Termini könnten den Charakter der gegenwärtigen Wirtschaftsbeziehungen in postsozialistischen Ländern besser wiedergeben? Ethnologen haben durch ihre Forschung wegweisende Pionierarbeit in Bezug auf Wirtschaftszusammenhänge unternommen, die sie häufig als „informell" bezeichnen. Solche Aktivitäten sind immer auf das Engste mit der „offiziellen" Wirtschaft verknüpft, und angeblich unpersönliche Marktbereiche und auf vertraglicher Basis beruhende Wirtschaftsbeziehungen kommen in allen Systemen durch persönliche Kontakte zustande. Die zentrale Wirtschaftsplanung des sozialistischen Staates war günstig für das Aufkommen einer Vielzahl verschiedenster sozioökonomischer Beziehungsmuster, von denen einige heute gänzlich zusammengebrochen sind, andere jedoch in der postsozialistischen Welt zu großer Blüte kommen (Wedel 1992). Die Verflechtung von gegenseitigen Geschenken, „Beziehungen" und Vertrauen ist besonders gut für China dokumentiert (Kipnis 1997; Yan 1996; Yang 1994).

Termini wie Zivilgesellschaft und Vertrauen verraten sofort ihre normative Bedeutung. Ebenso der Begriff Legitimität, den einige unserer Autoren benutzen (insbesondere Giordano, der dabei Max Weber folgt sowie Latham, der den Begriff mehr im Sinne von Foucault verwendet). Grob gesagt brachen kommunistische Systeme zusammen, weil sie ihre politische und moralische Legitimität verloren. In einem Großteil der Veröffentlichungen, die während der Zeit des Niedergangs von einheimischen und westlichen Intellektuellen, die mit diesen „Dissidenten" in Beziehung standen, verfasst wurden, ging man davon aus, dass ein intellektueller Autor für eine ganze Gesellschaft oder ein ganzes, von einem autoritären Regime unterdrücktes Volk, das Wort ergreifen könne. Zehn Jahre später nutzte Václav Havel eine Konferenz der Weltbank in Prag, um zu einer „Neustrukturierung des gesamten, unserer heutigen Zivilisation zugrunde liegenden Wertesystems" aufzurufen. Zugleich beschwor er die Weltbank, sich mehr auf die Bedürfnisse des Volkes einzustellen – als ob dies so einfach wäre.[8] Zahlreiche osteuropäische Sozialwissenschaftler, aber auch einige westliche Ethnologen, die Forschungen in der Region betrieben, kannten die komplizierten Umstände, unter denen Havel und andere ihre Kritik am Kommunismus „im Namen des Volkes" vorbrachten. Aber wie konnte man sich gegen den Diskurs von der „Rückkehr nach Europa" oder gegen den Aufruf zur „Wiederentdeckung einer Zivilgesellschaft" für die Region wenden? Heute, ein Jahrzehnt nach dem Ende des Kalten Krieges ist die Ethnologie vielleicht in der Lage, die rhetorischen Ermahnungen auf einem anderen Niveau zu untersuchen. Sie tut dies, indem sie zeigt, dass Begriffe wie „Privateigentum" und „Marktwirtschaft" nicht freischwebende Konzepte darstellen, sondern mit den sozialen Realitäten der Staatsbürger in den heutigen Demokratien auf das engste verbunden sind. So fragen Ethnologen zum Beispiel, ob es sich bei den genannten Begriffen immer noch um erhabene Ideale handelt oder ob diese inzwischen auf die Stufe zentraler Schlagworte neuer Ideologien herabgesunken sind. Sie fragt auch danach, ob westliche Eliten – mit Unterstützung der tonangebenden, den Gedanken der „Transitologie" hochhaltenden Disziplinen – für die postsozialistischen Staaten Modelle befürworten, die selbst in ihren eigenen Ländern kaum mit den bestehenden sozialen Realitäten in Einklang stehen.

Es scheint mir, dass die mit der postsozialistischen Problematik befasste Ethnologie ihrer Forschung sowohl eine politische als auch eine ethische Dimension geben muss. Im Gegensatz zu anderen Disziplinen, die ebenfalls mit Begriffen wie „Zivilgesellschaft" arbeiten, ermöglicht es unser aus nächster Nähe vorgenommene Blick auf gegenwärtig übliche Praktiken, jede Veränderung des moralischen Klimas in genau dem Bereich zu registrieren und zu bemessen, in dem dies am nötigsten ist – im täglichen Leben. So fällt zum Beispiel sofort auf, dass das einst von den „Dissidenten" diagnostizierte „moralische Vakuum" in den heutigen Beschreibungen des Postsozialismus wieder auftaucht. Weder die neuen ideologischen Schlagworte noch die anschwellende Flut religiöser Bewegungen scheinen in der Lage zu sein, diese soziale Leere zu füllen. Zu sozialistischen Zeiten waren viele Menschen mit ihren regierenden Machthabern unzufrieden und so mancher schaltete Radio Free Europe ein, wann immer er konnte. Andere lebten in einem Klima der Angst am Arbeitsplatz und des Argwohns gegenüber ihren Nachbarn (obwohl die meisten Berichte im Westen über diese Dinge vielleicht übertrieben waren). Trotzdem blicken nicht wenige von denen, die in den alten Tagen am meisten schimpften, mit Wehmut auf eine Zeit zurück, in der sie weniger sichere Rechte im juristischen Sinne hatten, ihre Bedürfnisse jedoch besser befriedigt wurden als heute, zehn Jahre danach (siehe Pine, Kandiyoti, in diesem Band).

Für einige von uns, die diese Regionen kannten, als sie noch relativ isoliert vom Rest der Welt existierten, und preiswert und irgendwie unverdorben waren, ist es schmerzlich, die neuen dort herrschenden Ungleichheiten zu sehen. Es macht keine Freude, die Ankunft multinationaler Unternehmen, Grundstücksmakler und Werbefirmen zu beobachten. Während der aus dem Warenkonsum gewonnene Trost dies nicht kompensieren kann und auch nicht allen zugänglich ist, geraten die negativen Aspekte der neuen Marktwirtschaft (wie zum Beispiel die Prostitution) außer Kontrolle. Dabei mag natürlich dahingestellt bleiben, ob der Kummer dieses oder jenes ausländischen Beobachters nicht größer ist als der, den die Einheimischen fühlen, da bei diesen etwaige Spuren von Nostalgie sofort verschwinden, wenn sie sich die armseligen und erbärmlichen Seiten ihres Lebens während des Sozialismus ins Gedächtnis zurückrufen. Trotz allem gab es dennoch viele, die damals bis zu einem gewissen Grade an das System *glaubten*. Unter denen, die es ablehnten, fanden sich viele, die dies aufgrund wohldurchdachter moralischer Überlegungen taten. Die Mehrheit in der Mitte – jene also, die, wie das ja die meisten tun, ihr soziales System als selbstverständlich hinnahmen – hatte es mit einem System zu tun, das, obgleich ganz offensichtlich dem Zusammenbrechen nah, nie aufgehört hat, moralische Überlegenheit für sich zu beanspruchen. Ganz unabhängig davon, was man von diesem Anspruch hält, fehlen neue moralische Kräfte, die gleichwertig an die Stelle der früheren treten können. Die Korruption, die Kriminalität und der Zerfall des gesamten Sozialgeflechts sind heute beinahe überall ständig wiederkehrende Themen moralisch ausgerichteter Kommentare; und nicht nur von denen, die es finanziell schlechter haben, entweder relativ oder sogar im absoluten Sinne betrachtet. Wenn erst einmal alle Übel des Sozialismus erkannt worden sind (und viele davon werden in diesem Buch dokumentiert), ist es wichtig, auch diese andere Seite im Gedächtnis zu behalten. Ethnologen sind schon von Berufs wegen dazu verpflichtet, die moralischen Komplexitäten einer Welt anzuerkennen, die heute beinahe überall verschwunden ist. Sie müssen zugleich die Ideale dieser Welt respektieren, sie aber auch einer kritischen Beurteilung unterziehen. Diese Ideale haben das Leben von Millionen Menschen nicht nur in der sozialistischen Welt, sondern indirekt auch von uns allen geformt. Wir brauchen keine Tränen zu vergießen, wenn wir von dem sozialistischen „Anderen" Abschied nehmen, aber – wie auch Don Kalb im Nachwort zu diesem Buch sagt – es wäre arrogant und kurzsichtig, den globalen Kapitalismus für ein Allheilmittel oder gar einen Maßstab der Moral zu halten.

Die Weiterführung ethnologischer Studien vom Zusammenspiel der verschiedenen Geschichtsverläufe, Glaubenssysteme und Praktiken in den ehemaligen sozialistischen Staaten Asiens und Osteuropas wird das Konzept des „Postsozialismus" vielleicht eines Tages hinfällig machen. Doch scheint mir, dass die Erfahrung des marxistisch-leninistischen Sozialismus – d. h. die Schaffung einer über zwei Generationen währenden einheitlichen, alle diese Länder überziehenden Schicht aus sozialistischen Institutionen, einer gemeinsamen Ideologie und einer moralischen Zielsetzung noch über viele Jahre hinweg überall in Asien und Europa ihren Einfluss auf dieses Zusammenspiel geltend machen wird.

Ist „postsozialistisch" noch eine brauchbare Kategorie?

Caroline Humphrey

Die Kategorie „postsozialistisch" beruht meiner Meinung nach auf einigen vernunftgebotenen Annahmen, die da sind: Erstens: Das es so etwas wie das plötzliche und totale Verschwinden aller sozialen Gegebenheiten, an deren Stelle dann eine völlig andere Lebensweise tritt, nicht gibt. Zweitens: Das, was Rudolf Bahro den „real existierenden Sozialismus" genannt hat, war eine zutiefst durchdringende Erscheinung, die nicht nur in Form bestimmter Praktiken ihre Wirkung zeigte, sondern auch als ein aus öffentlichen und verborgenen Ideologien und Parolen bestehendes Ganzes seine Kraft spüren ließ. Die dritte, vielleicht etwas umstrittenere Annahme wäre die, dass der „real existierende Sozialismus" eine gewisse Gründungseinheit beinhaltete, die bezüglich seiner öffentlich verkündeten Ideologie von Marx hergeleitet war, hinsichtlich seiner beherrschenden politischen Praxis aber auf Lenin zurückgriff. Obwohl die allen sozialistischen Ländern gemeinsamen Merkmale des real existierenden Sozialismus sehr ungleich verteilt waren und nicht immer gleich aussahen, besaßen diese Strukturen mehr

Gemeinsamkeiten als die real existierenden kapitalistischen Gesellschaften – obgleich „Kapitalismus" eine Kategorie bildet, die allgemein ohne Bedenken und mit großem Nutzen ihre Anwendung findet. Wir können also sagen, dass der „Postsozialismus" zwar ein akademisches Konstrukt darstellt, aber auch mehr als nur ein Konstrukt ist – einfach weil er zugleich auch bestimmten historischen Gegebenheiten in der praktischen Welt „da draußen" entspricht.

Das soll nicht besagen, dass die „Postsozialismusforschung" eine Subdisziplin in dem von Marilyn Strathern (1981) beschriebenen Sinn sein sollte. Strathern hatte sich gegen eine „Ethnologie der Frau" ausgesprochen, weil es so aussah, als bilde sich innerhalb des Faches langsam eine in sich geschlossene, nur auf Frauen ausgerichtete Subdisziplin heraus. Die Erforschung der ehemaligen sozialistischen Gesellschaften muss offen bleiben und die Möglichkeit bieten, privilegierte, aus verschiedenen Blickwinkeln errungene Einsichten sowohl von innen als auch von außen zu bekommen. Solche Forschungen sollten nicht von anderen Bereichen der Ethnologie – wie vergleichenden Studien zu Imperialismus, Kolonialismus und Postimperialismus oder der politischen Ethnologie im allgemeinen – abgetrennt werden.

Nachdem die grundsätzliche Einheit des Forschungsfeldes nun festgestellt ist, zeigt ein das ganze Territorium von Osteuropa bis nach Wladiwostok überspannender Blick, dass sich die zwischen den ehemaligen sozialistischen Ländern bestehenden Unterschiede im Laufe der letzten zehn Jahre verschärft haben. Insbesondere scheint sich eine Kluft zwischen Zentral- und Osteuropa (einschließlich der baltischen Staaten) sowie zwischen der Russischen Föderation und den Ländern Zentralasiens aufgetan zu haben, vom Kaukasus und China einmal ganz abgesehen. Die Art und Weise, wie mit „demokratischen" Grundprinzipien umgegangen wird, welche Haltung man gegenüber privatem Eigentum an Grund und Boden einnimmt und wie sich das Beziehungsverhältnis zwischen dem Einzelnen und dem Staat gestaltet sowie die Frage nach der Rechtsstaatlichkeit, nehmen in den verschiedenen Regionen immer unterschiedlichere Formen an. Dennoch scheint es – zumindest vorläufig – sinnvoll zu sein, auf all diese Länder die Kategorie „postsozialistisch" anzuwenden, um das größtmögliche Terrain für vergleichende Studien zu eröffnen. Es sind in der Hauptsache drei Gründe, die mich so argumentieren lassen.

Der erste Grund ist, dass wir immer noch nicht feststellen konnten, worin das Erbe des real existierenden Sozialismus besteht. Um ein Beispiel zu nennen: Bei den letzten Präsidentschaftswahlen in Kirgistan wurde der Kandidat Akayev mit 75 Prozent der Stimmen wiedergewählt, woraufhin die Journalisten sofort aufschrien und verkündeten, dies sei ein trauriger Tag für die Demokratie und eine

Rückkehr zu kommunistischen politischen Gewohnheiten. In anderen Teilen Zentralasiens, die ich besser kenne, gab es sogar noch überwältigendere Wahlsiege – wie zum Beispiel den des Sängers und Mafiabosses Kobzon, der in dem Distrikt von Aga Burjat in Russland 88 Prozent der Stimmen erhielt. Auch Kobzons Sieg wurde von russischen Journalisten der „sowjetischen Mentalität" der Burjaten zugeschrieben. Doch auf welcher Grundlage basiert die Annahme, dass diese Wahlergebnisse wirklich irgendetwas mit dem früheren politischen Verhalten der Bevölkerung im Sozialismus zu tun hätten? Andere Erklärungsansätze könnten zum Beispiel mit einer Studie über das lokale Patronagesystem oder über Praktiken der Stimmenmanipulation beginnen. Wir können nichts mit Sicherheit sagen, bis wir – auf der Grundlage guter Geschichtskenntnisse über diese Regionen – die entsprechenden Studien vor Ort durchführen und außerdem vergleichend untersuchen, warum sich Regionen mit einer mehr oder weniger übereinstimmenden Form des „real existierenden Sozialismus" während der letzten Jahre so unterschiedlich entwickelt haben.

Dies bringt mich zu meinem zweiten Punkt, nämlich der Frage, wie wir gewinnbringend vergleichen können. Es nützt nicht viel, zwei verschiedene Situationen zu beschreiben und dann zusammenzuzählen: „Es gibt x hier, aber nicht dort; dort gibt es y, aber nicht hier" usw. Vielmehr kann eine breitangelegte Untersuchungsgrundlage während des Versuchs, eine bestimmte Situation zu verstehen, der Analyse dieser Situation eine informationsreichere Front bieten. Mit anderen Worten, ein Vergleich sollte Informationen für die Beschreibung einer bestimmten Situation liefern – und nicht umgekehrt. Man benötigt ein relevantes Feld für Vergleiche, und dieses relevante Feld wird – was uns anbelangt – eben sehr oft das des „Postsozialismus" sein.

Drittens ist es wichtig zu verstehen, dass die Veränderungen in postsozialistischen Ländern weder einfach sind, noch in einer einzigen Richtung verlaufen (Burawoy und Verdery 1999). Überall gab und gibt es Hindernisse und unerwartete Störungen. In vielen dieser Länder lässt sich eine ziemlich unkalkulierbare Tendenz der „Rückwendung" oder zumindest die feste Weigerung seitens bestimmter Bevölkerungsgruppen feststellen, aus sozialistischer Zeit stammende Werte und Erwartungen aufzugeben. Solche Neigungen sind nicht überall gleichermaßen erkennbar, doch scheinen sie in der einen oder anderen Form überall vorhanden zu sein. So ist zum Beispiel in der Mongolei die ehemalige Revolutionspartei (d. h. die kommunistische Partei) kürzlich mit erstaunlicher Mehrheit wiedergewählt worden (nur drei der über siebzig Parlamentssitze entfallen auf andere Parteien). Diese Partei hat eine grundlegende Umgestaltung erfahren und setzt sich heute für einen „Dritten Weg" ein, der an Tony Blairs Programm für

Großbritannien erinnert. Nichtsdestoweniger sagen die Mongolen, dass diese Partei ihre Anziehungskraft aus ihrer ehemaligen offiziellen Legitimität bezieht, die darin begründet ist, dass sie während der sozialistischen Periode Grundbedürfnisse wie regelmäßige Lohnzahlungen sowie freie Gesundheitsfürsorge und Erziehung sicherte. Das durch solche Wahlsiege bestätigte Aufleben kommunistischer Parteien kann – im Sinne eines deutlichen Hinweises auf den Zeitgeist – nur so gewertet werden, dass wir uns heute tatsächlich in einer Periode des Postsozialismus befinden. Man kann die Augen nicht davor verschließen, dass die Menschen, von Ostdeutschland bis zur Mongolei, ihre politischen Urteile auf eine Zeitspanne beziehen, in der vielmehr die sozialistische Vergangenheit den Ausgangspunkt bildet, und das Zukunftsdenken nicht nur von der gegenwärtigen Situation bestimmt wird.

Dieser Umstand wird in Zukunft an Bedeutung verlieren, da früher oder später, wenn die unter dem sozialistischen Regime aufgewachsenen Generationen allmählich von der politischen Bühne verschwinden und die Kategorie des Postsozialismus keine Relevanz mehr besitzt, dieser sich auflösen wird. Ich habe den Eindruck, dass viele junge Menschen in einem großen Teil der Region schon jetzt diese Begriffe ablehnen, die auch als ein einengendes, ja beleidigendes Etikett gesehen werden können, als etwas, das von außen aufgeklebt wurde und die Freiheit der Menschen dieser Länder, ihre Zukunft selbst zu bestimmen, beeinträchtigt. Wenn schon die betroffenen Menschen diese Kategorie zurückweisen, sollten wir als Ethnologen nicht darauf bestehen, sondern beachten, welche neuen Forschungsrahmen aus den betroffenen Ländern selbst vorgegeben werden. Es gibt noch einen weiteren, mit dem Generationswechsel in Zusammenhang stehenden Aspekt des Problems – und zwar den, dass Ethnologen, die diese Bevölkerungsgruppen im Sozialismus gekannt haben, also Veteranen wie ich, allmählich durch junge Forscher mit eigenen Projekten und Interessen ersetzt werden. Diese jungen Wissenschaftler werden sich sehr wahrscheinlich ganz neuen Themen zuwenden – zum Beispiel, der Integration Europas, der Globalisierung oder neuen Kommunikationstechnologien – alles Dinge, die wenig mit der sozialistischen Vergangenheit zu tun haben.

Doch auch ein Blick auf einige der ins Auge stechenden „objektiven", sich gegenwärtig in dem weiten Raum des „Postsozialismus" abspielenden Prozesse und Ereignisse lohnt sich. Die westlichen Regionen erleben die Erweiterung der NATO, und in einigen Ländern sind die Vorbereitungen für den Eintritt in die Europäische Union schon recht weit gediehen. Was sich weiter östlich tut, ist weniger bekannt. Schon seit einigen Jahren haben sich viele Intellektuelle und Politiker in Russland darüber Gedanken gemacht, wie eine nicht-westlich ausgerichtete – ja sogar „anti-atlantisch" orientierte – Zukunft für ihr Land aussehen könnte. Sie haben über die historische Identität Russlands und das Wesen der Föderation in Relation zu ihrem zaristischen und sowjetischen Erbe debattiert. Ein zentrales Thema dieser Diskussionen war und ist der „Eurasianismus", eine Vorstellung, gemäß welcher aus dem Zusammentreffen der politischen Traditionen der innerhalb der Föderation existierenden asiatischen Kulturen mit der der Slawen ein synergetisches Kreativitätspotential hervorgeht. Verschiedene betroffene asiatische Völker haben das Konzept des „Eurasianismus" als Versuch Moskaus, die frühere Dominanz aufrechtzuerhalten, abgelehnt. Andere haben es begrüßt, weil es in ihren Augen der eigenen Kultur Gewicht zu verleihen scheint. Soweit ich das beurteilen kann, sind diese „asiatischen Werte" etwas Neues und nicht wiederauferstandene präsowjetische Modelle. Sie haben ihre Wurzeln in der Religion, sind eine neue Auslegung der eigenen Geschichte oder die Überwindung früherer Erniedrigungen dieser Völker und ein Echo auf gegenwärtige globale Diskussionen. Zugleich sind sie aber auch indigen, womit ich meine, dass sie als Resultat der eigenen Erfahrung der Region zu verstehen sind.

Die extremeren russisch-nationalen Formen des „Eurasianismus" dürften in gewisser Weise zu einer ähnlichen Herausforderung für die ethnologische Forschung werden wie irredentistische Bewegungen in Westeuropa. Ein Unterschied besteht jedoch darin, dass die politische Struktur Russlands mit seinen neunundachtzig föderativen Einheiten einer möglichen Dominanz dieser Ideologie in Kombination mit regionalen Interessen Vorschub leisten könnte. Es ist daher durchaus denkbar, das wir in Teilen Russlands und Zentralasiens die Legitimation eines bestimmten Stils autoritärer Regierungen erleben werden, wie sie in vergleichbarer Weise in Ost- und Zentraleuropa nicht möglich wäre. Es scheint mir ebenfalls wahrscheinlich, dass solche Prozesse intern ganz anders erlebt werden würden, als sie aus politischen Überlegungen heraus im Zusammenhang mit internationalen Beziehungen nach außen hin erscheinen – was natürlich auf die Notwendigkeit ethnologischer Analysen verweist. Es existiert ein sehr komplexes Beziehungsverhältnis zwischen dem pragmatischen Bestreben Moskaus, eine vertikale, bis zum kleinsten Verwaltungsbezirk hinunterreichende Machtstruktur zu errichten, den lokalen Machthabern sowie den Vertretern der verschiedenen in der Föderation zusammengefassten Kulturen, die öffentlich ihre eigenen Ansichten darüber darzulegen versuchen, wie ihrer Meinung nach politische Beziehungen auszusehen haben. Die wachsende Popularität des Konzepts eines alles überspannenden Eurasianismus schafft das Potential einer neuen Art von Autoritarismus, der – auf der Grundlage einer sozusagen anti-rationalen Rhetorik – seine Daseinsberechtigung aus mystisch-ideologischen Vorstellungen bezieht, die sich schlecht mit den Fakten der wirtschaftlichen Realität und den Fragen, wer die verfügbaren Ressourcen kontrolliert und monopolisiert, und wer mit wirtschaftlicher Not zu kämpfen hat, vereinbaren lässt. Daraus ergibt sich eine doppelte Herausforderung für die Forschung: Erstens, die Frage, wie solche Situationen verstanden werden können und interpretiert werden sollen, ohne dabei von euro-amerikanischen Wertevorstellungen auszugehen. Auf diesem Gebiet ist meiner Ansicht nach die Zusammenarbeit zwischen lokalen und fremden Ethnologen unerlässlich. Zweitens wird – wie Katherine Verdery im Anschluss an meine Darlegungen hervorhebt – das Bild, das von westlichen Gesellschaften aus eurasischer Perspektive entsteht, uns einiges über unser eigenes Selbstverständnis lehren.

In Kapitel 13 dieses Buches gehe ich näher auf die neue Ideologie des Eurasianismus ein. Obwohl die gegenwärtige, diesem Konzept förderliche Situation in den Provinzen in wesentlicher Hinsicht mit bestimmten Aspekten des Sowjetismus als Regierungsform in Verbindung zu stehen scheint, ist doch davon auszugehen, dass die Privatisierung und die neue Wahlpolitik den ehemaligen Machtstrukturen ein klares Ende gesetzt haben. Diese neuen Strukturen entwickeln sich in einer Richtung, die sich noch weiter vom Sozialismus entfernt und auf einer ganz anderen Art und Weise als in Ost- und Mitteleuropa geschieht. Wenn die Kluft zwischen diesen beiden breiten Pfaden immer tiefer wird, wenn sich die Dinge so entwickeln, dass sozialistische Werte auf ganz unterschiedliche Weise in verschiedenen Regionen der ehemaligen sozialistischen Zone zurückgewiesen werden, und wenn der „real existierende Sozialismus" schließlich nur noch einer fast vollständig vergessenen, lediglich in vergilbten Zeitungsartikeln wiedergespiegelten Vergangenheit angehört, dann ist auch die Zeit gekommen, endlich die Kategorie „postsozialistisch" zur letzten Ruhe zu betten.

Wohin mit dem Postsozialismus?

Katherine Verdery

Während die beiden diesen Betrachtungen vorausgehenden Beiträge die Vielfalt ethnographischer Untersuchungen seit 1989 vor Augen führen und die Frage aufwerfen, wie lange der Gebrauch des Terminus „postsozialistisch" in Zusammenhang mit Forschungsprojekten in Eurasien Sinn machen wird, möchte vorliegendes Essay das ethnographisch Konkrete beiseite lassen und sich dem

Nachdenken über die Zukunft widmen.⁹ Ob das nun unter der Rubrik postsozialistisch einzuordnen ist oder nicht, so muss man sich doch fragen, in welche Richtung die wissenschaftliche Forschung im Bereich des ehemaligen Ostblocks gehen soll. Chris Hanns Darstellung hat einige erste Schritte dieses Fortgangs beschrieben, der durch Bemühungen gekennzeichnet sein sollte, den Transformationsprozess und das Erbe des Sozialismus, die Praktiken und Schwierigkeiten des täglichen Lebens zu verstehen. Jüngere Forscher beschäftigen sich mit neuen, von Ethnologen bisher nicht behandelten Problemen wie Tourismus, nostalgischer Sehnsucht nach der Vergangenheit oder Prostitution.¹⁰ Eine andere Möglichkeit wäre, sich insbesondere den historischen Zusammenhängen zuzuwenden und den Sozialismus jetzt im Licht der erst vor kurzem geöffneten Archive zu durchleuchten.¹¹ Aber nach einem Jahrzehnt des Forschens und Schreibens hat sich keine klare Linie der Postsozialismus- und Übergangsforschung entwickelt. Zur besseren Orientierung unserer Forschung sollten wir einen Blickwinkel suchen, von dem aus sich eine ganz neue Sicht auf die sozialistischen und postsozialistischen Prozesse eröffnet.

Das könnte zunächst dadurch geschehen, dass wir eine Parallele zur Postkolonialismusforschung erstellen, indem wir aufgrund dieser Veröffentlichungen neue Einsichten gewinnen und gleichzeitig die Postsozialismusforschung in eine neue Richtung lenken.¹² Eine solche Parallele ergäbe insofern einen Sinn, weil nicht nur Osteuropa und ein großer Teil der ehemaligen Sowjetunion einst in irgendeiner Form einer Kolonialmacht unterstanden, sondern weil auch zahlreiche andere Länder wie Kuba, Mosambik, Äthiopien, der Jemen, Laos usw. sich oft dem sowjetischen Einflussbereich anschlossen, um so ihre Unabhängigkeit von der einen oder anderen westlichen Kolonialmacht zu demonstrieren. Ich möchte in diesem Essay die meines Erachtens nach produktiveren Ansätze der Postkolonialismusforschung aufzeigen und untersuchen, inwieweit die sich hierbei ergebenden Analogien in der Postsozialismusforschung von Nutzen sein könnten.

In derselben Weise, wie die Postkolonialismusforschung die koloniale Vergangenheit untersucht, durch welche die heutigen Gesellschaften Afrikas, Lateinamerikas und Asiens ihre Gestalt erhielten, ließen sich ähnliche Prozesse auch im Zusammenhang mit dem sowjetischen Imperialismus erschließen. Forschungsprojekte dieser Art würden mehrere Möglichkeiten eröffnen – unter anderem auch die, dass nun die verschiedenen Typen von Imperien genauer untersucht werden könnten. Das sowjetische Imperium war anders organisiert als das Großbritanniens, Frankreichs oder anderer kapitalistischer Länder. Obwohl hier wie da bei der Verwirklichung der Pläne des imperialen Zentrums eine komplexe

Kombination von Eroberung, Infiltration und Annektierung zum Einsatz kam, waren die Ziele unterschiedlich: Das „Zentrum Moskau" war bestrebt, die von ihm abhängigen Territorien in einen Prozess einzubinden, der nicht der Kapitalanhäufung diente, sondern einer durch die Akkumulation der Produktionsmittel herbeigeführte Kapazität der Machtzuweisung (Verdery 1991). Integraler Bestandteil dieser Zielsetzung war die Errichtung einer Mauer, die dieses Zentrum selbst, aber auch die von ihm abhängigen Gebiete von den Prozessen der Kapitalanhäufung isolieren würde. Daher wurde für dieses Imperium Sicherheit zur Obsession, und die Expansion nach Westen unter anderem auch darum angestrebt, weil eine Sicherheitszone (Osteuropa) geschaffen werden musste, die verhindern sollte, dass das eigene Territorium mit den europäischen kapitalistischen Zentren in direkte Berührung kam. Das sowjetische Imperium drang ganz bewusst in neue Gebiete vor und war ehrgeiziger als die westeuropäischen Imperien: Es arbeitete im allgemeinen mit einem gröberen Instrumentarium und seine auf einen ideologischen Umsturz gerichteten Absichten fassten viele unterschiedliche Wege ins Auge, die zu diesem Ziel führen würden.

Ein Ziel der Postsozialismusforschung könnte demnach darin bestehen, durch den neuerdings möglichen Zugang zu den Archiven genauer zu erkunden, wie das sowjetische Großreich wirklich arbeitete und fragen, wie die kolonialen Verbindungen im Vergleich zu denen der Imperien in Westeuropa funktionierten.[13] Welche Unterschiede bestanden zwischen dem „inneren Kreis" der Sowjetrepubliken, dem „zweiten Kreis" der osteuropäischen Staaten, und dem äußersten, „dritten Kreis" von Satellitenstaaten in den Ländern Afrikas, Asiens und der Neuen Welt? Wie könnten Untersuchungen dieser Art Postkolonialismustheorien modifizieren? Nicht uninteressant scheint mir auch die Frage, ob diese beiden Forschungskomplexe von einem Vergleich der aus dem Kolonialreich hinausführenden Wege profitieren könnten – u. a. durch eine Studie der differenzierten Heranführung der Kolonien oder Satellitenstaaten an das globale Netz der Kapitalströme und der Auswirkungen der mit verschiedener Geschwindigkeit erfolgten Dekolonisation.

Eine zweite mögliche Analogie aus der Postkolonialismusforschung könnte für die Postsozialismusforschung die Untersuchung bringen, wie das Feld der Interaktionen Kolonie und Kolonialmacht vereinigte und half, das imperiale Zentrum zu erschaffen und umzuformen. Es geht also um die Frage, wie die Beziehungen der Sowjetunion mit ihren verschiedenen Satellitenstaaten eigentlich erst das „Zentrum Moskau" ins Leben riefen und zu dem machten, was es schließlich war. Man könnte natürlich argumentieren, dass es eben diese Beziehungen waren, die das System am Ende vollends in den Abgrund rissen, als der

Schuldenberg der Satellitenstaaten das Zentrum auszulaugen begann (Bunce 1985) oder als die durch die möglichen Auswirkungen der *Solidarność*-Bewegung in Polen entstandene Besorgnis die Bildung einer reformwilligen Fraktion innerhalb der sowjetischen Führungsgruppe selbst vorantrieb. Die Revolutionen von 1989 waren schließlich nichts anderes als das Ergebnis der Unterstützung, die diese Fraktion den in den osteuropäischen Staaten auftretenden Reformern zukommen ließ. Es könnte aber auch sein, dass das Studium von Veröffentlichungen des Postkolonialismus neben den Problemen der wirtschaftlichen und politischen Beziehungen in den ehemaligen Imperien uns auf die Frage hinweist, wie sich die Unterdrückungsmechanismen des imperialistischen Zentrums plötzlich so massiv gegen dieses selbst wandten. Ein Grund hierfür war wohl der, dass die Partei die nationalen Identitäten instrumentalisierte; ein zweiter ist wahrscheinlich in den heftigen Reaktionen zu den Technologien der Intimität zu suchen;[14] aber wir sollten noch nach weiteren Gründen suchen.

Eine andere Parallele zur Postkolonialismusforschung könnte sich ergeben, wenn man die Kontrolle von Wissen und Repräsentation als Mittel der Kolonialherrschaft vergleichend untersucht. Beide Faktoren waren ebenfalls in der Welt des Kalten Krieges von größter Wichtigkeit – wenn auch auf andere Weise. Eigentlich war dieser Krieg nichts weiter als eine bestimmte Art und Weise wie die Welt organisiert war sowie der Vorstellungen, Bilder und des Wissens über diese Welt (Verdery 1996, S. 4). Der Kalte Krieg ordnete die Welt um eine Dichotomie anderen Charakters herum als die des Postkolonialismus: nicht die peripheren Kolonien und das Zentrum, der „Westen" und der „Rest der Welt" waren hier die Kriterien, sondern „Ost" und „West", Kommunismus und Kapitalismus. Auch das Wissen über die Welt wurde anders organisiert, denn nun standen andere Aspekte des Kapitalismus als seine kolonialen Beziehungsmuster im Vordergrund, und Staaten und Gebiete wurden anders zum Zentrum in Beziehung gesetzt als dies zur Zeit des europäischen Imperialismus der Fall gewesen war. Diese Perspektive beinhaltet eine viel breiter angelegte Front wissenschaftlicher Forschungsmöglichkeiten als dies bei einem nur den Postsozialismus ins Auge fassenden Ansatz geschieht; außerdem wird die Untersuchung des Kalten Krieges selbst dann miteinbezogen. Vielleicht sollten wir dann überhaupt nicht mehr von *Postsozialismusforschung* sprechen, sondern von *Post-Kalter-Krieg-Studien*. Ich möchte das etwas genauer ausführen:

Auf die gleiche Weise, wie Postkolonialismusstudien die Vorstellungen vom „Selbst" und dem „Anderen" im kolonialen Zusammenleben von Kolonialherren und Koloniegebiet zum Gegenstand haben, könnten wir dieses Verhältnis sowohl in der sozialistischen als auch der kapitalistischen Welt untersuchen und uns daran erinnern, dass jede dieser Welten die andere als ihre Nemesis – d. h. als den Inbegriff all dessen, was böse und schlecht ist – hingestellt hatte. Diese Vorstellungen haben gewissermaßen ihre postkoloniale Parallele in den stereotypen Bildern, die Westeuropa vom „Orientalen" und dem „Wilden" geschaffen hatte. Wir müssen versuchen zu verstehen, wie es in den kommunistischen Ländern und den Kolonien zur Schaffung und Verbreitung bestimmter Vorstellungen vom „Westen" kam (eines der Ziele der „Subaltern Studies"-Schule der Postkolonialismusforschung). In den Kolonien wurden diese Bilder und Vorstellungen wohl vor allem über die Literatur und das gedruckte Wort verbreitet, nicht aber in den sozialistischen Ländern. Hier scheint das Bild vom westlich „Anderen" in der Hauptsache durch Negation entstanden zu sein, d. h. dadurch wie die sozialistischen Machthaber in ihren Selbstdarstellungen ihre eigenen Tugenden hervorhoben.

Bei der Organisation von Wissen standen in der Postkolonialismusforschung die Kolonialgebiete und die imperialen Zentren in einem Gegensatz – das, was wir etwas salopp „Erste Welt" und „Dritte Welt" nennen. Demgegenüber arbeiten Untersuchungen zum Sozialismus und Postsozialismus mit Kategorien der „Ersten" und „Zweiten Welt", denen Teile der „Dritten Welt" als Satelliten zugeordnet werden. Auch werden in beiden Forschungsrichtungen verschiedene Arten von Erkenntnissen gesucht. So konzentrierten sich die meisten Regionalstudien innerhalb des sozialistischen Blocks während des Kalten Krieges vor allem auf das Problem übermäßiger politischer Kontrolle („Totalitarismus") sowie auf das Nichtvorhandensein von Konsum und Märkten in diesen Ländern – d. h. auf Aspekte, die den Grundmerkmalen unserer eigenen westlichen Identität sehr gegensätzlich sind. Seit 1989 hat man dann in wissenschaftlichen Kreisen viel darüber nachgedacht, wie diese Lücke beseitigt werden könnte.[15] Schwerpunkte der postkolonialen Forschung waren dagegen die Herrschaftspraktiken gewesen, derer man sich bediente. Dazu gehörten zum Beispiel Methoden der Christianisierung, die Manipulation von Raum und Zeit und die Verfahrensweisen, mit denen versucht wurde, das Kolonialsystem allen Untertanen sozusagen in Fleisch und Blut übergehen zu lassen. Würde sich die Postsozialismusforschung dieses weite Feld zu Eigen machen, wäre mit einer alternativen Kohärenz ihrer Arbeit zu rechnen.

Es mag nun scheinen, als würde ich nur dazu aufrufen, die Lektion, die wir von unseren Kollegen der Postkolonialismusforschung lernen können, auf unsere heutige Arbeit anzuwenden. Doch mein Anliegen ist eigentlich viel ehrgeiziger. Ich möchte nämlich behaupten, dass alle Forschungen zum Postsozialismus bzw. zur Zeit nach dem Kalten Krieg den Wissensstand der Postkolonialismusforschung zugleich erweitert und in ihre eigenen Forschungsprojekte inkorporiert, oder – um nicht allzu imperialistisch zu klingen –, dass wir diese beiden Epochen der Forschung in ein einziges großes Forschungsfeld verwandeln. Wenn uns die postkoloniale Zeit die „Dritte Welt" und die damit in Zusammenhang stehenden Erkenntnisse gegeben hat, sollte uns die „Zweite Welt" doch etwas noch Umfassenderes geben können – schon deshalb, weil das Konzept einer „Dritten", blockfreien „Welt" aus dem Kalten Krieg hervorgegangen ist. Das sowjetische System hat allein durch seine Existenz der globalen Politik eine besondere Form geschaffen – dadurch nämlich, dass nun Stellvertreterkriege, Kämpfe um Satellitenstaaten und Staaten, die beide Großmächte gegeneinander ausspielten (wofür Jugoslawien ein gutes und ernüchterndes Beispiel liefert) zur Tagesordnung gehörten. Wir können also sagen, dass die globale Ordnung, aus der nicht nur der Neokolonialismus hervorging, sondern auch das gesamte Feld der Postkolonialismusforschung, eine durch den Kalten Krieg geschaffene Ordnung war, deren Vorhandensein die westlichen Länder dazu zwang, um Teile von Ländern und Regionen zu kämpfen, die nicht unmittelbar dem Sowjetblock angehörten.

Wir sollten noch über die Integration der verschiedenen „Welten" hinausgehen und uns fragen, aus welchem Grund die Erforschung des Kolonialismus und die des Sozialismus so scharf voneinander getrennt sind. Was hat diese Trennung bewirkt? Weigern wir uns, diese Trennung anzuerkennen, werden wir durch interessante Einsichten belohnt – wie zum Beispiel der von Frank Costigliola, dass eine große Anzahl ehemaliger Kolonialbeamter in den 50er Jahren während des Kalten Krieges wichtige Posten besetzten und alle ihre Vorstellungen vom „Anderssein" einbrachten und kein Problem damit hatten, diese Ideen auf den neuen Kontext des Sozialismus zu übertragen.[16] Was können solche Erkenntnisse zu dem Verständnis darüber beitragen, weshalb westliche Geheimdienste nicht begreifen konnten, was in den sozialistischen Ländern wirklich vor sich ging?

Den größeren und umfassenderen Rahmen, den ich mir für unsere zukünftige Arbeit mir vorstelle, würde zu einer Forschung führen, die den Kolonialismus in all seinen vielfältigen Formen zum Gegenstand hätte – d. h. nicht nur die europäischen Kolonialreiche früherer Jahrhunderte, nicht nur die sowjetischen Kolonien in Osteuropa und die vielen Satellitenstaaten der Dritten Welt, sondern ebenfalls die volle Einfügung der früheren Kolonien des einstigen sozialistischen Blocks in eine globale kapitalistische Wirtschaft. Eine so organisierte Forschung würde die Dritte Welt in einen ganz anderen Bezugsrahmen stellen als dies die Postkolonialismusstudien tun. Außerdem hätten wir auf diese Weise einen völlig anderen Blickwinkel bei der Frage der westlichen Identität, indem wir nämlich zum

Beispiel untersuchen könnten, weshalb nicht nur die Kolonien, sondern die Existenz des Sozialismus an sich für die „Entstehung" und das „Werden" des Westens mitverantwortlich waren. Dies geschah in der Tat nicht selten zeitgleich mit Prozessen, aus denen die Kolonien, Postkolonien und andere Neokolonien auftauchten. Eine solche Neuorganisation des Wissens würde uns sodann zu dem nächsten, noch weiter ausgreifenden Ziel führen: Unser Verständnis vom Kapitalismus des zwanzigsten Jahrhunderts zu korrigieren – einer Wirtschaftsordnung, für die ja das sozialistische System eine große Herausforderung dargestellt hatte. Was waren die Auswirkungen dieser Herausforderung, und wie können wir diese Auswirkungen historisch oder ethnographisch in den Griff bekommen?

Zunächst ist anzunehmen, dass aufgrund der durch die sozialistische Alternative geschaffene Gefahr in westlichen Volkswirtschaften die staatliche Intervention zunehmen musste. Natürlich war diese Entwicklung auch eine Antwort auf die sich selbst organisierende Arbeiterklasse sowie die Entstehung der Sozialdemokratie. Außerdem wäre zu bedenken, dass die den sozialistischen Volkswirtschaften zugrunde liegende Organisation und Struktur diese Wirtschaften zu einem mächtigen Rivalen machte und die westliche Propaganda dies zu vertuschen suchte, indem sie ständig deren „Ineffizienz" betonte. So machten Einparteienstaaten regelmäßig, was demokratische Länder vor den 1970er Jahren nur selten taten: Sie halfen schwachen Unternehmen wieder auf die Beine – und sie taten dies mit dem Geld der Steuerzahler, doch ohne die politischen Nebenwirkungen hinnehmen zu müssen, mit denen sich die Regierung der USA herumschlagen musste, als sie zum Beispiel die private Spar- und Kreditindustrie aus dem Minus holte. Die Einparteienstaaten begannen schon ihre Unternehmen durch sanfte Budgetbeschränkungsregulierungen zu schützen (siehe Maurer 1999) lange bevor im Westen von Regierungsseite ganz explizit eine Politik der Abpolsterung gegen Unternehmensrisiken betrieben wurde. Außerdem war ihre Landwirtschaft so organisiert, dass da Land den Bauern nur zur Nutzung und nicht als Eigentum zur Verfügung stand, wodurch es den Landwirtschaftsbetrieben möglich war, Kosten und Schulden problemlos von sich abzuwälzen, gerade weil sie nicht Eigentümer des Bodens waren. Die Klugheit dieses Systems wird nun auch für Eigentumstheoretiker und für den Praktiker im Bereich des geistigen Eigentums einsichtig, da es um den Gedanken geht, dass nicht die Tatsache zu *besitzen*, sondern zu *leasen* so wie andere auf Zeit getroffene Arrangements für einen ungebrochenen Gewinnfluss sorgen.[17] Es scheint allmählich klar zu werden, dass der Sozialismus möglicherweise nicht ganz so altmodisch war, wie uns immer erzählt wurde.

Wir können noch weiter gehen: Könnte es vielleicht sein, dass die in den letzten zwei Jahrzehnten so intensiv analysierte „flexible Spezialisierung" Teil der durch den Sozialismus gestellten Herausforderung ist? Kapitalistisches Wirtschaftswachstum hängt vom Konsum ab und dieses Wachstum selbst absorbiert die Produkte, die es erzeugt, um die Gewinne zu machen, die für Gewinnanhäufung unerlässlich sind. Aber die Expansion des Sozialismus nicht nur in Europa, sondern auch in anderen Teilen der Welt, machte es einem außerordentlich hohen Prozentsatz von Menschen dieser Erde unmöglich, westliche Güter zu konsumieren. Obwohl in den 1970er Jahren allmählich Güter westlichen Ursprungs in die sozialistischen Volkswirtschaften durchzusickern begannen, war dieser Warenfluss nicht stark genug, um die Krise des globalen Kapitalismus der späten 1960er Jahre zu verhindern – einer Krise, aus der er nur wieder herausfand, weil die flexible Spezialisierung umgesetzt wurde. Die Krise hatte begonnen, als die Verbrauchermärkte für Waren der Massenproduktion gesättigt waren – d. h. als *verfügbare* Märkte außerhalb der sozialistischen Sphäre ihre Sättigung erreicht hatten. Daher mussten neue Methoden entwickelt werden, durch die Nachfrage und Konsum ausgedehnt werden konnten. Wäre man ohne die sozialistische Autarkie überhaupt – und genau zu diesem Zeitpunkt – auf diesen Gedanken gekommen? Ließe sich nicht denken, dass Entwicklungen wie das Marktnischendenken, die *just-in-time* Warenproduktion oder die ungeheure Beschleunigung des gegenwärtigen Kapitalismus ohne diese Autarkie – zumindest noch für eine Weile – nicht stattgefunden hätten? „Post-Kalter-Krieg-Forschungen" würden uns sicher den Anlass dazu geben, solche Fragen zu stellen.

Alles bisher Gesagte zeigt einige Möglichkeiten auf, die wir haben, um die Post-Kalter-Krieg-Forschung auch für ein besseres Verständnis der Grundmuster der Kolonialforschung und den Problemen jüngerer Forschungen zu nutzen. So ist zum Beispiel der Transfer westlicher Institutionen (wie Märkte, Demokratie usw.) in nicht-westliche Umfelder ein häufiges Thema wissenschaftlicher Texte zum Postsozialismus. Solche Schriften würden sich hervorragend für vergleichende Studien eignen, die untersuchen, wie Ähnliches im Kolonialismus praktiziert wurde.[18] Durch eine Nebeneinanderstellung beider Studienfelder könnten wir die Chronologie dieser Prozesse des „Institutionstransfers" im Vergleich sichtbar machen, d. h. herausfinden, inwieweit solche Transfers während und nach der eigentlichen Kolonialzeit stattfanden – oder ausschließlich nach ihr. Auch die Rolle der nichtstaatlichen internationalen Organisationen und anderer internationaler Einrichtungen bei solchen Transfers könnte festgestellt werden, ebenso wie der Stellenwert, den Institutionstransfers in den verschiedenen Ländern besitzen, d. h. ob sie im Herzen Europas dieselbe Bedeutung haben wie in weiter entfernt liegenden Regionen. Schließlich könnte der Frage nachgegangen werden, wie die Konsequenzen solcher Institutionen – d. h. die bestimmte Gestalt, die eine Volkswirtschaft, die Politik, ja die Nation und der Staat durch sie bekamen – ohne die Ausgangssituation und Unterstützung, die sie bei ihrer Entwicklung in ihren westlichen Ursprungsländern genossen hatten, in anderen Ländern greifen konnten. Um eine Antwort auf diese Frage zu finden, ist es in der Tat sinnvoll, die Welt in den „Westen" und den „Rest" einzuteilen – und diesen „Rest" dann noch weiter zu differenzieren in die verschiedenen Arten von Kolonialismus oder Neokolonialismus, die die einzelnen Regionen durchgemacht haben. Ein solcher Vergleich könnte sehr lehrreich sein.

Welche Form würde die postsozialistische Ethnologie durch eine solche Ausrichtung ihrer Forschung annehmen? Erstens: Sie würde über ein neues Mandat für die historische Ethnologie verfügen – ein Mandat, das dem der Postkolonialismusforschung nicht unähnlich wäre. Sollte sie dann auch noch für den wesentlichen Teil ihrer Arbeiten nach dem Foucaultschen Ansatz verfahren, hätten wir ein sehr weites Feld vor uns, in dessen Rahmen nach den vielfältigen Technologien (inklusive vor allem solcher im Zusammenhang mit Rasse und Geschlecht) gefragt werden könnte, durch die die Moderne in all ihren Verkleidungen des Faschismus, Sozialismus und Kapitalismus ihre Form erhielt.[19] Auf diese Weise würden alle, die sich für den Postsozialismus interessieren, Raum erhalten, die Varianten der Moderne auch auf theoretischer Ebene zu bewältigen. Anstrengungen dieser Art könnten übrigens ebenfalls eine ausgeglichene Wiederbelebung der materialistischen Perspektive nach sich ziehen, nur diesmal ohne die erstarrten, institutionalisierten Ausdrucksformen, des Marxismus-Leninismus.

Zweitens würde das von mir vorgeschlagene Modell – ähnlich wie bei der Postkolonialismusforschung – Wissenschaftler zahlreicher Disziplinen und Länder – weit über die Grenzen der sozialistischen Staaten hinausgehend – zusammenbringen, die ja sonst nicht viel miteinander zu kommunizieren hätten. Anstatt die Welt zu unterteilen in Politikwissenschaftler, Ökonomen und Literaturwissenschaftler, würde ein solcher Ansatz eine multidisziplinäre Leistung von der Wissenschaft fordern, aber eben nicht eine, die sich dem alten Paradigma der „Area Studies" verschreiben könnte. Die Auswirkungen des Kalten Krieges machten sich nicht nur in einer einzigen Region der Welt bemerkbar; sie waren während eines großen Teils des gesamten zwanzigsten Jahrhunderts überall spürbar. Es wird Zeit, den Kalten Krieg aus dem Ghetto der Osteuropaforschung zu befreien.

Drittens: In Analogie zur Postkolonialismusforschung, würde ich vorschlagen, auch den betroffenen Völkern selbst das Wort zu erteilen und ihnen die

Möglichkeit zu geben, ihre eigene Situation zu analysieren. Obwohl noch nicht klar ist, wer der Franz Fanon dieser Bewegung wäre, so gehören die osteuropäischen Dissidenten und andere Wissenschaftler sicherlich zu seinen VorläuferInnen (ich denke da an Leute wie Rudolph Bahro, Pavel Câmpeanu, György Konrád, János Kornai, István Rév, Jadwiga Staniszkis und Iván Szelényi), deren Schriften uns Anlass gaben, nach einem anderen Verständnis des Sozialismus zu suchen als dem, das von den Kategorien des Kalten Krieges bereitgehalten wurde.[20] Das gilt auch noch jetzt, nachdem wir die in ihren Arbeiten enthaltenen Mängel sehen konnten. Auf jeden Fall sollten wir in unserer Eigenschaft als Ethnologen die Konzeption dessen, was „einheimisch" bedeutet, sowohl in Bezug auf die Postsozialismus- als auch die Postkolonialismusforschung erweitern und ebenfalls die Sichtweise solcher Menschen in unsere Betrachtungen miteinbeziehen, die – in ihren eigenen Ländern – von weniger privilegierten Positionen aus argumentieren, als die soeben angeführten Denker.[21] Schließlich vertreten Intellektuelle oft ganz andere Ideale und Ideologien als andere Menschen. Das hat uns ja die Geschichte des Bolschewismus deutlich gezeigt.

Der Kalte Krieg ist nicht vorbei; wir spüren seinen Einfluss bis heute. Wie sonst ließe sich die Bedeutung verstehen, die Wissenschaftler und Politiker gleichermaßen der Privatisierung, Marketisierung und Demokratisierung beimessen – jenem Dreigespann westlichen Selbstverständnisses, das so beharrlich dem ehemaligen sozialistischen „Anderen" zum Zeichen dafür aufgezwungen wird, dass der Kalte Krieg vorbei ist? Wir müssen fragen, ob der Nachdruck, der auf diese Kategorien gelegt wird, in dem ideologischen Ziel begründet ist, diese Menschen zu zwingen, wie unser schon längst nicht mehr aktuelles Selbstbild zu werden. Eine Aufgabe der postsozialistischen Ethnographie besteht sicherlich darin, die Selbstbilder aufzuspüren, die hüben wie drüben seit dem Zusammenbruch des Sozialismus zum Vorschein kommen. Weitere Aufgaben wären, die weniger von der Ideologie des Kalten Krieges getriebenen Gemütsstimmungsprozesse (der Sex-Handel, die Veränderungen von Raum und Zeit) zu suchen sowie diejenigen, die heute noch von dieser Ideologie geprägt sind (Eigentumsverhältnisse, Geldverständnis, Geschlechterrollen). Wissenschaftliche Arbeit von dieser Qualität würde uns ein Forschungsfeld eröffnen, das – ohne eine Geisel der Sozialismusforschung zu sein – auf diese aufbauen könnte und neues Licht, nicht nur in die Welt der Imperien des 20. Jahrhunderts, sondern auch in die ihrer Nachfolgestaaten des 21. Jahrhunderts bringen würde.

Anmerkungen

1. Dieser Beitrag ist die erweiterte Version der Notizen, die zur Vorbereitung der Konferenz in Halle zusammengestellt worden waren. Für hilfreiche Anmerkungen gebührt Caroline Humphrey, Katherine Verdery und meinen Kollegen am *Max-Planck-Institut für ethnologische Forschung* mein aufrichtiger Dank.
2. Ich ziehe diesen Terminus dem Begriff „Postkommunismus" vor, obwohl letzterer sowohl außerhalb wie innerhalb der in Frage kommenden Regionen gebräuchlicher zu sein scheint. Die meisten, zu dieser Kategorie zählenden Staaten bezeichneten sich als sozialistisch, um so mehr weil kommunistisch vielerorts eine negativere Färbung bekommen hat und es oft als politisches Schimpfwort herhalten musste.
3. Zusammenfassende Übersichten über Studien zum Postsozialismus in osteuropäischen Regionen finden sich bei Halpern und Kideckel 1983 sowie Hann 1993a. Die stärkere Ausrichtung auf den Landwirtschaftssektor ist nicht nur dadurch zu rechtfertigen, dass dieser Bereich von anderen Forschern weniger beachtet wurde, sondern auch weil in den meisten sozialistischen Ländern der größte Teil der Bevölkerung bis vor kurzer Zeit auf dem Land lebte. In China erfolgte die Öffnung zum Westen hin zirka ein Jahrzehnt früher, doch verweisen Forscher, die den Postsozialismus in anderen Regionen studieren, sehr selten auf Arbeiten über China und umgekehrt. Insgesamt und trotz der vielerorts verbesserten Feldforschungsbedingungen, interessieren sich ethnologische Feldforscher weniger für die postsozialistische Problematik als andere Sozialwissenschaftler. Es ist nicht sehr viel schwieriger, die notwendigen Mittel und Erlaubnis für Feldforschung in Osteuropa und Nordasien als für die meisten anderen Teile der Welt zu bekommen, aber die Sprache und anderes sind immer noch ein Hindernis. Deshalb wächst die auf diese Regionen spezialisierte Forschergemeinschaft nur langsam, und Doktoranden arbeiten lieber in Westeuropa und den Mittelmeerstaaten.
4. Zusätzlich zu der in der in der Folge aufgeführten Literaturliste sind weitere Hinweise zu den jüngsten ethnologischen Beiträgen zu finden in: *The Anthropology of Eastern Europe Review* – http://Las1.epaul.edu/Aeer/ - sowie einer Reihe von Sonderheften einiger Fachzeitschriften: *Anthropological Journal of European Cultures*, Bd. 2, Nr. 1-2 (1993); *Etudes Rurales* Nr. 138 bis 140 (1995); *Cambridge Anthropology*, Bd. 18, Nr. 2 (1995); *Central Asian Survey*, Bd. 17, Nr. 4 (1998); *Ethnologia Europea* Bd. 28, Nr. 2 (1998); *Focaal* Nr. 33 (1999).
5. Dieses Thema ist der wichtigste Forschungsgegenstand der Abteilung für postsozialistische Forschung am Max-Planck-Institut in Halle für den Zeitraum von 2000 bis 2003.
6. Die enorme Zunahme religiöser Aktivität im postsozialistischen Kontext hat bisher kaum die Aufmerksamkeit der Ethnologen auf sich gezogen und wir haben daher die Absicht, dieses Thema in den kommenden Jahren zum Schwerpunkt am Max-Planck-Institut zu machen. Für soziologische Untersuchungen siehe Borowik und Babiński 1997; auch Hann 2000.

7. Hierzu Stolcke 1995. Kulturrassismus ist die Fortführung einer Tradition, gemäß welcher bestimmte Gruppen von Menschen als inhärent niedriger eingestuft werden als andere. Als Ursache dafür wird hier die Kultur – im Gegensatz zum (pseudo)biologischen Rassekonzept – genannt.
8. Es handelt sich um die Ansprache Václav Havels auf der Eröffnungssitzung der Konferenz des Internationalen Währungsfonds und der Weltbank am 26. September 2000 in Prag. Siehe: http://www.hrad.cz/president/Havel/speeches/index_uk.html.
9. Ich bin Elizabeth Dunn sehr dankbar für die Gespräche, die wir zu diesem Thema führten und die mich über die in diesem Essay thematisierten Fragen nachdenken ließen. Mein Dank geht auch an Valerie Bunce und Ann Stoler, die eine frühere Version dieses Textes durch ihre Vorschläge entschieden verbessern halfen.
10. Hierzu zum Beispiel die Berichte in: Berdahl *et al.* 2000. Vgl. Kideckel 1995, Burawoy und Verdery 1999.
11. Martha Lampland zum Beispiel betreibt Archivforschung zum Stalinismus und der Wirtschaftsgeschichte im Zusammenhang mit den in der sozialistischen Wirtschaft üblichen Lohnmustern. In ähnlicher Weise arbeite auch ich mit Gail Kligman an einem Forschungsprojekt über die Kollektivierung und die Transformationen sowie deren Auswirkungen auf die Menschen. (*Transforming Property, Persons, and State: collectivization in Romania, 1948-1962*).
12. Einen ähnlichen Vorschlag macht Michael Burawoy 2001; siehe auch Deniz Kandiyotis Arbeit in diesem Band.
13. Jowitt 1987. Eine lehrreiche Diskussion darüber, wie wir über Vergleiche nachdenken sollten, findet sich in: Stoler 2001.
14. Eines der verschiedenen möglichen Modelle beschreibt Kligman 1998; siehe auch Stoler 2001.
15. Im Gegensatz hierzu wählte die ethnologische Forschung früher andere Themen – wie zum Beispiel das Landleben, Riten sowie nationale Identität. Die Beiträge in diesem Band zeigen gut, mit welchen Fragen sich ethnologische Forschungsprojekte in der Region heute befassen.
16. Hierzu z. B.: Costigliola 2000. Mein Dank an Ann Stoler, die mich über diese Arbeiten informiert hat.
17. Landwirtschaftsökonomen fragen sich z. B., ob die Privatisierung von Ackerflächen eine so gute Idee gewesen ist und ob Leasingvereinbarungen nicht vorzuziehen wären (Hagedorn 2000). Gleichzeitig ist zu beachten, dass es bei geistigem Eigentum weniger um Eigentum von Gegenständen geht, als vielmehr um stetig aus solchen fließendes Einkommen.
18. Dieses Beispiel ist von Valerie Bruce.
19. Ich danke Ann Stoler für diese Formulierung.
20. Wir haben bereits eine Reihe von Beispielen fruchtbarer Zusammenarbeit zwischen „Außenstehenden" und „Einheimischen"; siehe zum Beispiel bei Burawoy und Lukács 1992; Stark und Bruszt 1998.
21. Ein Dankeschön an Chris Hann, der auf diesem Punkt bestanden hat.

Literatur

Abrahams, Ray (Hg.), (1996), *After Socialism; land reform and social changes in Eastern Europe*, Oxford, Berghahn.

Anagnost, Ann (1997), *National Past-times: Narrative, Representation, and Power in Modern China*, Durham, NC, Duke University Press.

Anderson, David G. (2000), *Identity and Ecology in Arctic Siberia: the Number One Reindeer Brigade*, Oxford, Oxford University Press.

Anderson, David, Frances Pine (Hg.), (1995), *Surviving the Transition; Development Concerns in the Postsocialist World*, special issue of *Cambridge Anthropology* 18 (2).

Balzer, Marjorie Mandelstam (1996), Flights of the sacred: symbolism and theory in Siberian shamanism, in: *American Anthropologist* 98 (2), S. 305-318.

Bax, Mart (1995), *Medjugorje: Religion, Politics and Violence in Rural Bosnia*, Amsterdam, VU University Press.

-- (2000), Planned policy or primitive Balkanism? A local contribution to the ethnography of the war in Bosnia-Herzegovina, in: *Ethnos* 65 (3), S. 317-340.

-- (in Vorbereitung), *Priests and Warlords; the Dynamics of Processes of State Deformation and Reformation in Rural Bosnia-Hercegovina*.

Bellér-Hann, Ildikó (2001), Solidarity and Contest among Uyghur healers in Kazakhstan, in: *Inner Asia* 3, S. 73-98.

Berdahl, Daphne (1999), *Where the World Ended: Re-unification and Identity in the German Borderland*, Berkeley, University of California Press.

Berdahl, Daphne, Matti Bunzl, Martha Lampland (Hg.), (2000), *Altering States: Ethnographies of Transformation in Eastern Europe and the Former Soviet Union*, Ann Arbor, University of Michigan Press.

Borneman, John (1998), *Settling Accounts; Violence, Justice and Accountability in Postsocialist Europe*, Princeton: Princeton University Press.

Borowik, Irena, Grzegorz Babiński (Hg.), (1997), New Religious Phenomena in Central and Eastern Europe, Kraków, Nomos.

Brandstädter, Susanne (2001), With Elias in China (and leaving Weber at home): Post-Maoist transformations and neo-traditional revivals in the Chinese countryside, in: *Sociologus* 50 (2), S. 113-44.

Bridger, Sue, Frances Pine (Hg.), (1998), *Surviving Postsocialism. Local Strategies and Regional Responses in Eastern Europe and the Former Soviet Union*, London, Routledge.

Bringa, Tone (1995), *Being Moslem the Bosnian Way: Identity and Community in a Central Bosnian Village*, Princeton, Princeton University Press.

Brook, Timothy, Michael Frolic (Hg.), (1997), *Civil Society in China*, Armonk, M. E. Sharpe.

Bruno, Marta (1998), Playing the co-operation game; strategies around international aid in postsocialist Russia, in: Sue Bridger, Frances Pine (Hg.), (1998), *Surviving Postsocialism*.

Local Strategies and Regional Responses in Eastern Europe and the Former Soviet Union, London, Routledge, S. 170-187.

Buchowski, Michał (1994), From anti-communists to post-communist ethos: the case of Poland, in: *Social Anthropology* 2 (2), S. 133-148.

-- (2001), *Rethinking Transformation*: an anthropological perspective on post-socialism, Poznań, Wydawnictwa Humaniora.

Bulag, Uradyn E. (1998), *Nationalism and Hybridity in Mongolia*, Oxford, Clarendon Press.

Bunce, Valerie (1985), The empire strikes back: the evolution of the eastern bloc from a Soviet asset to a Soviet liability, in: *International Organization* 39, S. 1-46.

Burawoy, Michael (2001), Neoclassical Sociology: From the End of Communism to the End of Classes, in: *American Journal of Sociology* 106, S. 1099-1120.

Burawoy, Michael, János Lukács (1992), *The Radiant Past: Ideology and Reality in Hungary's Road to Capitalism*. Chicago, University of Chicago Press.

Burawoy, Michael, Katherine Verdery (Hg.), (1999), *Uncertain Transition; Ethnographies of Change in the Postsocialist World*, Lanham, MD., Rowman & Littlefield.

Cahalen, Deborah (in Vorbereitung), *Being Góral*, Albany, State University of New York Press.

Cartwright, A.L. (2001), *The Return of the Peasant; land reform in post-communist Romania*, Aldershot, Ashgate.

Cellarius, Barbara, Caedmon Staddon (2002), Environmental non-governmental organizations, civil society and democratization in Bulgaria, in: *East European Politics and Society*.

Chan, Anita, Richard Madsen, Jonathan Unger (1992), *Chen Village Under Mao and Deng* Berkeley, University of California Press.

Costigliola, Frank (2000), "I Had Come as a Friend": Emotion, Culture, and Ambiguity in the Formation of the Cold War, in: *Cold War History* 1 (1.1), S. 103-128.

Cowan, Jane (Hg.), (2001), *Macedonia: the Politics of Identity and Difference*, London, Pluto.

Creed, Gerald W. (1998), *Domesticating Revolution. From Socialist Reform to Ambivalent Transition in a Bulgarian Village*, University Park PA., Pennsylvania State University Press.

Croll, Elizabeth (1994), *From Heaven to Earth: Images and Experiences of Development in China*. London, Routledge.

Czegledy, André (1999), Corporate identities and the continuity of power, in: Birgit Müller (Hg.), *Power and institutional change in post-communist eastern Europe*, Canterbury, CSAC.

Davin, Delia (1998), *Internal Migration in Contemporary China*, Basingstoke, Macmillan.

De Soto, Hermine, David G. Anderson (Hg.), (1993), *The Curtain Rises; rethinking culture, ideology and the state in Eastern Europe*, New Jersey, Humanities Press.

De Soto, Hermine, Nora Dudwick (Hg.), (2000), *Fieldwork Dilemmas: Anthropologists in Postsocialist States*, Madison, University of Wisconsin Press.

Duijzings, Ger (2000), *Religion and the Politics of Identity in Kosovo*, London, Hurst.

Dunn, Elizabeth (1999), Slick salesmen and simple people: negotiated capitalism in a privatized Polish firm, in: Michael Burawoy, Katherine Verdery (Hg.), *Uncertain Transition; Ethnographies of Change in the Postsocialist World*, Lanham, MD., Rowman & Littlefield, S. 125-150.

Feuchtwang, Stephan (2000), Religion as resistance, in: Elizabeth Perry, Mark Selden (Hg.), *Chinese Society: Change, Conflict and Resistance*, London and New York, Routledge, S. 161-177.
-- and Wang Mingming (2001), *Grassroots Charisma: Four Local Leaders in China*, London and New York, Routledge.
Gal, Susan, Gail Kligman (2000a), *The Politics of Gender after Socialism*, Princeton, Princeton University Press.
-- (Hg.), (2000b), *Reproducing Gender: politics, publics, and everyday life after socialism*, Princeton, Princeton University Press.
Gellner, Ernest (1994), *Conditions of Liberty; civil society and its rivals*, London, Hamish Hamilton.
Grant, Bruce (1995), *In the Soviet House of Culture; a Century of Perestroikas*, Princeton, NJ. Princeton University Press.
Hagedorn, Konrad (2000), Privatisation. Lecture presented at the symposium Understanding Transition of Central and Eastern European Agriculture, Berlin, Humboldt University.
Hall, John A. (Hg.), (1995), *Civil Society; Theory, History, Comparison*, Cambridge, Polity Press.
Halpern, Joel M., David A. Kideckel (1983), Anthropology of Eastern Europe, in: *Annual Review of Anthropology* 12, S. 377-402.
-- (Hg.), (2000), *Neighbours at War; Anthropological Perspectives on Yugoslav Ethnicity, Culture and History*, University Park Pa., Pennsylvania State University Press.
Hann, C. M. (Hg.), (1990), *Market Economy and Civil Society in Hungary*, London, Frank Cass.
-- (1992a), Civil society at the grassroots: a reactionary view, in: Paul G. Lewis (Hg.), *Democracy and Civil Society in Eastern Europe*, London, Macmillan, S. 152-165.
-- (1992b), Market principle, market-place and the transition in Eastern Europe, in: Roy Dilley (Hg.), *Contesting Markets: Analyses of Ideology, Discourse and Practice*, Edinburgh, Edinburgh University Press, S. 244-259.
-- (1993a), Introduction: social anthropology and socialism, in: C.M. Hann (Hg.), *Socialism; Ideals, Ideologies and Local Practice*, London, Routledge, S. 1-26.
-- (1993b), From production to property: decollectivization and the family-land relationship in contemporary Hungary, in: *Man* 28 (3), S. 299-320.
-- (1994), After Communism; reflections on East European anthropology and the transition, in: *Social Anthropology* 2 (3), S. 229-249.
-- (1995), Philosophers' Models on the Carpathian Lowlands, in: John A. Hall (Hg.), *Civil Society; Theory, History, Comparison*, Cambridge, Polity Press, S. 158-182.
-- (1996), Land tenure and citizenship in Tázlár', in: Ray Abrahams (Hg.), *After Socialism; land reform and social changes in Eastern Europe*, Oxford, Berghahn, S. 23-49.
-- (1998), Postsocialist Nationalism: rediscovering the past in South East Poland, in: *Slavic Review* 57 (4), S. 840-863.
-- (1999), Peasants in an era of freedom; property and market economy in southern Xinjiang,, in: *Inner Asia* 1(2), S. 195-219.
-- (2000), Problems with the (de)privatization of religion, in: *Anthropology Today* 16 (6), S. 14-20.

Hann, Chris, Elizabeth Dunn (Hg.), (1996), *Civil Society; challenging western models*, London, Routledge

Hayden, Robert M. (1999), *Blueprints for a House Divided: The Constutional Logic of the Yugoslav Conflicts*, Ann Arbor, University of Michigan Press.

Hirschhausen, Béatrice von (1997), *Les Nouvelles Campagnes Roumaines; paradoxes d'un 'retour' paysan*, Paris, Belin.

Hivon, Myriam (1995), Local resistance to privatization in rural Russia, in: *Cambridge Anthropology* 18 (2), S. 13-22.

Holy, Ladislav (1992), Culture, market ideology and economic reform in Czechoslovakia, in: Roy Dilley (Hg.), *Contesting Markets: Analyses of Ideology, Discourse and Practice*, Einburgh: Edinburgh University Press, S. 231-43.

Humphrey, Caroline (1998), *Marx Went Away but Karl Stayed Behind*, Ann Arbor, University of Michigan Press.

-- (2000), How is barter done? The social relations of barter in provincial Russia, in: Paul Seabright (Hg.), *The Disappearing Rouble; barter networks and non-monetary transactions in post-Soviet societies*, Cambridge, Cambridge University Press, S. 259-97.

-- (2002), *The Unmaking of Soviet Life: Everyday Economies after Socialism*, Ithaca, Cornell University Press.

Humphrey, Caroline, David Sneath (1999), *The End of Nomadism? Society, State and the Environment in Inner Asia*, Cambridge: White Horse Press.

Jacka, Tamara (1997), *Women's Work in Rural China: Change and Opportunity in an Era of Reform*, Cambridge, Cambridge University Press.

Jing, Jun (1996), *The Temple of memories. History, power and morality in a Chinese village*, Stanford, Stanford University Press.

Jowitt, Ken (1987), Moscow 'Centre', in: *East European Politics and Societies* 1, S. 296-348.

Judd, Ellen R. (1994), *Gender and Power in Rural North China*, Stanford, Stanford University Press.

Kandiyoti, Deniz (1998), Rural livelihoods and social networks in Uzbekistan; perspectives from Andijan, in: *Central Asian Survey* 17 (4), S. 561-578.

Kandiyoti, Deniz, Ruth Mandel (Hg.), (1998), *Market Reforms, Social Dislocations and Survival in Post-Soviet Central Asia*, special issue of *Central Asian Survey* 17 (4).

Kaneff, Deema (1996), Responses to 'democratic' land reforms in a Bulgarian village, in: Ray Abrahams (Hg.), *After Socialism; land reform and social changes in Eastern Europe*, Oxford, Berghahn, S. 85-114.

-- (2002), *Who Owns the Past? The Politics of Time in a 'Model' Bulgarian Village*, Oxford, Berghahn.

Khazanov, Anatoly M. (1995), *After the USSR: ethnicity, nationalism and politics in the Commonwealth of Independent States*, Madison, University of Wisconsin Press.

Kideckel, David A. (1993), *The Solitude of Collectivism; Romanian Villagers to the Revolution and Beyond*, Ithaca, Cornell University Press.

-- (Hg.), (1995), *East European Communities: the struggle for balance in turbulent times*, Boulder, Westview Press.

Kipnis, Andrew B. (1997), *Producing Guanxi: sentiment, self and subculture in a North China village*, Durham, Duke University Press.

Kligman, Gail (1990), Reclaiming the public; a reflection on creating civil society in Romania, in: *East European Politics and Societies* 4 (3), S. 393-438.
-- (1998), *The Politics of Duplicity: Controlling Reproduction in Ceausescu's Romania*, Berkeley, University of California Press.
Konstantinov, Yulian (1997), Patterns of reinterpretation: trader-tourism in the Balkans (Bulgaria) as a picaresque metaphorical enactment of post-totalitarianism, in: *American Ethnologist* 23 (4), S. 762-782.
Kubik, Jan (1994), *The Power of Symbols Against the Symbols of Power. The Rise of Solidarity and the Fall of State Socialism in Poland*, University Park PA., Pennsylvania State University Press.
Kürti, László, Juliet Langman (Hg.), (1997), *Beyond Borders; remaking cultural identities in the new East and Central Europe*, Boulder, Westview Press.
Lampland, Martha (1995), *The Object of Labor; Commmodification in Socialist Hungary*, Chicago, Chicago University Press.
Lehmann, Rosa (2001), *Symbiosis and Ambivalence; Poles and Jews in a small Galician town*, Oxford, Berghahn.
Lemon, Alaina (2000), *Between Two Fires: Gypsy performance and Romani memory from Pushkin to Postsocialism*, Durham, Duke University Press.
Liu, Xin (2000), *In One's Own Shadow: an ethnographic account of the condition of post-reform China*, Berkeley, University of California Press.
Maurer, William (1999) *Forget Locke? From Proprietor to Risk-Bearer in New Logics of Finance*, in: *Public Culture* 11, S. 47-67.
Müller, Birgit (1993), The wall in the heads; east-west German stereotypes and the problems of transition in three enterprises in East Berlin, in: *Anthropological Journal on European Cultures* 2 (1), S. 9-42.
-- (Hg.), (1996), *Á la Recherche des Certitudes Perdues ... anthropologie du travail et des affaires dans une Europe en mutation*, Berlin, Centre Marc Bloch.
-- (Hg.), (1999), *Power and institutional change in post-communist eastern Europe*, Canterbury, CSAC.
Nie, Lili (2001), *Liu Village; lineage and change in northeastern China*, Oxford, Berghahn.
Niedermüller, Peter (1998), History, past, and the postsocialist nation, in: *Ethnologia Europaea* 28, S. 169-82.
Oi, Jean C. (1989), *State and Peasant in Contemporary China; the Political Economy of Village Government*, Berkeley, University of California Press.
Oi, Jean, Andrew Walder (Hg.), (1999), *Property rights and Economic reform in China*, Stanford, Stanford University Press.
Pine, Frances (1996a), Naming the house and naming the land; kinship and social groups in highland Poland, in: *Journal of the Royal Anthropological Institute* 2 (3), S. 443-460.
-- (1996b), Redefining women's work in rural Poland, in: Ray Abrahams (Hg.), *After Socialism: Land Reform and Social Changes in Eastern Europe*, Oxford, Berghahn, S. 133-155.
-- (1998), Dealing with fragmentation; the consequences of privatization for rural women in central and southern Poland, in: Sue Bridger, Frances Pine (eds.), *Surviving Postsocialism. Local Strategies and Regional Responses in Eastern Europe and the Former Soviet Union*, London, Routledge, S. 106-123.

Potter, Sulamith Heins, Jack M. Potter (1990), *China's Peasants; the anthropology of a revolution*, Cambridge, Cambridge University Press.

Ries, Nancy (1997), *Russian Talk: culture and conversation during Perestroika*, Ithaca, Cornell University Press.

Ruf, Gregory A. (1998), *Cadres and Kin; making a socialist village in West China, 1921-1991*, Stanford, Stanford University Press.

Sampson, Steven L. (1996), The social life of projects: importing civil society to Albania, in: Chris Hann, Elizabeth Dunn (Hg.), *Civil Society; challenging western models*, London, Routledge, S. 121-142.

Schnirelman, Victor A. (1996), *Who Gets the Past? Competition for Ancestors among non-Russian Intellectuals in Russia*, Washington DC, Woodrow Wilson Center Press.

Schrader, Heiko (2000), *Lombard Houses in St. Petersburg; pawning as a survival strategy of low income households?*, Münster, LIT.

Seabright, Paul (Hg.), (2000), *The Disappearing Rouble; barter networks and non-monetary transactions in post-Soviet societies*, Cambridge, Cambridge University Press.

Siu, Helen F. (1989a), *Agents and Victims in South China; accomplices in rural revolution*, New Haven, Yale University Press.

-- (1989b), Recycling rituals: politics and popular culture in contemporary rural China, in: Perry Link, Richard Madsen, Paul G. Pickowicz (Hg.), *Unofficial China: Popular Culture and Thought in the People's Republic*, Boulder, Westview Press, S. 121-137.

Skultans, Vieda (1998), *The Testimony of Lives: Narrative and Memory in Post-Soviet Latvia*, London, Routledge.

Sneath, David (2000), *Changing Inner Mongolia; pastoral Mongolian society and the Chinese state*, Oxford, Oxford University Press.

Stark, David, László Bruszt (1998), *Postsocialist Pathways: Transforming Politics and Property in East Central Europe*, Cambridge, Cambridge University Press.

Stewart, Michael (1997), *The Time of the Gypsies*, Oxford, Westview Press.

Stolcke, Verena (1995), Talking culture: new boundaries, new rhetorics of exclusion in Europe, in: *Current Anthropology* 36, S. 1-24.

Stoler, Ann (2001), Tense and tender ties: intimacies of Empire in North American history and (post)colonial studies, in: *Journal of American History* 106 (5).

Strathern, Marilyn (1981), Culture in a netbag: the manufacture of a subdiscipline in anthropology, in: *Man* 16 (4), S. 665-688.

Tishkov, Valery (1997), *Ethnicity, Nationalism, and Conflict in and after the Soviet Union: The Mind Aflame*, London, Sage.

Verdery, Katherine (1983), *Transylvanian Villagers: Three Centuries of Political, Economic and Ethnic Change*, Berkeley, University of California Press.

-- (1991), Theorizing socialism: a prologue to the transition, in: *American Ethnologist* 18, S. 419-439.

-- (1995), Notes toward an ethnography of a transforming state: Romania, 1991, in: Jane Schneider, Reyna Rapp (Hg.), *Articulating Hidden Histories; exploring the influence of Eric R. Wolf*, Berkeley, University of California Press, S. 228-242.

-- (1996), *What Was Socialism and What Comes Next?*, Princeton, NJ., Princeton University Press.

-- (1999a), *The Political Lives of Dead Bodies; Reburial and Postsocialist Change*, New York, Columbia University Press.
-- (1999b), Fuzzy Property: rights, power and identity in Transylvania's decollectivization, in: Michael Burawoy, Katherine Verdery (Hg.), *Uncertain Transition; Ethnographies of Change in the Postsocialist World*, Lanham, MD., Rowman & Littlefield, S. 53-81.
-- (2001), The obligations of ownership: restoring rights to land in postsocialist Eastern Europe, Wenner-Gren Foundation Conference Paper, MS.
Vermeer, Eduard B., Frank N. Pieke, Woei Lien Chong (Hg.), (1998), *Cooperative and Collective in China's Rural Development; between state and private interests*, Armonk NY, M. E. Sharpe.
Wanner, Catherine (1998), *Burden of Dreams: history and identity in post-Soviet Ukraine*, University Park, Pennsylvania State University Press.
Watson, Rubie S. (Hg.), (1994), *Memory, History and Opposition under State Socialism*, Santa Fe, School of American Research Press.
Wedel, Janine R. (Hg.), (1992), *The Unplanned Society; Poland during and after communism*, New York, Columbia University Press.
-- (1998), *Collision and Collusion; the Strange Case of Western Aid to Eastern Europe, 1989-1998*. New York, St. Martin's Press.
Wedel, Janine R., Gerald W. Creed (1997), Second thoughts from the second world: interpreting aid in post-communist Eastern Europe, in: *Human Organization* 56 (3), S. 253-264.
Wolfe, Thomas C. (2000), Cultures and communities in the anthropology of Eastern Europe and the former Soviet Union, in: *Annual Review of Anthropology* 29, S. 195-216.
Yan, Yunxiang (1996), *The Flow of Gifts: reciprocity and social networks in a Chinese village*, Stanford, Stanford University Press.
-- (1997), McDonald's in Beijing: the localization of Americana, in: James L. Watson (Hg.), *Golden Arches East: McDonald's in East Asia*, Stanford, Stanford University Press, S. 39-76.
Yang, Mayfair Mei-hui (1994), *Gifts, Favors and Banquets: the Art of Social Relationships in China*, Ithaca, Cornell University Press.

TEIL I

SOZIALES KAPITAL, VERTRAUEN UND LEGITIMITÄT

Was meinen Sozialwissenschaftler, wenn sie von „sozialem" oder „kulturellem" Kapital sprechen und wie können diese Kategorien zum Gegenstand empirischer Untersuchungen gemacht werden? Warum setzen sich Sozialwissenschaftler zunehmend mit den Besonderheiten der lokalen Institutionen einer Region und ihrer Geschichte auseinander, um Ereignisse zu erklären, die ihre Modelle nicht vorausgesagt hatten? Unter welchen Bedingungen führt die Einführung der Marktwirtschaft zur Zerstörung von Kapitalquellen? Was geschieht mit der Legitimität von Machthabern, wenn ihre politischen Maßnahmen nicht nur den grundlegenden Gesetzmäßigkeiten wirtschaftlicher Abläufe zuwiderlaufen, sondern auch der täglichen wirtschaftlichen Praxis widersprechen?

Sowohl das Konzept des „Vertrauens" als auch das des „sozialen Kapitals" sind im Laufe der letzten Jahrzehnte von verschiedenen Disziplinen als Gegenstand theoretischer Überlegung und praktischer Umsetzung aufgegriffen worden und erlangten – obwohl nicht eigens für die Untersuchung des postsozialistischen Übergangs ins Leben gerufen – doch gerade auf diesem Gebiet viel an Bedeutung. Im ersten Kapitel dieses Teiles eröffnet Martha Lampland die Diskussion mit einer detaillierten kritischen Darstellung des allzu engen „rational choice"-Modells, dass vielen Ökonomen den Blick auf komplexe historische und soziale Zusammenhänge versperrt. Obwohl einige Zweige der Institutionenökonomie und politischen Soziologie durch die Entwicklung des Konzepts der „Pfadabhängigkeit" („path-dependency") recht gute Arbeit geleistet haben, vertritt Martha Lampland die Meinung, dass die fundiertesten Überlegungen zur Problematik des sozialen Kapitals von Pierre Bourdieu stammen. Sie zeigt, dass ökonomische Modelle nicht aus dem Kontext der ihnen zugrundeliegenden Realitäten gerissen werden dürfen und dass es von größter Wichtigkeit ist, eine Analyse der Praktiken in die Forschung mit einzubeziehen und zu untersuchen, wie diese durch Glaubensvorstellungen und soziale Beziehungen geformt werden. Im empirischen Teil ihrer Darstellung betrachtet die Autorin die Leiter ehemaliger landwirtschaftlicher Kooperativen in Ungarn aus eben dieser Perspektive und zeigt, dass sich die wirtschaftlichen Erfolge dieser Personen am besten aufgrund der Praxis, beruflicher Fähigkeiten und der, auf gegenseitigem Vertrauen beruhenden, Netzwerke erklären lassen, die sie während der sozialistischen Periode aufgebaut haben.

Die Existenz starker persönlicher Netzwerke wurde bereits für die Zeit der Planwirtschaft gut dokumentiert, als die „zweite Wirtschaft" (die sozialistische Variante des „informellen Sektors") von außenstehenden Kommentatoren oft nur als korrupter und zersetzender Einfluss gewertet wurde. Wir müssen aber heute erkennen, dass bestimmte, der Bevölkerung durch „Mangelwirtschaft" aufgezwungene, Formen sozialen Verhaltens ihre positiven Seiten hatten und heute von ihnen vermisst werden. Gerald Creed hat bereits in seinen früheren Veröffentlichungen gezeigt wie bulgarische Dorfbewohner es im Sozialismus schafften, durch intensive Haushaltsproduktion die Prinzipien der kollektiven Planwirtschaft zu „domestizieren". In seinem Beitrag zu diesem Band führt er dem Leser vor Augen, wie die zwangsweise Einführung der Marktwirtschaft und die Privatisierungspolitik den Zusammenhalt der lokalen Gemeinschaften, der die Grundlage eines ausgeprägten Rituallebens bildete, unterminiert hat. Die Rituale haben infolge des Zusammenbruchs der sozialistischen landwirtschaftlichen Synthese in den letzten Jahren viel von ihrer Kraft verloren. Creed interpretiert diesen Rückgang an „Ritualleben" als Verlust an sozialem Kapital für die Dorfbewohner. Dabei haben paradoxerweise Maßnahmen, die auf Anraten westlicher Berater zur Verbesserung der Lage ergriffen wurden, potentielle neue private Unternehmer daran gehindert, den Anforderungen der neuen Marktwirtschaft zu genügen. Ein ähnlicher Teufelskreis lässt sich im Bereich der Politik beobachten: Kultur wird hier „entpolitisiert", finanzielle Mittel für kulturelle Entwicklungen gestrichen und strengere Formen der Ethnizität und des Nationalismus ersetzen frühere lokale Identitätsformen. Demokratische Wahlen könnten auch zu einer neuen Form des politischen Rituals werden – nur dass immer weniger Menschen daran teilnehmen; sie glauben nicht mehr daran, dass eine solche Beteiligung ihre Lage verbessern kann.

Das ländliche Bulgarien ist auch der Schauplatz des dritten Beitrags dieses Teils. Christian Giordano und Dobrinka Kostova zeigen darin, wie in der sowohl historisch wie ökologisch einzigartigen Region Dobrudscha die Dekollektivierung die Entstehung einer neuen „unangenehmen Klasse" von Unternehmern zur Folge gehabt hat. Die Eliten in der Hauptstadt hatten angenommen, sie könnten wieder dieselbe kleinbäuerliche Landwirtschaft einführen wie sie ein halbes Jahrhundert zuvor existiert hatte, aber die Landbevölkerung erkannte klar die wirtschaftliche Absurdität dieses Vorhabens. Die erfolgreichen *arendatori* Bulgariens ähneln den von Martha Lampland beschriebenen früheren Funktionären der Kooperativen in Ungarn, und auch hier hat die Mehrzahl der neuen Landeigentümer kaum eine andere Wahl, als ihr Land an diese *arendatori* zu verpachten. Die Autoren unterstreichen die politische Dimension dieser Entwicklung und betrachten sie als Ausdruck des alten tiefen Misstrauens gegenüber den städtischen Machthabern – eines Misstrauens, dessen Wurzeln in die Jahrhunderte osmanischer Herrschaft zurückreichen. Da die neuen Eliten eine Politik betreiben, die den lokalen wirtschaftlichen und demographischen Realitäten keine Rechnung trägt, haben sie ihre politische Legitimität verspielt.

2. Vom Vorteil „kollektiviert" zu sein

Führungskräfte ehemaliger Agrargenossenschaften in der postsozialistischen Wirtschaft

Martha Lampland

Kollektivierung hat einen schlechten Ruf. Wie bei so vielen anderen politischen Maßnahmen sozialistischer Regime Osteuropas wurden auch die für die dörflichen Gemeinschaften aus der Kollektivierung resultierenden sozialen und wirtschaftlichen Vorteile von den Modalitäten der praktischen Durchführung dieser Wirtschaftsordnung stark überschattet. Ein besonders lehrreiches Beispiel hierfür ist Ungarn. Seit den 70er Jahren – das heißt, seit der letzten Konsolidierungsphase der mechanisierten, auf große Flächen ausgerichteten Landwirtschaft – bekamen Partei und Landwirtschaftsexperten des öfteren Lob für die gut gelungenen Kompromisse, die sie mit den dörflichen Gemeinden ausgehandelt hatten. In den Augen zahlreicher ausländischer Kommentatoren lag der Schlüssel zum Erfolg des Systems in der sogenannten „zweiten Wirtschaft", die sich im Bereich der landwirtschaftlichen Güterproduktion hatte herausbilden können (Rév 1987; Swain 1985). Seltener erwähnt, doch ebenso entscheidend für diesen Erfolg war der gesamte, gut gedeihende kooperative Sektor, denn durch diesen wurde die private Agrarproduktion maßgeblich erleichtert und zugleich sichergestellt, dass die besagte zweite Wirtschaft sich in ihrer ganzen Vielfalt entfalten konnte. Doch was geschah mit den vielversprechenden Möglichkeiten der ungarischen Landwirtschaft, als die Dekollektivierung möglich wurde? Zunächst war es so, dass begeisterte Befürworter des Rechts auf privates Eigentum die Beurteilung der kollektiv organisierten Landwirtschaft einfach an sich rissen, was dazu führte, dass – eben aufgrund dieses überaus starken Interesses an der Eigentumsfrage – der Charakter der Produktion als solche in den Hintergrund rückte. Die sozialistische Kollektivierung ist – und dies zu Recht – dafür kritisiert worden, dass sie Familien ihr Land zwangsweise wegnahm und die Landbevölkerung in bezug auf Arbeitsplätze und Sozialleistungen in völlige Abhängigkeit vom Staat brachte. Doch ist die Landwirtschaftliche Produktionsgenossenschaft (LPG) nicht *per se* eine problematische Wirtschaftsform; sie wird es nur dann, wenn die Beteiligung der Mitglieder einer Genossenschaft aus politischen Erwägungen heraus –

wie dies in sozialistischen Ländern der Fall war – mit Beschränkungen belegt wird. Wir dürfen nicht übersehen, dass die Kollektivierung auch positive Auswirkungen auf die Agrarproduktion hatte: Modernisierung, Zusammenlegung von Landflächen zum Zweck höherer und somit Einsparungen gewährleistender Produktionsraten, die körperliche Belastung der Arbeiter vermindernde Mechanisierung sowie verbesserter Zugang zu den neuesten Ergebnissen der modernen Agrarforschung. In den Jahren, als in Osteuropa der Kollektivanbau zur Regel geworden war, fanden auch in anderen Ländern, nicht zuletzt den USA, vergleichbare Modernisierungsprozesse im Agrarbereich statt. Es stellt sich also die Frage, welche Aspekte der Kollektivierung ausschließlich sozialistisch waren und welche ihrer Merkmale sich nicht auch weitgehend in den modernisierten kapitalistischen Volkswirtschaften wiederfinden. Mit anderen Worten, ein echtes Verständnis der postsozialistischen Landwirtschaft erfordert eine genaue Beachtung der Unterschiede zwischen Eigentumsrelationen, modernen Produktionsmethoden und Managementpraxis in der kollektiven Landwirtschaft. Werden diese einfachen Differenzierungen nicht getroffen, fehlen die notwendigen Voraussetzungen für eine korrekte Analyse der sich gegenwärtig vollziehenden ökonomischen Transformationsprozesse.

Vorliegende Studie möchte eine gegenwärtig viel diskutierte These über die Transition in Ost-Europa einer kritischen Beurteilung unterziehen. Es handelt sich dabei um die Behauptung, dass schon eine geringfügige institutionelle Strukturänderung genüge, um den Volkswirtschaften dieser Länder eine neue Gestalt zu geben und bestehende, den Zugang zum internationalen Handel blockierende Barrieren zu beseitigen (Åslund 1994; Brada 1993). Dieser Standpunkt lässt die einfache, aber wesentliche Einsicht vermissen, dass die besagten Institutionen aus lokalen Akteuren bestehen, für die die Denk- und Handlungsmuster der früheren Ordnung noch immer Normalität und Routine sind. Die Schwierigkeiten, mit denen sich ausländische Hilfsorganisationen und ähnliche Einrichtungen in Osteuropa immer wieder herumschlagen müssen, gründen nicht – wie einige das behaupten – in der Dickköpfigkeit, Dummheit oder Inkompetenz ihrer ortsansässigen Partner, sondern in dem einfachen Umstand, dass es seine Zeit braucht, neue Geschäftspraktiken zu erlernen. Es ist schwer, Gewohnheiten und Denkmuster zu ändern. Auch die Meinung, die Menschen über sich selbst, andere Leute und die sie umgebende Welt haben, lässt sich nicht so leicht umkrempeln. Außerdem leben die Menschen in einem komplexen Netz sozialer Beziehungen: In affektiven, respektvollen, verpflichtenden und reziproken Bindungen. Das Erfordernis, die Volkswirtschaft und die damit verbundenen Tätigkeiten auf radikal veränderte Grundlagen zu stellen, verlangt nicht nur nach neuen Denkansätzen, sondern auch nach einer Umstrukturierung des weiteren sozialen Umfelds, an dem die Akteure selbst teilhaben. Die Umgestaltung der eigenen sozialen Beziehungsmuster ist weit schwieriger als das Erlernen neuer Gewohnheiten. Im Gegensatz zu liberalen Wirtschaftsexperten – und ironischerweise auch ihren marxistisch-leninistischen Vorgängern – glaube ich nicht, dass sich Einstellunen und Praktiken schnell oder leicht ändern, selbst wenn große Anstrengungen unternommen werden, Änderungen im institutionellen Kontext herbeizuführen. Es bedarf vieler Jahre veränderter Umstände und neuer Erfahrungen, bevor der Mensch umzudenken und auf neue Weise zu handeln vermag. Wir können einen solchen Transformationsprozess gegenwärtig in Osteuropa zwar beobachten, doch müssen wir ihn als das nehmen, was er ist: Ein langsamer, aber auch durchgreifender Wandel des Sozialgefüges und des sozialen Denkens.

Befürworter radikaler und zügig durchgezogener sozialer Transformationen übersehen gerne die komplexe Natur der sozialen und kulturellen Welten, in denen Menschen leben. Noch wichtiger in diesem Zusammenhang ist vielleicht, dass diese Befürworter keinen Gedanken daran verschwenden, was die betroffenen Bevölkerungen in der jüngsten Vergangenheit zu tun gewohnt waren. Für „Urknall"-Theoretiker ist das, was der Transformationsperiode vorausging, irrelevant, die Vergangenheit einfach nur ein Bann, den man brechen muss. Aber die Neigung, die Folgen der lokalen sozialistischen Geschichte zu missachten ist problematisch und beruht auf einer doppelten Fehleinschätzung: Die erste Fehleinschätzung betrifft die generelle Frage, warum Geschichte überhaupt eine Rolle spielt bzw. was sonst als konstitutive Kraft sozialen Handelns bezeichnet werden könnte. Der Sozialismus war nicht einfach ein Bündel schlechter Wirtschaftsstrategien, sondern eine komplexe und soziale Welt, in der Menschen lebten und arbeiteten. Unabhängig davon, wie wenig der Einzelne mit den Prinzipien der Kommunistischen Partei einverstanden war oder diese zurückwies, so lebte er doch in einer Welt, die im Laufe der Zeit durch das sozialistische Projekt verändert wurde. Ungarn in der Spätphase des Sozialismus ähnelte kaum dem Ungarn von 1945 mit seinen Millionen verarmter Bauern, viel weniger qualifizierten Arbeitskräften und einer verstreuten Anzahl ausgestoßener Aristokraten. In den Jahren des sozialistischen Aufbaus hatte sich die Einstellung der Leute zur Arbeit, zum Unternehmertum, zum Eigentum und zur Freizeit gewandelt. Ohne ein klares theoretisches Verständnis von der Art und Weise, wie sich Handeln und Denken in einem komplexen sozialen Prozess des Seins und Werdens verbinden, wird jeder Forscher, explizit oder implizit dem politischen Programm derjenigen in die Hand spielen, die behaupten, man könne zu der im Jahre 1948 aufgegebenen „richtigen" Entwicklungskurve des Kapitalismus zurückkehren.

Dieses simplistische Denken – sie haben verloren, wir haben gewonnen – kann vielleicht eine gute Wahlkampagne starten, aber es ist eine schlechte Methode, Sozialgeschichte zu analysieren. Außerdem wird damit die Wiedereinsetzung von ganz bestimmten sozialen und kulturellen Eliten gerechtfertigt. Die eifrige Beflissenheit, mit der Graf und Gräfin wieder heimgeholt wurden, war in den frühen 90er Jahren eher eine komische Angelegenheit. Die viel wichtigere Frage aber, wer berechtigt ist, eine Gesellschaft zu führen und warum, ist eine politische Frage für die neue Gesellschaft von heute, nicht die gestrige. Darüber hinaus beruht die Vorstellung, man könne die Uhr zurückdrehen oder die osteuropäischen Gesellschaften wenigstens zu einer „normalen" ökonomischen Grundlage zurückführen, auf einer gedanklichen Analogie zur Übergangsphase zum Stalinismus in den späten 40er Jahren. Damit wären wir bei der zweiten Fehleinschätzung, die mit der ersten in Beziehung steht und auf die zahlreiche Untersuchungen der gegenwärtigen Übergangsperiode aufbauen. Es wurde lange angenommen, dass der Übergang zum Stalinismus sich schnell und dramatisch vollzogen habe. In der Tat folgte nach der Nationalisierung von Schulen, Banken und Industrie die Kollektivierung der Landwirtschaft. Privateigentum wurde enteignet, unzuverlässige Bürokraten wurden durch loyale Parteikader ersetzt und die Produktion durch nationale Wirtschaftspläne geregelt. Aber dieses Bild vom einfachen Modell und einem allmächtigen Staat, hat wenig Ähnlichkeit mit dem realen Prozess der Implementierung des Stalinismus. Unsere Annahmen über die radikale Umstellung der sozialistischen Wirtschaft wurden stark vom Kalten Krieg und von politischen Restriktionen der Forschung geprägt. Heute jedoch wird die Geschichte neu geschrieben und es zeigt sich, dass sich die stalinistische Transitionsphase über viele Jahre hinzog, viele Hindernisse überwinden, zahlreiche Kompromisse eingehen und gelegentlich auch Misserfolge hinnehmen musste (Krementsov 2000; Lampland 1997, 2000; Péteri 1997; Pittaway 1999). Es gilt eben vor allem, das zum Politikum gewordene Konzept des historischen Wandels – sei es nun das des Marxismus-Leninismus oder das des westlichen Triumphalismus – zu umgehen. Von einem theoretisch fundierten Verständnis sozialen Handelns ausgehend, spornt uns die Ethnologie und die Sozialgeschichte an, oberflächliche Interpretationen zu vermeiden und mit strengeren Maßstäben das Wie und Warum solcher Transitionen zu untersuchen.

Vorliegender Beitrag beschäftigt sich mit der neuen Agrarelite Ungarns in der ersten Hälfte der 90er Jahre.[2] Dieses Thema ist Teil eines umfassenderen Studienprojekts, dessen Ziel es ist, zu untersuchen, wie soziale Beziehungen und kulturelle Standpunkte auf volkswirtschaftliche Transformationsprozesse Einfluss nehmen.[3] Wie beeinflussen Vorstellungen davon wie die Welt funktioniert

– bzw. wie sie funktionieren sollte – die Politik eines Staates und private Initiativen während einer Phase ökonomischer Transition? Wie gestaltet sich die Rolle beruflicher und persönlicher Beziehungsnetzwerke neuer Institutionen? Hier möchte ich die sozialen Bedingungen schildern unter denen ehemalige Genossenschaftsdirektoren seit 1989 die Aneignung von Eigentum erleichterten und die Vorteile aufzeigen, die ihnen bei der Leitung kapitalistischer Unternehmen zugute kamen: Vorteile, die – so meine These – sich aus ihrem während der späten Phase der sozialistischen Wirtschaft gesammelten Erfahrungsreichtum ergeben.

Schon die ersten Untersuchungen über die Dekollektivierung in Osteuropa boten uns stimulierende Analysen der Landreform – einem Prozess, der mit zahlreicheren Schwierigkeiten verbunden war als viele seiner Befürworter vermutet hätten (Creed 1995; Hann 1996; Kideckel 1995, Kovács 1996; Swain 1994). Viele Jahre der kollektiven Produktion haben die Landschaft der betroffenen Gebiete auf so grundlegende Weise verändert, dass es schwer ist – wenn nicht gar unmöglich – einstiges, in Familienbesitz befindliches Land an seine früheren Eigentümer zurückzugeben. Die Kompliziertheit örtlicher Verwaltung, die fragwürdigen Methoden der zum Zwecke der Landrückgabe eingesetzten Ausschüsse, eine verwirrende Gesetzgebung und widersprüchliche gesetzliche Ansprüche haben den von vielen Betroffenen zunächst als unkompliziert eingeschätzten Prozess, ihr Land zurückzubekommen, in einen sich lang hinziehenden, bitteren Kampf verwandelt (Verdery 1994). Wir laufen jedoch Gefahr, uns durch unser nur allzu verständliches Interesse für diese Revolution im Eigentumsrecht von den wirklichen Praktiken der Landwirtschaftsbetriebe ablenken zu lassen. Während die Streitigkeiten über Eigentumsansprüche allmählich beigelegt werden – oder zumindest vor sich hin schmoren – müssen wir jetzt unsere Aufmerksamkeit auf die Praxis der Führung postkollektiver landwirtschaftlicher Betriebe richten, um zu verstehen, welche Richtung die Wirtschaft einschlägt. Denn schließlich hängt die postsozialistische Transition von einer Revolution im Bereich der allgemeinen Geschäftspraktiken ab. Ich möchte sogar argumentieren, dass ein echtes Verständnis einer solcher „Transitionsökonomie" nur dann möglich ist, wenn wir ein klares Bild davon haben, wie die verantwortlichen Führungskräfte die ehemaligen LPGs in funktionsfähige kapitalistische Unternehmen umgestalten.

Bereiche und Beziehungen in der sozialen Welt

In den ersten Jahren der Transition gab es Befürchtungen, die kommunistischen Eliten könnten ihre früheren politischen Vorteile nun in wirtschaftliche umsetzen. Diese anfänglichen Befürchtungen waren berechtigt, denn fast alle regionalen Spezialisten kennen Geschichten schamloser Aneignung und schneller Bereicherung ehemaliger Parteieliten. Nicht selten war damals auch die Rede von zweifelhaften wirtschaftlichen Allianzen – bewusst als Mafiosi bezeichnet – um auf ihre zwielichtigen Techniken zu verweisen (Wedel 1998). Diese Ängste gründeten aber nicht nur auf der Besorgnis um soziale Gerechtigkeit – etwas, das vielen in ihrem Kampf gegen den sozialistischen Staat während der vorausgegangenen Jahre sehr am Herzen lag. Experten befürchteten vielmehr, dass diese neuen Verbandelungen die Wirtschaft deformieren würden und damit die Entwicklung eines freien Marktes behindern und den Übergang zu einer wirklich kapitalistischen Wirtschaft blockieren könnten (Staniszkis 1991; Stark 1990; auch Verdery 1996, S. 168-203). Daher fühlten sich einige Analytiker dazu berufen, eiligst Studien über die Eliten durchzuführen, um Auskunft darüber zu geben, in welchem Maße rohe Macht und Machtmissbrauch unter Politikern den Fortbestand dieser Eliten erklären können, und welche anderen, subtileren und noch wirkungsvolleren Mechanismen hierbei auch im Spiel sein könnten. Diese Untersuchungen zeigten jedoch, dass politischer Einfluss keine ausreichende Erklärung ist; eine komplexere und theoretisch stichhaltigere Interpretation liegt in der Rolle vom sozialen und kulturellen Kapital in der osteuropäischen Transformation (Czakó und Sik 1995; Grabher und Stark 1997; Kuczi 1996, Róna-Tas und Böröcz 2000; Szalai 1997). Meine Forschungsarbeit stützt sich auf diese Studien und zwar mit besonderem Schwerpunkt auf dem Landwirtschaftssektor.

Es gibt zwei Ansätze der sozialwissenschaftlichen Erforschung wirtschaftlicher Transformation: Es sind einmal Untersuchungen, die die Rolle des sozialen Kapitals, des Vertrauens, Wissens und der Erfahrung zum Gegenstand haben, und dann solche, die sich mit der Bedeutung der formellen und informellen Strukturen der Volkswirtschaften auseinandersetzen. Die Ansätze überschneiden sich in wichtigen Punkten, ich möchte sie aber für analytische Zwecke trennen. Beide Ansätze werfen die wichtige Frage auf, bis zu welchem Grade die neuen Wirtschaftsaktivitäten durch ehemalige sozialistische Praktiken beeinträchtigt werden, was oft auch als das Problem des „sozialistischen Erbes" bezeichnet wird (Jowitt 1992; Comisso 1995). Der erste Ansatz hat seinen Schwerpunkt auf dem Charakter sozialer Beziehungen innerhalb des Wirtschaftsgeschehens und unterscheidet dabei generell zwischen institutionalisierten Beziehungen und informellen Kontakten. Der zweite Ansatz untersucht die Art der wirtschaftlichen Aktivität und weniger die sozialen Beziehungen, die sich formgebend auf die wirtschaftlichen Muster auswirken. Daher liegt bei dieser Variante das Augenmerk auf den Wirtschaftssektoren – d. h. auf den formellen und informellen Bereichen der wirtschaftlichen Praxis und den alltäglichen Interaktionen. Es sollte offensichtlich sein, dass bei diesen Analysen die institutionalisierten Beziehungen der formellen Wirtschaft, informelle Kontakte dagegen dem informellen Wirtschaftsbereich zugeordnet werden. Obwohl diese beiden Ansätze das Feld dominieren, sind sie für eine sozialwissenschaftliche Untersuchung des Postsozialismus unzureichend. Das liegt daran, dass mit zu eng gefassten und willkürlichen Definitionen der analytischen Kategorien gearbeitet wird. Die Welt wird von vornherein in die sich scheinbar gegenseitig ausschließenden Domänen des formellen und informellen Sektors oder der sozialistischen und kapitalistischen Praktiken aufgespaltet, was wenig dazu beiträgt, Form und Charakter sozialer Prozesse zu erhellen.

Soziales Kapital und Erfahrung

Die Erforschung von sozialem Kapital befasst sich mit der Rolle von sozialen Beziehungen als Aktivposten, die andere, traditionell anerkanntere wirtschaftliche Vorteile – wie finanzielle Ressourcen, den Zugang zu erwünschten Marktpositionen sowie günstige Zeit- und Initiativvorteile – ergänzen. Der ganze Fragenkomplex des sozialen Kapitals ist in den letzten Jahren immer stärker in den Vordergrund gerückt und von den verschiedensten wissenschaftlichen Traditionen aus den verschiedensten Beweggründen aufgegriffen worden (Portes 1998). Drei große Forschungsansätze lassen sich unterscheiden – und zwar: Die Theorie des rationalen Handelns mit James Coleman als ihrem wichtigsten Vertreter, der gemeinschaftsorientierte Ansatz des Politologen Robert Putnam sowie der ausgesprochen soziokulturelle Ansatz von Pierre Bourdieu.

Auf die einfachste Formel gebracht, ist soziales Kapital der Wert, der sich aus sozialen Beziehungen ergibt, die sich günstig auf die eigene akademische, berufliche oder politische Karriere auswirken.[4] Untersuchungen, wie soziales Kapital von den Akteuren in der Gesellschaft eingebracht wird, aber auch seine analytische Betrachtungsweise sind bei verschiedenen Schulen unterschiedlich. James Coleman, der sich auf eine Theorie des rationalen Handelns stützt, sieht den Menschen vor allem als ökonomistisches Subjekt, das Situationen im Licht seines Eigeninteresses beurteilt und seine Ressourcen manipuliert. Coleman sieht den Vorteil von sozialem Kapital als „ein Mittel der Erklärung von unterschiedlichen Resultaten auf der Ebene des einzelnen Akteurs und ein Mittel zur Verdeutlichung von mikro-makro-Transitionen ohne die Details der sozialen Struktur durch welche dies geschieht zu elaborieren" (1988, S. 19).[5] Für Robert Putnam (1985) liegt das soziale Kapital bei der Gemeinschaft als Ganzes, eine Qualität, die sich aus der Teilnahme der Gruppenmitglieder an verschiedenen Aktivitäten ergibt, in dem Vertrauen in die gemeinschaftlichen Beziehungen im Vordergrund steht. Der Gedanke, wonach Gemeinschaften einem Gegengewicht zu den stark individualistisch und auf Eigennutz ausgerichteten einzelnen Akteure bedürfen, beruht auf der Vorstellung vom rationalen Akteur und ist beiden Ansätzen gemeinsam. Dieser Ansatz unterstützt die in der soziologischen Literatur verbreitete Tendenz, soziales Kapital ausschließlich als positiven Faktor zu begreifen und seine negativen Konsequenzen außer Acht zu lassen (Portes 1998). Bourdieus Ansatz unterscheidet sich insofern, als er die Dynamik von Kapital untersucht, in einer Welt, die im wesentlichen von sozialen Akteuren bevölkert, durch Praxis gebildet und im Habitus verkörpert, ist. Fortdauernde kulturelle Ideen sowie eine Geschichte der Praxis sind das Fundament der Bourdieuschen Analyse; sie sind kein Nachgedanke oder Verbesserung eines mangelhaften Modells wie im Falle der „rational choice" Theorien.

Untersuchungen zur Problematik des sozialen Kapitals in der osteuropäischen Transition haben sich durch Arbeiten der Neuen Institutionenökonomie oder durch Evolutionsökonomen (wie Murrell 1992, 1993; North 1992; Stark 1992, 1996) inspirieren lassen. Dieser Ansatz steht den neoklassischen und neoliberalen Ansätzen in der Volkswirtschaftslehre im allgemeinen und der Transition im Besonderen entgegen (Przeworski 1993). Die grundsätzliche Meinungsverschiedenheit von Evolutions- oder Institutionenökonomen und ihren neoklassischen Kollegen liegt ihrem gegensätzlichen Verständnis von menschlicher Motivation zugrunde – Konzepte, die bei der Schaffung von Institutionen in postsozialistischen Wirtschaftssystemen eine Rolle spielen. In einer neoklassischen Welt agieren die Menschen gemäß ihren unmittelbaren Interessen innerhalb eines gegenwärtigen (und zukünftigen) Entscheidungskontexts. Das heißt, dass die sozialistische Vergangenheit insofern ohne Bedeutung ist, als jeder frei ist, entsprechend seiner gegenwärtig wahrgenommenen Interessen zu handeln. Des Weiteren ist eine rasche Transition schon deshalb wünschenswert, weil dann für ineffiziente und kostspielige Verhaltensweisen, die diese Forscher mit der Welt des Sozialismus assoziieren, kein Raum bleibt. Neue Institutionen sollen schnell ins Leben gerufen werden, damit Eliten des vergangenen politischen und wirtschaftlichen Systems die Möglichkeit genommen wird, weiterhin auf Kosten des Staates zu leben. Jeder Widerstand gegen die neuen Ideen wäre ein sicheres Zeichen von Korruption.[6]

Im Gegensatz hierzu sind die Evolutionsökonomen hinsichtlich der Wirkungsweise des sozialen Beziehungsnetzes im Wirtschaftsleben bei weitem optimistischer; sie betrachten die Vergangenheit als Möglichkeit, in der Gegenwart zu erwartende Verhaltensmuster vorauszusagen. In dieser Tradition ist man also weniger geneigt, Widerstand oder Starrköpfigkeit als Ursache für Schwierigkeiten während der Transition zu interpretieren und eher bereit zu akzeptieren, dass für das Erlernen neuer Wege im Wirtschaftsgebaren sowie Zeit und Anstrengungen notwendig sind. Peter Murrell kritisiert „Schocktherapeuten" wegen ihrer technokratischen Hybris und isoliert in ihren Arbeiten zwei wichtige, aber irrtümliche Hypothesen – dass wir erstens angeblich wissen, wie Kapitalismus funktioniert, und zweitens, dass „die Schöpfungen der Technokraten einen starken und wohltuenden Einfluss haben werden" (1993, S. 118). Murrell entwickelt ein historisch nuanciertes Verständnis moderner Volkswirtschaften und bringt den Gedanken ein, der Kapitalismus existiere in verschiedenen Spielarten und der Ursprung jeder dieser Varianten sei in historisch unterschiedlichen und kulturell komplexen Zusammenhängen zu suchen. Diese Sichtweise verwirft die simplistischen Modelle der neoliberalen Theoretiker, erkennt die Vielfalt und Komplexität der Wirtschaftssysteme an und begreift jedes davon als ein Produkt bestimmter historischer Prozesse.

Formelle und informelle Domänen

Vertreter des Neoinstitutionalismus werden gerne mit Evolutionsökonomen in einen Topf geworfen, obwohl die Akzente jeweils etwas anders gesetzt sind. Neoinstitutionalisten wie zum Beispiel Douglass North (1992) konzentrieren ihr Augenmerk auf die Rolle, die Ideologien und Institutionen beim wirtschaftlichen Handeln spielen. Diese Perspektive schreibt historischen Prozessen insofern eine Bedeutung zu, als sie formelle Regeln nicht als in einem Vakuum existierend, sondern in einer Welt informeller und subjektiver Standpunkte eingebettet versteht. North unterscheidet zwischen formellen Regeln und informellen Zwängen, um den Unterschied zu betonen zwischen der Art und Weise wie Organisationen konzipiert sind, und der, wie Menschen handeln und dabei manchmal auch noch die Spielregeln missachten. Mit seiner Diskussion über Ideologie und informelle

Zwänge beabsichtigt North eine zentrale Schwäche der neoklassischen Wirtschaftswissenschaft zu korrigieren, denn er schreibt: „Es wäre kaum eine Übertreibung zu sagen, dass, obwohl die neoklassische Theorie ihr Augenmerk auf das Funktionieren effizienter Märkte gerichtet hält, nur wenige westliche Wirtschaftswissenschaftler verstehen, welche institutionellen Voraussetzungen geschaffen werden müssen, um solche Märkte ins Leben zu rufen, einfach, weil sie diese Institutionen als selbstverständlich voraussetzen" (S. 478). Dieser Ansatz ist mit dem der Evolutionsökonomen kompatibel, obwohl North deutlich weniger Interesse an den systemischen Folgen der verschiedenen Wirtschaftsformen wie zum Beispiel die Möglichkeit von multiplen Kapitalismen hat als daran, wie formelle Regeln, informelle Verhaltensmuster und subjektive Elemente in bestimmten Kontexten interagieren.

Ein bedeutender Anteil der von Ethnologen vorgenommenen Wirtschaftsanalysen liefern eine direkte Kritik des Ökonomismus, Utilitarismus sowie der Auffassung, der Mensch sei ein rationales Wesen (Polanyi 1968; Sahlins 1972, 1976). Das erklärt auch, weshalb von Wirtschaftswissenschaftlern entworfene analytische Konzepte – auch solche, die sich um eine eher historische Erklärung sozialer Veränderungen bemühen – von Ethnologen kaum ernst genommen werden. David Stark, der detailliert über die postsozialistische Transition geschrieben hat (1990, 1992, 1996), unterscheidet sich von North und anderen ökonomistisch ausgerichteten Neoinstitutionalisten, indem er bei seinen Untersuchungen zu den institutionellen Praktiken von den Arbeiten Bourdieus ausgeht. Damit rückt er den Konzepten ethnologischer Forschung deutlich näher. Er behält aber die einfache Unterscheidung in formelle und informelle Komponenten der Wirtschaft, wie sie sich auch bei North findet, bei. So postuliert er unter anderem, dass in der postsozialistischen Transition formelle Institutionen (Praktiken) untergehen, informelle Praktiken aber weiterbestehen werden:

„Das Vorhandensein paralleler Strukturen (wie widersprüchlich und fragmentarisch diese auch sein mögen) in diesen informellen und zwischen den einzelnen Unternehmen direkt aufrechterhaltenen Beziehungsnetzen, dank derer die Dinge 'erledigt' wurden, bedeutet, dass der Zusammenbruch der formellen Strukturen des sozialistischen Regimes nicht in einem institutionellen Vakuum endet. Vielmehr sehen wir, dass Routine und Praktiken, Organisationsformen und soziale Bindungen weiter existieren und in der postsozialistischen Epoche zu Gütern und Ressourcen sowie einer Basis für Vertrauensverbindungen und koordinierte Tätigkeiten werden können... Kurz, anstelle von Desorientierung beobachten wir eine Metamorphose informeller Organisationsformen sowie die Reaktivierung früherer Netzwerke von Zugehörigkeit." (Stark 1996, S. 994-5)

Starks These von den parallelen Strukturen bezieht sich auf zahlreiche Arbeiten, seine eigenen inbegriffen, in denen die Bedeutung informeller Strukturen und Geschäftsgewohnheiten der zweiten Wirtschaft – eigentlich der ganze Themenkreis der „zweiten Gesellschaft in der Spätphase des Sozialismus – untersucht werden" (z. B. Gábor 1979; Hankiss 1988; Róna-Tas 1997; Stark 1986, 1989; Wedel 1986).

Es fragt sich, ob diese Aufteilung in formelle Strukturen und informelle Netzwerke, Routine und Praktiken bei der Analyse der historischen Auswirkungen des Sozialismus hilfreich ist. Konzepte wie die einer zweiten Wirtschaft und zweiten Gesellschaft hatten in den osteuropäischen Gesellschaften große Bedeutung, nicht nur weil sie wesentliche Komponenten der Wirtschaftsaktivitäten außerhalb des Bereichs staatlicher Aufsicht umfassen, sondern auch, weil die Begriffe dem tiefen Bedürfnis vieler Bürger entsprachen, sich von dem sozialistischen Projekt zu distanzieren. Doch wie ich schon an anderer Stelle betont habe (1995, S. 332-3), kann uns die schnelle und einfache Unterteilung in erste und zweite, öffentliche und private, unmoralische und moralisch korrekte Bereiche gesellschaftlichen Lebens zwar viel darüber sagen wie die Menschen ihr Leben gerne gelebt hätten, aber nichts darüber, wie sie es *de facto* gelebt haben. Anders gesagt spiegelt das Konzept einer zweiten Gesellschaft – d. h. der ganze informelle Bereich – eine tief verwurzelte ideologische Einstellung der Bevölkerung wider (Hann 1990; Lampland 1995).

Für sozialistische Bürger war die Umgehung des Öffentlichen zugunsten des Privaten aus moralischer Sicht die richtige Alternative, während die Teilnahme an öffentlichen Anliegen – schlimmer noch, deren Förderung – als etwas Schmutziges, Verrufenes galt. Daher ist der häufige Hinweis auf die große Bedeutung, die der informelle Bereich oder die zweite Gesellschaft für die Menschen im Sozialismus hatte, nicht nur als ein Argument zugunsten der Integrität dieser Staatsbürger angesichts eines repressiven Staatsapparates zu verstehen, sondern auch als Beschreibung mancher Handlungen. Es ist aber weder ein sinnvolles noch ein ausreichendes analytisches Werkzeug für das Beschreiben der Entwicklung von Handeln und Denken der Menschen. Die Wirkungsweise des Sozialismus kann nicht einfach in kurzlebige öffentliche und langfristige private oder inoffizielle Praktiken unterteilt werden.

Ich möchte anhand zweier Beispiele meine Zweifel an der formellinformellen Unterscheidung als analytisches Model für die Transition verdeutlichen. Die Planung von Budgets für Unternehmen war eine komplexe und verschlungene Angelegenheit. Produktionskosten mussten errechnet, Maschinen amortisiert, verschiedene Auflagen und Versicherungskosten berechnet werden.

All dies war mit den gerade in Kraft getretenen Gesetzen und Erlassen über Unternehmensführung in Einklang zu bringen. Wir assoziieren solche Verfahren normalerweise mit der Entwicklung eines Agro-businesses. Aber die Buchhaltungsmethoden der sozialistischen Planung waren sehr weit entfernt von den Managementmethoden herrschaftlicher Landgüter, von denen der landwirtschaftlichen Familienbetriebe vor 1948 ganz zu schweigen. Nun werden seit 1989 neue Buchführungsverfahren befürwortet, die das Missverhältnis ausgleichen sollen, das sich zwischen Betrieben, die nach sozialistischem Muster ausschließlich hohe Zuwachsraten anstreben, und solchen, die gemäß dem kapitalistischen Modell nur an Gewinn interessiert sind. Es ist anzunehmen, dass die neuen Buchhaltungsverfahren, die eingeführt werden, ein Beispiel für einen Wechsel der formellen Regeln darstellen. Würde das bedeuten, dass die Fähigkeit, ein komplexes Buchhaltungssystem zu handhaben, in den informellen Bereich fällt? Oder sollten wir solche Praktiken als das Ergebnis langer Erfahrung betrachten, wie sie sich einstellt, nachdem man über Jahre hinweg einen landwirtschaftlichen Betrieb geführt hat, wie ein Evolutionsökonom ihn definieren würde. Inwieweit handelt es sich bei der komplizierten Gesamtheit aus buchhalterischen Größen wie Preisen, Kosten, Kalkulation und Nutzen um ein weniger formelles Ganzes von Praktiken als dies bei anderen Methoden gilt, die empfohlen werden, die Gewinnspanne zu kalkulieren? David Stark reiht informelle Praktiken und Routine unter Tätigkeiten ein, dank derer „die Dinge erledigt" wurden, d. h. er sieht sie als jene zahllosen Mittel und Wege, derer sich die Leute – trotz der enormen Schwierigkeiten der sozialistischen Wirtschaft – nutzbringend zu bedienen wussten.[7] Dass solche cleveren Tricks allgemein üblich waren, wusste jeder, der damals in einem sozialistischen Land lebte. Man braucht nur das bekannte Buch *Do it Yourself* von János Kenedi – ein Meisterwerk der Komik – aufzuschlagen, um zu sehen, welch verschlungene Wege einer in sozialistischen Tagen gehen musste, wenn er ein eigenes Haus bauen wollte (1981). Bleibt die Fähigkeit, das Gesetz zu umgehen, unter kapitalistischen Bedingungen erhalten, während die Fähigkeit, mit einem Stapel Rechnungsbücher fertig zu werden, verloren geht? Wer heute in Ungarn ein Geschäft führen will, muss sich einer Welt stellen, in der Wertschöpfung in Zahlen ausgedrückt und in Büchern kodifiziert wird – auch wenn nicht jeder dieser Aufgabe gleichermaßen gewachsen ist. Die Möglichkeit, den Wert einer geschäftlichen Transaktion in einem sehr unübersichtlichen Markt zu bestimmen, mag neu sein, aber die Kalkulationsmethoden sind es nicht.

Ein weiteres Beispiel: Der Übergang zum Sozialismus hatte seinerzeit bedeutende Veränderungen auch im Tagesablauf zur Folge. Vor 1948 war die große

Mehrzahl der Ungarn in der Landwirtschaft tätig gewesen, wo der Arbeitstag bei Sonnenaufgang begann und bei Sonnenuntergang endete. Es war deshalb eine große Umstellung als man zu Arbeitsplätzen mit einem neuen Zeitverständnis überwechseln musste – d. h. Stundenlohn und öfter noch Arbeitsnormen, die nach noch kürzeren Zeiteinheiten berechnet wurden. Wir wissen natürlich, dass die Einführung von Stundenlöhnen und Zeituhren nicht sicherstellen konnte, dass der Fluss der Arbeit im Laufe eines Arbeitstages oder gar eines Arbeitsjahres stetig blieb, da die Fabriken unter Rohstoffmangel zu leiden hatten und zu erhöhter Produktion gezwungen waren, sobald diese endlich verfügbar wurden. Bürokraten verstanden es für gewöhnlich, ihre Arbeit auf kreative Weise zu gestalten, indem sie während der bezahlten Arbeitsstunden ihren Büros fern blieben und sich um ihre persönlichen Angelegenheiten kümmerten. Es ist mir verschiedentlich erzählt worden, dass das Arbeitstempo in den neuen kapitalistischen Unternehmen zügiger ist als dies in den meisten sozialistischen Fabriken üblich gewesen war. Man wird also im Kapitalismus mehr arbeiten: Wird da die konzeptuelle Verbindung von Arbeit und Lohn am kapitalistischen Arbeitsplatz belanglos sein? Werden die Arbeiter unpünktlich zur Arbeit kommen oder freiwillig auf ihr Mittagessen und andere gesetzlich festgelegte Arbeitnehmerrechte verzichten?

Ich behaupte, dass die kulturelle Welt der Bürger der vormals sozialistischen Länder tiefe Einschnitte durch den Sozialismus erfahren hat. Diese Veränderungen hatten Auswirkungen auf eine breite Palette von Praktiken und Routinen, die auf die Grundfaktoren der Volkswirtschaft unmittelbaren Einfluss haben – auf den Zeitbegriff, die Berechnungsmethoden sowie die Routineabläufe der Produktion. Im Zuge der übereilten Verurteilung des gesamten sozialistischen Projekts sind viele Praktiken kurzerhand als schlecht durchdachte und unnatürliche Produkte des sowjetischen Staatismus verteufelt worden. Doch wurden zur selben Zeit nicht wenige der sozialistischen Wirtschaftsinstrumente – Produktivitätsnormen, Langzeitbudgetierung, Antiinflationsmaßnahmen, um nur einige zu nennen – oft auch in der kapitalistischen Welt mit mehr oder weniger großem Erfolg verwendet. „Transitologen" haben eine enge Vorstellung von Institutionen, auch Stark mit seinem nuancierteren Verständnis von Praktiken und Routine. Die implizite Abgrenzung von ökonomischen Domänen in jener Forschung schließt die komplexe kulturelle Umwelt, in der sie eingebettet sind, aus. Die Erklärung hierfür findet sich zweifellos in der Tatsache, dass sozialwissenschaftliche Forschung die europäische Moderne oft als selbstverständlich voraussetzt, anstatt sie als eine erst kürzlich vonstatten gegangene kulturelle Revolution zu erkennen. Infolgedessen werden wichtige Transformationen, die den Sozialismus begleiten, einfach ignoriert, obwohl diese Entwicklungen unmittelbare Folgeerscheinung dieser Ära sind. Um die der osteuropäischen Geschichte eigentümliche Aspekten nachzuzeichnen, müssen wir bei unserer Betrachtung der sozialen Welt auch kulturelle Glaubenssätze und Praktiken einbeziehen, die viele von uns seit langem für selbstverständlich halten. Außerdem müssen wir unsere Perspektive dahingehend neu einstellen, dass sie nicht auf sich gegenseitig ausschließende Domänen – wie den des Formellen und Informellen oder den des Öffentlichen und Privaten – geeicht bleibt, sondern überlappende und in gegenseitiger Abhängigkeit existierende Bereiche erfasst. Durch die Analyse des Hin und Her von sozialer Interaktion und der sich gegenseitig unterstützenden Begrifflichkeiten von Zeit, Anstrengung, Geld und Gütern – die in eine breite Spannweite von Aktivitäten verwickelt sind – werden wir analytisch besser in der Lage sein, die Welt zu bewerten als sozialistisch und kapitalistisch, vergangen und gegenwärtig oder verweilend und sich neu entwickelnd.

Bourdieu

Doch zurück zu Pierre Bourdieu, dem ergiebigsten und provokativsten Theoretiker der oben erwähnten Sozialwissenschaftler. Bourdieu betont wie soziokulturelle Beziehungen aufgebaut und gelebt werden. Er zeigt nicht einfach nur die Bedeutung der zwischen den verschiedenen gesellschaftlichen Akteuren bestehenden Beziehungen auf, sondern er zeigt auch, wie diese Beziehungen eine besondere Form erhalten – eine Form, die in Verbindung mit dem ökonomischen Kapital steht, sich jedoch nicht auf dieses reduzieren lässt. Bourdieus Kritik am Ökonomismus ist scharf und in unserem Zusammenhang besonders wertvoll. Außerdem zeigt er, dass diese soziokulturellen Beziehungen sowohl im alltäglichen Zusammenleben zustande kommen als auch in den ritualisierteren Formen des sozialen Geschehens wie Familientreffen und Schulfeiern. Anhand dieser Darlegungen unterstreicht er die Bedeutung des Zeitfaktors. Die Lebendigkeit eines Beziehungsnetzes hängt von dessen ständiger, durch Wiederholung erzeugter Erneuerung und von den subtilen Austauschen ab, die bei solchen regelmäßigen Treffen stattfinden (Williams 1977). Schließlich betont Bourdieu die aufgrund der ungleichen Verteilung von Kapital in der Gesellschaft zustande gekommenen Ungleichheiten. Auf diese Weise gelingt es ihm, seine scharfsinnige Analyse der Beziehungen, die im Laufe der Zeit soziales Kapital schaffen mit der Analyse von Ungleichheiten in der Gesellschaft, die eben diese Beziehungen erzeugen und reproduzieren, zu verbinden. Natürlich ist für so gut wie jeden Wissenschaftler, der sich mit der Transition auseinandersetzt, die Frage sozialer Ungleichheiten – Ungleichheiten in der Vergangenheit und Ungleichheiten, die für die Zukunft zu erwarten sind – ein zentrales Anliegen. Aber Bourdieu erweitert das Zusammenwirken von wirtschaftlichem, sozialem und kulturellem Kapital, um zu untersuchen wie diese Privilegien kaschiert werden um die fortlaufenden Prozesse des Aufbauens und Aufrechterhaltens von Privilegien zu verschleiern.

„Eine allgemeine Wissenschaft von der Ökonomie der Praxis, die in der Lage wäre, die Totalität aller Praktiken zu erforschen, die – obgleich objektiv ökonomisch – weder gesellschaftlich als solche erkannt werden, noch erkannt werden können, und die nur auf Kosten einer aufwendigen Verstellung oder genauer, einer Euphemisierung, bestehen, muss sich bemühen, Kapital und Gewinn in all seinen Erscheinungsformen zu erfassen und diejenigen Gesetze herauszuarbeiten, auf deren Grundlage die verschiedenen Kapitalsorten (oder Macht – was auf dasselbe hinausläuft) ineinander überführt werden können." (1985, S. 242-3)

Es ist Bourdieu zu verdanken, dass er diese offensichtliche Tatsache zur Sprache bringt: Bei Kapital geht es um Macht – ein Aspekt in der Forschung von Ungleichheit, der in den Arbeiten anderer Autoren seltsamerweise ausgelassen wird. Diese generelle Auslassung in der Literatur zur Frage des sozialen Kapitals hat ihre Parallele in dem Leugnen der Klassenfrage in der osteuropäischen Transition.[8]

Praktiken der Euphemisierung sind nicht auf öffentliche Unterbewertung sozialer Kontakte beschränkt. Kulturelles Kapital zeigt sich nicht nur in Form von materiellen Objekten, sondern auch in inkorporierten Zuständen. Dieser Begriff ist nicht nur für die Annäherung an die komplexen Dynamiken des Habitus nützlich, sondern auch für die Bewertung von Behauptungen über Charakter oder Persönlichkeit als Rechtfertigung sozialer Ungleichheit. Erfolg oder Misserfolg werden im Kapitalismus häufig im Rahmen einer Weltsicht erklärt, bei der die Leistung der Erfolgreichen, und grobe Fehler bei den weniger Erfolgreichen hervorgehoben werden. Das Talent gewisser Staatsbürger, anderen Zeitgenossen Güter und Gelegenheiten zu entreißen, wird den besonderen Fähigkeiten der Akteure zugeschrieben, statt den komplexen sozialen Prozessen des sozialen und kulturellen Kapitals, die Erfolg ermöglichen. Diese Mentalität à la Horatio Alger ist nichts Neues, sondern gehörte als auffallendes Merkmal zur sozialistischen Spätphase in Ungarn, passte aber so gar nicht zu der herrschenden Theorie vom

Zusammenhang zwischen persönlicher Anstrengung und Ungleichheit in einer sozialistischen Gesellschaft.

In dem Fall, dem ich mich im Folgenden zuwende, wird das soziale Kapital ehemaliger sozialistischer Geschäftsführer ergänzt durch ihre Ausbildung, Fachwissen, Fähigkeit und Erfahrung als Geschäftsführer großer landwirtschaftlicher Betriebe. Eben diese Erfahrung sowie die weitgespannten Netzwerke von persönlichen Kontakten scheint für den Erfolg dieser Führungskräfte in der heutigen Marktwirtschaft eine wichtigere Rolle zu spielen als ihre eigentliche berufliche Ausbildung.[9] Ich werde aber ebenfalls zeigen, dass weder die berufliche Qualifikation noch alle aus der Zeit des Sozialismus stammenden freundschaftlichen Beziehungen genügen, in dem ständigen Schwankungen unterworfenen Agrarmarkt von heute mit sicherem Erfolg rechnen zu können. Die Vorteile, über die er während der ersten Jahre nach dem Zusammenbruch des Sozialismus verfügte, müssen ständig erneuert und erweitert werden um weiter erfolgreich zu bleiben.

Die Landreform

Die die postsozialistische Bodenumverteilung und Umstrukturierung landwirtschaftlicher Genossenschaften regelnde Legislation in Ungarn stammt aus der Zeit von 1991 und 1992. Im Rahmen dieser Gesetze wurde das Land der einstigen LPGs in einem komplizierten Umverteilungsprozess unter den früheren Landeigentümern, Mitgliedern der Genossenschaft und ihren früheren Angestellten aufgeteilt (Swain 1993). Der Ablauf dieser Rückgabe an frühere Landbesitzer wurde in starkem Maße durch die Kleinbauernpartei beeinflusst, die als eine der drei Koalitionsparteien der im Jahre 1990 gewählten Regierung im Amt war (Comisso 1995). Der Plan, sozialistische Agrarunternehmen in kleine unabhängige Familienbetriebe umzuwandeln, ergab jedoch nicht viel Sinn, da kleine Bauernhöfe für die großflächige Getreideproduktion, von der das Land wirtschaftlich abhängig geworden war, nicht geeignet sind. Dieses Vorhaben wurde von einer großen Mehrheit der in der Landwirtschaft beschäftigten Arbeitskräfte auch abgelehnt.[11] Die anachronistische Vision der Kleinbauernpartei gründete explizit in der Absicht, ehemalige sozialistische Genossenschaftsdirektoren – die sogenannten Grünen Barone, die alle Übel der Kollektivierung personifizierten – auszuschließen. Das stand im Gegensatz zu der Tatsache, dass die meisten Direktoren ja gerade in den letzten Jahren gewählt worden waren (Swain 1993,

S. 3). Der Versuch, die Grünen Barone zu beseitigen scheiterte, weil die Kleinbauernpartei nicht nur den Wunsch der Dorfbewohner überschätzte, zu einer Landwirtschaft alten Stils zurückzukehren, sondern auch, weil sie die große Bedeutung der Erfahrung der Grünen Barone für die Führung von landwirtschaftlichen Großbetrieben unterschätzte. Die ganze Strategie ging nicht auf, denn sie erleichterte eher den LPG-Verwaltern die Aneignung von Land und Vermögen, statt es zu verhindern.

In Ungarn erfolgte die Rückgabe von Land auf der Grundlage eines Systems von Gutscheinen. Im Rahmen dieses Systems erhielten die Familien ihr Land nicht direkt, sondern in Form von Gutscheinen zurück, die dem Wert des einstmals besessenen Landes entsprachen. Jede LPG war verpflichtet, eine bestimmte Landfläche für die Rückgabe vorzumerken. Auch staatseigene Landwirtschaftsbetriebe wurden in diese Umverteilung einbezogen und mussten einen Teil ihrer Bodenfläche dementsprechend bereithalten. Die eigentliche Rückgabe erfolgte schließlich auf Versteigerungen, an denen jeder teilnehmen konnte, der im Besitz solcher Gutscheine war. Die zögerliche Haltung, die vielerorts bei der Abwicklung der Genossenschaften an den Tag gelegt wurde, war auch in der Ambivalenz der Leute gegenüber den Versteigerungen zu erkennen – ganz zu schweigen von der Konfusion, die bei solchen Veranstaltungen generell herrschte (Swain 1994). Für eine kleine Gruppe von Auktionsteilnehmern war es ein Leichtes, die Versteigerung zu ihren Gunsten zu manipulieren. Wer sich in der ersten Runde zurückhielt – entweder weil er den Ablauf nicht verstand oder weil er mit den Prinzipien des Verfahrens nicht einverstanden war, bemerkte bald seinen Fehler. Wie mir ein Dorfbewohner erklärte, mussten diejenigen, die die erste Gelegenheit Land zu ersteigern verpasst hatten, anschließend viel Zeit darauf verwenden, andere dazu zu überreden, kleinere Landeinheiten zusammenzulegen, so dass sie einen rentablen Hof abgaben.

Die zweite Etappe der Landumverteilung begann mit dem Prozess der „Benennung", d. h. der Zuteilung von Land und Vermögenswerten aus der Genossenschaft an deren Mitglieder. Solche Mitglieder sowie deren Erben, ebenso wie frühere Angestellte konnten einen Antrag auf eigenes Land stellen. Es sei an dieser Stelle hervorgehoben, dass Firmen und andere Rechtspersonen zunächst nicht berechtigt waren, Land auf Versteigerungen und darauf folgenden Ausverkäufen zu erstehen. Das Weiterbestehen landwirtschaftlicher Genossenschaften war abhängig von der Zustimmung der Mitglieder, ihr Land an die Betriebe zu verpachten. Direktoren solcher Genossenschaften klagten Mitte der 1990er Jahre nicht selten darüber, dass sie durch die seit 1992 bestehende, implizit gegen die kooperative Landnutzung gerichtete Gesetzgebung insofern Nachteile hätten, als sie es ihnen erschwerte, Land für die Genossenschaft zu erwerben. So kam es vor, dass potentiell lebensfähige Produktionseinheiten wegen eines Mangels an angemessenen Landflächen nicht in der Lage waren, ihr Produktionsniveau zu halten. Dies gilt vor allem für Milchviehbetriebe, die große Weideflächen benötigen.

Obwohl es verständlich ist, dass sich die Direktoren solcher Betriebe wegen der Rentabilität ihrer Unternehmen Sorgen machten, ist es ebenso klar, dass ihre finanziellen Vorteile gegenüber den anderen Mitgliedern der Genossenschaft noch bedeutender geworden wären, wenn postsozialistische Genossenschaften die Möglichkeit gehabt hätten, Land zu kaufen. Jetzt aber wurden sie zum ersten Mal gezwungen, die Interessen auch ihrer Mitglieder zu berücksichtigen, wenn sie den Betrieb vergrößern wollten.

Zusätzlich zu diesen gesetzlich geregelten Möglichkeiten, Land zu erwerben, gab es noch eine dritte Option, den so genannten Taschenvertrag (*zsebszerzödés*). Dieser informelle, aber bindende Vertrag gewährleistete, dass Personen, denen Land zugeteilt worden war, dieses jedoch nicht nutzen konnten, sich Geld dafür auszahlen lassen konnten. Ältere Dorfbewohner, Arbeitslose und andere Menschen in finanziell prekärer Lage wurden damals die Zielscheibe potentieller Käufer, die wesentlich weniger für solches Land zahlten als sie es hätten tun müssen, wenn die Eigentümer gewartet hätten, bis die noch bestehenden gesetzlich festgelegten Restriktionen aufgehoben worden wären und ein offenerer Grundstücksmarkt zur Verfügung gestanden hätte. Aus diesem Grund liefern Statistiken ein irreführendes Bild, denn ein großer Prozentsatz des vorhandenen Landes ist bereits von den eingetragenen Eigentümern auf andere Parteien übergegangen.

Postkollektive Landwirtschaftsbetriebe

Die Größe eines Landwirtschaftsbetriebs reicht heute von Parzellen von einigen wenigen Hektar Land, das von einer Familie mit nicht viel mehr als einem Zugpferd bewirtschaftet wird – bis hin zu voll mechanisierten Betrieben von bis zu 1000 ha, die von einigen wenigen Angestellten bewirtschaftet werden. Viele solcher Großbetriebe in Ungarn sind Nachfolger von Einheiten der früheren LPGs wie zum Beispiel der Milchproduktion oder Schweinezucht, oder sie sind einfach nur das nach der Landumverteilung übrig gebliebene Rumpfstück. Solche kleineren Genossenschaften beschäftigen noch zahlreiche ihrer einstigen

Mitglieder, nicht selten, weil sie sich nur auf diese Weise den Zugang zu bewirtschaftbarem Land sichern können. Verschiedentlich haben sich Genossenschaften und staatseigene Betriebe zu landwirtschaftlichen Dienstleistungseinheiten umfunktioniert, die heute auf Maschinenwartung spezialisiert sind und Gerätschaften an neue private Betriebe vermieten. In anderen Fällen sind ähnliche Dienstleistungsunternehmen die erweiterte Version eines erfolgreichen Unternehmens der zweiten Wirtschaft – die zunächst mit vielleicht nur einem einzigen Traktor angefangen hatten. Der Prozess, durch den sich manche Betriebe in kapitalistische Agrarbetriebe verwandeln konnten, während andere in viele Teile zersplitterten oder bankrott gingen, war ein komplizierter und kontroverser Vorgang (Andor 1996; Kovács 1996; Swain 1995). Während der Dekollektivierung fand ein ungeheures Gerangel um Genossenschaftsvermögen statt, aber die hieraus entstandenen Landwirtschaftsmuster bieten überraschenderweise ein einheitliches Bild: Die meisten Eigentümer von Land sind nicht daran interessiert, dieses zu bewirtschaften und verpachten es, soweit ihnen das möglich ist. Bis zu zehn Familien in einem Dorf besitzen Höfe mit Erträgen, die mehr als die eigenen Bedürfnisse decken, und höchstens drei bis vier Familien betreiben kommerzielle Großflächenlandwirtschaft. Wenn die Genossenschaft nicht länger existiert, haben sich Nachfolgegesellschaften gefunden, die mehr oder weniger dieselbe Bodenfläche bewirtschaften und ungefähr ebenso viel Vieh halten wie die ehemaligen Kollektivbetriebe, doch tun sie dies mit viel weniger Angestellten (Swain 1995, S. 76).

Es stellt sich die Frage, welche Faktoren dazu beitrugen, dass ehemalige Führungskräfte der LPGs leitende Posten besetzen und ihre Privilegien behalten konnten. Wie gelang es ihnen, die legislativen Taktiken der Kleinbauernpartei, die ihre Verdrängung zum Ziel hatte, zu umgehen? Um herauszufinden, wie die Dekollektivierung im Einzelnen vorgenommen wurde, haben Mihály Andor und Tibor Kuczi eine groß angelegte Studie eingeleitet, in der eine Reihe von Fallstudien durchgeführt und statistische Informationen einbezogen wurden – zur Vervollständigung des aus lokalen Daten zustande gekommenen Bildes.[12] Insbesondere Andor liefert wertvolle Einblicke in die verschiedenen Taktiken, die ehemalige sozialistische Verwalter wählten, um ihre Höfe oder zumindest einen Teil der Großfarm auch nach der Dekollektivierung zu retten.[13]

Die Maßnahmen, die jene Manager einsetzten, um ihre Betriebe und andere landwirtschaftliche Einrichtungen rentabler zu machen, unterscheiden sich nicht wesentlich von denjenigen, die Unternehmensleiter in anderen Wirtschaftszweigen zur Verbesserung der Effizienz ergreifen: Personalabbau und strukturelle Verkleinerung. Die Umwandlung von LPGs in kleinere Einheiten mit spezialisiertem Produktprofil folgt dem Muster großer industrieller Konglomerate in den frühen Jahren der Privatisierung. In der Industrie wurden Fabriken einfach zerstückelt, d. h. aus den früheren Bestandteilen des Großbetriebs wurden kleinere, effizientere Betriebe gestaltet. Obwohl es vom unternehmerischen Standpunkt aus sinnvoll ist, vor allem spezialisierte Produktionseinheiten wie Molkereien aufzubauen, entsprachen Umwandlungen dieser Art nicht selten auch dem Wunsch der neuen Direktoren, der aus der sozialistischen Zeit stammenden Verschuldung zu entfliehen. Während des Privatisierungsprozesses war es allgemein üblich, einzelne rentable Produktionseinheiten der Mammutfabriken zu verkaufen und die übrig gebliebenen ineffizienten und verschuldeten Fabrikteile dem Staat zu überlassen. Bei Landwirtschaftsgenossenschaften hängt der Erfolg solcher Manöver von der klugen Vorausschau des Geschäftsführers ab, dem es gelingen muss, sich gewissermaßen unter der bedrohlich über dem Betrieb schwebenden Schuldenlast hervorzuziehen und seine einstigen, weniger vorausblickenden Kollegen mit dem rasch zugrundegehenden Betrieb hinter sich zu lassen (Kovács 1996). Oft hängt es auch davon ab, ob es der Geschäftsführer schafft, einen Teil der einstigen Genossenschaftsmitglieder zu überreden, sich mit ihm in einem neuen Agrarunternehmen zusammenzutun.

Zu Beginn der Dekollektivierungsperiode war die Zahl der Genossenschaftsmitglieder zurückgegangen, weil so mancher beschloss, seinen eigenen Hof als unabhängiger Bauer zu bewirtschaften. Danach sahen sich die Geschäftsführer der Genossenschaften gezwungen, ihr Personal noch weiter abzubauen, um solche Arbeiter loszuwerden, die schon lange als unqualifiziert oder unzuverlässig galten. Doch das war nicht so einfach wie in anderen Betrieben – zum Beispiel den staatseigenen Landwirtschaftsbetrieben oder solchen, die nicht zum Agrarbereich gehörten, wo einfach so viele Arbeiter entlassen wurden wie notwendig war, um ein vertretbares Personalniveau zu erreichen. Landwirtschaftsgenossenschaften aber hängen für die Weiterführung des Betriebs gänzlich von dem guten Willen ihrer Mitglieder ab, da sie das von ihnen in Anspruch genommene Land pachten müssen und nicht wie einst ohne irgendwelche Auflagen einfach nutzen können. Obgleich nicht das gesamte von den postkollektiven Betrieben gepachtete Land Eigentum ihrer Angestellten ist, sind sich die Geschäftsführer doch der Gefahr bewusst, wenn sie sich durch eine allzu strenge Personalpolitik einen Teil der Dorfbewohner zum Feind machen und riskieren, ihrer Kontrolle unterstehende Landflächen zu verlieren. Es ist daher für einen postsozialistischen Genossenschaftsleiter sehr wichtig, Teile der dörflichen Gemeinde davon zu überzeugen, seine Bemühungen zu unterstützen. Hier wird deutlich, dass schon seit der sozialistischen Periode bestehende Kontakte zwischen den geschäftsführenden Eliten der Genossenschaften und deren Arbeiterschaft nunmehr in klassische paternalistische Beziehungsverhältnisse zum größeren Vorteil des Direktors ausgebaut werden können.

Die Aneignung von staatseigenem Land seitens privater Unternehmer ist in allen postsozialistischen Staaten Osteuropas eine sehr kontroverse Entwicklung und hat überall zu Diskussionen über die Zusammensetzung neuer Eliten und die Wiederkehr alter Muster von Privileg und Macht geführt. Dies trifft für Ungarn ebenso zu wie für andere osteuropäische Staaten. Dennoch würde ich sagen, dass sich der Umstrukturierungsprozess im Agrarbereich – sowohl bei offensichtlicher Aneignung von Land durch private Unternehmer als auch in den milderen Fällen einfacher Wiederinbetriebnahme früherer Genossenschaften – in mancherlei Hinsicht von den Privatisierungsabläufen in der Industrie und dem Dienstleistungssektor unterscheidet. In der Landwirtschaft haben im Laufe der Transitionsperiode sowohl das soziale Umfeld, d. h. eine nahe und aufmerksam beobachtende Dorfgemeinschaft, als auch die für ein erfolgreiches Unternehmertum notwendige Grundvoraussetzung – die Verfügbarkeit von Land – das Management gezwungen, sich für andere Formen geschäftlichen Vorgehens zu entscheiden, als dies in den übrigen Wirtschaftssektoren der Fall war. Da es zum Zeitpunkt meiner Untersuchungen noch nicht möglich war, Land auf legalem Wege zu erwerben oder zu veräußern, waren die einem Unternehmer zur Verfügung stehenden Optionen begrenzt.

Es zeigt sich, dass ehemalige sozialistische Führungskräfte ihre Autorität und ihre Position in der Landwirtschaft aufrechterhalten konnten, entweder als private Eigentümer von Betrieben, Leiter von Genossenschaften oder Direktoren von Nachfolgebetrieben. Dennoch entsprach ihr Erfolg nicht immer ihren Ambitionen, da die von ihnen ins Feld geführten Strategien, um das von ihnen genutzte Land sowie die dazu gehörenden Vermögenswerte weiterhin unter ihrer Kontrolle zu behalten, durch Widersacher innerhalb oder auch außerhalb der Dorfgemeinschaft unterlaufen werden konnten. Der Erfolg der Leiter bzw. die Möglichkeiten der Dorfbewohner die Pläne solcher Unternehmer zu durchkreuzen hing nicht nur davon ab, welche Strukturen der Betrieb vor der Dekollektivierung hatte, sondern auch von den spezifischen Besonderheiten der dörflichen Gemeinschaft, zu der er gehörte.[14] Mit Strukturen des Betriebes meine ich in erster Linie die während der Zeit des Sozialismus den Genossenschaftsmitgliedern zur Verfügung stehende Möglichkeit, bei Entscheidungen ihren Einfluss geltend zu machen. Nach den Zusammenlegungen in den 1970er Jahren wurden die Entscheidungen über die täglichen Arbeitsgänge in der Genossenschaft oft in Zentralen getroffen, die weit entfernt vom Dorf waren – ein Umstand, der es den

Dorfbewohnern erschwerte, das Tun des Genossenschaftsdirektors und seiner Mitarbeiter zu inspizieren. Dadurch wurde Macht in den Händen der Leitung der LPG konzentriert – was in der Dekollektivierungsphase von dieser zum eigenen Vorteil genutzt werden konnte. Dazu kamen neue Formen der Warenproduktion in der sozialistischen zweiten Wirtschaft, z. B. der Weinanbau. Dies bescherte den Betriebsmitgliedern ein größeres Maß an Autonomie, hielt sie aber gleichzeitig fern vom täglichen Geschehen auf dem Genossenschaftsgelände, wodurch der Kontrolle des Managements über das Schicksal des Gesamtbetriebs zusätzlich Vorschub geleistet wurde. Drittens erhöhte eine Reihe von Managementerfolgen in den 80er Jahren die Wahrscheinlichkeit, dass die Mitglieder der Genossenschaft die Vorgehensweisen der Führungskräfte während der Umorientierung des Betriebs in den 90er Jahren von sich aus billigten. Stieß ein Manager dennoch auf Widerstand, konnte er loyale Mitglieder dazu benutzen, Druck auf diejenigen auszuüben, die aus der Genossenschaft austreten wollten. Die Zusammensetzung der Genossenschaftsmitglieder war also ein vierter wichtiger Aspekt. Die Genossenschaftsdirektoren hatten bessere Chancen, ihre Ziele zu erreichen, wenn die Mitglieder der LPG im Durchschnitt älter, ärmer, weniger gebildet oder zu einem höheren Prozentsatz Frauen waren, da sich im Allgemeinen solche Personen weniger für den Entscheidungsprozess interessierten und die Verantwortung eher dem Leiter überließen. Und schließlich gab es dann noch den Faktor der „fehlenden Generationen". In stärker industrialisierten Regionen des Landes hatte sich der Großteil der letzten beiden Generationen schon endgültig aus der Landwirtschaft zurückgezogen, so dass schon deshalb oftmals niemand mehr übrig war, der auf landwirtschaftlichen Besitz Ansprüche erheben konnte. Dieser Umstand erleichterte es LPG-Leitern in solchen Regionen, kommerziell nutzbares Land ohne großen Widerstand zu erwerben. Außerdem war es für Dorfbewohner, die zu ihren Arbeitsplätzen in nahen oder weiter entfernt gelegenen Städten pendelten schwieriger, die lokalen Institutionen zu kontrollieren.

Neben den o. g. Faktoren entschieden auch aktuelle Umstände im Dorf, die im folgeneden spezifiziert werden, in welchem Maße Führungskräfte von Genossenschaften Vorteil aus der Dekollektivierung schlagen konnten. Wenn zum Beispiel ein Verantwortlicher der Genossenschaft außerhalb des Dorfes wohnte, in dem die Genossenschaft lag, war es einfacher für ihn, zwielichtigen Geschäften nachzugehen, da er weder der Zensur noch dem moralischen Druck seitens seiner Nachbarn ausgesetzt war. Es war ebenfalls vorteilhaft für ihn, wenn die Dorfbewohner wenig Möglichkeiten hatten, einen Arbeitsplatz in der näheren Umgebung zu finden. Die Nähe von geeigneten Absatzmärkten beeinflusste die

Entscheidungen einzelner Genossenschaftsmitglieder, diese zu verlassen und sich als private Landwirte selbstständig zu machen. Und letztlich spielte die Geschichte einer ländlichen Gemeinschaft eine Rolle: Ein Genossenschaftsdirektor wird es leichter gehabt haben, wenn er es mit einer Gemeinde zu tun hatte, die schon seit jeher schwache repräsentative Institutionen besaß (Andor 1996). Sowohl Soziologen als auch die Dorfbewohner selbst erklären das passive Verhalten ehemaliger Genossenschaftsmitglieder oftmals im Licht der vor dem Krieg bestandenen Arbeitsverhältnisse. Dorfgemeinschaften, die sich aus früheren Pächtern, Angestellten auf Höfen des ehemaligen Landadels und Tagelöhnern zusammensetzten, gelten als apathisch und ohne viel unternehmerischen Geist, während Dörfer autarker Bauern den Ruf haben, sowohl politisch wie kaufmännisch aktiver zu sein.

Ich bin solchen Aussagen gegenüber skeptisch, weil sie die letzten vierzig Jahre Sozialismus außer Acht lassen – Jahrzehnte, in denen der arbeitenden Bevölkerung das Mitspracherecht versagt wurde – in der Politik im Allgemeinen und bei politischen Prozessen am Arbeitsplatz im Besonderen. Es war vielleicht in manchen dörflichen Gemeinschaften üblicher als in anderen, sich in der zweiten Wirtschaft zu betätigen, oder die Bewohner waren dabei geschickter als andere – einfach, weil sich das unmittelbar aus den vor dem Kriege bestehenden Eigentumsverhältnissen so ergab. Nichtsdestoweniger blieb die zweite Wirtschaft aufgrund ihres Bedarfs an billigem Getreide, Vieh, agronomischer Beratung und Unterstützung bei der Vermarktung ihrer Erzeugnisse von den Genossenschaften und staatlichen Landwirtschaftsbetrieben abhängig. Anstatt solche Aktivitäten als schon damals einsetzendes kapitalistisches Geschäftsgebaren zu werten, sollten sie eher als eine Art Zusatz der sozialistischen Güterproduktion verstanden werden. So gesehen, brauchen wir nicht in die Vorkriegszeit zurückgehen, um den Mangel an Unternehmergeist zu erklären. Wie in jeder kapitalistischen Wirtschaft, gibt es auch hier Menschen, die nun mal keine Unternehmer sein möchten – oder die hierfür erforderlichen Fähigkeiten nicht besitzen. In diese Gruppe fallen zum Beispiel Personen, die Tätigkeiten ausübten, die nicht ihren Ambitionen, aber ihren Fähigkeiten entsprachen. Dann gab es solche, die gewöhnliche Routine wählten, weil sie ein einfaches Leben dem eines Managers – voller Aufregung und Stress – vorzogen. Dennoch gab es natürlich auch Genossenschaftsmitglieder und Angestellte der staatlichen Güter, die gerne einen großen Betrieb geführt hätten und erfolgreich gewesen wären. Aber zahlreiche lokale Studien konnten zeigen, dass im Rahmen der Dekollektivierung verschiedene Faktoren letztlich ausschlaggebend dafür waren, ob jemand beim Erwerb der zum Betreiben eines Hofes notwendigen Mittel tatsächlich erfolgreich sein würde. Darunter fiel nicht zuletzt auch die Fähigkeit bei dem Versuch, Land, Maschinen und Führungskontrolle zu bekommen, andere auszustechen.

Dass mich Versuche, den Erfolg dieser oder jener Dorfbewohner im Vergleich zu anderen im Lichte ihres persönlichen Werdegangs oder ihrer Familiengeschichte zu erklären, skeptisch machen, ergibt sich aus meiner Sorge über die heute aufkommenden Erfolgs- und Misserfolgsideologien. So rechtfertigen zum Beispiel Genossenschaftsdirektoren ihren Erfolg bei der Aneignung von Betrieben und den verschiedenen dazugehörigen Gütern mit der Unfähigkeit ehemaliger Arbeiter ihnen in diesen Betrieben einen nennenswerten Widerstand entgegen zu setzen. Sie sagen diesen ehemaligen Arbeitskräften der Genossenschaft eine „sozialistische Arbeiterhaltung" nach und setzen dieser Haltung ihre eigene Fähigkeit entgegen, sich der neuen Situation anzupassen, neue Kunstgriffe zu lernen und alte hinter sich zu lassen. Dieses Eigenlob ist ein Beispiel für die Euphemisierung im Sinne Bourdieus (1985), die die komplizierten und manchmal zwielichtigen Machenschaften maskieren, die diese Manager anwenden, um ihren Erfolg sicherzustellen. Der *soziale* Aspekt des Aneignungsprozesses sowie die *sozialen* Vorteile, über die der Manager verfügte (soziales Kapital, praktische Erfahrung), werden außer Acht gelassen, seine persönlichen Qualitäten jedoch unterstrichen.

Während der erfolgreiche Geschäftsmann seine selbstherrlichen Sprüche verbreitet, sprechen die Dorfbewohner von Korruption und Diebstahl. Gefühle der Machtlosigkeit und Verzweiflung bei den weniger Erfolgreichen äußern sich in der beinahe ausnahmslosen Überzeugung, dass Führungskräfte gut situiert und zum Stehlen und Betrügen geeignet sind. Diese Sicht der Dinge ist nicht neu. Schon unter dem Sozialismus waren solche Töne zu hören gewesen. Doch der Groll hat zugenommen, weil es jetzt um höhere Einsätze geht. In den frühen 90er Jahren waren die Leute hinsichtlich der politischen und wirtschaftlichen Transition gelassen, weil sie eigentlich keine großartigen Veränderungen von der neuen Regierung oder dem neuen Wirtschaftssystem erwarteten. Kommentare während der verschiedenen aufeinanderfolgenden Wahlen bestätigten das. Dorfbewohner verliehen dieser Einstellung Ausdruck, wenn sie erklärten, weshalb sie ihre Stimme der sich schon an der Macht befindlichen Partei gaben, anstatt für eine neue politische Führung zu stimmen: Schließlich hätten schon alle im Amt befindlichen Politiker ihr Säckel gefüllt und bräuchten nicht noch einmal die Staatskasse plündern – wie dies eine neue Regierungskoalition tun würde. Zahlreiche Skandale in diese Richtung stützen solche Meinungen. In einem mir gut bekannten Dorf wandte sich der misstrauische Groll der Bewohner gar gegen einen vormals sehr geachteten Genossenschaftsdirektor, dessen Versuche im

Dorf Land zu erwerben die Leute zu bösen Kommentaren herausforderte. Während sich dieser Mann im Jahre 1990 noch leicht zum Bürgermeister hätte wählen lassen können, den Posten aber ausschlug, weil er meinte, dass die damit verbundene Arbeit das Vollzeitgehalt nicht rechtfertige, wird er heute regelmäßig von seinen einstigen Anhängern beschimpft, weil er ihrer Meinung nach noch tiefer gesunken ist als sein berüchtigter Vorgesetzter zu sozialistischen Zeiten. Dieses radikale Umschwenken der Dorfbewohner war das erstaunlichste, was ich persönlich im Zusammenhang mit der postsozialistischen Transition erlebt habe und niemals erwartet hätte. Offensichtlich hatte ich den Zorn der Menschen angesichts ihrer anhaltenden Armut und Rechtlosigkeit unterschätzt. Das Verständnis der Manager von Erfolg als Eigenleistung findet sein Gegenstück in der Verteufelung von Erfolg als solchem. Euphemisierung in diesem Kontext übersieht die sozialen Prozesse, auch wenn hier die Praktiken des Leiters zugunsten verallgemeinerter Behauptungen über Habgier und Verdorbenheit bevorzugt werden.

Ich möchte nun dazu übergehen, jene Attribute genauer zu untersuchen, die ehemaligen Genossenschaftsdirektoren und Leitern von staatseigenen Landwirtschaftsbetrieben in der Zeit der Dekollektivierung zur Verfügung standen. Es ist meine These, dass eine Kombination von sozialen Beziehungen, Fachwissen und ausgedehnter Erfahrung den Agrareliten unverhältnismäßige Vorteile während der Transition bescherte (vgl. Kuczi 1996). Unternehmerischer Erfolg stützt sich auf die verschiedenartigsten sozialen Kontakte, zu welchen nicht selten auch verwandtschaftliche Beziehungen zählen. So konnten zum Beispiel die finanziellen Ressourcen der eigenen Familie zu einer Zeit, in der es schwierig war, angesichts der unsicheren Eigentumsgesetze, Bankkredite zu bekommen, von größter Bedeutung sein. Außerdem war es oft sehr nützlich, die eigenen geschäftlichen Verpflichtungen als Familienangelegenheit darstellen zu können, wenn bei wachsendem Geschäftserfolg Forderungen aus dem Freundeskreis oder von den ehemaligen Arbeitskollegen zurückgewiesen werden mussten – obwohl es auch hier eine Kehrseite gab: Druck von den Familienmitgliedern nach einem Anteil des Gewinns. Auch die schon seit langer Zeit bestehenden paternalistischen Beziehungen zwischen den Leitern einer Genossenschaft und der Arbeiterschaft müssen berücksichtigt werden. Unter dem Sozialismus spielten Genossenschaften eine wichtige Rolle als Vermittler sozialer Güter und Dienstleistungen wie zum Beispiel bei der Organisation von Ferienlagern für Kinder, bei der finanziellen Unterstützung von Kinderhorten, bei billigen Transportmöglichkeiten für die zweite Wirtschaft oder bei der Finanzierung von Beerdigungen in bedürftigen Familien. Die Gewohnheit, sich im Notfall an den Direktor der Genossenschaft zu wenden, wurde auch in der postsozialistischen Periode nicht aufgegeben, eine Praxis, die natürlich auch eine negative Seite hat: Dieser Verantwortliche konnte somit jederzeit diffusen moralischen Druck ausüben. Wenn die Landbevölkerung also heute die Handlungsweise manch eines Unternehmers für verdächtig hält, weil man die damit einhergehenden Schikanen nur allzu gut kennt oder kaufmännischer Tätigkeit generell misstrauisch gegenüber steht, dann kann diese abschätzige Einstellung einem wirtschaftlichen Aufschwung durchaus im Wege stehen (Portes 1998, S. 15).[15] Auch ethnische oder langwierige politische Feindseligkeiten können den wirtschaftlichen Aufschwung hemmen. Ein Geschäftsführer beklagte sich bei mir über ehemalige Mitglieder seiner Genossenschaft, die sich weigerten, ihr Land an die nunmehr viel kleinere LPG zu verpachten, nur weil sie es immer noch übel nahmen, Anfang der 60er Jahre gezwungen worden zu sein, dieses Land an die Genossenschaft zu übergeben.

Das wertvollste soziale Kapital eines ehemaligen Genossenschaftsdirektors beim Aufbau eines Unternehmens besteht jedoch in seinem ausgedehnten Netz von Beziehungen und Kontakten im Landwirtschaftsbereich auf Bezirks- und Landesebene. Solche Kontakte erstrecken sich von einfachen Freundschaften bis hin zu komplexen bürokratischen und kaufmännischen Verbindungen. Kollegen aus Berufen im Agrarbereich und Leiter von Genossenschaften, bzw. deren Nachfolgeunternehmen tauschen gegenseitig Informationen und Hilfe aus. Oft reichen diese Bekanntschaften zurück bis in die Schul- bzw. Universitätszeit oder sie nahmen ihren Anfang in Fortbildungen oder ähnlichen Veranstaltungen. Regelmäßige Tagungen und Konferenzen auf Bezirks- oder Regionalebene schafften im Laufe der Zeit ein weitgespanntes und wertvolles Netz von Beratern und Freunden. Manche dieser Zusammenkünfte waren politischer Natur – wie zum Beispiel Parteiversammlungen – doch das hinderte niemanden daran, diese Kontakte zur Förderung der eigenen beruflichen Ambitionen zu nutzen. Es wurden auch viele wichtige Verbindungen mit dem kommerziellen Sektor, mit Mitarbeitern von Fabriken der verarbeitenden Industrie oder auch mit Vertretern von Saatgut- oder Düngemittelherstellern gepflegt.

Das wichtigste Element bei solchen Kontakten ist das Vertrauen. In all den unterschiedlichen Transaktionen können sich die Akteure gegenseitig darauf verlassen, dass Waren zum vereinbarten Zeitpunkt geliefert, angemessene Preise geboten, wertvolle Informationen zur Verfügung gestellt und eine richtige Entscheidung für einander getroffen wird. Die diesen Beziehungen innewohnende Verlässlichkeit wirkt den Unzuverlässigkeiten der neuen Marktwirtschaft entgegen und verschafft diesen neuen Unternehmern der Konkurrenz gegenüber Vorteile. Wer es versteht, solche Kontakte richtig zu nutzen, kann die Rentabilität des eigenen Geschäfts sehr positiv beeinflussen. Werden sie jedoch schlecht genutzt, besteht die Gefahr, die eigene Gewinnschöpfung zu unterminieren und zukünftige Verluste vorzuprogrammieren. Ein Beispiel hierfür wurde mir in Person eines Genossenschaftsdirektors vor Augen geführt, der sich hartnäckig weigerte, seine Erzeugnisse an Fremde zu verkaufen, selbst wenn ihm diese einen höheren Preis boten als seine festen Kunden. Er hielt es für unsicher, mit Fremden Geschäfte zu machen und pflegte über sie zu sagen: „*Nem biztos vevö.*" („Er ist kein sicherer Käufer.") Die anderen Leute im Dorf schrieben die Weigerung, mit Unbekannten Geschäfte zu machen, seiner Befürchtung zu, nicht nur die Kontrolle über die Transaktion zu verlieren, sondern auch den Fluss der Bestechungsgelder zum Versiegen zu bringen, mit denen er sich bereicherte. Durch seine Dickköpfigkeit brachte er seinen Betrieb schließlich an den Rand des Bankrotts – ganz im Gegensatz zu einem benachbarten Betrieb, dessen Leitung einen guten Ruf genoss und den Genossenschaftsbetrieb in ein agrarwirtschaftliches Dienstleistungsunternehmen umorganisiert hatte.

Eine überaus wichtige, von ehemaligen sozialistischen Verwaltern angewandte Strategie in ihrer Transformation zu kapitalistischen Geschäftsleuten ist, wie bereits erwähnt, das Einsetzen ihrer Verbindungen im Agrarsektor. Die Vorteile, die ehemaligen Genossenschaftsdirektoren aufgrund ihrer sozialen Netzwerke zur Verfügung stehen, sind also nicht zu unterschätzen. Doch gilt zugleich auch, dass der Abschluss eines guten Vertrags oder das Aushandeln eines fairen Preises, nicht allein guten Beziehungen zugeschrieben werden kann. Die einfachen Gesetzmäßigkeiten des Marktes spielen hier auch eine wesentliche Rolle – was in der Eile, die Bedeutung sozialer Kontakte zu betonen, leicht übersehen werden kann. Größenvorteile beeinflussten Vertragsverhandlungen. So bestand eines der größten Probleme in dem Drang zur Schaffung von landwirtschaftlichen Kleinbetrieben darin, dass die Größenvorteile verschwanden. Es war einfach ein Irrtum zu glauben, Kleinbauern könnten in einer neuen Wirtschaft gedeihen, die keine genossenschaftliche Vermarktungsorganisation für sie bereithielt und sie nicht vor ausbeuterischen Mittelsmännern schützen könnte. Solche Vermarktungsgenossenschaften hatte es schon in der Zeit vor 1948 gegeben; sie waren auf veränderte Weise noch in der sozialistischen Periode vorhanden und spielten für den Absatz der Erzeugnisse der zweiten Wirtschaft eine wichtige Rolle. Es ist klar, dass zahlreiche LPGs als Vermarkter für die Produkte ortsansässiger Bauern tätig wurden. Es entspricht ihren marktwirtschaftlichen Interessen – und ebenfalls denen der kleinen Bauern – ihre Verhandlungsbasis gegenüber den Zwischenhändlern zu erweitern.

Gute soziale und wirtschaftliche Kontakte nützen nichts, wenn man nicht gelernt hat, einen Betrieb effektiv zu führen. Daher kam das Wissen und die Erfahrung, die sich ehemalige Landwirtschaftseliten bei der Führung großer sozialistischer Betriebe angeeignet hatten, ihrem postsozialistischen Erfolg zugute. Seit Mitte der 60er Jahre war es so, dass Genossenschaftsleiter weniger staatliche Unterstützung bekamen als ihre Kollegen aus der Industrie oder in den staatseigenen Agrarbetrieben. Da sie deshalb um rare Ressourcen – wie zum Beispiel Kredite – kämpfen mussten, damit sie die schwierigen Monate überbrücken konnten, weil die Ernte noch nicht eingebracht war, mussten die Direktoren der Genossenschaften lernen, Bezirksbeamten zu schmeicheln, das Recht zu beugen oder ihre Bücher zu frisieren. Obwohl solche Taktiken nicht unbedingt zum effizientesten Einsatz der ihnen zur Verfügung stehenden Ressourcen führten (Lampland 1995, S. 247-272), wurde solchen Führungskräften doch klar, dass privilegierter Zugang zu Informationen, bewusst gepflegte Kontakte und gute Möglichkeiten der Einflussnahme entscheidenden Einfluss auf die eigene Karriere haben können. Natürlich gab es das nicht nur in der Landwirtschaft. János Kornai (1959, 1992) hat gezeigt, dass die Planwirtschaft nur durch regelmäßige Verhandlungen – feilschen, manipulieren und umändern von Plänen – in der Lage war, den Gesamtplan zur verwirklichen, der alle Akteure auf verschiedenen Ebenen von Partei, Staat, und Betriebshierarchien zufrieden stellte. Da es auf dem Agrarsektor keine Monopole gab, waren diese täglichen Anpassungsmanöver besonders wichtig: Schließlich kämpften in ganz Ungarn 3000 Landwirtschaftsgenossenschaften in einem schwierigen wirtschaftlichen Umfeld um Aufmerksamkeit und Ressourcen. Als dann die 1990er Jahre mit ihrem neuen wirtschaftlichen Kontext da waren, konnten die Führungskräfte von damals auf diesen Erfahrungen aufbauen. Zu wissen, wie man ein Budget aufstellt, Investitionen plant und wie – und wo – Einsparungen gemacht werden, wenn nötig, all das gehörte schon seit eh und je zum Werkzeug des Genossenschaftsdirektors.

Vor allem aber hatten die einstigen Direktoren unter dem Sozialismus gelernt, Risiken einzugehen. Auch wenn staatliche Dienststellen und Parteiorgane dem Entscheidungsprozess Zwänge auferlegten und in vielen Bereichen hemmend auf die freie Entwicklung eines pulsierenden Marktes einwirkten, gewöhnten sich die Führungskräfte der LPGs daran, gerade wegen der Brüchigkeit staatlicher Unterstützung und des allumfassenden Chaos der Planvorgaben mit einem extrem unsicheren Umfeld umzugehen. Durch jahrelanges Ankämpfen gegen die Rechtsfassaden entwickelten sie die wichtige Fähigkeit zu erkennen, wie und unter welchen Umständen es sich empfiehlt, vorwärts zu gehen, wann es galt zu warten, zu diversifizieren oder sich fluchtartig zurückzuziehen.[16] Genau diese

Qualifikation aber fehlt denjenigen, die keine Führungsposition inne hatten. Freilich werden nicht alle ehemalige Direktoren ausnahmslos dasselbe Geschick haben, ihr Boot durch die Stromschnellen der neuen Marktwirtschaft zu manövrieren (unter dem Sozialismus waren ja auch nicht alle gleich begabt). Ein Genossenschaftsdirektor, der nur an Freunde und Bekannte verkauft, wird schnell erkennen müssen, dass er mit dieser Strategie in einer Sackgasse landet. Aber viele andere werden lernen – oder haben es schon gelernt – wie sie am besten auf ihren Erfahrungen als ehemalige Verantwortliche von Großbetrieben aufbauen können und ihr eigenes Geschäft von heute festigen.

Schlussbemerkungen

Die Geschicklichkeit ehemaliger sozialistischer Führungskräfte in landwirtschaftlichen Nachfolgeunternehmen auf verantwortliche Posten zu gelangen bzw. direkt Privatunternehmer zu werden, ist in Ungarn gut dokumentiert. Wie erfolgreich solche Führungskräfte auf Dauer sein werden, ist eine offene Frage. Ich bin der Meinung, dass frühere Genossenschaftsdirektoren im Anpassungsprozess an das neue wirtschaftliche Umfeld der ersten Hälfte der 90er Jahre gegenüber anderen Landbewohnern über große Vorteile verfügten, muss jedoch sogleich einschränkend hinzufügen, dass diese Vorteile nicht unbedingt langfristig sein müssen. Änderungen in der Eigentumsgesetzgebung könnten die Investitionspolitik in diesem Sektor beeinflussen. Änderungen in der Regierungskoalition haben einige Konsequenzen nach sich gezogen, die im Jahre 1997 nicht vorauszusehen waren. Es ist auch nicht von der Hand zu weisen, dass die Anpassung an die Agrarpolitik der EU – insbesondere dann, wenn sich die Ansicht bewahrheitet, dass diese Politik für ungarische Unternehmer diskriminierende Auswirkungen zeitigt – bedeutende Konsequenzen für die Rentabilität der Landwirtschaftsbetriebe haben wird. Und schließlich werden die Entwicklungen im gesamten wirtschaftlichen Umfeld auch Auswirkungen darauf haben wie der Leiter seinen Betrieb führt. Sollten sich diese Landwirte und Unternehmer nicht kontinuierlich über technische Neuerungen und neue Saatgut- und Vieharten informieren, nicht ihre Kontakte mit Geschäftspartnern oder Forschungs- und Regierungsstellen erweitern, werden sie bestimmt darunter leiden. Kurz, wenn auch das soziale und kulturelle Kapital für den Unternehmer wichtige Ressourcen sind, müssen diese Ressourcen gepflegt werden, um nicht an Wert und Wirkung zu verlieren. Diese Lektion haben Privatunternehmer von heute, die schon während des Sozialismus verantwortliche Positionen inne hatten, gelernt.

Bleibt nur zu hoffen, dass Theoretiker der postsozialistischen Transition eine Lektion aus diesen Sachverhalten ziehen werden. Bislang haben Wirtschaftswissenschaftler und Wirtschaftssoziologen im gesamten Forschungsfeld des wirtschaftlichen Wandels in Osteuropa eine dominante Rolle gespielt. Sie sind Begriffen verhaftet – wie formell und informell, privat und öffentlich – die künstliche Grenzen zwischen Bereichen des sozialen Lebens errichten, die schon seit langer Zeit und in komplexer Weise mit einander verwoben sind. In Folge der Abgrenzung der einzelnen akademischen Disziplinen sind ihnen kulturelle Aspekte weniger wichtig. Dies aber macht sie gegenüber bedeutsamen Größen des Wirtschaftslebens wie Glaubenssätzen, Wahrnehmung, Motivation und moralischen Prinzipien blind, obwohl eben gerade diese Aspekte zu untersuchen und zu erforschen sind. Ethnologen bringen andererseits ein wichtiges Instrumentarium zur Erforschung der Transition mit. Sie betrachten die Wirtschaft als ein ebenso kulturelles Geschehen wie jeden anderen Bereich menschlichen Handelns. Ihr Unbehagen mit reduktionistischen Annahmen über Nutzen und simplifizierende Konzepte rationalen Individualismus erlaubt ihnen, anachronistische Aussagen und kulturell bedingte Konzepte zu hinterfragen. Die kulturell bedingten Kategorien der postsozialistischen Ökonomien Europas sind nun zufällig identisch mit jenen, die Sozialwissenschaftler analytisch anwenden: formelle und informelle Aktionsbereiche, soziales Kapital und Finanzkapital, Staaten und Märkte. Die Stärke, die die ethnologische Forschung in die Analyse der Transition einbringen kann, liegt gerade in ihrer Bereitschaft, Kategorien der lokalen Kultur gegen ihre analytischen Stiefkinder auszuspielen, d. h. die lokalen Kategorien und ihre denkbaren Verwandten als Grundlage für die Analyse zu verwenden. Dadurch wird erforscht wie soziale Bereiche gedacht und gelebt werden und, was vielleicht das wichtigste ist, wie und warum sich beides unterscheidet. Das Hinterfragen theoretischer Kategorien ist Markenzeichen jeder ernstzunehmenden Sozialanalyse, doch sollte dieses Prinzip erst recht bei der Untersuchung von Gemeinschaften gelten, die sich aktiv bemühen, ihre zentral bedeutsamen Strukturen zu verändern. Die Untersuchung des großartigen kapitalistischen Aufstiegs in Osteuropa bietet Sozialwissenschaftlern jeglicher Ausrichtung die Gelegenheit, ihr analytisches Repertoire auf seinen Wert hin zu prüfen. Der besondere Ansatz der Ethnologen kann in unserem gemeinsamen Unterfangen einen produktiven Beitrag leisten.

Anmerkungen

1   Die in den vorliegenden Artikel einmündende Forschungsarbeit wurde finanziell zum Teil vom *National Council for Eurasian and East European Research* getragen, dem ich hiermit meinen Dank aussprechen möchte. Dabei ist allerdings zu unterstreichen, dass das *Council* auf den Inhalt oder die Ergebnisse dieser Untersuchung keinen Einfluss hatte. Ausserdem möchte ich dem *International Research and Exchanges Board* sowie dem *American Council of Learned Societies* für ihre Unterstützung danken. Ich bin auch Chris Hann, Joanna Goven, Ákos Róna-Tas und Carlos Waisman für die ausführlichen Gespräche dankbar, die im Zusammenhang mit dem Inhalt dieses Beitrags stattfanden. Der Titel dieser Untersuchung wurde in Anlehnung an einen bekannten Artikel von István Rév aus dem Jahre 1987 gewählt. Während in jenem Artikel der Schwerpunkt auf dem Widerstand der Bauern gegen das staatliche Kollektivierungsvorhaben liegt, kreisen meine Darlegungen um die Vorteile, die in Ungarn aus der Bewirtschaftung von Agrarland durch Genossenschaften in der postkollektivistischen Landwirtschaft resultierten. Ungeachtet des ironischen Gebrauchs des Titels von Révs Aufsatz, bin ich der Auffassung, dass sich unsere Untersuchungen ergänzen.

2   Die Feldforschung zu diesem Abschnitt des Projekts wurde in den Jahren 1996 und 1997 durchgeführt und umfasste folgende Daten: Interviews mit Genossenschaftsdirektoren und Fachleuten der landwirtschaftlichen Dienstleistungsindustrien, statistisches Material zu Besitztum und zu sozialem Profil der dörflichen Bevölkerung seit der Dekollektivierung, in verschiedenen dörflichen Gemeinschaften durchgeführte Untersuchungen zur Dekollektivierung sowie Untersuchungen zur kooperativen Landnutzung in ganz Ungarn.

3   Andere Komponenten dieses Projekts betreffen die Transition zum Stalinismus in den Jahren 1948 bis 1956 mit besonderem Schwerpunkt auf der Rolle der in der Zwischenkriegszeit ausgebildeten Wirtschaftsagronomen bei der Schaffung neuer Entlohnungsformen in einer Genossenschaft (Arbeitseinheiten: *munkaegység*) in den frühen 1950er Jahren. Es war lange Zeit angenommen worden, diese Entlohnungssysteme seien aus der Sowjetunion übernommen worden, doch konnte ich zeigen, dass die komplizierten, die Wertschöpfung und Organisationsstrukturen betreffenden Kalkulationen, wie sie für einzelne Arbeitseinheiten gebraucht werden, ausschließlich in Ungarn im Rahmen wirtschaftswissenschaftlicher Einrichtungen – und zwar auf der Grundlage deutscher betriebswissenschaftlicher Grundsätze – in der Zeit zwischen den beiden Kriegen entwickelt worden waren.

4   Die Arbeiten Granovetters zum Thema des „Eingebettetseins" (*embeddedness*) weisen mit diesem Standpunkt verwandte Züge auf, da auch dort auf die Bedeutung informeller Beziehungsmuster in formellen Hierarchien von Organisationen und Institutionen wie dem Markt hingewiesen wird (1985, 1993).

5   Coleman bezieht die Bedeutung von Normen als sozialem Kapital in seine Betrachtungen ein und dehnt damit seine Untersuchung über den Bereich des simplistischen Ökonomismus hinaus aus. Dadurch korrigiert er jedoch ausschließlich die theoretischen Schwächen der „rational choice" Theorie, nicht aber sein Konzept des sozialen Akteurs.

6   Ein zentrales Thema in der Debatte darüber, wie schnell wirtschaftliche Reformen durchzusetzen sind, ist die Rolle des Staatsbürgers beim Zustandekommen politischer Strategien des Staates. Åslund ist offensichtlich der Meinung, dass ein radikaler Wandel nicht unbedingt demokratisch, aber zweckmäßig wäre. Wie Brada denkt auch er, dass die Staatsbürger trotz allem auf lange Sicht nur Vorteile daraus haben würden (so auch Shearmur 1993). Unter anderem weist Przeworski darauf hin, dass auf undemokratischem Weg festgelegte politische Maßnahmen der Souveränität dieser Staaten sowie ihrer Integrität im Lichte neuer demokratischer Spielregeln schaden könnten.

7   Ich möchte vermuten, dass die Taktik, das Beste aus kostspieligen staatlichen Vorschriften zu machen oder sie einfach zu umgehen, in kapitalistischen Volkswirtschaften ebenso zur Tagesordnung gehört. Wenn ich mich mit Literatur über die postsozialistische Transition auseinandersetze, fallen mir nicht selten Burowoy und Lukács ein, die davor warnten, Modelle vom idealen Kapitalismus mit tatsächlichen Praktiken des Sozialismus zu vergleichen (1985).

8   Obgleich ich verstehen kann, dass manche ehemalige sozialistische Staatsbürger Probleme mit der Last der analytischen Untersuchung von Klassenverhältnissen haben, ist mir die Stille unverständlich, die hinsichtlich des Themas „Klasse" in einem Bereich herrscht, der die natürliche Heimat der Klassenfrage sein sollte: die Studien über existierende kapitalistische Beziehungen zwischen Eigentum und Produktion. Zwei große Ausnahmen bilden hier Clark (1994, 1998) und Ost (1997, 1999, 2000).

9   Dass in der sozialistischen Wirtschaft Ungarns in den 70er Jahren eine technokratische Elite aufkam, hängt damit zusammen, dass zu jener Zeit eine Ideologie der Notwendigkeit beruflicher Qualifikation und Fachwissen entwickelt wurde (Szelényi 1982). Doch war dieses Modell technokratischer Unternehmensleitung maßgeblich an der Mutlosigkeit und Enttäuschung der Arbeiterschaft unter dem Sozialismus beteiligt (Lampland 1995: 223-231).

10 Die Führung sozialistischer Landwirtschaftsbetriebe war ein ausgeprägt männlicher Beruf (Lampland 1995, S. 223 ff). Während Frauen oft als Rechtsanwältinnen, Buchhalterinnen oder Sekretärinnen in den Büros der LPGs saßen, gehörten sie viel seltener zu den technokratischen oder geschäftsführenden Eliten – d. h. unter den professionellen Agronomen, Leitern der Werkstätten oder Direktoren der Betriebe. Die disproportionale Besetzung von Führungsposten mit männlichen Agrarexperten dauert auch in der postkollektiven Periode an.

11 Bei einer im Jahre 1993 durchgeführten Umfrage erklärten über 90% der befragten Genossenschaftsmitglieder, dass sie nicht für eine Aufteilung der Genossenschaft in kleine individuelle Landflächen stimmen würden (Agócs und Agócs 1994: 33).

12 Diese Studie war Teil einer größeren Untersuchung über die Dekollektivierung in Ungarn, der Tschechischen Republik und Polen, die Nigel Swain am *Centre for Central and Eastern European Studies* der Universität von Liverpool leitete (Swain 2000).

13 Ich bin Mihály Andor für das Zur Verfügung stellen der unveröffentlichten Ergebnisse seiner Untersuchung (1996) sehr zu Dank verpflichtet.

14 Ich folge bei dieser Analyse den neun von Andor (1996, S. 5-8) angeführten Faktoren.

15 Für Portes (1998) ist dies eine der vier negativen Auswirkungen von sozialem Kapital. Die drei anderen sind: Der Ausschluss Außenstehender, zu große Ansprüche an die Mitglieder und die Einschränkung individueller Freiheiten.

16 Den Erfolg, den ehemalige hohe Funktionäre der Kommunistischen Partei bei Wahlen und im Parlament seit 1989/91 verzeichnen konnten, hat zahlreiche östliche und westliche Beobachter um so mehr überrascht, als man Aktivisten der Kommunistischen Partei als ignorante Heuchler betrachtet hatte. Bei dieser Sicht der Dinge wird natürlich die lange Geschichte der Partei Politik während der sozialistischen Epoche vergessen. Man kann jedoch davon ausgehen, dass die Gestaltung der Parteipolitik – für die Allgemeinheit unsichtbar – nicht weniger das Ergebnis gekonnter politischer Schachzüge, Machiavellischer Taktiken und schlauer Kompromisse war als andere politische Prozesse. Wahrscheinlich hat das Fehlen eines Mehrparteiensystems sowie die allgemein mangelnde Transparenz der innerparteilichen Rangeleien viel höhere politische Einsätze verursacht.

Literatur

Agócs, Péter, Sándor Agócs (1994), The Change was but an Unfulfilled Promise: Agriculture and the Rural Population in Post-Communist Hungary, in: *East European Politics and Societies* 8(1), S. 32-57.

Andor, Mihály (1996), A magyar mezőgazdaság 1990 után (háttértanulmány), Manuskript.

Åslund, Anders (1994), Lessons of the First Four Years of Systemic Change in Eastern Europe, in: *Journal of Comparative Economics* 19, S. 22-38.

Bourdieu, Pierre (1985), The forms of capital, in: J.G. Richardson (Hg.) *The Handbook of Theory and Research for the Sociology of Education*, New York, Greenwood, S. 241-258.

Brada, Josef (1993), The Transformation from Communism to Capitalism: How Far? How Fast? in: *Post-Soviet Affairs* 9(2), S. 87-100.

Burawoy, Michael and János Lukács (1985), Mythologies of Work: A Comparison of Firms in State Socialism and Advanced Capitalism, in: *American Sociological Review* 50, S. 723-737.

Clarke, Simon (1994), Is there Room for an Independent Trade Unionism in Russia: Trade Unionism in the Russian Aviation Industry, in: *British Journal of Industrial Relations* 32(3), S. 359-378.

-- (1998), Trade Unions and the Nonpayment of Wages in Russia, in: *International Journal of Manpower* 19(1-2), S.68-94.

Coleman, James (1988), Social capital in the creation of human capital, *American Journal of Sociology*, Supplement (94), S. 95-120.

Comisso, Ellen (1995), Legacies of the Past or New Institutions? The Struggle over Restitution in Hungary, in: *Comparative Political Studies* 28(2), S. 200-238.

Creed, Gerald (1995), An Old Song in a New Voice: Decollectivization in Bulgaria in East European Communities, in: David Kideckel (Hg.), *The Struggle for Balance in Turbulent Times*, Boulder, Westview Press, S. 25-46.

Czakó, Agnes and Endre Sik (1995), A hálózati tőke szerepe Magyarországon a rendszerváltás elött és után. 2000 (feb), S. 3-12.
Gábor, István (1979), A második (másodlagos) gazdaság, in: *Valóság* 1, S. 22-36.
Grabher, Gernot, David Stark (1997), Organizing Diversity: Evolutionary Theory, Network Analysis, and Postsocialism, in: Gernot Grabhe, David Stark (Hg.), *Restructuring Networks in Postsocialism*, Oxford, Oxford University Press, S. 1-32.
Granovetter, Mark (1985), Economic Action and Social Structure: The Problem of Embeddedness, in: *American Journal of Sociology*, 91(3), S. 481-510.
-- (1993), The Nature of Economic Relationships, in: Richard Swedberg (Hg.), *Explorations in Economic Sociology*, New York, Russell Sage Foundation, S. 3-41.
Hankiss, Elemér (1988), The Second Society: Is There An Alternative Social Model Emerging in Contemporary Hungary?, in: *Social Research* 55, S. 13-42.
Hann, Chris (Hg.) (1990), *Market Economy and Civil Society in Hungary*. London, Frank Cass.
Hann, Chris (1996), Land tenure and citizenship in Tázlár, in: Ray Abrahams (Hg.), *After Socialism; land reform and social changes in Eastern Europe*, Oxford, Berghahn, S. 23-49.
Jowitt, Ken (1992), *New World Disorder: The Leninist Extinction*, Berkeley, University of California Press.
Kenedi, János (1981), *Do It Yourself. Hungary's Hidden Economy*, London, Pluto Press.
Kideckel, David (1995), Two Incidents on the Plains in Southern Transylvania: Pitfalls of Privatization in a Romanian Community, in: David Kideckel (Hg.), *East European Communities. The Struggle for Balance in Turbulent Times*, Boulder, Westview Press, S. 47-64.
Kornai, János (1959), *Overcentralization in Economic Administration: A Critical Analysis Based on Experience in Hungarian Light Industry*, übersetzt von John Knapp, Oxford, Oxford University Press.
-- (1992) *The Socialist System: The Political Economy of Communism*, Princeton, Princeton University Press.
Kovács, Katalin (1996), The Transition in Hungarian Agriculture 1990-1993. General Tendencies, Background Factors and the Case of the 'Golden Age', in: Ray Abrahams (Hg.), *After Socialism. Land Reform and Social Change in Eastern Europe*, Providence, Berghahn Books, S. 51-84.
Krementsov, Nikolai (2000), Lysenkoism in Europe: Export-Import of the Soviet Model, in: Michael David-Fox, György Péteri (Hg.), *Academia in Upheaval. Origins, Transfers, and Transformations of the Communist Academic Regime in Russia and East Central Europe*, Westport, Connecticut, Bergin and Garvey, S. 179-202.
Kuczi, Tibor (1996), A vállalkozók társadalmi tőkéi az átalakulásban. *Századvég* 1 (új folyam), S. 29-51.
Lampland, Martha (1995), *The Object of Labor. Commodification in Socialist Hungary*, Chicago, University of Chicago Press.
-- (1997), *The Social Constraints on Economic Transitions. State Wage Policy in the Transition to Stalinism*, paper written für den National Council for Eurasian and East European Research.
-- (2000), *Making Science Work: Scientific Management and the Stalinist State in Hungary*, paper delivered at the Science Studies Colloquium, University of California, San Diego, May 1, 2000.

Murrell, Peter (1992), Conservative Political Philosophy and the Strategy of Economics Transition, in: *East European Politics and Societies* 6(1), S. 3-16.
-- (1993) What is Shock Therapy? What Did it Do in Poland and Russia?, in: *Post-Soviet Affairs* 9(2), S. 111-140.
North, Douglass C. (1992), Institutions, Ideology, and Economic Performance, in: *Cato Journal* 11(3), S. 477-488.
Ost, David (1997), Can Unions Survive Communism? in: *Dissent* 44(1), S. 21-27.
-- (1999), Unionists against Unions: Toward Hierarchical Management in Post-Communist Poland, in: *East European Politics and Societies* 13(1), S. 1-33.
-- (2000), Illusory Corporatism in Eastern Europe: Neoliberal Tripartism and Postcommunist Class Identities, in: *Politics and Society* 28(4), S. 504-530.
Péteri, György (1997), New Course Economics: The Field of Economic Research in Hungary, in: *Contemporary European History* 6(3), S. 295-327.
Pittaway, Mark (1999), The Social Limits of State Control: Time, the Industrial Wage Relation, and Social Identity in Stalinist Hungary, 1948-1953, in: *Journal of Historical Sociology* 12(3), S. 271-301.
Polanyi, Karl (1968), Primitive, Archaic and Modern Economies, Essays of Karl Polanyi: (George Dalton [Hg.]), , Boston, Beacon Press.
Portes, Alejandro (1998), Social Capital: Its Origins and Applications in Modern Sociology, in: *Annual Review of Sociology* 24, S. 1-24.
Przeworski, Adam (1993), The Neoliberal Fallacy in Larry Diamond, Marc F. Plattner (Hg.), *Capitalism, Socialism, and Democracy Revisited*, Baltimore, The Johns Hopkins University Press, S. 39-53.
Putnam, Robert (1995), Bowling Alone: America's Declining Social Capital, in: *Journal of Democracy* 6(1), S. 65-78.
Rév, István (1987), The Advantages of Being Atomized. How Hungarian Peasants Coped with Collectivization, in: *Dissent* 34, S. 335-350.
Róna-Tas, Ákos (1997), *The Great Surprise of the Small Transformation. The Demise of Communism and the Rise of the Private Sector in Hungar*, Ann Arbor, University of Michigan Press.
Róna-Tas, Akos, József Böröcz (2000), The Formation of New Business Elites in Bulgaria, the Czech Republic, Hungary and Poland: Continuity and Change, Pre-Communist and Communist Legacies, in: John Higley, Gyorgy Lengyel (Hg.), *Elites after State Socialism*, Oxford, Rowman and Littlefield.
Sahlins, Marshall (1972), *Stone Age Economic*, Chicago, Aldine.
-- (1976), *Culture and Practical Reason*, Chicago, The University of Chicago Press.
Shearmur, Jeremy (1993), In Defense of Neoliberalism, in: Larry Diamond, Marc F. Plattner (Hg.), *Capitalism, Socialism, and Democracy Revisited*, Baltimore, The Johns Hopkins University Press, S. 69-75.
Staniszkis, Jadwiga (1991), 'Political Capitalism' in Poland, in: *East European Politics and Societies* 5 (1), S. 127-141.
Stark, David (1986), Rethinking Internal Labor Markets: New Insights from a Comparative Perspective, in: *American Sociological Review* 51, S. 492-504.

-- (1989), Coexisting Organizational Forms in Hungary's Emerging Mixed Economy, in: Victor Nee, David Stark (Hg.), *Remaking of the Economic Institutions of Socialism: China and Eastern Europe*, Stanford, Stanford University Press, S. 115-146.
-- (1990), Privatization in Hungary: From Plan to Market or from Plan to Clan?, in: *East European Politics and Societies* 4(3), S. 351-392.
-- (1992), Path Dependence and Privatization Strategies in East Central Europe, in: *East European Politics and Societies* 6(1), S. 17-54.
-- (1996), Recombinant Property in East European Capitalism, in: *American Journal of Sociology* 101(4), S. 993-1027.
Swain, Nigel (1993), The Smallholders versus the Green Barons: Class Relations in the Restructuring of Hungarian Agriculture, in: Working Papers, *Rural Transition Series* No. 8, Liverpool, Centre for Central and Eastern European Studies.
-- (1994), Getting Land in Central Europe. in: Working Papers, *Rural Transition Series* No. 29, Liverpool, Centre for Central and Eastern European Studies.
-- (1995), Decollectivising Agriculture in the Visegrad Countries of Central Europe, in: *Labour Focus on Eastern Europe* 51, S. 65-85.
-- (2000), The Rural Transition in Post-Socialist Central Europe and the Balkans, in: *Max Planck Institute for Social Anthropology Working Papers* No. 9, Halle/Saale.
Szalai, Erzsébet (1997), Political Changeover, Economic Transformation, Elites, Paper vorbereitet für den Workshop über 'Elites and New Rules of the Game' at Budapest University of Economic Sciences, 25-27 April, 1997.
Szelényi, Iván (1982), The Intelligentsia in the Class Structure of State Socialist Societies, in: M. Burawoy, T. Skocpol (Hg.), *Marxist Inquiries*, Chicago, University of Chicago Press, S. 287-326.
Verdery, Katherine (1994), The Elasticity of Land: Problems of Property Restitution in Transylvania, in: *Slavic Review* 53(4), S. 1071-1109.
-- (1996), *What Was Socialism, and What Comes Next?* Princeton, Princeton University Press.
Wedel, Janine (1986), *The Private Poland.* New York, Facts on File.
-- (1998), *Collision and collusion: the strange case of western aid to Eastern Europe, 1989-1998*, New York, St. Martin's Press.
Williams, Raymond (1977), *Marxism and Literature*, Oxford, Oxford University Press.

3. Wirtschaftskrise und Niedergang von Riten und Ritualen in Osteuropa

Gerald W. Creed

Nach mehr als einem Jahrzehnt der Forschung fehlen in der Ethnologie des postsozialistischen Osteuropas merkwürdigerweise Analysen von Ritualen. Trotz weniger Ausnahmen (Verdery 1999) ist dieser Aspekt im Vergleich mit anderen Forschungsgegenständen deutlich vernachlässigt worden. Das überrascht um so mehr, da nicht nur zu einem früheren Zeitpunkt der Frage des sozialistischen Rituals viel Aufmerksamkeit geschenkt worden war (Binns 1979, 1980; Humphrey 1983; Kideckel 1983; Kligman 1981; Lane 1981; Mach 1992; Roth 1990) und andere Teile Europas, die keiner Transition unterliegen, auf ihre Rituale hin untersucht werden (Badone 1990; Boissevain 1992; Dubisch 1995; Gilmore 1998), sondern auch in anderen, nicht-osteuropäischen „postsozialistischen" Ländern – wie vor allem China – Feldforschung zu diesem Thema betrieben wird (Yang 2000; Feuchtwangs Beitrag in diesem Buch). Die Stille um dieses so grundlegende Thema führt dazu, dass die gegenwärtige Osteuropa-Forschung nicht nur von der Ethnologie allgemein, sondern auch von der indigenen Volkskunde, wo Untersuchungen zu Ritus und Ritual auch weiterhin von wesentlichem Interesse sind, isoliert wird.

Es gibt eine offensichtliche Erklärung für diese Situation: Das geringe Interesse der Ethnologen an osteuropäischen Riten und Ritualen reflektiert die Tatsache, dass in Anbetracht des Überlebenskampfes der osteuropäischen Bevölkerung unter den gegenwärtig schlechten Lebensbedingungen Ritus und Ritual an Bedeutung verloren haben. Dies wurde mir im Februar 1997 klar, als ich mit einem Kollegen die Dörfer des Rosentals in Bulgarien bereiste, um herauszufinden, ob und zu welchem Zeitpunkt bestimmte karnevalähnliche Rituale zu Beginn der Fastenzeit, die so genannten *kukeri*, stattfinden. In dem Dorf Turlichene brauchte ich noch nicht einmal genauere Erkundigungen einzuholen, da dort in einem der wenigen noch verbliebenen Fenster des verlassenen Dorfladens ein großes Plakat zu sehen war, das zu dem Fest einlud. Obwohl Läden wie dieser überall im Land in den 90er Jahren von einem ähnlichen Schicksal heimgesucht wurden, nachdem die Genossenschaften, deren Verwaltung solche Geschäfte unterstanden, geschlossen worden waren und die verarmten Dorfbewohner aufgehört hatten, dort einzukaufen, machte dieser leere Schuppen einen viel niederdrückenderen und deprimierenderen Eindruck als die meisten anderen, die ich gesehen hatte. Die Tatsache, dass sich das Rathaus, das administrative Herz des Dorfes, im zweiten Stock desselben Gebäudes befand, verschärfte diesen tristen Eindruck noch, denn es gab auf dem ganzen Dorfplatz nichts, das von irgendeiner Geschäftstätigkeit gezeugt hätte und das Gesamtbild hätte mildern können. Angesichts dieses ökonomischen Leerlaufs ließ die offensichtlich doch noch bestehende Lust der Dorfbewohner, ein Fest zu feiern, ein Gefühl der Hoffnung in mir aufkommen und ich nahm mir vor, zum angegebenen Datum zurückzukommen. Als wir uns anschickten, unseren Weg zum nächsten Dorf fortzusetzen, hörte ich zufällig wie einer der Bewohner des Ortes, mit denen wir über das Fest gesprochen hatten, angewidert murmelte: „Wir sind hier am Verhungern und der will wissen, ob das *kukeri* stattfindet! Zum Teufel mit dem *kukeri*!"

Ich war nie der Ansicht, dass Rituale und Glaubenssätze einer Gesellschaft unabhängig von politischer Ökonomie verstanden werden könnten; und da meine Forschungsarbeit bislang ausschließlich auf letztere ausgerichtet gewesen war, konnte ich weder die gedankliche Grundlage noch die Logik dieser Aussage akzeptieren. Dennoch wusste ich, welche Gefühle ihn geleitet hatten, und das ließ mir keine Ruhe. Ich möchte daher – ausgehend von meinem persönlichen Unbehagen – diesen Beitrag dazu nutzen, die gesamte Problematik genauer zu untersuchen. Dabei soll vor allem gezeigt werden, dass größeres wissenschaftliches Interesse an Ritualen zu einem besseren Verständnis der scheinbar wichtigeren Themen in Osteuropa, wie die der wirtschaftlichen Entwicklung und der Demokratisierung, beitragen kann. Ein wichtiger Beitrag der Ethnologie des Postsozialismus könnte darin bestehen, solche Zusammenhänge auch Forschern anderer Disziplinen und Transitionstheoretikern vor Augen zu führen. Ich werde meine Argumente durch Forschungsergebnisse belegen, die die Bedeutung des Rituals in Zeiten kapitalistischer und demokratischer Transitionen in anderen Staaten dokumentieren und dann Beispiele eigener Fallstudien aus Bulgarien sowie ethnographische Studien aus anderen osteuropäischen Länder anführen, um ähnliche Zusammenhänge zu erläutern. Der begrenzte Rahmen des vorliegenden Essays erlaubt keine detaillierte Analyse dieser gegenseitigen Abhängigkeiten, doch hoffe ich, wenigstens das Potential einer solchen Analyse darlegen zu können. Ein besonders ernstes Problem ist meiner Meinung nach dadurch gegeben, dass der in einigen Teilen Osteuropas zu verzeichnende Rückgang der rituellen Praxis auch diejenigen sozialen Beziehungen unterminiert, die für die dörfliche Bevölkerung unerlässlich sind, um unter schwierigen wirtschaftlichen

Bedingungen überleben und auf effiziente Weise Einfluss auf die Politik nehmen zu können.

Wirtschaft und Ritual

Mayfair Yang (2000) beschreibt einen Fall in China, bei dem wirtschaftlicher Erfolg zu einer wahren Explosion ritueller Betätigung führte, deren Logik nicht nur die Prinzipien des Kapitalismus, sondern auch die des Sozialismus auf den Kopf stellt. Geldscheine werden verbrannt und Berge von Nahrungsmitteln und andere Güter werden in übertriebenen Zurschaustellungen verschenkt, die an einen Potlach der Kwakuitl erinnern. Die Autorin meint:

„dieses wirtschaftliche Ritual kann nicht nur als Folge des wirtschaftlichen Aufschwungs gesehen werden, da solche Rituale auch ihrerseits das wirtschaftliche Wachstum *anregten* (sie liefern nicht selten die organisatorischen Mittel, den Standort und die Motivation für wirtschaftsbezogene Aktivitäten), es *einschränkten* und *leiteten* mittels bestimmter ritueller Konsummodi, die der Anhäufung von Kapital entgegenwirken sollten. Um die dörfliche Wirtschaft Chinas zu verstehen, müssen wir also den Rahmen unserer Untersuchungen erweitern, um zu sehen, wie Ökonomie und Produktion als Teil des rituellen und religiösen Systems fungieren." (2000, S. 480. Hervorhebungen im Original)

Ob man mit dem von der Autorin zur Bezeichnung dieser Interaktion geprägten Begriff der „Wirtschaftshybridität" einverstanden ist oder nicht: Yang beschreibt überzeugend das Muster einer möglichen Beziehung von Ritual und wirtschaftlicher Transition.[1] In Bulgarien liegen die Dinge etwas anders. Dort erlebte der rituelle Bereich in der späten Phase des Sozialismus in vielen ländlichen Gemeinden eine ausgeprägte Blüte – was sich besonders bei Hochzeiten und Taufen, aber auch bei wichtigen Geburtstagen, Pensionierungen, Festen für Soldaten, die in den Militärdienst eintraten, und Familienfeiern deutlich zeigte. Hochzeiten waren die spektakulärsten Ereignisse und dauerten oft drei und mehr Tage. Auch Verlobungsfeiern, die gewöhnlich viele Monate vor der Hochzeit stattfanden, boten Anlass zu großen Festivitäten. In einer meiner früheren Beschreibungen bulgarischer Hochzeiten verwendete ich dieselbe Potlach-Analogie wie Yang (Creed 1998, S. 203-4). Obwohl bei Festen in Bulgarien nicht die gleiche zielgerichtete Freude an Vernichtung zur Schau gestellt wurde wie bei den Gesellschaften der Nordwestküste oder im postmaoistischen China, war es auch hier unmöglich, alles aufzuessen und alle Gläser leer zu trinken, die in Überfülle aufgetischt wurden (obwohl manche der Essensreste noch als Tierfutter wiederverwertet wurden). Sowohl die Familie der Braut wie die des Bräutigams und deren beider rituelle Verwandtschaft brachten eine Unmenge von Geschenken mit. Jedes Mal, wenn mein Nachbar im Dorf besonders hart auf seinen (für den Eigenbedarf bestimmten) Feldern arbeitete oder irgendwo anders zusätzliche Arbeit annahm, rechtfertigte er dies damit, dass er demnächst zwei Töchter zu verheiraten habe. Sicher waren die Kosten einer Hochzeit nicht der einzige oder wichtigste Grund für seine Mühen, doch zeugt die Tatsache, dass er und andere *gerade diese* Begründung anführten, von der großen Bedeutung und Extravaganz solcher Angelegenheiten. Große Investitionen anlässlich von Hochzeiten wurden auch für Rumänien (Kligman 1988) und Mazedonien (Rheubottom 1980) beschrieben.

Auf die Hochzeiten folgten die Kindstaufen auf der Skala der rituellen Ausgaben. Wie bei Hochzeiten, nahm nur der engste Familienkreis und die rituelle Verwandtschaft an der offiziellen Zeremonie, die gewöhnlich von zivilem Charakter war und im Rathaus stattfand, teil; das anschließende Bankett war jedoch immer ein sehr großes Fest. Hunderte von Verwandten, Nachbarn und Freunden schenkten den neuen Eltern Geld, während diese im Restaurant von einem Gast zum anderen gingen und ihm zutoasteten – ganz wie das auch für Neuvermählte auf Hochzeiten üblich ist. Das große Festessen, bei dem die Gäste im Gegenzug für ihre Geld- und anderen Geschenke mit Essen und Getränken bewirtet wurden, bildete das Herzstück all dieser Riten. Ich war einmal zu einem Fest eingeladen, das für einen einberufenen Soldaten gegeben wurde, an dem über 200 Gäste teilnahmen. Es ist klar, dass solche Veranstaltungen erhebliche Kosten verursachen. Außer dem Essen und dem Wein, Bier und nicht-alkoholischen Getränken für die Gäste, war noch für die Räumlichkeiten des Restaurants oder der Genossenschaftskantine zu zahlen, ganz zu schweigen von den unerlässlichen Musikanten, die – wie Donna Buchanan (1996, S. 203-4) berichtet – nicht selten „außerordentliche Summen verlangen" konnten. Darüber hinaus war es üblich, jedem Gast ein kleines symbolisches Geschenk zu überreichen.

Obwohl bei diesen großen Festen die Personen, zu deren Ehrung diese Veranstaltungen organisiert wurden, Geld oder Geschenke oder beides von den Gästen bekamen, wäre es falsch, das Ereignis als solches nur für ein finanzielles Kalkül seitens der Gastgeber zu halten. Bei Hochzeiten und Abschiedsfeiern für Soldaten gingen die Geschenke an das junge Paar bzw. den Soldaten, während die Auslagen für das Fest von den Eltern übernommen wurden, so dass ein Transfer von Ressourcen von der älteren an die jüngere Generation vorliegt. Solche rituellen Kosten können auch als eine seitens der Eltern zugunsten der Kinder angewandte Investitionsstrategie gesehen werden oder als eine umfangreichere Familienstrategie, durch die die von außen empfangenen Gaben – obwohl dem Namen nach für ein Individuum oder Paar bestimmt – tatsächlich zum weiteren Gebrauch im ganzen Familienkreis gedacht sind. So brachte zum Beispiel ein Taufpate verschwenderische Geschenke zu einer Hochzeit mit, zu der auch ich eingeladen war, die ursprünglich seine Mutter auf ihrer Ruhestandsfeier erhalten hatte. Auf ähnliche Weise wurde auch geschenktes Bargeld als Teilzahlung bei großen Käufen wie dem eines Autos verwendet, das dann von anderen Familienmitgliedern in Anspruch genommen werden konnte. Und dennoch – solche Ansprüche sind weder so bedeutend noch so sicher, dass sie einem rein ökonomischen Kalkül zugrunde liegen könnten. In der Praxis ist es unmöglich, die wirtschaftliche Rendite solcher rituellen Transaktionen zu berechnen, da zahlreiche in das Ritual einfließende Ressourcen im Selbstversorgungssektor erzeugt oder über persönliche Kontakte oder Familienbeziehungen erlangt worden waren. Dazu kommt, dass diejenigen Familienmitglieder, die den größten Teil des für das Fest benötigten Geldes und des erforderlichen Arbeitseinsatzes aufbringen, auch diejenigen sind, von denen die größten Geschenke erwartet werden. Obwohl die Dorfbewohner gerne davon erzählten, wie viel Geld einem Paar bei der Hochzeit oder der Taufe geschenkt wurde, sprachen sie doch noch öfter über die Höhe der Kosten des Festes. In ihrer Gesamtheit verbinden sich die komplexen Transaktionen zu einer „totalgesellschaftlichen Tatsache" im Sinne von Marcel Mauss (1990).

Im Kontext des Sozialismus kann diese Mausssche Geschenkökonomie als eine Demonstration von Familienreichtum und eine Form sozialen Kapitals interpretiert werden (Bourdieu 1985).[2] Rituale waren nicht nur ein Kontext, in dessen Rahmen Geld und Geschenke gesammelt wurden, sondern auch ein Forum, diese ostentativ vorzuzeigen. Oft wurde Geld in durchsichtigen Plastikbeuteln eingesammelt, damit alle bewundernd sehen konnten, wie viel es war. Zuweilen wurden Banknoten auch mit Stecknadeln an das Kleid der Braut geheftet oder zu einer Halskette gemacht, die der Braut, dem Bräutigam oder dem jungen Soldaten, umgehängt wurde. Bei einer Taufe erhielt das Baby einen mit Banknoten geschmückten Schirm geschenkt, den die Eltern während des Taufschmauses umhertrugen. Als das Fest in vollem Gange war, wurden alle anderen Geschenke für das Kind auf einer quer durch den Saal gespannten Wäscheleine aufgehängt und zur Schau gestellt. Als sich zeigte, dass nicht alle Geschenke auf die Leine passten, wurden die schon daran aufgehängten wieder abgenommen, um Platz für neue zu schaffen. Anders als bei der Potlach-Zeremonie der Kwakuitl, wurde durch dieses Ritual gezeigt, was die Gastgeber geschenkt bekamen. Diese Geschenke waren ein Zeichen dafür, wie reich die Familie an sozialen Beziehungen war – was in einer Mangelwirtschaft, in der die Verbraucher nur über ein begrenztes Warenangebot verfügten, wichtiger sein konnte als Geld. Die Dorfbewohner zeigten ihr finanzielles Kapital, indem sie verschwenderische Unterhaltung darboten; ihr soziales Kapital aber wurde dadurch zur Schau gestellt, dass sie so zahlreiche Geschenke in Empfang nehmen konnten. Dieser Austausch half, dieses wichtige Beziehungsverhältnis zu reproduzieren. Damit aber dieses System funktionieren konnte, mussten die Familien über genügend Ressourcen verfügen, um Massenveranstaltungen dieser Art ausrichten zu können, und die Gäste mussten in der Lage sein, große Geschenke zu machen.

Die Dorfbewohner datierten die Blütezeit dieser Geschenkökonomie in der Spätphase des Sozialismus. Während Feste und Feiern in der Zeit davor länger und von größerer ritueller Komplexität sein konnten, waren die meisten Geschenke selbstgemacht. Ältere Dorfbewohner erzählten, dass man in den 1980er Jahren schon viel mehr schenkte und mehr Geschenke erhielt als früher. Dieser Unterschied wird durch den Bericht von Irwin Sanders (1949) über Hochzeiten in den 1930er Jahren in dem Dorf Dragallevsty bestätigt: Damals wurde ein großer Teil der Mitgift einer Braut auf der Hochzeit an zahlreiche Verwandte beider Familien verschenkt, wofür sie im Gegenzug „eine geringe Summe Geld von jedem Gast, den sie beehrte", bekam (1949, S. 86; siehe auch Ivanova 1984).

Die Erweiterung des Rituals zeigt sich auch daran, dass in den 1970er und 1980er Jahren das Modell des Festessens nun auch zu anderen Anlässen eingesetzt wurde – wie zum Beispiel bei Pensionierungen oder Familientreffen. Der Ruhestand war etwas, das in den ländlichen Gebieten Bulgariens erst in der Zeit des Sozialismus eingeführt wurde, da die Bauern erst infolge der Kollektivierung und der darauffolgenden Industrialisierung der Landwirtschaft *de facto* Angestellte des Staates wurden. Die Rente war einer der Vorteile, durch die sich der Sozialismus legitimierte, und die Pensionierung wurde dementsprechend gefeiert. Die wirtschaftliche Entwicklung im Sozialismus lieferte in den 1980er Jahren auch den Hintergrund für die Entwicklung des Familientreffens.[3] Das bei solchen Anlässen gesammelte Geld wurde zur Kostendeckung des Festes verwandt, wodurch die wirtschaftlichen Möglichkeiten aller teilnehmenden Familien zur Schau gestellt wurden, besonders jedoch derjenigen, die für eine lange Anreise aufkommen mussten. Dieses Phänomen kann auf die massive Abwanderung bei der Landbevölkerung in den 1960er Jahren zurückgeführt werden (Creed 1998, S. 123-128), durch die verschiedene Mitglieder einer Familie in einem bis dahin ungekannten Maße über das ganze Land verstreut wurden. Obwohl diesem Abwanderungstrend insgesamt später Schranken gesetzt wurden, ging er doch in geringerem Umfang weiter. In den 1980er Jahren hatten die zur ersten Migrationswelle gehörenden Personen Kinder oder gar schon Enkel, von denen einige kaum Gelegenheit hatten, ihre Vettern oder andere Verwandte zu sehen, selbst wenn sie regelmäßig ihre Großeltern auf dem Land besuchten. Der Brauch des Familientreffens entwickelte sich erst mit der wachsenden Verfügbarkeit von Einkommen und war eine Reaktion auf die immer stärker empfundene zeitliche und räumliche Trennung in einem sozialen Kontext, in dem die Familienbindung aus emotionaler Sicht immer noch bedeutsam blieb und auch aus praktischen Gründen einen potentiellen Nützlichkeitsfaktor darstellte.

Die für Familientreffen bedeutsamen demographischen Faktoren können auch für eine allgemeinere Erklärung der Zunahme ritueller Ereignisse herangezogen werden. Der seit den 1920er Jahren zu verzeichnende Geburtenrückgang sowie die auf die Kollektivierung folgende massive Abwanderung der jungen Generation führten dazu, dass es weniger Kinder gab, die man taufen, verheiraten und in die Armee schicken musste. Da die Familien nun nicht mehr so häufig in die mit solchen Ereignissen verbundenen Festlichkeiten investieren mussten, hatten sie jetzt mehr Geld für jedes einzelne Fest und zugleich auch die Möglichkeit, weiter gezogene Kreise ritueller Beziehungsverhältnisse im Dorf zu pflegen und – über die Familie hinausgehend – das ganze Dorf einbeziehende Rituale zu veranstalten. Je stärker das sozialistische System die Landbevölkerung domestizierte (die in den 1960er Jahren einsetzenden Reformen belegen dies), desto größere Mengen an Gütern und Geld standen ihr zur Verfügung (Creed 1998). Zugleich aber setzte das sozialistische System durch die anhaltende Vernachlässigung des Konsumsektors und Einschränkungen privater Investitionsmöglichkeiten bei der Verwendung von Ressourcen Grenzen. Ein großer Teil der Überschüsse wurde somit für die rituellen Ausschmückungen verwendet.

Über eine umgekehrte Entwicklung – den Rückgang ritueller Aktivitäten – berichtet Tone Bringa (1995) im Zusammenhang mit einem bosnischen Dorf, in welchem sie Ende der 80er Jahre Feldforschung betrieb und feststellte, dass die muslimischen Dorfbewohner – trotz steigenden Wohlstands – „Scheinentführungen" von Bräuten organisierten, um die Hochzeitskosten auf ein Minimum zu reduzieren. Den Bosniern standen, so Bringa, größere ökonomische Alternativen zur Verfügung, da sich seit den 1960er Jahren die Wirtschaft geöffnet hatte und die Arbeitsmigration nach Nordeuropa sowie auch die massive Einfuhr von Konsumgütern einzusetzen begann. Während also die Bulgaren mit ihren immer größer werdenden finanziellen Ressourcen – aber geringeren Investitionsmöglichkeiten – *faute de mieux* in sozialen Ritualen schwelgten, investierten die Bosnier, da ihnen diese Möglichkeit offen stand, ihre Mittel anderswo. Diese

Interpretation impliziert jedoch eine bekannte Modernisierungstheorie zur Veränderlichkeit der Familienökonomie, die zu hinterfragen ist. Bringa vertritt die These, der Trend hin zu einem weniger öffentlich orientierten Hochzeitsritual sei ein „Ergebnis des verbesserten Zugangs zu Lohnarbeit, Arbeitsmigration und Bildung. Die Reduzierung der Bedeutung großer Verwandtschaftsverbände und örtlicher Nachbarschaftsbeziehungen als Grundlage gegenseitiger Verpflichtungen und Hilfe war die Folge" (1995, S. 131). Die traditionelle Hochzeitsfeier, dazu bestimmt, den Zusammenhalt des größeren Familienverbandes und der Dorfgemeinschaft, die „durch gegenseitige Verpflichtungen, gemeinsame Interessen und Lebensauffassung verbunden" ist (ebd.) zu stärken, war nicht mehr angemessen oder notwendig. Die sich aus diesem Umstand ergebende rationale Entscheidung gibt die verbreitete Theorie der evolutionären Entwicklung von Familie und Verwandtschaft wieder, wonach wirtschaftlicher Fortschritt mit dem Aufkommen kleinerer, zunehmend autonomer Familieneinheiten verbunden ist. Diese Schlussfolgerung steht jedoch im Widerspruch zu der weiterbestehenden Bedeutung der Gemeinschaft, den Bringa überall sonst bei Muslimen in ihrem Buch dokumentiert. Außerdem berichtet sie, dass auch im Falle einer Brautentführung der Austausch von Geschenken zwischen den Familien nach wie vor „für die meisten Haushalte eine große finanzielle Belastung" darstellt (1995, S. 138). Wenn also schon diese Ausgaben eine Belastung waren, wie hätte dann ein großes Fest auch nur ins Auge gefasst werden können? Daher ist es wohl naheliegender zu schlussfolgern, dass der Rückgang von aufwendigen Hochzeitsfeiern mehr die Unmöglichkeit reflektiert, angesichts neuer wirtschaftlicher Anforderungen aufwendigere Rituale zu feiern und weniger das positive Resultat einer unumgänglichen Individualisierung von Wahlmöglichkeiten. Die Forschungsergebnisse Bringas für Bosnien wären dann kein Beweis für die Vorteile einer liberalen Wirtschaftspolitik, sondern eher für eine frühere Variante der bulgarischen Entwicklung in den 90er Jahren.

Der größte Teil der Produkte, die bei den verschwenderischen Ritualen aufgetischt wurden, stammte aus dem der Kontrolle der Familie unterstehenden informellen Sektor. Riten dieser Art lieferten die Motivation, informelle Tätigkeiten zu intensivieren (Creed 1998, S. 202-204). Das bedeutet, dass diese Riten Teil eines komplizierten Wirtschaftssystems waren, das nach 1989 vereinfacht wurde. Der Zusammenbruch des Sozialismus beseitigte jene Strukturen, durch die der informelle und der Selbstversorgungssektor so produktiv geworden waren und verringerte zugleich die Zahl möglicher alternativer Einkommensquellen, die es der Landbevölkerung gestattet hatten, einen hohen Prozentsatz ihrer eigenen Agrarproduktion zu konsumieren. Ähnlich den Beobachtungen von

Bringa in Bosnien eröffneten sich für die wenigen Dorfbewohner, die über zusätzliche Ressourcen verfügten, nach 1989 auch in Bulgarien neue Möglichkeiten des Verbrauchs und der Investition von Mitteln, die zuvor für dörfliche Rituale ausgegeben worden waren. Im Gegensatz zu dem von Yang angeführten Beispiel führte also die Ausdehnung der Marktwirtschaft in Bulgarien zu einer Abnahme der Zahl der rituellen Aktivitäten und nicht zu einer Zunahme.

Diese Erosion hat wichtige Konsequenzen für das soziale Kapital. Daphne Berdahl (1999) verwendet diesen Begriff, um die Differenzierung im Osten Deutschlands zur Zeit des Sozialismus zu beschreiben, und ich halte ihre Analyse für einen nützlichen Ausgangspunkt auch für unsere Überlegungen. Mit der Verwendung des Begriffs wendet sie sich sowohl gegen Interpretationen des Sozialismus als klassenloser Gesellschaft als auch gegen primitive Klassenanalysen. Dieser Terminus erweist sich ihrer Meinung nach insofern als Herausforderung der Modernisierungsperspektive, als er das, was gewöhnlich als ein negatives Erbe der traditionellen Gesellschaft und als Entwicklungshindernis gesehen wird, als wirtschaftliche, der kapitalistischen Entwicklung dienliche Ressource darstellt.[4] Mit dem ethnologischen Ansatz vertraute Forschung unterstreicht in der Tat die wirtschaftliche Nützlichkeit solcher sozialen Beziehungsverhältnisse. So bestätigen zum Beispiel Stark und Bruszt (1998) den wirtschaftlichen Wert von noch zu sozialistischen Zeiten innerhalb und zwischen verschiedenen staatseigenen Unternehmen zustande gekommenen Netzwerken für die Entwicklung der Wirtschaft in der postsozialistischen Zeit, und Ole Bruun (1993) behauptet dasselbe in Bezug auf das postmaoistische China. Auch Martha Lampland (Beitrag in diesem Band) unterstreicht den ökonomischen Wert des sozialen Kapitals für den Erfolg ehemaliger Direktoren von Landwirtschaftskooperativen in Ungarn in der postsozialistischen Wirtschaft. Im Gegensatz zu den Modernisierungsperspektiven zeigt diese Forschung, dass noch während des Sozialismus ausgebaute Netzwerke der postsozialistischen Wirtschaftsentwicklung dienlich sein können.

Daphne Berdahl (1999) glaubt, dass dieses Potential im Osten Deutschlands nicht wahrgenommen wird, weil die Gesellschaft nach 1989 ihren Schwerpunkt von der Grundlage des sozialen Kapitals von Beziehungen auf die Aneignung durch ökonomisches Kapital und symbolisches Kapital des Geschmacks verlagerte. Doch ihr eigenes Untersuchungsmaterial zeigt, dass in Deutschland nicht nur eine mit den Veränderungen des Wirtschaftssystems eintretende Umkehrung des realen Wertes der verschiedenen Kapitalarten stattfindet, sondern vor allem die Zerstörung sozialen Kapitals, das heute nützliche und wertvolle Dienste hätte leisten können. Sie beschreibt zahlreiche Veränderungen, die zur Abnahme von sozialem Kapital führten wie zum Beispiel die Abschaffung des Brauchs der öffentlichen Ansprachen, die die Bevölkerung einst aus ihren Häusern lockten, sie zum Zuhören veranlassten und ihnen Gelegenheit boten, über Neuigkeiten zu diskutieren. Ein weiteres Beispiel ist der Rückgang kirchlicher Aktivitäten, welche ebenfalls als Forum für regelmäßige Kontakte fungierten. Im ländlichen Bulgarien diktierte die sozialistische Konsumpraxis in Form des täglichen gemeinsamen Wartens auf Brot und des wöchentlichen Schlangestehens für die angekündigte Fleisch- oder Fischlieferung vergleichbare soziale Interaktionen. Der kollektive Charakter dieser täglichen Handlungen war besonders in Zeiten ritueller Ereignisse ausgeprägt, weil dann große Mengen von Waren für die Festlichkeiten benötigt wurden. Das soll nicht heißen, dass die Bevölkerung die Zeit des Mangels vermisst, sondern nur, dass hier ein wichtiges Forum gesellschaftlichen Zusammenlebens verloren ging. Wichtiger noch als der Konsumfrust waren damals die Kontakte am Arbeitsplatz, aber auch diese sind im Zuge der heutigen Massenarbeitslosigkeit weitgehend aufgelöst (Kideckel, Pine, Stewart in diesem Band). In dem Dorf, in dem ich von 1987 bis 1988 meine Feldforschung betrieb, gab es zahlreiche Industriebetriebe – ein Motorenwerk, Textilfabriken und eine Keksfabrik – von denen die meisten Anfang der 1990er Jahre geschlossen wurden. Während der sozialistischen Periode waren neben der Familie die Kollegen der wichtigste Bestandteil des Beziehungsnetzes, und das Verschwinden dieser sowohl familiär-rituellen wie auch arbeitsbedingten Kontakte hatte vernichtende Auswirkungen auf die sozialen Netzwerke. Wenn sich aber das soziale Kapital verflüchtigt, bleibt den Menschen überhaupt keine Art von Kapital mehr: Wie die dörfliche Bevölkerung überall auf der Welt, sind sie – entsprechend der evolutionären Zivilisationstheorien – vom symbolischen Kapital des Geschmacks ausgeschlossen und müssen erfahren, dass es aufgrund der Nachwirkungen der ehemaligen sozialistischen Investitionsbeschränkungen und der folgenden strukturellen Anpassungspolitik für sie heute außerordentlich schwer ist, sich ökonomisches Kapital zu beschaffen.

Natürlich haben die Veränderungen der postsozialistischen Wirtschaft Auswirkungen auf die Nützlichkeit der sozialen Netzwerke gehabt. Das durch die dörflichen sozialen Beziehungen gebildete soziale Kapital war in den 1990er Jahren von geringerem Nutzen als in den 1980er Jahren, aber nicht weil das jetzige System nach den Kriterien einer rationalen Marktmentalität arbeitet, der die Bedeutung von Beziehungsgeflechten fremd ist. Ganz im Gegenteil: Gute Beziehungen sind auch im kapitalistischen Bulgarien von größter Bedeutung für unternehmerischen Erfolg. Nur ist eben die Landbevölkerung aus diesen Beziehungsnetzen herausgefallen. Im integrierten System des Sozialismus stand die ländliche Bevölkerung mit Menschen und administrativen Amtsstellen in Beziehung, die bevollmächtigt waren, die volkswirtschaftlichen Verteilungsvorgänge abzuwickeln. Die Beziehungen zu anderen Dorfbewohnern stellten sicher, dass man wenigstens einige der gewünschten Konsumgüter bekam; außerdem konnten diese Beziehungen der erste wichtige Schritt innerhalb einer hierarchischen Kette sein, durch die Freunde von Freunden in das eigene Beziehungsnetz hineinkamen. Manche Dorfbewohner hatten durch Mitglieder der eigenen Familie, die in die Stadt abgewandert waren und „es dort geschafft hatten", Zugang zu den höheren Ebenen der sozialen Hierarchien. Doch heute gelingt es nur wenigen Menschen vom Lande, sich in das bestehende System strategischer Beziehungsverhältnisse einzuklinken. Es ist daher ein Irrtum anzunehmen, fehlendes soziales Kapital sei der Grund für wirtschaftliche Schwierigkeiten. Während der sozialistischen Periode bildeten im Dorf persönliche Beziehungen ein wertvolles soziales Kapital; dass der Wert dieses Kapitals heute gesunken ist, ist nicht auf einen Mangel an Beziehungen zurückzuführen, sondern auf andere Veränderungen.

Sogar in der heutigen Zeit bieten soziale Beziehungen eine der wenigen Möglichkeiten für die wirtschaftliche Entwicklung ländlicher Gebiete. Angesichts der geringen verfügbaren finanziellen Mittel und des Bestrebens der Politik, die ländliche Lokalinitiative zu stärken, könnten kooperative Aktivitäten der einzige Weg sein, das ländliche Unternehmertum zu finanzieren oder zu unterstützen. Nur verbindet sich gegenwärtig der verminderte Wechselkurs ländlichen sozialen Kapitals innerhalb der größeren Wirtschaft mit einem Schwund finanzieller Ressourcen und schränkt diejenigen rituellen Investitionen ein, die soziales Kapital entwickeln, was wiederum die wenigen noch bestehenden Möglichkeiten für Eigenleistungen einschränkt, die auf der Grundlage ländlichen sozialen Kapitals noch verwirklicht werden könnten. Die systemischen Verbindungen, durch die die dörflichen sozialen Beziehungen als sozioökonomische Ressource im Sozialismus so wertvoll waren, sind demontiert worden. In Kombination mit finanziellen Schwierigkeiten verursacht dieser Abbau eine Einschränkung rituellen Handelns – und so schließt sich der Teufelskreis. Die Bevölkerung in den Dörfern verfügt zwar über soziales Kapital aus der Zeit des Sozialismus, aber dieses soziale Kapital schwindet, und der sich daraus ergebende Niedergang sozialer Riten verstärkt diesen Trend. Das noch verbleibende soziale Kapital nützt den Dorfbewohnern in der Gesellschaft weniger als dies früher der Fall war. Da aber der potentielle Markt für lokale Aktivitäten wie zum Beispiel Eigenversorgungs- oder kooperative Organisationen noch besteht, muss der weitere Niedergang Anlass zur Besorgnis geben.

Diese Interpretation ländlicher sozialer Beziehungen unterscheidet sich von jenen, die die „Atomisierung" des Dorflebens im Sozialismus hervorheben. Mit diesem Argument wird behauptet, dass sich individuelle Haushalte der Einmischung durch den Staat entziehen und zunehmend autonom werden – jedoch zu dem Preis, dass sie auf die Kooperation seitens des Dorfes verzichten müssen (Kideckel 1993 über Rumänien; Rév 1987; Lampland 1995 über Ungarn). Obwohl auch ich diese Tendenz in den 80er Jahren in Bulgarien feststellen konnte, war sie dort nicht so stark ausgeprägt wie in Ungarn oder Rumänien. Solche Erkenntnisse könnten natürlich auf empirische Unterschiede während der Beobachtungsphasen an den verschiedenen Orten hinweisen, wer aber die rituellen Aktivitäten in den Dörfern genauer beachtet, dem wird klar, dass hier mehr im Spiel ist. In Bulgarien waren die intensivsten oben erwähnten rituellen Aktivitäten durch Familienfeste motiviert – wie dies in einer aus isolierten Familien bestehenden Gesellschaft auch zu erwarten wäre. Riten ohne familiären Bezug – außer den staatlich finanzierten Feierlichkeiten – nahmen kaum zu. Groß angelegte Familienfeste boten auch die Gelegenheit, neue Beziehungen zu knüpfen oder schon bestehende Netzwerke zu bestätigen. Robert Minnichs (1979) Bericht über die Schlachtung eines Schweins in einem slowenischen Dorf, die als eine Form des praktischen Familienrituals mehrere autonome Haushalte integrierte, verdeutlicht diesen Punkt und zeigt, dass die Bedeutung des Ereignisses durch rituelle Erweiterung vergrößert wurde. In Bulgarien reichten verschwenderische Feste weit über die Grenzen der eigentlichen Familien hinaus. Viele Familien wurden in die Festlichkeiten integriert, und die Zahl der Gäste wurde zum Maßstab des Erfolgs des Rituals, was dazu führte, noch mehr Leute einzubeziehen. In vieler Hinsicht waren solche Familienriten Spektakel des gesamten Dorfes, denn selbst Personen, die nicht zum eigentlichen Festessen eingeladen worden waren, konnten an den Festlichkeiten teilnehmen, sobald das Orchester aus dem vollen Restaurant ins Freie kam, um auch für alle, die sich auf dem Dorfplatz eingefunden hatten, aufzuspielen. Ironischerweise wirkten diese Familienfeste der Atomisierung entgegen. Veränderungen dieser Riten werden gewiss starke Auswirkungen auf das Dorf und die Gesellschaft im allgemeinen haben.

Obwohl rituelle Aspekte bei wirtschaftlichen Veränderungen zweifellos eine Rolle spielen, sind die bestehenden Korrelationen nicht auf die hier aufgeführten beschränkt. Wirtschaftliche Entwicklung kann zu äußerst intensiver ritueller Betätigung führen, die ihrerseits in den für die Ausstattung und Versorgung der Riten verantwortlichen Wirtschaftssektoren eine Expansion nach sich zieht. Andererseits kann eine solche Expansion auf die kapitalistische Entwicklung auch wieder bremsend wirken, insofern Ressourcen von profitableren Investitionsbereichen abgezogen werden. Umgekehrt kann ein Rückgang ritueller Tätigkeiten die wirtschaftliche Entwicklung ankurbeln, wenn die durch vermindertes Ritual eingesparten Mittel gewinnbringenderen Sparten der Ökonomie zugeleitet werden. Bei diesen Zusammenhängen spielen soziales Kapital und Beziehungsnetze eine wichtige Rolle: Wenn soziales Kapital in einer Volkswirtschaft einen großen Stellenwert hat, wird sich jede Investition im rituellen Sektor mit großer Wahrscheinlichkeit auch in anderen Formen von Kapital niederschlagen. Spielt soziales Kapital dagegen eine geringe Rolle, ist davon auszugehen, dass Investitionen auf diesem Gebiet keine Auswirkungen auf die übrige wirtschaftliche Entwicklung haben werden. Weitere Möglichkeiten folgen aus einer Unterentwicklung: So können Rituale auch im Rahmen ökonomischer Not entweder fortgeführt oder verstärkt werden – zum Beispiel, wenn sie mit Zielsetzungen wie der Rückgabe von Land oder nationalistischen Kämpfen in Zusammenhang gestellt oder ihre Durchführung von den privilegierten Schichten der Gesellschaft unterstützt wird. Der hier dokumentierte Rückgang ist von der üblichen Art. Möglich ist auch, dass rituelle Betätigung auf stärker asketisch geprägte Praktiken ausgerichtet wird, die dennoch die erforderlichen sozialen Beziehungsnetze ins Leben rufen, doch würde dies im Falle der Balkanländer größere Veränderungen in den traditionellen Grundprinzipien von Austausch und Solidarität notwendig machen, weil in diesen Staaten diese Grundprinzipien stets vom materiellen Austausch untermauert werden. Konversion zum Protestantismus könnte eine Möglichkeit für solche Veränderungen bieten, was aber bisher auf keine große Zustimmung gestoßen ist.

Die Verbindung zwischen Wirtschaft und Ritual lässt sich ebenfalls im städtischen Kontext beobachten. Hier hat auffälliges Konsumverhalten den Neureichen geholfen, neue Beziehungsnetze zwischen solchen Personen aufzubauen, die es sich leisten können, aufwendige Feste zu sponsern und zu besuchen. Das konnte ich schon Ende der 90er Jahre deutlich sehen, als ich mich in Sofia aufhielt. Ironischerweise profitieren die städtischen Kapitalisten heute von einer Ressource, die in der Zeit des Sozialismus von der Landbevölkerung genutzt wurde: Auf dem Lande gibt es heute hauptsächlich nur noch dort verschwenderische Feste, wo die Dorfbewohner täglich in die wirtschaftlich privilegierten Städte pendeln. In dem Dorf, in dem ich die oben erwähnte Bemerkung von den hungernden Menschen aufgeschnappt hatte, erwiesen sich die Festlichkeiten am angekündigten Tag als überaus dürftig. Neben einigen verkleideten Freunden der Frau, die alles organisiert hatte, waren den ganzen Tag über die Dorfkinder das einzige Publikum. Einmal hörte ich die Frau resigniert und ärgerlich sagen: „Sie kommen einfach nicht. Was soll ich denn machen – sie etwa aus ihren Häusern zerren?" Schließlich kamen dann doch noch einige Leute in Kostümen und tanzten auf dem Dorfplatz. Ein junger Mann in einem sehr ausgefallenen Kostüm stand die ganze Zeit an der Seite und ging dann schließlich nach Hause, ohne mitgemacht zu haben, weil ihm das ganze Ritual „zu schwach" war. Alles in allem hatte das Ereignis eine der Absicht entgegengesetzte Wirkung, denn die meisten Leute verließen die Veranstaltung schließlich in deprimierter Stimmung. In einem kleineren Dorf dagegen zog ein ähnliches Fest in derselben Region sehr viele Besucher an. Dort begann alles mit einem Riesenknall (im wahrsten Sinne des Wortes, denn es wurden Gewehre abgefeuert) am Vormittag und dauerte den ganzen Tag hindurch an. Den Höhepunkt bildete ein ritueller Kampf auf dem Dorfplatz und ein kollektives Bad im eiskalten Fluss. Dieses Dorf hatte eine stärkere *kukeri*-Tradition als das andere und – was besonders wichtig ist – war wirtschaftlich in die Kreishauptstadt integriert und nicht so stark von der Wirtschaftskrise der 90er Jahre in Mitleidenschaft gezogen. Viele der anderen fröhlichen Feste, deren Zeuge ich war, fanden in Dörfern in vergleichbarer Situation statt. Buchanan (1996, S. 226) berichtet, dass die landwirtschaftlich reiche Dobrudzha der einzige Landstrich ist, wo man sich in den Dörfern bis in die Mitte der 90er Jahre noch große Hochzeiten leisten konnte. Es zeigt sich also, dass der Niedergang ritueller Veranstaltungen in den ländlichen Gebieten Bulgariens nicht überall zu beobachten ist, sondern im Zusammenhang mit der lokalen wirtschaftlichen Lage steht. Ethnographische Untersuchungen belegen eine ähnliche Korrelation für Polen (Pine 2000) und Rumänien (Kideckel in diesem Band). In dem Maße wie rituell begründete Beziehungen soziales Kapital schaffen, das in den neuen Wirtschaftsstrukturen und Aktivitäten nutzbar gemacht werden kann, funktioniert deren Rückgang als Teil einer positiven Rückkopplung, durch die wirtschaftliche Unterschiede zwischen Stadt und Land sowie zwischen Dörfern in unterschiedlicher geographischer und ökonomischer Lage verstärkt werden.

Politik und Ritual

Der Wert von sozialem Kapital spielt nicht nur in der Wirtschaft eine Rolle, sondern auch in der Politik. In seiner Studie über Italien spricht Robert Putnam (1993) die Vermutung aus, dass sozialem Kapital eine Schlüsselrolle beim Erfolg der Demokratie zukommt, da ein demokratisches Staatssystem am besten dort funktioniert, wo die Bevölkerung durch jahrelanges intensives zivilbürgerliches

Engagement soziales Kapital anhäufen konnte. Das im Sozialismus erworbene soziale Kapital stammt nicht aus zivilbürgerlichem Engagement. In sozialistischen Kontexten bestanden die Netze sozialer Beziehungen meist auf der Grundlage von Verwandtschaftsbeziehungen oder vom Staat gesponserte Gruppen, zum Beispiel am Arbeitsplatz oder im Rahmen von Tätigkeiten, die der Initiative von Kulturfunktionären auf lokaler Ebene zu verdanken waren. Das System selbst erzeugte soziales Kapital, indem es die Staatsbürger zwang, untereinander Beziehungen herzustellen und aufrechtzuerhalten, sich mit den notwendigsten Grundnahrungsmitteln einzudecken oder die wichtigsten Lebensziele zu verwirklichen. Aus diesem Grund haben Ethnographen gegenüber einer Sicht, bei der zivile und zivilgesellschaftliche Aspekte im Vordergrund stehen, gerne eine kritische Haltung eingenommen, weil eine derartige Fokussierung bestimmte forschungsrelevante Formen gesellschaftlichen Zusammenlebens aus dem Blickfeld ausklammert, einschließlich der Mittel und Wege, derer sich osteuropäische Bevölkerungen bedienten, um Einfluss auf den Sozialismus auszuüben (Creed 1991; Hann und Dunn 1996). Der sozialistische Staat monopolisierte zwar weitgehend jegliche formale Organisation und die Massenkommunikationsmittel, brachte jedoch auch eine stark integrierte Bevölkerung hervor, die ihre eigenen Methoden fand, Informationen zu verbreiten, und – sobald dies möglich wurde – sogar ein gewisses Potential für politische Mobilisierung entwickelte (Wedel 1992). Wie sollen sich Gesellschaften demokratisieren, wenn das zur Verfügung stehende soziale Kapital und die Möglichkeiten gemeinschaftlicher Tätigkeitsbereiche durch wirtschaftliche Veränderungen unterminiert werden? So gesehen ist es nicht die sozialistische Aushöhlung der Zivilgesellschaft, die der Demokratisierung der postsozialistischen Länder entgegensteht, sondern der Schwund der Basis früherer sozialer Beziehungen und Betätigung.

Eine Studie Michelle Bigenhos (1999) befasst sich mit der Frage des Einflusses von ritueller Aktivität auf die Demokratisierung im Hochland von Bolivien. In dieser Region hat der Staat versucht, über das *Gesetz der Volkspartizipation* eine Dezentralisierung der politischen Macht herbeizuführen. Dieses Gesetz etablierte das Konzept der „Territorialen Basisorganisationen" (spanisches Akronym OTB), das sich aus wichtige lokalen Verwaltungsorganisationen zusammensetzt und die wichtigste Entscheidungskraft bei der Erstellung der lokalen Etats haben sollte. Idealerweise sollten schon existierende Organisationen der indigenen Bevölkerung des Hochlands (die so genannten *ayllus*) aufgrund dieser Neuregelung eine neue Rolle in der Verwaltung übernehmen, doch dies gelang nur selten. Durch eine Untersuchung eines rituellen Kontextes, in dem die indigene Bevölkerung eine zentrale Rolle spielt – des Karnevals – zeigt Bigenho, warum diese Gruppen den vorgeschriebenen Charakteristika der OTBs nicht entsprechen. Letztere waren nämlich als festumrissene dauerhafte Organismen gedacht, die als solche im Rahmen staatlich festgelegter Grenzen agieren würden. Der Karneval aber verlangt nach zeitweiligen Organisationen, die von diesen Bevölkerungsgruppen im Lichte von Notwendigkeiten des musikalischen und bewegungstechnischen Hintergrunds der karnevalistischen Ereignisse gebildet werden und außerhalb dieses Kontextes nicht weiterbestehen. Kurz gesagt, helfen Studien über indigene Gruppen im Kontext ihrer Rituale zu erklären, warum staatliche Bemühungen, die Demokratie voranzutreiben, oftmals nicht die Resultate erzielen, die man sich gewünscht hätte.

Ich sehe keine bezeichnenden Parallelen zwischen Osteuropa und den Anden, doch dieses Beispiel kann zum Nachdenken darüber anregen, welche Rolle das Ritual bei der Gestaltung und Definition von sozialen Gemeinschaften spielt und inwieweit derartige Definitionen mit den verschiedenen Dimensionen der Demokratisierung in Einklang zu bringen sind. In Osteuropa waren die rituellen Mikropraktiken für das Selbstverständnis der Dörfer und deren Charakter als bedeutende Gemeinden von zentraler Wichtigkeit – und zwar unabhängig von der Atomisierung der Haushalte und nationaler Homogenisierung. Lokales Identitätsbewusstsein wiederum spielt die größte Rolle bei der Schaffung lokaler Machtstrukturen und politischer Partizipation. Die Demokratisierung steht nicht nur in Korrelation mit politischer Partizipation, sondern auch mit der Anerkennung der Bedeutung von Institutionen. Genau da hörte das lokale Interesse an der landwirtschaftlichen Verwaltung im Sozialismus auf. Dies geschah vom dem Moment an, als der Staat festzulegen begann, dass landwirtschaftliche Betriebe größer als ein Dorf zu sein hätten. Ein Rückgang ritueller Betätigung schädigt die Identifikationsgrundlage der Dorfgemeinschaft und anderer Gruppen, die als Basis von Wählerstrukturen ins Gewicht fallen. Dies kann dann wiederum wichtige Implikationen für größere Identifikationsgruppen haben, insbesondere für die Nation. Die sozialistischen Staaten Osteuropas betrieben eine Politik ritueller Homogenisierung, um das Nationalgefühl ihrer Bevölkerung zu stärken (Silverman 1983). Die gegenwärtige Auflösung lokaler Varianten ritueller Betätigung könnte dazu beitragen, dieses Bewusstsein der rituellen Einheit auf nationaler Ebene zu vertiefen – um so mehr als auch der postsozialistische Staat diese Politik fördert.

Die Vielfalt ritueller Praxis ist eine wichtige Eigenschaft pluralistischer oder multiethnischer Gemeinden, die Unterschiede durch die Schaffung von partizipatorischen Gemeinden bestätigt und untermauert. Bringas (1995, S. 6) Beschreibung einer „muslimischen Gemeinde in einem [bosnischen] Dorf, mit muslimischen und katholischen Einwohnern" ist dafür beispielhaft. Ohne eine direkte Verbindung zum späteren Krieg herzustellen, zeigt Bringa, dass rituelle Veranstaltungen und Tätigkeiten klare Grenzen setzten. Es war die spezifische rituelle Praxis, durch die sich die muslimische Gemeinde nicht nur von der größeren Dorfgemeinde absetzte, sondern auch von der jugoslawischen „Nation" – jener Ebene, auf der sich die Dorfbewohner (insbesondere die Männer) täglich betätigten. Umgekehrt kann das Ritual auch unterschiedliche ethnische und religiöse Gruppen miteinander verbinden. In Bulgarien zum Beispiel zog das Schauspiel verschiedener Feste der Roma auch die anderen Bewohner des Dorfes an. Obwohl solche Festlichkeiten die ethnische Kluft selbst während der laufenden Veranstaltung nicht zu beseitigen vermochten (normaler Kommentar bulgarischer Besucher: „Nicht schlecht, aber eben doch eine Zigeunersache"), lieferten sie doch ein Forum für interethnischen Austausch. Dasselbe gilt für bulgarische rituelle Feste, bei denen Roma zum Beispiel als Musikanten auftraten (Buchanan 1996). Auch an lokalen oder nationalen Feiertagen wie zum Beispiel dem 1. Mai waren Dorffeste eine Gelegenheit für gemeinsames Feiern und für die Interaktion von ethnischer und politischer Vielfalt. Doch diese Beteiligung von verschiedenen Gruppen an Festen geht zurück, wenn die Feste weniger werden, und solche Feste, die explizit über ethische Grenzen hinausgehen, fallen diesem Rückgang am ehesten zum Opfer. Verschwinden Feste, die eine trennende Wirkung auf die verschiedenen ethnoreligiösen Gemeinschaften hatten, heißt das aber nicht, dass sich auch die Beziehungssituation bei diesen Gruppen verbessert. Die Folgen eines solchen Rückgangs werden vom Grad der gemeinsamen Partizipation und dem Vorhandensein alternativer Möglichkeiten des sozialen Austauschs abhängen. Ich möchte folgendes unterstreichen: Ein Verständnis der ethnischen Beziehungen in Osteuropa ist nur vor dem Hintergrund der rituellen Aktivitäten der einzelnen Bevölkerungsgruppen möglich. Es stellt zumindest ein Barometer der Veränderungen im Beziehungsverhältnis zwischen verschiedenen Bevölkerungsgruppen dar, wie die Untersuchungen Haydens (in diesem Band) zeigen: Sowohl auf dem Balkan wie auch in Südasien fielen rituelle Veranstaltungen und rituell bedeutsame Stätten, die eine Zeit lang von verschiedenen ethnoreligiösen Gruppen gleichermaßen besucht worden waren, erneut der Segregation anheim, sobald sich die Beziehungen zwischen diesen Gemeinschaften in anderen Lebensbereichen verschlechterten.

Oft sind Todesrituale besonders bedeutungsvoll, um Gruppen zu definieren. Sowohl Gail Kligmans Beschreibung (1988) rumänischer Beerdigungspraktiken als auch Loring Danforths und Alexander Tsiaras Studie über Griechenland (1982) zeigen die große Bedeutung solcher Riten für die Aufrechterhaltung sozialer Beziehungen in dörflichen Gemeinschaften (siehe auch Stewart in diesem Band). Bestattungsriten gewährleisten das Fortbestehen verwandtschaftlicher und persönlicher Beziehungen einer Person auch nach deren Ableben und stärken gewöhnlich die zwischen den Trauernden verschiedener Familien bestehenden Kontakte. Wie Katherine Verdery (1999) in ihrer Studie über die Neubestattungen von Toten in der postsozialistischen Zeit zeigt, lassen sich Todesriten auch leicht so umgestalten, dass sie die imaginären Bindungen zwischen den einzelnen Individuen einer ganzen Nation bestätigen. Wer die Wirkung und Resonanz nationalistischer und politischer Handlungen verstehen will, muss nicht nur die materiellen Interessen hinter diesen Handlungen begreifen, sondern auch die Gründe kennen, aus welchen heraus diese Handlungen für die betroffenen Bevölkerungen und Ausführenden so zwingend sind – und dies wiederum erfordert eine genaue Analyse der mit diesen Aktivitäten einhergehenden rituellen Gepflogenheiten.

Die Anziehungskraft, die der Nationalismus seit 1989 auf die osteuropäische Landbevölkerung ausübt, kann indirekt auf die ländlichen Riten, die von den sozialistischen Regierungen benutzt wurden, um den Aufbau der Nation voranzutreiben, zurückgeführt werden. Wie auch in anderen Ländern zu einem früheren Zeitpunkt (Swedenberg 1990; Kisbán 1989) wurde die ländliche Bevölkerung gerne als die Verkörperung der Nation durch ihre Musik, Tänze und Kunsthandwerk, aber eben auch durch Bilder ihrer rituellen Praxis dargestellt (Lass 1989). Wie anachronistisch negativ diese Verbindung von Bauern mit einer früheren Zeit der Ethnogenese auch klingen mag, in dem Maße wie der Nationalismus von Politikern propagiert wurde, führte die Verbindung zu positiven Assoziationen und die Menschen in den Dörfern akzeptierten eine Bestätigung dafür, wo auch immer sie sie finden konnten. Als sich die wirtschaftlichen Möglichkeiten der Einflussnahme dieser Bevölkerungen verringerten, schien der Nationalismus für viele die einzige verbleibende Quelle für Wert und Einflussnahme zu sein. Um diese Zusammenhänge richtig einzuordnen, ist es notwendig, die Geschichte rituellen Handelns in der Vergangenheit zu durchleuchten und zu untersuchen, wie diese Praktiken und die dazugehörigen Glaubensmuster mit neuen politischen und wirtschaftlichen Anstrengungen in Verbindung stehen.

Im Winter 1997 konnte ich in Sofia solch eine Verbindung direkt beobachten. Ich war genau an dem Tag angekommen, an dem eine protestierende Menge das Parlamentsgebäude stürmte und wochenlange Großdemonstrationen einleitete, die das Ziel hatten, die sozialistische Regierung zum Abdanken zu zwingen. Überall im Land wurde gestreikt und Barrikaden errichtet – was schließlich die gewünschte Wirkung hatte. Eine wesentliche Komponente dieser Bewegung bildeten die Aktivitäten der Studenten, die täglich – als Vorspann zu den Massenmärschen der Opposition – Demonstrationen veranstalteten. Infolge der sich zusehends verschlechternden wirtschaftlichen Lage war die öffentliche Meinung schon auf der Seite der Demonstranten, aber die Städter in Sofia kommentierten des öfteren die beeindruckende Wirkung der Studenten und wie sie sich alter ritueller Themen des dörflichen Lebens bedienten (Benovska-Săbkova 1998). Einmal veranstalteten sie die Farce eines Begräbnisses der „Kommunistischen Partei"[5] und ließen dabei Klageweiber auftreten, die speziell dafür komponierte Klagelieder kreischten. An einem anderen Tag verkleideten sie sich als Teilnehmer eines *kukeri* -Festes und ahmten entsprechende Riten zur Vertreibung „böser Geister", in dem Falle der „Kommunisten" nach. Oder sie mobilisierten eine große Menschenmenge, die Steine zu einem Hauptverkehrsknotenpunkt schaffte und sie dort aufstapelte. Dies sollte an das rituelle Verfluchen erinnern, bei dem Steinhaufen am Ort des Verbrechens errichtet werden. Damit wurde die „Kommunistische Partei" angeprangert. Diese rituellen Formen stellten ein wirksames Potential für politische Aktionen dar.

Heute steht das politische Potential eines Rituals weitgehend in Verbindung zu ehemaligen sozialistischen Praktiken. Entsprechend des Konzepts der „widersprüchlichen Komplementarität" (Creed 1998), die für den Sozialismus im allgemeinen charakteristisch war, waren soziale Riten in den 1980er Jahren ambivalente Aussagen, die den Staat zugleich befürworteten und ablehnten. Dasselbe Ritual konnte vom Staat vorgeschriebene Elemente – wie die staatlich-zivile Heiratszeremonie und die Vereidigungsformel neuer Rekruten – umfassen, andererseits aber auch in seinem wichtigsten Teil – dem Austausch von Geschenken und dem Festbankett – außerhalb staatlicher Kompetenz bleiben. Verschwenderisches Konsumieren widersprach den vom Staat gesetzten Prioritäten der Güterverteilung in der Gesellschaft, zeigte jedoch zugleich auch, wie produktiv das sozialistische System war und welchen Güterreichtum es hervorzubringen vermochte – ein Aspekt also, der für die Legitimation sozialistischer Herrschaft sehr wichtig wurde. Wenn ältere Dorfbewohner die aufwendigen Hochzeitsfeste der 80er Jahre mit den spartanischen Hochzeiten der Vergangenheit verglichen, waren solche Vergleiche eine explizite Bestätigung des sozialistischen Fortschritts. Verabschiedungsfeste für Rekruten waren in den 80er Jahren verboten, weil sie als Gelegenheiten für Trunkenheit und Gewalttätigkeit galten, aber sie wurden dennoch veranstaltet – eine Herausforderung des Staates, auf den die Soldaten eingeschworen waren und den sie verteidigen sollten. Staatliche Anstrengungen, die Kultur zu homogenisieren und zu nationalisieren, führten zum Verbot von türkischen, serbischen und Roma-Volksliedern (Buchanan 1996), doch gehörten diese zum Repertoire aller Kapellen, die auf Festen spielten, wo ich Gast war. So wurden rituelle Praktiken zu einem Instrument des Widerstands gegen den Staat – wie dies auch von Kligman (1983, 1988) im Zusammenhang mit ihren Untersuchungen zur rituellen Poesie Transsylvaniens festgestellt wurde. In der gegenwärtigen postsozialistischen Welt mit ihrem Schwund an Ritus und Ritual verschwinden ebenfalls solche Möglichkeiten.

Während der 80er Jahre wurden zahlreiche rituelle Aktivitäten, die nicht dem Zyklus familiärer Ereignisse angehörten, mehr oder weniger vom Staat gebilligt. In den Gemeinden angesiedelte Kulturverwalter hatten bestimmte rituelle Aktivitäten als Teil ihrer Arbeit durchzuführen. Der Staat versorgte die dörflichen Gemeinden und Gemeindeverwaltungen auch mit Geldmitteln, die zur Deckung der Kosten für diese Veranstaltungen verwendet werden konnten oder dafür, dass – zum Beispiel durch Preisverleihungen verschiedener Art – die Teilnahme der Bevölkerung an den Veranstaltungen gesichert war. Die Gemeindeverwaltungen finanzierten Feste, die Folkloreensembles die Gelegenheit gaben, sich in andere Dörfer zu begeben und dort mit dem lokalen Ensemble einen Wettstreit zu veranstalten. Solche Feste waren sehr beliebt und viele Leute erzählten davon, wie gut sie sich dort amüsiert hatten. Diese staatliche Unterstützungsstrategie machte es möglich, regelmäßig Rituale in den Dörfern selbst zu veranstalten (obwohl es Folkloreensembles gab, die von den Dörfern zu Festivals geschickt wurden, um dort rituelle Tänze oder Musik aufzuführen, die in dem Dorf selbst nicht mehr gepflegt wurden). Infolge der allgemeinen finanziellen Schwierigkeiten und der entsprechenden strukturellen Anpassungsmaßnahmen, sind die staatlichen Mittel für solche Veranstaltungen inzwischen gestrichen worden. In einem Dorf erzählte mir der Dorfbibliothekar, dass die fehlenden Mittel für die Durchführung von Preisverleihungen der Grund dafür waren, dass die Leute dörfliche Festlichkeiten so wenig besuchten, und wo versucht wurde, ein Fest oder Festival auf die Beine zu stellen, beklagten sich die Organisatoren über mangelnde Geldmittel und vor allem über die hohen Anreisekosten, die die Gäste auf sich nehmen müssten. Der Rückgang dörflicher Rituale in den 90er Jahren wurde zu einem Symbol für das mangelnde offizielle Interesse an solchen Ereignissen und den Rückzug des Staates aus diesem Bereich – eine Entwicklung, die die allgemeine politische Entmutigung und wirtschaftliche Desillusionierung bestätigte.

Dieser Rückgang kann natürlich als wünschenswerte Depolitisierung der Kultur betrachtet werden. Der sozialistische Staat hatte sehr wohl versucht, das Kulturleben aus politischen Motiven heraus zu kontrollieren und zu steuern, insbesondere zugunsten der nationalen Identifizierung und der sozialistischen Ideologie. Doch diese Politisierung der Kultur machte letztere auch zu einem politischen Instrument, dessen sich das Volk schließlich bediente, um den Machthabern zu widerstehen und sie zu untergraben. Die Depolitisierung der Kultur hat vielleicht dazu beigetragen, dass soziale Riten heute verschwinden und politisch nicht mehr nutzbar sind. Leider ist diese Entwicklung bislang noch nicht durch andere effektive Möglichkeiten demokratischer Partizipation ersetzt worden. Für viele Bulgaren ist sogar der Gang zur Wahlurne ein politisch unwirksames Ritual geworden, dem es wohl ebenso ergehen mag, wie so vielen anderen Riten und Ritualen, von denen in diesem Beitrag die Rede war.

Ein Blick in die Zukunft

Das wissenschaftliche Interesse an der Bedeutung sozialer Riten darf nicht als Alternative zu den Untersuchungen über Privatisierung und Demokratisierungsprozesse in Osteuropa gesehen werden, sondern als ein diesen Forschungsprojekten komplementär zur Seite stehendes Vorhaben. Das Bedürfnis nach sozialen Riten und der Wunsch, sie zu vollziehen, spielen in den ländlichen Gebieten Bulgariens bei Investitionen im Bereich der landwirtschaftlichen Selbstversorgung auch heute noch eine wichtige Rolle. Es ist heute auf dem Land schwierig, wenn nicht gar unmöglich geworden, verschwenderische Feste zu feiern, doch der Wunsch nach solchen Riten und die Hoffnung, sie vollziehen zu können, die Geselligkeit, die sich bei Wein und gutem Essen einstellt, haben nicht aufgehört, die wirtschaftliche Tätigkeit der Bevölkerung zu motivieren und ihre politische Meinung zu beeinflussen.

Ein Blick auf den Niedergang der rituellen Aspekte des Lebens auf dem Land kann uns helfen, die in Wirtschaftsberichten über Bulgarien überall auftauchenden Widersprüche besser zu verstehen. Seit Ende der 90er Jahre haben die an der Gestaltung der Wirtschaft Bulgariens mitwirkenden internationalen Finanzorganisationen positive Berichte über die makroökonomische Entwicklung des Landes veröffentlicht, die in Widerspruch zu den deprimierenden Nachrichten aus den Dörfern stehen. Der starke Rückgang des rituellen Lebens in den ländlichen Gebieten ist Teil eines deutlich wahrnehmbaren Verfalls des dörflichen Lebens, findet jedoch keine Erwähnung in den vergleichenden Wirtschaftsstatistiken zur Agrarproduktion. Der Ritenverfall ist nicht einfach nur ein Barometer bestehender wirtschaftlicher und politischer Schwierigkeiten, sondern auch der Grund verstärkter Unzufriedenheit und Mutlosigkeit in der Landbevölkerung. Für den dörflichen Menschen Bulgariens der 80er Jahre war – ebenso wie für die von

Humphrey (1983) beobachteten Burjaten – ein Leben reich an Riten ein Zeichen dafür, dass man gut lebte. Ein solches Leben wurde als Teil ihres nationalen und lokalen Identitätsbewusstseins verstanden. Die sozialistische Betonung der Folklore trieb die Verschmelzung des nationalen und ländlichen Identitätsbewusstseins voran, während lokale Unterschiede in der rituellen Praxis die Aufrechterhaltung lokaler Identitätsmuster gewährleisteten. Regelmäßige verschwenderische Feste bildeten einen der wenigen Bereiche, in dem die Landbevölkerung den ansonsten privilegierten Städtern den Rang ablaufen konnte, es war eine Legitimation des ländlichen Lebens sowie des sozialistischen Systems. Aus der Sicht der Landbevölkerung führt ritueller Verfall zu einer Art Dysemie (Herzfeld 1987), bei der sich Erinnerungen an vergangene Zeiten rituelle Vergnüglichkeit und die heutige rituelle deprimierende Öde die Hand geben. Dies beeinflusst auch die Wahrnehmung und Interpretation anderer Veränderungen der Transition. Der Niedergang festlicher Riten ist zugleich das Ergebnis und die Ursache von gegenwärtigen politischen und wirtschaftlichen Schwierigkeiten. Diesem Niedergang sind nicht nur der Verlust an Würde und Selbstwertgefühl der dörflichen Gemeinschaften zuzuschreiben, sondern auch die verminderte Lebensqualität dieser Menschen und der Wandel ihres Identitätsverständnisses. Daher sollten Untersuchungen über rituelle Aktivitäten nicht ausschließlich die politischen und wirtschaftlichen Dimensionen einbeziehen, von denen im vorliegenden Kapitel die Rede ist. Trotzdem ist es Ethnologen der Transition besonders wichtig, auf die möglichen ökonomischen und politischen Konsequenzen von rituellem Wandel aufmerksam zu machen. In vielen Teilen des ländlichen Bulgariens führt der Rückgang ritueller Aktivitäten zu einem Verlust an sozialem Kapital, mit dessen Hilfe sich die Bewohner aus dem sie umgebenden Sumpf ziehen könnten und verstärkt das Gefühl, in einen Strudel von Entwurzelung und Hilflosigkeit hineingezogen zu werden.

Anmerkungen

1 Obwohl es sich bei diesem Fall nicht eigentlich um eine „Transition" handelt, sei dennoch auf die Arbeiten Vertovecs (1992) verwiesen, die eine ähnliche Ausweitung ritueller Festlichkeiten bei den Hindus von Trinidad während des Ölbooms in den 1970er Jahren beschreibt.
2 Ich verwende den Begriff des „sozialen Kapitals" an dieser Stelle, um die ökonomische Nutzbarkeit und Konvertierbarkeit sozialer Beziehungen zu unterstreichen und mit solchen Beziehungen zusammenhängende rituelle Aktivitäten mit der Position derjenigen Transitologen in Verbindung zu setzen, die ebenfalls diese Terminologie verwenden. Ich verstehe

ebenfalls Argumente, die sich gegen das Einzwängen aller Facetten des Lebens in kapitalistische Begriffe wehren und befürworte es im allgemeinen nicht.

3   Es handelte sich hierbei nur um sporadische Ereignisse, doch ein solcher Fall trat in dem Dorf ein, in dem ich im Jahre 1988 Feldforschung betrieb; außerdem wurde mir von verschiedenen anderen berichtet.

4   Es war genau diese Möglichkeit, die die Verfechter der Modernisierungstheorie veranlasst hat, die sozialen Netzwerke in den Staaten Osteuropas nicht als soziales Kapital einzustufen bzw. sie bestenfalls als „negatives" Phänomen zu definieren. Die persönlichen Beziehungen der Menschen in diesen Ländern werden bei dieser Sicht der Dinge lediglich als erweiterter Bereich des persönlichen bzw. familiären Lebens eingestuft – ein Bereich, der im Zusammenhang mit der kapitalistischen wirtschaftlichen Entwicklung Anathema ist. Bei diesem Modell wird ein übertrieben groß gedachter persönlicher Lebensbereich mit einem immer noch aufgeblähten staatlichen Sektor nur durch einen extrem schmalen und begrenzten Verbindungskanal „positiven" sozialen Kapitals verbunden und es entsteht das Bild einer „Stundenglasgesellschaft" (Rose 1995).

5   Die Studenten benutzen den Begriff kommunistisch, weil sie die Sozialistische Partei mit ihrer kommunistischen Vorgängerin gleichsetzen wollten.

Literatur

Badone, Ellen (Hg.), (1990), *Religious Orthodoxy and Popular Faith in European Society*. Princeton, NJ, Princeton University Press.

Benovska-Săbkova, Milena (1998), The Signs of Protest: January 10-February 5, 1997, in: *Ethnologia Bulgarica* 1, S. 67-77.

Berdahl, Daphne (1999), *Where the World Ended: Re-Unification and Identity in the German Borderland*, Berkeley, University of California Press.

Bigenho, Michelle (1999), Sensing Locality in Yura: Rituals of Carnival and of the Bolivian State, in: *American Ethnologist* 26, S. 957-980.

Binns, Christopher A. P. (1979), The Changing Face of Power: Revolution and Accommodation in the Development of the Soviet Ceremonial System: Part I, in: *Man* 14, S. 585-606.

-- (1980), The Changing Face of Power: Revolution and Accommodation in the Development of the Soviet Ceremonial System: Part II, in: *Man* 15, S. 170-187.

Boissevain, Jeremy (Hg.), (1992), *Revitalizing European Rituals*, London, Routledge.

Bourdieu, Pierre (1985), The Forms of Capital, in: J.G. Richardson (Hg.), *The Handbook of Theory and Research for the Sociology of Education*, New York, Greenwood, S. 241-258.

Bringa, Tone (1995), *Being Muslim the Bosnian Way: Identity and Community in a Central Bosnian Village*, Princeton, Princeton University Press.

Bruun, Ole (1993), *Business and Bureaucracy in a Chinese City: An Ethnography of Private Business Households in Contemporary China*, Berkeley, CA, Institute of East Asian Studies.

Buchanan, Donna (1996), Wedding Musicians, Political Transition, and National Consciousness in Bulgaria, in: Mark Slobin (Hg.), *Retuning Culture: Musical Changes in Central and Eastern Europe*, Durham, NC, Duke University Press, S. 200-230.

Creed, Gerald W. (1991), Civil Society and The Spirit of Capitalism: A Bulgarian Critique, Dieser Beitrag wurde anläßlich des 90th Annual Meeting der American Anthropological Association in Chicago, Illinois, November 20-24, präsentiert.

-- (1998), *Domesticating Revolution: From Socialist Reform to Ambivalent Transition in a Bulgarian Village*, University Park, PA, Pennsylvania State University Press.

Danforth, Loring, Alexander Tsiaras (1982), *The Death Rituals of Rural Greece*, Princeton, Princeton University Press.

Dubisch, Jill (1995), *In a Different Place: Pilgrimage, Gender, and Politics at a Greek Island Shrine*, Princeton, NJ, Princeton University Press.

Gilmore, David D. (1998), *Carnival and Culture: Sex, Symbol and Status in Spain*, New Haven, CT, Yale University Press.

Hann, Chris, Elizabeth Dunn (Hg.), (1996), *Civil Society: Challenging Western Models*, London, Routledge.

Herzfeld, Michael (1987), *Anthropology Through the Looking Glass: Critical Ethnography in the Margins of Europe*, Cambridge, Cambridge University Press.

Humphrey, Caroline (1983), *Karl Marx Collective: Economy, Society and Religion in a Siberian Collective Farm*. Cambridge, Cambridge University Press.

Ivanova, Radost (1984), *Bulgarska Folklorna Svatba*, Sofia, Bulgarskata Akademiya na Naoukite.

Kideckel, David A. (1983), Secular Ritual and Social Change: A Romanian Example, in: *Anthropological Quarterly* 56(2), S. 69-75.

-- (1993), *The Solitude of Collectivism: Romanian Villagers to the Revolution and Beyond*. Ithaca, NY, Cornell University Press.

Kisbán, Eszter (1989), From Peasant Dish to National Symbol: An Early Deliberate Example, in: *Ethnologia Europaea* 19(1), S. 95-102.

Kligman, Gail (1981), *Căluş: Symbolic Transformation in Romanian Ritual*, Chicago, University of Chicago Press.

-- (1983), Poetry as Politics in a Transylvanian Village, in: *Anthropological Quarterly* 56(2), S. 83-89.

-- (1988), *The Wedding of the Dead: Ritual, Poetics and Popular Culture in Transylvania*, Berkeley, University of California Press.

Lampland, Martha (1995), *The Object of Labor: Commodification in Socialist Hungary*, Chicago, University of Chicago Press.

Lane, Christel (1981), *The Rites of Rulers: Ritual in Industrial Society - the Soviet Case*, New York, Cambridge University Press.

Lass, Andrew (1989), What Keeps the Czech Folk 'Alive'? in: *Dialectical Anthropology* 14(1), S. 7-19.

Mach, Zdzisław (1993), Continuity and Change in Political Ritual: May Day in Poland, in: Jeremy Boissevain (Hg.), *Revitalizing European Rituals*, London, Routledge, S. 43-61.

Mauss, Marcel (1990 [1924]), *The Gift*, London, Routledge.

Minnich, R.G. (1979), *The Homemade World of Zagaj: An Interpretation of the 'Practical Life' Among Traditional Peasant Farmers in West Haloze Slovenia, Yugoslavia*, Bergen, University of Bergen.

Pine, Frances (2000), Kinship, Gender and Work in Socialist and Post Socialist Rural Poland, in: Victoria Ana Goddard (Hg.), *Gender, Agency and Change: Anthropological Perspectives*, London, Routledge, S. 86-101.

Putnam, Robert (1993), *Making Democracy Work: Civic Traditions in Modern Italy*, Princeton, Princeton University Press.

Rév, István (1987), The Advantage of Being Atomized: How Hungarian Peasants Coped with Collectivization, in: *Dissent* 34, S. 335-350.

Rheubottom, D.B. (1980), Dowry and Wedding Celebrations in Yugoslav Macedonia, in: J. L. Comaroff (Hg.), *The Meaning of Marriage Payments*, New York, Academic Press, S. 221-249.

Rose, Richard (1995), Russia as an Hour-glass Society: A Constitution without Citizens, in: *East European Constitutional Review* 4(3), S. 34-42.

Roth, Klaus (1990), Socialist Life-cycle Rituals in Bulgaria, in: *Anthropology Today* 6(5), S. 8-10.

Sanders, Irwin T. (1949), *Balkan Village*, Lexington, KY, University of Kentucky Press.

Silverman, Carol (1983), The Politics of Folklore in Bulgaria, in: *Anthropological Quarterly* 56(2), S. 55-61.

Stark, David, L. Bruszt (1998), *Postsocialist Pathways*, New York, Cambridge University Press.

Swedenburg, Ted (1990), The Palestinian Peasant as National Signifier, in: *Anthropological Quarterly* 63(1), S. 18-30.

Verdery, Katherine (1999), *The Political Lives of Dead Bodies: Reburial and Postsocialist Change*, New York, Columbia University Press.

Vertovec, Steven (1992), *Hindu Trinidad: Religion, Ethnicity and Socio-Economic Change*, London, Macmillan.

Wedel, Janine (Hg.), (1992), *The Unplanned Society; Poland During and After Communism*, New York, Columbia University Press.

Yang, Mayfair Mei-hui (2000), Putting Global Capitalism in its Place: Economic Hybridity, Bataille, and Ritual Expenditure, in: *Current Anthropology* 41, S. 477-510.

4. Die soziale Produktion von Misstrauen

Christian Giordano und Dobrinka Kostova

Einleitung: Transition, Konsolidierung und Misstrauen

Der unverhoffte und plötzliche Fall der Berliner Mauer im November 1989 ließ sowohl in Ost- wie Westeuropa die Wellen der Begeisterung und des Optimismus hochschlagen. Während der ersten Phase – einer beinahe millenaristisch anmutenden Zeit – gingen die plötzlich überall aufkommenden Zukunftsvisionen von der Annahme aus, es werde nun ein rascher und schmerzloser Übergang vom sozialistischen Totalitarismus zur liberalen Demokratie und ein ebenso glatter Wechsel von der Plan- zur Marktwirtschaft einsetzen. In diesem Geist der Zuversicht fand die Transitologie, wie man diese neue Denkart bald ein wenig ironisch nannte, in kurzer Zeit in viele Wissenschaftszweige Eingang. In der einen oder anderen Weise sagten fast alle Autoren schnelle und im Wesentlichen unilinear verlaufende Veränderungen voraus. Wir möchten uns an dieser Stelle nicht zum Richter über die Teleologie der Transitologie aufschwingen. Es mag genügen, daran zu erinnern, dass die anfängliche Euphorie der Desillusionierung, dem Skeptizismus, der Apathie – und in einigen Fällen sogar dem Zorn – gewichen ist.

Diese Realität betraf die große Mehrheit der Bevölkerung in den ehemals sozialistischen Ländern, und hat so manchen Sozialwissenschaftler veranlasst, seine Interpretation der sozialen, politischen und wirtschaftlichen Veränderungen in den postsozialistischen Gesellschaften zu revidieren. Der Begriff der Transition wurde nun – obwohl nicht gänzlich verschwunden – mehr und mehr durch weniger teleologische Ausdrücke wie „Transformation" und „Konsolidierung" ersetzt. Der zuletzt genannte Begriff erinnert an komplexe soziale Prozesse mit unsicherem Ausgang und wird vor allem dann gebraucht, wenn von dem mühevollen Import staatlicher Strukturen (parlamentarische Institutionen, bürokratische Verwaltungsorganisationen usw.) oder von politischen Praktiken aus den westlichen Demokratien die Rede ist (Linz und Stepan 1996, S. 235 ff.). Claus Offe und seine Kollegen haben gezeigt, dass das „demokratische System" in Westeuropa seit über hundert Jahre etabliert und internalisiert wird, während es in Osteuropa etwas weitgehend Fremdes ist und in erster Linie als Resultat einer mehr oder weniger opportunistischen Strategie gesehen werden muss, um sich mit den Gewinnern des Kalten Krieges gut zu stellen (Elster *et al.* 1997). Generell kann gesagt werden, dass die Demokratie in Westeuropa heute gut verankert und voll konsolidiert ist, während sie in Osteuropa noch gefestigt werden muß.

Für den Ethnologen ist der Begriff „Konsolidierung", so wie er heute von den Waisen der Transitologie benutzt wird, mit ethnozentrischen oder „orientalistischen" Assoziationen behaftet. Auch geht er auch von einer stark übertriebenen Dichotomie zwischen Ost und West aus. Nichtsdestoweniger stellt die Frage der demokratischen Konsolidierung in den postsozialistischen Gesellschaften ein wesentliches Problem für die ethnologische Forschung in den Vordergrund. Mit den Worten von Max Weber handelt es sich um das Problem ungefestigter Legitimität rechtlicher Macht und ihrer Repräsentanten. Viele der posttotalitären Staaten haben mit ernsthaften Problemen zu kämpfen, ihr Macht- und Gewaltmonopol geltend zu machen (Weber 1956, Bd. 2, S. 832). Sogar in Ländern wie Bulgarien, wo Gewalt kein sehr großes Problem darstellte, sind mangelndes Vertrauen in den Staat bzw. ein nur begrenztes Vertrauen in seine Institutionen heute zu einem großen Problem geworden. Der Staatsbürger vertraut dem Staat nur dann, wenn er sicher ist, dass ihm eine bestimmte Situation Nutzen bringt. Bei der Unterscheidung zwischen Vertrauen und Sicherheit (Tilly 1985, S. 170; Gambetta 1992) ist es nicht zu leugnen, dass viele postsozialistische Bürger die Teilnahme an einem persönlichen Netzwerk, aufgebaut auf dem Prinzip der Sicherheit, als verlässlicher, effektiver und somit rationaler betrachten, als dem Staat zu vertrauen. Diese Beurteilung ist nicht als kulturalistische Aussage zu werten, die dieses Verhalten auf eine „balkantypische Asozialität" oder ein „magyarisches Temperament" reduzieren würde. Die Rechtsunsicherheit, die weite Verbreitung persönlicher Sicherheitsstrukturen sowie die hieraus resultierende Kluft zwischen dem *pays légal* und dem *pays réel*, stellen vielmehr Indikatoren einer sozialen Produktion von Misstrauen dar. Es ist ein System von Vorstellungen und rationalen Strategien, das die Akteure einer Gesellschaft zur Grundlage ihres Verhaltens machen, wenn der Staat wiederholt seinen grundlegenden Pflichten nicht genügt; vor allem seiner Aufgabe, Bedingungen zu schaffen, die ein „befriedeter Raum" garantiert, innerhalb dessen alle Akteure einander auf Grund von Rechtsstaatlichkeit vertrauen können.

Die soziale Produktion von Misstrauen hat ihren Ursprung in spezifischen Praktiken, die in früheren negativen Erfahrungen wurzeln – Erfahrungen, die in der Gegenwart über das kollektive Gedächtnis der Gruppe neu aktiviert werden. Vorliegender Beitrag wendet diese Perspektive auf das ländliche Bulgarien an und zeigt, dass die Gesetze zur Landreform und die Landrückgabegesetzgebung im Grunde jahrhundertealte Misstrauensmuster aufrechterhalten. Wir werden zeigen wie die, vom bulgarischen Staat für die Landreform und Privatisierung des Agrarsektors, geschaffenen regulierenden Instrumente wieder einmal die fehlende Kommunikation zwischen der politischen Elite und den Bürgern ländlicher Herkunft hervorheben. Dieser Mangel ist das Ergebnis zweier verschiedener Standpunkte, wie die postsozialistische Landwirtschaftsstruktur des Landes aussehen könnte und müsste. Die Machthaber vertreten den Standpunkt, der im „Geist des Gesetzes" reflektiert wird, es müsse ein privater Landwirtschaftssektor geschaffen werden, der auf kleinen bäuerlichen Betrieben basiert. Ein Sektor, der – explizit oder implizit – als „Wiege der nationalen Tugenden" dargestellt wird. Dieses Modell ist ein abstraktes Konstrukt, getragen von dem Bestreben, eine imaginäre Vergangenheit auferstehen zu lassen, und – beabsichtigt oder nicht – die unleugbaren, während der sozialistischen Periode eingetretenen gesellschaftlichen Veränderungen zu ignorieren. Obwohl gesellschaftlich niedrigstehende Gruppen im Agrarsektor das Prinzip der Denationalisierung nicht in Frage stellen, haben sie doch einen pragmatischen Sinn für Realität. Die Regierten Bulgariens halten die in den letzten fünfzig Jahren im ländlichen Bereich eingetretenen Veränderungen für eine Selbstverständlichkeit und betrachten sie als eine offensichtliche und unabänderliche Tatsache. Sie reagierten auf die Projekte ihrer Regierung mit ihrer eigenen intuitiven Soziologie was zu Strategien ganz anderer Art führte – anders als die, die der Gesetzgeber erwartet hatte. Das Volk verkündet sein Misstrauen ganz offen, oft in dem lapidaren Satz, der das Leitmotiv in den meisten unserer Interviews war: „Die Politiker sind alle gleich; man kann ihnen nicht trauen."

In diesem Artikel möchten wir verschiedene Aspekte dieser Fehleinschätzung in Beziehung zueinander setzen – Aspekte, die auf den ersten Blick oft nichts miteinander gemein haben. Als Erstes soll der ideologische Inhalt des Mythos von der „Umkehrbarkeit der Ereignisse" erörtert werden, von dem sich die regierenden Eliten bei ihrer gesetzgebenden Tätigkeit vor allem leiten ließen. Anschließend sollen die Reaktionen verschiedener Gruppen der Landbevölkerung untersucht werden, inbegriffen die Strategien, die sich nicht selten außerhalb der Gesetzlichkeit bewegten – oder sogar illegal waren – aber den Realitäten der neuen Sozialstruktur besser entsprechen. Schließlich möchten wir zeigen, dass die signifikante Divergenz zwischen Gesetz und tatsächlicher sozialer Praxis mehr ist als nur ein Hinweis auf das Vorhandensein sozial erzeugten Misstrauens zwischen den Institutionen des Staates und der Gesellschaft. Vielmehr ist es diese Divergenz selbst, die als eine der Bedingungen gelten muss, die den Fortbestand der jahrhundertealten Spaltung von staatlicher Legalität und der Legitimität gesellschaftlicher Normen, staatlicher Institutionen und sozialer Praxis verstärkt.

Die dieser Diskussion zu Grunde liegenden Daten wurden in der Dobrudscha gesammelt – einer fruchtbaren Region im Nordosten Bulgariens, mit einer besonderen sozio-ökonomischen Struktur. Innerhalb der heutigen Grenzen Bulgariens ist diese Region aus geomorphologischen und geologischen Gründen für Großflächenlandwirtschaft die geeignetste. Das wussten schon die osmanischen Herrscher, die hier mehr als in anderen Gebieten des Landes nach dem Modell des – auf dem *timar*- und später dem *chiflik*-System aufbauenden – „präbendalen Feudalismus" verfuhren (Weber 1956, Bd. 2, S. 635; Tonev 1995, S. 73-76). Im Ganzen war die Region über vierhundert Jahre lang wenig besiedelt, das Land eher extensiv denn intensiv genutzt, und die landwirtschaftliche Produktion weitgehend den lokalen Bedürfnissen angepasst (Tonev 1995, S. 74). Viel später erkannten die sozialistischen Wirtschaftsplaner das Potential der Region und bemühten sich – nicht ohne Erfolg – das Gebiet durch Kollektivierungsmaßnahmen und Investitionen in große Genossenschaftsbetriebe zur Kornkammer Bulgariens zu machen. In den frühen 1970er und Mitte der 1980er Jahre wurde die Dobrudscha als idealer Standort für die Durchführung einer Zentralisierungspolitik betrachtet, in deren Rahmen riesige agroindustrielle Komplexe eingerichtet wurden, die an den Platz der früheren Genossenschaften traten (Crampton 1997, S. 202 ff.; Giordano und Kostova 1995, S. 166). Die Dobrudscha ist schon seit jeher eine typische Grenzregion, der Schauplatz endloser Streitigkeiten zwischen verschiedenen Großmächten und Anliegerstaaten (Castellan 1991, S. 201 ff., 319 ff., 374 ff.). Die Region war aufgrund ihrer entfernten Lage schwierig zu kontrollieren. Der Staat hatte es hier immer schwer, sich durchzusetzen; Rebellionen und Schmuggel sind seit eh und je an der Tagesordnung. All diese Gründe zusammengenommen machen aus der Dobrudscha eine Region, in der sich sehr gut untersuchen lässt, wie sozial erzeugtes Misstrauen zustande kommt.

Unsere Forschungsmethoden waren bei diesem Projekt etwas anders als die, die gewöhnlich für die Erstellung ethnographischer Monographien verwendet werden. Erstens sammelten wir unsere Daten nicht während eines langen Aufenthalts in einem einzigen Dorf. Wir führten zahlreiche Tiefeninterviews mit Einzelpersonen und organisierten daneben auch Diskussionsgruppen außerhalb des engeren landwirtschaftlichen Kontexts. Wir sind der Meinung, dass eine monographische Feldforschung nicht der beste Weg ist, Entwicklungen wie die postsozialistische Landreform und ihre Auswirkungen auf die soziale Struktur einer komplexen Gesellschaft zu untersuchen. Hätten wir auf diese Art gearbeitet, wären viele der vom Prozess der Landreform betroffenen Akteure, die zuweilen aus verschiedenen Gründen wenig oder nichts mit der lokalen Wirklichkeit zu tun haben, unbemerkt geblieben. Wie in anderen Ländern, war die postsozialistische Landreform in Bulgarien ein Prozess, der die ganze Gesellschaft ländlicher wie städtischer Prägung betraf. Wären unsere Untersuchungen in der Hauptsache auf die ländliche und lokale Wirklichkeit begrenzt geblieben und hätten wir uns nur mit einem oder einigen wenigen Dörfern in der Dobrudscha befasst, hätten wir weitgehend nur alte und/oder wenig gebildete Personen erfasst – d. h. einen statistisch gesehen niedrigen Prozentsatz der im Agrarsektor der Region beheimateten Individuen. Die meisten der gegenwärtig in der Dobrudscha tätigen landwirtschaftlichen Unternehmer sind nicht in den Dörfern zu finden. Der Bevölkerungsanteil, der als wirklich ländlich bezeichnet werden kann – d. h. Menschen, die im dörflichen Kontext wohnen, arbeiten und ihr soziales Umfeld haben – sind nur zum Teil mit jenen identisch, die von der Landreform profitiert haben. Daher war es für uns klar, dass es nicht möglich sein würde, die sozialen Auswirkungen der Landreform in einer Region wie der Dobrudscha – wo Landwirtschaft in großem Stil und auf weiten Flächen betrieben wurde – adäquat zu analysieren, solange die Forschung ausschließlich auf den dörflichen Bereich beschränkt bleibt. Aus diesen Überlegungen heraus führten wir unsere Arbeit auf „translokaler" und „entterritorialisierter" Ebene durch und überschritten so die engen Grenzen des rein Lokalen (vgl. Hannerz 1998a, 246 ff.; Hannerz 1998b, S. 93).

Die Vergangenheit in der Gegenwart: Die Aktualisierung der Geschichte im Postsozialismus

Für die meisten Ethnologen ist Geschichte vor allem „aktualisierte Geschichte" – oder anders gesagt, für sie bezieht sich Geschichte auf eine Vergangenheit, die mehr oder weniger gezielt in der Gegenwart „mobilisiert" wird (Giordano 1996, S. 99). Diese Aktualisierung oder Mobilisierung der Vergangenheit hilft uns, uns im täglichen Leben zu orientieren. Sie verleiht uns ein Gefühl der Zugehörigkeit oder Identität und gibt zugleich auch anderen sozialen Akteuren eine bestimmte symbolische oder metaphorische Botschaft. Sie kann dazu dienen Machtverhältnisse zu stabilisieren oder gegen inakzeptable Umstände zu protestieren. Doch wie genau benutzen die einzelnen Akteure Ereignisse der Vergangenheit in der Gegenwart? Wie wird Geschichte neu interpretiert, manipuliert oder gar neu erfunden? Welche Ursachen stehen hinter solchen Prozessen? In der aktualisierten Geschichte ist die lineare Zeit kaum das Problem, weil die verwendeten Metaphern, Metonyme und Allegorien keine Chronologie respektieren. Die „mathematische", „naturalistische" und daher „exogene" Zeit der Geschichte wie sie Fernand Braudel und Norbert Elias definiert haben (Braudel 1977, S. 77; Elias 1988, S. ix), wird dabei zumindest teilweise gelöscht. Die Zeit der aktualisierten Geschichte ist sehr viel „endogener" und „kondensierter" in den Individuen als sozialen Akteuren. Dies zeigt jedoch sogleich ihren selektiven Aspekt. Man könnte die Vergangenheit in der Gegenwart mit einem riesigen Steinbruch vergleichen, aus dem jeder die ihm passenden Steinbrocken beliebig herausbrechen kann.

Unserer Meinung nach waren für die Geschichte in der Zeit des Sozialismus und Postsozialismus zwischen 1917 und heute zwei Formen der Aktualisierung charakteristisch: Die der „Auslöschung der Vergangenheit" und die der „Umkehrbarkeit der Ereignisse". Im ersten Fall findet eine systematische Streichung von Fakten, Symbolen und sozialen Praktiken statt, die als das Erbe „barbarischer", „unaufgeklärter" oder „degenerierter" Epochen gelten. Im zweiten Fall sollen die Dinge wieder hergestellt werden „wie sie vorher waren" um die allerjüngste Vergangenheit – jetzt als großer Fehler entlarvt – ganz hinter sich zu lassen. Eine gute Beschreibung der ersten Strategie liefert Predag Matjevic, der zeigen konnte, wie die sozialistischen Regime in Zentral- und Osteuropa fast ausnahmslos versucht haben, die Geschichte nach vorne zu katapultieren und bei diesem Versuch rücksichtslos ihre eigenen futuristischen Ziele durchzusetzen trachteten (Matvejevic 1992, S. 38). Diese Hast nach vorn konnte nicht ohne Bruch mit der Vergangenheit und der Verleugnung ihres Erbes stattfinden. Die mit dieser utopischen Beschleunigung des sozialen Prozesses beschäftigten Funktionäre und Intellektuellen löschten alles aus, was an frühere Korruption und Despotismus, Armut und Entfremdung erinnerte. Zahlreiche Beispiele urbaner Architektur im stalinistischen Moskau der 1930er Jahre bis hin zum Bukarest Ceaușescus der 1980er Jahre legen Zeugnis ab von dieser gegen die Geschichte gerichteten ikonoklastischen Raserei. Der sozialistische Triumphalismus wurde auf den Trümmern orthodoxer Kirchen, bürgerlicher Stadtviertel und aristokratischer Herrenhäuser errichtet. Doch diese „Zerstörung der Geschichte" hatte auch weniger sensationelle, anscheinend banale Aspekte. In der Dobrudscha vernichteten lokale Funktionäre nach der Landreform von 1946 und der darauf folgenden Kollektivierung der Landwirtschaft eine große Zahl Grundbücher. Überzeugt, dass die dunkle Zeit, in der Land als Eigentum besessen werden konnte, endgültig vorbei war, organisierten Parteifunktionäre öffentliche Verbrennungen dieser Dokumente. Der Zweck dieser symbolischen Freudenfeuer, an denen die Kleinbauern aktiv beteiligt waren, bestand darin, das Erbe einer unerträglichen, nun für immer untergegangenen Vergangenheit auszulöschen.

Die Revolution von 1989 veränderte radikal diese Sicht der Geschichte. Plötzlich wurde die sozialistische Deutung der Geschichte zu einem Lügengewebe erklärt, das nur dazu gedient hatte, den Interessen des Regimes zu dienen. Der Sozialismus selbst wurde als fataler „historischer" Irrtum angeprangert. Während die sozialistische Geschichtsschreibung nach dem Prinzip der selektiven Vernichtung der Vergangenheit verfuhr, geht die postsozialistische Geschichte von der Annahme der Umkehrbarkeit der Ereignisse aus. Eine Variante ist „prospektiv", die andere „retrospektiv" – d. h., dass die postsozialistische Zukunft mit der Rückkehr zu einem bestimmten *status quo ante* beginnen kann. Die Logik dieser Anschauung hält es für notwendig und wünschenswert, die Lebensbedingungen der präsozialistischen Ära wieder herzustellen, so als ob der Sozialismus nie existiert – bzw. nur außerhalb des „richtigen Flusses der Geschichte" bestand. Die vielen Namensänderungen nach dem Fall der Berliner Mauer demonstrieren diese Logik. Der bekannte bulgarische Kurort Druzhba, was „Freundschaft" (unter den Menschen) bedeutet, heißt jetzt zum Beispiel Sveti Konstantin i Helena (Sankt Konstantin und Helena). In den Städten nahm sich die „revisionistische" Begeisterung zahlreicher lokaler Wahrzeichen wie Straßen und Brücken an und benannte sie um. Dieselbe Tendenz ist überall deutlich in staatlichen und nationalen Symbolen zu sehen: Fahnen und Denkmäler bis hin zu Nationalhymnen, Uniformen, Banknoten und Pässen. Die „Exhumierung" der präsozialistischen Ordnung nimmt eine extreme Form an, wenn ehemalige Verfassungen in beinah unveränderter Form neu aufgenommen werden, wie z. B. in Estland und Litauen. Alle diese für die erste Phase des Postsozialismus charakteristischen Beispiele fallen in den Aktionsradius einer bestimmten politischen Klasse, die nur eins möchte: Jede Spur des vorausgegangenen Regimes zu beseitigen. Spätere Wahlerfolge der Neokommunisten in vielen dieser Länder stellen eine solche Umkehrbarkeit der Geschichte jedoch in Frage. Und in manchen Fällen, wo der Antagonismus zwischen „Restaurationismus" oder „Revivalismus" – den zwei strukturell entgegengesetzten Formen des Umgangs mit der Geschichte – auf die Spitze getrieben wurde, kam es zu einer regelrechten politischen Lähmung. Einerseits bauen stark antikommunistisch gesinnte Nationalisten auf neoliberale Wirtschaftsdoktrinen und auf die Vorstellung von der „Umkehrbarkeit" in der Hoffnung, anhand dieser Ideologien ihren Anspruch auf eine bis in die „ruhmreiche Ära" vor dem Sozialismus zurückreichende politische Genealogie zu untermauern. Andererseits gibt es die neuen Generationen „roter" Politiker im Staatsapparat, die sich zwar verpflichtet fühlen, einen aller Ideologie fernstehenden Pragmatismus an den Tag zu legen und mit postsozialistischer Symbolik zu arbeiten, die sozio-politischen Netzwerke des alten Machtgefüges aber beibehalten. Der Mythos von der „umkehrbaren Geschichte" behält seine eigene ideologische Relevanz und hat für alle rivalisierenden Gruppen praktische Konsequenzen.

Die „umkehrbare Geschichte" und die „wahren Grenzen" auf dem Lande

Die Dekollektivierung des landwirtschaftlich nutzbaren Landes war eines des vorrangigsten Probleme aller postsozialistischen Regierungen, doch verlief dieser Prozess in jedem der betroffenen Länder anders. Die meisten osteuropäischen Länder betrachteten die Landrückgabe an die ehemaligen Besitzer des Bodens als einen „Akt der Gerechtigkeit" gegenüber den Menschen, die Opfer einer „nichtlegitimen Staatsmacht" geworden waren. In vielen Fällen lief der ganze Prozess auf die Wiederherstellung präsozialistischer Eigentumsverhältnisse hinaus – mit der expliziten Absicht, den Familienbetrieb zur festen Grundlage der ländlichen Gesellschaft zu machen. Hinter dem Wunsch, die „Geschichte umzukehren" verbirgt sich jedoch mehr als die offizielle Absicht rechtmäßiger Wiedergutmachung für erlittene Schäden. Es geht zugleich auch um das versteckte Ziel, die „traditionelle" bäuerliche Gesellschaft als vermeintliche Bewahrerin der wahren Werte und Tugenden der Nation wiederzuerschaffen. Manche Politiker stellten sich offen hinter die „dörfliche Ideologie" der Bildung einer aus Kleinlandwirten bestehenden Landbevölkerung. Bewusst oder unbewusst machte sich ein Teil der politischen und bürokratischen Elite der Städte mit der Unterstützung westlicher Experten zum Verfechter einer populistischen Landwirtschaftspolitik, die ihre Vorlage in der Zeit vor dem Kriege hatte. Die daraus resultierende „paysannerie pensée" hatte sehr wenig mit der „paysannerie vécue" aus der besten Zeit des Sozialismus gemein, doch war es erstere, die bei der Ausformulierung der Landreformgesetze als Bezugspunkt dienen sollte.

Bulgarien ist ein gutes Beispiel für dieses Vorgehen, da die Landreform von 1991 eine präsozialistische Vergangenheit der „kleinen Nation von Kleinbauern" heraufbeschwor. Die „Ländlichkeit", die von Schriftstellern, Künstlern und der *Bulgarisch-Nationalen Landwirtschaftsunion*, einer populistischen Partei der Vorkriegszeit unter der Führung des charismatischen Alexandar Stambolijski, gefeiert wurde, war ein Mythos, den der Sozialismus nicht ausgemerzt hatte. So schaffte das Bodengesetz aus dem Jahre 1991 (Änderungen 1992 und 1995) die Voraussetzungen für die Abschaffung der Landwirtschaftsgenossenschaften und die Rückgabe von Grund und Boden auf der Grundlage der Grenzen von 1946. Vom rechtmäßigen Landeigentümer wurde erwartet, dass er – entsprechend der Philosophie der Reformer – dann auch die Rolle desjenigen idealisierten Kleinbauern aus dem Jahr 1946 übernehmen würde. Diese nostalgische Sicht teilten viele Politiker und ins politische Lager übergewechselte Intellektuelle. Als wir zum Beispiel im Jahr 2000 die Gelegenheit hatten, eine Vertreterin der Mitte-Rechts-Koalition zu interviewen (eine bekannte Dichterin und ehemalige Ministerin), die wichtige Gesetzesänderungen des Bodenreformgesetzes eingebracht hatte und auf die Bodenreform zu sprechen kamen, zeigte sie sich uns gegenüber verwirrt und bestürzt. Zunächst erkundigte sie sich, wieso sich Ethnologen für gerade dieses Thema interessierten, da es doch in Bulgarien viel interessantere und spannendere Dinge gäbe, die sich der Forschung anböten. Nach einem Moment etwas peinlichen Schweigens sagte sie jedoch: „Katastrophal ... Die Bodenreform hat sich als eine große Katastrophe erwiesen. Ihre Durchführung hat den Sozialismus nicht aus dem Landwirtschaftssektor zu verbannen vermocht und die Wiedergeburt des echten bulgarischen Bauern nicht vorangetrieben. Sie sollten dieses Forschungsprojekt aufgeben, weil es Ihnen nicht zeigen wird, wie unser Land wirklich ist."

Dieser Versuch, durch eine Umkehrung der Historie die Vergangenheit in die Gegenwart hineinzunehmen und den Mythos vom bulgarischen Bauern wiedererstehen zu lassen, hat sich als höchstproblematisch erwiesen. Zunächst gab es da enorme praktische Schwierigkeiten. Das gänzliche Fehlen von Grundbüchern, wie in den Dörfern der Dobrudscha, oder die schlechte Organisation der Eintragungen in den allgemeinen Katasterämtern in anderen Teilen des Landes machten es äußerst schwierig, die Grenzen der Parzellen so nachzuziehen, wie sie 1946 verlaufen waren. In zahlreichen Fällen hielten es die lokalen Bodenkommissionen für ausreichend, ältere Bewohner der Gemeinden darum zu bitten, den Umfang und die Lage der den einzelnen ehemaligen Bauern zuzuordnenden Bodenflächen zu rekonstruieren. Da das menschliche Gedächtnis dazu neigt, die Vergangenheit zu selektieren und diese zu manipulieren (Candau 1996, S. 72 ff.), überrascht es nicht, dass diese Methode unzählige Proteste, Berufungen und Streitereien nicht nur zwischen dem Staat und betroffenen Privatpersonen, sondern auch unter einzelnen neuen Landeigentümern nach sich zog. Strittige Fälle wurden den Gerichten übergeben, doch diese waren unterbesetzt, kannten die neuen Bestimmungen nicht und waren daher außerstande, die Fälle rasch abzuwickeln. Die Folge hiervon war, dass die Bodenkommissionen bald als parteiisch und unehrlich – wenn nicht gar korrupt – verschrien waren und der Ruf der Unzuverlässigkeit und Ineffizienz der Rechtsinstitutionen ein weiteres Mal bestätigt war.

Als sehr problematisch erwies sich zweitens, dass die Landrückgabe gemäß den Grenzen von 1946 eine extreme Zerstückelung der Bodenflächen beinhaltete. Bis zur Unabhängigkeit Bulgariens, die 1878 nach fast fünfhundert Jahren osmanischer Herrschaft erreicht wurde, gab es weder im Gewohnheitsrecht noch in den osmanischen Rechtssatzungen irgendwelche Bestimmungen, die die Aufteilung von Agrarland unter mehreren Erben regelte. Der Boden war, unabhängig von den rechtlichen Kategorien (*timar, chiflik,* Pacht oder anderen), ein zusammenhängendes Ganzes und wurde auch als solches von einer Generation auf die nächste vererbt. Ein Bodenmarkt war praktisch nicht vorhanden. Nach 1878 wurden schnell westeuropäische Praktiken nach Bulgarien importiert. Diese Europäisierung wirkte sich auf das gesamte öffentliche Verwaltungswesen und den Regierungsapparat aus. Das neue Rechtssystem verlangte, dass das Land unter den Nachkommen aufgeteilt werden sollte, was zu der progressiven Zerstückelung von allem Bodenbesitz führte – eine Zerstückelung, die besorgniserregende soziale und wirtschaftliche Konsequenzen nach sich zog (Bell 1977, S. 13). Alexandar Stambolijski entwarf ein Landreformprojekt zur Konsolidierung von Grundbesitz, wurde jedoch 1923 ermordet und das Problem blieb bestehen (Mollov 1930, S. 180 ff.; Giordano und Kostova 1995, S. 159). Statistiken aus dem Jahre 1934 lassen erkennen, dass sich die Situation ständig verschlechterte. Über 80 Prozent des Landes war im Besitz von Kleinlandwirten, deren Gehöfte nicht größer waren als 10 ha, und nur drei Prozent der Betriebe besaßen mehr als 20 ha (Minkov und Luzov 1979, S. 12). Die Landzerstückelung erreichte im Jahre 1946 ihren Höhepunkt als über 92 Prozent aller Bauernhöfe kleiner waren als 10 ha und weniger als ein Prozent größer als 20 ha (Giordano und Kostova 1995, S.159). Eine Rückerstattung auf der Grundlage der Grenzen der einzelnen Besitze von 1946 bedeutete in der postsozialistischen Periode den Kleinstbauernbesitz von einst wieder auferstehen zu lassen. Die im Agrarbereich Tätigen erkannten diese Strategie als eine Absurdität, erdacht von den politischen Eliten der Hauptstadt, die aufgrund ihrer städtischen Erziehung nicht in der Lage waren, weder ihre abstrakt-romantischen Vorstellungen von der „paysannerie pensée" zu aktualisieren, noch die Probleme des Agrarsektors zu lösen.

Das dritte große Problem war, dass eine Rückgabe der Bodenflächen in den Grenzen von 1946 bedeutete, Land an Menschen zu geben, die seit Jahren keine Felder mehr bewirtschaftet hatten – bzw. dies überhaupt nie gemacht hatten. Die rasche Industrialisierung der späten 1940er Jahre hatte zu einer intensiven Abwanderung der Landbevölkerung in die Städte, und damit zum höchsten Bevölkerungsschwund im landwirtschaftlichen Bereich im gesamten sozialistischen Osteuropa geführt. Zwischen 1950 und 1990 sank der Prozentsatz der ländlichen Bevölkerung innerhalb der Gesamtbevölkerung des Landes von 72,6 Prozent auf 34,1 Prozent. In Ungarn waren es während derselben Zeitspanne nur 14,7 Prozent, in Polen 21,6, in der Tschechoslovakei 24,4 und in Rumänien 31 Prozent (Eberhardt 1993, S. 35). Diese massive Urbanisierung bedeutete ebenfalls, dass tiefe Veränderungen in der Sozialstruktur, dem Wertesystem und dem Lebensstil eintraten. Die neuen Immigranten formten in den Städten ein soziales Stratum kleinbürgerlicher Familien – ein heute durch die zerfallenden Wohnblocks an den Rändern der Städte bezeugter Sachverhalt. Manchmal pendelten sie täglich zwischen der Stadt und ihrer Dorfgenossenschaft, wo sie ihre Arbeit hatten hin und her – ganz so, als ob auch sie Industriearbeiter wären. Das war eine ganz andere Arbeitsroutine als die des richtigen Bauern, dessen Betätigungsrhythmus in der Hauptsache durch die Jahreszeiten und das Klima bestimmt wird. In manchen Gegenden, wie der stark mechanisierten, Getreide produzierenden Region Dobrudscha, war die Landschaft beinahe menschenleer geworden; es gab nur noch alte Leute und unqualifizierte Arbeitskräfte in den Dörfern.

Unerwartete Resultate: Neue soziale Akteure in der ländlichen Dobrudscha

Aus all diesen Gründen hat die Wiederbelebung des Familienbetriebs auf der Grundlage kleiner privater Parzellen zu großer Bestürzung geführt. Es ist eine auf der Konzeption der „paysannerie pensée" basierende und von der politischen Elite erdachte Landreform in die Praxis umgesetzt worden, die das nutzbare Land entsprechend der Grundstücksgrenzen von 1946 umverteilte. Die durch dieses Projekt direkt Betroffenen (neue Eigentümer, Leiter aufgelöster Landwirtschaftsgenossenschaften, Angestellte und Agronomen), die dieses Gesetz mehr für einen Irrtum als für ungerecht halten, ergriffen Initiativen, die außerhalb des bestehenden Gesetzeskorpus liegen, und ihrem eigenen bäuerlichen savoir-faire entsprachen. Lücken im Reformgesetz gestatteten es ihnen, neue soziale Akteure (individuelle sowie kollektive) zu schaffen, die jeweils spezifische Interessen und wirtschaftliche Strategien repräsentieren. Diese neuen Akteure können in der Region Dobrudscha heute gut beobachtet werden, wo in den Jahren vor 1989 viele Dorfbewohner – inbegriffen solche, die weiterhin im Landwirtschaftssektor aktiv blieben – nach Dobric, der wichtigsten Stadt der Region, übersiedelten. Überall in der Region ist nur Negatives über die Machtelite zu hören, von der wie von einer weit entfernt lebenden, an den Fäden manipulierender Rechtsanwälte hängenden, fremdartigen Clique gesprochen wurde. Die Umwandlung großer Genossenschaftsbetriebe in Tausende von Kleinstparzellen erschien in Anbetracht der geographischen und praktischen Bedingungen der Region den meisten von dieser Maßnahme betroffenen Personen absurd und wurde als Vorspiel einer wirtschaftlichen Katastrophe gedeutet. Die dominierende Fraktion der postsozialistischen Machtelite jedoch glaubt, diese Gruppe handle dem „Geist" der Landreform zuwider und bilde eine neue „unangenehme Klasse" (Shanin 1972). Fünf neue soziale Akteure können im Agrarsektor der Dobrudscha festgestellt werden.

Die neuen Eigentümer

Obwohl ihnen die Landreform Vorteile gebracht hat, möchte eine große Anzahl neuer Landeigentümer das erhaltene Land nicht bewirtschaften. Es handelt sich in den meisten Fällen um die Erben solcher Landwirte, die unter dem Sozialismus in die Stadt gezogen waren. Diese Staatsbürger bäuerlichen Ursprungs möchten nicht mehr sein, was ihre Väter einst waren und was die Urheber der Gesetze zur Wiederherstellung bäuerlicher Kleinbetriebe wieder einführen wollten. In den zehn Jahren, die der Postsozialismus nun schon dauert, sind Lebensstandard und Lebensqualität dieser Menschen stark gesunken. Viele haben ihre Arbeit verloren, viele müssen mit einer mageren Rente zurechtkommen. Die Rückgabe von Agrarland an sie hat ihre chronischen wirtschaftlichen Schwierigkeiten gelindert; sie verpachten einen Großteil ihres Landes an Unternehmer und wirtschaften auf bis zu 1 ha des an sie zurückgegangenen Bodens für ihren Eigenbedarf. Anstatt Vollzeitbauern zu werden, haben es diese neuen Landeigentümer vorgezogen, in die Rolle von Rentnerkapitalisten zu schlüpfen.

Arendatori

Die zweite Kategorie neuer sozialer Akteure, die aus dem Prozess der Landreform hervorgegangen ist, sind die so genannten *arendatori*, d. h. jene Unternehmer im Landwirtschaftsbereich, die – vor allem in der Dobrudscha und anderen fruchtbaren und flachen Regionen Bulgariens – Land pachten, das die neuen Eigentümer nicht selbst bebauen wollen. Zahlreiche dieser *arendatori* gehörten zu sozialistischen Zeiten der lokalen politischen und wirtschaftlichen Elite an. Sie hatten ihre Karriere als Funktionäre in den Genossenschaftsbetrieben – den TKZS – begonnen und haben sich heute erstaunlich schnell in bemerkenswert geschickte Kapitalisten verwandelt. Obwohl die Agrargenossenschaften aufgelöst wurden und alle Angestellten dieser Großbetriebe entlassen sind, hat die Landreform deren ehemalige Führungskräfte wirtschaftlich nicht entmachtet. Das Ziel, die landwirtschaftlichen Regionen des Landes zu „entkommunistizieren" ist nicht erreicht worden, weil es die lokale *nomenklatura* verstand, nach einer kurzen Periode allgemeiner Verwirrung sich sehr rasch die besten Geräte und Ausrüstungen anzueignen. Zugleich war es ihnen möglich, ihr früheres Beziehungsnetz zu nutzen und die besten Böden von den Begünstigten der Landrückgabe zu pachten. In der Dobrudscha konnten die *arendatori* in kürzester Zeit Landflächen von bis zu 15 000 ha an sich bringen. Sie heuerten die ehemaligen Genossenschaftsmitglieder und -angestellten als bezahlte Arbeitskräfte an und begannen dann sich auf spekulative Unterfangen in der privaten Landwirtschaft einzulassen. Ihre Strategien waren analog zu denen, die Max Weber (1956, Bd. 2, S. 834) den „prärationalen Kapitalismus" nennt, und leicht erklärbar durch die kurzfristigen Pachtverträgen (ein bis drei Jahre). Sie haben sich auf einjährige Pflanzen mit hoher Produktivität spezialisiert und kümmern sich weder um die Verbesserung der Böden noch um das ökologische Gleichgewicht. Einige von ihnen sind erfolgreich gewesen. Sie würden jetzt gerne das von ihnen bewirtschaftete Land erwerben, wenn sie sicher wären, dass die Rechtsstaatlichkeit durchgesetzt, und vor allem klare und unanfechtbare Eigentumsgesetze geschaffen werden könnten. So lange die wirtschaftlichen Schwierigkeiten andauern und die Unsicherheiten im gesetzgeberischen Bereich fortbestehen, hat es ihrer Ansicht nach kein Sinn, sich um eigenes Land zu bemühen. Außerdem wollen sich die gegenwärtigen Landbesitzer sowieso nicht von ihrem Land trennen, da viele von ihnen für ihren Eigenbedarf immer noch von ihren Parzellen abhängen. Der wirtschaftliche Erfolg der *arendatori* erklärt sich zum Teil aus ihrer großen Erfahrung auf dem Gebiet landwirtschaftlicher Produktionsprozesse, aber auch ihr gutes Beziehungsnetz spielt vor allem bei der Vermarktung ihrer Erzeugnisse eine wichtige Rolle.

Nedko, mit dem wir in der Zeit zwischen 1992 bis 1999 gut bekannt wurden, war ein typischer *arendator*. Wir waren ihm von einem Mitarbeiter der regionalen Dienststelle der Landwirtegewerkschaft in Dobric, im Januar 1992, einige Monate vor der ersten Gesetzesänderung des Landreformgesetzes, vorgestellt worden. Als die Mitte-Rechts-Koalition an die Macht kam, geriet die öffentliche Meinung in Aufregung, da befürchtet wurde, die sozio-ökonomische Struktur der Dobrudscha sei in Gefahr. In diesem Gebiet mit seiner „roten" Tradition war mit öffentlichem Widerstand – wenn nicht gar mit regelrechter Rebellion – gegen das Vorhaben der Regierung zu rechnen. Sie wollte das Landreformgesetz von 1991 in seiner neuen Fassung, die bis dahin nur auf dem Papier bestand, durchsetzen. In diesem allgemeinen Klima des Dissens, in dem es nicht an Slogans gegen die Dekollektivierung und Landrückgabe mangelte, hatten wir unser erstes Treffen mit Nedko, der den Ruf hatte, ein überzeugter Verfechter des Genossenschaftssystems zu sein. Wir begaben uns also in das etwa fünfzehn Kilometer von Dobric gelegene Dorf O., wo das Hauptbüro der Genossenschaft eingerichtet war. Alles unterlag hier noch Nedkos Kontrolle, da diese Genossenschaft noch nicht aufgelöst worden war. In einem langen Gespräch erklärte er uns genau die Managementpolitik der Genossenschaft. Er war der Meinung, dass sich der wirtschaftliche Erfolg des Großbetriebs nur aufgrund seines persönlichen Erfahrungswissens als Agronom und seiner Treue gegenüber den alten Parteidirektiven erkläre. Sodann sprach er von den Vorteilen der Kollektivierung in der Dobrudscha und von der Dummheit, hier denationalisieren und restituieren zu wollen. Am Schluss des Interviews bemerkte er in Gegenwart seiner Angestellten: „Die Mitglieder dieser Genossenschaft – mit mir an der Spitze – werden niemals mit der Denationalisierung der Landwirtschaft einverstanden sein. Wir werden das fortführen, was wir bis jetzt gemacht haben."

Ungefähr sechs Monate nach der Verabschiedung des Landreformgesetzes trafen wir Nedko wieder. Inzwischen war er entlassen worden und die Genossenschaft per gerichtlicher Verfügung einem Liquidationsausschuss unterstellt, in dem eine kleine Gruppe von Leuten tätig war, die der neuen Mitte-Rechts-Regierung sehr nahe standen. Dieses zweite Gespräch mit Nedko fand in einem kahlen engen Raum des ehemaligen Hauptsitzes der Landwirtegewerkschaft in Dobric statt. Dieses Treffen hatte nichts mehr von dem kollektivistischen Triumphalismus, der unserem ersten Gespräch seine Note gegeben hatte; es war kürzer und viel dramatischer. Nedko erklärte mit Unbehagen, dass er jetzt einfach nur ein Arbeitsloser war, der einen Job suchte – natürlich in der Landwirtschaft. Er machte sich keine allzu großen finanziellen Sorgen, da seine Frau Lehrerin war, doch er war entschlossen, sich eine Beschäftigung mit Zukunft einfallen zu lassen. Wie er sagte, hatte er schon verschiedene Pläne, aber keiner davon sei schon richtig durchdacht. Wir erfuhren, dass die Situation in der Dobrudscha nach dem Inkrafttreten des neuen Gesetzes so wacklig war, dass er nur von einem Tag zum nächsten leben konnte und jegliches Planen auf lange Sicht unmöglich geworden war. Als wir ihn bedrängten, uns doch mehr über die unmittelbaren Konsequenzen der Denationalisierung in der Dobrudscha zu sagen, brach Nedko plötzlich zusammen, schüttelte seinen Kopf und erklärte unter Schluchzen: „Was für eine Katastrophe... Alles ist verloren... Sie (die Politiker und die Liquidationsausschüsse) haben alles zerstört, was wir in langen Jahren der Arbeit aufgebaut hatten." Zuletzt fügte er noch mit großer Niedergeschlagenheit hinzu: „Vielleicht hat jetzt nur eine Tätigkeit im Rahmen der Marktwirtschaft (*pazarna ikonomia*) Aussicht auf Erfolg."

Einige Jahre später, im Mai 1996, überraschte uns Nedko damit, dass er unser Treffen in seiner ehemaligen, inzwischen aufgelösten Genossenschaft arrangierte. Er begrüßte uns in seinem früheren Büro und es war sofort zu sehen, dass er sich in viel besserer Gemütsverfassung befand als das letzte Mal. Er war sehr liebenswürdig und gab sich selbstsicher wie nie zuvor. Kaum waren wir eingetreten, begann er schon von seinen Erfolgen zu berichten. Er erzählte, er habe damit begonnen, von den neuen Landbesitzern Parzellen zu pachten, um genug Boden für einen rentablen Landwirtschaftsbetrieb zusammenzubekommen. Er erläuterte: „In der Dobrudscha kann Landwirtschaft nur auf der Grundlage großer Anbauflächen funktionieren, aber die in Sofia verstehen das nicht. Also müssen wir die Dinge auf unsere Art machen". Wie schon früher beklagte er sich über die „Politiker in der Hauptstadt". Was konnte man schon von Leuten erwarten, die „nie auf dem Land gewesen waren"? Seiner Ansicht nach erkläre das auch, warum es so schwer war, finanzielle Mittel für den Ankauf von Saatgut und Maschinen zu bekommen oder um Löhne zu bezahlen. Doch trotz all dieser Schwierigkeiten habe er es geschafft, Material, das früher der Genossenschaft gehört hatte, aufzukaufen, da die Nachfolgegesellschaft nicht über die Mittel verfügte, es zu bewirtschaften. Er hatte auch, neben zahlreichen unqualifizierten Arbeitskräften, die besten qualifizierten Arbeiter eingestellt, die schon auf der Kooperative gewesen waren, als er diese noch leitete. Am Ende unseres Gesprächs bestand er darauf, uns in die privat betriebene *mechana*, die vor Kurzem im Dorf eröffnet hatte, zum Mittagessen einzuladen. Dort begrüßten ihn die Stammgäste mit offensichtlicher Ehrerbietung und Respekt – etwas Ungewöhnliches für Bulgaren, die normalerweise die Gleichheit aller betonen. Aus dieser Beobachtung schlossen wir, das uns Nedko in dieses Restaurant gebracht hatte, um uns zu zeigen, dass er das Prestige, das er bei unserem ersten Treffen gehabt hatte, zurückgewonnen hatte. Natürlich bot ihm dieses Mittagessen auch die Gelegenheit, dem Restaurantbesitzer und den anderen Gästen zu zeigen, dass er wichtige Gäste aus dem Ausland hatte.

1998 trafen wir Nedko wieder. Er kam einige Stunden zu spät zu unserem Treffen, sodass wir Zeit hatten, uns umzusehen. Aus der sehr viel größeren Zahl seiner Angestellten schlossen wir auf eine erfolgreiche Entwicklung seines Betriebs. Als er schließlich kam, berichtete er uns, er habe 3 500 ha zu bewirtschaften. Das Geschäft laufe zufriedenstellend, doch müsse er auf die Spekulanten aus den großen Städten aufpassen, weil diese immer versuchten, die Preise selbst zu bestimmen. Wir fragten ihn, ob er das Land, das er zur Zeit bewirtschafte, auch kaufen wolle. Mit einem schlauen Lächeln sagte er: „Die Lage ist immer noch zu unsicher; aber ich habe es in der Zukunft vor." Dann schlug er vor, wir sollten uns doch ansehen, was er gemacht habe, um sich dem Druck der Spekulanten zu entziehen. Er führte uns stolz hinüber zu den alten Getreidespeichern der Genossenschaft, die er wieder funktionsfähig gemacht und durch ganz neue Silos aus Metall vergrößert hatte. Wir beglückwünschten ihn und er sagte: „Man braucht gute Lagermöglichkeiten, um nicht auf die Bedingungen der Spekulanten eingehen zu müssen, wie das für viele andere *arendatori,* und vor allen Dingen alle Genossenschaften, der Fall ist." Zum Schluss fragte er uns, ob wir ihn in die Schweiz einladen könnten (natürlich würde er das selber bezahlen, betonte er), weil er sich dort besser darüber informieren könnte, „wie man ein richtiger Kapitalist wird".[1] Da war uns klar, dass Nedko vom Rang eines Mitglieds der alten lokalen *nomenklatura* zum Kapitalisten aufgestiegen war.

Nedkos Laufbahn ist repräsentativ. Sein Erfolg als *arendator* hat, wie er gelegentlich zugibt, viel damit zu tun, dass er auf Landesebene, aber auch lokal über ein weitverzweigtes soziales Beziehungsnetz verfügt. Nach dem Zusammenbruch des sozialistischen Systems hielt er freundschaftliche Bande mit ehemaligen Funktionären aufrecht, von denen einige auch weiterhin Schlüsselpositionen im Landwirtschaftsministerium besetzen, während andere wichtige Posten im Bankenwesen bekommen konnten. Er sprach sich zwar verächtlich über die regierende Klasse in der Hauptstadt aus, doch hinderte ihn dies nicht, seine Beziehungen in diesen Kreisen zu nutzen, um an niedrig verzinste Kredite und an wichtige Informationen über agrarpolitische Maßnahmen und bestehende Marktbedingungen heranzukommen. Zugleich helfen ihm auf lokaler Ebene seine guten Beziehungen zu den Genossenschaftsmitgliedern die besten Techniker und Arbeiter für sein neues Unternehmen zu verpflichten. Das heißt, dass die strategisch bedeutsame Position als Makler oder „Torhüter", die er vor 1989 inne gehabt hatte, ihm schon während des ersten Jahrzehnts der postsozialistischen Periode enorme Vorteile verschaffte. Und obwohl ihm diese Vorteile auch Neid und so manche Kritik seitens weniger erfolgreicher Personen eingetragen hatten, bewunderten viele seine Energie und lobten sein loyales Verhalten gegenüber ehemaligen Kollegen.

Nicht alle früheren Genossenschaftsdirektoren sind so erfolgreich wie Nedko. Spas P. z. B. gehört zu einer anderen Kategorie von Unternehmer: Er ist ein ruhiger, berechnender Mann, der vorsichtiger, und auf der Grundlage verwandtschaftlicher und familiärer Bindungen, vorgeht. Als er seinen Posten als Vorsitzender der lokalen Genossenschaftsgewerkschaft im Jahre 1992 verlor, bot man ihm die Leitung der neuen Genossenschaft in seinem Heimatdorf, 40 km von seiner Wohnung in Dobric, der Kreishauptstadt, an. Er schlug die Stelle aus und begann nun das Land zu bewirtschaften, das er und seine Familie zugeteilt bekommen hatten. Später eröffnete er eine Bäckerei, für die er weitgehend seinen eigenen Weizen benutzte, doch das Land, das er nun besaß, war nicht genug. Also begann er Land von seinen Nachbarn zu pachten bis er ungefähr 200 ha zur Verfügung hatte. Um seine Produktion breiter zu fächern, begann er eine Hühnerfarm zu betreiben und stellte seinen Schwiegersohn als Tierarzt ein. Er machte einfach Schritt für Schritt weiter: Obwohl er 1998, als wir ihn zuletzt trafen, gerne mehr Land bewirtschaftet hätte, hatte er, angesichts der hohen Zinssätze, Angst einen Bankkredit aufzunehmen. Bis zu seinem Tod bei einem Autounfall im Sommer 2000 war er zwar nicht übermäßig, doch stetig fortschreitend erfolgreich gewesen. Spas P. war ein gutes Beispiel jenes Typs von Unternehmertum in Bulgarien, das auf starken Familienbanden gründet und weniger Neid und Missgunst auf sich zieht.

Wieder anders verläuft die Geschichte von Georgi G. Als wir ihm 1992 zum ersten Mal begegneten, war er noch der Direktor der Dorfgenossenschaft von K. Nach seiner Entlassung begann er mit der Unterstützung seines Bruders, in und um sein Geburtsdorf herum Land zu pachten. Er wohnte weiter in Dobric, obwohl der Ort von seinen neuen Parzellen weit entfernt lag. Viele seiner alten Kollegen bei der Genossenschaft halten Georgi für einen Abenteurer, der alle verfügbaren Mittel benutzt, um sich zu bereichern. Er steht unter dem Verdacht, die Bankkonten der Genossenschaft kurz vor der Liquidation geplündert zu haben, um in seine beginnende Laufbahn als *arendator* zu investieren. Zudem scheint sich sein Ruf, ein chronischer Spekulant zu sein, durch seinen höchst spekulativen Bepflanzungsrhythmus zu bestätigen. Georgi begann damit, dass er über 1000 ha Land pachtete um Getreide anzubauen, wechselte aber dann in seinem Bestreben größere Gewinne zu erzielen zu Wassermelonen über, aus denen er eine bestimmte Sorte *rakia* Schnaps herzustellen gedachte. Dieses Unternehmen platzte, der Schnaps war ungenießbar und nicht zu vermarkten. Nach diesem Misserfolg baute er wieder Getreide an, das er – wie wir bei unserem letzten Besuch 1998 erfuhren – zusammen mit ein paar *akuli* (vermutlich über illegale Kanäle) nach Mazedonien verkaufen wollte. Ganz anders als Nedko und Spas, betrachtet dieser *arendator* die Marktwirtschaft (*pazarna ikonomia*) weitgehend als ein Glücksspiel. Solche joviale Scharlatanerie mochte in den ersten Jahren der postsozialistischen Epoche Dividenden abwerfen, war aber kein Rezept dafür, wie man ein Unternehmen auf feste Grundlagen stellt. Das größte Hindernis für Georgi ist der schlechte Ruf, den er sich durch seine Missachtung aller in der Dobrudscha üblichen moralischen Prinzipien eingehandelt hatte.

Auf's Ganze gesehen aber sind die *arendatori* vorläufig die Gewinner im Prozess der Landreform. Auch wenn sie für die postsozialistische herrschende Klasse, insbesondere die seit 1997 herrschende politische Elite, eine „unbequeme" Gruppe bilden, die unerwartet aus der Auflösung der kollektivierten Landwirtschaft aufstieg. Die *arendatori* sind hier meistens unbeliebt und ziehen Antipathie auf sich. Einige Parlamentarier möchten ihnen durch eine gesetzlich festgelegte Begrenzung der pachtbaren Bodenfläche das Handwerk legen. Auf lokaler Ebene aber sind manche *arendatori* angesehen. Hier achtet man ihren Fleiß und Unternehmergeist, die die Arbeitskraft der eigenen Familienmitgliedern zu nutzen verstehen, oder ihre paternalistischen Methoden, die sie schon zur Zeit der sozialistischen Genossenschaften geschickt einsetzten.

Kooperativen

Die nach der Landreform ins Leben gerufenen Agrargenossenschaften werden heute auf der Grundlage der vom Westen übernommenen Institutionen und von schon vor dem Zweiten Weltkrieg in Bulgarien üblichen Genossenschaftstraditionen geführt (Giordano und Kostova 1999, S. 20). Die Praxis zeigt jedoch, dass die Betriebsmethoden der neuen Genossenschaften eher eine Weiterführung des ehemaligen sozialistischen Modells sind. Die Mitglieder überlassen ihr Land einem „leitenden Ausschuss" der bestimmt, was angebaut werden soll. Niedriger als das Management liegende Ebenen partizipieren so gut wie gar nicht am Entscheidungsprozess. Möglicherweise heben die Führungskräfte diesen Sachverhalt gerne hervor, um ihre paternalistische Kontrolle über den Betrieb zu legitimieren, aber es wäre schwer, das zu ändern. Offenbar haben die Mitglieder das Prinzip ‚ein Mitglied, eine Stimme' nicht erfasst (Hettlage 1987); viele kommen überhaupt nicht zu den Generalversammlungen. Im März 1998 reisten wir in das Dorf P., wo die Generalversammlung der Genossenschaftsmitglieder im Haus der Kultur (*narodno chitalishte,* Kaneff 2000, S. 3 ff.) des Ortes um 10 Uhr beginnen sollte. Es kamen jedoch so wenig Leute, dass die Veranstaltung wegen Beschlussunfähigkeit abgesagt wurde. Sogar einige Mitglieder des Vorstandsausschusses waren nicht gekommen. „Versammlungen enden sowieso immer so", bestätigte der Vorsitzende später.[2]

Die meisten Genossenschaftsmitglieder sind ältere, schon pensionierte Personen, Leute, die in der sozialistischen LPG als unqualifizierte Arbeitskräfte beschäftigt gewesen waren und deren Arbeitsplatz damals sicher und relativ gut bezahlt war. Man hört sie deshalb oft sagen, „es ging uns besser, als die Dinge schlechter standen". Aus demselben Grunde sind auch nur wenige von ihnen in den Sog der Abwanderung in die Städte hineingezogen worden und in ihren Dörfern geblieben. Wie auch Creed in einer ganz anderen Region Bulgariens beobachtete (Creed 1998, S. 246), ist der einzige Grund, weshalb die Dorfbevölkerung auch heute noch Genossenschaften will, ökonomischer Natur: Fehlendes Kapital und zuwenig Bodenbesitz für ein privates Unternehmen. Der Entschluss dieser Menschen, einer Genossenschaft beizutreten und dieser das eigene Land zur Verfügung zu stellen, impliziert eine Weigerung, die kapitalistischen Spielregeln zu akzeptieren – die Region Dobrudscha ist bekannt dafür, dass sie „rot" ist. Die neuen Genossenschaften hatten mit enormen wirtschaftlichen, technischen und führungstechnischen Problemen zu kämpfen. Die leitenden Funktionäre kennen sich nicht mit den Praktiken der neuen Marktwirtschaft aus und haben den Kampf gegen die *arendatori* um die besten Stücke der landwirtschaftlichen Ausrüstung der ehemaligen sozialistischen Einrichtungen verloren. Wie uns die Leiter der neuen Genossenschaftsbetriebe wiederholt sagten, ist es für sie nicht leicht, mit den *arendatori* klar zu kommen, vor allem, wenn diese Land von den neuen Eigentümern kaufen wollen. Beide Gruppen rivalisieren miteinander, obwohl die Genossenschaftsmanager ihre technische und wirtschaftliche Unterlegenheit ganz realistisch einzuschätzen wissen. Ein einfacher Besuch des Geländes der Genossenschaften zeigt, dass diese Betriebe in jeder Hinsicht unterqualifiziert sind: Sie verfügen nur über die rudimentärsten betriebswirtschaftlichen und buchhalterischen Managementmöglichkeiten, die Gebäude sind in schlechtem Zustand, die Maschinen rostig und ineffizient, die Lagerkapazität ungenügend usw. Trotzdem ist die Einstellung der Genossenschaftsmitglieder und -führungskräfte gegenüber den *arendatori* ambivalent. Einerseits werden sie wegen ihres Erfolgs sehr bewundert, andererseits aber gelten sie als unzuverlässig, gefährlich und, vor allem, opportunistisch. Ihre plötzliche Bekehrung zum Kapitalismus ist nicht selten Anlass für sarkastische Kommentare. Allein, dass diese Betriebe Genossenschaften sind, lässt bei den neuen Landbesitzern die negativsten Assoziationen mit dem *ancien régime* hochkommen. Für viele neue

Eigentümer von Agrarland – insbesondere solche, die aus der Stadt sind und wenig mit dem Landleben vertraut sind – ist der Beitritt zu einer Genossenschaft so, als würden sie einwilligen, sich ein zweites Mal ausrauben zu lassen. Auch die Regierung behandelt die neuen Genossenschaftsbetriebe wie ein Relikt aus der Vergangenheit und unterstützt sie weder mit Krediten noch Steuererleichterungen. Wie die Dinge heute stehen, sind die Genossenschaften die eindeutigen Verlierer der Landreform.

Akuli

Der Erfolg der privaten *arendatori* in der Dobrudscha hängt weitgehend von ihren guten Beziehungen zu Mittelsmännern im Bereich des An- und Verkaufs ab. Diese Mittelsmänner sind die vierte Gruppe maßgeblicher sozialer Akteure im Landwirtschaftsbereich – eine Gruppe, die gemeinhin mit der Bezeichnung *akuli* (bulgarisch für „Hai") belegt wird. Es handelt sich dabei um Spekulanten aus den Städten, die mit Hilfe ihrer eigenen zwielichtigen Methoden landwirtschaftliche Produkte zu Niedrigpreisen von den Genossenschaften und weniger fachkundigen *arendatori* beziehen. Diese „Handy und Mercedes"-Unternehmer nutzen die mangelnde Infrastruktur zur Lagerung der Erzeugnisse der Genossenschaften und der *arendatori* aus, um geschickt zu handeln. Sie können es sich leisten zu warten, bis die Ernte zu verderben beginnt, um dann die Ware zum niedrigsten Preis zu erstehen.[3] Die *akuli* kontrollieren die meisten der großen Märkte (Sofia, Plovdiv, Varna), haben also praktisch ein Monopol, das ihnen große Gewinne abwirft. Sie organisierten ebenfalls lukrative, über Mazedonien geleitete Schmuggelgänge für Nahrungsmittel nach Serbien in der Zeit des UN-Embargos; auch nach Griechenland, wo diese Agrarprodukte illegal „europäisiert" wurden, bevor sie an andere Länder der EU, ohne weitere Zoll- oder Importgebühren, weiterverkauft wurden. Diese illegalen Machenschaften auf dem Getreidemarkt führten zu Knappheit und einem großen Preisanstieg für Grundnahrungsmittel in Bulgarien. Der Zorn der Bevölkerung richtete sich jedoch nicht gegen die *akuli*, sondern gegen die amtierende politische Elite, die ein weiteres Mal der Unfähigkeit und Unehrlichkeit bezichtigt wurde. Für die Politiker sind die *akuli* eine zusätzliche „unangenehme" Gruppe, obwohl einige Mitglieder der politischen Machtelite wahrscheinlich von deren illegalen Aktivitäten profitieren. Die *akuli* beflecken das Bild Bulgariens und bestätigen die finstere stereotypische Vorstellung, es sei ein der Gnade der Mafia ausgeliefertes Land.

Ausländische Unternehmer

Ausländische Unternehmer aus Westeuropa treten bislang nur am Rande der bulgarischen Landwirtschaft in Erscheinung; in der Dobrudscha selbst ist das Ausland zur Zeit lediglich durch eine einzige britische Firma vertreten. Die für die Landreform charakteristische niedrige Transparenz, das Fehlen eines echten Marktes für Agrarland sowie die, sowohl auf nationaler Ebene, als auch in der weiteren geographischen Region bestehende allgegenwärtige geringe wirtschaftliche und politische Stabilität, haben ausländische Investoren abgeschreckt. Wer dennoch in den neuen Markt eingestiegen ist, tat dies nach der Art der *arendatori*: Man nahm große Flächen Land in kurzbefristete Pacht. Auf diese Weise konnte zum Beispiel die Firma Rainbow Farming inzwischen über 3500 ha Land zusammentragen. Sie wird wegen ihrer Konkurrenzposition von Genossenschaften und *arendatori* gleichermaßen argwöhnisch beobachtet. Auch die herrschende politische Klasse ist nicht begeistert über diese ausländische Präsenz und sieht die Übertragung von Grund und Boden auf andere nicht-bulgarische Personen Staatsbürger nur ungern. Eine Ursache dieser Haltung liegt in der Befürchtung, die Freigabe bzw. Deregulierung des Bodenmarktes könne zu einer Rückkehr „ethnischer Türken", die während der Repressionen in den 80er Jahren vertrieben worden waren, führen.

Schlussfolgerung: Das Erbe der Vergangenheit und heutiges Misstrauen

Diese kurze Skizze der Strategien, die von den neuen sozialen Akteuren in der ländlichen Dobrudscha angewandt werden, zeigt, wie das abstrakte Projekt der Landreform, das von der politischen Elite konzipiert wurde, von den Erwartungen und dem Verhalten der direkt betroffenen Bevölkerungsteile abweicht. Victor Turners (Turner 1986) Unterscheidung von „Ideologie", „situationaler Anpassung" und schließlich erreichter „Performanz" passt gut zu der gegenwärtigen Situation. Der Widerspruch zwischen der *paysannerie pensée* und der *paysannerie vécue* wird im Licht der Diskrepanz zwischen gesetzlichem Rahmen und sozialer Praxis gut sichtbar – eine Kluft, die Webers Aussage, Legalität und Legitimität gehörten stets zusammen (Weber 1956, Bd 1, S. 124), als problematisch erscheinen lässt. Für Weber gründet die Autorität eines auf rationalen Prinzipien ruhenden Staatssystems in der Akzeptanz einer öffentlichen, durch das

Gesetz gegebenen Ordnung sowie dem politischen und moralischen Vermögen dieses Staates und seiner Akteure, dieses Gesetz auch durchzusetzen (Weber 1968, S. 151 ff.). Die Landreform in Bulgarien sowie ihre unerwarteten Folgen zeigen jedoch, dass sich in diesem Land ein gefährlicher Abgrund zwischen Legalität und Legitimität aufgetan hat, indem die neuen Gesetze kontinuierlich durch soziale Praktiken umgangen werden, die in den Augen der einzelnen Akteure angebrachter und den Umständen angepasster sind. Das bedeutet, dass die gesetzlich festgelegten Normen und Institutionen neben anderen Normen und sozialen Verhaltensweisen existieren, die zwar außerhalb des Gesetzes liegen (wenn nicht gar ungesetzlich sind), doch auf lokaler Ebene für legitim gelten. Beide Bereiche stehen in ständiger Rivalität zueinander – ein Zustand, der im täglichen Leben zu Missinterpretationen, Spannungen und Konflikten zwischen dem Staat und seinen Bürgern führen muss. Zahlreiche Bewohner der Region Dobrudscha erachten die Gesetze des Staates als Beschränkungen, die ihnen von inkompetenten und verlogenen Politikern und Bürokraten aufgezwungen werden. Bestenfalls sind der Staat und seine Vertreter für diese Menschen etwas, das den wahren Problemen der Landbevölkerung „fern" und „fremd" ist. Und wenn das Urteil ganz negativ ausfällt, werden die staatlichen Institutionen als ein Fremdkörper beschrieben, als ein Hinderniss, dem es um jeden Preis aus dem Weg zu gehen gilt. In den Augen der neuen Machthaber und Funktionäre ist der Staatsbürger eine Person von zweifelhafter Loyalität, sich kaum bewusst, wo das öffentliche Interesse liegt und ständig dabei, wieder einmal das Gesetz zu übertreten. Ein solcher Mensch muss daher unter Kontrolle gehalten und in viel stärkerem Maße wie ein Untertan als wie ein Staatsbürger behandelt werden.

Dieser tiefe Riss zwischen Legalität und Legitimität fördert das Aufkommen von sozialem Misstrauen – einem Misstrauen, das sich niederschlägt in negativ besetzten Vorstellungen und außerhalb des Gesetzes vollzogenen Aktivitäten. Die Akteure auf dieser Bühne – seien sie nun private Landeigentümer, *arendatori* oder Genossenschaftsmitglieder – rechtfertigen ihre Praktiken als die „Waffen der Schwachen" (Scott 1985), ohne deren Gebrauch sie den Starken keinen Widerstand entgegensetzen könnten. Ähnliche, das allgemeine Misstrauen schürende Prozesse finden sich auch in anderen Regionen Bulgariens, in anderen postsozialistischen Ländern und in gänzlich verschiedenen Kontexten. Dieses Misstrauen hat immer historische Wurzeln und ist – wie Reinhart Koselleck sagt – durch den im Laufe der Geschichte geformten „Erfahrungsraum" (Koselleck 1979, S. 349 ff.; Ricoeur 1985, Bd. 3, S. 301 ff.) bedingt. Obwohl dieser Raum im wesentlichen zum Erlebnisbereich des Individuums gehört, wird er – infolge geteilter Lebenserfahrungen – schließlich das „kognitive Kapital" vieler. Die

Menschen der Gegenwart orientieren sich auf der Grundlage dieses kognitiven Kapitals und planen dementsprechend ihre Zukunft; es ist ein notwendigerweise intersubjektives – d. h. soziales – Phänomen. In unserem besonderen Fall wird das Problem durch den gegenseitigen Argwohn zwischen Gesellschaft und Staat während der Jahrhunderte währenden osmanischen Herrschaft erschwert – ein Beziehungsverhältnis, das in der Dobrudscha in Form des *chiflik* Systems eine extreme Ausformung bekam. Die Unabhängigkeit Bulgariens im Jahre 1878 hat dieses Verhältnis nicht wesentlich verändert, da das Land bis 1944 von Eliten regiert wurde, die weitgehend ihre eigenen klientelistischen Interessen zu wahren wussten (Bell 1977, S. 8 ff.). Die Kluft zwischen der herrschenden Elite und der Bevölkerung blieb auch während der sozialistischen Variante der patriarchalischen Vetternwirtschaft bestehen. In den späteren Jahren des Sozialismus klaffte der Spalt zwischen Legalität und Legitimität immer weiter auseinander, da die alternden Eliten die informelle Wirtschaft, den Schwarzen Markt und die interpersonellen Beziehungsstrategien zunehmend tolerierten (Ledeneva 1998).

Diese ganze „reale" Geschichte fließt in den Erfahrungsraum und das kognitive Kapital der neuen Akteure ein. Es überrascht also nicht, dass die Landreform in Bulgarien für die meisten im Agrarsektor tätigen Menschen nicht mehr als das Projekt eines illegitimen Staates ist. Die schon aus früheren historischen Zusammenhängen hervorgegangene soziale Produktion von Misstrauen scheint auch im Bulgarien von heute die passende Antwort auf die schädlichen Auswirkungen der neuen staatlichen Institutionen zu sein.

Anmerkungen

1 Für ihn war dieses Land natürlich der Inbegriff der Marktwirtschaft, aber er wusste eben nicht, dass der Schweizer „Bauer" eine durch Subventionen gegen die harten Gesetze von Angebot und Nachfrage geschützte „vom Aussterben bedrohte Art" geworden ist.

2 Eigentlich waren wir nicht überrascht, denn wir hatten ähnliches in Sizilien gesehen (Giordano und Hettlage 1979, S. 192 ff.). Diese Erfahrung in der Dobrudzha bestätigte noch einmal unsere Hypothese, dass auf Genossenschaftsebene keine echte Partizipation zu erwarten ist, solange die zur Schaffung eines Vertrauensverhältnisses zwischen Staat und Volk erforderlichen Grundlagen fehlen.

3 Die Mafia verfährt in den Nahrungsmittelmärkten sowie im Bereich der Kommerzialisierung von Landwirtschaftserzeugnissen auf Sizilien nach ähnlichen Prinzipien (Giordano und Hettlage 1975, S. 39 ff.; 1979, 180 ff.).

Literatur

Bell, John D. (1977), *Peasant in Power, Alexandar Stambolijski and the Bulgarian Agrarian National Union, 1899-1923*, Princeton N.J., Princeton University Press.
Braudel, Fernand (1977), Geschichte und Sozialwissenschaften. Die 'longue durée', in: Claudia Honegger (Hg.), *Schrift und Materie der Geschichte. Vorschläge zur systematischen Aneignung historischer Prozesse*, Frankfurt a. M., Suhrkamp Verlag, S. 47-85.
Candau, Joël (1996), *Anthropologie de la mémoire*, Paris, Presses Universitaires de France.
Castellan, Georges (1991), *Histoire des Balkans XIV-XX siècle*, Paris, Fayard.
Crampton, Richard J. (1997), *A Concise History of Bulgaria*, Cambridge, Cambridge University Press.
Creed, Gerald W. (1998), *Domesticating Revolution: From Socialist Reform to Ambivalent Transition in a Bulgarian Village*, University Park, PA, Pennsylvania State University Press.
Eberhardt, Piotr (1993), Depopulation Processes in Rural Areas of East-Central Europe, in: *Eastern European Countryside* 0, S. 31-40.
Elias, Norbert (1988), *Über die Zeit*, Frankfurt a. M., Suhrkamp Verlag.
Elster, Jon, Claus Offe, Ulrich K. Preuss (1997), *Institutional Desing in Post-communist Societies. Repairing the Ship at Sea*, Cambridge, Cambridge University Press.
Gambetta, Diego (1992), *La mafia siciliana. Un'industria della protezione privata*, Torino, Einaudi.
Giordano, Christian (1996), The Past in the Present: Actualized History in the Social Construction of Reality, in: Don Kalb, Hans Marks, Herman Tak (Hg.), Historical Anthropology: The Unwaged Debate, in: *Focaal, tijdschrift voor antropologie* 26/27, S. 97-107.
Giordano, Christian, Robert Hettlage (1975), *Mobilisierung oder Scheinmobilisierung? Genossenschaften und traditionelle Sozialstruktur am Beispiel Siziliens*, Basel, Social Strategies, Monographs on Sociology and Social Policy, Bd. 1.
-- (1979) *Persistenz im Wandel. Das Mobilisierungspotential sizilianischer Genossenschaften. Eine Fallstudie zur Entwicklungsproblematik*, in: *Heidelberger Sociologica* 17, Tübingen, J.C.B. Mohr und Paul Siebeck Verlag.
Giordano, Christian, Dobrinka Kostova (1995), Bulgarie, une réforme agraire sans paysans, in: Conte, Edouard, Christian Giordano (Hg.), Paysans au-délà du mur, in: *Etudes Rurales* 138/139/140, S. 157-171.
-- (1999), The Crisis of the Bulgarian Cooperatives in the 1990s, in: *Journal of Rural Cooperation* 27 (1), S. 17-29.
Hannerz, Ulf (1998a), Transnational Research, in: Russel H. Bernard (Hg.), *Handbook of Methods in Cultural Anthropology*, Walnut Creek, London and New Delhi, Altamira Press, S. 235-256.
-- (1998b), Of Correspondents and Collages, in: *Anthropological Journal on European Cultures* 7, (1), S. 91-109.
Hettlage, Robert (1987), *Genossenschaftstheorie und Partizipationsdiskussion*, Göttingen, Vandenhoeck and Ruprecht.

Kaneff, Deema (2000), *Property, Work and Local Identity*, Working Paper Nr. 15, Halle/Saale, Max Planck Institute for Social Anthropology.
Koselleck, Reinhart (1979), *Vergangene Zukunft. Zur Semantik geschichtlicher Zeiten*. Frankfurt a. M., Suhrkamp Verlag.
Ledeneva, Alena V. (1998), *Russia's Economy of Favours. Blat, Networking and Informal Favours*, Cambridge, Cambridge University Press.
Linz, Juan J., Alfred Stepan (Hg.), (1996), *Problems of Democratic Transition and Consolidation. Southern Europe, South America, and Post-Communist Europe*, Baltimore and London, The Johns Hopkins University Press.
Matvejevic, Predrag (1992), *Otvorena Pisma*, Zagreb, Verleger unbekannt.
Minkov, Mihail, I. Luzov (Hg.), (1979), *Pojava i razvitie na kooperativnoto zemedelie v Balgarija*, Sofia, Zamizdat.
Mollov, Jordan (1930), Dnechnoto sastojanie na balgarskoto zemedelie i meroprijatija za negovoto podobrjavane (The present development of Bulgarian agriculture and the mechanism to better it), in: *Spisanie na balgarskoto ikonomicesko druzestvo* 19 (4), S. 181-212.
Ricoeur, Paul (1985), *Temps et récit*, Paris, Editions du Seuil, 3 Bände.
Scott, James C. (1985), *Weapons of the Weak. Everyday Forms of Peasant Resistance*, New Haven, Yale University Press.
Shanin, Teodor (1972), *The Awkward Class. Political Sociology of Peasantry in a Developing Society: Russia 1910-1925*, Oxford, Clarendon Press.
Tilly, Charles (1985), War Making and State Making as Organized Crime, in: P. B. Evans, D. Rüschemeyer, T. Skocpol (Hg.), *Bringing the State Back In*, Cambridge, Cambridge University Press.
Tonev, Velko (1995), *Balgarskoto chernomorie prez vazrazhdaneto (The Bulgarian Black Sea during the Renaissance)*, Sofia, Marin Drinov.
Turner, Victor (1986), *The Anthropology of Performance*, New York, Paj Publications.
Weber, Max (1956), *Wirtschaft und Gesellschaft*, Tübingen, J.C.B. Mohr und Paul Siebeck Verlag, 2 Bände.
-- (1968): *Soziologie – Weltgeschichtliche Analysen – Politik*, Stuttgart, Alfred Kröner Verlag.

Teil II

Dimensionen der Ungleichheit:
Geschlecht, Klasse und „Underclass"

Wie können wir die sich unter dem Postsozialismus immer stärker herausbildenden sozialen Ungleichheiten messen? Welche geschlechtsspezifischen Unterschiede werden bei statistischen Analysen der Einkommensverteilung nicht berücksichtigt? Ist der Begriff der Klasse heute noch brauchbar? Verschärfen sich auch die sozialen Unterschiede zwischen den einzelnen ethnischen Gruppen – zum Beispiel durch die Bildung von Ghettos?

Der Sozialismus war darauf ausgerichtet, frühere Formen sozialer Hierarchien zu zerstören, die oft als „feudal" bezeichnet wurden (außer in solchen Teilen der Welt, wo die kapitalistischen Klassen schon auf der Bühne der Geschichte erschienen waren). Politischer Druck und Nötigung erzwangen die soziale und ökonomische Gleichsetzung und ein hohes Maß an geographischer sowie sozialer Mobilität, auch wenn diese in den letzten Jahren des Sozialismus zurück gegangen sind. Die Auswirkungen der Marktwirtschaft stürzten Millionen von Menschen in die Armut. Postsozialistische Regierungen haben infolge des internationalen Drucks die staatliche Redistribution eingeschränkt, den Kirchen ihre Privilegien zurückgegeben, das private Bildungswesen gefördert und ganz generell ein Klima geschaffen, in dem sich viele ihrer Staatsbürger aus der eigenen Gesellschaft ausgeschlossen fühlen, einer Gesellschaft, die wie sie meinen, vorher nicht gekannte Ungleichheiten institutionalisiert.

Obwohl auch zu sozialistischen Zeiten geschlechtsbedingte Ungleichheiten insofern existierten, da die Frauen stets die Hauptlast der Haushaltspflichten zu tragen hatten, genossen sie im öffentlichen Bereich auch erhebliche Vorteile. Frances Pine bezieht sich auf Daten ihrer Feldforschungen im industrialisierten zentralen Polen und zeigt, dass Entlassungen während der postsozialistischen Zeit besonders Frauen betroffen haben und sie zwangen, sich verstärkt der Subsistenzproduktion zuzuwenden. Generell lässt sich beobachten, dass die Haushalte dadurch überleben, dass sie sich „nach innen" wenden und vor allem den ihrer „privaten Sphäre" zugerechneten Aktivitäten einen größeren Stellenwert geben. Dieser Bereich war in dieser Region Polens auch in der sozialistischen Epoche von Bedeutung (in anderen, weniger industrialisierten Regionen war er sogar dominant), doch tritt er aufgrund der neuen Umstände nun stärker in den Vordergrund. Pine zeigt, dass die Arbeit auf dem Land für die Frauen nicht von der „Arbeit für die Familie" zu trennen ist, sie kann nie ein „Job" wie die Arbeit des Mannes sein. In Gesprächen mit vielen Frauen zeigt sich ihr Zorn darüber, dass der Staat seinen grundlegendsten Pflichten ihnen gegenüber nicht nachkommt, dass er seine „Kinder" zurückweist. Manche dieser Entwicklungen können aber auch ambivalente Reaktionen hervorrufen, da Frauen zugleich stolz auf ihre kreativen Errungenschaften in der privaten Domäne sind. Doch Zorn, Resignation und selektive Nostalgie für die sozialistische Welt scheinen die wichtigsten Elemente der neuen Subjektivitäten zu sein. Es lässt sich eine ironische Verschiebung der Standpunkte feststellen: Früher wurde der private Bereich als etwas definiert, das in Opposition zu dem fremden sozialistischen Staat stand, heute ist es die verführerische Konsumkultur „des Westens", die als das bedrohliche „Andere" empfunden wird.

David Kideckel beschreibt in seinem Beitrag die heute noch anzutreffende „Subalternität" bei ehemaligen Arbeitern der Chemiebranche und bei Bergleuten in Rumänien, einem Land, das die sozialistische Industrialisierung und postsozialistische Deindustrialisierung in ihren krassesten und grausamsten Formen erlebt hat. Kideckel vergleicht den gegenwärtigen „Neokapitalismus" mit der „Neoleibeigenschaft" der vorausgegangenen Epoche in dieser Region und stellt fest, dass Osteuropa ein weiteres Mal die oppressive, unmenschliche Variante eines Systems über sich ergehen lassen muss, das im Westen ganz anderen Regeln gehorcht. Manche der Bergleute, die überflüssig geworden sind, versuchen entweder – meist ohne Erfolg – in ihre Heimatdörfer zurückzukehren oder sich als Arbeitsmigranten in Italien durchzuschlagen. Die Lage früherer Chemiearbeiter ist ein wenig besser, da in diesem Sektor die Familienstrukturen besser funktionieren. Der psychische Stress ist aber in allen Bereichen hoch. Die Arbeiter sind ungenügend informiert, werden als Schwarzarbeiter ausgebeutet und in den „freien" Medien zum Sündenbock für alle Übel des Sozialismus gemacht. Der Arbeiter wird zum Dämon einer neuen Ideologie.

Michael Stewart befasst sich schließlich mit den Problemen einer anderen, im postsozialistischen Mittel- und Osteuropa gemeinhin gebrandmarkten Gruppe. Die große soziale Not vieler Roma steht außer Zweifel, doch wendet sich Stewart energisch gegen den weitverbreiteten Ansatz, das Problem aus der *underclass*-Perspektive anzugehen. Er argumentiert, dass diese Ansätze viel zu leicht und zu oft zum Zweck fragwürdiger politischer Ziele missbraucht worden; außerdem lenken sie von der besonderen Natur der sozialen Beziehungsmuster der Roma ab. Wenn die Roma als „underclass" oder *Lumpenproletariat* abgestempelt werden, hat dies zur Folge, sie im Abseits der Gesellschaft zu halten und Praktiken der sozialen Exklusion zu untermauern. Vor dem Hintergrund existierender ethnographischer Daten wird deutlich, dass die osteuropäischen Roma von ihren Nachbarn nicht als Fremde bzw. als „Rasse" empfunden werden. Stewart hebt hervor, dass die Kreativität und Gewandtheit der Roma das soziale Kapital zur Verfügung stellen, das ihnen das Überleben in den neuen Formen der Wirtschaft ermöglicht.

5. Rückzug in den Haushalt? Geschlechterspezifische Bereiche im postsozialistischen Polen

Frances Pine

Einleitung

Die in Polen nach 1989 rapide und oftmals brutal vollzogene postsozialistische „Schocktherapie" hat die Formen des öffentlichen Lebens, der häuslichen Beziehungsmuster und des privaten Selbstverständnisses vieler Menschen des Landes radikal verändert.[1] In der hoch industrialisierten Region in und um die Stadt Łódź waren die Auswirkungen der Deindustrialisierung unmittelbar zu spüren und überall deutlich zu sehen. 1991, dem Jahr, in dem ich meine Feldforschung in der Region begann, arbeiteten viele der alten Textilfabriken nur noch mit stark reduzierter Belegschaft oder waren ganz geschlossen wurden. Die Gebäude machten einen verlassenen, vernachlässigten und heruntergekommenen Eindruck, hatten nichts mehr an sich, das an die Zentren pulsierender Aktivität und Produktivität erinnert hätte, die sie in der Zeit des Sozialismus gewesen waren. Dafür waren die *Biura Pracy* (Arbeitsvermittlungsbüros), wo die Arbeitslosen ihre Arbeitslosenunterstützung beantragen, zum Platzen voll. Sie schienen der einzig verbliebene öffentliche Raum zu sein, wo es noch Menschen und Bewegung gab. Alte Frauen und Mütter mit ihren kleinen Kindern bettelten auf der Straße – etwas, das unter dem Sozialismus undenkbar gewesen wäre. Eine Fülle von kleinen Läden und Fastfood Filialen, die westliche Waren oder Waren westlichen Stils verkauften, sprangen überall aus dem Boden. Der Gegensatz zwischen diesen schmucken Einzelhandelsgeschäften und den riesigen staatlichen Kaufhäusern mit ihren leeren Räumen, den offenen Märkten und Straßenständen, wo Frauen vom Lande und „russische" Händler ihr Obst und Gemüse und andere – nicht selten schäbige – Erzeugnisse feilboten, ließ eine erstaunliche und evokativ-symbolische Landkarte der neuen lokalen Wirtschaft entstehen.

Vormals in der Industrie oder dem Dienstleistungssektor beschäftigte Männer und Frauen waren plötzlich ohne Arbeit und die, die ihre Arbeit noch hatten, lebten zum ersten Mal in ihrem Leben mit der Bedrohung durch Arbeitslosigkeit. Angesichts dieses Wandels und der Unsicherheit schienen insbesondere Frauen wie durch einen traumatischen Schock paralysiert (vgl. Vitebsky in diesem Band). Viele der von mir in den Jahren 1991 und 1992 interviewten Frauen erzählten, man habe ihnen Tabletten gegen Depressionen verschrieben. Manche sprachen davon, dass sie den ganzen Tag zu Hause säßen, niemanden außer ihren nächsten Familienangehörigen zu Gesicht bekämen und ständig weinten. Andere meinten, sie müssten um ihrer Kinder und Mütter Willen stark bleiben, hätten aber niemanden, mit dem sie sprechen könnten und fühlten sich, als ob sie innerlich still und leise auseinander brächen.

Wenn die Frauen ihre Lage schilderten, trennten sie ihre Welten in den Bereich der Arbeit und den des Heims und der Familie. Wenn sie über ihre Arbeit und die Erfahrung sprachen, arbeitslos zu werden, trauerten sie ihren Freundschaften am Arbeitsplatz nach und gaben zu erkennen, dass ihre Arbeit der Raum gewesen sei, in dem sie – fern der Routineanforderungen des Mutterseins und der häuslichen Verantwortlichkeiten – als Individuen handeln konnten. Ihre Geschichten waren in Begriffen des Verlusts formuliert: Einkommensverlust, Verlust von Selbstwertgefühlen, der zutiefst empfundene Verlust von Soziabilität und der engen Beziehungen am Arbeitsplatz. Dies waren persönliche Geschichten über das individuelle Selbst. Wenn dieselben Frauen dann über ihre Situation zu Hause sprachen, benutzten sie eine andere Stimme, die, wie ich denke, die der Verwandtschaft und der verwandtschaftlichen Verpflichtungen und Verantwortlichkeiten war. Alle diese Frauen nahmen ihr Zuhause und ihre Familien als bedroht wahr; sie waren voller Angst, nicht mehr für ihre Kinder oder alten Eltern sorgen zu können. Sie hatten Angst, ihre Strom- und Gasrechnungen und die Miete nicht mehr bezahlen zu können oder kein Geld für Lebensmittel zu haben. Wer von ihnen Arbeitslosenunterstützung, Familienzulagen oder Rente bezog, betonte immer wieder, dass dieses Geld kaum ausreiche, um den Kindern Schuhe zu kaufen, und erst recht nicht, um eine Familie zu ernähren.

Mitte der 1990er Jahre änderte sich der Ton dieser Geschichten. Verlust, Angst und das Gefühl, verraten worden zu sein, kamen zwar immer noch oft zur Sprache und waren Fragen, über die lange nachgedacht wurde, aber sowohl in den Interviews mit mir wie in den Gesprächen am Küchentisch wurden nun andere Themen immer wichtiger. Die Frauen sprachen lange über das Essen: wo gute, preiswerte und lokal produzierte Produkte zu bekommen seien und wie wenig Vertrauen sie in ausländische, importierte Nahrungsmittel hätten, dass aus dem Eigenanbau stammende Erzeugnisse und selbstgemachte Dinge die besten seien und welche Rezepte zum Einwecken in Dosen oder Flaschen oder überhaupt für das Haltbarmachen von Nahrungsmitteln vorzuziehen seien. Sie versorgten sich gegenseitig mit Setzlingen und Samen und tauschten Hausrezepte für Heilmittel gegen gewöhnliche oder chronische Beschwerden untereinander aus, sammelten in der Gruppe Schnittmuster, Kochrezepte und Anleitungen für andere den Haushalt betreffende Aktivitäten. Es war, als ob sie, die nun aus dem öffentlichen Bereich der Produktion ausgeschlossen waren, bewusst die Welt des Konsums – vor allem ausländischer Waren – ablehnten und an ihrer Stelle komplizierte Strukturen und Netzwerke der Subsistenzproduktion im und um den Haushalt herum aufbauten. Für diese Frauen hatte sich durch die neue ökonomische Ordnung die geschlechtsspezifische Natur von Arbeit, Raum und Zeit drastisch und vielleicht auf unwiderrufliche Weise geändert.

Vorliegende Arbeiten zu den postsozialistischen Ländern zeigen deutlich, dass Geschlecht[*] ein kritisches Thema in der Periode der „Transition" darstellt, nicht allein weil es fast jeden Aspekt und jede Ebene der sozialen sowie kulturellen Prozesse und Praktiken berührt und durchdringt, sondern auch weil sich der Übergang vom Sozialismus zur Marktwirtschaft und neue Formen der Politik in besonderer Weise auf Geschlechterkonstruktion und Geschlechterungleichheit auswirken.[2] Ich werde in dem vorliegenden Beitrag hauptsächlich auf Frauen sowie auf einige Implikationen der anscheinend wachsenden Exklusion von Frauen aus dem öffentlichen Bereich fokussieren. In der Forschungsliteratur zu Geschlecht und Frauen ergeben sich ähnliche Themen in der gesamten postsozialistischen Welt, von Deutschland bis Zentralasien, von entfernten ländlichen Gebieten bis zu zentralen städtischen Räumen. Die meisten dieser Arbeiten zeichnen ein düsteres Bild der gegenwärtigen Trends und Zukunftsaussichten und viele verweisen auf die Exklusion von Frauen und ihre Notlage in den sich neu herausbildenden Volkswirtschaften. Sie heben hervor, dass Frauen exkludiert sind und nicht als volle Staatsbürger anerkannt werden (Einhorn 1993; Watson 1993, 1996), dass die Anzahl der erwerbslosen Frauen im Bereich der Vollzeitbeschäftigung formal gesehen disproportional hoch ist, dass sie aber in Teilzeit-, *ad hoc*- und unterbezahlten Beschäftigungsverhältnissen überrepräsentiert sind (Bridger *et al.* 1996). Auch wird gezeigt, dass Frauen in diesen Regionen in wachsendem Maße an der Subsitenzproduktion, nicht aber der marktorientierten Agrarproduktion beteiligt sind (Pine 1996a), dass sie Verantwortlichkeiten im Bereich der Fürsorge übernehmen, die vormals vom sozialistischen Staat sichergestellt wurden (Haney 1999), und dass sie im Hinblick auf häusliche Gewalt und persönliche Sicherheit verletzlicher geworden sind (Atwood 1997). Die Frage der Sexualisierung des Arbeitsplatzes ist eingehend untersucht wor-

---

[*] Im folgenden wird der Begriff Gender mit „Geschlecht" übersetzt. Mit Geschlecht ist, insbesondere durch den Einfluss poststrukturalistischer Strömungen auf die feministische Forschung, das soziale Geschlecht gemeint.

den, ebenso wie die Frage, inwieweit dies eine Barriere für die Einstellung von Frauen mittleren Alters oder alten Frauen darstellt (Bridger *et al.* 1996; Kay 1997; Pine 1996a, 1998). Der expandierende pornographische Sektor sowie die anscheinend immer weitere Kreise ziehende Prostitution („sex work") wurden zum einen im Rahmen der Debatten über Zensur, zum anderen im Kontext von Überlebensstrategien diskutiert (Shreeves 1992; Baban 2000). Neue Mutterschaftsdiskurse und Diskussionen über einen Zustand der Gesellschaft, der immer noch am besten als „Patriarchat" zu bezeichnen ist, sowie die Frage, in welchem Maß diese Themen in nahezu allen Kontexten, vom Verlust von Reproduktionsrechten bis zu neuen Nationalismen, impliziert sind, wurde ebenfalls untersucht (Pinnick 1997; Haney 1999: Maleck-Lewy und Ferree 2000; Wolchik 2000; Zielińska 2000; Pine 2001). In keinem dieser Fälle waren die Ereignisse erfreulicher Natur.

Dennoch ist auffällig, dass auf dieser etwas ungeordneten Liste bestimmte Themen besonders auffallen. Wenn ich mein eigenes Material über das ländliche Polen betrachte, bin ich jedes Mal aufs neue erstaunt über die Tiefe und die Breite der regionalen Variation allein in diesem Land, über die Vielfältigkeit der Ideen und Ideologien in bezug auf Geschlecht und vergeschlechtlichte Bereiche sowie über das, was mit Arbeitspraktiken und Praktiken/ Produktion des Selbst bezeichnet werden kann. Trotz dieser Vielfalt lassen sich jedoch auch bemerkenswerte Ähnlichkeiten von einer Region zur anderen und von einem Land zum anderen entdecken. Diese Ähnlichkeiten sind besonders augenfällig mit Bezug auf die strukturellen Zwänge, denen Männer und Frauen im Kontext der Deindustrialisierung ausgesetzt sind sowie im Hinblick auf die Arbeitslosigkeit und den Zusammenbruch der kollektivierten Landwirtschaft. Es gibt aber auch weniger leicht zu differenzierende und definierbare Gemeinsamkeiten, die mit Gefühlen des Verlusts, der Unsicherheit, der Angst vor Chaos und von außen kommender Gefahr zu tun haben, Gefahren, die in Form von „Mafia", Armee, Polizei oder streunenden Trunkenbolden und Dieben perzipiert werden, oder – in weniger verkörperter Weise als etwas, das aus der Umweltverschmutzung entsteht, mit vergiftetem Essen zu tun hat oder gefährlichen Objekten des täglichen Gebrauchs anhaftet. Einige dieser Ängste und Verlustgefühle sind in der Realität gelebter Erfahrungen und des „real existierenden Postsozialismus" begründet. Aber sie werden leicht übertrieben, aufgebauscht oder als Metapher eines allgemeineren Gefühls des Unbehagens in und mit der Welt genutzt. Es scheint, dass diese Vorstellungen in besonderer Weise mit dem Geschlecht zusammenhängen und dass das Geschlecht häufig ein kritischer Teil der Form ist, die sie annehmen. Ich denke zum Beispiel an die Idee, dass ausländische Nahrungsmittel gefährlich sind, während *nasza* (unser) Essen – das auch das von der Mutter kommende, das mütterliche Essen ist – keine Gefahren in sich birgt (Haukanes 2001). Oder man mag in Betracht ziehen, was Menschen über ihr Gefühl persönlicher Sicherheit indirekt ausdrücken, wenn sie über ihre Ängste sprechen, nicht für ihre Kinder sorgen zu können, sie nicht ernähren zu können (Pilkington 1997; Pine 1998). Oder was hinter ihrer Furcht vor den etwaigen schädlichen Wirkungen gefährlicher Chemikalien, mit denen sie bei Reparaturarbeiten an ihrem Haus in Berührung kommen, steckt (Pine 1997). In seinem Artikel in diesem Band schreibt Piers Vitebsky über das Gefühl des Verlusts, das Eltern im Norden Russlands empfinden, wenn sie ihre Kinder weggeben. Dieses Aufgeben der eigenen Kinder – d. h. der nächsten Generation – ist wahrlich das stärkste Indiz dafür, dass aller Glaube oder alle Zuversicht in die Zukunft abhanden gekommen sind. In all diesen Gesprächen scheint mir implizit die Rede zu sein von einem noch nicht ganz hervorgebrochenen, aber bereits empfundenen Gefühl der Verzweiflung – einer Verzweiflung über den Verlust der Fertilität, über die bedrohte Reproduktion, die Unfähigkeit, sich um die eigene Familie zu kümmern – und, infolgedessen, des Aufgebens und des Verlusts von Kindern. Ich möchte mich im Rahmen dieses Artikels damit beschäftigen, wie Menschen versuchen, mit solchen Verlusten und Ängsten umzugehen.

Konzepte im Hinblick auf Moral, Anspruch und Vertrauen sowie Ideen über Arbeit, die Bedeutung der Arbeit und die Aushandlung des Arbeitslebens werden häufig im Kontext von Geschlecht und Verwandtschaftspraktiken zusammengebracht. Die Modalitäten der gegenseitigen Überlappungen und Beeinflussung dieser konzeptuellen Bereiche und die Art und Weise wie Staat, Außenwelt und die Wirtschaft auf die mit der Geschlechtszugehörigkeit und der Familie (Verwandtschaft) in Zusammenhang stehenden Praktiken einwirken, sind integrale Bestandteile des Puzzles des Zusammenlebens der Geschlechter, der Geschlechterkonstruktion, der geschlechterbezogenen Erfahrungen sowie der geschlechterspezifischen Praktiken in ländlichen Regionen. Bei der Untersuchung dieser Zusammenhänge ist es von großer Wichtigkeit, diejenigen intern wie extern wirkenden Kräfte und Strukturen zu betrachten, die es manchen Personen in manchen Regionen der Welt so schwer und schmerzhaft machen, ihre Arbeit und arbeitsbezogenen Praktiken im Kontext neuer Gegebenheiten zu re-definieren, während es andere, in anderen Kontexten oder Regionen lebende Menschen verstehen, sich in neue unternehmerische Aktivitäten zu lancieren und einer anderen Art von Arbeit nachzugehen.[3]

Ich möchte im Folgenden drei thematische Gruppen untersuchen, die die grundlegenden Probleme der Geschlechterordnung, insbesondere in den ländlichen Gebieten, in der real existierenden post-1989er Welt erkennbar werden lassen. Die erste betrifft die sich verändernde Natur der Arbeit und des Arbeiters sowie die Art und Weise, in der sich die lokalen Interpretationen von Arbeit im Zusammenhang mit der vergeschlechtlichen Person auf Praxis auswirken. Verbunden damit ist eine neue Unterscheidung zwischen öffentlich und privat, öffentlich und häuslich oder auch innen und außen. Die Reformulierung von Arbeit, von Ansprüchen sowie von Produktion und Reproduktion erzeugt neue Beziehungsformen, sowohl im ländlichen als auch im städtischen Raum. Beide Themenbereiche stehen im direkten Zusammenhang mit der Verbreitung von westlichen Ideen und Praktiken in Bezug auf Markt und Konsum und manchmal auch mit dem Widerstand gegen diese. Besonders in der postsozialistischen Welt wird jede Debatte über Kontinuität und Wandel durch die Tatsache erschwert, dass zahlreiche soziale und wirtschaftliche Prozesse, die Neuerungen zu sein scheinen, bei näherem Hinsehen älteren Zusammenhängen und Praktiken sehr ähnlich sind, während andere, die als Kontinuitäten erscheinen, in Kontexten auftauchen, die sich gänzlich von denen der Vergangenheit unterscheiden. Anstelle einer sich nach vorn bewegenden Welt, oder sogar einer Welt, die auf den Kopf gestellt wurde, haben wir anscheinend eine sich zugleich in seitliche Richtung wie rückwärts laufende Welt vor uns. Die Art und Weise wie die Betroffenen über die Vergangenheit und Gegenwart sprechen sowie ihre Ambivalenz gegenüber „Modernität" und „Tradition" spiegelt diese Verwirrung wider.

Arbeitspraktiken und die Ambivalenz der Moderne

Ich möchte an dieser Stelle zunächst zwei Ausgangspunkte festhalten. Erstens, ist es klar, dass Alter und Generation eines Menschen in der Ausformung der Prozesse, die sich gegenwärtig mit Bezug auf Arbeit, Zugang und Berechtigung herauskristallisieren, untrennbar mit der Kategorie des Geschlechtes verbunden sind. Andere Faktoren, wie in erster Linie die soziale Klasse (um es in Ermangelung eines besseren Wortes einmal so zu nennen), der Ort (Land/Stadt, Ost/West, Peripherie/Zentrum) und, verbunden mit beiden, die Mobilität, schränken die Wahlmöglichkeiten, die zur Verfügung stehen sowohl für Frauen als auch für Männer weiterhin ein. Zweitens werden die Beziehungen zwischen den Geschlechtern werden nicht nur im gegenwärtigen Kontext des post-1989 Wandels ausgehandelt, sondern auch mit Bezug auf die Erinnerung an ein halbes Jahrhundert Sozialismus und dessen Überreste. Die Ungerechtigkeiten in den Geschlechterbeziehungen dieser Periode, insbesondere die doppelte und dreifache Last auf den Schultern der Frauen ruhte, sind bekannt (Corrin 1992; Rai *et al.* 1992). Dennoch zeigte die Tatsache, dass in fast allen sozialistischen Staaten Gesetze in Kraft waren, die die Reproduktionsrechte der Frauen schützten, Männern wie Frauen einen Arbeitsplatz garantierten und verschiedene Aspekte der sozialen Fürsorge – wie die Betreuung der Kinder, Kranken und Alten – in den Zuständigkeitsbereich des Staates stellten, dass Ideen und Ideologien zur Geschlechtergleichheit im öffentlichen Diskurs gegenwärtig und sichtbar waren. Obwohl ihre Implementation oft mangelhaft oder ineffizient war, wurden diese Rechte und Versorgungsleistungen auf prinzipieller Ebene doch stets als selbstverständlicher Teil des täglichen Lebens empfunden und als Ansprüche geltend gemacht (ebenso wie Elektrizität oder fließend Wasser, beides gab es oder wurde zumindest in Aussicht gestellt, selbst wenn es in der Praxis nicht immer funktionierte). Der Rückzug des Staates hinterließ in diesen Bereichen entweder ein Vakuum oder ersetzte ein universelles Recht durch neue Kriterien individueller, oft marktbestimmter, Berechtigungen (Einhorn 1993; Bridger *et al.* 1996; Kay 2000; Gal und Kligman 2000). Besonders in ländlichen Gebieten scheint dieser Rückzug staatlicher Institutionen und staatlichen Einflusses nicht dazu zu führen, dass das zurückgebliebene öffentliche Vakuum mit den Attributen einer Zivilgesellschaft ausgefüllt wird, wie dies zahlreiche westliche Kommentatoren und Beobachter erwartet hatten, sondern dass er zu einer Expansion der Haushaltsproduktion und der Verwandtschaftsverpflichtungen führt.

Was also im ländlichen Umfeld eingetreten zu sein scheint, ist grob gesagt ein Rückzug auf Subsistenzproduktion, d. h. eine *Rückkehr* zum Bauernhaushalt alten Stils. Doch handelt es sich dabei nicht um eine einfache Rückwendung zu früheren Formen der Eigenversorgung, sondern um einen Prozess, der begleitet ist von einer Leidenschaft für neue und aufwendigere Formen des Konsums, städtischen Werten und Austausch, stark individualistischen unternehmerischen Aktivitäten sowie Bewegung und Mobilität. Es sieht also heute so aus, als falle alles in eine frühere Zeit zurück – hier werden meistens feudalistische und präindustrielle Assoziationen geweckt – während zugleich ein Eintritt in den chaotischen und fragmentierten post-fordischen industriellen Globalismus des 21. Jahrhunderts erfolgt. Auf den ersten Blick erinnert diese Entwicklung an eine problematische Reise in nicht ganz parallele Universen, aber vielleicht sind diese ja nicht ganz so unvereinbar wie es scheint.

Hier erscheint es sinnvoll zu untersuchen wie Menschen, die große Veränderungen und Umwälzungen in ihrem Alltag erfahren, selbst darüber sprechen und darauf reagieren. In der Anfangsphase der ökonomischen Unsicherheit schienen im gesamten ehemaligen sozialistischen Block zwei verschiedene Reaktionen typisch zu sein. Eine war die Wut darüber, von einer Position der Modernität in eine zurückgezwungen zu werden, die als rückständig und prämodern empfunden wurde. Myriam Hivan führt in ihren Arbeiten über die frühe Dekollektivierungsphase in Russland Beispiele von Melkerinnen an, die beteuern, sie seien hochqualifizierte Arbeiterinnen gewesen, würden aber jetzt aus ihrer Arbeit in den Haushalt zurückgedrängt (Hivon 1995). Hilary Pilkington (1997) beschreibt in einem anderen Zusammenhang die Enttäuschung und den Zorn zurückkehrender russischer Migranten, die in Zentralasien in ihrem Arbeitsleben gut zurecht kamen und auch relativen Wohlstand verzeichnen konnten, aber nach ihrer „Rückkehr" in ihre Herkunftsgebiete als rückständig angesehen wurden, und von denen erwartet wurde, in entlegenen ländlichen Gebieten in kaum bewohnbar gemachte Kuhställe einzuziehen. Auch diese Menschen hatten das Gefühl, in die Vergangenheit zurückgestoßen worden zu sein. In Polen ereignete sich ein dramatischer Zwischenfall mit dem damaligen Minister für Soziales, Jacek Kuroń, auf dessen Betreiben das erste Paket postsozialistischer Sozialhilfegesetze verabschiedet wurde und von dem allgemein gesagt wurde, die Anliegen der Arbeiter und Bauern lägen ihm am Herzen. Als er ein ehemaliges Landwirtschaftskollektiv besuchte und von den entlassenen Arbeitern gefragt wurde, was sie denn jetzt tun sollten, antwortete er, dass die Dinge für sie schon wieder ins Lot kämen, sobald sie ein Haus, ein Stück Land und eine Kuh hätten. Die Arbeiter waren wütend, schrien, dass sie keine Bauern seien und nicht die geringste Absicht hätten, zu dem rückständigen Lebensstil ehemaliger Kleinbauern „zurückzukehren"; sie riefen Schimpfworte, drohten Kuroń und begannen Gegenstände nach ihm zu werfen.

Dieser und ähnliche Berichte machen deutlich, dass die Menschen ihr „modernes" Lebens und ihre „moderne" Arbeit schätzten und sie nicht daran dachten, sich in eine Richtung drängen zu lassen, die sie für rückständig hielten – zumindest nicht ruhig und widerspruchslos. Doch es gab auch andere Berichte aus derselben Zeit, die von der wachsenden Bedeutung „traditioneller" Fähigkeiten oder einer im Rahmen des eigenen Haushalts oder der Gemeinde erfolgenden Warenproduktion sehr kleinen Maßstabs sprachen und betonten, dass die aus dem eigenen Haushalt stammenden Erzeugnisse besser seien als die schäbigen westlichen Importgüter (Humphrey 1995; Hivon 1995; Pine 1998). Hier tritt eine ambivalente Haltung der Menschen gegenüber der Moderne und der Tradition zu Tage, da beide ihre eigenen, besonderen politischen und sozialen Konnotationen mit sich führen: Wenn sie in den traditionellen Haushalt zurückgezwungen werden, werden sie verlieren, was sie zu modernen Menschen gemacht hatte, wenn sie aber wählen das alte Haushaltsleben wiederaufzunehmen, werden sie den Wert ihrer eigenen Traditionen neu entdecken. Ich werde im Folgenden noch auf diese Ambivalenz und die aus ihr resultierende Doppeldeutigkeit zurückkommen.

In Łódź und den umliegenden kleineren Städten und Dörfern habe ich viele Geschichten und Karriereberichte von Frauen gesammelt, die ihren Arbeitsplatz in der Textilfabrik und anderen staatlichen Betrieben infolge von Umstrukturierungsmaßnahmen, Zwangsentlassungen und Fabrikschließungen verloren hatten. Welche Strategien diese Frauen entwickelten, um mit ihrer Situation fertig zu werden, habe ich an anderer Stelle diskutiert (Pine 1996a, 1998). Im vorliegenden Beitrag geht es mir darum aufzuzeigen, auf welche Weise sozialer Raum, Arbeit und Vorstellungen über Moral oder staatsbürgerlichen Anspruch geschlechterbezogene Ideen und Praktiken während der sozialistischen Periode gestalteten oder durch diese gestaltet wurden und welche Auswirkungen die Restrukturierungsprozesse in der Zeit nach 1989 auf diese Vorstellungen hatten.

Die Textilindustrie entwickelte sich in der Region von Łódź, an der westlichen Grenze des früheren russischen Teils Polens gelegen, im 19. Jahrhundert und bot seit jener Zeit Arbeitsplätze für die Bevölkerung aus den Städten und den umliegenden dörflichen Gemeinden. Hier, wie überall sonst auf der Welt, waren vor allem weibliche Arbeitskräfte in der Textilproduktion beschäftigt. Die Landwirtschaft war hauptsächlich ein Bereich der Männer. Sie waren die Eigentümer des Bodens und standen dem bäuerlichen Haushalt vor, obwohl die Frauen für einen großen Teil der eigentlichen Arbeit zuständig waren.[4] Das bedeutete, während Männlichkeit und der männliche Wert in ländlichen Regionen durch Versorgung und sichtbare bäuerliche Tätigkeit verbunden, mit dem Bild des produktiven, oft qualifizierten, schwer arbeitenden Mitglieds der bäuerlichen Gemeinschaft konstruiert wurde, war Weiblichkeit stärker fragmentiert, geteilt zwischen einem häuslichen Selbst („Verwandtschaft") und einem öffentlichen („produktiven") Selbst. Männer konnten bäuerlichen Tätigkeiten nachgehen oder gegen Lohn in Landwirtschaft und Industrie arbeiten und sich sichtbar mit einem integrierten Gefühl des Selbsts zwischen diesen beiden Bereichen bewegen. Die Arbeit der Frauen dagegen besetzte verschiedene, über die Geschlechtszugehörigkeit definierte Räume; einen Bereich (häuslich/privat), der der Haushaltsversorgung der Familie – also der Reproduktion – gewidmet war, und einen Bereich (öffentlich), der der Produktion, der bezahlten Arbeit und der starken sozialen Bindungen außerhalb der Verwandtschaft galt. Wie ich schon an anderer Stelle (Pine 1996a) hervorgehoben habe, wurde die Arbeit der Frauen – obwohl diese einen wichtigen Teil der landwirtschaftlichen Arbeiterschaft bildeten und einen sehr langen Arbeitstag auf den Höfen und Feldern zu absolvieren hatten – durch Verwandtschaft verdeckt. Die bäuerliche Arbeit der Frauen wurde als Bestandteil und nicht als eine andere Kategorie ihrer familienbezogenen Tätigkeiten und Verpflichtungen im allgemeinen gesehen. Es handelte sich einfach um einen Teil dessen, was eine Frau als Ehefrau, Mutter oder Schwester eines Bauers eben tat.

Was die Arbeitslosigkeit anbetraf, so hatte diese mit Bezug auf den Verlust von Einnahmen und anderen zusätzlichen materiellen „Pluspunkten" ernste Auswirkungen sowohl für Männer als auch auf Frauen. Auch bescherte sie ihnen in den Augen der dörflichen Gemeinde oder in der Wahrnehmung des eigenen Ichs – oder in beidem – einen Verlust an sozialem Status. Ganz besonders schmerzhaft war das für die Frauen, da ihnen weniger Alternativen offen standen als den Männern; außerdem hatte ihnen die Beschäftigung im öffentlichen Sektor zahlreiche Möglichkeiten geboten, Beziehungen zu knüpfen, die ihnen auf dem Bauernhof und im Bereich der Hausarbeit nicht zur Verfügung standen (Pine 1996a). Beziehungen mit Mitgliedern der Belegschaft in der Fabrikhalle, alle jene sozialen Kontakte am Arbeitsplatz – von der gegenseitigen emotionalen und materiellen Hilfe und Unterstützung, bis hin zur Vermittlung von Qualifikationen, dem generationenüberspannenden Austausch von beruflichem Wissen unter den Arbeiterinnen und dem gegenseitigen schützenden Beistand sowie die außerhalb der Arbeitszeit stattfindenden kollegialen Zusammenkünfte und Feiern – waren für das tägliche Leben der Frauen von größter Wichtigkeit. Wenn die Frauen ihre Geschichten erzählten oder über ihr Arbeitsleben sprachen, betonten sie immer wieder ihr professionelles Können und ihre Kraft, ihre engen Freundschaften mit anderen Frauen sowie ihre Vollständigkeit als soziale Wesen. Anna Pollert (1981) hat anhand der von ihr untersuchten Zigarrettenfabrik in Bristol eine gute Beschreibung der Feminisierung bzw. Domestizierung des Arbeitsplatzes geliefert. In ähnlicher Weise hatten auch die Frauen, mit denen ich sprach, ihren Arbeitsplatz in eine besondere Art sozialen Raums verwandelt. Im Umfeld der rein auf die Landwirtschaft bezogenen Arbeit gab es gewöhnlich dafür kein Äquivalent. Daher achteten erwerbslose Frauen auf den Dörfern nicht darauf, wie viele Stunden sie damit verbrachten, Kühe zu melken, Hühner zu versorgen, Kartoffeln zu pflanzen, Heu zu rechen oder Unkraut zu jäten; sie beschrieben sich selbst als jemanden, der „zu Hause sitzt", aber nicht als jemanden, der „arbeitet". Männer dagegen würden sagen, dass sie „jetzt in der Landwirtschaft tätig" seien oder „einen Bauernhof betreiben".

Insofern es für die Frauen auf dem Dorf leicht war, Nahrungsmittel zu besorgen, sagten sie von sich, dass sie in größerer Sicherheit lebten als ihre Freundinnen oder Verwandten in der Stadt. Andererseits fürchteten sie aber angesichts der sinkenden Preise für lokale Erzeugnisse auch wieder nicht genug Geld zu haben, um Kleider für ihre Kinder kaufen zu können, und die Auslagen für Gesundheit und Arzneien sowie die notwendigsten Schulbücher bestreiten zu können. Anders als in ihren Berichten über ihre frühere Arbeit, wurden in ihren Reflexionen zu ihrer gegenwärtigen Lage, Mutterschaft und nahe Verwandtschaftsbeziehungen, die Wichtigkeit mütterlicher Fürsorge und ihre Ängste, ihre Familien nicht versorgen zu können, hervorgehoben. Ihre eigene Zukunft sahen sie wie eine völlige Leere, ohne Aussicht auf eine Wiederaufnahme einer Arbeit und keiner weiteren Option, als zu Hause zu sitzen. Bezeichnenderweise hatten sie keine Träume mehr für sich, sondern nur noch für ihre Kinder. „Es wird nicht besser werden. Nicht, solange ich lebe. Ich werde nie mehr arbeiten", sagte Kasia, eine arbeitslose Schneiderin. Doch fügte sie sofort hinzu: „Freilich habe ich Hoffnungen und Träume – nicht für mich selbst, müssen Sie verstehen, aber für meine Kinder. Wir müssen für unsere Kinder den Glauben behalten und träumen, nicht wahr? Sonst haben wir doch nichts."

Dieses Material zeigt, dass die ideologische und emotionale Bedeutung, die Frauen als Müttern zugesprochen wird, enorm ist. Gemäß dieser Ideologie geht es bei der Mutterschaft um Aufzucht und Füttern – und zwar sowohl in dem Sinne der einzelnen Mutter, die ihrem eigenen Kind zu essen gibt als auch im Sinne der Nation, die als Mutter ihr Volk ernährt. Die am Anfang dieses Kapitels heran gezogenen Bilder – die Angst vor gefährlichen (nicht einheimischen, verschmutzten) Nahrungsmitteln, die Gefahren, die für die Fruchtbarkeit der Mutter und das Wohlbefinden der Kinder aus einer von außen an sie heran getragenen Verschmutzung erwachsen könnten, die Befürchtung, nicht einmal die elementarsten Bedürfnisse der eigenen Kinder befriedigen zu können – haben alle die Bedrohung der Kinder zum Thema – einer Bedrohung, die die postsozialistische Ordnung entweder heraufbeschwört oder unfähig ist zu verhindern. In dieser Perspektive sind die Kinder sowohl die eigentlichen Kinder – die Zukunft, die nächste Generation – als auch in weiterem Sinne die Familie und die ganze Gesellschaft sowie *deren* Zukunft. Der Nachdruck liegt hier auf dem Gefühl, dass die Regierung die Zukunft der Nation verraten habe, indem sie Mütter und Kinder nicht schützt und das Erbe des Volkes verschleudert. Der Staat wird also so erlebt, als erfülle er in bezug auf die bestehende implizite Gegenseitigkeit zwischen sich und seinen Staatsbürgern seine Aufgabe nicht, da er es versäumt, Produktion mit Fürsorge zu vergüten und Schutz, insbesondere für Frauen und Kinder. Zwei Kommentare, die in den frühen 1990er Jahre mir gegenüber abgegeben wurden, machen diese Vorwürfe explizit: Janka, eine über siebzig Jahre alte Großmutter, sprach zornig über ein geplantes Gesetz, das die Zahl der Abtreibungen durch einschränkende Bestimmungen senken sollte: „Ich erinnere mich noch daran, wie es vor dem Krieg war. Die Frauen können es sich heute nicht leisten, mehr Kinder zu haben. Wie damals werden sie zu alten Hexen [Abtreibungshelferinnen] gehen – und sie werden daran sterben." Ewa, eine erwerbslose Weberin mittleren Alters, befürchtete, ihr Geld würde nicht reichen, um für private ärztliche Behandlung und die Schulbücher aufzukommen, Dinge, die nicht länger vom Staat bezahlt werden: „Meine Mutter hatte einen Herzinfarkt und der Arzt hat ihr ein Rezept für ein ausländisches Präparat gegeben. Es würde uns alles kosten, was wir durch den Verkauf unserer Milch einnehmen. Und dann muss ich meiner Tochter Schulbücher kaufen. Ich kann nicht beides. Wir haben einfach nicht genug Geld." Für beide Frauen war der Staat seiner Versorger- und Beschützeraufgabe untreu geworden.

Domänen der Arbeit

Es ist wichtig nicht zu vergessen, dass Geschlecht nicht der einzige Faktor ist, der in der sich wandelnden sozialen Ordnung eine Rolle spielt und dass nicht nur Frauen diejenigen sind, die von negativen Auswirkungen betroffen sind. Dennoch würde ich sagen, dass die verschiedentlich von feministischen Wissenschaftlerinnen vorgetragene These, dass die neue Demokratie eine „maskulinistische Demokratie" sei, in zweifacher Hinsicht zutreffend ist (Einhorn 1993; Watson 1993; Gal und Kligman 2000). Erstens begünstigen, unabhängig von individuellen Erfolgen oder Misserfolgen, viele mit der Schaffung einer privatisierten Marktwirtschaft verbundene Strukturen und Mechanismen etablierte männliche Praktiken und Vorrechte und schränken die von Frauen ein. Zweitens wird die Teilung von öffentlich und privat, die als ideologisches Konstrukt schon in die Zeit vor der sozialistischen Epoche zurückreicht aber unter dem Sozialismus noch vertieft wurde, auf eine Weise reformuliert, die die vorhandene Tendenz noch verstärkt, Frauen mit häuslichen Aktivitäten und Haushaltsproduktion in Verbindung zu setzen, und die es Männern leichter macht als Frauen, sich horizontal innerhalb des öffentlichen Bereichs zu bewegen.[5] Obwohl Männer und Frauen infolge der Restrukturierung in der Region von Łódź gleichermaßen unter den direkten und enormen, durch diese Prozesse verursachten Verlusten zu leiden hatten, bestand ein Aspekt dieser Entwicklung in der klaren Umpositionierung weiblicher Aktivitäten von dem öffentlichen, staatlichen Sektor der Lohnarbeit hinüber in den der familienbezogenen, häuslichen Tätigkeiten (Fürsorge für Kinder, Kranke und Alte). Mit anderen Worten, die Ordnung der Geschlechter selbst verschob sich in einer Weise, die viele Frauen von der vollen Partizipation am öffentlichen Bereich exkludierte, ihre Teilhabe am häuslichen Bereich jedoch eine Überbetonung erfuhr.

Ethnologen haben wiederholt darauf hingewiesen, dass die private, häusliche Welt der intimen, direkten Beziehungen zur Zeit des Sozialismus ein Ort des Widerstands gegen den Staat und das Zentrum der Moralökonomie war (Kligman 1988; Wedel 1992; Pine 1996a; Yurchak 1997; Ledeneva 1998). Wie ich jedoch schon an anderen Stellen betont habe (Pine 1998, 1999), sind Moralvorstellungen und die Betonung von Verpflichtungen gegenüber der Verwandtschaft auf das kollektive Wohl ausgerichtet; daher war die Arbeit außerhalb der häuslichen Sphäre nicht selten die einzige Möglichkeit ein Gefühl individueller Autonomie zu entwickeln. Die Balance zwischen dem, was man als Verwandtschafts- oder Familienarbeit bezeichnen kann und der Arbeit als individueller Bürgerin führte unter dem Sozialismus zu zwei verschiedenen Formen des Selbst-Gefühles von Frauen: Das Mutter-/ Tochter-/ Ehefrau-Konzept einerseits und das Konzept des produktiven Individuums andererseits.[6] Die reziproken Verpflichtungen beruhend innerhalb der Verwandtschaft mögen die moralische Grundlage für ein gut entwickeltes Zusammengehörigkeitsgefühl liefern, sind aber auch bindende Kräfte. In ihren Beziehungen am Arbeitsplatz und ihren Aktivitäten im staatlichen Sektor konnten Frauen eine Art individuellen Wert der eigenen Person verwirklichen, der – ohne diese auszuklammern – die durch Verwandtschaft und Geschlecht gesetzten Regeln transzendierte. Als qualifizierte Arbeiterinnen am Webstuhl und der Nähmaschine konnten sie Geld, das sie selbst verdient hatten, in den Haushalt einfließen lassen, und dank dieser Ressource ihren Verpflichtungen als Mütter und Ehefrauen nachkommen. Sie waren in der Lage sich über ihre Arbeit im positiven Sinne als Individuen zu definieren.

„(Lohn)arbeit ist aufgrund des verdienten Geldes wichtig. Wir brauchten meinen Lohn, und es ist schwierig, ohne ihn auszukommen. Aber Arbeit bedeute mehr als nur dies für Frauen. Vielleicht sind einige Frauen glücklich damit, zu Hause zu sitzen und mit ihren Kindern zu spielen, aber das ist nicht genug für mich. Ich brauche meine Arbeit. Ich brauche es, vom Haus wegzukommen. Ich brauche die Gesellschaft erwachsener Menschen, etwas, das mir gehört. Ich bin Weberin. Das ist, was ich tue."

Wir sehen an dieser Aussage Barbaras, die, seit sie mit siebzehn die Schule verließ bis sie mit Mitte dreißig ihren Job verlor, in derselben Textilfabrik gearbeitet hatte, dass diese Frau ihre soziale und persönliche Identität sowohl in Haushalt und Familie als auch in ihrer individuellen Arbeit und persönlichen Beziehungen am Arbeitsplatz lokalisiert hatte. Dieselben Gefühle und bisweilen sogar dieselben Formulierungen kamen in meinen Gesprächen mit arbeitslosen Frauen immer wieder zum Ausdruck.

Während Polen in den frühen 1990er Jahren mit zusätzlichen wirtschaftlichen Schwierigkeiten zu kämpfen hatte, die sich infolge stark anziehender Verbraucherpreise und einer Flut sowohl teurer als auch billiger Verbrauchsgüter aus der Türkei, China und Vietnam entwickelt hatten, erlebte das Land zeitgleich eine Expansion, ja Blüte, des häuslichen Bereichs. Dieser Tatbestand erklärt sich wohl am besten damit, dass die den öffentlichen bzw. staatlichen Arbeitsbereich betreffenden Kategorien ethischer Normen und des Anspruchs andere waren als diejenigen des Bereichs der Haushaltsproduktion. Unter dem Sozialismus wurde alles, was die Arbeit betraf, in Begriffen ausgedrückt, die tief verwurzelten Ideen von Legitimität und Anspruch sowie (öffentlicher) Wertschätzung entsprachen. Daher implizierte der Verlust der Arbeit im öffentlichen Bereich auch den Verlust bestimmter Beziehungsverhältnisse und Arten der Verbundenheit, die sich aus dem geteilten Raum, der täglichen Erfahrung und einer Arbeit ergaben, die nicht spezifisch auf Familie und Verwandtschaft basierten. Danka, eine Frau von 40, die ihren Job in der Fabrik im Jahr zuvor verloren hatte, formulierte diesen Verlust und die dadurch für sie eintretenden Veränderungen folgendermaßen:

„Oh, es war lustig in der Fabrik. Wir lachten eine Menge zusammen. Was ich sagen will ist, dass die Arbeit wirklich schwer war, körperlich schwer, verstehen Sie. Aber wir kümmerten uns um einander. Wenn eines der Mädchen krank war, haben die anderen sie gedeckt, ihre Arbeit übernommen, damit es der Direktor nicht merke. Und nach der Arbeit gingen wir zusammen aus – manchmal, um Tee zu trinken und Kuchen zu essen und manchmal auch – na, Sie wissen schon – auf ein Gläschen Wodka. Jetzt? Nein, ich sehe keine mehr von ihnen. Es ist zu teuer, um in die Stadt zu fahren. Und ich habe kein Geld, zum Ausgehen. Und worüber würden wir denn jetzt reden? Ich schäme mich."

Aussagen wie diese bringen mich zu der Überzeugung, dass Frauen wie Danka – anstatt sich anderen Institutionen des öffentlichen Bereichs zuzuwenden oder, wie dies Theorien der Zivilgesellschaft antizipieren, sich zu bemühen, neue öffentliche Institutionen ins Leben zu rufen – sich nicht selten von der „äußeren" Sphäre in die „innere" zurückzogen. Infolge dieses Prozesses liegt heute eine Situation vor, in der der häuslich-familiäre Bereich eine sehr große und in ihrem Umfang bedeutend erweiterte Last sozialen, wirtschaftlichen und emotionalen Druckes zu tragen hat. Sowohl in moralischen als auch in praktischen Begriffen wurde die Legitimität des öffentlichen Sektors, eingeschlossen des Staates im abstrakten wie praktischen Sinn, aufgrund des Versagens seinen Teil des implizit bestehenden sozialen Vertrages einzuhalten, als beschädigt, wenn nicht gar als zerstört angesehen.

Hinter den wiederkehrenden, von großem Verlust sprechenden Erzählungen glimmte ein Gefühl des Zorns darüber, dass einem bestimmten moralischen Anspruch des Staatsbürgers der Krieg erklärt worden war, und zwar dem, dass sich Menschen, die ihr ganzes Leben gearbeitet hatten und in der Überzeugung gearbeitet hatten, dass der Arbeiter durch seine Arbeit Anspruch auf Auskommen und Unterstützung seitens des Staates hat, auf einmal begreifen mussten, dass sie sich auf eine staatliche Hilfe und Unterstützung verlassen hatten, die ihnen gerade das Überleben ermöglichte, oder sie gar der Armut anheim gab. So sagte zum Beispiel Jurek, ein Mechaniker mittleren Alters, der seinen Arbeitsplatz noch nicht verloren hatte in einem in den frühen 1990er Jahren geführten Gespräch: „Wałeşa hat Polen verraten. Er hat unser Erbe (*majatek*) an den Westen verkauft!" Und über diejenigen, die, ohne selbst zu arbeiten, aus dem Privatisierungsprozess Vorteile schlagen konnten – also, ausländische Spekulanten, neue *bisnesmen*, ehemalige Parteibonzen und *nomenklatura*, die sich zu neuen Privateigentümern gemausert haben, Roma, die Mafia usw... – über diese sagte Jurek: „Ich habe immer gearbeitet, immer schwer gearbeitet. Aber schauen Sie sich meine kleine Wohnung an! Und diese *bisnesmen* und die Zigeuner, sie gehen keiner ehrlichen Arbeit nach, sie stehlen und machen ihre „deals" und haben diese großen Häuser. Und erst ihre Autos!"

Doch zahlreiche andere befragte Personen haben – trotz ihrer pessimistischen Einschätzung des Platzes, den sie in der neuen Ordnung einnehmen – seit Beginn der postsozialistischen Ära beachtliche und nicht selten sehr kreative Fähigkeiten bei der Entwicklung von Strategien bewiesen, die ihnen halfen die, durch den Verlust ihrer Arbeit, entstandene Lücke zu füllen. Frauen vom Lande begannen landwirtschaftliche Produkte informell zu vermarkten und sich komplexer verwandtschaftlicher Beziehungen zu bedienen, um Nahrungsmittel, Kinderfürsorge und Informationen untereinander auszutauschen. Manche von ihnen konnten *ad hoc* Teil- oder Kurzzeittätigkeiten in kleinen, privaten Nähereien bekommen, die jetzt in privaten Häusern gegründet wurden. Allerdings galten diese Tätigkeiten selten als ebenso produktiv oder wertvoll wie die Vollzeitbeschäftigung im staatlichen Sektor unter dem Sozialismus. Die Handels- und Tauschnetzwerke, die sich entwickelten waren ein Teil der privaten, versteckten Welt des Haushalts und der Familie. Sogar die bezahlte Arbeit in den privaten Nähereien war angesichts der Tatsache, dass auch sie oft im Verwandtenkreis angeboten wurde und nicht an einem „richtigen" Arbeitsplatz – d. h. in einer Fabrik – auszuführen war, sondern im inoffiziellen, häuslichen Zusammenhang, Teil der Arbeit in der Familie und im Haushalt.

Dagegen war für Männer, aufgrund der in der Region existierenden Strukturen, der Bauernhof für alle sichtbar und erkennbar der Arbeitsplatz.[7] Das bedeutete zunächst, dass Männer, deren Beruf ohnehin in diesen Bereich fiel – im Gegensatz zu den Frauen – nicht mit dem Problem konfrontiert waren, sich in den Haushalt zurückziehen zu müssen; da sie keine Grenze zwischen „öffentlichem" und „privatem" Lebensbereich ziehen mussten. (Wie noch zu zeigen sein wird, begann sich jedoch Mitte der 1990er Jahre eine Entwicklung abzuzeichnen, bei der sowohl für die Frauen als auch für die Männer die vom eigenen Haushalt ausgehende Nahrungsmittelproduktion eine immer größere Bedeutung gewann.) Dagegen war die Lage ehemaliger Industriearbeiter, die nicht zugleich auch Bauern waren, der von arbeitslos gewordenen Frauen sehr ähnlich. Sie konnten nun nicht mehr angemessen für ihre Familie sorgen. Die schlimmste Folge ihrer Arbeitslosigkeit bestand für diese Männer in ihrer Abhängigkeit von der staatlichen Unterstützung – oder der Notwendigkeit, auf dem Bauernhof eines Verwandten zu arbeiten. Ich habe über viele Männer erfahren, dass sie auf ihre Arbeitslosigkeit mit exzessivem Trinken reagierten. Auch Gewalt in der Familie wurde in vielen Berichten mit der Arbeitslosigkeit und der finanziellen Not in Verbindung gebracht. Wieder andere dachten nicht daran, sich in irgendeiner Weise auf ein bäuerliches bzw. auf den heimischen Haushalt beschränktes Leben einzulassen, sondern wurden Migranten oder verließen ihre Heimat endgültig.

Alles in allem boten sich Männern jedoch mehr Optionen für Gelegenheitsjobs als Frauen, da sie sich als Fahrer oder auf dem Bau verdingen konnten. Obgleich die kollektivierten Landwirtschaftsbereiche in vieler Hinsicht einen ähnlichen Privatisierungsprozess durchliefen wie die Fabrik in der Industrie, konnten Männer, die schon zur Zeit des Sozialismus im Landwirtschaftssektor tätig gewesen waren in der postsozialistischen Periode ihre Qualifikationen und ihren beruflichen Status leichter auf andere Wirtschaftsbereiche übertragen. Als zum Beispiel die Genossenschaft des Dorfes, in dem ich meine Forschungsarbeit durchführte, geschlossen wurde, konnten drei Männer aus der Belegschaft durch Aufkaufen von Mähdreschern und anderen großen Gerätschaften, ihr eigenes privates Unternehmen gründen, indem sie diese Maschinen – und sich selbst als deren Betreiber – an Nachbarn vermieteten.[8] Andere kauften Land, das früher in Besitz der Genossenschaft gewesen war, und gründeten ihre eigenen Molkereibetriebe oder Geflügelfarmen auf dem Gelände. Diese Entwicklung ist derjenigen sehr ähnlich, die bei Versteigerungen von Fabrikausrüstungen zu beobachten war. Manchen Personen, in erster Linie Männern, gestatteten solche Initiativen Produktionsmittel zu erwerben, die ihnen den Einstieg in die private Marktwirtschaft ermöglichten. Fehlende finanzielle Sicherheiten und die sich hieraus ergebende Unfähigkeit, Kredite oder Zuschüsse zu bekommen, also strukturbedingte Gründe sowie fehlende Geschäftskontakte und *insider*-Informationen machten es für Frauen unmöglich derartige Investitionen zu tätigen. Allerdings waren sie nicht selten durch ihren Arbeitseinsatz und ihr Mitwirken am Entscheidungsprozess daran beteiligt.

Mitte der 1990er Jahre hatte sich eine deutliche Verschiebung in den Reaktionen und Vorgehensweisen sowohl der Männer als auch der Frauen herausgebildet. Zu diesem Zeitpunkt war klar geworden, dass die Arbeitslosigkeit, Deindustrialisierung, einbrechende Märkte für lokal erzeugte Nahrungsmittel und die neue, nur für wenige zugängliche Welt des Konsums keine vorübergehende Erscheinung darstellten, sondern als Realität verankert waren. Viele, vor allem die kleineren, nicht spezialisierten Bauernhöfe in der Region zogen sich so zu sagen zurück und produzierten ihre Waren nicht mehr für den Verkauf, sondern nur noch für die vollständige oder teilweise Eigenversorgung ihrer Familien. An diesem Punkt setzte nun ein Rückzug in den Haushalt ein, der sich in deutlich veränderten Produktions- und Konsumgewohnheiten niederschlug. Zunehmend mehr Zeit und Energie wurde darauf verwendet durch Produktion im Haushalt, die Bedürfnisse zu befriedigen, die in der Vergangenheit zum Teil oder vollständig durch den Markt gedeckt wurden. Während der Sommermonate verbrachte der erweiterte Familienhaushalt, dem sich oftmals städtische Verwandte anschlossen, seine Zeit mit dem Einwecken und Konservieren des Obsts und Gemüses, das man für den Winter geerntet hatte. Viele machten ihren eigenen Wein. Man nähte seine Kleider zu Hause und kaufte sie nicht mehr im Geschäft. Der Haarschnitt, die Dauerwelle und die Färbung der Haare in der Küche ersetzte den Friseur. Hier war natürlich auch ein politischer Aspekt am Werk: Man war bestrebt, dem Konsumismus einen Riegel vorzuschieben. Überall war die Rede von der von außen hereingetragenen „Verschmutzung". Von ausländischen, in den Geschäften angebotenen Nahrungsmitteln hieß es, sie seien aufgrund der ihnen beigemengten Chemikalien gefährlich, ihr Verfallsdatum bereits überschritten oder einfach von schlechter Qualität. Man sprach mit Bedauern von dem Mangel an preiswerten, guten polnischen Grundnahrungsmitteln und Bedarfsgütern. Wenn irgendetwas nicht zu Hause erzeugt werden konnte, sondern gekauft werden musste, verbrachte man Stunden, wenn nicht Tage mit der Suche in Geschäften und auf dem Markt, um die preiswertesten und besten polnischen Waren zu finden. Während ausländische Erzeugnisse in der Vergangenheit als Statussymbole oder ein Zeichen persönlichen Wohlstands gegolten hatten, wurden sie jetzt demonstrativ abgelehnt. Dagegen wurden als *nasza* bezeichnete Produkte, d. h. solche, die der Eigenproduktion entstammten oder – je nach Umständen – polnischer Herkunft waren, dem Besucher mit sichtbarem Stolz vorgeführt.[9] Dieser Stolz war Teil eines weiter reichenden Gefühls des Stolzes über das eigene Zuhause und fand seinen Ausdruck auch in der wachsenden Bedeutung von *Do-it-yourself*-Strategien, die ihrerseits weitgehend auf Bildern beruhten, die man in „Haus und Garten"-Illustrierten gesehen hatte und die ebenfalls dem „polnischen Stil" vor dem „ausländischen" den Vorzug gaben.

Verwestlichung und neue Subjektivitäten

Diese Beispiele belegen die enge Verbindung von wirtschaftlicher Not, antiwestlichen Gefühlen und einer Art häuslichem, in kleinem Maßstab manifestiertem Nationalismus. Ich denke, dass diese Praktiken auch als ein neuer Weg interpretiert werden können, Arbeit und Fähigkeit zu demonstrieren, als eine Form, durch die primär, aber nicht ausschließlich, Frauen den häuslichen und bäuerlichen Raum als einen Bereich reklamieren, in dem Menschen sichtbar produktiv sein können und sind. Sichere, staatlich garantierte Anstellung und stabile landwirtschaftliche Produktion mit einem sicheren, staatlich unterstützten Markt waren verloren gegangen. Was die Menschen vom Sozialismus heute noch in Erinnerung tragen, ist ein Stolz auf die Produktion, die sie ihrer eigenen Arbeit verdankten und das Gefühl, Teil eines modernen und auf das Gemeinwohl ausgerichteten Projekts zu sein. Wenn sie heute zornig davon sprechen, Polen werde zu einem „Dritte-Welt-Land" gemacht, so hat dieser Zorn seinen Grund sowohl im wirtschaftlichen Niedergang des Landes, in dem Abhängigkeit und Ausbeutung gesehen wird, als auch im Zurückgeworfensein in eine präsozialistische Epoche. Dabei sollten sie sich auf dem Weg in eine kapitalistische Zukunft befinden, in eine Zeit, die noch moderner wäre als die sozialistische Ära. Die erste Phase der De-Industrialisierung war sowohl für die Frauen als auch für die Männer eine traumatische Erfahrung. Die langsamer vor sich gehende Erosion der Landwirtschaft war weniger sichtbar und weniger dramatisch, doch mit ebenso großen Schwierigkeiten verbunden. Einige Leute, die wahren tragischen Gestalten und echten Opfer dieser neuen Welt, sind aus der sozialen Landkarte gefallen. Alkoholismus, Drogenmissbrauch und Obdachlosigkeit sind die deutlichsten Zeichen dieser Entwicklung, doch es gibt auch andere, gewöhnlichere Muster sozialen Leids, und diese sind oft die weitaus gängigeren und tückischeren. Die Feminisierung der Armut, insbesondere die Armut alleinstehender arbeitsloser Mütter fällt in diese Kategorie. Andere Opfer der allgegenwärtigen Veränderungen sind Frauen mittleren Alters, denen der Eintritt in neue berufliche Betätigungen verwehrt bleibt, weil ihnen die notwendigen Kenntnisse im Bereich der Computer- und Informationstechnologie sowie Fremdsprachenkenntnisse fehlen – ganz zu schweigen von der „jugendlichen, attraktiven" äußeren Erscheinung. Alle diese Frauen leben von einer nicht ausreichenden Sozialunterstützung und der „Hilfe" ihrer Familien. Sichtbare Erfolgsgeschichten in dieser Region lassen sich nur von wenigen Personen, meist Männern, berichten, Leuten, die aus dem Abbau der staatlichen Industrie- und Landwirtschaftsbetriebe zu profitieren wussten und sich daher als unabhängige Unternehmer oder Geschäftsleute niederlassen konnten. Der Rückzug des Staates zwang die meisten Menschen verschiedenste Überlebensstrategien zu entwickeln – Strategien, die in den meisten Fällen auf *ad hoc*-Jobs, Subsistenzwirtschaft und anderen multiplexen Arbeitsformen wie Heimarbeit und Handel mit Eigenerzeugnissen basieren.

Unter dem Sozialismus lief der häusliche Bereich stets parallel zum öffentlichen Sektor und wurde im Vergleich mit diesem als etwas Positives gesehen. In den ideologischen Schlachten des Kalten Krieges mag der Westen offiziell das „feindliche Andere" gewesen sein, aber auf lokaler Ebene innerhalb Polens war das „Andere" im Denken der Menschen viel öfter Sowjetrussland und noch hautnaher der von den Sowjets gestützte polnische Staat. Angesichts der Korruption und mangelhaften Effizienz dieses Staates, den viele nicht selten wie eine Besatzungsmacht im eigenen Land empfanden, fühlte sich die Bevölkerung berechtigt, sich das zu nehmen, was ihr ihrer Meinung nach zustand und eigene Netzwerke wirtschaftlicher Betätigung zu schaffen (Pawlik 1992; Firlik und Chłopecki 1992). Sogar in Gebieten wie der Region Łódź, wo sich der Sozialismus auf große Teile der Bevölkerung stützen konnte und auch heute noch zahlreiche Anhänger hat, war man davon überzeugt, dass der Staat getadelt werden dürfe, wenn er seiner Pflicht dem Volke gegenüber nicht nachkam. So drehten sich die in Łódź seit den 1950er Jahren immer wieder durchgeführten politischen Protestaktionen, Fabrikbesetzungen und Streiks stets um das Problem der mangelnden Pflichterfüllung seitens des Staates gegenüber der Nation. Wenn die Leute arbeiteten, um Nahrung für die Nation zu produzieren, war es auch die Pflicht des Staates, diese arbeitenden Staatsbürger zu ernähren und für sie zu sorgen. Mütter und ihre Kinder waren lebenswichtig für die Nation. Unter dem Sozialismus erreichte die Opposition gegen den Staat einen kritischen Punkt, als die Preise für Nahrungsmittel – und da insbesondere für das symbolischste aller Nahrungsmittel überhaupt: Brot – plötzlich angehoben wurden oder als sich der Rhythmus der Arbeitsschichten änderte und es für Mütter schwieriger wurde, Zeit für ihre Kinder zu finden (Reading 1992; Long 1996). Die Debatten jener

Tage waren reich an metaphorischen Bezugnahmen auf Geschlecht und Familie. Es wurde immer wieder betont, dass der Staat als Vater für die Nation zu sorgen habe. Die Nation als Mutter hatte die Aufgabe, ihre Schützlinge zu ernähren und zu beschützen. Jeder der beiden arbeite, um den anderen zu ernähren und zu beschützen, und zusammen arbeiteten sie, um Nahrung und Schutz für die Kinder sicher zu stellen. Versagte der Staat oder brach er sein Versprechen, waren die Bürger moralisch berechtigt, selbst die erforderlichen politischen, wirtschaftlichen oder sozialen Maßnahmen zu ergreifen. Die informelle Wirtschaft – als solche notwendigerweise dem Einblick des Staates entzogen – wurde oft als die „wirkliche" Wirtschaft begriffen, die auf der Grundlage von Vertrauen (einer selten auf den Staat angewandten Vokabel) und gegenseitiger Gefälligkeiten von bzw. unter Familienmitgliedern und guten Freunden funktionierte. Für die Polen galten Verhaltensweisen, die offiziell subversiv waren, wie Streiks oder unehrliche Praktiken wie Diebstahl am Arbeitsplatz, als moralisch legitim. Damit sie auch wirklich legitim werden konnten, wurden solche Aktivitäten routinemäßig „naturalisiert", d. h. in einen Zusammenhang von Familienverpflichtung und den durch Geschlechtszugehörigkeit bedingten Aufgabenbereich gestellt. Diese Verhaltensmuster haben sich auch nach dem Ende des Sozialismus aufrechterhalten, doch hat sich der Kontext geändert. Nachdem das Auffangnetz des Wohlfahrtsstaates gänzlich verschlissen war, wurden die einstigen „Alternativstrategien" für viele Menschen zu den wichtigsten, wenn nicht einzigen Überlebensmöglichkeiten.

Im Gegensatz zum sozialistischen, hatte sich der postsozialistische Staat zunächst als unabhängig dargestellt, als ein von Polen zum Wohle Polens gestaltetes System. Doch bald führten die strengen Maßnahmen, die Finanzminister Leszek Balcerowicz für die Restrukturierung der polnischen Volkswirtschaft im Sinne der Richtlinien des IWF in Kraft treten ließ, zu hoher Arbeitslosigkeit und der Streichung staatlicher Sozialdienste. Daher erschien der neue polnische Staat seinen Staatsbürgern bald in einem ähnlich negativen Licht wie der ehemalige sozialistische, wenn er nicht sogar Erinnerungen an die sozialistische Zeit als einer guten und stabilen Epoche aufkommen ließ, einer Epoche, in der sich der Staat um sein Volk kümmerte.[11] Es war also ein weiteres Mal dazu gekommen, dass sowohl auf dem Lande wie in den durch hohe Arbeitslosenzahlen gekennzeichneten Industriezentren der Staat und der öffentliche Bereich mit der Idee des oppressiven „Anderen" assoziiert wurde, nur jetzt nicht mehr mit Blick auf Russland, sondern auf den „Westen".

Schluss

Die Geschlechtszugehörigkeit einer Person bildet nur einen, wenn auch sehr wichtigen Strang in den volkswirtschaftlichen Prozessen, auf deren Grundlage sich die neuen Wirtschaftssysteme und sozialen Beziehungsnetze im postsozialistischen Gefüge konstituieren. Realitäten verschiedenster Art wie soziale Klasse, ländlicher oder städtischer Standort, Alter und Generation, aber auch – wie zum Beispiel im Falle der Roma – ethnischer Hintergrund, überschneiden sich irgendwo und in wesentlichem Maße mit dem Problem der Geschlechtszugehörigkeit des Einzelnen. In den dörflichen Regionen, auf die in diesem Artikel eingegangen wurde, wird der Rückzug der staatlichen strukturellen Präsenz sowie der Schwund staatlicher Unterstützung von der Bevölkerung als Verrat und Rückschlag interpretiert. Keine einzige der Strategien, die hier besprochen wurden, sind neu: eigenhändige Haushaltsproduktion, informelle Wirtschaftsaktivitäten, Verwendung ausgedehnter Beziehungsnetze zwischen den Mitgliedern der eigenen Familie – all dies hatte auch schon zum Leben im sozialistischen Kontext gehört. Allerdings waren diese Strategien damals weitgehend unsichtbar geblieben, man sprach nicht offen darüber und – was das Wichtigste ist – sie waren Teil einer privaten, häuslich-familiären Welt, die darum bemüht war, sich dem aufdringlichen Blick des Staates zu entziehen. Staatliche Institutionen – wie die Industrieproduktion, außerhalb der Haushalte gelegene Arbeitsplätze, regulierte Märkte sowie eine streng durchorganisierte Landwirtschaft – waren die sichtbaren und öffentlichen „Räume" volkswirtschaftlichen Geschehens. Als diese „Räume" kollabierten, blieb nur noch die unsichtbare bzw. verborgene private Welt des eigenen Haushalts übrig. Die durch den Zusammenbruch der staatlichen Industrie, regulierte, institutionalisierte Landwirtschaft und sozialen Institutionen entstandene Kluft wird heute weniger durch neue Institutionen einer inzwischen aufgebauten Zivilgesellschaft gefüllt als vielmehr durch die Expansion der häuslich-familiären, privaten Welt – jener Welt also, die jeder Staatsbürger in der vorausgegangenen Ära vor dem neugierigen Blick des Staates sorgfältig schützte. Jüngste Forschungsarbeiten über die sozialen Probleme im ländlichen Bereich osteuropäischer Länder (Kaleta *et al.* 2001) verweisen darauf, dass diese Entwicklung als symptomatisch für ein weiter ausgreifendes Muster gelten dürfte. So schreibt z. B. Pluskota, dass

„die Landbevölkerung in... Mitteleuropa... in politischer, sozialer und wirtschaftlicher Hinsicht relativ wenig aktiv ist – dass nur ein geringer Prozentsatz der Einwohner Mitglieder formeller Organisationen sind. (Diese Feststellung) ist ein Beleg für das sogenannte soziale Loch, dessen Vorhandensein während der letzten zehn Jahre wahrgenommen wurde. Mit „sozialem Loch" ist gemeint, dass sich die Menschen nicht mit Gruppen und Institutionen oder größeren Vereinen identifizieren, sondern nur mit kleinen Gruppen wie der ihrer eigenen Familie. Dieser immer deutlicher hervortretende Trend hat zahlreiche negative Konsequenzen - wie zum Beispiel ein stark vermindertes Verantwortungsgefühl gegenüber außerhalb des privaten Bereichs liegender Angelegenheiten." (Pluskota 2001)

Ähnlich bemerkt Kaleta in bezug auf Polen, dass

„die meisten Bewohner ländlicher Gebiete den politischen, administrativen oder wirtschaftlichen Institutionen kein Vertrauen entgegenbringen und... das Gefühl haben, sie könnten den Verlauf der Dinge in ihrem eignen Land nicht beeinflussen... Der Einfluss der politischen Parteien ist stark gesunken ebenso wie der, der in den einzelnen ländlichen Regionen und der Landwirtschaft existierenden parakooperativen Organisationen. Das Fehlen gut entwickelter freiwilliger Organisationen sowie die sich aus dieser Lücke ergebende Nichtexistenz verschiedenster Kanäle, durch die sich die öffentliche Meinung Ausdruck verschaffen kann, lassen darauf schließen, dass es in den ländlichen Gemeinden so gut wie keine geordnete pluralistische Gesellschaft gibt." (Kaleta 2001)

Sofern der Schwund staatlicher Präsenz nicht durch die erfolgreiche Entwicklung anderer identifikationsschaffender Gruppierungen und Institutionen ausgeglichen wird – Institutionen, über die die Menschen auf gewisser Weise auf die öffentlichen Verhältnisse einwirken können, bieten ihnen nur informelle Beziehungs- und Transaktionsmuster sowie die Umlenkung der volkswirtschaftlichen Ressourcen zurück in den häuslich-familiären Bereich eine Alternative. Wie ich zeigen konnte, war dieser Bereich zu sozialistischer Zeit stark auf die Rolle der Geschlechter zugeschnitten, insofern als die in diesem Rahmen stattfindende *Warenproduktion* verschleiert wurde, der *reproduktive Aspekt* (d. h. die Mutterrolle der Frau) jedoch hervorgehoben und geschützt. Heute ist es so, dass der häuslich-private Bereich als volkswirtschaftliches Faktum expandiert und den einst durch den Staat besetzten Leerraum ausfüllt und zugleich sichtbarer wird und zunehmend mit neuen – bzw. erst neuerdings allgemein anerkannten – Produktionsmodi in Verbindung gesetzt wird. Im Postsozialismus haben die Frauen zwar mehr als andere Bevölkerungsgruppen unter ihrer Exklusion aus dem öffentlichen Bereich zu leiden gehabt, doch entwickeln sich in dem dadurch neu entstandenen sozialen Raum" neue Formen der Gegenseitigkeit und Kooperation, die seit langem mit der Familie und Verwandtschaft, und insbesondere über weiblichen Verwandtschaftsbeziehungen, assoziiert wurden.

Diese Beobachtungen werfen die Frage auf, welche Art von Gesellschaft und welche Art von Wirtschaft unter dem Postsozialismus entsteht. Es kann sein, dass dieser Rückzug in den häuslich-familiären Bereich eine vorübergehende Erscheinung ist, und dass die neue Generation, die keine Erinnerung mehr an den Sozialismus hat, dadurch wirtschaftlich in den Vordergrund rückt, dass sie diejenigen Qualifikationen und Gelegenheiten bekommen wird, dank derer sie auch in breitem Maßstab an der globalen Wirtschaft teilnehmen kann. Der Beitritt zur Europäischen Union, eine größere internationale Mobilität sowie seitens globaler Industrieunternehmen getätigte Investitionen in Polen lassen ein solches Szenario heute wahrscheinlicher werden als dies noch vor zehn Jahren der Fall war. Es bleibt abzuwarten, ob diese Prozesse zu einem *Rückzug aus dem häuslichen Bereich* und einem verbesserten Gleichgewicht des Verhältnisses von Männern und Frauen führen werden, oder ob es zu einer verstärkten Polarisierung zwischen den in die globale Wirtschaft eingebundenen Regionen der Erde und jenen anderen kommen wird, denen keine andere Wahl bleibt, als sich zunehmend nach innen zu wenden – hin auf eine lokale, auf Kleinbetrieben basierende Warenproduktion mit der entsprechenden Tauschwirtschaft.

Anmerkungen

1 Ich möchte dem ESRC meinen Dank dafür aussprechen, dass es mir ermöglicht hat, das diesem Beitrag zugrunde liegende Forschungsprojekt in den Zeiträumen von 1988 bis 1990 (R0002314) und von 1991 bis 1995 (R000233019) durchzuführen. Ich danke auch Chris Hann und Deema Kaneff, dass sie den ersten Entwurf dieses Textes gelesen haben und mir mit zahlreichen hilfreichen Vorschlägen hinsichtlich seines generellen Aufbaus zur Seite standen.
2 Zur Diskussion dieser Probleme in den postsozialistischen Ländern, siehe Einhorn 1993, Gal und Kligman 2000. Näheres über geschlechterbezogene Fragen, die zivile Gesellschaft und die „neue" Männlichkeit in diesen Staaten bei: Watson 1993 und 1996. Eine Untersuchung der Position der Frauen und der Marktwirtschaft in Russland liefert Bridger *et al.* 1996.
3 Für eine Darstellung der regionalen Unterschiede – mit besonderem Schwerpunkt auf einem Vergleich zwischen der Region um Łódź und dem Podhale (der Heimat der Góralen) im Südwesten Polens siehe: Pine 1996a und 1998.
4 In dieser Region – wie übrigens ganz generell in Polen – gab es wenig staatliche Landwirtschaftsbetriebe. Die Landwirtschaft lag zum größten Teil in der Hand privater bäuerlicher Kleinbetriebe.
5 Yuval Davis (1997, S. 78-84) und andere haben sich mit Fragen der Zusammenfassung unter ein und derselben Rubrik des privaten und des familiär-häuslichen Bereichs auseinandergesetzt und ganz richtig darauf hingewiesen, dass die Beziehungen innerhalb der Familie nicht im Sinne von faktischer Unabhängigkeit als „privat" zu bezeichnen sind, sondern mit Machtstrukturen, im Widerstreit liegenden Interessen, Ungleichheit und Auseinandersetzungen zwischen den Familienmitgliedern gekoppelt sind. Daher ist es wichtig, diesen Unterschied zu machen. Es ist jedoch ebenfalls zu bedenken, dass der Begriff

des „Privaten" unter dem Sozialismus eine Reihe besonderer Bedeutungsinhalte bekam, zu denen u.a. auch die Konzeption des privaten Individuums, sowie die der privaten (wirtschaftlichen und sozialen) Lebenssphäre gehörte, die sich in Opposition zum staatlichen Wirkungsbereich befand. Ich habe den Unterschied zwischen *prywatny* und *państwowy* an anderer Stelle herausgearbeitet und außerdem zeigen können, welche Bedeutungsänderungen das Wort *prywatny* im Postsozialismus durchlaufen hat. Hier bedeutet „privat" sowohl „privat" im Sinne von „nicht-staatlich", wie „privat" im Sinne von „kapitalistisch" oder dem „freien Unternehmertum" zuzurechnend. Eine dritte Kategorie, der Begriff *domowy* (den eigenen Haushalt bzw. die eigene Familie betreffend), umfasst sodann einige soziale und wirtschaftliche Bedeutungsaspekte, die unter dem Sozialismus zum privaten Bereich gehörten. Hierzu: Pine 1996a, 1998.

6   Ich habe eine ähnliche Unterscheidung zwischen „Familienbeziehungen, die binden" und rein individuell durchgeführten Aktivitäten außerhalb der Ansprüche seitens der Familie bei den Górelen im Südwesten Polens untersucht, als ich in den späten 1970er Jahren ein Forschungsprojekt in der Region durchführte. In den Augen der Górelen fiel eine Beschäftigung im staatlichen Sektor jedoch in die Kategorie „Unterdrückung", und Frauen eroberten Selbstbewusstsein vor allem in den Bereichen des Verkaufs, Handels und wirtschaftsbedingten Wanderarbeitertums (Pine 1999).

7   In der Region von Podhale wird im Hinblick auf Arbeit viel weniger zwischen den Geschlechtern unterschieden. Hier sind sowohl Männer wie Frauen in erster Linie in der landwirtschaftlichen Eigenproduktion tätig – sowie in jeder anderen, die Subsistenzwirtschaft stützenden Branche. Im Klartext bedeutet das, dass sowohl die Männer wie die Frauen eine außerhalb des eigentlichen Familienbetriebs liegende Arbeitsstelle haben – d. h. von zu Hause abwesend sein – können, solange diese Arbeit als Unterstützung der Eigenwirtschaft gelten kann; es bedeutet außerdem, dass eine Frau Mutter sein kann, ohne körperlich in der Familie präsent sein zu müssen – genau wie auch der Mann Vater sein kann, aber nicht anwesend zu sein braucht. Hierzu: Pine 2001.

8   Obwohl sich das meiste Ackerland im Dorf in Privatbesitz befand, besaß die LPG auch einige Felder und großes landwirtschaftliches Gerät wie zum Beispiel Mähdrescher.

9   Zum Unterschied zwischen Männern und Frauen im Dekollektivierungsprozess in Kasachstan, wo ähnliche Probleme auftauchten, siehe Shreeves (o. J.).

10 Humphrey (1995) dokumentiert eine ähnliche Entwicklung für Moskau, und Haukanes (2001) greift in noch jüngeren Untersuchungen denselben Punkt im Zusammenhang mit ländlichen Landstrichen in der Tschechischen Republik auf.

11 Es handelt sich hier wohl weniger um einen Fall kollektiver Amnesie oder Nostalgie als vielmehr um einen Rückblick auf eine vergangene Ordnung, die der Gegenwart nun gegenübergestellt wird und so als Kritik an dieser gemeint ist. Das soziale Gedächtnis ist selektiv und kontextuell. Wenn befragte Personen die „gute" sozialistische Vergangenheit erwähnten, dann leugneten sie nicht die Korruption, den Mangel, das Schlangestehen und die nicht enden wollenden Eingriffe und Kompetenzüberschreitungen des Staates. Wichtiger erschienen ihnen aber andere Aspekte: Wirtschaftliche Sicherheit, Vollbeschäftigung, ein alle Mitglieder der Gesellschaft umfassendes Gesundheitswesen und Schulbildung für alle.

Literatur

Atwood, L. (1997), "She was asking for it": rape and domestic violence against women, in: M. Buckley (Hg.), *Post-Soviet Women: from the Baltic to Central Asia*, Cambridge, Cambridge University Press.

Baban, A. (2000), Women's sexuality and reproductive behaviour in post-Ceausescu Romania: a psychological approach, in: S. Gal, G. Kligman (Hg.), *Reproducing Gender: politics, publics, and everyday life after socialism*, Princeton, Princeton University Press.

Bridger, S., R. Kay, K. Pinnick (1996), *No More Heroines? Russia, women and the market*, London, Routledge.

Corrin, C. (1992), *Superwoman and the Double Burden*, London, Scarlet Press.

Einhorn, B. (1993), *Cinderella Goes to Market*, London, Verso.

Firlik, E., J. Chlopecki (1992), When Theft is not Theft, in: J. Wedel (Hg.), *The Unplanned Society: Poland during and after communism*, New York, Columbia University Press.

Gal , S., G. Kligman (Hg.), (2000), *Reproducing Gender: politics, publics, and everyday life after socialism*, Princeton, Princeton University Press.

Haney, L. (1999), But we are still mothers: gender, the state and the construction of need in postsocialist Hungary, in: M. Burowoy, K. Verdery (Hg.), *Uncertain Transition: ethnographies of change in the postsocialist world*, Lanham, Boulder, New York and London, Rowman and Littlefield.

Haukanes, H. (2001), Women as nurturers: food and ideology of care in the Czech Republic, in: H. Haukanes (Hg.), *Women after Communism: ideal images and real lives*, Centre for Women's Studies and Gender Relations, University of Bergen, im Druck.

Hivon, M. (1995), Local resistance to privatisation in rural Russia, in: *Cambridge Anthropology* 18(2), S. 13-22.

Humphrey, C. (1995), Creating a culture of disillusionment: consumption in Moscow, a chronicle of changing times, in: D. Miller (Hg.), *Worlds Apart: modernity through the prism of the local*, London, Routledge.

Kaleta, A. (2001), The Polish countryside during the system transformation, in: A. Kaleta, N. Swain, G. Zabłocki (Hg.), *Rural and Agricultural Transformation in Central Europe*, Wrocław, Ossolineum.

Kaleta, A., N. Swain (Hg.), (2001), *Rural and Agricultural Transformation in Central Europe*, Wrocław, Ossolineum.

Kay, R. (1997), Images of an ideal woman: perceptions of Russian womanhood through the media, education and women's own eyes, in: M. Buckley (Hg.), *Post-Soviet Women: from the Baltic to Central Asia*, Cambridge, Cambridge University Press.

-- (2000), *Russian Women and their Organizations: gender, discrimination and grassroots women's organizations 1991-96*, Basingstoke and London, Macmillan.

Kligman, G. (1988), *The Wedding of the Dead: ritual, poetics and popular culture in Transylvania*, Berkeley, University of California Press.

Ledeneva, A. (1998), *Russia's Economy of Favours: blat, networking and informal exchange*, Cambridge, Cambridge University Press.

Long, K. (1996), *We All Fought For Freedom: Women in Poland's Solidarity Movement*, Boulder, Westview.

Maleck-Lewy, M., E.M. Ferree (2000), Talking about women and wombs: the discourse of abortion and reproductive rights in the G.D.R. during and after the *Wende*, in: S. Gal, G. Kligman (Hg.), *Reproducing Gender: politics, publics, and everyday life after socialism*, Princeton, Princeton University Press.

Pawlik, W. (1992), Intimate Commerce, in: J. Wedel (Hg.), *The Unplanned Society: Poland during and after communism*, New York, Columbia University Press.

Pilkington, H. (1997), 'For the sake of the children': gender and migration in the former Soviet Union, in: M. Buckley (Hg.), *Post-Soviet Women: from the Baltic to Central Asia*, Cambridge, Cambridge University Press.

Pine, F. (1996a), Redefining women's work in rural Poland, in: R. Abrahams (Hg.), *After Socialism: Land Reform and Social Change in Eastern Europe*, Oxford, Berghahn.

-- (1996b), Naming the house and naming the land: kinship and social groups in the Polish highlands, in: *Journal of the Royal Anthropological Institute* 2(2), S. 443-459.

-- (1997), Pilfering Culture: Górale identity in postsocialist Poland, in: *Paragraph* 20(1), S. 59-74.

-- (1998), Dealing with fragmentation: the consequences of privatisation for rural women in central and southern Poland, in: S. Bridger, F. Pine (Hg.), *Surviving postsocialism: local strategies and regional responses in eastern Europe and the former Soviet Union*, London, Routledge.

-- (1999), Incorporation and Exclusion in the Podhale', in: S. Day, E. Papataxiarchis, M. Stewart (Hg.), *Lilies of the Field: marginal people who live for the moment*, Boulder Colorado, Westview Press.

-- (2001), Who better than your mother? some reflections on gender in postsocialist Poland, in: H. Haukanes (Hg.), *Women after Communism: ideal images and real lives*, Bergen, Centre for Women's Studies and Gender Relations, University of Bergen, in press.

Pinnick, K. (1997), When the Fighting is Over: the soldiers' mothers and the Afghan madonnas, in: M. Buckley (Hg.), *Post-Soviet Women: from the Baltic to Central Asia*, Cambridge, Cambridge University Press.

Pluskota, A. (2001), The quality of life of rural inhabitants, in: A. Kaleta, N. Swain (Hg.), *Rural and Agricultural Transformation in Central Europe*, Wrocław, Ossolineum.

Pollert, A. (1981), *Girls, Wives, Factory Lives*, London and Basingstoke, Macmillan.

Rai, S., A. Phizacklea, H. Pilkington (Hg.), (1992), *Women in the Face of Change: the Soviet Union, Eastern Europe and Russia*, London, Routledge.

Reading, A. (1992), *Polish Women, Solidarity and Feminism*, London, Macmillan.

Shreeves, R. (1992), Sexual revolution or "sexploitation"? The pornography and erotica debate in the Soviet Union, in: S. Rai, A. Phizacklea, H. Pilkington (Hg.), *Women in the Face of Change: the Soviet Union, Eastern Europe and Russia*, London, Routledge.

-- (o. J.) Gender Issues in the development of rural areas in Kazakstan, PhD in Vorbereitung, University of Wolverhampton.

Watson, P.(1993), The Rise of Masculinism in Eastern Europe, in: *New Left Review* 198, S. 71-82.
-- (1996), Civil society and the politics of difference in eastern Europe, in: J. Scott, C. Kaplan, D. Keates (Hg.), *Transitions, Environments, Translations: feminisms in international politics*, New York, Routledge.
Wedel, J. (Hg.), (1992), *The Unplanned Society: Poland during and after communism*, New York, Columbia University Press.
Wolchik, S. (2000), Reproductive policies in the Czech and Slovak Republics, in: S. Gal, G. Kligman (Hg.), *Reproducing Gender: politics, publics, and everyday life after socialism*, Princeton, Princeton University Press.
Yurchak, A. (1997), The Cynical Reason of Late Socialism: power, pretence and the *anekdot'*, In: *Public Culture* 9, S.161-188.
Yuval-Davis, N. (1997), *Gender and Nation*, London, Sage.
Zielińska, E. (2000), Between ideology, politics and common sense: the discourse of reproductive rights in Poland, in: S. Gal, G. Kligman (Hg.), *Reproducing Gender: politics, publics, and everyday life after socialism*, Princeton, Princeton University Press.

6. Die Auflösung der ost- und mitteleuropäischen Arbeiterklasse[1]

David A. Kideckel

Das Opfer hat Schuld: Arbeiter im Neokapitalismus Osteuropas

Als mich der Eigentümer eines Restaurants in Petrosani, einer Bergarbeiterstadt im Jiu-Tal in Rumänien, an seinen Tisch bat, um mich zweien seiner ehemaligen Lehrer vorzustellen, wollte einer der beiden alten Männer wissen, warum ich in ihr Tal gekommen sei. Als ich ihm antwortete, ich interessiere mich für die Probleme der Arbeiter, die Arbeitsbedingungen der Bergleute, ihre Gesundheit und die Auswirkungen der Arbeitslosigkeit, zog er eine Augenbraue hoch und sah mich argwöhnisch an: „Was sind Sie", fragte er, „ein Kommunist?"

Diese kleine Episode zeigt gut die Einstellung vieler Menschen in Ost- und Mitteleuropa gegenüber den postsozialistischen Arbeiterklassen. Heute gilt es als nebensächlich – ja ungerechtfertigt, sich um die Lage der Arbeiterklasse zu kümmern und zahlreiche Branchen der Industrie werden als Überbleibsel des Sozialismus beschimpft. Im Sozialismus waren Industriearbeiter die privilegierten Empfänger höherer Löhne und zusätzlicher staatlicher Dienstleistungen und Vergünstigungen, was der damaligen Ideologie, die die Rolle der Arbeiterklasse besonders betonte, entsprach. Der Wechsel von Verehrung zu Verachtung war in Rumänien besonders krass. Die öffentliche Meinung findet viele, denen sie die Schuld an den wirtschaftlichen und politischen Schwierigkeiten des Landes zuschreiben kann – korrupte Politiker, geldgierige Geschäftsleute und angeblich gegen Rumänien eingestellte ausländische Organisationen wie die Weltbank, aber Arbeiter gehörten immer mit zu den am meisten Verunglimpften. Angeblich halten sie das Land am Boden und verhindern durch die schlechten Angewohnheiten, die sie sich während der Zeit Ceaușescus zugelegt haben, die Durchführung von Reformen. Dazu gehören eine fragwürdige Arbeitseinstellung und ein daraus resultierender Mangel an Produktivität, allgemeine Unehrlichkeit und die Erwartung, etwas umsonst zu bekommen.

Diese Kritik wird ausgedehnt auf die Gewerkschaften und ihre Führungskräfte, denen man nachsagt, dass sie sich nicht für die Belange der Arbeiter interessieren, sondern lieber Politik machen. Sie gelten als äußerst militant und werden der Komplizenschaft bei der gezielten Zerstörung von Industrieunternehmen bezichtigt. Sogar die Arbeitslosen werden von dieser Kritik nicht verschont. Sie sollen Arbeitslosengeld einstreichen, aber „Schwarzarbeit" leisten bzw. gerade so lange arbeiten, bis sie wieder Anspruch auf Arbeitslosenunterstützung haben und dann die Arbeit aufgeben. Man wirft ihnen vor, sich nicht umschulen zu lassen oder in Regionen umzuziehen, wo es Arbeit gibt, oder aber ihre Abfindung in Saus und Braus zu verprassen, nur um anschließend ihre alten Jobs zurückzufordern.

So werden die Opfer des wirtschaftlichen Niedergangs für eben diesen Niedergang verantwortlich gemacht, während diejenigen, die sie bezichtigen – Medien, neue Unternehmer, Parlamentarier und so mancher Staatsfunktionär – den Löwenanteil der Gewinne aus der neuen Volkswirtschaft selbst einstreichen.

Diese allgemeine Verunglimpfung treibt einen Keil zwischen die Arbeiterklasse und die anderen sozialen Gruppen und enthält eine generellere Aussage über den Charakter des Postsozialismus in Ost- und Mitteleuropa. Postsozialismus ist ein amorphes Konzept, das Gesellschaften durch etwas definiert, was sie nicht sind – und nicht durch etwas, was sie sind. So gesehen hat der Begriff viel mit dem auch zunehmend in Misskredit geratenden Konzept der „Transition" gemein. Es wird in der Tat immer öfter die Meinung vertreten, der Terminus „Transition" sei teleologisch, ethnozentrisch-triumphalistisch und trage den zwischen den verschiedenen Nationen bestehenden Unterschieden keine Rechnung (Blanchard und Froot *et al.* 1964; Offe 1997; Pasti 1997; Verdery 1996; Wedel 1998; Snyder und Vachudova 1997; Berdahl 2000). In dem Maße, in dem der Begriff Postsozialismus darauf hindeutet, dass die gegenwärtigen Bedingungen temporär sind und sich bald in einem neuen System konsolidieren werden, ist er ähnlich problematisch, obwohl er nichts darüber aussagt, wie das neue System sein wird. Theoretiker des Postsozialismus tun sich deshalb schwer damit, den überstürzten Versuch der Länder Ost- und Mitteleuropas, eine Variante des Weltkapitalismus als grundlegendes Organisationsprinzip zu übernehmen, anzuerkennen.

In dieser Hinsicht ist eine Theorie des Übergangs ganz richtig und könnte in der Tat das Tempo kapitalistischer Entwicklung in Ost- und Mitteleuropa unterschätzen. Ich werde hier dafür plädieren, dass das Problem der Region nicht in einer zu zögerlichen Bewegung in Richtung Kapitalismus besteht (was ja der Begriff der „Transition" besagen will), sondern in einer zu schnellen; nicht zu wenig Kapitalismus ist das Problem, sondern zu viel davon. Was hier vorliegt, ist kein Postsozialismus, sondern ein Neokapitalismus – ein die Grundprinzipien des Kapitalismus neu interpretierendes System, das die soziale Ungleichheit noch stärker fördert als es das westliche Modell tut, von dem es sich ableitet.

Wie die Neoleibeigenschaft des so genannten „langen sechzehnten Jahrhunderts", ist auch der Neokapitalismus eine Methode, einen westlichen Prototyp so zu überarbeiten, dass dessen Anwendung ein wirtschaftlich abhängiges Hinterland entstehen lässt. Analog zur Neoleibeigenschaft sind auch unter diesem System die Geschwindigkeit und Schärfe, mit der Klassenunterschiede herbeigeführt werden, größer als im eigentlichen kapitalistischen Erfahrungsbereich. Als der Kapitalismus im Osten eingeführt wurde bekamen die vielen Bauern nie etwas von den sozialen Vorteilen zu spüren, die so charakteristisch für den westlichen Kapitalismus waren und auch eine Mittelklasse hat sich nicht herausbilden können. Dieser Neokapitalismus zeigt uns erneut, wie sich eine kleine Elite die öffentlichen Ressourcen zu Eigen macht und deren transparente und gerechte Verteilung verhindert. Es gibt natürlich Ausnahmen. Verschiedene Joint-Venture-Unternehmen aus der entwickelten kapitalistischen Welt zahlen ihren Arbeitern vernünftige Löhne und geben ihnen Sicherheit am Arbeitsplatz. Viel ausgeprägter ist jedoch der Trend, persönliches Besitztum einzelner Individuen auf Kosten der sozialen Gerechtigkeit zu bevorzugen, eine unangemessene Kreditpolitik zu betreiben und überhaupt einem korrupten Zusammenspiel zwischen den besitzenden und politischen Klassen zum Nachteil der Arbeiterklasse Vorschub zu leisten. Auf diese Weise sind die Industriearbeiter inzwischen auf die unterste Sprosse der wirtschaftlichen und sozialen Leiter abgesunken; es gibt noch keine wirkungsvolle Mittelklasse, und die Klassengrenzen verfestigen sich weiter (Słomczyński und Shabad 1997).

Die Staaten Ost- und Mitteleuropas sind gegenwärtig in einem System gefangen, dessen Grundprinzipien zwar kapitalistisch sind, jedoch keineswegs zu der euro-amerikanischen Variante gehören. Die neuen Eigentums- und Regierungsprinzipien scheinen dieselben zu sein, jedoch werden die Lebensbedingungen und Identitäten der Arbeiterklasse durch den rasch schwindenden Zugang zu Ressourcen – materiellen, sozialen und symbolischen – in der neokapitalistischen Gesellschaft geprägt. Verglichen mit den Lebenshaltungskosten sinken die Qualität der Arbeitsplätze und die Höhe der Löhne sowohl in absoluter als auch relativer Sicht. Unter diesem Druck implodieren auch die sozialen Netzwerke im Arbeitermilieu. Als Reaktion auf die sozialistische Vergangenheit und Antwort auf die globalistische Gegenwart verlieren die Arbeiter als Gruppe jegliche symbolische Unterstützung in der Gesellschaft. Und fast überall wird dieser Stress zu einer Bedrohung ihrer psychischen und physischen Gesundheit.

Dadurch, dass der Neokapitalismus die Arbeiter in die untersten der neuen nationalen, politisch-ökonomischen und kulturellen Kategorien, oder zumindest in deren Nahe abdrängt, schafft er soziale Strukturen, durch die der Arbeiter entweder zum erniedrigten Bittsteller oder zum entfremdeten Antagonisten gemacht wird. Er produziert Auslandsbeziehungen, in dessen Rahmen sich die Arbeiter nicht nur selbst als ungleich definieren, sondern auch von anderen als Ungleiche eingestuft werden. Damit etabliert der Neokapitalismus in dieser Region eine Art „dauerhafte Ungleichheit" der Arbeiter, d. h., eine Ungleichheit, die von einer sozialen Interaktion zur nächsten andauert und dazu tendiert gesamte Karrieren, Lebenszeiten und organisatorische Geschichte zu überdauern (Tilly 1998, S. 6). Diese Art von Ungleichheit wird am besten verständlich, wenn man sich zunächst die dominante Rolle der Arbeit im Sozialismus vor Augen führt, aus der die heutigen Gegenwärtigkeiten resultieren.

Die ethnographische Basis neokapitalistischer Annahmen

Die Materialien und Schlussfolgerungen dieses Essays sind das Ergebnis einer in der Zeit zwischen 1998 und 2000 mit Unterbrechungen in Rumänien durchgeführten Feldforschung. Ihr Ziel war es, die Lebensumstände zweier größerer Gruppen von Industriearbeitern zu dokumentieren. Diese Arbeit war verbunden mit einer Untersuchung über den Wandel und die Wahrnehmungen von rumänischen Gewerkschaften in der gegenwärtigen Gesellschaft (Kideckel 1999). Die im Rahmen dieses Projekts untersuchten Arbeiter, zu denen sowohl aktive als auch arbeitslose Personen gehörten, setzten sich zusammen aus den Steinkohlenbergleuten des Jiu-Tals im Südwesten Rumäniens, eine am Schnittpunkt der drei historischen Gebiete von Banat, Oltenia und Transsylvanien gelegenen Region, sowie den Chemiearbeitern der Region von Făgăraş, im südlichen Teil Zentraltranssylvaniens.

Oberflächlich betrachtet zeichnen sich das Jiu-Tal und die Region von Făgăraş in der Zeit des Sozialismus und des Neokolonialismus durch viele Gemeinsamkeiten aus: Unter dem Sozialismus florierten beide Regionen durch eine konzentrierte monoindustrielle Produktionsbasis. Ihr Erfolg war so groß, dass Arbeitskräfte auch aus anderen Regionen des Landes zuwanderten, um hier zu arbeiten. Heute aber sind beide Gebiete – eben wegen dieser Industriekonzentration – Gegenstand einer intensiven Umstrukturierung – allerdings mit dem Ergebnis, dass sich inzwischen verheerende Arbeitslosenquoten eingestellt haben und das Gesamtbild durch sehr starke Gewerkschaftsbewegungen bestimmt wird.

Heute ist der Bergbau (*minerit*) des Jiu-Tals nach zwei durch Vertragsauszahlungen vorangetriebenen Massenentlassungen (*disponibilizare*) tief erschüttert. Im Rahmen dieser Vertragsauszahlungen erhielten die betroffenen Arbeiter zusätzlich zu der normalen Arbeitslosenunterstützung einmalige Abfindungssummen im Gegenwert von zwölf bis zwanzig Monatslöhnen. Diese Entlassungen haben es ermöglicht, zwei der 13 Gruben zu schließen, noch einigen mehr damit zu drohen und die Gesamtanzahl der aktiven Bergleute von ungefähr 42 000 im Jahre 1997 auf heutige 18 216 zu senken.[2] Der größte Teil der arbeitslosen Bergleute sitzt im Anschluss an diese Maßnahmen in den Städten des Tales müßig herum, ihre Abfindungen sind im Dezember 1999 ausgelaufen. Zahlreiche der zugezogenen Kumpel benutzten einen Teil ihrer Abfindungen, um in ihre Heimat – vor allem Moldavien – zurückzukehren. Sie kamen aber wieder, als sich herausstellte, dass sie dort auch keine Zukunft haben. Ihre Familien wollten sie angesichts ihrer Arbeitslosigkeit nicht aufnehmen und die Geschwister betrachteten sie als Konkurrenten um das Familienerbe. Ähnlich war auch die Lage in der Region von Făgăraş, wo wir ebenfalls forschten. Die Zahl der Arbeiter der drei von uns untersuchten Chemiefabrikenist von insgesamt 17 239 im Jahre 1989 auf 5636 abrupt abgefallen.[3] Auch wenn viele der entlassenen Arbeiter sowohl auf legalem Wege als auch illegal nach Italien emigriert sind, lebt die Mehrzahl von ihnen auch weiterhin in der Region und bemüht sich dort – allerdings mit wenig Erfolg – um jegliche nur erdenkliche Möglichkeit, ihren Lebensunterhalt zu verdienen.

Die hohe Arbeitslosigkeit und der starke Anstieg der Lebenshaltungskosten haben den Zorn der Arbeiter in beiden Regionen stark angefacht. Die Bergleute aus dem Jiu-Tal sind wegen ihrer regelmäßig entweder angedrohten oder tatsächlich durchgeführten Märsche auf Bukarest heute berüchtigt.[4] Aber trotz dieser Bekanntheit sind diese wiederholten Aktionen von Beschwerden über die örtliche Grubenverwaltung übertroffen worden. Auch die Fabrikarbeiter und Gewerkschaften aus Făgăraş haben sich an lokalen und landesweiten Arbeiterinitiativen beteiligt – hier allerdings meistens deshalb, weil die städtischen öffentlichen Dienste nur mangelhaft gearbeitet hatten.

Zur Eindämmung solcher Aktionen und um auf wirtschaftliche Bedürfnisse zu reagieren, verabschiedete die Regierung das Gesetz für benachteiligte Zonen (Rumänische Regierung, 1997), durch das sie einer Region, die bestimmte Kriterien erfüllt, gewisse Vorteile zusichert.[5] Dieses Gesetz scheint zwar ein Interesse an der Lage der Arbeiter zu haben, ist jedoch bei näherem Hinsehen lediglich als

Versuch zu lesen, die Stimme jener Arbeiter und Gewerkschaften zu neutralisieren, ohne viel als Gegenleistung zu bieten. Daher wird nicht selten vermutet, dieses Gesetz sei hauptsächlich erlassen worden, um die politische Aktionsbereitschaft der Arbeiter des Jiu-Tales zu dämpfen – der ersten Region, die als „benachteiligte Zone" eingestuft wurde. Das Gesetz wird aber nur vereinzelt angewandt. Steuern und Zölle werden erhoben, wo sie erlassen werden sollten. Neue Unternehmen holen auswärtige Arbeitskräfte in die Region, anstatt arbeitslose Arbeiter einzustellen. Umschulungsprogramme sind nicht relevant. Inzwischen ist seit dem Sommer 2000 der Antrag der Făgăraş-Region auf Anerkennung als „benachteiligt" schon zweimal abgelehnt worden, obwohl die meisten für eine Anwendung des Gesetzes erforderlichen Kriterien gegeben sind.

Die problematische Situation der Bergleute aus dem Jiu-Tal und der Chemiearbeiter aus Făgăraş macht diese beiden Gruppen repräsentativ für den katastrophalen Niedergang, den die rumänischen Arbeiter erleiden. Daher versteht sich vorliegendes Essay auch eher als Polemik der Misere der ost- und mitteleuropäischen Arbeiter und weniger als eine Untersuchung der Variationen innerhalb dieser Bevölkerungsgruppen. Hier ist eine Lage entstanden, der man in der ganzen Region begegnet. Die Lage der Arbeiter ist verheerend von Varna bis Danzig, wird aber für die betreffenden regionalen Regierungen und internationalen Organisationen zunehmend zum Randthema. Überall leiden die Arbeiter an sozialer Entwurzelung und haben mit absinkendem Lebensstandard und verstärkt auftretenden gesundheitlichen Problemen zu kämpfen (Watson 1995; Bobek und Marmot 1996; Stone 2000). Überall sehen sie sich einem Schwund an Respekt und begrenzten Zukunftsaussichten ausgesetzt. Die gegenwärtigen Erfahrungen der Bergleute aus dem Jiu-Tal und der Chemiearbeiter aus Făgăraş gelten als symptomatisch für die Auflösung regionaler Arbeiterklassen und für die Bedingungen der Subalternität, denen sie im Neo-Kapitalismus ausgesetzt sind.

Subalternität einst und heute: die Entmachtung der Arbeiterklasse im Sozialismus und Neokapitalismus

Der Begriff der „Subalternität" wurde von Rudolf Bahro (1977) verwendet, um die Position der Arbeiter am unteren Ende einer, nach dem Kriterium des Wissens, unter dem Sozialismus geschaffenen Skala der Arbeitsteilung festzulegen (hierzu ebenfalls Konrád und Szelényi 1979). Strukturell gesehen nahm die Stellung der Arbeit den Arbeitern Stimme und Macht und wies ihnen die Rolle von

Statisten in den legitimierenden Diskursen und Ritualen des Sozialismus zu. In Rumänien zum Beispiel stellte der „Kult der Arbeit" (*Cultul Muncii*) die Arbeit als Quelle aller Werte dar und pries die Arbeiter als die für die kulturellen und wissenschaftlichen Errungenschaften des Landes verantwortliche Kraft (Hoffman *et al.* 1984; Kideckel 1993, S. 189). Die sozialistische Literatur und Medien waren voll von Bildern heroischer, unerschütterlicher und sozial bewusster Arbeiter (Bărgău 1984; Kideckel 1988; Pospai 1978). Mit der Arbeit in Zusammenhang stehende Ereignisse, wie die Gedenkfeierlichkeiten des ehrgeizigen Streiks der Bergleuten von Lupeni im Jiu-Tal des Jahres 1929, standen ganz oben im rituellen Kalender. Die sozialistische Geschichtsschreibung stellte diese Geschehnisse als Mord an 22 Bergleute dar, den die Antiarbeiter-Politik der damaligen rechtsgerichteten Bauernpartei zu verantworten hatte (Oprea 1970, S. 486; siehe auch Țic 1977).

Die Huldigung des Bildes vom Arbeiter im Rahmen sozialistischer Rituale und staatlicher Politik, Arbeiter in hohe öffentliche Ämter zu berufen, sowie ein Minimum an Aufmerksamkeit für die materiellen Bedürfnisse der Arbeiter, verschaffte der Arbeiterklasse ein gewisses Maß an symbolischem und sozialem Kapital. Martha Lampland definiert „soziales Kapital" (in diesem Band, S. 61) als „Wert, der sich aus sozialen Beziehungen ergibt, die sich günstig auf die eigene akademische, berufliche oder politische Karriere auswirken". Obgleich die sozialistische Gesellschaft solches Kapital in geringen Mengen austeilte, verstand das System es auch, die großen, zwischen den institutionalisierten sozialen Schichten bestehenden Unterschiede abzufedern und zu kaschieren.

Auch andere der sozialistischen Politökonomie unterliegende Prinzipien förderten – wenn auch nur bis zu einem bestimmten Grade – ein allgemeines Gefühl der Arbeitermacht. So verschafften „weiche Etateinschränkungen" (Kornai 1980) und die Praxis der „Arbeitshortung" den Arbeitern etwas Macht über die Führungskräfte. Die Vollbeschäftigung sicherte ihnen ein regelmäßiges Einkommen, sowie Renten und verschiedene andere Vorteile zu. Der Mangel an Verbrauchsgütern zwang Mitglieder aller sozialer Schichten in der „zweiten Wirtschaft" Beziehungen zu unterhalten (Sampson 1987). Die soziale Mobilität der Arbeiter und Bauern verminderte besonders in den ersten Jahren des Sozialismus die soziale Distanz dieser beiden Klassen am Arbeitsplatz. Es existierte so gut wie keine Segregation der Wohngebiete und die Unterschiede in Lohn und Lebensstil waren bei allen anderen Bevölkerungsgruppen gering außer auf den höchsten Ebenen der Fabrikdirektoren und Staatsfunktionäre. Arbeiter und Abteilungsleiter kauften in denselben Geschäften ein, fuhren in dieselben Urlaubsorte, nahmen gegenseitig an Hochzeiten, Taufen und Beerdigungen teil.

In Ceauşescus letztem Jahrzehnt verbanden die materiellen Entbehrungen Arbeiter und andere Klassen in gemeinsamer Not und an die Stelle des *Cultul Muncii*-Diskurses trat zum Teil das Lob der Nation und der Ethnizität. Doch obwohl „Nation als Trope"-Diskurs das Einheitsgefühl aller Rumänen zu stärken vermochte, untergrub sie im Laufe der letzten zehn Jahre des Sozialismus auch das soziale Kapital der Arbeiterklasse. Arbeiter verschiedener ethnischer Herkunft entfremdeten sich voneinander und Ressourcen wurden immer mehr nach einem ethnischen Schlüssel verteilt (Verdery 1994), eine Entwicklung die die Aktionsfähigkeit der Arbeiter weiter verringerte und die innere Spaltung weiter vertiefte.

Der Zusammenbruch des rumänischen Sozialismus im Jahre 1989 und die Transformation der rumänischen Volkswirtschaft haben die Subalternierung des Arbeiterstandes vertieft. Auch diese Entwicklung steht unmittelbar mit dem unter dem Neokapitalismus stattfindenden Strukturwandel im Zusammenhang und ist die direkte Folge der sich verringernden Möglichkeiten der Arbeiter und ihrer Vertreter, sich Zugang zu verschiedenen lebenswichtigen Ressourcen zu verschaffen. Darin eingeschlossen sind der beschränkte Zugang zu Wissen und Information, ein Rückgang an Arbeitsplätzen in Folge der Privatisierung und eine Einschränkung von Möglichkeiten der Aus- und Weiterbildung. Jeder einzelne dieser Faktoren senkte den Wert der Arbeit in den Augen der Gesellschaft und vernichtete die Effizienz der verschiedenen sozialen Beziehungstypen im Leben der Arbeiter. Es lassen sich – über ganz Rumänien verteilt – insgesamt acht ausschlaggebende Faktoren unterschiedlicher Intensität und Zusammensetzung benennen, die diese Subalternität der Arbeiter sowie deren Verlust an sozialem Gewicht erklären, und zwar:

1. Ungenügende, den Arbeitsmarkt betreffende Kenntnisse sowie ein nur beschränkter Zugang zu diesem Markt mit der sich hieraus ergebenden steigenden Arbeitslosigkeit und einem zuweilen aggressiven Aktivismus, was von den übrigen sozialen Gruppen als negativ wahrgenommen wird.
2. Wenig stichhaltige Informationen über den Privatisierungsprozess und der hierdurch verstärkte Eindruck, von den wirtschaftlichen Transformationen ausgeschlossen und Opfer einer alles durchdringenden Korruption geworden zu sein.
3. Generelle Segmentierung und interne Rivalitäten, die durch den allgemein sinkenden Lebensstandard, die Unterminierung der Solidarität der Arbeiter untereinander sowie des im Rahmen der "zweiten Wirtschaft" zustande gekommenen Beziehungsnetzes intensiviert wurden.

4. Ineffizienz der die Arbeiterschaft vertretenden Institutionen, vor allem der Gewerkschaften, deren Führer ebenfalls nicht genügend Kenntnisse über die laufenden sozialen und wirtschaftlichen Transformationen besitzen.
5. Durch die Ausweitung des schwarzen Arbeitsmarktes herbeigeführte verstärkte Abhängigkeit der Arbeiter und Manipulation der Arbeitsbedingungen durch skrupellose Arbeitgeber.
6. Abwertung der Industriearbeit sowie Verlust an symbolischem Kapital, herbeigeführt durch die Expansion der Informationsgesellschaft und der globalisierten Kultur.
7. Die weit verbreitete gesellschaftliche Ablehnung des Sozialismus und seiner Kategorien sowie die sich hieraus ergebende Halbherzigkeit der politischen Maßnahmen und Praktiken seitens des Staates zum Schutz, zur Rehabilitierung und der Berufsausbildung der Arbeiter.
8. Die generelle Auflösung der sozialen Beziehungsnetzwerke der Arbeiter mit dem Ergebnis, dass diese nun einem Schwund ihrer Energie und einem allgemeinen Verfall ihrer körperlichen Kräfte ausgesetzt sind.

Diese Liste ist natürlich nicht vollständig und einige Punkte überlappen sich auch. Andere – unter anderem solche, die sich auf Probleme der Information oder das negative Bild von Arbeitern und Gewerkschaften in der Öffentlichkeit beziehen – treffen nicht nur auf Mittel- und Osteuropa zu (Castells 1996). Nichtsdestoweniger haben die spezifischen Bedingungen, unter denen der Sozialismus durch den Neokapitalismus ersetzt wurde, sicherlich die Abspaltung der Arbeiter als Gruppe von anderen sozialen Klassen vorangetrieben – ebenso wie die Entfremdung der Arbeiter von- und untereinander. Doch betrachten wir nun die Probleme in Rumänien und schauen wir uns zunächst die strukturellen Veränderungen an, die durch diesen Umschwung im Leben der Arbeiter eintraten, bevor wir uns dann den symbolischen und sozialen Dimensionen dieses Strukturwandels zuwenden.

Information und gegenwärtige klassenbezogene Transformationen

Die nach dem Zusammenbruch des sozialistischen Staates dramatischsten strukturellen Veränderungen bestanden vor allem in der massiven Arbeitslosigkeit und dem enormen Anstieg der Lebenshaltungskosten. Die Arbeitslosigkeit stieg von 12 Prozent im Jahr 1998 auf 16 Prozent Ende des Jahres 2000. Dieses Mengenverhältnis wurde noch aufgebläht durch die Vertragsauszahlungen (*disponibilizare*) von Arbeitern in Staatsbetrieben, die auf diese Weise verhältnismäßig großzügige Abfindungen erhielten.[6] Typischerweise handelt es sich bei dieser Kategorie von Arbeitslosen um Personen mit Oberschul- und Berufsschulabschluss, dem eigentlichen Rückgrat der ehemaligen sozialistischen Wirtschaft. Für Angestellte mit Abitur und Berufstätige mit akademischem Abschluss liegen die Arbeitslosenquoten niedriger. Die Arbeitslosigkeit schürte auch Feindseligkeiten innerhalb der Arbeiterschaft – vor allem dann, wenn die Rationalisierung der Produktion die Schließung einiger Abteilungen eines Betriebes erforderlich machte, andere aber bestehen blieben.

Die Rolle der Information im internen Wettbewerb wird besonders deutlich bei den Auszahlungsprogrammen. Die Bergleute des Jiu-Tales zum Beispiel erzählten im Rückblick auf ihre Abfindungen oft, dass sie durch Lügen und Halbwahrheiten so geschickt manipuliert wurden, bis sie schließlich eine Auszahlung akzeptierten. Einer, der diese Alternative abgelehnt hatte, berichtete:

„Es ging das Gerücht um, dass jeder, dem dreimal vorgeworfen werden konnte, nicht die rechte Motivation bei der Arbeit zu zeigen, oder wer trank, gefeuert werden würde... Ich habe sogar von einer Liste reden hören, auf der die Namen unmotivierter Arbeiter aufgeführt waren, die man rausschmeißen wollte... dazu wurde man ständig kontrolliert. Später ist diese Liste dann geändert worden. Ich weiß nicht wieso. Jedenfalls standen auch die Namen guter [hart arbeitender] Kumpel drauf."

Anderen wurde fälschlicherweise glaubhaft gemacht, sie könnten ihren Arbeitsplatz später wiederhaben. Wenn sich herausstellte, dass dem nicht so war, richtete sich ihre Wut und der Argwohn gegen diejenigen ihrer Genossen, die noch arbeiteten. Dies zerstörte weiter das frühere enge Beziehungsverhältnis, das die eigentliche Grundlage für die Identität dieser Bergleute gebildet hatte.

Auch bei der letzten Auszahlungswelle in der *Viromet* Chemiegesellschaft in Victoria (Bezirk Brașov) entstanden Spannungen, die auf Informationsunklarheiten zurückzuführen sind. Obwohl heute die Auszahlung von Pauschalsummen von staatlicher Seite nicht mehr befürwortet wird, war diese immer noch zulässig, wenn ein Arbeiter einen plausiblen Wirtschaftsplan vorlegen konnte, der belegte, dass er mit dieser Summe privat ein Investitionsvorhaben durchführen würde. Dieser Umstand wurde den Arbeitern jedoch nicht erklärt. Vielmehr wurde ihnen zuerst gesagt, dass Auszahlungen überhaupt nicht geplant seien, und dann verschwiegen, dass sie sehr wohl eine einmalige Abfindung erhalten konnten. Wer seinen Job behielt, war meistens irgendwie mit jemandem im Vorstand der Fabrikdirektion verwandt und hatte sich dieses Verhältnis ohne Gewissensbisse zunutze gemacht.

Arbeiterinnen waren in doppelter Hinsicht subaltern (Watson 1993). Der Neokapitalismus betont die vergeschlechterte Realität der industriellen Produktion. Überall im Land waren es gewöhnlich die Frauen, die zuerst entlassen und die letzten, die wieder eingestellt wurden. In Rumänien bilden die Frauen 44 Prozent der arbeitenden Bevölkerung (Comisia Naţionala Pentru Statistica 1996, S. 152), aber 50 Prozent der Arbeitslosen und sie sind auch unter den Langzeitarbeitslosen überrepräsentiert (Bacon und Pol 1994, S. 55-6; Rompres 1998). Es finden sich nur wenige Frauen in der Gewerkschaftsführung und weibliche Gewerkschaftsmitglieder können sich schon wegen ihrer Pflichten im Haushalt keinen Platz in den wichtigsten Informationsnetzen sichern.

Angesichts der Tatsache, dass so viele Arbeiter entweder arbeitslos geworden sind oder ihre Gehälter aufstocken mussten, hat sich ein großer Schwarzmarkt entwickelt (*la negru*), welcher weitere negative Auswirkungen auf das Leben der Arbeiter und ihr Bild in der Gesellschaft hat (Birtalan 1999, S. 8).[7] Einstmals stolze, qualifizierte Arbeitskräfte können heute für unqualifizierte Jobs angeheuert und auch wieder ohne weiteres entlassen werden, während Frauen – insbesondere die gutaussehenden – am ehesten in kleinen Handelsbetrieben oder Dienstleistungsunternehmen unterkommen. Viele sind hier den sexuellen Avancen seitens ihrer Arbeitgeber ausgesetzt und werden bedroht, wenn sie sich verweigern, nicht nur bei der Schwarzarbeit, sondern auch im legalen „formellen Sektor". Schwarzarbeit ist immer risikoreich; wohl wissend, dass der Arbeitnehmer nichts dagegen tun kann, bezahlen skrupellose Arbeitgeber schwarz eingestellten Arbeitskräften nicht selten weniger als ihnen zunächst zugesagt worden war.

Die schnelle Entstehung einer wohlhabenden Klasse von Eigentümern, besonders im kommerziellen Sektor, verschlimmert noch die Armut vieler Arbeiter und hebt sie hervor. Die Privatisierung war nicht nur von einem massiven Aufeinanderprallen der politischen und der Unternehmerklassen begleitet gewesen; auch zahlreiche staatseigene Fabriken gingen zugrunde. Dabei hatten die Führungskräfte eben dieser Fabriken absichtlich deren Ruin herbeigeführt, um die freiwerdenden Ressourcen für Parasitenfirmen (*firme capuşe* – wörtlich: „Zeckenfirmen") absaugen zu können – Firmen, die von Verwandten dieser Führungskräfte und / oder Kunden kontrolliert werden. Und während der ursprüngliche (eigentliche) Betrieb stirbt, bereichern sich alle auf Kosten der Arbeiter.

Die Arbeiter akzeptieren die Einkommensunterschiede in der neuen Privatwirtschaft; aber sie verurteilen die allzu rasche Bereicherung gewisser Leute und die implizierte Korruption. Außerdem missfällt ihnen das auffällige, von ihrem eigenen Lebensstil so stark abweichende schrille Konsumverhalten der Reichen. So sind zum Beispiel eine große Zahl luxuriöser Villen und Ferien-*cabanas* in den um das Jiu-Tal herum gelegenen Bergen über Nacht aus dem Boden geschossen. Arbeitslose Kumpel und solche, deren Arbeitsplatz bedroht ist, zeigen darauf und erzählen davon, dass diese Häuser genau dort stehen, wo die Bergleute in früheren Tagen gemeinsam ihre Freizeit verbrachten und wohin sie Ausflüge machten – alles Gewohnheiten, die nun angesichts des Niedergangs der Bergbauindustrie schon seit langem nicht mehr möglich sind.

Auch andere Gruppen neben den Arbeitern der staatseigenen Industriebetriebe sind auch Leidtragende des Neokapitalismus. Aber diese Büroangestellten, Beamten, Lehrer und im Gesundheitswesen beschäftigte Personen distanzieren sich von den Arbeitern, da sie sich an ihrem Arbeitsplatz etwas sicherer fühlen und ihre Stellung ihnen mehr Respekt in dem neuen Wirtschaftssystem einbringt. Sie wissen zwar, dass ihre Gehälter nicht ihrer Ausbildung entsprechen, sind sich aber ihrer beruflichen Verantwortung bewusst und neigen – ganz im Gegensatz zu den Industriearbeitern – nur selten zu Militanz.

Was die rumänische Gewerkschaftsbewegung anbelangt, so besteht diese aus einem chaotischen Gewirr rivalisierender Teile und Interessen, in dem sich paradoxerweise ihre öffentliche Sichtbarkeit, aber auch ihre fragwürdige Effizienz gründet (Bush 1993; Ockenga 1997; Rodina 1994; Synovitz 1997). Gleichzeitig erweckt diese Sichtbarkeit nicht nur seitens der Arbeiter, sondern der ganzen Gesellschaft Misstrauen. Rumänische Gewerkschaften gehören zu den militantesten und aktivsten von allen in den ehemaligen sozialistischen Staaten. Wie ich jedoch an anderer Stelle gezeigt habe (Kideckel 1999, in Vorbereitung a, b), ist diese Aktivität nichts als eine schwache Geste in den stürmischen Wellen der neokapitalistischen Sintflut. Denn trotz allen Bemühens fallen die Arbeiter Rumäniens mit Bezug auf Löhne, Schutz des Arbeitsplatzes, steigende Schwarzarbeitszahlen usw. immer weiter zurück. Die schärfste Spaltung innerhalb der Gewerkschaftsbewegung wird jedoch hervorgerufen durch den Gegensatz zwischen Mitgliedern mit höherer Schulbildung und solchen, die Arbeiter sind. Daher war der für Herbst 1999 geplante Generalstreik nicht zustande gekommen; die Lehrer und Angestellten im Gesundheitswesen haben sich nicht in genügend großer Zahl engagiert. Das Kommentar eines überarbeiteten und unterbezahlten Arztes aus Brașov ist typisch:

„Viele Arbeiter sind an ihren Problemen selbst schuld. Sie sind einfach faul, denn wer es nicht ist, kann alles bekommen, was er braucht. Es gibt genug Jobs, wenn man nur arbeiten will. Wie wir in Rumänien sagen: "Wer suchet, der findet."

Symbolische Dimensionen des Niedergangs der Arbeit

Strukturwandel innerhalb der Stellung der Arbeiterklasse reichen nicht aus, um Arbeiter-Subalternität zu erklären. Wir sollten uns auch ansehen, wie die neuen Eliten symbolische Manipulationen anwenden, um ihre Macht durch das Verwehren und Verwerten des symbolischen und sozialen Kapitals der Arbeiter zu konsolidieren. Im Rahmen dieser Politik werden sowohl das Leben als auch die Anliegen der Arbeiter als unwesentlich vernachlässigt und sogar die Kategorie des „Arbeiters" bzw. des „Industriearbeiters" fast gänzlich aus dem öffentlichen Diskurs verbannt. Und das, obwohl die Industriearbeiter in den meisten Ländern der Region immer noch die größte Bevölkerungsgruppe darstellen. Um von der Realität der Dinge abzulenken, projizieren (und verspotten) die neuen Medien die Arbeiter gerne als das Hätschelkind des Sozialismus, als die „heldenhafte Arbeiterklasse", wie das damals hieß. Ein Bukarester Journalist sagte einmal zu mir: „Arbeiter, Arbeiter, Arbeiter. Die Leute sind es müde, immer nur über die Arbeiter zu hören." Diese Einstellung hat dazu geführt, dass das wirkliche Leben und die Sorgen der Arbeiter heute keinen Platz mehr in der Presse, dem Rundfunk und dem Fernsehen haben. Wenn überhaupt darüber berichtet wird, dann fast ausschließlich im Zusammenhang mit Industrieunfällen (als Opfer oder Verursacher) oder Diebstahl und familiärer Gewalt. Dies impliziert, dass das Leben eines Arbeiters weniger wert sei als das der anderen.

Wird über Streiks oder andere Aktivitäten der Gewerkschaften berichtet, so stets mit dem Unterton, dass die Arbeiter ihre früheren Privilegien weiter beibehalten möchten. In Rumänien hat es entschieden mehr und schärfere Proteste aus dem Arbeitermilieu gegeben als in anderen ehemaligen sozialistischen Ländern (Breshoi und Popescu 1991; Bush 1991; Ockenga 1997).[8] Man organisierte Massenmärsche nach Bukarest und regelmäßige von den Gewerkschaften geplante Streiks sowie zahllose spontane Protestkundgebungen an der Basis. Je schärfer der Konflikt, desto wahrscheinlicher ist es, dass die Medien eine negative Darstellung solcher Ereignisse geben. Berichte und Diskussionen in den Medien über Aufmärsche der Bergleute aus dem Jiu-Tal in Bukarest waren immer besonders einseitig. In der *mineriade* im Januar und Februar 1999 marschierten die Kumpels, um gegen die Schließung von drei Gruben, eine Reihe gebrochener Versprechen seitens der Politiker und die Strafverfolgung von Miron Cozma – einem Gewerkschaftsführer – zu protestieren, der wegen „Untergrabung der Autorität des Staates" während der Protestmärsche der Bergleute in Bukarest, in dem sie den Sturz von Premierminister Petre Roman herbeiführten, unter Anklage stand.[9] Obwohl handfeste wirtschaftliche Gründe für diese Proteste vorlagen, konzentrierte sich das gesamte Spektrum der rumänischen Presse – von den links gerichteten Blättern *Revista 22, Sfera Politicii* und *Adevărul* über die in der Mitte stehende Tageszeitung *Romania Lubera* bis hin zu der humoristischen Wochenzeitschrift *Academia Cațavencu* – auf die Bedrohung der Sicherheit des Kapitals und die Diskussion der Cozma-Frage. Die Presse äußerte sich über die Arbeiter entweder verächtlich oder stellte sie als homogene Masse Unschuldiger dar, die hilflos den Manipulationen Cozmas und des ehemaligen und derzeitigen Präsidenten Ion Iliescu ausgeliefert gewesen sei.

In Wirklichkeit gab es eine ganze Bandbreite von Meinungen und Reaktionen unter den Bergleuten, deren wirtschaftliche Lage noch schlechter war als die anderer Industriearbeiter. Familien von Bergarbeitern verfügen in der Regel nur über eine einzige Einkommensquelle. Die Arbeit im Stollen lässt keine Zeit oder Energie für Zweitjobs übrig, und die Ehefrauen finden meist keine Arbeit, weil es keine gibt. Da viele der Kumpel aus ärmeren Regionen wie z. B. Moldavien stammen, sind auch ihre Familien außerstande, sie zu unterstützen und Emigration ist selten ein Ausweg. Einzelne Entscheidungen, einschließlich der, ob man an einem Streik teilnimmt oder nicht, sind stets von zahlreichen Faktoren, darunter auch von der Meinung der anderen Familienmitglieder, abhängig. Zuweilen lässt sich dieser oder jener von seiner Gewerkschaft zur Teilnahme an einem Streik zwingen, doch die meisten sind freiwillig dabei, erklären jedoch, dass sie nicht nur wegen ihrer wirtschaftlichen Probleme Beschwerde führen, sondern auch gegen korrupte Politiker und die Vorurteile der Medien. In einem Gespräch sagte ein Mann aus Lonea unter großer Zustimmung seiner Kollegen:

„Sie haben [Cozma] verhaftet, weil er uns, dem Volk, zu helfen suchte. Er will Fabriken wieder in Betrieb nehmen, damit Kohle für ihren Antrieb gebraucht wird. Die Menschen in Bukarest haben keine Angst vor uns. Wir sind 1990 in friedlicher Absicht dorthin gegangen, aber sie haben auf uns geschossen. Wir haben das Gefühl, dass 60 Prozent der Rumänen auf unserer Seite sind, einschließlich aller anderen Arbeiter, aber die Presse hetzt die Leute gegen uns auf. *Adevărul* ist wie eine ausländische Zeitung. Sie kennen die Wahrheit, aber wenn die Geschichte im Fernsehen läuft, wird alles ganz anders dargestellt. Warum sollten wir überhaupt Steuern für das Fernsehen zahlen, wenn die solche Lügen erzählen?"

Während meiner Feldforschung meinten fast alle Arbeiter, die ich in vier Fabriken in den Städten Cluj-Napoca und Făgăraș befragte, dass die Aktionen der Bergleute größtenteils berechtigt seien. Einer sagte:

„Die Bergleute hatten Recht zu demonstrieren, da sie ja nur versuchten, ihre Arbeitsplätze zu retten. Dass man sie kritisierte, hatte rein politische Gründe. Ich würde für sie auf die Straße gehen, wenn man mich fragen würde."

Angestellte und Vertreter akademischer Berufe dagegen waren häufig der Ansicht, die Grubenarbeiter verzögerten ökonomische Reformen, und beschuldigten sie, zu einer anti-demokratischen Stimmung im Land beizutragen und ausländische Investoren abzuschrecken.

Im Gegensatz zu der negativen Darstellung der Arbeiter- und Gewerkschaftsaktionen werden neue Beschäftigungsformen und die neue materielle Kultur in den Medien in ein sehr positives Licht gerückt. Werbung in Presse und Fernsehen zeigen Angestellte und Freiberufler der Mittelklasse beim „sauberen" Arbeiten mit Hightech-Geräten wie Handys und Computern – Dingen, die keine symbolische Verbindung mit den arbeitenden Klassen haben. Arbeiterthemen werden zunehmend auch im Bildungsbereich gemieden, wo Wirtschaftswissenschaften, Fremdsprachen und Jura Disziplinen ersetzen, die dem industriellen Arbeitsplatz zugeordnet werden, insbesondere dem Ingenieurwesen. Es wird kaum nach dem Standpunkt der Arbeiter gefragt und die wissenschaftliche Forschung erhebt keine Daten über den physischen und psychischen Druck, unter dem die Arbeiterhaushalte ihr Leben zu meistern haben.[10]

Die Vernachlässigung und die den Industriearbeitern zuteil werdende Verachtung findet ihren Niederschlag in der Zusammensetzung der Parlaments- und Regierungsmaßnahmen wie der schon erwähnten mangelhaften Durchsetzung des Gesetzes über benachteiligte Zonen. Nur selten haben die Regierungen – selbst mit Victor Ciorbea, dem ehemaligen Vorsitzenden des Nationalen Verbandes Freier Rumänischer Gewerkschaften (CNSLR) an der Spitze – die Belange der Arbeiterschaft ganz oben, oder auch nur annähernd, an die Spitze ihrer Tagesordnung gestellt. Einige politische Gruppierungen wie die Sozialdemokratische Partei Rumäniens (PDSR) unter Ion Iliescu rufen dazu auf, die Arbeitsplätze in der Industrie zu schützen; aber sie werden durch Rumäniens Weltbankanleihen und die EU-Zugangstrategien, die zu einem weiteren Arbeitsplatz-Abbau führen, eingeschränkt. Es bleiben heute nur noch wenige politische Möglichkeiten, derer sich die Arbeiter bedienen können. Die rumänischen Arbeiter wählten nicht als geschlossene Front. Es existieren so viele verschiedene Zugehörigkeiten, Interessen und Machtkämpfe, dass auch offensichtlich arbeiterfreundliche Parteien, wie die Sozialisten (SP) und die Sozialistische Arbeiterpartei (PSM), nicht genug Stimmen auf sich vereinen können, um ins Parlament zu ziehen.

Das Resultat all dieser Umstände ist, dass die einfachen Arbeiter der Politik entfremdet werden, obgleich die Gewerkschaften und Gewerkschaftsführer als solche ständig in irgendwelche politischen Manöver und Beziehungen verstrickt sind.[11] Die Arbeiter schimpfen auf alle Politiker – egal welcher Partei, und betrachten die Politik als ein ausgeklügeltes Mittel, um die Arbeiterklasse unten zu halten. Sie beobachten die Entstehung einer neuen dynamischen und wohlhabenden Schicht privater Unternehmer, führen diese jedoch ausschließlich zurück auf die politischen Schiebereien zwischen Regierung, dem staatlichen Privatisierungsamt und den Managern der neuen Firmen. Als Reaktion auf die immer spürbarer werdende Spaltung zwischen den sozialen Klassen und auf die neokapitalistischen Unsicherheiten sehnen sich viele nach der Sicherheit und Voraussagbarkeit des Sozialismus. Wie die Bergleute und Industriearbeiter in Russland und den östlichen Regionen Mitteleuropas – von der Tschechischen Republik, wo die Dinge noch am besten stehen (Pollert 1999), über das von Kriegen zerrissene Serbien (Arandarenko 1999) bis hin zu Russland und der Ukraine (Ashwin 1999: Crowley 1997) – überall mündet der wirtschaftliche Niedergang in sozialistischer Nostalgie, in nationalistischen Lobgesängen oder frustriertem Nichtstun. In Rumänien hängen manche Arbeiter sogar Portraits von Ceauşescu an ihre Drehbänke, Schränke und Werkbänke. Fragt man sie, was nötig wäre, um Rumänien in Ordnung zu bringen, antworten sie: „Eine eiserne Hand", „eine sechs Monate dauernde Militärdiktatur" oder „Hitler, Stalin und Vlad der Pfähler in einem."

Die von Arbeitern bei Streiks und anderen Protestaktionen benutzten Symbole haben stets einen nationalistischen Hauch der Ceauşescu-Jahre und zeigen deutlich ihr subalternes Selbstverständnis. Die unverfälschte Emotionalität, von der die wiederholten Demonstrationen der Bergarbeiter in Bukarest getragen waren, unterstreichen den rituellen Charakter dieser Märsche. Bei den landesweiten Streiks im Jahre 1997 riefen die Streikenden auf dem Platz der Revolution: „Nieder mit der Regierung!", „Abdanken!" und „Wir brauchen keine Reformen, die nur zu Armut führen!", „Wir haben euch gewählt – ihr habt uns verraten", „Freiheit für Cozma!", „Wir Bergleute werden diese Regierung überleben!" Eine Gruppe hatte sich schwarze Hüllen mit aufgemalten Skeletten übergezogen, die den Tod der rumänischen Wirtschaft symbolisieren sollten. Zahlreiche Demonstranten trugen Kreuze mit den Namen rumänischer Betriebe, die wegen der Intervention des Internationalen Währungsfonds geschlossen worden waren.

Während der Kranzniederlegung auf der Gedenkfeier zu Ehren der 22 im Verlauf der Lupeni-Streiks von 1929 erschossenen Bergleute im Jahre 1999 bekamen die aggressivsten Gewerkschaftsführer und der Vertreter der extremrechten Nationalisten, Coreliu Vadim Tudor und seine Großrumänien-Partei (PRM), den stärksten Applaus. Die Delegationen der politischen Mitte trafen nur auf Schweigen und Pfiffe.

Die sozialen Beziehungsnetze der Arbeiter und ihrer körperlichen Kondition

Die Entfremdung und die subalterne Position der Arbeiter in der Gesellschaft werden durch weitere soziale und existenzielle Veränderungen – wie der Isolierung von anderen sozialen Gruppen und der Erosion der aus ihrem eigenen Umfeld bezogenen Unterstützung – noch verstärkt. Für die Strategien von Eliten haben Beziehungen zweifellos immer eine wichtige Rolle gespielt, doch bei anderen Gruppen funktionieren Beziehungsnetzwerke nicht unbedingt so gut. Die meisten Eigentümer und Führungskräfte privater Firmen, mit denen ich gesprochen habe, meinten, Verwandte würden bei ihnen nicht mehr automatisch einen Job bekommen. Einer sagte zum Beispiel:

„Es ist besser, keine Verwandten einzustellen, weil das Verantwortungsverhältnis gegenüber der Familie die geschäftliche Zusammenarbeit kompliziert."

Ein anderer meinte, er würde nahen Verwandten beim Umgang mit großen Geldsummen vertrauen, aber sonst sei es ihm lieber, mit seinen Angestellten nicht verwandt zu sein. Auch die Arbeiter waren überzeugt, dass einstige familiäre und andere Beziehungsnetzwerke heute nicht mehr nützlich sind, wenn es darum geht, den Arbeitsplatz zu sichern oder die Arbeitsbedingungen zu verbessern. Verschiedene ältere Personen verglichen die gegenwärtige Situation mit der unruhigen Zeit zwischen den Kriegen, als ähnliche Belastungen und Unsicherheiten zu hohen Scheidungsraten und Abwanderung sowie zu verschiedenen Anpassungen auf der Ebene des Haushaltes führten. Mehrfamilienhaushalte brechen aufgrund finanzieller Schwierigkeiten auseinander und jeder muss mit kleineren Budgets zurecht kommen. Die Neustrukturierung der Haushalte wirkt sich auf die Identität ihrer Mitglieder aus und verstärkt ihr Gefühl der Subalternität.

Solche Erlebnisse finden ihren Widerhall dann nicht selten in den lokalen sozialen Beziehungen, die ebenso maßgeblich an der Erosion des sozialen Kapitals der Arbeiter und dem Entstehen ihrer Subalternität beteiligt sind, wie Einkommensmuster und Informationsmangel. Bei den Bergleuten im Jiu-Tal steigt die Häufigkeit innerfamiliärer Konflikte in direkter Korrelation zur Arbeitslosigkeit. So stieg zum Beispiel die Zahl der Scheidungen von 463 im Jahre 1993 auf 473 im Jahre 1998 und die befragten Bergleute meinen, es würden sich noch mehr Leute scheiden lassen, wenn die Gerichtskosten nicht so hoch und die Wartezeiten nicht so lang wären. Lokale Statistiken bezeugen 63 Fälle des Verlassens der Familie allein in der Zeit von 1998 bis 1999 gegenüber 67 Fällen für die vorausliegenden vier Jahre, und 27 Fälle von Gewalttaten für den Zeitraum 1998 bis 1999 verglichen mit 32 Fällen während der vorausliegenden fünf Jahre. Prostitution und Beschaffung sind neue Kategorien in den jüngsten Statistiken der Region (Judecătore Petroşani 1999), und Gewalt gegen den Ehepartner hat ebenfalls zugenommen, obwohl hierfür keine offiziellen Angaben vorliegen.

Die Statistiken für die Region von Făgăraş – trotz der schlimmen Lage in der chemischen Industrie und der weitverbreiteten Arbeitslosigkeit – lassen weniger Spannung im Bereich der Familie erkennen. Die Familien bleiben zusammen, da beide Eheleute jede Möglichkeit nutzen, etwas zu verdienen. Auch haben die Bewohner der Region einen besseren Zugang zu sozialen Beziehungsnetzwerken und Verdienstmöglichkeiten. Demzufolge ist die Trennungs- und Scheidungsrate in den letzten Jahren hier sogar gesunken und die der Eheschließungen gleich geblieben (Judecătorie Făgăraş 1999).[12] Diese Stabilität hat jedoch ihren Preis: Die starke Abwanderung männlicher Arbeitskräfte stellt eine große Belastung für die Netzwerke in Făgăraş im allgemeinen und insbesondere für die Frauen dar. Man erwartet von ihnen, dass sie sich eine Arbeit suchen, und wenn sie keine im formellen Sektor finden können, sind sie gezwungen, irgendwo schwarz zu arbeiten, und das beinhaltet immer auch die damit einhergehende Ausbeutung. Eine Frau aus Făgăraş drückte das so aus:

„Selbst wenn ich nur 400 000 Lei im Monat verdiene, hilft das der Familie, ein wenig besser auszukommen. Damit kann die Telefonrechnung oder der Schulausflug eines der Kinder bezahlt werden. Es hilft, das Leben etwas leichter zu machen, selbst wenn mich der Zeitplan der Arbeit den ganzen Tag nicht nach Hause kommen lässt und ich nicht da bin, wenn die Kinder aus der Schule kommen."

Die Subalternität fordert auch hohe emotionale Kosten. So definierten sich zum Beispiel die Ehefrauen der Bergleute des Jiu-Tales früher über ihre Fähigkeit, ein annehmbares Konsumniveau, die Ausbildung der Kinder ebenso wie ihre eigene Repräsentationsrolle der Familie in der Öffentlichkeit aufrecht zu erhalten; sie definierten sich damals nicht über ein eigenes Lohneinkommen. Sie bestimmten nur, wie und für was das von ihren Ehemännern verdiente Geld ausgegeben wurde, und sie gaben es auch so aus, dass es jeder sehen konnte. Heute bestehen diese Erwartungen durch den sich wandelnden Kontext nicht mehr und die Frauen sind aufgrund des geringer werdenden Einkommens gezwungen, ein zurückgezogenes Leben innerhalb ihrer vier Wände zu leben. Die sich hieraus ergebenden Depressionen führen zu einer Zunahme psychischer Störungen.[13] Die Männer haben ihren Stolz auf die eigene Arbeit verloren und nur wenige glauben an eine Alternative, die es ihnen ermöglichen könnte, eine weitere Verschlechterung ihres Lebensstandards zu verhindern. Der patriarchalische Haushalt, der unter dem Sozialismus die Autorität der Männer begründete und Frau und Kinder in Rollen der Abhängigkeit verbannte, ist im Schwinden begriffen. Ein Chemiearbeiter aus Făgăraş, der ohne Erfolg versucht hatte, illegal in Deutschland zu einem Arbeitsplatz zu kommen, war überzeugt, dass seine Scheidung eine direkte Folge des Verlustes seiner Arbeit gewesen ist. Arbeitslosigkeit „war meine große Schande", sagte er. „Nur wegen der Belastung, die daraus entstand, habe ich meine Familie verloren."

Die Subalternität des Industriearbeiters beeinträchtigt ebenfalls das kollegiale Klima. Obwohl sie als Gruppe immer noch zeigen, dass kollegiale Gefühle und der gegenseitige Unterstützungswille vorhanden sind, haben sie aufgrund ihres Geldmangels wenig Gelegenheit, diesen Gefühlen praktischen Ausdruck zu verleihen. Nur wenige kommen wie früher außerhalb des Arbeitsplatzes zur gemeinsamen Freizeitgestaltung noch zusammen. Das neokapitalistische Umfeld engt alle diejenigen Kontaktmöglichkeiten und gesellschaftlichen Beziehungen ein, die für das soziale Leben der Arbeiterschaft stets bestimmend gewesen waren. Hierzu ein Arbeiter aus Făgăraş:

„Bis vor einigen Jahren hatten wir noch Freunde, aber jetzt bleiben wir meistens alleine zu Hause. Man kann es sich dieser Tage nicht leisten, Freunde zu haben. Auch Urlaub können wir uns nicht mehr leisten. Früher sind wir immer ans Schwarze Meer gefahren, aber seit 1990 nicht mehr. Auf einer Hochzeit waren wir vor fünf Monaten und wir mussten drei Monate für das Geschenk sparen. Letztes Jahr wurden wir Pateneltern (*naş*) für den Cousin meiner Frau – das hat uns nach den Preisen vom letzten Jahr sieben Millionen Lei gekostet. Darum gebeten werden, *naş* zu sein, ist ein zweischneidiges Schwert. Wenn man ablehnt, ist es eine Schande, und wenn man mitmacht, bedeutet das einen großen finanziellen Einschnitt. Wir waren das dritte Ehepaar, das gebeten worden war, diese Rolle zu übernehmen, obwohl wir kaum mit diese Leuten verwandt sind. Wenigstens geht es diesen Patenkindern (*fini*) besser als uns: Sie kommen aus einem Dorf und haben einen Traktor und eine Schnapsbrennerei."

Die Massenarbeitslosigkeit und Abfindungen sind ebenfalls für die sinkende Solidarität und berufliche Identität unter den Arbeitern verantwortlich. Ein ehemaliger Kumpel aus Lonea meinte in diesem Zusammenhang:

„Nachdem ich meine Arbeit verloren hatte, gehörte ich nicht länger zu den Jungs (*ortaci*). Diese *ortaci* sind wie deine Frau. Wir teilten immer alles und revanchierten uns gegenseitig. Jetzt bist du allein: es ist, als ob man keine Familie mehr hätte."

Wer eine Abfindung annahm, empfand nicht selten Scham (*ruşine*) – ein Gefühl, das dadurch intensiviert wurde, dass die meisten Betroffenen erst vor kurzer Zeit aus einer ländlichen Region zugewandert waren, wo die eigene Arbeit keinen zentralen Wert darstellte (Lampland 1995). Wenn nun solche Arbeiter in ihre Heimatgemeinden zurückkehrten, behandelte man sie dort wie Gezeichnete, da der Verlust der Arbeit dort wie ein Verlust der eigenen Menschlichkeit eingestuft wird und eine ertragreiche, gut bezahlte Beschäftigung grundsätzlich als soziales Kapital gilt. Deshalb konnte auch die Ehefrau eines arbeitslos gewordenen Bergarbeiters sagen, dass er

„nicht mehr in sein Heimatdorf zurückgekehrt ist, seitdem er arbeitslos wurde. Man würde denken, er sei noch nicht einmal mehr der Sohn seiner Eltern. Meine Eltern gehen wir oft besuchen – aber die wissen nicht, dass er die Abfindung angenommen hat."

Im Gegensatz dazu haben bestehende internationale Netzwerke es den Männern in Făgăraş leichter gemacht, nach Italien und Deutschland abzuwandern. Deshalb waren viele anfangs ganz glücklich über diese Abfindungen; viele, die unter diesen Voraussetzungen ihren Arbeitsplatz freiwillig aufgeben wollten, durften es sogar nicht. Auch in solchen Fällen kam viel Eifersucht und Rivalität auf – was ebenfalls zu Isolation und Entfremdung unter den Arbeitern führte. Später aber, als sich die Wirtschaftskrise verschlimmerte, wurden die Abfindungen wie eine Bedrohung empfunden, die es um jeden Preis abzuwenden galt, auch unter Anwendung von Bestechung und Beziehungen. Als die Abfindungswelle in dem Chemiekonzern Viromet in vollem Gange war, interviewte ich einen Schlosser, der schon seit über zwanzig Jahren dort arbeitete und dessen gesamte Abteilung geschlossen werden sollte. Einige seiner Arbeitskollegen hatten ihre Beziehungen spielen lassen und konnten in andere Abteilungen im Betrieb überwechseln, aber er gehörte nicht zu diesem Kreis und musste befürchten, einen Monat später ohne Arbeit dazustehen. Während unseres Gesprächs brach er weinend zusammen. Auch seine Frau war in Gefahr, ihren Job als Sekretärin an einer Schule in einem nahe gelegenen Dorf im Rahmen einer Neuorganisation des rumänischen Schulsystems zu verlieren.

Als letzter Indikator der Befestigung der Subalternität der Arbeiter wäre die dramatische Verschlechterung des Gesundheitszustandes und die kürzere Lebenserwartung der männlichen Arbeiter mittleren Alters zu nennen. Dies ist ein Merkmal des vom Neokapitalismus betroffenen Ost-Mitteleuropas (Watson 1995; Weidner 1998). Wir wissen mehr oder weniger, welche Mechanismen für diesen Tatbestand verantwortlich sind, doch erste Untersuchungen lassen vermuten, dass es vor allem Stress ist, der dieser Verschlechterung des Gesundheitsbildes der Arbeiter zugrunde liegt (Cockerham 1999; Sapolsky 1997; Stone 2000; Straussner *et al.* 1999). In allen meinen Gesprächen mit Menschen im Jiu-Tal und Făgăraş war dieses Wort immer wieder zu hören. Der hier gemeinte Stress wird durch alle oben erwähnten Faktoren verursacht und führt zur Verstärkung der Subalternität der Arbeiter durch ihre Trägheit und körperliche Beschwerden, vor allem durch Stress durch Entfremdung.

Schluss

Die Lage der Arbeiter in der rumänischen und ost-mitteleuropäischen Gesellschaft hat sich in den letzten Jahren deutlich verschlechtert. Sie sind die größten Verlierer der Veränderungen seit 1989. Obgleich andere Gruppen eine ähnliche Bedrohung ihrer Lebensqualität erleben, wird keine von ihnen von der Öffentlichkeit in denselben negativen Farben gemalt, wie die Arbeiterklasse. Dies erklärt sich zum Teil aus der verzerrten Wahrnehmung der gesellschaftlichen Position der Arbeiter im Sozialismus und der Art und Weise, wie sich dieser Stand in der neuen volkswirtschaftlichen Ordnung zu artikulieren versteht. In diesem Beitrag habe ich einen Prozess der Klassendifferenzierung und Subalternierung dokumentiert, der als einmalige regionale Spielart des Weltkapitalismus gelten muss. Das in Rumänien populäre Image der Arbeiterklasse als wütendem Anachronismus zeigt die erfolgreiche Ausbreitung einer neuen Ideologie. Viele (nicht nur Arbeiter) glauben zwar, dass die Entwicklung hin zur Marktwirtschaft von Anfang an durch erniedrigende Machenschaften gekennzeichnet war und in der Hauptsache nur der alten Elite und Schurken Vorteile gebracht hat; aber die Schuld an diesen Missständen wird nur den Arbeitern zugeschrieben, und nur sie werden wie Ausgestoßene behandelt.

Ihre Geschichte und ihre subjektiven Realitäten werden ihnen abgesprochen. Ihre Menschenwürde ist an allen Fronten von Grund auf bedroht und vom Sozialismus befleckt. Die Arbeiter sind die neuen „Anderen", die man am besten unter Verschluss hält, damit sie nur nicht durch ihr Anderssein und ihren Niedergang den Übergang der restlichen Gesellschaft in eine neokapitalistische und globalisierte Wirklichkeit trüben und stören können.

Anmerkungen

1   Die diesem Essay zugrunde liegenden Forschungsarbeiten wurden von folgenden Einrichtungen hauptsächlich unterstützt: dem *US National Council for Eurasian and East European Research* mit Fördermitteln aus dem "*Title VIII*"-Stipendium des US-amerikanischen Außenministeriums, dem *International Research and Exchanges Board*, mit Fördermitteln aus dem *US National Endowment for Humanities* und *Title VIII*, der *Wenner-Gren-*

Stiftung für Ethnologische Forschung sowie der *Connecticut State University*. Keine dieser Organisationen oder die Regierung der Vereinten Staaten von Amerika sind für die hier geäußerten Ansichten verantwortlich. Forschungsassistenten bei diesem Projekt waren: Bianca Botea, Raluca Nahorniac und Vasile Şoflâu.

2 Im Augenblick der rumänischen Revolution von 1989 zählte die *minerit* 53 446 Beschäftigte.

3 Dazu gehören die Nitromania Chemiegesellschaft und die UPRUC Chemiebekleidungsgesellschaft von Fägäraş und die Viromet Chemiegesellschaft von Oraşul Victoria.

4 Seit der Revolution von 1989 haben die Bergleute Bukarest sieben Mal bedroht. Diese Märsche und Angriffe sind in Analogie zu Homers „Ilias" (im Rumänischen „Iliade") als *mineriade* bekannt und bezeichnen somit eine als Suche verstandene Bewegung. Ich bedanke mich für diese Interpretation bei Katherine Verdery.

5 Gemäß der *Ordonaţa de Urgen, 24/1998* der rumänischen Regierung muss mindestens eine der folgende Bedingungen erfüllt sein, damit eine Region als „benachteiligte Zone" eingestuft werden kann:
- Monoindustrielles Produktionsprofil mit mindestens 50 Prozent aller Beschäftigten.
- Bergbauregion, wo Arbeiter durch eine kollektive Beendigung ihres Arbeitsvertrags entlassen wurden.
- Die kollektive Beendigung des Arbeitsvertrages betrifft nicht weniger als 25 Prozent der lokalen Arbeiterschaft.
- Die Arbeitslosenquote liegt mindestens 25 Prozent über der landesweiten Quote.
- Schlechte Kommunikations- und Transportinfrastruktur.

6 Siehe hierzu Rumänische Regierung *1997*. Jede Auszahlungsmaßnahme bietet Arbeitern, die einen entsprechenden Antrag stellen, eine auf der Grundlage der Zahl ihrer Arbeitsjahre kalkulierte Abfindung. Die Verfügung 22/1997 hinsichtlich der Bergarbeiter des Jiu-Tales legte fest, dass jeder Arbeiter, der mehr als fünfzehn Jahre gearbeitet hatte, eine Abfindungszahlung von zweiundzwanzig Monatslöhnen erhalten könne, d. h. eine Summe, die sich im Durchschnitt auf 44 Millionen Lei bzw. auf der Grundlage des Wechselkurses von 1997 etwas über 3000 US Dollar belaufen konnte. Für andere Arbeiter belief sich die Abfindungssumme auf weniger als ein Jahresgehalt.

7 Staatliche Regelungen wirken sich auf die Kosten bei der legalen Einstellung von Arbeitskräften aus. In der Regel müssen Arbeitgeber 40 Prozent des Lohnes eines Arbeiters zusätzlich für verschiedene Leistungen entrichten. Daher beschäftigen viele von ihnen wenigstens einige Arbeiter illegal.

8 Im Jahre 1991 verabschiedete das rumänische Parlament das „Gesetz 15", das Aufrufe zum Streik in besonderer Weise regulieren soll und bestimmte Bestrafungsmechanismen bei ungesetzlichen Streikaktionen festlegt (Bush 1993; Rumänisches Parlament 1991). Der Erfolg dieses Gesetzes hält sich aber in Grenzen.

9 Die ersten Märsche auf Bukarest erfolgten im Januar 1990 – und dann noch einmal auf Veranlassung des Interimspräsidenten Ion Iliescu im Juni desselben Jahres. Die Januarmärsche waren gegen die sich bildende Opposition gegen die FNS und Iliescu gerichtet gewesen, die im Juni erreichten die Auflösung eines Zeltlagers von Demonstranten auf dem Bukarester Universitätsplatz. (Abraham 1990; Beck 1991).

10 Beamte des rumänischen *Ministeriums für Arbeit und Sozialen Schutz*, des *Gesundheitsministeriums* sowie der *Nationalen Dienststelle für Berufsausbildung* (dem die Umschulung Arbeitsloser obliegt) interessierten sich daher sehr für meine Forschungsarbeit, von der sie sich mögliche Einsichten in die Gedankenwelt der Arbeiter versprachen. Alle ehemaligen sozialistischen Länder verfügen über zuwenig Studien zu der Meinungslage im Arbeitermilieu (Gardawski *et al.* 1999).

11 Jüngste Meinungsumfragen zeigen, dass die Gewerkschaften in Rumänien ganz unten auf der Skala geachteter Organisationen stehen (Zentrum für städtische und regionale Soziologie 1997, S. 29-30; Muntean 1997, S. 21).

12 Heute finden viele Eheschließungen im August statt, wenn die jungen Arbeitsmigranten aus westeuropäischen Ländern (meistens Italien) zurückkehren, um rumänische Mädchen zu heiraten. Anschließend fahren sie zurück in ihr Gastland, um dort weiter zu arbeiten.

13 Die Frauen von Făgăraş scheinen ebenfalls zunehmend unter Missbrauch, psychischen Störungen und Selbstmordabsichten zu leiden. Ich erfuhr, dass bei Frauen aus dieser Region höhere Quoten für Geisteskrankheit vorliegen als in anderen Gegenden des Landes (persönliche Mitteilung von Maria Eşan).

Literatur

Abraham, Dorel (1990), Post-revolutionary Social Phenomena in Romania: 'The University Square' and the Violent Collective Behavior of June 13th to 15th, in: *Romanian Journal of Sociology* 1(1-2), S. 121-30.

Arandarenko, Mihail (1999), Labour Quiescence in Serbia, in: *Emergo: Journal of Transforming Economies and Societies* 6(2), S. 75-83.

Ashwin, Sarah (1999), Redefining the Collective: Russian Mineworkers in Transition, in: Michael Burawoy, Katherine Verdery (Hg.), *Uncertain Transition: Ethnographies of Change in the Postsocialist World*, Lanham, MD, Rowman and Littlefield, S. 245-271.

Bacon, Walter M. Jr, Louis G. Pol (1994), The Economic Status of Women in Romania, in: Nahid Aslanbeigui, Steven Pressman, Gale Summerfield, *Women in the Age of Economic Transformation: Gender Impact of Reforms in Postsocialist and Developing Countries*, London, New York, Routledge, S. 43-58.

Bahro, Rudolf (1977), *The Alternative in Eastern Europe*, London, NLB.

Bârgău, Valeriu (1984), Oamenii Subpământului, in: Gligor Haşa (Hg.), *Planeta Cărbunului*, Bukarest, Editura Eminescu, S. 115-170.

Beck, Sam (1991), Toward a Civil Society: The Struggle over University Square in Bucharest, Romania, 1990 (June), in: *Socialism and Democracy* 13, S. 135-154.

Berdahl, Daphne (2000), Introduction: An Anthropology of Postsocialism, in: Daphne Berdhal, Matti Bunzl, Martha Lampland (Hg.), *Altering States: Ethnographies of Transition in Eastern Europe and the Former Soviet Union*, Ann Arbor, University of Michigan Press, S. 1-13.

Birtalan, Laura (1999), Munca la negru atinge dimensiuni fără precedent, *Adevărul*, 26 July, S. 8.
Blanchard, Olivier Jean, Kenneth A. Froot et al. (1996), *The Transition in Eastern Europe*, Chicago, University of Chicago Press.
Bobek, Martin, Michael Marmot (1996), East-West Mortality Divide and Its Potential Explanation: Proposed Research Agenda, in: *British Medical Journal* 312, S. 421-425.
Brehoi, Gheorghe and A. Popescu (1991), *Conflictul Colectiv de Muncă şi Grevă*, Bukarest, Forum.
Bush, Larry (1993), Collective Labour Disputes in Post-Ceauşescu Romania, in: *Cornell International Law Journal* 26(2), S. 373-385.
Castells, Manuel (1996), *The Rise of the Network Society*, Cambridge, MA, Blackwell.
Center for Urban and Regional Sociology (1997), *National Public Opinion Poll*, Bucharest, CURS.
Cockerham, William C. (1999), *Health and Social Change in Russia and Eastern Europe*, London, Routledge.
Comisia Naţionala Pentru Statistica (1996), *Anuarul Statistic al României 1996*, Bukarest.
Crowley, Stephen (1997), *Hot Coal, Cold Steel: Russian and Ukrainian Workers from the End of the Soviet Union to the Post-Communist Transformations*, Ann Arbor, University of Michigan Press.
Gardawski, Juliusz, Barbara Gąciarz, Andrzej Mokrzyszewski, Wlodzimierz Palków (1999), *Rozpad Bastionu? Związki zawodowe w gospodarce prywatyzowanej*, Warschau, Institute for Public Affairs.
Government of Romania (1997), *Ordonanţa privind unele măsuri de protecţie ce se acordă personalului din industria minieră şi din activităţile de prospecţiuni şi explorări geologice*.
Hobsbawm, E.J. (1984), Man and Woman: Images on the Left, in: *Workers: Worlds of Labour*, NY, Pantheon, S. 49-65.
Hoffman, Oscar, Simona Raşeev, Dinu Ţenovici (1984), *Clasa Muncitoare din România în Condiţiile Revoluţiei Tehnico-Ştiinţifice*, Bukarest, Editura Academiei.
Judecătorie Făgăraş (1999), *Dosarele de statistica a le Judecătoriei Făgăraş*, 1976-1999.
Judecătorie Petroşani (1999), *Dosarele de statistica a le Judecătoriei Petroşani*, 1989-1999.
Kideckel, David A. (1988), Economic Images in the Romanian Socialist Transformation, in: *Dialectical Anthropology* 12(4), S. 399-411.
-- (1993), *The Solitude of Collectivism: Romanian Villagers to the Revolution and Beyond*. Ithaca, NY, Cornell University Press.
-- (1999), Storm and Stasis: The Paradox of Labour in Post-socialist Romania, in: *Emergo: Journal of Transforming Economies and Societies* 6(2), S. 24-46.
-- (in Vorbereitung a), The Undead: The Death and Rebirth of Nicolae Ceauşescu and Patriarchal Politics in Post-Socialist Romania, in: John W. Borneman (Hg.), *Death of the Father: An Anthropology of Closure in Political Authority*, Princeton, Princeton Iniversity Press, New York, Berghahn books.
-- (in Vorbereitung b), Winning the Battles, Losing the War: Contradictions of Romanian Labour in the Post-Communist Transformation, in: David Ost, Stephen Crowley (Hg.), *Workers After Workers' States: Labour and Politics in Postcommunist Eastern Europe*. Lanham, MD: Rowman and Littlefield, S. 97-120.

Konrád, George, Ivan Szelényi (1979), *The Intellectuals on the Road to Class Power: A Sociological Study of the Role of the Intelligentsia in Socialism*. New York, Harcourt, Brace, Jovanovich.

Kornai, János (1980), *Economics of Shortage*, Amsterdam, North-Holland.

Lampland, Martha (1995), *The Object of Labour: Commodification in Socialist Hungary*, Chicago, University of Chicago Press.

Muntean, Georgeta (1997), *Atitudini Politice, Civice, şi Morale ale Populaţiei României Faţă de Procesul de Tranziţiei: Fază Unică*, Bukarest, Research Group Romania Ltd.

Ockenga, Edzard (1997), Trade Unions in Romania, in: *Transfer: European Review of Labour and Research* 3(2), S. 313-328.

Offe, Claus, David Lane (1997), *Varieties of Transition: The East European and East German Experience*, Cambridge, MA, MIT Press.

Oprea, Ion (1970), *Istoria Românilor*, Bukarest, Editura Didactică şi Pedagogică.

Parliament of Romania (1991), *A Law on the Settlement of Collective Labor Conflicts*, Springfield, National Technical Information Service.

Pasti, Vladimir (1997), *România în Tranziţia: Căderea în Viitor*, Bukarest, Editura Nemir.

Pollert, Anna (1999), Class Dismissed? Labour and Trade Unions in the Czech Republic, 1989-1999, in: *Emergo: Journal of Transforming Economies and Societies* 6(2), S. 6-23.

Pospai, Mircea (1978), *Amintiri din Valea Luminii: Viaţa şi Activitatea Minerilor din Oltenia*, Craiova, Scrisul Românesc.

Rodina, Vladimir (1994), Romania: Unions Running Out Of Steam, in: *Warsaw Post*, June 26, 1994, cited in Lexis-Nexis European News Service.

Rompres (1998), Women make up nearly 50 per cent of unemployed in Romania. BBC Summary of World Broadcasts, Teil 2, Central Europe, 8 October.

Rumänisches Parlament (1991), *A Law on the Settlement of Collective Labour Conflicts*, Springfield, VA, National Technical Information Service.

Rumänische Regierung (1997), *Ordonanţa privind unele măsuri de protecţie ce se acordă personalului din industria minieră şi din activităţile de prospecţiuni şi explorări geologice*. României, Monitorul Oficial al României.

Sampson, Steven (1987), The Informal Sector in Eastern Europe, *Telos* 66 (Winter), S. 44-66.

Sapolsky, Robert M. (1997), *The Trouble with Testosterone and Other Essays on the Biology of the Human Predicament*, New York, Simon and Schuster.

Słomczyński, Kazimierz, Goldie Shabad (1997), Systemic Transformation and the Salience of Class Structure in East Central Europe, in: *East European Politics and Societies* 11(1), S. 155-189.

Snyder, Tim, Milada Vachudova (1997), Are Transitions Transitory? Two Types of Political Change in Eastern Europe since 1989, in: *East European Politics and Societies* 11(1), S. 1-35.

Stone, Richard (2000), Stress: The Invisible Hand in Eastern Europe's Death Rates, in: *Science* 288, S. 1732-1733.

Straussner, Shulamith, Lala Ashenberg, Norma Phillips (1999), The Impact of Job Loss on Professional and Managerial Employees and Their Families, in: *Families in Society* 80(6), S. 642-648.

Synovitz, Ron (1997), The East: Labour Leader Says Unreformed Unions Fail Workers, *RFE/RL Newsline*, December 2.

Țiç, Nicolae (1977), *Roșu pe Alb*, Craiova.

Tilly, Charles (1998), *Durable Inequality*, Berkeley, University of California Press.

Verdery, Katherine (1994), *National Ideology Under Socialism: Identity and Cultural Politics in Ceaușescu's Romania*, Berkeley, University of California Press.

-- (1996), *What was Socialism and What Comes Next?*, Princeton, Princeton University Press.

Watson, Peggy (1993), The Rise of Masculinism in Eastern Europe, in: *New Left Review* 198, S. 71-82.

-- (1995), Explaining Rising Mortality among Men in Eastern Europe, in: *Social Science in Medicine* 41, S. 923-934.

Wedel, Janine R. (1998), *Collision and Collusion: The Strange Case of Western Aid to Eastern Europe, 1989-1998*, New York, St Martin's Press.

Weidner, Gerdi (1998), Gender Gap in Health Decline in East Europe, in: *Nature* 395, October 29, S. 835.

Zentrum für städtische und regionale Soziologie (1997), National Public Opinion Poll, Bucharest, CURS.

7. „Underclass" oder soziale Ausgrenzung?
Der Fall der *Roma*

Michael Stewart

Einleitung

Das Elend der osteuropäischen *Roma* ist seit der Wende von 1989 immer wieder – vor allem im Blickfeld anglo-amerikanischer NGOs – Thema umfangreicher Diskussionen gewesen.[1] Dieses große Interesse entstand durch eine Reihe bemerkenswerter Berichte, die in den frühen 90er Jahren von verschiedenen Gruppierungen der *Human Rights Watch* veröffentlicht wurden. Dieser ersten Welle folgten zahlreiche weitere Veröffentlichungen und Reportagen über die oftmals unzumutbaren Lebensbedingungen der Roma-Minderheiten (z. B. Zoon, 2001). Die Abwanderung Tausender Roma nach Westeuropa und Nordamerika ließ im Westen die – zunächst von östlichen Liberalen vertretene – Meinung aufkommen, dass die Art und Weise, wie mit dieser Bevölkerungsgruppe umgegangen wird, sozusagen ein Lackmustest für die „neuen Demokratien" sei. Der bisherige Eindruck jedenfalls ist, dass dieser Test eine eher unerfreuliche Färbung aufweist. In jüngster Zeit haben auch soziologische Studien ein fast durchgehend trostloses Bild der Situation der Roma in den Bereichen der Beschäftigung, Bildung und Gesundheit an den Tag gebracht. Auf Betreiben von Menschenrechtsorganisationen und im Rahmen soziologischer Forschungsprogramme zusammengestellte Aufzeichnungen bieten neben Auskünften über die unterschiedlichen Ursachen der Not dieser Bevölkerungsgruppen auch unterschiedliche Lösungsmöglichkeiten. Erstaunlich dabei ist jedoch, dass beide Stränge eine dem westlichen – und zwar vor allem dem nordamerikanischen – Diskurs über Minderheiten entstammende Metapher verwenden: Die Sozialwissenschaftler beschreiben das postkommunistische Elend der Roma mit dem Bild einer „underclass", die von der übrigen Gesellschaft getrennt lebt und Opfer einer Diskriminierung ist, welche es ihr

„fast unmöglich macht, weder Rollen in der neuen Arbeitsteilung zu übernehmen, noch „normale" Arbeit, Einkünfte, Wohnbedingungen, soziale Sicherheit oder Zugang zu besserer Bildung für ihre Kinder zu bekommen" (Ladányi 2000, S. 71).

Die Menschenrechtsaktivisten ihrerseits sprechen in ihren Darstellungen von rassischer Diskriminierung, wie sie in der Tradition der Bürgerrechtsbewegung in den USA der 1960er Jahre gebräuchlich war.

Ich möchte in diesem Beitrag zeigen, dass die Lage und die den unterprivilegierten Bevölkerungsgruppen zur Verfügung stehenden Möglichkeiten in beiden genannten Ansätzen eine irreführende Darstellung erfahren. Ich beginne meine Argumentation mit einer Gegenüberstellung des Zusammenbruchs der postsozialistischen Volkswirtschaften und der Großen Depression, um an diesem Vergleich einen Aspekt der Notlage der Roma darzustellen. Dieser Vergleich mag auf den ersten Blick etwas weit hergeholt erscheinen aber dennoch können wir sagen, dass – aus der Sicht der Betroffenen – die Veränderungen, die im Wirtschaftsleben Osteuropas in der Zeit von 1989 bis 1996 zu verzeichnen waren, genau so gravierend gewesen sind wie die Ereignisse der Jahre 1929-1936 (Milanovic 1998, S. 23-39). Die Außenwelt merkte davon nur deshalb nichts, weil die sozialistischen Volkswirtschaften keine maßgeblichen Handelspartner in der kapitalistischen Welt hatten (ebd., S. 28). Milanovic unterscheidet zwischen zwei Mustern, die er an den Beispielen Polens und Russlands verdeutlicht. Während in Polen das Bruttosozialprodukt zwischen 1987 und 1995 drastisch absank, sich dann aber – ähnlich der Entwicklung in den USA und Deutschland in den Jahren von 1927 bis 1935 – wieder erholte, ging das Absinken des Bruttosozialprodukt während derselben Periode in Russland viel tiefer und verzeichnete erst entschieden später wieder bessere Werte.[2] In Ungarn und der Tschechischen Republik liegen die Dinge ähnlich wie in Polen, während sich Rumänien und Bulgarien dem russischen Modell annähern (für Rumänien siehe Biró und Biró 1997). Die interessanteste Parallele, die für ein Verständnis der Lage der Roma herangezogen werden kann, liegt in dem Verhältnis von Reallöhnen und Arbeitslosenquoten: In allen postsozialistischen Ländern sanken zwar die Reallöhne, doch die Arbeitslosigkeit stieg weniger an als in der Großen Depression; damals waren alle, die aus dem Arbeitsleben gestoßen wurden, der ganzen Wucht der Umstrukturierung ausgesetzt gewesen, während die Reallöhne ihr Niveau halten konnten (Milanovic 1998, S. 29-30). Mit anderen Worten, die postsozialistischen Regierungen in Osteuropa und der ehemaligen Sowjetunion hielten genau nach Keynes' Theorien den Beschäftigungsstand stabil, konnten dies jedoch nur auf Kosten steigender Inflationsraten und fallender Reallöhne gewährleisten. Letztlich verteilten sie die „sozialen Kosten" der wirtschaftlichen Umstrukturierung und nahmen dabei möglicherweise eine längere Wirksamkeit negativer Begleiterscheinungen in Kauf.

Im Gegensatz zu diesem allgemeinen Hintergrund stieg die Arbeitslosigkeit der Roma in der gesamten Region in den frühen 1990er Jahren auf den Stand von 1932 in Deutschland und hält sich seither auf diesem Niveau.[3] Während unter dem Sozialismus die Arbeitslosenraten für Roma und Nicht-Roma beinahe identisch waren, begannen sich in den 90er Jahren große Unterschiede abzuzeichnen (für diesbezügliche Daten für die Tschechische Republik und Ungarn siehe Ringold 2000). Die unverhältnismäßig hohe Arbeitslosigkeit unter den Roma resultiert jedoch nicht aus irgendwelchen direkten Diskriminierungsmaßnahmen in dem Sinne, dass Angehörige dieser Gruppe ihren Arbeitsplatz verloren, während Männer aus der übrigen Bevölkerung in strukturell ähnlichen Positionen den ihren behielten. Der Unterschied ergab sich vielmehr aus dem Einsatz des „Besens der Effizienz", mit dem das tote Unterholz des sozialistischen Wirtschaftssystems hinausgefegt wurde (Kertesi 2000). Eine grundlegende Ursache dafür war die sozialistische Bildungspolitik, die im Hinblick auf die Roma schlichtweg katastrophal war. Sogar am Ende der kommunistischen Periode waren unverhältnismäßig viele Roma in unqualifizierten, arbeitsintensiven Arbeitsbereichen tätig – Jobs, die es überhaupt nur aufgrund der umverteilenden, egalitären Logik des sozialistischen Wirtschaftssystems gab. Diese Arbeitskräfte waren es dann auch, die im Rahmen der Rationalisierungsprogramme der neuen Eigentümer ihre Arbeitplätze verloren. 1989 zum Beispiel, behielt in einer Fabrik, die ich zum ersten Mal im Jahre 1985 untersuchte, nur ein halbqualifizierter Roma seinen Job, während alle unqualifizierten Roma-Arbeiter entlassen wurden. Rassendiskriminierende Maßnahmen *an sich* sind also die Ausnahme, obwohl auf der Arbeitgeberseite die deutliche Neigung besteht, allein den Umstand, dass ein Arbeiter ein ethnischer Roma ist, als Hinweis auf dessen schlechte Schulbildung und andere negative Eigenschaften zu betrachten. Kertesi (2000, S. 442-445) schätzt, dass 30 Prozent der arbeitslosen Roma in Ungarn auf solche groben Verallgemeinerungen eines ethnischen Stereotyps zurückzuführen sind.

Milanovics Daten verweisen jedoch auf eine noch breiter angelegte Ausgrenzung der Roma. Er zeigt, dass nichtprofitable Betriebe durch versteckte Zuschüsse gefördert und aufrecht erhalten werden, dass die Konkursgesetzgebung nur zögerlich geändert wird und verschiedene andere Manöver zum Einsatz gebracht werden, um „Zeit zu gewinnen"; der Nutzen solcher Maßnahmen reicht aber nur bis zur Ebene der halbqualifizierten Arbeitskräfte, die dann aus dem Keynes'schen Netz des Arbeitsplatzschutzes herausfallen. Außerdem sind die Roma nicht genügend in das Raster staatlicher Sozialhilfeprogramme einbezogen – im Gegenteil: Man könnte beinahe meinen, bestimmte Aspekte der staatlichen Sozial- und Wohlfahrtsmaßnahmen seien so geregelt, dass es für diese Minderheit schwerer ist, überhaupt Sozialunterstützung zu bekommen.[4]

Die Arbeitslosigkeit verringert die relative Armut der Roma, die noch zu sozialistischen Zeiten einsetzte (Stewart 1990). Zur Arbeitslosigkeit gesellt sich häufig auch die Segregation im Wohngebiet: 13 Prozent der ungarischen Roma leben heute immer noch in „isolierten" Siedlungen (*telep*) und das fünfunddreißig Jahre nach einer breit angelegten staatlichen Anti-Segregationskampagne (Székelyi o. J.). Ebenso besorgniserregend ist, dass Nicht-Roma-Einwohner aus bestimmten Dörfern abgewandert sind und sich nur noch Roma-Familien in diesen Ortschaften niederlassen. Im Allgemeinen ist die Qualität der Wohnungen und Häuser der Roma noch immer schlechter als die der übrigen Bevölkerung (Ringold 2000, S. 13). Auch die Privatisierung von Grund und Boden hat den Roma keine bemerkenswerten Vorteile gebracht – obwohl gerade Roma doppelt so oft in ländlichen Gebieten wohnen wie andere Bevölkerungsgruppen. Sogar in Ländern, wo sie, wie zum Beispiel in Rumänien, einen gesetzlichen Rechtsanspruch auf eigenes Land haben, werden Roma-Arbeitern ehemaliger LPGs nicht die 0,5 ha Land zugeteilt, die ihnen aufgrund ihrer langen Mitgliedschaft bei der Genossenschaft zustehen – angeblich weil es nicht genug Land gibt (ebd.).

Auch im Bildungsbereich bietet sich fast überall in der Region dasselbe gleichbleibend triste Bild. Während 50 Prozent der Bulgaren und ein etwas höherer Prozentzahl der Rumänen eine höhere Schulbildung erhalten, erreichen weniger als 10 Prozent der Roma diese Etappe des Bildungsweges (Medina und McDonald 2001). In letzter Zeit beweist ein gewisser Fortschritt in Ungarn, dass staatliche Maßnahmen etwas bewirken können. Während im Jahre 1993 nur 3 Prozent der Roma-Kinder Schulen besuchten, an denen ein Abschluss mit Abitur gemacht werden konnte (Kertesi und Kézdi 1994), waren es 1998/1999 schon 16 Prozent; 65 Prozent gingen weiterhin zur Berufsausbildung (Kemény 2001, S. 66).[5] Allerdings beenden 25 Prozent der Roma-Kinder immer noch nicht die Grundschule. Die wichtigste Ursache der ungenügenden Schulbildung der Roma in verschiedenen Ländern ist die *de facto* Segregation der Kinder in Sonderklassen bzw. -schulen. In Ungarn heißen solche Klassen „c"-Klassen, wobei „c" gleichbedeutend mit drittrangig ist und abwertend mit „cigány" – Zigeuner, d. h. Roma – assoziiert wird. In Ungarn sind Roma-Kinder in Schulen für geistig Behinderte überrepräsentiert. Die tschechische Regierung gibt zu, dass ungefähr 75 Prozent aller Roma-Kinder in Sonderschulen gehen – also Schulen für geistig Behinderte; und dass über die Hälfte der Kinder in diesen Sonderschulen Roma sind. Diese außergewöhnliche Situation ist von einem Sonderausschuss der UNO besonders kritisiert worden (ERRC 1999). Bildungsmissstände führen zu grundlegenden Konsequenzen, nicht nur im Beschäftigungsbereich, sondern auch bei allen Formen der sozialen Integration. Zum Beispiel haben speziell an Roma gerichtete Zeitungen in Ungarn nur eine geringe Leserschaft.[6] Laut einer ungarischen Umfrage konnten 90 Prozent der 10 000 befragten „Zigeuner" keine einzige politische Partei der Roma nennen.[7]

Die Ergebnisse solcher Untersuchungen sind jedoch nur mit Vorbehalt zu verwenden, da sie zunächst den gesamten Fragenkomplex der schon unter dem Sozialismus bestehenden Arbeitslosigkeit, Armut und Elendslage dieser Menschen unberücksichtigt lassen (für diesbezügliche Angaben zu Russland siehe Clarke 1999). Zum anderen sind die bei diesen Untersuchungen angewandten Begriffe nicht klar genug definiert. Wie János Ladányi betont, gab es in den 90er Jahren in Ungarn „keine offizielle Definition für Armut und keine Armutsgrenzen, die von den Experten anerkannt werden" (2000, S. 68).[8] Er schließt daraus, dass „Armut vorliegt, wenn jemand nicht so leben kann wie andere". Als Alternative zu diesem relativierenden Ansatz sollte man auf einer Definition von Armut bestehen, die deren absoluten Charakter betont. Daher ziehe ich es vor, Armut als Leben unter der von der Weltbank festgesetzten $ 4-PPP (purchasing power parity)-Grenze zu bezeichnen – die Summe, die für jedes Land umgerechnet das ergibt, was den täglichen Einkauf für den Mindestlebensstandard pro Person ermöglicht.[9] Ich möchte daher meine Bedenken einbringen, dass es die „relative Mittellosigkeit" (*relative deprivation*, siehe Runciman 1966), und nicht die „Armut" der Roma ist, die sich in den letzten zehn Jahren vergrößert hat. Es kann kein Zweifel darüber bestehen, dass die Roma tiefer unter die Grenze der Mittellosigkeit absinken als andere Gruppen. Wie Umfragen in ungarischen Haushalten ergeben haben, verbleiben Roma auch länger als andere Menschen im Zustand der Mittellosigkeit.[10] Während nur 4 Prozent der Befragten Roma waren (was auch ihrem Anteil in der Gesamtbevölkerung entspricht), belief sich ihr Anteil an der Gruppe der Langzeitmittellosen auf insgesamt 33 Prozent (Mészáros und Fóti 2000, S. 305-307).

Viele Berichte über postsozialistische „Armut" und Diskriminierung basieren auf solchen statistischen Darstellungen des Elends der Roma. Sie verdeutlichen das Ausmaß der in der ganzen Region bestehenden Ungleichheit zwischen Roma und Nicht-Roma und liefern Politikern ein größtenteils auch stimmiges Bild der Herausforderungen, mit denen sich diese Gesellschaften konfrontiert sehen. Doch was können Ethnographen – von denen doch angenommen wird, dass sie mehr über das Leben vor Ort wissen, als die Ersteller solcher Statistiken – mit derartigen rohen Daten anfangen? Welche regionalen, sozialen oder anderen Unterschiede verbergen sich dahinter, und aus welchem Grund sind gerade diese

Unterschiede von Bedeutung? Wie sind die Roma mit der „Wende" fertig geworden, und inwiefern sind qualitative ethnographische Daten dazu geeignet, unser Verständnis der anfallenden Probleme so zu verändern, dass sie an Schärfe verlieren? Wie könnte uns dieses bessere Verständnis helfen, die fortlaufende Reproduktion solch massiver Mittellosigkeit und Not in klar formulierte Konzepte zu fassen? Um diese Fragen zu beantworten, möchte ich zunächst die einflussreiche Theorie der „underclass" vorstellen und kritisieren – eine Theorie, die auf Roma-Minderheiten immer öfter angewandt wird. Zum Schluss soll dann gezeigt werden, inwieweit der ethnographische Ansatz bei der Auseinandersetzung mit diesen Fragestellungen von Vorteil sein kann.

Historischer und politischer Hintergrund des Konzepts der „underclass"

Iván Szelényi und Rebecca Emigh (2000, S. 3-4) schreiben, dass die Volksgruppen der Roma zunehmend als eine rassische „underclass" hervortreten. Eine „underclass" setze sich aus Personen zusammen, von denen anzunehmen ist, dass sie ihr gesamtes Leben lang keine feste Arbeit haben und arm bleiben werden, da sie nicht über die nötige Bildung und marktfähigen beruflichen Qualifikationen verfügen, und deren Kinder in dieselbe soziale Position verstrickt sind und deshalb von der übrigen Gesellschaft als „Unberührbare", „Arme, die es nicht besser verdienen" oder „hoffnungslose Fälle" abgesondert werden. Angesichts des politischen Gebrauchs des Begriffes „underclass" als Bestandteil eines Versuches dieser Menschen selbst die Schuld an ihrem Unglück in die Schuhe zu schieben und um Wohlfahrtsprogramme auf ein Mindestmaß zu reduzieren, sprechen sich Szelényi und Emigh gegen eine auf das Verhalten bezogene Definition aus. Sie nehmen die ursprüngliche Bedeutung des Begriffs im Sinne von Gunnar Myrdal (1963) wieder auf,

„der ihn benutzte, um die besondere Lebenslage der Langzeitmittellosen zu bezeichnen, die keinen Nutzen aus dem Nachkriegs-Wirtschaftsboom zogen ... weil sie die für eine diversifizierte Volkswirtschaft nötige Bildung und Berufsqualifikation weder besaßen, noch sich aneignen konnten" (Szelényi und Emigh 2000, S. 3).

Beide bedienen sich der rassentheoretisch orientierten Sichtweise von William Julius Wilson (1987), um sich über Myrdals rein „ökonomisch-deterministisches Verständnis" der „underclass" hinauszubegeben. Schließlich ziehen sie noch Pierre Bourdieu heran, um „die objektiven Probleme der strukturbedingten Arbeitslosigkeit" und „die subjektiven Bemühungen um ethnische Klassifikation" zu analysieren. Mit Hilfe dieser doppelten Fokussierung hoffen sie, die Fallen der US-amerikanischen Rhetorik der Neuen Rechten zu umgehen, die sich inzwischen auf die „von Sozialhilfe Abhängige" und „Untergruppe von im Umfeld des Verbrechens agierenden Elenden" eingeschossen hat (ebd., S. 10).

Obwohl ich verstehen kann, dass der Begriff der „underclass" auf bestimmte Autoren, denen es vor allem um die Aufmerksamkeit des amerikanischen akademischen Publikums geht, eine besondere Anziehungskraft ausübt, scheint mir der Terminus aus zwei Gründen wenig geeignet, auch auf den osteuropäischen Kontext angewandt zu werden.[11] Der erste dieser Gründe ist wohl der, dass der Begriff als solcher ungenau ist und immer wieder dieselben Assoziationen hervorruft.

Gunnar Myrdal war ein erfahrener Amerika-Kenner mit solch einwandfreien sozialdemokratischen Wurzeln in Schweden, dass man sich nur schwer vorstellen konnte, er habe zum Diskurs der US-amerikanischen moralisierenden „Rechte" beigetragen. Nichtsdestoweniger fragt sich, ob seine Gedankenführung wirklich so strukturalistisch ist, wie Szelényi und Emigh (2000) es sich wünschen. Nicht übersehen werden darf vor allem, dass er den Begriff nicht als *terminus technicus* benutzte, sondern vielmehr nach einem Wort suchte, das dem des schwedischen Volksterminus „underclass" entsprechen könnte – einem Ausdruck, der Personen bezeichnet, „die eigentlich kein integrierter Bestandteil der Nation sind, sondern ein nutzloses und elendes Substratum" (Myrdal 1963, S. 41). Der schwedische Begriff war abfällig, von wohlhabenden Bürgern gebraucht, wenn sie auf Personen Bezug nahmen, die ihnen ordinär und schlecht erzogen schienen, auf Leute ohne Manieren und gesellschaftlichem Status, um zu zeigen, dass die wirtschaftlich emporstrebende Arbeiterklasse trotz allem immer noch kein kulturelles Kapital besaß. Wenn Myrdal sich der Bezeichnung bediente, so vielleicht auch, weil er selbst aus einer wohlhabenden Bauernfamilie stammte.[12]

So gesehen beruft sich Myrdal auf traditionelle Vorstellungen, die bis in die Mitte des neunzehnten Jahrhunderts zurückreichen. Karl Marx hatte in seinem Buch „Der Klassenkampf in Frankreich" (1849) das *Lumpenproletariat* definiert als etwas

„das in allen großen Städten eine von dem industriellen Proletariat genau unterschiedene Masse bildet ... von den Abfällen der Gesellschaft lebend, Leute ohne bestimmten Arbeitszweig, Herumtreiber, gens sans feu et sans aveu." (Marx und Engels 1957, S. 138)

Drei Jahre zuvor hatte Friedrich Engels das Wort abfällig im Zusammenhang mit irischen Tagelöhnern in England benutzt (1845). Diese auf Verhaltensweisen basierende Beurteilung einer von der übrigen Gesellschaft abgesonderten bzw. niederen Klasse (die in England mit dem entsprechend imperialistischen metaphorischen Begriff der „outcast" belegt wurde), gehörte damals zur normalen Denkweise der bürgerlichen Mittelschicht, wie z. B. die journalistischen Arbeiten Henry Mayhews (1851) belegen.[13] Ihre Wirkungskraft in der popularistischen und journalistischen Rhetorik, die diesen Ausdruck benutzte, zog sie daraus, dass sie eine Alternative zu der herkömmlichen Klassenunterteilung darstellte. Während andere gesellschaftliche Klassen durch ihre Beziehungen untereinander bestimmt sind, entsteht die „underclass" dadurch, dass sie eben keine Beziehungen zu den anderen sozialen Klassen unterhält. Die wohl verwandteste Vokabel, die assoziativ hervorgerufen wird, ist das Wort „Unterwelt", das einen separaten und pathologischen sozialen Raum mit eigenen Regeln und Gesetzen beschreibt. Solche Neuklassifizierungen sind insofern zulässig, als manche Haushalte aus den Beziehungen und staatsbürgerlichen Pflichten ausgeschlossen werden, über die die meisten sozialen Gruppen ihr Zugehörigkeitsgefühl und Vertrauen in die Gesellschaft beziehen. So variieren auch die politischen Implikationen bei der Bewertung dieser Verhaltensweisen als „underclass" je nachdem, wie fremd diese Gruppen den gesellschaftlichen Kommentatoren werden (Bourgeois 1995).

Auf unsere Zeit bezogen, lässt sich diese Problematik am Beispiel einer Gruppe immigrierter Roma in Budapest darstellen. Eine Studie aus jüngster Vergangenheit (Kováts 2000) belegt den Fall einer Familie rumänischer Roma, die während der Sommermonate in einem öffentlichen Park in Budapest lebt. In diesen Monaten bestreitet die Familie ihren Lebensunterhalt durch Betteln auf den Bahnhöfen der Stadt. Einmal im Monat reisen alle Familienmitglieder an die ungarisch-rumänische Grenze, wo sie ihre Visa erneuern lassen. Komplizierte Manöver mit den Schaffnern und die Bereitschaft, eine ungewöhnlich lange Zeit auf diese Reise zu verwenden, machen es ihnen möglich, dass sie in diesen Zügen ohne Fahrkarten reisen können. Sie leben in diesem Park, einerseits, weil sie kein Geld für eine Unterkunft ausgeben wollen, andererseits aber auch, weil sie unangenehme Begegnungen vermeiden möchten, denen sie in den für sie möglichen Unterkünften ausgesetzt wären (Vajda und Prónai 2000, S. 101-2) Wenn das Konzept einer Klasse „unter" bzw. „außerhalb" der Gesellschaft auf irgend jemanden zutrifft, dann sicher auf diese Familie. Nun ist es aber auch so, dass alle Untersuchungen über bettelnde Roma (z. B. Piasere 1982; Tauber o. J.; Engebrigsten 2000) ebenfalls davon sprechen, dass solche Familien auch „normale" Einkommensquellen haben und in anderen Kontexten wie „assimilierte", „normale" Roma auftreten. Aus diesem Grund wird es problematisch, solche Menschen als „underclass" zu bezeichnen, da der Terminus die bestehende Trennung in der Gesellschaft überspitzt und dadurch die Ideologie reproduziert, mit der die Ausgrenzung der „Zigeuner" gern gerechtfertigt wird; die Ausgrenzung, die das „problematische" Verhalten von Anfang an verursacht.

Wir verfügen heute über überzeugende wissenschaftliche Beweise für so eine ideologisch konstruierte Ausgrenzung; dazu gehört die Dissertationsstudie der norwegischen Ethnologin Ada Engebrigsten, die als einzige Ethnographin der Roma sowohl Roma als auch deren bäuerliche Nachbarn erforscht hat (2000). Für die Bauern sind die „Zigeuner" stets Leute „ohne etwas", denen die guten *gospodăr* („Bauern mit eigenem Hof") aus Barmherzigkeit etwas geben können. Obwohl manche Zigeuner sehr an ihren bäuerlichen Herren hängen, ist es einigen *ţigani* im Dorf in den letzten Jahren gelungen, bedeutende materielle Ressourcen zu erlangen – Ressourcen, die von den Bauern benötigt werden. Doch trotz des veränderten Beziehungsverhältnisses zwischen Roma und Dorfbewohnern tun alle so – inbegriffen die Roma – als seien die *ţigani* nach wie vor den Bauern untergeben. Durch dieses Verhalten wird ein alter rumänischer Bauernmythos am Leben erhalten – der nämlich, dass *ţigani*, da sie kein Land besitzen, von den Bauern abhängig sind. Es ist sogar so, dass die Bauern es als einen Akt der Barmherzigkeit betrachten, wenn sie den *ţigani* Arbeit geben, und auf diese Weise legitimieren, dass sie die *ţigani* nur mit Waren und nicht mit Bargeld oder, wie unter Bauern, mit Gegenleistungen bezahlen (Engebrigsten 2000, S. 340-62).[14] Dieser Mythos von der Abhängigkeit der Zigeuner von den Bauern stellt für letztere sicher, dass die Zigeuner „freiwillig" für wenig Lohn Arbeit übernehmen, während ihnen weiterhin die Möglichkeit offen bleibt, zu ihrer alten Beziehung mit den Bauern zurückzukehren, wenn ihre gegenwärtige Glückssträhne einmal zu Ende ist. Die Wahrnehmung, dass die *ţigani* eine Last und Schmarotzer im Dorf sind, bleibt ein Mythos.

Die Tendenz, in „underclass"-Bildern das Element der Unterschiedlichkeit besonders herauszustreichen, zeigt sich in der Literatur immer wieder, seitdem das Wort den Weg aus dem akademischen Diskurs der 70er Jahre in den von den Medien geformten „gesunden Menschenverstand" fand und dort Wurzeln geschlagen hat. William Julius Wilson kommentiert diese Tendenz wie folgt:

„Was die Mitglieder einer underclass von denen aus anderen ökonomisch benachteiligten Gruppen unterscheidet, ist, dass ihre unmittelbare Umgebung oder soziales Milieu ihre marginale ökonomische Position oder schwache Bindung zur Arbeiterschaft auf einzigartige Weise untermauert. Das doppelte Problem der marginalen ökonomischen Position und der sozialen

Isolierung verdichtet sich zu einem wichtigen Unterscheidungsmerkmal, dass sich nicht mit der Standardbezeichnung ‚untere Klasse' beschreiben lässt." (Wilson *et al.* 2000)

Dieser geographische Faktor spielt bei einigen Untersuchungen zu den Roma eine wichtige Rolle (Ladányi 1993), doch sollte man nicht allzu hastig auf die beliebte Metapher vom „Ghetto" zurückgreifen, da diese den Gedanken der Wohngebietssegregation von Minderheiten übertreibt (Kusmer 1997, S. 706). Ladányis bevorzugtes Beispiel für ein Ghetto ist der achte Bezirk in Budapest, wo die Roma etwa 30 Prozent der Gesamtbevölkerung ausmachen. Das bedeutet aber auch, dass zwei von drei Bewohnern des Viertels keine Roma sind. Es lebt überhaupt nur jeder sechste budapester Rom in diesem Bezirk (Ladányi 1992, S. 80) und diese Gruppe scheint weniger arm zu sein, als die Zigeuner, die in anderen Teilen der Stadt leben.[15]

Wenn der „Unterschied" zwischen den sehr Armen und den übrigen Bevölkerungsgruppen zu stark hervorgehoben wird, werden die kontingenten Aspekte der Situation übersehen. Die Geschichte hat gezeigt, dass Personen, von denen lange gesagt wurde, sie seien Teil einer „anderen" als der normalen sozialen Welt, diese „andere Welt" erstaunlich rasch hinter sich lassen können. So befürchtete zum Beispiel das wohlhabende Bürgertum Londons im ausgehenden neunzehnten Jahrhundert die Entstehung einer „Stadt der Ausgestoßenen" (*outcasts*), wo Menschen leben, deren spezifische Merkmale – der unumkehrbare Niedergang wirtschaftlicher Normalität, moralische Zersetzung, ein sich selbst reproduzierender Abstieg in die Kriminalität und andere Formen sozialer Ausgrenzung (wie zum Beispiel der Ausschluss der Kinder von der Bildung) – es der nachfolgenden Generation so gut wie unmöglich machen würden, zur Normalität zurückzukehren (Stedman-Jones 1984). Doch was geschah im London der Ausgestoßenen? Die „gravierendsten sozialen Probleme" waren zu Beginn des zwanzigsten Jahrhunderts praktisch beseitigt – und zwar nicht durch einen Prozess Darwinscher Selektion und physischer Vernichtung (wie man dies vielerorts erwartet hatte), sondern durch eine Neugestaltung des wirtschaftlichen und sozialen Umfelds (Stedman-Jones 1984, S. 348-9).[16] Wer kann heute also mit Sicherheit sagen, dass die Lage der Roma dieselbe sein wird, nachdem die osteuropäischen Volkswirtschaften in eine erweiterte europäische Freihandelszone Einlass gefunden haben?

Doch hat die Idee von der „underclass" eine noch viel düsterere Seite. Die vielleicht beunruhigendste Formulierung hiervon lieferte die deutsche Theorie der „Sozialhygiene", die die „underclass" als *„asozial"* bezeichnete und damit zu Personen degradierte, die von der zivilisierenden Wirkung der Teilnahme an einem „normalen" sozialen Leben abgeschnitten sind (Weindling 1989: Peukert

1989, S. 208-235). In der langen Zeitspanne vom Ende des neunzehnten bis zum Anfang des zwanzigsten Jahrhunderts brachten solche Ideen eine den niedrigsten sozialen Schichten gegenüber besonders feindliche und repressive Sozialpolitik hervor, wie sie zum Beispiel in dem bayrischen „Gesetz zur Bekämpfung von Zigeunern, Landfahrern und Arbeitsscheuen" aus dem Jahre 1926 verlautbar wurde.[17] Später wurde der Ausdruck „*asozial*" germanisiert und von den Nazis in dem Begriff des „*Gemeinschaftsfremden*" verarbeitet – ein Ausdruck, den ein Übersetzer in englischer Sprache als „*community alien*" wiedergab (Peukert 1989). Natürlich waren die *Zigeuner* der Prototyp solcher „*Gemeinschaftsfremden*". Heute sollten Sozialwissenschaftler vorsichtig sein und diese Begrifflichkeiten nicht auf die postsozialistischen Gegebenheiten Osteuropas anwenden. Am 4. August 2000 erklärte zum Beispiel ein rechtsgerichteter Parlamentsabgeordneter im slowakischen Parlament, „nichtanpassungsfähige *Roma*" sollten in „Reservaten" untergebracht werden, weil nur so die Kriminalitätsrate gesenkt werden könnte. Er meinte auch, dass Sozialhilfezahlungen an „staatsschädigende" Personen eingestellt werden sollten. Zuschüsse dieser Art seien in Bezug auf die übrige Bevölkerung „unmenschlich".[18] In diesem Teil der Welt – im Gegensatz zum „Westen" – ist solches Vokabular mit seiner, aus den späten 19. Jahrhundert stammenden und von den Nazis übernommenen bio-sozialen Terminologie nie gezielt angeprangert und aus dem normalen Wortschatz der Nachkriegszeit verbannt worden.[19]

Aus der Slowakei stammt auch ein gutes Beispiel dafür, wie sich die strukturellen Bedeutungen einer „underclass" unweigerlich ändern. Während ich mit der Niederschrift dieses Beitrags beschäftigt war, erschien der Artikel eines früheren Forschungskollegen von Iván Szelényi. Szelényi hatte sich deutlich gegen eine verhaltensspezifische Deutung des besagten Begriffs ausgesprochen, doch Michal Vašečka vertritt nun genau diese verhaltensspezifische Variante der Auslegung des Begriffs und erklärt einer gebildeten Leserschaft, dass „Experten und Fachkreise glauben, die *Roma* seien im Begriff, eine ‚underclass' zu werden, deren Merkmale allgemeine Resignation, fehlender Respekt vor staatlicher Autorität, geringe soziale Selbstkontrolle und schlechte Arbeitsmoral sind" (2001, S. 171). Szelényi kann natürlich nicht für die Ansichten seines früheren Kollegen verantwortlich gemacht werden. Aber da Wissenschaftler so wenig Kontrolle darüber haben, wie andere ihre Ideen verwenden (Gans 1997), sollte einem so ungenau definierten und vagen Begriff wie „underclass" mit all seinen negativen Konnotationen wirklich keine zu große Glaubwürdigkeit beigemessen werden.

„Underclass" und „Kultur der Armut"

Es gibt weitere Gründe, den Terminus „underclass" zurückzuweisen. Zu diesen Gründen gehört die Auffassung, eine Kultur von Menschen, die am Rande der Gesellschaft leben, sei bei genauerer Betrachtung gar keine „wirkliche Kultur". Unter dem Sozialismus waren Begriffe wie „Armut" und „strukturbedingte Ungleichheit" praktisch tabu und aus dem sozialwissenschaftlichen Diskurs verbannt. Das bedeutete aber nicht, dass Begriffe, die dem modernen amerikanischen Bedeutungsinhalt des Wortes „underclass" nahestanden im Umlauf waren – darunter vor allem der von dem Ethnologen Oscar Lewis (1966) geprägte Ausdruck der „Armutskultur". Dieser Begriff trägt vor allem die Aussage, dass arme Leute ein unorganisiertes Leben führen und ihr Wertesystem daher durch ihre ökonomische Lage in voraussagbarer Weise bestimmt sei. Solche irreführenden Behauptungen waren schon im Hinblick auf die Slums von Puerto Rico und Mexiko verfälschend, erweisen sich aber im Zusammenhang mit den osteuropäischen Roma als ganz besonders verheerend.

Die Ansicht, den Roma und anderen Randgruppen „mangele" es an Kultur, basiert auf einem ethnologisch nicht fundierten Verständnis von Kultur als Rahmenbedingung für geordnetes Zusammenleben in einer Gesellschaft. István Kemény befasst sich als Soziologe seit den frühen 70er Jahren mit der Frage des Zusammenhangs zwischen Zigeunern und Armut in Ungarn. In einer kürzlichen Veröffentlichung seiner Forschungsergebnisse teilt er seinen Lesern mit, dass die Zahl der Romany sprechenden Roma von 20 Prozent im Jahre 1972 auf ungefähr 4 Prozent im Jahre 1993 gesunken ist (1999, S. 10). Ein Sprachwandel diesen Ausmaßes wäre sicherlich eine besondere Analyse wert, doch fehlen bestätigende Beweise aus anderen Datenquellen, und ich würde sagen, dass die einfachste Erklärung für diese erstaunliche Statistik wohl in einer fehlerhaften Datensammlung zu suchen ist. Was mir ganz besonders auffällt, ist, dass Kemény diese Information einfach und ohne weiteren Kommentar weitergibt. Denn in seinem Modell der „Armutskultur" wird der Sprache als kulturellem Kapital keine besondere Bedeutung beigemessen. Aufschlussreich ist, dass Kemény und sein Team die *Romungros* (d. h. die „ungarischen" oder auch „musizierenden Zigeuner") als „Ungarisch sprechend" beschreibt. Es wäre sicher angemessen, wenn die Fachliteratur – insbesondere die für Lehrer und für andere, Roma betreuende Personen bestimmte Veröffentlichungen – klare Hinweise darauf enthielte, dass einige dieser Zigeuner Roma-gefärbte ungarische Dialekte sprechen, andere dagegen ein Ungarisch, in dem nicht nur die Intonation, sondern auch der Wortschatz von älteren Elementen der eigentlichen Romany-Sprache beeinflusst sind.[20]

Die Behandlung, die Roma-Minderheiten in der Regel durch staatliche Dienststellen zuteil wird, ergibt sich aus der mangelnden Beachtung, die diese Dienststellen den besonderen sozialen Beziehungsmustern der Roma schenken. In den frühen 90er Jahren begab sich eine weitere Gruppe ungarischer Soziologen nach Csenyéte, einem abgelegenen Dorf, um bestehende soziale Probleme vor Ort zu analysieren und entsprechende Empfehlungen für Lösungsmaßnahmen auszuarbeiten. Anfang des zwanzigsten Jahrhunderts hatten die Roma in diesem Dorf nur eine kleine Minderheit gebildet und ihren Lebensunterhalt durch Musizieren, Lehmziegelherstellung (für den Häuserbau) und andere Dienstleistungen für die Bauern bestritten. Siebzig Jahre später war das Dorf ein *„elcigányosodott"* – ein ausschließlich von Roma bewohnter Ort – geworden. Die Gruppe der Sachverständigen leitete zwar verschiedene, sehr positive Maßnahmen ein – darunter die Wiederaufnahme einer Busverbindung, eine Einrichtung eines Kinderhorts, die Bereitstellung niedrig verzinster Kredite zum Aufbau kleiner Geschäfte und Betriebe (Kereszty 1998) – doch auf die eigenen kulturellen Ressourcen dieser Roma achtete niemand. Als sich die Ethnomusikwissenschaftlerin Katalin Kovalcsik nach Roma-Folklore zur Anwendung in Schulen erkundigte, bekam sie von einem dieser Forscher zur Antwort, die volkseigene Kultur dieser Leute sei schon seit langem „ausgestorben" und sie solle Material woanders suchen, an Orten, wo die „Zigeuner" noch nicht „ganz und gar fertig gemacht" worden seien. Zwei Tage nachdem Kovalcsik bei einer Roma-Familie dieses Ortes eingezogen war, erfuhr sie, weshalb diese Forscher nie alte Roma-Geschichten zu hören bekommen hatten: Solche Geschichten werden nur in den frühesten Morgenstunden einer Totenwache erzählt – zu einer Zeit also, zu der das Forschungsteam noch schlief. Die alten Geschichten und Lieder sind also keineswegs vergessen und Katalin Kovalcsiks Arbeit beweist, dass solche Erzählstunden ihren besonderen Wert darin haben, den Roma als kulturelle Ressource zu dienen. Diese Roma würden sich „nicht einfach auf die Seite drehen und sterben" (Kovalcsik und Kubínyi 2000, S. 5). Die Bewohner von Dörfern wie Csenyéte haben es nicht leicht, ein ganzes Dorf auf einer sozialen Grundlage zu konstruieren, die in einer Zeit entwickelt wurde, als sie nur eine dienstleistende Minderheit – umgeben von einer bäuerlichen Mehrheit – im Ort darstellten. Daher könnte der während der erwähnten frühmorgendlichen Totenwachen immer wieder aufgefrischte soziale Zusammenhalt der Gruppe – angesichts vieler anderer verlorener Gelegenheiten sozialer und erwerbsbedingter Interaktion – ein stützender Rahmen sein, eine Grundlage für neue wirtschaftlich einträgliche

Aktivitäten, die sich sogar als vielversprechender herausstellen könnten als alles, was sonst unqualifizierten ethnischen Ungarn heute zur Verfügung steht.

Bezeichnend für das hier zur Debatte stehende Modell der „Kultur der Armut" ist, dass es von einer mangelhaften Organisation innerhalb der Gruppe und dem Kollaps aller ihrer Institutionen ausgeht. Dieser Punkt wird besonders deutlich an Péter Ambruss' Beschreibung der gemischten ngarisch-roma Gemeinde von Dzsumbuj in Budapest, wo „das Nichtvorhandensein jeglicher Stabilität" das „charakteristischste Merkmal des Lebens der Armen" bildet (1988, S. 78). Allerdings kann die Unordnung eines Menschen die Ordnung eines anderen sein. Die Roma organisieren ihr Handeln erfolgreich – nur ganz anders, als ihre ehrbareren (und wohlhabenderen) Nachbarn. In einer Studie über Wanderarbeiter aus verschiedenen ungarischen Roma-Gruppen sowie ausländischen, in Ungarn lebenden Roma tauchte immer wieder die Frage auf, wie sich diese Gruppen so gut über die Lage auf dem Arbeitsmarkt und über andere Erwerbsmöglichkeiten in den für sie in Frage kommenden Ländern informieren. Keine einzige Untersuchung enthielt einen Hinweis darauf, dass diese Gruppen ihre Informationen aus „verlässlichen" offiziellen oder in der Presse erscheinenden Bekanntmachungen beziehen. Und doch wussten sie alle – mit Ausnahme einiger weniger Uninformierter – besser Bescheid als die Forscher selbst (Kováts 2000). So mag es zwar ein Zeichen mangelnder Organisation sein, wenn jemand auf dem Budapester Westbahnhof ankommt, kein Ungarisch spricht, nur ganz wenig Geld in der Tasche hat und darum bittet, jemand möge ihm den Weg zum „Rumänischen Markt" zeigen; aber der Mann, der dies tat, fand sowohl einen Job als auch eine Unterkunft und überlebte, um den Forschern diese Geschichte zu erzählen! (Vajda und Prónai 2000, S. 104; auch Hajnal 2000).

Auf der einfachsten Ebene führt das besondere Muster des Problemlösens unter Roma-Familien zu originellen Lösungen für oft unerwartete Probleme. Ein Mitglied von Szelényi's Forschungsgruppe untersuchte Veränderungen in einem anderen, ganz von Roma übernommenen Dorf in Nordungarn. Um die Armut in dieser Ortschaft zu zeigen, folgt hier die Speisekarte einer der bedürftigsten Familien:

> Frühstück: Kartoffel in Paprika-Zwiebel-Sauce, Tee
> Mittagessen: Nudeln mit Kartoffeln, Kartoffelsuppe
> Abendbrot: Salzkartoffel mit Speck oder Zwiebeln

(Durst o. J., S. 55)

Eine der wesentlichsten in diesem Dorf seit 1989 eingetretenen Veränderungen – wie in vielen anderen dörflichen Gemeinschaften der Roma in Ungarn – ist, dass das Bargeld als Zahlungsmittel allmählich aus dem Wirtschaftskreislauf verschwunden ist. Das einzige Nahrungsmittel auf der oben angeführten Speisekarte, das gegen Bargeld gekauft werden muss, ist Tee. Deshalb sind die kleinen Zuschüsse aus der Sozialhilfe so wichtig! Durst hat gezeigt, dass die Roma für die Lösung dieses Problems ihre mehrere Generationen überspannenden Netzwerke neu aktiviert haben. Diese Familienbudgets entsprechen der Abfolge staatlicher, durch die Postämter ausgezahlter Unterstützungsgelder: „In der ersten Woche jedes Monats werden Sozialhilfe sowie Arbeitslosenunterstützung ausgezahlt. In der zweiten Woche kommt das Kindergeld; in der dritten die Familienzulage und in der vierten die Rente" (ebd., S. 83). Solange eine Familie also über ein mehrere Generationen überspannendes Verwandtschaftsnetz verfügt, kommt jede Woche neues Geld herein, mit dem dann die notwendigsten Dinge bezahlt werden können. Gegenwärtig kann sich eine Familie in dieser Lage gerade so über Wasser halten. Aber es sind gerade auch diese Familien-Netzwerke, über welche die entsprechenden Informationen fließen, die einem Roma-Migranten sagen, ob und wie lange er sich auf Arbeitssuche ins Ausland begeben sollte. Nur in den Modellen der Sozialforscher erscheinen solche Strategien als „sozialer Kollaps" oder „mangelnde Organisation". Fest steht jedenfalls, dass die heutige verstärkte Rückbesinnung der Roma auf ihre Familienbande nicht auf eine Entropie oder Involution hinweist, sondern darauf, dass sie sich auf ihr eigenes „kulturelles Kapital" besinnen. Daher können nur sehr kurzsichtige Modernisierungsfanatiker „Verwandtschaftsbeziehungen" für das Gegenteil eines Unternehmens, Geschäftes oder einer Aktiengesellschaft halten.

Ein drittes Problem mit dem Modell der „Kultur der Armut" liegt in der Annahme, es gebe nur einen einzigen wirksamen Weg, sich funktional an einen Zustand der Langzeitbedürftigkeit anzupassen.[21] Doch die Vorgänge innerhalb einer Gruppe armer Menschen sind in Wirklichkeit immer viel komplexer (Hannerz 1969). So auch bei den Roma in der postsozialistischen Welt: Bei ihnen lässt sich ein komplexes Muster von Überlebensstrategien beobachten, in einer Gruppe von Leuten, die unter ähnlichen sozialen Bedingungen leben. Untersuchungen über Migration zeigen unter anderem arme Roma, die beabsichtigen, Ungarn aus Protest gegen die unerträglichen örtlichen Bedingungen en masse zu verlassen; aber es gibt auch einzelne unter ihnen, die in einem der EU-Länder illegal arbeiten sowie junge, selbstständige Roma-Geschäftsleute, die auf der Suche nach „einem günstigen Steuersystem für Unternehmen" nach Kanada auswandern möchten (Kováts 2000).

Aus allen genannten Gründen, die in der Ideengeschichte und der politischen Verwendung des Begriffes „underclass" wurzeln, ziehe ich den besonneneren

Ausdruck der „sozialen Ausgrenzung" vor. Er verdeutlicht auf bessere Weise, dass wir es hier mit einem fortlaufenden Prozess – und weniger mit einem permanenten Zustand – zu tun haben, und geht weniger von „abweichendem" oder gar „kriminellem Verhalten" aus, sondern legt den Nachdruck vor allem auf die politischen Kämpfe, die entscheiden, wer „Innen" und wer „Außen" steht. So hat zum Beispiel Ignatiev (1995) gezeigt, dass während des größten Teils des neunzehnten Jahrhunderts die Iren in den USA sozial ähnlich eingestuft wurden wie die Schwarzen heute, dass sich aber – bedingt durch die spezifischen Interessen der demokratischen Partei bei Wahlen und politischen Aktionen – die strukturelle Position der Iren in der Gesellschaft schließlich geändert hat und sie „Weiße wurden", ohne dass ihre „Wohnviertel" oder ihr „soziales Milieu" erkennbaren Veränderungen unterworfen gewesen wären. Der Ausdruck „underclass" beinhaltet jedoch die Idee, dass einer Gruppe oder deren Lebenssituation etwas so wesenhaftes ist, dass eine derartige Veränderung nicht verständlich wäre.

Eine Leiter, kein Abgrund

Könnte es sein, dass die osteuropäischen Roma heute einer Transformation entgegenblicken, wie sie die amerikanischen Iren im neunzehnten Jahrhundert oder die „outcasts" im viktorianischen London erlebt haben? Einige unter ihnen blicken eher pessimistisch in die (nähere) Zukunft. Die meisten der Tausenden von ungarischen Roma, die nach Kanada gegangen sind, betrachten sich nicht als politische Flüchtlinge oder als anderen Verfolgungen ausgesetzte Personen (Kováts 2000), aber sie spielen das Spiel vom Flüchtling, weil es oft der einzige Weg zu einem besseren Leben zu sein scheint.[22] Auch andere, weniger geschickte Roma als diese transnationalen Migranten, entwickeln neue Überlebensstrategien. Ózd ist das urbane Zentrum einer Industrieregion im nördlichen Ungarn, die von einer veralteten Schwerindustrie abhängig war. Die Situation der dort lebenden arbeitslosen Roma ist besonders schwierig. Im Jahre 1980 gab es in diesem alten Industriezentrum 35 000 Arbeitsplätze; im Jahre 1996 waren es nur noch 15 000. Die Roma machen 50 bis 60 Prozent aller hier ansässigen Arbeitslosen aus; unter den Langzeitarbeitslosen stellen sie 80 Prozent (Artemisszió Foundation 2000). Der „gesunde Menschenverstand" der Budapester Intelligentzija, den niemand so leicht in Frage stellt, sagt, dass die Roma von Ózd „erledigt" sind, dass es (ohne Qualifikation oder Berufserfahrung in anderen Industriezweigen) keinen Ausweg für sie gibt. Doch jüngste Untersuchungen einer nicht-staatlichen internationalen Stiftung, die in Zusammenarbeit mit dem Vorsitzenden des Roma-Selbstverwaltungsrates Weiterbildungsprogramme für Roma plant, haben gezeigt, dass nicht wenige der Ózder Roma auch eine Lösung für ihre Probleme gefunden haben. Einige hundert von ihnen pendeln jede Woche in den Westen des Landes, in Städte wie Székesfehérvár, wo es billige Unterkünfte gibt und von wo aus sie in die umliegenden Fabriken dieser industriell aufstrebenden Region ausschwärmen. Bislang weiß man noch nicht viel über die Ursprünge dieses Netzwerkes, doch eins ist für die Weltbank sicher: Anders als die öffentliche Meinung behauptet, gehen arbeitslose Roma eher auf Arbeitssuche als ihre Nicht-Roma Leidensgenossen (Ringold 2000, S. 16).

Allerdings sind nicht alle Roma so geschickt im Umgang mit schwierigen Situationen. Die Arbeiten Leo Howes über Nordirland zeigen, dass das zwischen einer Bevölkerungsgruppe und dem Staat bestehende Beziehungsverhältnis die Überlebensstrategien von Langzeitarbeitslosen entscheidend beeinflusst (1990). Auch die ethnographischen Studien von Frances Pine über Polen haben belegt, dass eine gewisse Missachtung von Autorität das A und O des Überlebenskampfes für Geschäftsleute am unteren Ende der sozialen Leiter ist (1996, S. 140-147; 1998, S. 117). Es scheint sogar, als ob diejenigen Roma, die am längsten als „Nomaden" oder „Vagabunden" verfolgt wurden, auch diejenigen sind, die sich gegenüber amtlichen Stellen und dem Staat ambivalenter verhalten als andere, und das Meiste aus der neuen, sie umgebenden Weltordnung zu machen wussten (hierzu auch: Stewart 1997; Day *et al.* 1998/9). Dennoch erscheint mir der Fall der Industriearbeiter von Ózd besonders bemerkenswert, weil diese *Romungros* sind – Leute, die versucht hatten, sich mit dem sozialistischen System zu einigen und dafür ihre Freiheit gegen Sicherheit eintauschten, woraus sie Nutzen gezogen haben.

In dem Dorf, in dem Engebrigsten ihre Forschungen durchführte, veränderten sich die Verdienstmöglichkeiten der Roma nach dem Tod Ceauşescus in zweierlei Hinsicht: Erstens wurden alle offiziellen Arbeitsverhältnisse in der Landwirtschaftsgenossenschaft, bei der Eisenbahn oder in der Fabrik aufgelöst. Zweitens setzten zwei Jahre später regelmäßige jährliche Hilfssendungen aus Skandinavien ein, die Gebrauchtwaren in den Ort brachten. Nachdem diese – ausdrücklich für die „notleidenden Zigeuner" – bestimmten Gegenstände verteilt waren, verkauften diese den größten Teil weiter oder tauschten die Sachen gegen andere Güter bei den ortsansässigen Bauern ein. Das war wichtig, da es schließlich galt, auch in Zukunft gut mit den Bauern auszukommen. Manche Familien haben an diesem Geschäft sehr gut verdient, vor allem durch solch politisches Verhalten, das jeder „respektable Arme" um alles in der Welt vermieden hätte, nur um nicht von den herrschenden Gesellschaft als „*ţigani*" beschimpft zu werden. Doch die Verhaltensflexibilität der Roma bringt mehr ein als Gewinne auf kurze Sicht. Der Handel mit gebrauchten Waren ist einer der einträglichsten Erwerbszweige im rumänischen Einzelhandel überhaupt, und die Roma sind hier am stärksten vertreten. Die Dorfbewohner, unter denen Engebrigsten ihre Forschungsarbeit durchführte, stehen auf der untersten Sprosse einer langen Leiter. Aber gerade in dieser Position erkennen sie – wie viele andere in der postsozialistischen Welt –, dass es hilfreich ist, sich radikal von der übrigen sozialen Welt abgrenzen. Wie Frances Pine an anderer Stelle sagt,

> „Vertrauen und Moralität sind auf lokaler Ebene im sozialen Leben impliziert, ihr Wirkungskreis dehnt sich jedoch nicht auf die weitere Gesellschaft aus. Vielmehr ist es so, dass das Zentrum als eine Art Feld vielfältiger Möglichkeiten betrachtet wird, in dem es gilt, Lücken aufzuspüren, um sich im Rahmen dieser Freiräume als Händler zu betätigen; solche Geschäfte sind mit wenig oder gar keiner moralischen Verpflichtung verbunden, noch identifiziert sich der Händler in irgendeiner Weise mit dem Zentrum." (1998, S. 121)

Das Zentrum mag die Praktiken der Peripherie als die einer „underclass" oder Mafia bezeichnen, aber von unten betrachtet, sieht das ganz anders aus.[23]

Rassendiskriminierende Herrschaftsweisen, der Staat und die Festlegung der „Ausgegrenzten"

Sowohl in der wissenschaftlichen Literatur über die Roma als auch bei den praktischen Interventionen von Aktivisten wird ein Modell der Menschenrechte als Alternative zur Abstempelung als „underclass" angeboten. Während in den Überlegungen der Theoretiker über das Wesen der „underclass" der ganze Bereich der Sozial-, Bildungs- und Wohlfahrtspolitik und die damit verbundene Praxis im Mittelpunkt stehen, richtet sich das Augenmerk der Menschenrechtler auf die Möglichkeit, durch juristisches und gesetzliches Umdenken Regelungen zu schaffen, die eine Befreiung aus der gegenwärtigen Situation bieten würden. Wie dies schon mit dem Begriff der „underclass" geschehen war, wurde auch dieses Modell aus den USA übernommen, woher zahlreiche engagierte Menschenrechtler kommen. Der Politikwissenschaftler Anthony W. Marx hat in einer ehrgeizigen, internationalen vergleichenden Studie die „rassistischen Regimes" von drei postkolonialen Gesellschaften untersucht, zu deren historischem Erbe auch eine Vergangenheit schwarzer Sklaverei gehört (1998). Im Rahmen dieser Untersuchung fragte Marx vor allem nach der Rolle des Staates und der Eliten bei der

Regelung der Rassenbeziehungen in diesen Ländern. Er kam zu dem Schluss, dass nach dem Ende der Sklaverei und der Erlangung der Unabhängigkeit von der einstigen Kolonialmacht sowohl die USA als auch Südafrika formelle Regelungen einführten, die die Herrschaftsverhältnisse entlang von Rassenunterschieden festlegten. In Brasilien dagegen gab es weder rassistische Ideologien noch sonstige politische Maßnahmen, die auf nationaler Ebene den Zusammenschluss der „Weißen" gegen die „Schwarzen" gefördert hätten. Marx stellt die These auf, dass eine „offizielle Politik des Ausschlusses nach Kriterien der Rasse Grenzen geschaffen hat, durch die die untergeordnete Rassenidentität gestärkt wird" (1998, S. 264). Die Rassensituation in den USA bleibt unverständlich, solange diesem geschichtlichen Hintergrund nicht Rechnung getragen wird; die Begrifflichkeit einer „underclass" wird nur verständlich als Antwort auf eine spezifische Geschichte, die zu der Entwicklung der Bürgerrechtsbewegung führte.

Verglichen damit weist die Situation in Osteuropa drei deutliche Unterschiede auf: Erstens gab es in diesen Ländern – außer in Rumänien, wo die Zigeuner bis Mitte des neunzehnten Jahrhunderts teilweise in Sklaverei lebten – keine rassendiskriminierende *Gesetzgebung* wie im Falle der Schwarzen in den USA.[24] Natürlich existierte eine Reihe informeller diskriminierender, negativer und schädigender stereotyper Verhaltensweisen, doch ohne gesetzliche Basis. Wie repressiv und anstößig sie auch sein mögen, solche unausgesprochene Regeln finden sich überall in ländlichen Gebieten auch ohne vom Staat gesetzlich abgestützt zu werden. Die Diskriminierung ergibt sich hier nicht aus einer bestimmten Gesetzeslage, wie in den USA und Südafrika; daher wäre auch eine Strategie, die ausschließlich auf gesetzliche Maßnahmen setzt, fehl am Platze.

Zweitens wird die Rassenzugehörigkeit der Roma weder gemäß der Formel, „Zu einem Achtel schwarz ist auch schwarz" – wie in den USA – noch irgendeiner anderen Regelung bestimmt.[25] Die Situation ähnelt mehr der Brasiliens, wo sich im Laufe der Zeit große gemischte Bevölkerungsanteile herausgebildet haben, die innerhalb der Großgesellschaft auf sehr unterschiedliche Reaktionen stoßen. Achim (1998, S. 125) vertritt daher die Ansicht, in Brasilien seien viele Sklaven assimiliert worden. Auch in Ungarn scheint die radikale Gegenüberstellung von *țigani* und Magyaren ein Konstrukt aus jüngerer Zeit zu sein. Ladányi und Szelényi (2000) konnten zeigen, dass es in Csenyéte eine Zeit gab, wo sich „Zigeuner" öffentlich zu Magyaren erklären konnten und von anderen armen Dorfbewohnern nicht getrennt leben mussten. Wo es Vertretern einer Minderheit möglich ist, als Mitglieder der Mehrheit einer Gesellschaft „durchzugehen", unterliegen die sozialen Kategorien einer großen Plastizität. Die Lage ist von Land zu Land verschieden – was nicht nur mit physiognomischen Faktoren zusammenhängt (es ist für die meisten Roma leichter, sich als Rumänen denn als Tschechen auszugeben), sondern auch mit einer Rassifizierung der Ethnizität im Sinne von Szelényi und Emigh (2000). In Budapest fahren Roma-Frauen mit dem Bus auf die Hügel von Buda, um dort in den Villen als Putzfrauen zu arbeiten. Da sie sich entsprechend kleiden und in bezug auf ihre Adresse lügen, wissen ihre Arbeitgeber nicht, dass sie aus dem „gefürchteten, von Kriminellen wimmelnden" Ghetto kommen.[26] Das steht im Kontrast zu den Erfahrungen der Chicagoer Ghetto-Bewohner (Wacquant 1993).[27]

Drittens sehen wir im Licht der von Anthony Marx vorgetragenen Argumentation, dass Rassenkonflikte ihrer Form nach in Osteuropa und den USA ganz verschieden sind. Da in den osteuropäischen Staaten keine gesetzlich verankerte Zielscheibe vorhanden ist, war es den Roma (bis jetzt) auch nicht möglich, gegen die Beteiligung ihrer Gruppe zu kämpfen. Außerdem erwies sich diesbezüglich das unter dem Sozialismus bestehende Verbot einer politischen Vertretung der Roma auf ethnischer Grundlage als hinderlich. Es gibt aber Anzeichen dafür, dass diesbezüglich eine Veränderung eintritt – zum Teil auf Grund der Tatsache, dass Roma heute in großen Gruppen in Länder auswandern, wo sie sich wehren können, indem sie die internationale Öffentlichkeit auf ihre Lage aufmerksam machen.[28] Die reaktionäre Rassenpolitik der USA hat in Osteuropa kein Echo gefunden – mit Ausnahme der Tschechischen Republik, wo Skinheads bei ihren Angriffen einige Elemente dieser Politik einfließen lassen.[29] Frappierend ist, dass ethnische Dominanz in den rumänischen Dörfern, in denen ich gearbeitet habe, normalerweise durch Verprügeln durchgesetzt wird. Das ist u. a. auch durch Arbeiten Dumitru Budralas und Csilla Katós (o. J.) belegt, die aus Barşana in den südlichen Karpaten von Zwischenfällen berichten, die für die gegenwärtigen Beziehungen zwischen ethnischen Gruppen symptomatisch sind. So habe sich zum Beispiel bei den Gemeindewahlen im Juni 2000 zum ersten Mal ein ortsansässiger, Romany sprechender *Băiesi* als Kandidat für das Bürgermeisteramt des Hirten-Dorfes aufstellen lassen. So etwas war noch nie geschehen, und die Ethnographen erfuhren, dass der Mann gelyncht worden wäre, hätte er gewonnen. Von dreitausend Wählern stimmten nur sechzehn für ihn, und sogar seine eigene Familie weigerte sich, ihn zu wählen, da er sich als Vertreter einer Partei hatte aufstellen lassen, die sich für die Interessen der „Roma" einsetzte, d. h. Romany sprechende Roma.

Bei denselben Wahlen brach noch ein anderer, zwischen den Hirten und Roma schwelender Konflikt auf: Der Kandidat für das Bürgermeisteramt erhielt den größten Teil seiner Stimmen aus der Gruppe der *Băiesi* und erzwang eine Stichwahl gegen Ion B., den Favoriten der Hirten, welcher in den 80er Jahren, als

Brot rationiert war, der Dorfbäcker war. Damals ließ Ion B. die *țigani*, bei den zweimal wöchentlichen Brotausgaben vor seinem Laden Schlange stehen während er die Hirten an der Hintertür bediente. Während der Wahlkampfperiode hatte der Kandidat mit den Roma-Stimmen ein Programm öffentlicher Arbeiten in dem etwas abseits gelegenen Dorfteil der Roma in Angriff genommen – es war das erste Mal, dass öffentliche Mittel in ein solches Vorhaben gesteckt wurden. Burdala berichtet, dass sich am Abend der Stichwahl ca. 600 junge Schäfer auf dem Dorfplatz versammelten und eine kleine Gruppe in dieser Menge beleidigende Slogans zu schreien und skandieren begann: „Ion B., du solltest stark bleiben, wir wollen nicht von Abschaum regiert werden. Er ist nichts als ein verfluchter Zigeuner, dem sowieso alles gleichgültig ist!"

Budrala und Kató kommen zu dem Schluss, dass es wohl ein böses Ende genommen hätte, wäre diese Wahl nicht ausgegangen, wie es die Schäfer wollten. Für die Hirten von Barşana sind die *Băiesi* keine *omi* (Männer). Auf den ersten Blick scheint es sich hier um dieselbe Art rassischer Unterscheidung zu handeln wie es früher in den USA zwischen Schwarzen und Weißen der Fall war. Doch der ethnographische Kontext zeigt, dass die Hirten von Barşana die „Zigeuner" nicht im selben Sinn für nicht-menschlich halten wie die Nazis ihre Opfer, oder wie manche US-amerikanische Rassisten die Schwarzen als „Untermenschen" darstellen. Für die Hirten geht es vielmehr um die Frage der Männlichkeit und darum, dass ein *Băiesi* eben nicht weiß, was es bedeutet, ein Schäfer zu sein und wessen es bedarf, einen richtigen Haushalt zu leiten, d. h., ein *gospodăr* zu sein. Als ich mich zum Zeitpunkt einer anderen Wahl in diesem Dorf befand, weigerten sich die Hirten, für einen Mann zu stimmen, der zwar als sehr kompetent galt, aber aus einer berüchtigten und armen Region Rumäniens stammte. Sie wollten einfach nicht, dass man von ihnen sagen könnte, sie ließen sich von einem *moldovan* regieren. Die *țigani* stehen noch tiefer auf der Leiter menschlicher Klassifizierung, liegen jedoch nicht gänzlich außerhalb der Gesellschaft wie dies in modernen rassistischen Unterscheidungen der Fall ist, wo die „Anderen" überhaupt nichts wert sind. Eine der Gefahren bei der Verwendung fremden Vokabulars zur Erklärung lokaler ethnischer Konflikte liegt im Wesentlichen darin, dass bei einer solchen Übertragung ganz unbeabsichtigt eine Verschiebung der bestehenden lokalen Probleme in den Bereich des Rassistischen stattfindet.

Ungarn lieferte hierfür im Jahre 1999 ein gutes Beispiel mit der Auseinandersetzung um die Wohnungskündigungen in der Rádió-Straße in der reichen Stadt Székesfehérvár (Horváth 2000, S. 11-175). Es ging damals darum, dass einige arme Roma, die ihre Miete nicht bezahlt hatten zum Verlassen ihrer Wohnungen in schon halb verfallenen Häusern gezwungen werden sollten, weil diese Gebäude in einem nunmehr wertvoll gewordenen Gebiet des Stadtzentrums lagen. Man wollte sie in ehemalige Militärkasernen in nahegelegenen Dörfern umsiedeln. Der Bürgermeister eines dieser Dörfer ließ jedoch wissen, er wolle keine Roma auf seinem Gebiet. Alle Welt sprach von Rassismus und Diskriminierung. Die meist ausländischen Menschen- und Bürgerrechtsaktivisten in der Region stellten eine Antirassismuskampagne auf die Beine und klagten den Stadtrat von Székesfehérvár und den Dorfbürgermeister der Rassendiskriminierung an. Aber János Ladányi und ein Roma-Lokalpolitiker, Aladár Horváth, argumentierten im Gegensatz dazu, dass es hier um wirtschaftliche und soziale Anliegen ginge. Sie erklärten daher dem Bürgermeister, dass die Roma ihn unterstützen würden, wenn er seine Weigerung damit begründe, dass eine reiche Stadt wie Székesfehérvár ihre sozialen Probleme nicht einfach auf arme dörfliche Gemeinden abschieben darf. Wenn er dagegen verlauten lasse, er „wolle keine Zigeuner", würden sie ihn natürlich als Rassist anprangern. Der Bürgermeister ließ sich von Ladányi und Horváth überzeugen und eine Front gegen den Stadtrat wurde gebildet, dem Egoismus vorgeworfen wurde und dessen Mitglieder bezichtigt wurden, ihren Verpflichtungen nicht nachzukommen. So gelang es, unter Vermeidung aller Hinweise auf Kultur, Ethnizität oder gar Rassismus, ein erfolgreiches politisches Bündnis zu schaffen und die entsprechende lokale Mehrheit zu gewinnen. Eine Rhetorik der „Menschenrechte" oder „Rassendiskriminierung" hätte das Risiko eingehen müssen, dass sich zwei lokale Autoritäten gegen eine Minderheit vereinen würden, die ihre Allianzen dort suchen muss, wo sie sie findet.

Schluss

Angesichts der protektionistischen Arbeitspolitik der EU ist es unwahrscheinlich, dass es den Armen des Postsozialismus so gut ergehen wird wie den Armen in London im Zeitalter der expandierenden Industrialisierung nach dem Ersten Weltkrieg. Nach Janos Ladányis Ansicht besteht die Krise der Roma-Dörfer in Ungarn vor allem darin, dass den Roma durch diese Absonderung die sozialen Anregungen verweigert werden, die ihnen der Kontakt mit den reicheren und mit einem besseren wirtschaftlichen Beziehungsnetz ausgestatteten „Anderen" geboten hatte (2000). Die „Musikanten-Zigeuner" hatten es in der Vergangenheit am weitesten gebracht, weil sie sich durch genaue Beobachtung ihrer Kunden der existierenden Möglichkeiten am stärksten bewusst geworden waren. Es fällt schwer sich vorzustellen, dass Roma in Dörfern wie dem peripheren Csenyéte zu Wohlstand kommen können – außer sie entscheiden sich für eine Auswanderung en masse in reichere Regionen. Aber nicht alle Roma leben in solch verzweifelten Umständen. Wer in der Stadt irgendwie Fuß gefasst hat, scheint auch gute Aussichten zu haben, die Möglichkeiten des Marktes nutzen zu können. Ich glaube, dass die Roma ihre eigenen Ressourcen haben und nicht ganz von Dritten abhängen, um sich sagen zu lassen, wie sie ihr Schicksal meistern können.

Die Geschichte der 1920er und 1930er Jahre in London zeigt die Industrialisierung als einen Motor der Veränderung, verantwortlich für mehr Arbeitsplätze in den Fabriken und die Erhöhung der Löhne. Dieser Gedankengang ist zum Teil das Ergebnis der verfügbaren Archivaufzeichnungen. Wie die einstigen „outcasts" in London ihre Situation durch eigenes kreatives Vorgehen verbessern konnten, wie sie „gute Zeiten" zu nutzen wussten, um sich endgültig – sogar in jener schweren Zeit – hochzuarbeiten, ist freilich in keinem Archiv verzeichnet, aber auch diese Talente müssen damals eine Rolle gespielt haben. Daher wird auch in unserer Zeit jede in Ost- und Südeuropa denkbare Transformation der Armutssituation nicht ausschließlich über den Weg einer erneuten Industrialisierung einsetzen, sondern ihren Anstoß ebenfalls aus dem Dienstleistungsbereich und anderen flexibleren Formen wirtschaftlicher Betätigung empfangen, die sich in Teilen der kapitalistischen Welt im Laufe der letzten Jahrzehnte herausgebildet haben. Das Wesen der Marktwirtschaft hat sich verändert, aber die wachsenden Möglichkeiten des kapitalistischen Weltmarktes sowie die Räume, die dieser Markt erschließt, geben zunehmend auch den Armen die Gelegenheit, sich – unabhängig von ihrem augenblicklichen sozialen Hintergrund und Status – emporzuarbeiten. Ich habe versucht zu zeigen, dass so manche von denen, die man gerne zur „underclass" zählt, schon jetzt diese Überzeugung Lügen strafen und beweisen, dass sie in die neue Weltordnung passen. Andere werden ihnen folgen.

Und zum Schluss möchte ich – in Anbetracht der Tatsache, dass dieses Buch von jenen handelt, die die praktische Anwendung einer bestimmten Form des Marxismus überlebt haben – an eine Feststellung von Richard Evans aus dem Jahre 1997 erinnern: Eine der Ersten, die sich des von Karl Marx geprägten Ausdrucks vom *Lumpenproletariat* bedienten, war die Deutsche Sozialdemokratische Partei, die den Begriff verwendete, um die Armen auszuschließen und die „wünschenswerte" Arbeiterklasse zu bezeichnen. Hundert Jahre später hat derselbe Ausdruck entscheidend zu einer fast ausschließlich negativen Haltung der kommunistische Politik den Zigeunern gegenüber beigetragen (Stewart 1997, 2001). Es wäre bedauerlich, wenn dieser Begriff auch weiterhin zum Gebrauch bereitstünde.

Danksagung

Die Forschungsarbeit zu diesem Beitrag wurde durch die großzügige Bereitstellung von Mitteln durch den Leverhulme Trust, Großbritannien, unterstützt (Grant F/134/C1 „The Persecution of Gypsies"). Ich möchte diese Gelegenheit ergreifen, um mich bei dem Trust für die Unterstützung einer weitreichenden und (unerwartet) langfristigen Reihe von Forschungen zu bedanken. Ich möchte mich ebenfalls bei Iván Szelényi und János Ladányi bedanken, die mich zu dem ersten Treffen des von der Ford Foundation finanzierten Forschungsprogramms zur „Racialisation and Feminisation of Poverty" einluden und auch später noch viele weitere Male die Gelegenheit für vertiefende wissenschaftliche Gespräche schafften. Ich möchte mich auch bei Katalin Kovalcsik für zahlreiche nützliche Literaturhinweise bedanken.

Anmerkungen

1 Ich benutze den Ausdruck „Roma", um die widersprüchlichen terminologischen Schwierigkeiten zu überwinden, die sich ergeben, wenn man über Gruppen spricht, die in Osteuropa „Zigeuner" genannt werden. Die Probleme bei der Bezeichnung dieser Gruppen sind beinahe unüberwindbar. Nur einige der „Zigeuner"-Gruppen sprechen „Romany" als Muttersprache. Die meisten nennen sich selbst Roma (bzw. in manchen Dialekten „Rom"). Der größere Teil spricht einen vom Romany beeinflussten Dialekt der Sprache der Mehrheitsbevölkerung ihres Landes, sodass man sagen könnte, sie benutzen eine „Doppelsprache". Je nach Umständen nennen sich die meisten dieser Menschen entweder Roma oder cigáni, țigani, cigan und dergl. Andere sprechen gar kein Romany; von dieser Gruppe bezeichnen sich einige als Băiesi (in Rumänien) oder Béas (in Ungarn), und wieder andere „rumänische Zigeuner" oder Rudări. Verschiedene dieser Gruppen sagen zuweilen von sich selbst, sie seien mit anderen Roma-Gruppen verwandt, doch dann verneinen sie dies auch wieder. Und es gibt noch mehr Probleme: Eine gemeinsame Sprache bedeutet nicht immer auch gemeinsame Identität – nicht alle Romany sprechenden „Zigeuner" in Rumänien halten sich für Mitglieder einer identischen Gruppe. So sagen zum Beispiel einige in der Walachei (Südrumänien) lebende țigani, sie seien eigentliche ethnische Dac und keine țigani Român oder Rudări. Der Ethnograph darf also keine falsche Einheitlichkeit überstülpen. Es wäre aber gleichermaßen falsch, die „Familienähnlichkeiten" abzustreiten, die durch soziologische, historische und ethnographische Untersuchungen belegt sind. In diesem Sinne ist die Aufmerksamkeit, die diese Gruppen in jüngster Zeit auf sich gezogen haben – insbesondere seitens nichtstaatlicher internationaler Organisationen – vollauf gerechtfertigt.

2   Weitere analytische Untersuchungen über das Wesen und den Rhythmus, in dem diese Rezession in den verschiedenen Ländern erfolgte, finden sich bei Szelényi und Emigh 2000, S. 23-27.
3   Genaue Arbeitslosenzahlen sind für die *Roma* nur schwer zu erbringen, da offizielle Statistiken ihre Daten im allgemeinen nicht nach ethnischen Gesichtspunkten gliedern. Dennoch gibt Kertesi 2000 genaue Daten für Ungarn.
4   So wird Kindergeld in Ungarn gegenwärtig in Form eines Steuerfreibetrages gewährt und ist somit direkt gegen die Arbeitslosen gerichtet. Ganz allgemein entsteht der Eindruck, dass Sozialunterstützung in Ungarn vor allem den „weniger" Armen hilft. (Braithwaite *et al.* 1999, S. 112).
5   Die Regierungen haben diese begrüßenswerte Entwicklung durch finanzielle Hilfsprogramme in Form von Stipendien gefördert.
6   Die neuliche Gründung des „Radio ‚C'" (für „cigány") in Budapest bildet ein seltenes – aber inspirierendes – Beispiel für einfallsreiche kulturelle Maßnahmen.
7   Hierzu Havas *et al.* (1995, S. 80). Heute sind es wegen der seither ins Leben gerufenen lokalen und nationalen *Roma*-Selbstverwaltungsräte sicher mehr.
8   Siehe auch Milanovic 1998 und Jovanivic 1998.
9   Hierzu: Milanovics (1998, S. 65f.) genaue Darstellung für das Jahr 1993.
10 Dies ist einer der wichtigsten Hinweise über das Wesen der Armut in modernen Industriegesellschaften. In den USA glauben zum Beispiel nur wenige der ärmsten 19 Prozent der Arbeitnehmer, dass sie lange in dieser Lage bleiben werden, obwohl die meisten der Änderungen lediglich ins nächsthöhere Fünftel führt. (In Russland „gehörte fast die Hälfte der Haushalte, die im Sommer 1992 als sehr arm eingestuft worden waren, ein Jahr später nicht mehr zu dieser Kategorie" – Klugman 1995).
11 Meiner Ansicht nach leistet Iván Szelény ausgezeichnete Arbeit. Er versteht es immer, die Makro-Perspektive mit wahrem Humanismus gegenüber den Menschen, die in den Umfragestatistiken nur knapp umschrieben werden, zu verbinden. Ich habe Herrn Professor Szelényis Geduld und Nachsicht schon sehr beansprucht, indem ich auf einige der Gefahren aufmerksam machte, die seiner Terminologie anhaften, sogar in einem von ihm herausgegebenen Buch (Stewart 2000). Aber die Lektüre der neuesten zur Verfügung stehenden Ergebnisse nach dieser Auseinandersetzung verursachen mir mehr – nicht weniger – Sorgen.
12 Ich danke Ulf Hannerz für unsere Gespräche zu diesem Punkt. Myrdals Interesse an der Problematik der Reproduktion von Armut, die sich ergibt aus „einer im Kreise verlaufenden Ursachenkette aus kumulativen Prozessen" kam in seinem ersten Buch aus dem Jahre 1944 zum Ausdruck – einem Werk, das wahrscheinlich auch Oscar Lewis' Begriff der „Kultur der Armut" aus den 60er Jahren beeinflusste (s. u.).
13 Ein verwandter, wenngleich stärker strukturierter Begriff zur Bezeichnung einer von der übrigen Gesellschaft abgeschnittenen Klasse kam später in einem anderen Kontext in Osteuropa auf, als der Soziologe Ferenc Erdei in den 30er Jahre die ehemaligen Leibeigenen als eine „unterhalb der Gesellschaft lebende Gesellschaft" beschrieb (1983 – [1943]). Vgl. Gans 1997 und Kusmer 1997 für die Geschichte der „underclass" in der US-amerikanischen Literatur.

14 All dies ist Teil einer allgemeineren Vorstellung von den „*ţigani*" als Fremde im Dorf, als Menschen ohne Wurzeln – einer Vorstellung, die der Integration dieser Gruppe im lokalen Arbeitsteilungsraster und der intensiven Interaktivitäten mit den Dorfbewohnern keinerlei Rechnung trägt.

15 Man vergleiche diese Situation mit 86 Prozent der Schwarzen in der Chicagoer „South Side", dem wohl extremsten Fall von Wohngebietssegregation in den USA (Abu-Lughod 1997).

16 Man vergleiche diese Angaben mit der Lage des *popolino* von Neapel. Italo Pardo konnte zeigen, dass diese Bevölkerungsgruppe, die typischerweise von Journalisten, Politikern und Sozialreformern als *misera plebs* hingestellt wird, als „underclass – ein gieriges, rückständiges *Lumpenproletariat*, das – niedergehalten durch seine eigene Kultur und Glauben – unwiderruflich in einem Netz negativer Reziprozität gefangen gehalten wird und zu Marginalität und Armut verdammt ist (1996, S. 2), dennoch nicht in den Abgrund der Unmoral abgestürzt ist, obwohl der offizielle Diskurs doch gerade dies immer wieder angekündigt hatte.

17 Der Text dieses Gesetzes bei: Eiber (1993, S. 43-45).

18 Gemäß eines Berichts von Radio Free Europe sagte Moric, es wäre „ganz normal, die *Roma* in Reservaten anzusiedeln, da „es in den USA ja auch für die Indianer Reservate gebe". Er meinte auch, dass, sollte es die Slovakei versäumen, „anpassungsunfähige *Roma*" sofort in Reservate zu stecken, diese *Roma* „in zwanzig Jahren uns dorthin stecken" würden. Und er fügte hinzu, es sei statistisch erwiesen, dass die meisten geistig zurückgebliebenen Personen aus der Gruppe der *Roma* kommen und schloss mit der Frage: „Was ist so menschlich daran, Idioten zu erlauben, noch mehr Idioten zu gebären und den Prozentsatz der Idioten und Verrrückten in der Gesellschaft zu erhöhen?" (RFE/RFLL *Newsline*, 4[150], Teil II, 7. August 2000). Am 21. September 2000 wurde Morics parlamentarische Immunität aufgehoben und er konnte des Aufrufs zu rassischer und ethnischer Intoleranz vor Gericht gestellt werden.

19 Die kommunistische Auseinandersetzung mit der Antiarbeiterhaltung der Nazis führte zur Vernachlässigung der Beschäftigung mit deren antisemitischer Haltung (hierzu zum Beispiel: Young 1993, S. 141).

20 Vorläufige Ergebnisse aus Livia Jarokas aktueller Forschungsarbeit in Budapest zeigen, dass die Romany Elemente in Ungaro-Romany intensiviert und erneuert werden als Antwort auf die kulturelle Hegemonie der vlachischen Romany-sprechenden Bevölkerung. Siehe auch Matras 1998 für eine Diskussion von para-Romany.

21 Zahlreichen ungarischen Autoren, die sich mit der „Kultur der Armut" auseinandersetzen, gelingt es nicht, sich von dem exzessiven Funktionalismus von Lewis zu befreien. Hierzu zum Beispiel: Solt 1998.

22 Forscher aus dem Team von Kováts, die über eine langjährige Erfahrung auf diesem Gebiet verfügen, haben viele Roma in Ungarn und Kanada interviewt.

23 Ähnlich wurden auch die Juden eingeschätzt, als sie im neunzehnten Jahrhundert in neue Geschäftsbereiche vorrückten. Man kann darüber spekulieren, ob der *Roma*-Ausdruck „*gažo*" (der „Andere"), gegenüber welchem sich ein *Roma* in keiner Weise moralisch verpflichtet fühlt, dieser Gruppe helfen kann, eine Art Schablone zu schaffen, wie es beim Aufbau der unpersönlichen Verhaltensnormen notwendig ist, die für erfolgreiche Ge-

schäftstätigkeit im kapitalistischen Sinn erforderlich sind. Das Konzept des „*goyim*" jedenfalls war in dieser Hinsicht für die Juden hilfreich.

24 Was Rumänien anbelangt, so scheint es – mit Ausnahmen in einigen Regionen des Landes – während der letzten siebzig Jahre der Sklaverei so gewesen zu sein, dass Sklaven nur im Haushalt gehalten wurden und nicht in der Warenproduktion oder den Feldern nach der Art der Plantagenbesitzer. Diese Sklaven scheinen bedeutende Freiheiten besessen zu haben (Achim 1998). Die Abschaffung der Sklaverei ging verhältnismäßig ruhig vonstatten, und danach gab es keine formelle Diskriminierung.
25 Siehe Dominguez (1986). In Osteuropa gab es nie irgendwelche Diskussionen darüber, wer – bzw. wer nicht – unter die *Zigeuner* einzureihen sei (siehe Lucassen 1996).
26 Persönliche Mitteilung von Livia Jaroka.
27 Hier sollte Abu-Lughod (1997) herangezogen werden: Sie äußert Vorbehalte betreffend der von Wacquant angeführten Daten.
28 Siehe zum Beispiel RFE/RFLL *Newsline 5* (47), Teil II, 8. März 2001.
29 Der Fall Rumäniens sollte getrennt besprochen werden, zum Teil, weil während des Krieges unter der Antonescu-Herrschaft ungefähr 30 000 bis 40 000 *Roma* deportiert wurden, und auch, weil nach dem Tod Ceauşescus zahllose Häuser niedergebrannt wurden. All dies mag mit der Sklavenzeit zusammenhängen, wäre jedoch noch genauer zu untersuchen.

Literatur

Abu-Lughod, J. (1997), The Specificity of the Chicago Ghetto: Comment on Wacquant's "Three Pernicious Premises", in: *International Journal of Urban and Regional Research*, S. 357-362.
Achim, V. (1998), *Ţiganii în istoria României*, Bukarest, Editura Enciclopedică.
Ambrus, P. (1988), *A Dsumbuj: egy telep élete*, Budapest, Magvető, Gyorsuló Idő.
Artemisszio Foundation (2000), The Ózd micro-region, a background report, Manuskript in Besitz des Autors.
Biró Z.A., Biró, A. (Hg.), (1997), *Igy élünk: Elszegényedési folyamatok a Székelyföldön*, Regionális es Antropológiai Kutatások Központja, Csikszereda, Pro-Prink Könyvkiadó.
Bourgois, P. (1995), *In Search of Respect: Selling Crack in El Barrio*, Cambridge, Cambridge University Press.
Braithwaite, J., Grootaert, C., Milanovic, B. (1999), *Poverty and Social Assistance in Transition Countries*, New York, St Martin's Press.
Budrala, Gh., Kató Cs. (o.J.), Mockery and Luxury Houses: reconsidering Roma (Băiesi) Identity in Romania. Manuskript in Bearbeitung durch den Autor.
Clarke, S. (1999), *New Forms of Employment and Household Survival Strategies in Russia*, Coventry, ISITO.
Day, S., Papataxiarchis, E., Stewart, M. (1998), Consider the Lilies of the Fields, in: S. Day, E.

Papataxiarchis, M. Stewart (Hg.), *Lilies of the Field: Marginal people who live for the moment.* Boulder, Westview, S. 1-24.

Dominguez, V. (1986), *White by Definition: Social Classification in Creole Louisiana,* New Brunswick, Rutgers University Press.

Durst, J. (o.J.), The formation of a Romanian Rural Ghetto, Working Paper in the Ford Foundation Study on racialisation and feminisation of poverty in Eastern Europe.

Eiber, L. (1993), *„Ich wusste es wird schlimm": Die Verfolgung der Sinti und Roma in München, 1933-45.* München, Buchendorfer.

Engebrigsten, A. (2000), Exploring Gypsiness: power, exchange and interdependence in a Transylvanian Village, PhD Dissertation, University of Oslo, November.

Engels, F. (1845 [1887]), *The condition of the working class in England in 1844,* übersetzt von Florence Kelley Wischnewetzky, New York, John W. Lovell.

Erdei, F. (1983), A magyar társadalom a két világháboru között (Hungarian society between the two world wars), in: F. Erdei (Hg.), *A magyar társadalomról (On Hungarian Society).* Budapest, Akadémia.

ERRC (1999), *Country Report. A Special Remedy: Roma and Schools for the Mentally Handicapped in the Czech Republic,* Budapest, European Roma Rights Center.

Evans, R. (1997), *Rethinking German History: From Unification to Re-unification 1800-1996.* London, Routledge.

Gans, H. (1997), Uses and Misuses of Concepts in Americal Social Science Research: Variations on Loic Wacquant's Theme of 'Three pernicious Premises in the Study of the American Ghetto', in: *International Journal of Urban and Regional Research* 20, S. 504-507.

Hajnal, L. (2000), Budapesti oláh cigányok migrációs stratégiái, in: *Mozgó Világ* 10, S. 105-108.

Hannerz, U. (1969), *Soulside: Enquiries into Ghetto Culture and Community,* New York, London, Columbia University Press.

Havas, G., I. Kertesi, I. Kemeni (1995), The statistics of deprivation, in: *New Hungarian Quarterly* 36, S. 67-80.

Horváth, A. (Hg.) (2000), *Cigánynak születni: Tanulmányok, dokumentumok,* Budapest, Új Mandátum.

Howe, L. (1990), *Being Unemployed in Northern Ireland: an ethnographic study,* Cambridge, Cambridge University Press.

Ignatiev, N. (1995), *How the Irish Became White,* Durham, London, Duke University Press.

Jovanovic, B. (1998), *Changes in the Perception of the Poverty Line During The Times of Depression: Russia 1993-96,* Washington, The World Bank.

Kemény, I. (1999), A Magyarországi Cigányság Szerkezete [The Structure of the Hungarian Gypsies], in: *Régio* 1, S. 3-15.

-- (2001), A Romák és az iskola, in: *Beszélő* 1, S. 62-68.

Kereszty, Zs. (1998), *Csenyéte Antológia* [Csenyéte Anthology], Csenyéte, Bárkönyvek.

Kertesi, G. (2000), Cigány foglalkoztatás és munkanélküliség a rendszervaltás elött es után, in: A. Horváth (Hg.), *Cigánynak Születni,* Budapest, Új Mandátum.

Kertesi, G., G. Kezdi (1994), Cigány tanulok az általános iskolában, in: *Cigányokés iskola, Educatio Füzetek, 1996. 3. szám. KSH munkaerő-felmérés, 1993. évi* adattár, Budapest, KSH.

Klugman, J. (1995), Poverty in Russia – An Assessment, in: *Transition Newsletter* und http://www.worldbank.org/html/prddr/trans/so95/oct-ar2.htm.

Kovalcsik, K. Zs. Pubínyi (2000), *A Csenyétei daloskert.* Pécs, Gandhi Közalapítvány, Gimnázium és Kollégium.

Kováts, A. (2000), *Magyarországon élő romák migrációja,* (The migration of Roma living in Hungary), in: *Mozgó Világ* 10, S. 77-95.

Kusmer, K. (1997), Ghettos Real and Imagined: A Historical comment on Loic Wacquant's 'Three Pernicious Premises in the Study of the American Ghetto', in: *International Journal of Urban and Regional Research,* S. 706-711.

Ladányi, János (1992), Középső-Józsefváros északi területére készülő rendezési terv programja (City rehabilitation in Central-Josephstadt in Budapest), in: *Tér és Társadalom* 3-4, S. 89-162.

-- (1993), Patterns of residential segregation and the Gypsy minority in Budapest, in: *International Journal of Urban and Regional Research* 17 (1), S. 30-41.

-- (2000), The Hungarian neoliberal state, ethnic classification and the creation of a Roma underclass, in: I. Szelényi, R. Emigh (Hg.), *Poverty, Ethnicity, and Gender in Eastern Europe during the Market Transition,* Westport, Greenwood Press.

Ladányi, János, I. Szelényi (2000), Adalékok a Csenyétei cigányság történetéhez, in: Horváth A. et. al. (Hg.), *Cigánynak Születni: Tanulmányok, dokumentumok,* Budapest, Új Mandátum.

Lewis, O. (1966), The culture of poverty. *Scientific American,* 210 (October), S. 10-25.

Lucassen, L. (1996), *Die Zigeuner: Die Geschichte eines polizeilichen Ordnungsbegriffes in Deutschland 1700-1945,* Köln, Böhlau.

Marx, A. (1988), *Making Race and Nation : a Comparison of the United States, South Africa and Brazil,* Cambridge, Cambridge University Press.

Marx, K., F. Engels (1957), *Ausgewählte Schriften,* Bd. 1, Berlin, Dietz Verlag.

Matras, Y. (1998), Para-Romani revisited, in: Matras, Y. (Hg.), *The Romani element in nonstandard speech,* Wiesbaden, Harrassowitz, S. 1-27.

Mayhew, H. (1851), *London labour and the London poor; : a cyclopaedia of the condition and earnings of those that will work, those that cannot work, and those that will not work,* London, G. Newbold.

Mészáros, A., J. Fóti (2000), A cigány népesség jellemzői Magyarországon, in: Ágota Horváth (Hg.), *Cigánynak születni: Tanulmányok, dokumentumok,* Budapest, Új Mandátum.

Milanovic, B. (1998), *Income, Inequality and Poverty during the Transition frojm Planned to Market Economy,* Washington, The World Bank und http://www.worldbank.org/research/transition/pdf/BrankoEd3.pdf.

Myrdal, Gunnar (1963), *Challenge to affluence,* London, V. Gollancz .

Newsweek Magazine 18 September 2000, The new face of race and other articles, S. 60-66.

Pardo, I. (1996), *Managing Existence in Naples: Morality, action and structure,* Cambridge, Cambridge University Press.

Peukert, D. (1989), *Inside Nazi Germany: Conformity, Opposition and Racism in Everyday Life*, Harmondsworth, Penguin.

Piasere, L. (1982), Mare Roma: Catégories Humaines et Structure Sociale. Une Contribution a L'ethnologie Tsigane. Thèse pour le Doctorat du 3.ème Cycle. Universtité de Paris, veröffentlicht in: *Études et documents balkaniques* 6.

Pine, F. (1996), Redefining Women's Work in Poland, in: R. Abrahams (Hg.), *After Socialism: land reform and social change in Eastern Europe*, Providence, Oxford, Berghahn Books, S.115-132.

-- (1998), Dealing with fragmentation: the consequences of privatisation for rural women in central and southern Poland, in: S. Bridger, F. Pine (Hg.), *Surviving Post-socialism: Local Strategies and Regional Responses in Post-socialist Eastern Europe and the former Soviet Union*. London, Routledge.

Ringold, D. (2000), http://www.worldbank.org/research/transition/pdf/BrankoEd3.pdf.

Runciman, W.G. (1966), *Relative Deprivation and Social Justice: a study of attitudes to social inequality in twentieth-century England*, London, Routledge and Kegan Paul.

Solt, O. (1998 [1976]), A Hetvenes Évek Budapest Szegényei, in: *Profil* (Samizdat 1976), nachgedruckt in: *Méltóságot mindenkinék, Összegyűtött irások, elsö kötet*, Budapest, Beszélő, S. 242-288.

Stedman Jones, G. (1984 [1971]), *Outcast London: a study in the relationshiop between classes in Victorian society*, Harmondsworth, Penguin.

Stewart, M. (1990), Gypsies, Work, and Civil Society, in: *Journal of Communist Studies* 6(2), S. 140-162, gleichzeitig veröffentlicht in: C. Hann (Hg.), *Market Economy and Civil Society in Hungary*, Frank Cass, London.

-- (1997), *The Time of the Gypsies*, Boulder, Westview.

-- (2000), Spectres of the Underclass, in: I. Szelényi, R. Emigh (Hg.), *Poverty, Ethnicity, and Gender in Eastern Europe During the Market Transition*, Westport, Greenwood Press.

-- (2001), The development of communist policy towards Gypsies and Roma, 1945-1989, a case study, in: W. Guy (Hg.), *Between Past and Future: the Roma of Central and Eastern Europe*, Hertford, Hertfordshire University Press.

Székelyi, M. (o.J.), Ethnic group inclusiveness and Succes Among the Roma in Hungary, Aufsatz präsentiert auf dem Jahrestreffen der AAA, San Fransisco, November 2000, Roma in Eastern Europe Panel.

Szelényi, I., Emigh, R. (Hg.) (2000) *Poverty, Ethnicity, and Gender in Eastern Europe during the Market Transition*, Westport, Greenwood Press.

Tauber, E. (o. J.), Die Andere geht mangel: Zur symbolischen Bedeutung des mangel bei den Sinti Estraixaria.

Vajda, I., Cs. Prónai (2000), Romániai romák Magyarországon, in: *Mozgó Világ* 10, S. 101-104.

Vašečka, M. (2001), Roma, in: *Slovakia 2000 - A Global Report on the State of Society*, Bratislava, Institute for Public Affairs.

Wacquant, L.J.D. (1993), Urban Outcasts: stigma and division in the black American ghetto and the French urban periphery, in: *International Journal of Urban and Regional Research* 17(3), S. 366-383.

-- (1997), Three Pernicious Premises in the Study of the American Ghetto, in: *International Journal of Urban and Regional Research* 20, S. 341-353.

Weindling, P. (1989), *Health, Race and German Politics between national Unification and Nazism, 1870-1945*. Cambridge, Cambridge University Press.

Wilson, W.J. (1987), *The Truly Disadvantaged: the Inner City, the Underclass and Public Policy*, Chicago, University of Chicago Press.

Wilson, W.J., J.M. McQuane, B.H. Rankin (2000), 'The Underclass', Abstract, IEBSS, http://www.iebss.com.

Young, J. (1993), *The Texture of Memory: Holocaust Memorials and Meaning*, New Haven, Yale University Press.

Zoon, I. (2001), *On the Margins: Roma and Public Services in Romania, Bulgaria and Macedonia, with a Supplement on Housing in the Czech Republic*, New York, Open Society Institute.

TEIL III

GEWALTSAME GESCHICHTEN UND DIE WIEDERHERSTELLUNG DER IDENTITÄTEN

Welche neuen Formen sozialer Identität haben sich unter dem Postsozialismus herausgebildet? Welches Langzeiterbe hinterlassen uns Gewalt und revolutionärer Eifer? Kann die Wiederentdeckung unterdrückter nationaler Geschichte und das Zurückholen älterer Formen von Religion und Ritual helfen, das durch den Sozialismus verursachte Leid zu heilen? Weshalb sind Ethnizität und Nationalismus, nicht in allen, aber doch in einigen Teilen der postsozialistischen Welt, so stark in den Vordergrund gerückt und von welchen ethischen Prinzipien sollte sich ein Forscher leiten lassen, wenn die Geschichte und gegenwärtige Realität einer Region den von außen hineingetragenen Idealen widersprechen?

Der wachsende internationale Einfluss der Rhetorik der Menschenrechte, von dem Michael Stewart im vorigen Kapitel sprach, bildet auch den Hintergrund des ersten Beitrags dieses Teils. Wie Stewart, äußert auch Robert Hayden Unbehagen darüber, dass ein von außen herangetragenes Modell – in diesem Fall das Konzept, die frühere jugoslawische Teilrepublik Bosnien-Herzegowina zu einer Art multikultureller Demokratie zu machen – weit von den faktischen Realitäten „vor Ort" entfernt war und daher auch für den Ausbruch schrecklicher Gewalt mit verantwortlich ist. Hayden eröffnet sein Kapitel mit einer Analyse von heiligen Stätten, die von Anhängern mehrerer Religionen genutzt werden, und zeigt, dass die für die Vergangenheit so bezeichnende Koexistenz mehrerer religiöser Gruppen in ein und demselben Gebiet auf der Basis einer pragmatischen „negativen Toleranz" gewährleistet war. Hayden argumentiert, dass es besser wäre, sich von romantischen und verzerrten Vorstellungen über Multikulturalismus zu verabschieden und nicht nach *positiver* Toleranz zu verlangen, wo es diese nie gegeben hat. Angemessener wäre es, die Tatsache zu akzeptieren, dass das Bestreben der einzelnen Gruppen in dieser Region, eine eigene Politik zu betreiben und eine eigene Nation bilden zu wollen, auch in den westlichen Staaten als normale Grundlage von Souveränität angesehen wird. Diese Einsicht mag uns – moralisch gesehen – zwar verunsichern, aber solange sie nicht akzeptiert worden ist, werden die tragikomischen Interventionen des Westens auf dem Balkan nie ein Ende finden.

Piers Vitebsky untersucht kollektive (ethnische) und persönliche Identitäten bei der indigenen Bevölkerung des russischen Nordens sowie deren Bemühungen mit dem postsozialistischen Umfeld zurechtzukommen. Das Bestreben des Sozialismus, den Einwohnern abgelegener Gebiete den Fortschritt zu bringen und sie zu „zivilisieren", hatte bei diesen Menschen oft enormen Schaden und unsäglichen Schmerz verursacht, vor allem wenn Kinder von ihren Eltern und Männer von ihren Frauen getrennt wurden und man versuchte, sie von den Wurzeln ihres früheren Weltbilds zu lösen. Sozialistische Brutalität war insofern ein

„historisches Trauma", weil die Indigenen sich von ihrem Land, dem vertrauten verwandtschaftlichen Beziehungsnetz sowie ihrer gesamten herkömmlichen Lebensweise zurückziehen mussten. Der Sozialismus zwang diesen Völkern ein lineares Modell der „progressiven" Zeit auf – eine grausame Ironie für Menschen, die sich heute als ein hilfloses „sterbendes Volk" verstehen. Hinzu kommt, dass ihnen auch die materielle Unterstützung, die ihnen unter dem Sozialismus zuteil geworden war, genommen wurde, und ihnen statt dessen nichts als Depression, Gewalt in der Familie und hohe Sterblichkeitsziffern brachte. Das Selbstvertrauen, sich an einem anderen Ort eine Zukunft zu suchen, fehlt ihnen. Dennoch schließt Vitebsky auch mit einer positiven Aussicht, wenn er zeigt, dass es einzelnen Individuen gelingt, sich ein neues Zeitverständnis zu erkämpfen, indem sie das alte schamanische Erbe wieder lebendig werden lassen und die Verbindung zu ihren Eltern und Ahnen wieder herstellen können.

Auch Stephan Feuchtwang greift das Thema Zeit auf. Sein Beitrag befasst sich mit der Problematik des Weiterbestehens von altem „Aberglauben" und einer kritischen revolutionären Begeisterung in der jüngeren Geschichte Chinas. Er zeigt, dass die „Kulturrevolution" der Höhepunkt des revolutionären Eifers in der Bevölkerung war. Doch ungeachtet der jahrzehntelangen maoistischen Turbulenzen sind existierende Kontinuitäten zu erkennen, vor allem im endemischen Faktionalismus des politischen Systems und in den tief verwurzelten Vorstellungen von Autorität, Loyalität und Fairness, die die eigentliche Grundlage der chinesischen Moralökonomie bilden. Nach den Reformen Dengs bekamen diese traditionellen Vorstellungen im Rahmen der radikal veränderten Lebensbedingungen der „sozialistischen Marktwirtschaft" wieder neuen Auftrieb und bilden heute ein Gegengewicht zu der neuen Machtstellung des Geldes und der Märkte. Der Einparteienstaat von heute hat sich neue und indirektere Kontrollmethoden einfallen lassen, aber für das moralische Dilemma von Korruption und „Beziehungen" findet er dennoch keine Lösung. Feuchtwang macht insbesondere auf kollektive Gegenströmungen in der Gegenwart wie das Wiederaufleben bestimmter volksreligiöser Praktiken aufmerksam. Im Lichte solcher Praktiken werden nicht nur „heimische Räume" geschaffen, sondern auch verschiedene informell strukturierte religiöse Gemeinschaften ins Leben gerufen – Gemeinschaften, die von der Partei als neue revolutionäre Bedrohung gedeutet und durch entsprechende repressive Maßnahmen unterdrückt werden.

8. Intolerante Souveränitäten und „multi-multi"-Protektorate:

Der Kampf um heilige Stätten und (In)toleranz auf dem Balkan

Robert M. Hayden

(In)toleranz ist in Bezug auf den Balkan eine der am häufigsten gebrauchten Trope. Der „kulturelle Rassismus" (Žižek 2000, S. 4-5; Stolcke 1995), wie er sich in Behauptungen von angeblich „uralten Konflikten" zwischen Bevölkerungsgruppen, „die sich seit Jahrhunderten immer wieder zerfleischt haben" kund tut, wird heute oft mit der Behauptung gekontert, die Gewalttaten der jüngsten Vergangenheit hätten einen politischen Zweck (Sells 1996; Donia und Fine 1994; Denitch 1994). Laut den letzteren Ansichten – weit davon entfernt, eine Tradition des gegenseitigen Mordens zu haben – lebten Völker wie die Serben, Kroaten und Bosnier harmonisch zusammen; bis ihre lokalen Gemeinschaften durch Konflikte zerrissen wurden, die politische Eliten anstachelten. Diese wollten sich somit einen Weg zur Macht bahnen oder sich an der Macht halten. In dieser Interpretation war die Kultur dieser Völker durch eine friedliche Koexistenz geprägt und nicht durch gewaltsame Konflikte; daher wird die Zerstörung ihrer lokalen Gemeinschaften in jüngerer Zeit auch als ein Verrat an ihrer Tradition der Toleranz verstanden (Mahmutćehajić 2000).

In einer Region, in der sich moderne „Nationen" in erster Linie über ihre Religion definieren (Hammel 1993; Bringa 1995, S. 20-23), wird das Nebeneinander von Strukturen, die verschiedenen religiösen Gemeinschaften heilig sind, als greifbarer Beweis für diese „Tradition der Toleranz" ins Feld geführt. So wird zum Beispiel gesagt, Bosnien habe eine „pluralistische Kultur", weil „Moscheen, Synagogen, katholische und orthodoxe Kirchen nebeneinander stehen" (Sells 1996, S. 148), und dass „religiöse Rivalität und Gewalt nicht zum Erbe Bosniens" gehören, weil sich die Völker Bosniens „gegenseitig tolerierten" (Donia und Fine 1994, S. 11). Solche Behauptungen hört man nicht nur auf dem Balkan. Die maßgebliche wissenschaftliche Forschungslinie zu Fragen „kommunaler" Konflikte beispielsweise in Indien hat die „Konstruktion" bzw. das „Aufkommen" von „Kommunalismus" (Pandey 1990 bzw. Freitag 1990) mit dem Kolonialismus bzw. dem Modernismus in Verbindung gebracht (Fox 1996; Rudolph und Rudolph 1993). In ähnlicher Weise wird auch behauptet, dass heilige Stätten in Indien, die von Gruppen verschiedener religiöser Ausrichtung benutzt werden – wie etwa die Schreine der Sufi-Heiligen – Beispiele für praktischen Synkretismus und Multikulturalismus seien (van der Veer 1994, S. 200 f.). Solche Behauptungen scheinen von der Vorstellung auszugehen, dass die Gesellschaften in Ländern wie Indien oder Bosnien den Pluralismus schätzten, bis der Modernismus kam und Intoleranz verbreitete.

Dieser Standpunkt führt nicht selten zu der Forderung, es sei die Aufgabe der Wissenschaft, Pluralismus zu unterstützen, um so „einen kritisch informierten Beitrag zum Verständnis jener Pluralität von Geschichten und Kulturen zu leisten, aus dem sich die europäischen Identitäten zusammensetzen" (Jones und Graves-Brown 1996, S. 19). Oder sie sollte „Wege fordern, um gegen die Verwendung der Vergangenheit zu rassistischen, sexistischen oder anderen Unterdrückungszwecken zu argumentieren." Durch die Hervorhebung von

„der fließenden und wandelbaren Natur aller Gruppen und Identitäten, darauf zu bestehen, dass alle Geschichten – seien sie niedergeschrieben oder von Archäologen, religiösen Organisationen oder Vierte-Welt Gruppen weitergegeben wurden – offen hinterfragt werden und die Interessen jener Gruppen ans Licht bringen, die diese kreieren und befürworten." (Bernbeck und Pollack 1996, S. 141-2)

Rein normativ gesehen hat diese Einstellung natürlich viel für sich, vor allem, weil Massengewalt ganz ohne Zweifel eine schreckliche Erfahrung für ihre Opfer ist; dennoch kann diese idealisierte Aufgabe in die Irre führen. Es ist sicherlich richtig, dass sich jemand, der Konflikt als etwas schon immer Bestehendes oder Inhärentes betrachtet, auf trügerisches Terrain begibt: Denn wenn die Serben, Kroaten und Bosnier schon seit Jahrhunderten unversöhnliche Feinde gewesen wären, hätten sie bestimmt nicht so lange zusammen gelebt und die Frage ethnischer Säuberung hätte sich nie gestellt (Hayden 1996a). Aber die Vorstellung, ihr Zusammenleben könne auch unter veränderten Bedingungen weitergehen, bleibt der Frage schuldig, unter welchen Bedingungen ein solches Zusammenleben wahrscheinlich oder überhaupt erst möglich wird. Diese Lücke in der Logik erstaunt insofern, als sie davon ausgeht, es gebe Arten des Zusammenlebens, die „natürlich" (also „gut") und andere, die pathologisch sind – ein naturalistischer Fehlschluss, der normalerweise mit Intoleranz assoziiert wird.

Negative und positive Toleranz

Die lexikalische Definition des Wortes „tolerieren" zeigt, dass es einen Unterschied gibt zwischen dem negativen Konzept der „Nichteinmischung" („dulden, gewähren lassen, sich nicht einmischen") und dem positiven, wonach der Andere als solcher „anerkannt und respektiert" wird, auch wenn man seinen Glaubenssätzen und -praktiken nicht zustimmt. In der Philosophie erscheint dieser Unterschied zum Beispiel, wenn die von John Locke (1990 [1689]) vertretene pragmatische Rechtfertigung der Toleranz als Nichteinmischung von liberalen Denkern der Moderne – Anhängern von Mills These (1975 [1859]) und anderer – die die positiven Auswirkungen von Pluralismus und Vielfältigkeit ins Feld führen, zurückgewiesen wird (Mendus 1989). Eine unserer Zeit gemäße Auslegung des Begriffs der „Toleranz" verlangt daher nach einer affirmativen, greifbaren Anerkennung und dem faktischen Respekt von Glaubenssätzen und -praktiken, die man selbst nicht befürwortet (Rawls 1971, S. 205-221).

Mit der Gewissheit dieser Differenz kann man nicht annehmen, räumliche Nähe sei ein Indiz für das Nichtvorhandensein religiöser Rivalität und Gewalt, und somit ein Hinweis auf eine Tradition der Tolerierung, in der die Mitglieder der verschiedenen sozialen Gruppen ihre jeweiligen Unterschiede schätzten. Nicht offen erkennbare Konflikte können vielmehr darauf hindeuten, dass die meisten Betroffenen nicht das durch einen offenen und gewaltsamen Konflikt geschaffene Risiko, Schaden zu erleiden, eingehen wollen und ihre Konflikte lieber versteckt und in Form anderer Rivalitäten austragen. Sobald sich jedoch die Umstände ändern und das Risiko, Schaden zu nehmen, geringer oder die Chancen auf Gewinn größer werden, kann eine „Tradition" der Toleranz sehr schnell in einen offenen Konflikt umschlagen.

Ein solcher Pragmatismus scheint durch die Ereignisse in ländlichen Regionen Bosniens belegt. William Lockwood konnte im Rahmen seiner klassischen Studie über die Wirtschaft und ethnische Situation in Bosnien (1975, S. 175) zeigen, dass sich Muslime und Christen durch „geringfügige, aber deutlich erkennbare Unterschiede" in der Kleidung und dem Stil ihrer Häuser voneinander unterscheiden. Solche Integration war rein funktionaler, d. h. wirtschaftlicher Art; etwas, was sich auf dem Marktplatz abspielte und in den Bereich des Pragmatischen, nicht des Affektiven fiel. Diese funktionale Integration von Menschen als Mitglieder einer Gruppe anstatt als Individuen findet ihr Echo in der Institution des *komšiluk* (aus dem Türkischen, gewöhnlich als „Nachbarschaft" wiedergegeben), das die gegenseitigen Pflichten zwischen Menschen verschiedener „Nationen", die in nächster Nähe wohnen, genau festlegt, aber auch

Mischehen von Mitgliedern dieser verschiedenen religiösen Gruppen untersagt (Bringa 1995, S. 66-84). Xavier Bougarel (1996, S. 81-2) kommt zu dem Schluss, dass die Traditionen von *komšiluk* das Zusammenleben von Menschen, verbunden durch den gemeinsam geteilten Raum, definierten. Aber diese auf Nähe basierende Beziehung war antithetisch zu solchen, die auf Intimität basiert – nämlich die Ehe. In einer Weiterentwicklung seiner These betont Bougarel, dass das Konzept des „Staatsbürgers" für diese Gruppen abstrakt bleibt, eine Person ohne besondere Merkmale, doch ein *komšija* (Nachbar) immer etwas Konkretes ist: *Diese* Person mit *diesen* Eigenschaften. Also gestaltet das *komšiluk*-Prinzip die Beziehungen zwischen Personen aus verschiedenen Gruppen, die zufällig nebeneinander leben, während die Gruppen als strukturelle Gegensätze bestehen blieben und sich nicht vermischen.

Das Ende der Ära des staatlichen Sozialismus auf dem Balkan eröffnet verschiedene Möglichkeiten, diese Dynamik langzeitig rivalisierender Koexistenz genauer zu beobachten. Mit vorliegendem Beitrag möchte ich die Kontinuität der Rivalität zwischen religiösen Gruppen in der Balkanregion darstellen und insbesondere die Errichtung nahe beieinander liegender Heiligtümer verschiedener religiöser Gemeinschaften sowie die Zerstörung solcher Stätten zum Gegenstand nehmen. Da es sich hierbei um heikle Themen handelt, möchte ich jedoch zunächst klarstellen, worum es hier *nicht* geht. Erstens möchte ich die Behauptung zurückweisen, der Sozialismus habe einen totalen Bruch mit früheren sozialen und kulturellen Praktiken herbeigeführt (hierzu: Lampland 1991).[1] Ich verneine ebenfalls, dass die sozialistische Periode eine „Auszeit der Geschichte" gewesen sei, „vierzig *verlorene* Jahre" – wie Milan Kundera (1995, S. 226) diese Begriffe zitiert um ihnen zu widersprechen (die Hervorhebung ist von ihm). Der Satz ist zurückzuweisen, weil er den Eindruck erweckt, die Gesellschaften des Balkans hätten nach dem Sozialismus den Weg zu ihrem wahren – und wahrlich gewalttätigen – Selbst zurückgefunden.

Es soll hier denjenigen sozialen Prozessen nachgegangen werden, die sich ergeben, wenn sich die Frage nach der Identität der Souveränität (die, des Staates inbegriffen) stellt; und zwar in einem Kontext multinationaler Gemeinschaft, in denen die meisten Mitglieder einer ethnischen Mehrheit dafür stimmen, einen *Staat* (d. h. ein Territorium mit einer Regierung) zu gründen, in dem allein ihre Gruppe die souveräne *Nation* darstellt. Ich spreche hier von einer Konstruktion, die ich an anderer Stelle einen „konstitutionellen Nationalismus" genannt habe (Hayden 1992, 1999). Wenn sich eine „Nation" (= ethnische Gruppe) und ein Staat (= das Territorium und eine Regierung, in dem eine ethnische Nation souverän ist) gegenseitig definieren, kann der in existierenden religiösen Stätten inhärente Symbolismus dazu führen, dass gruppenspezifische Bauwerke entweder verändert oder zerstört werden, sofern diese als Symbole des „Anderen" gelten und nicht zur nationbildenden Mehrheit gehören. Selbstverständlich finden solche Prozesse nicht nur auf dem Balkan oder ausschließlich in postsozialistischen Ländern statt.

Unbequeme Tatsachen und moralisches Unbehagen

Die Tatsachen, die ich in diesem Essay zur Sprache bringe, dürften gelinde gesagt diejenigen beunruhigen, die sagen, dass – da Identitäten Konstrukte sind (was schwer zu leugnen ist) – „dekonstruktives Denken notwendig sei", um historischen und politischen Fortschritt zu ermöglichen", und daher die moralische Aufgabe darin bestehe, „die naturalisierten Ideen ethnischer Konflikte" zu thematisieren (Campbell 1998, S. 14 f.). Aus dieser Sicht ist Gewalt unnatürlich, kriminell, das Resultat der Drahtziehereien besonders bösartiger Politiker. Doch diese Einstellung vergisst die Möglichkeit einer – wie Hannah Arendt sagt – „Banalität des Bösen"[2], die von ganz normalen Menschen ausgehen kann. Auch andere Autoren recht verschiedener Geistesrichtungen sind dieser Ansicht, zumindest im Hinblick auf den Bürgerkrieg. So kann Abraham Lincoln, der Amerika im Jahre 1863 beschreibt, mit Cliffort Geertz verglichen werden, der die Situation in Indonesien im Jahr 1965 beschrieb. Zunächst Lincoln:

„Ein echter Krieg ist im Kommen, das Blut wird heiß, und Blut wird vergossen... Das Vertrauen stirbt, überall regiert Misstrauen. Jeder fühlt sich dazu getrieben, seinen Nachbarn zu töten, damit nicht er zuerst von diesem getötet werde. Dann kommt die Rache und Vergeltung. Und all dies... unter ausschließlich ehrenhaften Männern." (Lincoln 1989 [1863], S. 522-3)

„...der tatsächliche Ausbruch von Gewalt kommt mehr als Vervollständigung, als Abrundung denn als Bruch, der zu etwas Neuem führt. Der häufig bemerkte Endspielcharakter der Massaker, die Bereitwilligkeit und die fast rituelle Ruhe ... mit der sich die Opfer denjenigen auslieferten, die sie zu Opfern machten, hatte weniger mit kulturellen Einstellungen oder der Macht des Militärs zu tun, die mehr ausführende als treibende Kräfte waren, als damit, dass zehn Jahre ideologischer Polarisierung praktisch jeden davon überzeugt hatten, dass die einzige offene Frage die war, in welche Richtung sich die Waageschale schließlich neigen würde." (Clifford Geertz 1997, S. 14)

So stellt sich nur die Frage, welche Situationen ein solches banales Böses nach sich ziehen und erzeugen. Postmoderne Fluiditäts- und Formbarkeitsvermutungen sind für die Beantwortung dieser Frage irreführend, da selbst wenn es wahr ist, dass Identitäten unter *bestimmten* Bedingungen formbar sind, es ebenso wahr ist, dass sie es nicht unter *allen* Bedingungen sind. Außerdem können die Grenzen der Formbarkeit nicht dadurch erkundet werden, dass man von der *a priori* Position ausgeht; es gibt keine.

Indem ich mich für diesen Ansatz entscheide, ignoriere ich natürlich bewusst eine Reihe moralischer Probleme. Eins davon ist das Problem der individuellen Schuld, obwohl ich sofort hinzufügen muss, dass ich den Standpunkt einer kollektiven Schuldmöglichkeit auch nicht teile (Hayden 1996b). Die Unterscheidung zwischen Situationen, in denen viele Menschen wahrscheinlich Gräueltaten begehen *würden* und den Handlungen derer, die sie auch begehen – oder nicht begehen – bildet die Grundlage des Gerechtigkeitsbegriffs. Und da nicht alle die Anderen zu Opfern machen, kann man denen, die es tun, nicht die Absolution erteilen, indem man auf eine allgemeine Veranlagung verweist (Todorov 1996, S. 137-8).

Würde man aber nicht versuchen herauszufinden, welche Umstände besonders geeignet sind, Gräueltaten zu verursachen, würde es unmöglich werden, zukünftige Ereignisse so zu strukturieren, dass Gewalt verhindert werden bzw. sich nur noch begrenzt ereignen kann. Wer glaubt, man brauche nicht zu untersuchen, welche Umstände zu „Rache und Vergeltung unter ausschließlich ehrenhaften Männern" führen, folgt einem mehr als verdächtigen Verständnis von Moral.

Dieser Ansatz muss beunruhigen, weil er sich gegen eine Haltung richtet, von der viele gerne glauben würden, sie stünde für die ehrenvollsten Prinzipien. Es ist aber ganz im Sinne Max Webers (1975 [1919], S. 147) davon auszugehen, dass es ein moralischer Sieg ist, ein Publikum dazu zu bringen, „unangenehme Tatsachen" zu akzeptieren. Zweifellos ist es bequemer – und wird auch lieber gehört – schreckliche Handlungen zu verurteilen, anstatt den Versuch zu machen, zu verstehen, wie normale, unauffällige Leute dazu kommen, sie zu vollziehen. Aber diese Haltung ersetzt das Fragenstellen durch Bequemlichkeit und ist daher eine Form intellektueller Feigheit. Der Preis für Verstehen ist das Unbehagen, das sich immer einstellt, wenn etwas hinterfragt wird, das die meisten einfach nur für verdammenswert halten.

Der Kampf um heilige Stätten auf dem Balkan

Kurz vor dem Ersten Weltkrieg unternahm F. W. Hasluck (1973 [1929]) ein umfangreiches Forschungsprojekt auf dem Balkan über die Umwandlung christlicher heiliger Stätten in muslimische und umgekehrt sowie über „ambivalente Heiligtümer", die beide Religionen für sich beanspruchten.[3] Für Hasluck handelte es sich dabei um eine althergebrachte, in „der antiken Welt" übliche Praxis:

„Eine von einer erobernden Rasse oder missionierenden Priesterschaft in ein fremdes Land getragene Religion legt sich unter Gewaltanwendung oder mit Überzeugungskraft über den indogenen Kult; dieser Prozess drückt sich in der Mythologie aus unter dem Topos eines Kampfes zwischen den rivalisierenden Göttern oder dem „Empfang" des neuen Gottes durch den alten. Der eine oder der andere Gott verschwindet oder steigt auf eine niedrigere Stelle ab. Oder werden wiederum beide Götter mehr oder weniger gleichgesetzt und ineinander verschmolzen... „Ambivalente" Heiligtümer, auf die beide Religionen (das Christentum und der Islam) Anspruch erheben, scheinen ein bestimmtes Entwicklungsstadium darzustellen; sozusagen eine Zeit des Gleichgewichts im Prozess der Transition vom Christentum zum Bektaschismus und – in den seltenen Fällen, in denen günstige politische oder andere Umstände dies erlaubten – vom Bektaschismus zum Christentum." (Hasluck 1973, S. 564 f.)

Hasluck konzentrierte sich bei seinen Untersuchungen in der Hauptsache auf Kirchen, die in Moscheen umgewandelt wurden, auf Fälle, wo eine solche Umwandlung nicht gelang, weil „Pech", „schlechte Vorzeichen" oder „Hexerei" im Spiel waren (mehrmaliger Einsturz des Minaretts; Muezzins, die während ihres Rufs zum Gebet tödlich abstürzten; wo es Gespenster und Erscheinungen gab), auf die Zerstörung von Kirchen, Entweihungen von Kirchen oder deren Sekularisierung (Umwandlung in öffentliche Bäder, Warenlager und dergleichen), und auf den Besuch heiliger Stätten die explizit christliche Schreine geblieben waren durch muslimische Gläubige.

Die Sitte, rituellen Raum gemeinsam zu benutzen, hielt sich im Kosovo bis mindestens Anfang der 1990er Jahre (Duijzings 1993, 2000). Ger Duijzings beobachtete muslimische Roma und Sinti als Pilger beim Himmelfahrtsgottesdienst in dem serbisch-orthodoxen Kloster von Gračanica in den Jahren 1986, 1990 und 1991. Muslimische Albaner und Serben hatten lange an gemeinsamen Pilgerfahrten zu dem im vierzehnten Jahrhundert geweihten Kloster und der Kirche der „Heiler von Zoćište" in der Nähe von Orahovac teilgenommen, als aber ab 1991 die Serben einen immer aggressiveren feindseligen Nationalismus an den Tag legten, boykottierten die Albaner den Pilgerzug. Schließlich wurde die Kirche von Zoćište im September 1999 trotz des angeblichen Schutzes der NATO-Truppen vermutlich von Albanern in die Luft gesprengt (Glas Kosova i Metohije 1999). Wie ein Echo der misslungenen Umwandlung, von der Hasluck achtzig Jahre zuvor berichtete, wurde im Februar 2001 bekannt, dass die Albaner von Zoćište beschlossen hatten, Kloster und Kirche wieder aufzubauen, da vier der albanischen Männer, die an der Sprengung des Heiligtums 1999 beteiligt gewesen waren, kurz darauf psychisch erkrankten – eine Manifestation des Fluches, der auf dem albanischen Volk lag.[4] Duizjings berichtet ebenfalls über Unruhen in dem Kloster Ostrog in Montenegro, die ausbrachen, als Muslime zum Beten gekommen waren, die orthodoxen Priester des Klosters sich aber bedroht gefühlt hatten. Er erwähnt auch (2000, S. 85; Anm. S. 17) das Entfernen eines römisch-katholischen Altarstückes 1996 in einer Kirche in Montenegro, das Orthodoxe und Katholiken gleichermaßen benutzten.

Es gehörte zur Normalität, dass die Anhänger der verschiedenen Religionen während der Zeit der osmanischen Besatzung und auch später noch überall auf dem Balkan heilige Stätten gemeinsam nutzten und sogar religiösen Ritualen gemeinsam beiwohnten. Es fragt sich nur, ob eine solche gemeinsame Nutzung auf „Toleranz" oder auf Rivalität beruht. Hasluck berichtet, die alltägliche Nutzung „ambivalenter" Heiligtümer durch Mitglieder zweier religiöser Gemeinden sei aus rein praktischen Gründen erfolgt:

„So gut wie jede der Religionen der Türkei kann sich eines Heiligtums einer anderen bedienen, wenn dieses berühmt genug dafür ist, dass hier Wunder geschehen." (Hasluck 1973, S. 68-9)

Da die Besucher solcher Stätten zu den ungebildeten Bevölkerungsteilen gehören, zieht Hasluck den Schluss, dass sich „alle religiösen Sekten auf dem gemeinsamen Nenner weltlichen Aberglaubens" begegnen und nicht auf dem Niveau muslimischer oder christlicher theologischer Doktrinen (Hasluk 1973, S. 69). Solche gemeinsame Praxis könne auch problemlos weitergehen, ohne dass es zu einem Kampf um das Heiligtum kommt, w*enn aber* Mitglieder der Elite „im Falle eines Angriffes sich Prestige und materiellen Gewinn versprechen" sei es wahrscheinlich, dass es zur Herausforderung kommt (Hasluck 1973, S. 69).

Die Frage der nationalen Souveränität wurde auf dem Balkan Mitte des neunzehnten Jahrhunderts aktuell, als im Zuge der schrittweisen Unabhängigkeit der christlichen Einwohner vom osmanischen Reich die Anzahl zerstörter muslimischer Heiligtümer unverhältnismäßig stark anwuchs. So führte zum Beispiel die Unabhängigkeit Serbiens zur Zerstörung von Moscheen im Lande. In heutigen Fremdenführern von Belgrad ist – außer der alten Festung – eine kleine Moschee aufgeführt, die im Jahre 1690 erbaut worden war; als die Türken die Festung im Jahre 1867 aufgaben, gab es noch über fünfzehn Moscheen in der Stadt.[5] Der serbisch-türkische Krieg von 1876 bis 1878 zwang ungefähr eine Million Christen und eine Million Muslime ihre „Wohngebiete zu wechseln"

(Protić 1989, S. 94). Ein Bild der Stadt Niš um die Zeit von 1880 zeigt sechs Moscheen (Stoianovich 1992, S. 102, Abb. 65). Heute ist nur noch eine übrig. Der größte Teil der muslimischen Bevölkerung war schon vor diesem Zeitpunkt abgewandert, da die osmanische Regierung im Jahre 1830 nicht nur die volle Autonomie der Serben anerkannt hatte, sondern auch versprach, dass alle Muslime das Land verlassen würden – außer diejenigen Gruppen, die sich innerhalb der sechs, noch unter osmanischer Kontrolle befindlichen Festungen aufhielten (Jelavich 1983, S. 241). Der letzte große Exodus erfolgte nach der Gründung Jugoslawiens im Jahre 1919, obwohl auch danach noch einige wenige Türken und Muslime in Mazedonien, in Sandžak und in Bosnien zurückblieben (Banac 1983).

Muslimische und christliche Heiligtümer scheinen sich um so länger nebeneinander gehalten zu haben, je später die nationale Souveränität eines Ortes feststand. In Bosnien zum Beispiel folgte auf die islamische Herrschaft der europäische Kolonialismus als das österreichisch-ungarische Kaiserreich im Jahre 1878 die Kontrolle über Bosnien vom Osmanischen Reich übernahm. Jedes dieser beiden Imperien schloss die Souveränität Bosniens aus, obwohl die Interessen im Hinblick auf die Bevölkerung des Landes jeweils verschieden lagen. Österreich sah sich als „ein großes okzidentales Imperium, dem es obliegt, orientalischen Völkern die Zivilisation zu bringen" (Ausspruch Benjamin Kallays, des österreichischen Verwalters von Bosnien, zitiert von Donia 1981, S. 14). Die Habsburger verfolgten eine Politik der Aufrecherhaltung des *status quo* und der Verringerung der Konflikte zwischen ethnischen und religiösen Gruppen (Donia 1981, S. 22). Aber die bosnischen Muslime empfanden ihren Status und ihre wirtschaftliche Lage als rückläufig unter dieser Kolonialherrschaft. Sie wehrten sich massiv gegen die Konvertierung von Muslimen zum Christentum. Das führte zum Konvertierungsedikt von 1891, das nach Donias Worten (1981, S. 59) „die Regierung als Schlichter bei Streitfällen zwischen rivalisierenden religiösen Gemeinschaften in Bosnien" ernannte. Im Jahre 1890 schilderten führende muslimische Persönlichkeiten in Wien ihre Situation und beklagten u. a., dass ihre Moscheen in Kirchen verwandelt und Klöster auf dem Gelände muslimischer Friedhöfe errichtet worden seien (Donia 1981, S. 140). Die Muslime empfanden natürlich, dass ihre führende – ja, beherrschende – Position in der bosnischen Gesellschaft, wie sie unter Osmanischer Herrschaft bestanden hatte, unter den Habsburgern schwächer wurde.

Während die Vorherrschaft der Muslime schwächer wurde, erhob sich der Anspruch der Christen auf Status in Form von Kirchen. Obwohl es unter den Türken nicht erlaubt gewesen war, neue Kirchen zu bauen und Reparaturen an alten Kirchen einer besonderen Genehmigung bedurften (Donia und Fine 1994, S. 39), waren dennoch einige Kirchen in osmanischen Städten errichtet worden. Diese Kirchen mussten aber – wie dies heute in Skopje und Sarajewo noch feststellbar ist – viel niedriger und kleiner sein als die in ihrer Nachbarschaft stehenden Moscheen. Das Gesetz schrieb auch vor, dass die Wohnhäuser der Muslime höher sein mussten als die von Nichtmuslimen (Sugar 1977, S. 76; Stoianovich 1992, S. 96-99). Daher entbehrte es nicht der Ironie, als die großen, in der Nähe von Moscheen stehenden Kirchen, die in den 90er Jahren als Beweis für die bosnische „Tradition" von „Toleranz" angeführt wurden – waren sie doch unter den Habsburgern errichtet worden. Die dezente Zurückhaltung der konfliktscheuen Habsburger ermutigte die ehemals Unterdrückten, sich durchzusetzen, aber hinderte sie daran, die Stätten der ehemaligen Unterdrücker zu zerstören.

Von einem ganz anderen Fall eines über lange Zeit bestehenden und über die Errichtung religiöser Stätten ausgetragenen rivalisierenden Kampfes um Territorium berichtet Mart Bax (1995) in seiner Studie über die Marienkapelle von Medjugorje. Dieses Heiligtum entwickelte sich nach einer Reihe von Marienerscheinungen im Jahre 1981 zu einem wichtigen römisch-katholischen Wallfahrtsort. Bax zeigt, dass der strategisch wichtige Berg, auf dem die Kapelle steht, seit Mitte des neunzehnten Jahrhunderts von den Serben und den Kroaten der Region gleichermaßen beansprucht wurde. Doch aufeinanderfolgende Regierungen, die nicht auf die Unterstützung der Öffentlichkeit angewiesen waren und denen es daran lag, Konflikte in Schach zu halten, schoben diesen Kampf auf: So zuerst die Türken, dann die Österreicher, dann der neue jugoslawische Staat, (der im Gegensatz zu Serbien im Jahre 1867 alle Gruppen integrieren musste) und schließlich das kommunistische Regime nach 1945. Als das kommunistische System ins Wanken geriet, gelang es mit Hilfe der Marienerscheinungen, lokale und andere katholische Bevölkerungsgruppen zu mobilisieren und den Ort endgültig zu einem römisch-katholischen – d. h. kroatischen – Heiligtum zu machen. Medjugorje liegt zwar offiziell in Bosnien, doch vom bosnischen Staat ist hier nicht viel zu spüren und für viele Kroaten ist klar: Hier handelt es sich um einen Teil Kroatiens.

Der Verzicht auf den Schein der Gleichberechtigung ermöglicht dann die Zerstörung religiöser Stätten kommen. Ja, die Bevölkerung wird sogar ermutigt, solche Zerstörungen vorzunehmen, und jedes Mal, wenn zerstörte Schreine wieder aufgebaut werden sollen, geht es natürlich um Anspruch auf Status und Territorium. In der Zeit von 1992-1993 sollen in Bosnien 600 Moscheen von den Serben in Trümmer gelegt worden sein.[6] Die berühmteste davon war die Ferhadija-Moschee in Banja Luka aus dem sechzehnten Jahrhundert, die unter dem

Schutz der UNESCO gestanden hatte. Die Moschee wurde nicht nur dem Erdboden gleichgemacht; im Juli 1993 wurden sogar die Steine, mit denen die Moschee gebaut worden war, weggeschafft. Die Forderung der internationalen Gemeinschaft, das Heiligtum wieder aufzubauen, wurde von der Regierung der Republika Srpska zurückgewiesen, die gerade damit beschäftigt war, in dem von kroatischen Truppen im Jahre 1943 zerstörten Zentrum der Stadt eine große serbische Kirche zu errichten. An anderen Orten in der Republika Srpska aber werden Moscheen inzwischen wieder aufgebaut, obwohl die noch muslimische Bevölkerung, für die diese Heiligtümer bestimmt sind, noch immer in Zelten lebt.[7] Die Bedeutung dieser Moscheen als Symbole der Rückkehr der Muslime in die Region sowie deren Anspruch auf politische Autorität, wurden in einer Rede deutlich. Diese wurde vom zweithöchsten religiösen Führer der Moslems in Bosnien bei der Eröffnung einer Moschee in der Stadt Sanski Most im August 2000 gehalten. Er sagte, Moscheen müssten gebaut werden, weil in Bosnien und Herzegowina so viele Kirchen errichtet wurden.[8] Generell verweisen die Zerstörungen in der jüngsten Vergangenheit auf die Wichtigkeit von Grenzen und die Schaffung ethnischer Staaten. Alle Gewalttaten – inbegriffen die sexuellen – erfolgten, wenn es um die Entmischung ethnisch heterogener Bevölkerungen ging (Hayden 1996a; 2000). Wo die Grenzfrage nicht im Vordergrund stand, gab es erstaunlicherweise weniger Gewaltausbrüche (Hayden 2000; Ron 2000). So wurden zum Beispiel fast alle muslimischen religiösen Gebäude zerstört, als die Serben im neunzehnten Jahrhundert ihren eigenen Nationalstaat errichteten, aber kein einziges mehr, nachdem sich dieser Staat konsolidiert hatte und sein Territorium in den 20er Jahren über Bevölkerungsgruppen ausdehnte, die dieser Expansion keinen Wiederstand entgegensetzten. In den 90er Jahren erfolgten solche Zerstörungen in Regionen und an Orten, wo plötzlich ein neuer ethnischer Staat errichtet werden sollte: in Bosnien (durch die Serben und Kroaten) und im Kosovo (durch die Albaner).

Ähnliche Entwicklungen anderswo

Nicht nur in der Balkanregion sind religiöse Gebäude Symbole territorialer Oberherrschaft. Die gezielte Beseitigung muslimischer Kennzeichen aus der Landschaft Palästinas durch die israelische Regierung nach 1948 ist von Meron Benvenisti gut dokumentiert; der Autor widmet ein ganzes Kapitel ausschließlich der Zerstörung, Umfunktionierung und anderen Varianten der Neunutzung muslimischer religiöser Stätten und Heiligenschreine im Land (Benvisti 2000, S. 270-306). So liefert er zum Beispiel Bilder vom Grab eines muslimischen Heiligen, das in ein israelisches Kriegsdenkmal eingebaut wurde, nachdem es von „Grab des Sayadnih Huda" in „Grab des Judah" umbenannt worden war (Benvenisti 2000, Abb. 21). Ein anderes Foto trägt den Titel „Muslimisches Heiligtum, das in eine jüdische Synagoge umfunktioniert wurde: Das Grab des Imam Ali in Yazur ist heute eine Synagoge und ein Jeschiwa" (Benvenisti 2000, Abb. 22). Benvenisti schreibt, dass im Jahre 1948 von ungefähr 140 aufgegebenen Moscheen in Palästina 100 von der israelischen Armee dem Erdboden gleichgemacht wurden, von den übrigen sind zwanzig verlassen worden und befinden sich im Stadium des Verfalls, während

„sechs davon als Unterkünfte, Schafställe oder Stallungen für andere Tiere, Tischlerwerkstätten oder Lagerräume genutzt werden. Sechs sind – oder waren – Museen, Bars oder irgendwelche Touristenattraktionen. Vier werden teilweise oder ganz als Synagogen genutzt und zwei sind als muslimische Heiligtümer wieder instand gesetzt worden, dürfen aber nicht benutzt werden." (Benvenisti 2000, S. 289)

Natürlich ist auch eine entgegengesetzte Entwicklung zu verzeichnen, denn auch die Palästinenser machen aus jüdischen Heiligtümern muslimische oder zerstören sie, sobald diese unter ihre Kontrolle kommen. So begannen zum Beispiel Juden ein muslimisches Heiligtum in Nablus zu besuchen, nachdem der Ort 1967 erobert worden war, weil es sich – wie sie behaupten – um das Grab Josephs handelte. Zunehmende Besuche von jüdischen Siedlern der Stätte nach 1975 führten dazu, dass muslimische Andachten dort ganz verboten wurden und im Jahre 1992 Thora-Rollen installiert wurden. Die Mekka anzeigende Gebetsnische wurde abgedeckt (Philps 2001). Als sich die Israelis im Jahre 1995 aus Nablus zurückzogen, kam es zwischen den israelischen Soldaten, die das Grab bewachten, aber nur Juden und keine Palästinenser zur Andacht hineinließen, und Palästinensern zu Handgemengen, die schließlich zu einer Schlacht ausarteten und mit dem Abzug des Militärs endeten. Nachdem die Palästinenser die Stätte wieder unter ihrer Kontrolle hatten, entfernten sie alles, was darauf hindeutete, dass es als Synagoge Gebrauch fand und machten die Gebetsnische wieder frei. Heute ist das Gebäude zwar wieder hergestellt, aber es enthält keinerlei weitere religiöse Symbole mehr. „Die Palästinenser strichen die Kuppel in islamischem Grün aber nach israelischen Protesten wurde sie wieder neutral-weiß" (ebd.). Es dürfte schwerlich ein noch deutlicheres Beispiel für eine Rivalität, wenn auch nicht gerade Toleranz, zu finden sein.

Die Sitte, gemeinsam dieselben Heiligtümer zu benutzen, besteht in Palästina bis heute zwischen verschiedenen christlichen Gruppen und Muslimen (Bowman

1993). Auch in Fällen dieser Art kann es zu Streitigkeiten kommen – je nachdem anhand welcher Spannungskonfigurationen die israelische Regierung auf die einzelnen Gruppen einzuwirken versucht oder wie sich von außen kommende religiöse Einflüsse auswirken. Es ist wichtig zu wissen, dass bei gemeinsamer Nutzung desselben Heiligtums kein echter Synkretismus zum Ausdruck kommt; weder die Muslime noch die Christen nehmen an den Riten oder Liturgien der jeweils anderen teil, denn dies würde mit dem Glaubenssatz der jeweiligen Religionen im Konflikt geraten (Bowman 1993, S. 449). Dem ganzen Geschehen scheint eine rein pragmatische Logik zugrunde zu liegen und Bowman betont, dass Freundschaft und Feindschaft zwischen den Gruppen weitgehend davon abhängen, wo diese ihre Interessen gewahrt sehen wollen (Bowman 1993, S. 432).

Auch in Indien finden sich zahlreiche ähnliche Beispiele (Hayden o. J.; Malhotra *et al.* 1993; Ludden 1996). In der indischen Literatur werden Akte wie die Zerstörung der Moschee von Ayodhya jedoch als Abweichung von dem konstitutionellen Versprechen des Säkularismus' des indischen Staates ausgelegt und nicht als Zeichen von Rivalitäten zwischen verschiedenen religiösen Gruppen (Bernbeck und Pollack 1996). Die entsprechenden Transformationsprozesse in Indien dauern vielleicht länger, da eine in der Verfassung verankerte Politik der Anerkennung aller Religionen betrieben wird, die zu einigen Anstrengungen der prä-BJP Regierungen Indiens führte, das muslimische Empfinden zu berücksichtigen. Dennoch entspricht die Zerstörungswelle von Heiligtümern in Pujab im Jahre 1947 auf indischer wie auf pakistanischer Seite – zu einer Zeit, als eine Kolonialregierung, die sich nicht mehr über Souveränitätswünsche hinwegsetzen konnte, die von den Völkern Indiens gehegt wurden, durch neue, auf dem ethnischen Mehrheitsprinzip beruhende Nationalstaaten, ersetzt wurde – durchaus dem Muster, das sich in den 1990er Jahren auf dem Balkan abzeichnete.

Multi-multi Protektorate

Als im zukünftigen Jugoslawien nach dem Zusammenbruch des sozialistischen Systems die Leute zur Wahlurne gingen, konnten sie ihre Stimme endlich für ein Staatsmodell abgeben, das ihre Zustimmung hatte. Es war das Modell des klassischen europäischen Nationalstaates, in dem die ethnisch dominierende Gruppe in ihrem eigenen Staat auch die staatliche Souveränität hat (Woodward 1995; Hayden 1992, 1999). Doch brachte dieses Modell auch einige Probleme mit sich: In

Bosnien zum Beispiel existierte kein souveränes bosnisches Volk, da sich die Bevölkerung von Bosnien und Herzegowina aus Muslimen (nach 1994 „Bosniaken"), Serben, Kroaten und anderen Gruppen zusammensetzte. Die überwiegende Mehrheit der bosnischen Serben und der Kroaten der Herzegowina war nicht Willens in einem bosnischen Staat zusammenzuleben, der vielleicht von der internationalen Gemeinschaft anerkannt würde, aber nicht von ihnen selbst.[9] In Kroatien betrieb die serbische Regierung von Slobodan Milošević Propaganda unter den Serben – die an einigen Orten der Region die ethnische Mehrheit bildeten – um sie zu überzeugen, dass ein unabhängiges Kroatien sich ihnen gegenüber feindselig verhalten würde. Leider war die kroatische Regierung den Serben *tatsächlich* feindlich gesonnen (Mirić 1996, 1999). Im Kosovo nutzten Milošević und sein Regime die Ängste der serbischen Minderheit, um repressive Maßnahmen gegen die albanische Mehrheit in der Bevölkerung zu rechtfertigen (Vickers 1998; Malaqi 1998; Mertus 1999).

Diese Probleme wurden auf verschiedene Weise gelöst. In Kroatien wurden die meisten der in der Volkszählung von April 1991 registrierten 570 000 Serben vertrieben; mehr als 200 000 davon allein im Rahmen der „Operation Sturm" der kroatischen Armee im August 1995.[10] Im Kosovo griff die NATO Serbien an – ein angeblich humanitärer Krieg – was die serbische Armee veranlasste, die Mehrzahl der Albaner während der ethnischen Säuberung zu vertreiben. Nachdem die NATO die serbischen Soldaten und Polizeikontingente vertrieben hatte und die meisten der Albaner wieder zurückgekommen waren, vertrieben jetzt die Albaner sofort die Serben und andere nicht-albanische Bevölkerungsgruppen. So wurde in Kroatien und dem Kosovo das Problem der größten Minderheiten durch den im zwanzigsten Jahrhundert in Mitteleuropa stets erfolgreichsten Mechanismus gelöst: die ethnische Säuberung wie etwa im Jahre 1945 in Schlesien und im Sudetenland, oder 1922 in Griechenland und der Türkei.

Was sich in Bosnien ereignete, war zugleich dasselbe und etwas anderes. Dort um die Serben und Kroaten zu hindern, das Land zu teilen, weil sie nicht in einem bosnischen Staat zusammenleben erkannte die internationale Gemeinschaft Bosnien als ein unabhängiges Land an wollten; trotz der allzu deutlichen Erklärung der bosnischen Serben und der Kroaten Herzegowinas, dass sie lieber einen Krieg führen würden, als sich in diesen Staat einbeziehen zu lassen. Der damalige US-amerikanische Botschafter in Jugoslawien Warren Zimmermann gab 1993 zu, dass sich die Regierung der USA in der Annahme geirrt hatte, man könne die Serben von kriegerischen Aktionen fernhalten, sobald klar war, dass Bosnien von den westlichen Staaten anerkannt wird (Binder 1993). Dass Botschafter Zimmermann die bosnischen Kroaten überhaupt nicht erwähnte, ist kurios, war doch 1993 bekannt, dass sich der kroatische Präsident Tudjman und Serbiens Präsident Milošević schon 1991 geeinigt hatten, Bosnien zu teilen (Burg und Shoup 1999, S. 82; Lasić und Rašeta 2001).[11] Anstatt den bosnischen Staat anzuerkennen, weil sich die bosnische Bevölkerung vereint hatte, um einen Staat zu bilden, erkannte die internationale Gemeindschaft Bosnien an, weil sich diese Bevölkerung aufgespalten hatte. Es wurde ihnen ein Staat aufgezwungen, den sie nicht wollten. Die Kriege in Bosnien hatten das Ziel, heterogene Territorien in homogene zu verwandeln, was auch weitgehend gelang (Hayden 1996a). Seither sieht sich die internationale Gemeinschaft mit der Unmöglichkeit konfrontiert, Demokratie in eine Region einzuführen, wo der Großteil der Bevölkerung dem Projekt seine Zustimmung verweigert.

Das Resultat ist eine seltsame Parodie der Demokratie, in der die in Bosnien tätigen Vertreter der „internationalen Gemeinschaft" darauf bestehen, demokratische Wahlen abzuhalten, die Ergebnisse aber nicht beachten, weil die siegreichen Parteien dieselben nationalistischen Gruppierungen sind, die den Bürgerkrieg von 1992 heraufbeschworen hatten. Der von der internationalen Gemeinschaft beauftragte Hohe Repräsentant, der per Definition weder bosnischer Staatsbürger ist noch der Kontrolle der Staatsbürger von Bosnien unterliegt, hat gewählte Amtspersonen aus dem Verkehr gezogen, politische Parteien verboten und Gesetze zwangsweise in Kraft gesetzt, deren Verabschiedung das gewählte Parlament verweigerte. In einer der wohl bemerkenswertesten Erklärungen, die je in der Geschichte parlamentarischer Regierungssysteme abgegeben wurde, sagte dieser Hohe Repräsentant, nachdem das Parlament ein Gesetz, das er durchsetzen wollte, nicht verabschiedet hatte, dass er dieses Gesetz in Kraft setzt, „bis es vom Parlament ordentlich, ohne Änderungen und bedingungslos verabschiedet wird".[12] Im März des Jahres 1999 entfernte der Hohe Repräsentant den gewählten Präsidenten der Republika Srpska einfach aus seinem Amt, weil dieser nicht gewillt war, die von dem Hohen Repräsentanten gewünschte Person zum Premierminister zu ernennen[13], und im März 2001 enthob der Hohe Repräsentant den gewählten kroatischen Vertreter in der bosnischen Präsidentschaft seines Amtes, obwohl – oder vielleicht, weil – die Partei, der dieser Mann angehörte, immer die meisten kroatischen Stimmen in Bosnien auf sich vereinen konnte.[14]

Der Hohe Repräsentant verhält sich zunehmend wie die Führung der ehemaligen „Kommunistischen Partei Jugoslawiens" die Nationalismus anerkannte, indem sie eine unbrauchbare Verfassung schuf und dann die Satzungen, die in dieser enthalten waren, einfach ignorierte. Solche Arrangements sind nicht unbedingt eine schlechte Entwicklung: Den meisten Bosniern ging es nie zuvor so gut und sie lebten nie so friedlich wie im sozialistischen Jugoslawien – zumindest nach den 1960er Jahren. Doch zeigt dieser Sachverhalt auch, dass Bosnien ein Protektorat mit einer Regierung ist, die dem Großteil des Volkes – vielleicht sogar fast dem ganzen Volk – gegen seinen Willen aufgezwungen wurde. Dieses neue Protektorat verbietet den in Bosnien lebenden Völkern, ihre eigene Regierung zu wählen und dies alles geschieht im Namen, von dem, was man in Bosnien mit viel Sarkasmus „Multi-Multi nennt"[15]: Slang für die Hartnäckigkeit, mit der die internationale Gemeinschaft in diesem Land um jeden Preis eine „multiethnische" „multireligiöse", „multisprachliche" und „multisexuelle" Identitätstoleranz durchsetzen möchte. Aber ist dieses „Multi-Multi"-Konstrukt auch sinnvoll für die, die darin leben müssen?

Dass Bosnien tatsächlich ein bedeutungsloses Konstrukt für seine Staatsbürger sein soll, lässt sich an der Geschichte der Symbole ablesen, die für diesen Staat gewählt wurden. Die Dayton-Verfassung (Art. I.6.) legt fest: „Bosnien wird diejenigen Staatssymbole haben, die sein Parlament aussucht und die der Präsident bestätigt". Die wichtigsten dieser Symbole sind eine Flagge und ein Wappen. Wie zu erwarten, konnten sich die Serben, Kroaten und Muslime nicht einigen, welche die gemeinsamen Symbole eines Staates sein sollten, den die Führungsgremien der ersten beiden Gruppen sowieso nie beitreten wollten. Der Hohe Repräsentant bestellte daher einen Ausschuss, der eine „neutrale Flagge" entwarf: ein goldenes Dreieck auf blauem Hintergrund mit einer Reihe weißer Sterne: „das Dreieck repräsentiert die drei Völkergruppen Bosnien-Herzegowinas und die goldene Farbe repräsentiert die Sonne als Symbol der Hoffnung und das Blaue und die Sterne stehen für Europa."[16] Der Hohe Repräsentant hatte mit Absicht ein Symbol gewählt, mit dem sich niemand in Bosnien-Herzegowina emotional identifizieren konnte. Als die Flagge auf einer Pressekonferenz enthüllt wurde, lachte sogar der Sprecher des Hohen Repräsentanten, als ein Reporter bemerkte, die Flagge sehe aus „wie eine Cornflakes-Schachtel". Der Hohe Repräsentant entschied sich für ein ähnliches Bild auf dem

„offiziellen Siegel, durch das BiH international symbolisiert wird: Auf dem Reisepass, offiziellen Dokumenten... und durch seine Botschaften und Konsulate; ein Muster, das den Motiven und Themen der Flagge entspricht... blau mit einem gelbfarbenen Dreieck in der rechten oberen Ecke und eine Reihe weißer Sterne, die parallel zur linken Seite des Dreiecks angeordnet sind."[17]

Die Wahl der Flagge erfolgte damals in erster Linie im Hinblick auf die Olympischen Spiele im japanischen Nagano, für die sie bereitstehen sollte.[18] Sie wurde auch tatsächlich bei diesen Spielen in Nagano gehisst und flattert auch heute noch vor dem UNO-Hauptquartier am East River in New York und in der Eingangshalle des amerikanischen Außenministeriums, ist aber in Bosnien selbst selten zu sehen – außer, wenn der Hohe Repräsentant darauf besteht. Wenig deutet darauf hin, dass – außer den Angestellten der bosnischen Dienststellen innerhalb internationaler Organisation – irgendjemand diese Flagge mag; aber das ist auch nicht so wichtig, da die Meinung der gewählten Vertreter des bosnischen Volkes bei politischen Entscheidungen im Lande ohnehin nicht von Bedeutung ist.

Die Symbole des bosnischen Staates wurden von der internationalen Gemeinschaft, nicht den Bosniern selbst, ausgewählt; sie bestehen aus Mustern, die mehr Sinn für die internationale Gemeinschaft als für die Bosnier machen; ebenfalls der Zeitpunkt der Einführung dieser Symbole wurde auf der Grundlage des Ereigniskalenders der internationalen Gemeinschaft festgesetzt, nicht aber, weil die Bosnier selbst es so wünschten. So hat der Hohe Repräsentant, wahrscheinlich ohne es zu wollen, die Souveränität des bosnischen Staates als etwas signalisiert, das der internationalen Gemeinschaft wichtiger ist als den Bosniern selbst. Er machte gleichzeitig deutlich, dass die Strukturen der bosnischen Regierung, wie sie in Dayton geschaffen wurden, nicht funktionieren können, sobald sie der Kontrolle der Bosnier selbst unterstellt würden. Damit ist das Multi-Multi ein auferlegter Zustand, denjenigen aufgezwungen, die es sonst ablehnen würden.

Die Demokratie als ein Lockesches Projekt

Es liegt mir fern, Säkularismus und passive Toleranz als Ziele zu verdammen, noch möchte ich andeuten, dass die Zerstörung bosnischer Moscheen durch die Serben, oder die Zerstörung serbischer Kirchen durch Kosovo-Albaner, oder ähnliche Ereignisse in Palästina oder Indien moralisch zu rechtfertigen sind. Ganz im Gegenteil. Die „ethnischen Säuberungen" in Bosnien seit 1992 oder die im Kosovo seit 1999 warnen uns vor den möglichen Konsequenzen einer Politik, auf dem Prinzip der Gleichheit aller Staatsbürger eines Staates beruhende staatliche Strukturen zugunsten eines Staatsystems aufzugeben, das auf der Vorherrschaft einer einzigen ethnischen Mehrheit oder nationalen Gruppe beruht, die die Souveränität nur für sich beansprucht, anstatt sie auf die Gesamtheit aller Bürger des betreffenden Staates auszudehnen (Hayden 1999). Wenn Bestrebungen, Konflikte zu lindern, in einem realistischen Rahmen unternommen werden sollen, müssen wir auch die Tatsache anerkennen, dass ein starker Bezug zwischen Demokratisierung und nationalem Konflikt besteht (Snyder 2000).

Einfacher gesagt: Die Versuchung politischer Eliten, sich auf „die Nation" und deren putative Interessen zu berufen, um sich auf diese Weise die Unterstützung der Bevölkerung wenigstens kurzfristig zu sichern, ist sehr groß. Nicht zuletzt, weil die Taktik normalerweise erfolgreich ist, auch in Regionen, wo der Nationalismus als gefährliche Verlockung erkannt wird. In Bosnien zum Beispiel war die große Mehrheit der Bevölkerung im Frühling des Jahres 1990 dagegen, nationalistische Parteien gesetzlich zuzulassen, aber schon Ende desselben Jahres gaben fast alle diese Leute verschiedenen nationalistischen Parteien ihre Stimme (Goati 1992). Sogar nach dem Krieg, der infolge dieser Wahlen ausgebrochen war, wurden alle für die Zerstörung der Republik verantwortlichen Politiker wiedergewählt. Es ist kein Zufall, dass die osteuropäischen Länder, die bei der Errichtung einer auf einem Mehrparteiensystem beruhenden Demokratie den größten Erfolg zu verzeichnen hatten auch dieselben waren, die schon zu einem früheren Zeitpunkt im zwanzigsten Jahrhundert homogenisiert worden waren: Polen, Ungarn, die Tschechische Republik und Slowenien. Dass dies ein außerordentlich wichtiger Punkt ist wurde mir klar, als mir ein patriotischer Ungar im Jahre 1995 in Belgrad sagte, er sei froh, dass Transylvanien nach dem Ersten Weltkrieg an Rumänien gegangen war, weil ein homogenes Rumänien viel schneller in die Vereinten Nationen und die EU aufgenommen worden wäre, während man Ungarn aufgrund seiner Probleme im Umgang mit diesen großen Minderheiten zurückgestellt hätte.

Sogar in explizit bi- bzw. multinationalen Ländern Europas, die gleichzeitig Demokratien sind, wie Belgien und die Schweiz, ist dieser glücklicher Zustand nur möglich, weil sie in territoriale Gemeinwesen (Kantone) untergliedert sind, die an und für sich mononational sind (Fleiner und Fleiner 2000). Das erinnert uns daran, dass der moderne demokratische Staat aus Prinzipien Lockescher Überlegung hervorgegangen war, als ein pragmatisches, auf dem durch Wahlen kundgetanen Willen des Volkes beruhendes Instrument der Regierungsbildung. Weit davon entfernt, Unterschiede hervorzuheben, verlangte die US-Amerikanische Demokratie das ideologische Hinwegsehen über soziale Unterschieden, während sie die nicht-weiße Bevölkerung aus der souveränen Gruppe ausschloss. Daher konnte auch John Jay im Jahre 1787 im *Federalist Paper no. 2* vortäuschen, die Bevölkerung der neuen Vereinigten Staaten sei „ein vereintes Volk – ein Volk, das auf dieselben Vorfahren zurückblicke, dieselbe Sprache spreche, dieselbe Religion habe... sehr ähnlich sei in seinen Verhaltensweisen und Sitten" (Madison *et al.* 1987 [1787] S. 91). Es überrascht also nicht, dass gemäß der neuen Verfassung, für die sich Jay einsetzte und die durch *Dred Scott* im Obersten Gerichtshof im Jahre 1857 bestätigt wurde, „Negern der afrikanischen Rasse" nicht nur nicht erlaubt war zu wählen, sondern dass sie auch die Bürgerrechte nie erlangen konnten.[19] In diesem putativ-homogenen Staatssystem wurden die Lockeschen Prinzipien pragmatischer Politik (Gewaltentrennung, Ambitionen, die anderen Ambitionen entgegengesetzt werden) angewandt. Das Millsche Prinzip der Einbeziehung scheint nur realisierbar, nachdem die Lockeschen Grundsätze in ihrerseits homogenisierten territorialen Gemeinwesen institutionalisiert wurden – und auch nur dann, wenn diese Einbeziehung nicht dazu benutzt werden kann, politische Konfigurationen zu schaffen, innerhalb derer es einer neu erstarkten Gruppe möglich wäre, separatistische Ambitionen durchzusetzen.

Man könnte vielleicht sagen, dass die Lockeschen Institutionen nicht beibehalten werden sollten, wenn sie die von Mill geforderten Freiheiten nicht gewährleisten können. Es fragt sich aber, ob staatliche Institutionen Toleranz befehlen können. Der Gedanke, eine Regierung, die nur beschränkte Befugnisse hat und deren Existenz von der Zustimmung des Volkes abhängt (die von Locke vorgestellten Ideale), sei stark genug einer nicht willigen Bevölkerung Toleranz aufzuzwingen, enthält ein potentielles Paradoxon. In solchen Fällen liegt das Mandat Mills außerhalb der Grenzen der Demokratie – bis die Bevölkerung diesem Mandat ihre Zustimmung gibt, eben weil – wie Locke betont – Glaubenssätze nicht aufgezwungen werden können. Es besteht natürlich die Versuchung, dieses Problem dadurch zu umgehen, dass Grundrechte und Zugang zu sozialen Gütern als „Rechte" gewährt werden, die nicht verhandelbar sind, sondern der Rechtssprechung unterstehen. Eine solche Haltung geht jedoch an den fundamentalen Prinzipien der Demokratie vorbei: Der Ursprung der Gesetze und der Rechtssprechung, die Wahl der Richter und letztlich dem ganzen Konzept, für das die Regierenden den Regierten gegenüber verantwortlich sind, wie es die Lockeschen demokratischen Institutionen vorschreiben. Das Bestehen auf Millsche multi-multi Konzepte zerstört daher die Demokratie.

Natürlich würde die zunehmende Akzeptanz der Millschen Prinzipien das dominante politische Verständnis von Staatswesen so verändern, dass die Lockesche Toleranz nicht mehr notwendig wäre. Dennoch können wir schwerlich sagen, dass die Bosnier Hilfe beim „Zusammenlebenlernen" brauchen, weil sie natürlich schon fünfundvierzig Jahre in einer „kommunistischen Diktatur", die auf einer Ideologie der „Brüderlichkeit und Einheit" beruht, zusammengelebt haben. Diese kommunistische Ideologie konnte nur solange zur Anwendung kommen wie die Völker Bosniens nicht gezwungen waren, sich als Nation zu organisieren – etwas, das sie offenbar bis heute nicht getan haben und allem Anschein nach auch kaum tun möchten.

Toleranz, Staatlichkeit und die Tyrannei der Tugend

Wie schon zu Anfang gesagt, entspricht das gängige Bild der Balkanregion als einer „seit alters her von Hass heimgesuchten Region", in der „sich die Leute schon seit Jahrhunderten gegenseitig umbringen", nicht der Wirklichkeit. Wäre dies der Fall, hätten die Serben, Kroaten, Bosnier, Albaner, Mazedonier u. a. nicht so eng zusammenleben können und nach 1945 auch untereinander heiraten können, so dass ethnische Säuberungen überhaupt nicht ins Auge gefasst worden wären. Andererseits bedeutet ihr Zusammenleben nicht, dass sie nicht auch in ihren eigenen, hauptsächlich über die Religion definierten Gruppen, voneinander getrennt gelebt hätten. Im Rahmen dieses Arrangements waren heilige Stätten der verschiedenen religiösen Gemeinschaften seit Generationen immer auch Orte der Rivalität und des gelegentlichen Konflikts. Unter gewissen Bedingungen wurde aus dieser Rivalität eine pragmatische (Lockesche) Toleranz, die sich darin äußerte, dass die eine Gruppe die religiösen Praktiken der anderen nicht störte. In anderen Fällen wurde jedoch dieser Lockesche Pragmatismus außer Acht gelassen; als sich entsprechende Gelegenheiten boten – z. B. sich Nationalstaaten konsolidierten – die Rivalitäten durch körperliche (ethnische Säuberung) und symbolische (Zerstörung oder Umwandlung der religiösen Stätten der Anderen) Vernichtung des Anderen zu beenden. Diese *In*toleranz ist jedoch in Wirklichkeit Ausdruck einer Volkssouveränität, nach der ein Staat als solcher von, für und durch eine bestimmte Nation gegründet wird.

Solche Manifestationen intoleranter Volkssouveränitäten lassen sich nicht nur auf dem Balkan beobachten. Hier wurden schon die Parallelen Israel/ Palästina und Indien/ Pakistan erwähnt und die Liste lässt sich fortführen.

Es genügt nicht zu sagen, dass sich die Zeiten geändert haben, wenn man eigentlich sagen müsste, dass sie sich *geändert haben sollten* und dass Nicht-Westeuropäer nicht die gleiche Art von Nationalstaaten konstruieren sollten wie die Westeuropäer, nur weil die dabei ablaufenden Prozesse so schrecklich sind. Religiöse Toleranz zu üben ist natürlich in solchen Teilen Europas leichter, wo Kirchen geschlossen werden, als in denen, wo neue Kirchen gebaut werden. Andererseits könnte der Bau von Moscheen in europäischen Städten, in denen Kirchen geschlossen werden, Reaktionen hervorrufen, die identisch sind mit denen, die in Regionen, wo Kirchen gebaut werden, zur Zerstörung von Moscheen geführt haben (Bosnien) oder umgekehrt, zur Zerstörung von Kirchen, wo Moscheen gebaut werden (Bosnien, Kosovo).[20] Da selbstsichere westliche Länder weniger menschen-gerecht mit „Sanktionen" bestrafen, befinden sich diese modernen Staaten sehr schnell in der moralisch widersinnigen Situation, ärmeren Ländern wirtschaftliche Hilfe zu verweigern, weil sie Menschenrechte missachten, aber im gleichen Zuge sowohl ihre Minderheiten, als auch ihre Mehrheitsbevölkerungen weiterhin zur Armut verdammen: Eine im Hinblick auf Menschenrechte eher seltsame Position.

Es mag wohl sein, dass die Millesche positive Toleranz sich am wahrscheinlichsten entwickeln wird, indem sie der Gründung von Lockeschen demokratischen Institutionen folgt – wie es bei der Entwicklung in den Ländern, die heute als „modern" bezeichnet werden, war. Die Verkürzung dieser Entwicklung scheint zur Zeit auf der Überlegenheit eines multi-multi Protektorats gegenüber der intoleranten Souveränität eines Nationalstaates zu basieren. Doch selbst eine Diktatur der Tugend bleibt eine Diktatur.

Schluss

Was die verschiedenen, in diesem Beitrag erwähnten modernen Beispiele und die postsozialistischen Länder des Balkans im Hinblick auf die in der Vergangenheit durchgeführte Umwandlung oder Zerstörung heiliger Stätten gemein haben, ist die Ankunft der Volkssouveränität in der jeweils betroffenen Region. Angesichts dieser Gemeinsamkeit bekommt der Gedanke Katherine Verderys im einführenden Kapitel dieses Buches – dass die postsozialistische Forschung durch die postkoloniale bereichert werden könnte und umgekehrt – eine seltsame Färbung. Die spezifischen Charakteristika des sozialistischen Staates zeigen eine weniger starke Wirkung auf die Ereignisse im ehemaligen Jugoslawien als die Konsolidierung von Nationalstaaten in Regionen, in denen der klassische Prozess der Herausbildung der europäischen Modernität verhindert wurde. Auch im postkolonialen Zusammenhang ereigneten sich die schlimmsten Konflikte dort, wo ein großer Teil der Bevölkerung von der offiziellen Volkssouveränität ausgeschlossen wurde (Tambiah 1989). In Europa gestaltet sich dieser Prozess dann so, als ob Hegel Marx auf den Kopf stellte, indem populistische Führer sich auf die historische Bestimmung ihrer Nationen berufen, um nicht nur die Unabhängigkeit ihres Staates zu rechtfertigen, sondern auch ihre Unterdrückungsmaßnahmen gegenüber Minderheiten. Während wirtschaftlich gesehen die Arbeiter keine Nation außer ihrer Arbeit haben, werden die Arbeiter, aus politischer Sicht zumindest als Mitglieder einer Nation mobilisiert. Dass die bedingte und fluide Natur solcher Konstruktionen mit Hilfe entsprechender Analysen ans Licht kommt, beeinträchtigt nicht deren Erfolg. In diesem Sinne ist auch Benedict

Anderson zu verstehen: seine These, Gemeinschaften wären eingebildet (*imagined*), hieß nicht etwa sie seien Einbildung (*imaginary*) (Hayden 1996a). Der kulturelle Rassismus der Stereotypen des Balkans ist eine Umkehrung des Mythos von der europäischen Toleranz. Ironischerweise hörte Jugoslawien auf zu existieren, als seine Völker das klassische Paradigma der europäischen politischen und sozialen Philosophie übernahmen und darum kämpften, Nationalstaaten aufzubauen. Anscheinend macht die Unfähigkeit dieser Länder, postmodern zu werden, ohne den Prozess der Modernität zu durchlaufen, sie zu Nichteuropäern, obwohl sie genau jener soziopolitischen Logik folgen, die in den mitteleuropäischen Ländern eine so zentrale Rolle spielt.

All dies zu sehen ist – gelinde gesagt – beunruhigend. Ich möchte hier schließen, indem ich einen Aspekt von Chris Hanns Gedankengang aufgreife, wenn er auf die Notwendigkeit hinweist, dass das Beziehungsverhältnis zwischen hohen Idealen und sozialen Wirklichkeiten in den neuen Demokratien in den postsozialistischen Ländern Europas genauer zu untersuchen ist. Wie auch immer man „Demokratie" definieren mag, es handelt sich stets um ein System, durch das der Wille des Volkes (wie auch immer „das Volk" definiert wird) manifest wird. Es ist möglich, dass aufgrund der zuweilen fließenden Identitäten und der Vielzahl der Kriterien, die bei der Definition des Konzepts „vom Volk" ins Spiel kommen, nur gewisse Definitionen einer solchen Gruppe von Dauer sind. Marx hatte ganz sicherlich unrecht: Der Arbeiter hat eine Nation außerhalb der Arbeit, auch wenn die Interessen der Arbeiter verschiedener Nationen die gleichen sein sollten. Dennoch sind die Folgen des Versuchs, die Logik des Nationalismus in die Wirklichkeit umzusetzen, zweifellos zerstörerisch. Es könnte Ethnologen gelingen zu zeigen, warum eine Logik, die nur katastrophale praktische Konsequenzen haben kann, so große Anziehungskraft besitzt. Wenn es ihnen gelänge, die Wahrscheinlichkeit einer solchen Katastrophe zu zeigen, könnte auch der Pragmatismus der Lockeschen Toleranz verständlich werden. Zumindest wäre das zu hoffen.

Anmerkungen

1   Die im Rahmen südasiatischer Forschungsarbeiten ausgesprochene Vermutung, dass der Kolonialismus im Hinblick auf frühere Praktiken eine so einschneidende Veränderung darstellte, dass er den Ausgangspunkt für alles, was nach ihm kam, bildete (der Stand-

punkt, den die postkoloniale Forschung einnimmt), wurde in jüngster Vergangenheit von jenen in Frage gestellt, die starke Kontinuitäten zwischen präkolonialen, kolonialen und postkolonialen sozialen und kulturellen Formationen feststellten (siehe z. B. Lorenzen 1999).

2   Hannah Ahrendt scheint diesen Ausdruck aus einem von Karl Jaspers an sie gerichteten Brief genommen zu haben (zitiert in: Neier 1998, S. 222).
3   Seine Studien umfassten eigentlich noch viel mehr Details, z. B. in Form von Fußnoten über heilige Stätten, die von Muslimen und Juden gleichermaßen benutzt werden (Hasluck 1973, S. 69, Anm. 1).
4   *Politika* (Belgrad), 21. Februar 2001 (http://www.politika.co.yu/2001/0221/01_14.htm). Natürlich kann *Politika* als größte serbische Tageszeitung und bis zum 05. Oktober 2000 eines der Hauptorgane des Regimes von Milošević nicht als die verlässlichste Informationsquelle über den Kosovo gelten. Diese Geschichte erschien in einer erweiterten und übersetzten Verfassung im Internet unter dem Stichwort JUSTWATCH-L listserv, 21. Februar 2001 (http://listserv.acsu.buffalo.edu/archives/justwatch-l.html).
5   Ich danke Andras Riedlmayer von der Harvard Universität für seine Liste der in Serbien nach 1862 zerstörten Moscheen, ebenso für die Quellenangaben über diese Moscheen, die er mir in einer E-Mail am 01. März 2001 zukommen ließ.
6   Balkan Conflict Report 167 (August 2000).
7   „Erste, seit dem Ende des Krieges im bosnisch-serbischen Teil wieder errichtete, Moschee" Agence France-Press, 27. August 2000.
8   „Boże, širi Hrvatsku!" *Feral Tribune* 779 (20. August 2000), Internet Editor. Die Zeitschrift *Feral Tribune* ist eine Zeitschrift mit einer langen Tradition der Kritik an den nationalistischen Parteien Kroatiens und anderen Regionen des ehemaligen Jugoslawiens und der Titel des hier zitierten Artikels („Herr, mach Kroatien größer!") ist ein Wortspiel mit dem bekannten nationalistischen Slogan in Kroatien „Herr, schütze Kroatien!" (*Boże, štiti Hrvatsku)*. Gegenstand dieses Artikels ist vornehmlich die Ansprache eines kroatischen katholischen Priesters zum Anlass der Einweihung einer Kirche an der kroatisch-montenegrinischen Grenze, in der dieser Priester Christus und Maria, die Gottesmutter, bittet, diese Grenze so zu verändern, das Kroatien größer werde. Für eine Studie der Religion und der Gewalt in dieser Region siehe: Bax (1995).
9   Dieser Punkt ist in meinem Buch (1999) in den Kapiteln 5 bis 9 eingehend dargestellt. Eine vergleichbare Interpretation findet sich bei Burg und Shoup (1999) sowie Woodward (1995). Eine muslimisch-bosnische Gegendarstellung hierzu findet sich bei Mahmutćehajić (2000).
10 Und natürlich wurden die meisten Kroaten, die im von Serben kontrollierten Teil Kroatiens gelebt hatten 1991 – 1995 („Republika Srpska Krajina") vertrieben und in großer Zahl getötet.
11 Die bosnische Unabhängigkeit war ein kontroverses Thema zwischen den Kroaten Herzegowinas und jenen aus Zentralbosnien, wobei letztere sich für die Unabhängigkeit aussprachen, erstere es aber lieber gesehen hätten, wenn Herzegowina an Kroatien gegangen wäre. Das Regime der Kroatischen Demokratischen Gemeinschaft (HDZ) unter Franjo Tudjman in Zagreb entfernte probosnische Kroaten aus der Führungsriege ihrer Parteior-

gane in Bosnien, da diese auf Kroatien bezogene politische Maßnahmen bestimmte und aktiv daran arbeitete, Bosnien zu zerstören.

12 Verkündigung des Staatsbürgergesetzes von Bosnien und Herzegowina: Büro des Hohen Representanten, Sarajewo, Dezember 1997.
13 http://www.ohr.int/press/p990305a.htm.
14 http://www.ohr.int/roundup/bih010301.htm#2.
15 Ich habe hierfür keine Quelle; „multi-multi" gehört heute zum gängigen Slang in Bosnien.
16 OHR *Bulletin* 65, 6. Februar 1998.
17 OHR-Pressemitteilung, „Das Wappen von BiH" (Bosnien und Herzegowina), Sarajewo 20. Mai 1998.
18 Ebda.
19 *Dred Scott v. Sandford*, 55 US 393 (1856). Die 13., 14. und 15. Änderungen der US-Konstitution wurden nach dem Bürgerkrieg vorgenommen um sich über diese Entscheidung hinwegzusetzen.
20 In jüngster Vergangenheit haben sich Ewing (2001) und Wikan (2001) mit solchen Spannungen auseinandergesetzt, obwohl anzunehmen ist, dass beide Autoren die in vorliegendem Beitrag enthaltene Analyse zurückweisen würden.

Literatur

Arendt, Hannah (1963), *Eichmann in Jerusalem: A Report on the Banality of Evil*, New York, Viking Press.
Bakić-Hayden, Milica (1995), Nesting Orientalisms: The Case of Former Yugoslavia, in: *Slavic Review* 54, S. 917-31.
Banac, Ivo (1983), *The National Question in Yugoslavia*, Ithaca, Cornell University Press.
Bax, Mart (1995), *Medjugorje: Religion, Politics and Violence in Rural Bosnia*, Amsterdam, VU University Press.
Benvenisti, Meron (2000), *Sacred Landscape: the Buried History of the Holy Land since 1948*, Berkeley, University of California Press.
Bernbeck, Reinhard, Susan Pollack (1996), Ayodhya, Archeology and Identity, in: *Current Anthropology* 37 (Supplement), S. 138-142.
Binder, David (1993), U.S. policymakers on Bosnia Admit Errors in Opposing Partition in 1992, in: *New York Times* 29 August, S. 8.
Bougarel, Xavier (1996), *Bosnie: Anatomie d'un Conflit*, Paris, Editions La Decouverte.
Bowman, Glen (1993), Nationalizing the Sacred: Shrines and Shifting Identities in the Israeli-Occupied Regions, in: *Man* (n.s.) 28, S. 431-460.
Bringa, Tone (1995), *Being Muslim the Bosnian Way*, Princeton: Princeton University Press.
Burg, Steven, Paul Shoup (1999), *The War in Bosnia - Herzegovina: Ethnic Conflict and International Intervention*, Armonk, NY, M. E. Sharpe.
Campbell, David (1998), *National Deconstruction: Violence, Identity and Justice in Bosnia*. Minneapolis, University of Minnesota Press.

Denitch, Bogdan (1994), *Ethnic Nationalism: The Tragic Death of Yugoslavia*, Minneapolis, University of Minnesota Press.

Donia, Robert (1981), *Islam under the Double Eagle: The Muslims of Bosnia and Hercegovina, 1878-1914*, Boulder, East European Monographs.

Donia, Robert, John Fine (1994), *Bosnia and Herzegovina: A Tradition Betrayed*, New York, Columbia University Press.

Duijzings, Ger (1993), Pilgrimage, Politics and Ethnicity: Joint Pilgrimages of Muslims and Hindus and Conflicts over Ambiguous Sanctuaries in Former Yugoslavia and Albania, in: Mart Bax, Adrianus Koster (Hg.), *Power and Prayer: Religious and Political Processes in Present and Past*, Amsterdam, VU University Press, S. 80-91.

-- (2000), *Religion and the Politics of Identity in Kosovo*, New York, Columbia University Press.

Ewing, Katherine Pratt (2001), Legislating Religious Freedom: Muslim Challenges to Relations between 'Church' and 'State' in Germany and France, in: *Daedalus* 129 (4), S. 31-54.

Fleiner, Lidija Basta, Thomas Fleiner (2000), *Federalism in Multiethnic States: The Case of Switzerland*, 2. Auflage, Bâle, Helbing & Lichtenhalten.

Fox, Richard (1996), Communalism and Modernity, in: D. Ludden (Hg.), *Contesting the Nation: Religion, Community and the Politics of Democracy in India*, Philadelphia, University of Pennsylvania Press.

Freitag, Sandria (1990), *Public Arenas and the Emergence of Communalism in North India*. Delhi, Oxford University Press.

Geertz, Clifford (1997), *Spurenlesen. Der Ethnologe und das Entgleiten der Fakten*, übers. von Martin Pfeiffer, München, C.H. Beck.

Glas Kosova i Metohije (1999), *Crucified Kosovo: Destroyed and Desecrated Serbian Orthodox Churches in Kosovo and Metohije (June - October 1999)*, Prizren, Media and Publishing Center of Raška and Prizren Orthodox Eparchy, updated internet edition: www.decani.yunet.com/destruction.htm.

Goati, Vladimir (1992), Politički Život Bosne i Hercegovine, 1989-1992, in: Srdan Bogosavljević, Vladimir Goati, Zdravko Grebo, Jasminka Hasanbegović, Dusan Janjić (*et al.*), *Bosna i Hercegovina izmedju Rata i Mira*, Beograd, Institut Društvenih Nauka.

Hammel, Eugene (1993), Demography and the Origins of the Yugoslav Civil War, in: *Anthropology Today* 9 (1), S. 4-9.

Hasluck, Frederick W. (1973 [1929]), *Christianity and Islam under the Sultans*, New York, Octagon Books.

Hayden, Robert (o. J.), Antagonistic Tolerance: Competitive Sharing of Religious Sites in South Asia and the Balkans, Ms.

-- (1992), Constitutional Nationalism in the formerly Yugoslav Republics, in: *Slavic Review* 51, S. 654-673.

-- (1996a), Imagined Communities and Real Victims: Self-Determination and Ethnic Cleansing in Yugoslavia, in: *American Ethnologist* 23, S. 783-801.

-- (1996b), Schindler's Fate: Genocide, Ethnic Cleansing and Population Transfers, in: *Slavic Review* 55, S. 727-778.

-- (1999), *Blueprints for a House Divided: The Constitutional Logic of the Yugoslav Conflicts*, Ann Arbor, University of Michigan Press.

-- (2000), Mass Rape and Rape Avoidance in Ethno-National Conflicts: Sexual Violence in Liminalized States, in: *American Anthropologist* 102, S. 27-41.

Jelavich, Barbara (1983), *History of the Balkans*, Bd. 1, Cambridge, Cambridge University Press.

Jones, Siân, Paul Graves-Brown (1996), Introduction: Archaeology and Cultural Identity in Europe, in: P. Graves-Brown, S. Jones, C. Gamble, *Cultural Identity and Archaeology: The Construction of European Communities*, London, Routledge, S. 1-24.

Kundera, Milan (1995), *Testaments Betrayed*, New York, Harper Collins.

Lampland, Martha (1991), Pigs, Party Secretaries and Private Lives in Hungary, in: *American Ethnologist* 18, S. 459-479.

Lasić, Igor, Boris Rašeta (2001), Operacija Bosna: Kratka Povijest Hrvatske Agresije na BiH, in: *Feral Tribune* 806 (24 February 2001), WWW edition.

Lincoln, Abraham (1989 [1963]), Letter to Charles D. Drake and others, in: Abraham Lincoln, *Speeches and Writings, 1859-1865,* New York, Library of America.

Locke, John (1990 [1689]), *A Letter Concerning Toleration*, Amherst, Mass., Prometheus.

Lockwood, William (1975), *European Muslims: Economy and Ethnicity in Western Bosnia*, New York, Academic Press.

Lorenzen, David (1999), Who Invented Hinduism?, in: *Comparative Studies in Society and History* 41, S. 630-659.

Ludden, David (Hg.), (1996), *Contesting the Nation: Religion, Community and the Politics of Democracy in India*, Philadelphia, University of Pennsylvania Press.

Madison, James, Alexander Hamilton, John Jay , Isaac Kramnick (Hg.), (1987 [1787]), *The Federalist Papers*, London, Penguin.

Mahmutćehajić, Rusmir (2000), *Bosnia the Good: Tolerance and Tradition*, New York, CEU Press.

Malhotra, K. C., Saleem Shah, Robert M. Hayden (1993), Association of Pomegranate with a Shrine in Maharashtra, in: *Man in India* 73, S. 395-400.

Maliqi, Shkëlzen (1998), *Kosova: Separate Worlds*, Prishtina, MM.

Mendus, Susan (1989), *Toleration and the Limits of Liberalism*, London, Macmillan.

Mertus, Julie (1999), *Kosovo: How Myths and Truths Started a War*, Berkeley, University of California Press.

Mill, John Stuart (1975 [1859]), *On Liberty*, New York, Norton.

Mirić, Jovan (1996), *Demokracija u Postkomunističkim Društvima*, Zagreb, Prosvjeta.

-- (1999), *Demokracija i Ekskomunikacija*, Zagreb, Prosvjeta.

Neier, Aryeh (1998), *War Crimes*, New York, Times Books/ Random House.

Pandey, Gyanendra (1992), *The Construction of Communalism in Colonial North India*, Delhi, Oxford University Press.

Philps, Alan (2001), The Day the Dream Died, in: *Telegraph* (3 February), colour supplement, www edition.

Protić, Milan St. (1989), Migrations Resulting from Peasant Upheavals in Serbia During the 19th Century, in: Ivan Ninić (Hg.), *Migrations in Balkan History*, Belgrade, SANU.

Rawls, John (1971), *A Theory of Justice*, London, Oxford University Press.

Ron, James (2000), Boundaries of Violence: Repertoires of State Action along the Bosnia/ Yugoslavia Divide, in: *Theory and society* 29, S. 609-649.

Rudolph, Susanne, Lloyd Rudolph (1993), Modern Hate, in: *New Republic* 208 (22 March), S. 21.
Sells, Michael (1996), *The Bridge Betrayed: Religion and Genocide in Bosnia*, Berkeley, University of California Press.
Snyder, Jack (2000), *From Voting to Violence: Democratization and Nationalist Conflict*, New York, W. W. Norton.
Stoianovich, Traian (1992), *Between East and West: The Balkan and Mediterranean Worlds, Bd. 2: Economies and Societies*, New Rochelle, NY, Aristide D. Caratzas.
Stolcke, Verene (1995), Talking Culture: New Boundaries, New Rhetorics of Exclusion in Europe, in: *Current Anthropology* 36, S. 1-24.
Sugar, Peter (1977), *Southeastern Europe under Ottoman Rule, 1354-1804*, Seattle, University of Washington Press.
Tambiah, Stanley J. (1989), Ethnic Conflict in the World Today, in: *American Ethnologist* 16, S. 335-349.
Todorov, Tzvetan (1996), *A French Tragedy: Scenes of Civil War, Summer 1994*, Hanover, Dartmouth College/University Press of New England.
Van der Veer, Peter (1994), Syncretism, Multiculturalism and the Discourse of Tolerance, in: C. Stewart, R. Shaw (Hg.), *Syncretism/Anti-Syncretism: The Politics of Religious Synthesis*, New York, Routledge.
Vickers, Miranda (1998), *Between Serb and Albanian: A History of Kosovo*, New York, Columbia University Press.
Weber, Max (1975 [1919]), Science as a Vocation, in: H. Gerth, C. W. Mills (hg. u. übers. von), *From Max Weber: Essays in Sociology*, New York, Oxford University Press S. 129-156.
Wikan, Unni (2001), Citizenship on Trial: Nadia's Case, in: *Daedalus* 129 (4), S. 55-76.
Woodward, Susan (1995), *Balkan Tragedy: Chaos and Dissolution after the Cold War*, Washington, Brookings Institution.
Živković, Marko (2001), Stories Serbs Tell Themselves and Others about Themselves and Others, Ph. D. Dissertation, Anthropology, University of Chicago.
Žižek, Slavoj (2000), *The Fragile Absolute*, London, Verso.

9. Rückzug vom Land: Die soziale und spirituelle Krise der indigenen Bevölkerung der russischen Arktis

Piers Vitebsky

Einleitung

Wenn Tolstoi seinen Roman „Anna Karenina" in einer Gemeinschaft rentierzüchtender Tungusen oder Tschukschen der heutigen Zeit hätte spielen lassen, dann hätte er seiner Geschichte die Feststellung voranstellen können, dass sich glückliche Gemeinschaften allesamt ähneln, unglückliche jedoch auf jeweils eigene Art unglücklich sind.[1] Das Bild, das wir heute sehen, ist das einer immer größeren Vielfalt, bei der sich die Regionen und Völker immer weiter von einander fortbewegen, wie Galaxien in einem Universum nach dem Urknall. Die daraus entstehenden Implikationen sind paradox und besorgniserregend: Mit dieser zunehmenden Vielfalt scheint auch das Unglück zuzunehmen. Daher ist die Bezeichnung „Postsozialismus" im Hinblick auf diese Regionen auch so passend, selbst wenn es mit der zweiten Hälfte des Begriffs Schwierigkeiten gibt – gehört diese doch eigentlich der Vergangenheit an: Damals gab es einen ...ismus, einen Sozialismus. Heute dagegen werden wir mit einem postsozialistischen Feld aus noch unausgeformten Möglichkeiten konfrontiert, aus denen viele verschiedene Endformen, Gefühle, Strukturen und Diskurse erwachsen können. Diese Ausformungen bezeichnet man deshalb als „post-", weil Rahmen und Wirkungsbereich durch den einst existierenden Sozialismus vorgegeben sind.

Es sollen in diesem Beitrag Daten vorgelegt werden, die bei einer Gruppe von Rentierhaltern im entferntesten nordöstlichsten Teil Sibiriens gesammelt wurden. Diese Gruppe, die Ewenen, lebt in der Republik Sakha (Jakutien) und gehört zu den tungusisch sprechenden Völkern.[2] Diese Aussagen beziehen sich auf die meisten der ungefähr dreißig anderen im Norden Russlands und im fernen Osten beheimateten Völker. Die Situation dieser Gruppen ist nichts als eine der vielen lokalen Varianten ein und desselben Problems der gesamten postsozialistischen Welt: die Aufarbeitung der Vergangenheit, um anhand komplizierter Prozesse des Erinnerns, Vergessens und der Neuinterpretation eine gangbare

Lösung für die Zukunft zu finden und wie von einer Generation an die nächste lebenswichtige Erkenntnisse weitergegeben werden können.

Die „Krise" ist ökonomisch, demographisch und psychologisch, sie umfasst den gesamten menschlichen Erfahrungsbereich. Um besser zeigen zu können, wie eng all diese Aspekte miteinander verzahnt sind, möchte ich meine Darlegungen auf die „sozialen" und „spirituellen" Seiten des Lebens beschränken, wohl wissend, dass diese Begriffe gewöhnlich nicht in einem Atemzug genannt werden. Es wird in vorliegendem Beitrag darum gehen, Überlegungen über regionale Etats, Ansprüche auf Land und der auf der Grundlage von Familienverbänden organisierten Genossenschaften mit Betrachtungen zu schamanischen Prinzipien, Alter-Egos in Form von Rentieren und Erkenntnissen der Psychotherapie zu verbinden. All diese Faktoren zusammengenommen, bilden das, was Caroline Humphrey (1983, S. 375) schon vor vielen Jahren als Problem darstellte: „Was bedeutet es, ein gutes Leben (im Sozialismus) zu führen?" (*to live to good purpose*) Humphrey erkannte schon damals, dass die festen Überzeugungen der Sowjetgesellschaft im Hinblick auf diese Frage sehr mysteriös waren und keinesfalls als selbstverständlich hingenommen werden sollten. Eigentlich war es diese Überzeugung selber, die das Mysteriöse war. Das sowjetische Mysterium ist zwar inzwischen entmystifiziert, dafür ist aber das postsowjetische Mysterium nur noch unergründlicher geworden. Warum sind die Menschen so unglücklich, obwohl sie doch jetzt „frei" sind?

Der Grund, weshalb immer wieder die Frage gestellt wird, wie man „gut leben" kann, ist der, dass die indigene Bevölkerung sowie viele russische Staatsbürger das Gefühl haben, sich in einer „Krise" zu befinden. Überall hört man apokalyptische Töne der Verzweiflung, Bewegungslosigkeit und Gelähmtheit (siehe dazu Ries, 1997). In den ganz normalen Alltagsgesprächen fallen immer wieder Worte wie *raspad* (Zerfall), *polnyy krakh* (totaler Zusammenbruch), oder *konets sveta*, ein Ausdruck, der sowohl „Ende der Welt" als auch „Ende des Lichts" bedeutet. („Mama, was haben wir benutzt, um Licht zu machen, bevor es Kerzen gab?" „Die Elektrizität, Kleines"). Man muss auch gleichzeitig verstehen, dass diese masochistische Betonung der Probleme anstelle der Lösungen eine besondere Rhetorik darstellt, die als Mittel die eigenen gezielten, auf schieres Überleben (*vyzhivanie* = „Überleben" oder „auskommen mit") ausgerichteten Aktivitäten verdeckt (*krysha*). Die postsowjetische Nihilismusrhetorik ist ein paradoxes Gemisch aus kollektivem, in der Geschichte begründetem Fatalismus (Warum überhaupt etwas unternehmen?) und persönlicher Biographie-Beliebigkeit. Wie Skultans in seinen Berichten über Litauen sagt, „die Leute beschweren sich nicht nur über den schmerzvollen Charakter ihres Lebens in der

Vergangenheit, sondern auch über die Inkohärenz ihrer Lebensgeschichten." Sie haben in doppelter Hinsicht als soziale Akteure und Gestalter ihres Schicksals versagt (1998, S. xii). Ihre „Krise" wurzelt in dem Gefühl, dass da irgendwie eine Vergangenheit gewesen ist, es aber nicht klar ist, wie diese Vergangenheit zu einer Zukunft führen könnte.

Bei den Indigenen des russischen Nordens erhält diese Einstellung einen besonderen Unterton: „Wir sind ein sterbendes Volk", sagen sie von sich selbst, „ein Volk an der Grenze des Aussterbens" (*my vymyrayuschiy narod*). Diese Aussage, die vor hundert Jahren von in dieser Region tätigen Ethnographen gemacht wurde, ist heute als wichtigster Grundzug des eigenen Selbstverständnisses dieser Gemeinden verinnerlicht worden. Es ist schwer, an die Möglichkeit einer „nachhaltigen Entwicklung" zu glauben, wie sie von Außenstehenden im Zusammenhang mit den weiten wilden Landschaften, in denen diese Menschen leben, gern empfohlen wird, wenn man davon überzeugt ist, dass die eigene Sprache, „Kultur", Familie – ja die eigenen Gene bald nicht mehr existieren werden. Von ganz besonderer Wichtigkeit ist die Klärung von Fragen der juristischen Rahmenbedingungen und von Landrechten, welche von grundlegender Bedeutung für den Fortbestand dieser Gemeinschaften sind. Rentierhalter und Jäger benötigen in extensiver Weise große Landflächen. Die Gruppe, mit der ich am besten vertraut bin, umfasst achthundert Personen, die ihren Lebensunterhalt dadurch bestreiten, dass sie in einem Gebiet von über einer Million Hektar Land umherziehen. Viele einheimische Wortführer kämpfen heute geradezu heldenhaft um Mittel und Wege, die es ihren Gemeinschaften erlauben könnten, während des Prozesses der Dekollektivierung lebensfähig zu bleiben. Doch ich möchte auch andere Dimensionen der „Krise" ansprechen. Ohne Zukunftsvision zu leben ist ein psychologischer Zustand, und ich bin überzeugt, dass psychologische Modelle helfen könnten, diesen Zustand zu verstehen und ihn in seinem augenblicklichen sozialen Kontext zu stellen.

Das Selbstverständnis der Zukunftslosigkeit ist im Rahmen der psychotherapeutischen Forschung und verwandter Disziplinen eingehend untersucht worden. Auch wenn Wissenschaftler wie Slezkine (1994) uns mit feiner Ironie sagen wollen, dass die sowjetischen Missionare auch gute Absichten hatten, erinnern mich meine indigenen Freunde stets daran, dass der sowjetische Staat ihren Glauben und ihre Familienstrukturen systematisch unterminiert oder direkt angegriffen hat. Der Staat griff auch oft zu Gewalt. Daher möchte ich die Vergangenheit und Zukunft dieser Völker auf Verletzungen und deren Wiedergutmachung hin untersuchen und zwar insbesondere im Hinblick auf die Langzeitwirkungen auf Lebensläufe einzelner Personen und ganzer Familien. Eine Untersuchung des Postsozialismus muss immer auch der Frage nachgehen, welche Nachwirkungen gewaltsame staatliche Eingriffe haben und wie die betroffenen Bevölkerungen darauf reagieren, ebenso wie der Frage, warum sich manche besser – oder in anderer Weise – an die Situationen anpassen. Ich kann dieser Frage hier nicht in einem breiter angelegten Vergleich nachgehen. Dennoch glaube ich, dass sich diese Frage auf der mikrokosmischen Ebene des Lebens des Einzelnen stellen lässt und werde drei solcher Lebensläufe hier vorstellen.

In den meisten Fällen waren es die Eltern, die direkte Opfer dieser staatlichen Gewalt geworden waren. Die Vorstellung davon, ob man eine Zukunft hat oder nicht, bringt uns zum wichtigen Thema der Zeit. Wie schon im Falle der vom Sozialismus benutzten Metaphern, blicken auch Metaphern des „Feldes der postsozialistischen Möglichkeiten" von einer schlechten auf eine bessere Zeit. Prinzipien wie Nachhaltigkeit, Selbstbestimmung, Anspruch auf eigenes Land, Beteiligung, Identität, Umwelt, Wissen, Macht, Rechte, Gesetzlichkeit und kulturelle Erneuerung können sowohl als rein technische Termini der Analyse als auch inspirierende moralische Symbole für einen gezielten, zweckbewussten Wandel eingesetzt werden (weshalb diese Konzepte auch so leicht mit der globalen Entwicklungsrhetorik verschmelzen können, Vil'chek *et al.* 1996). Als Zeitmetapher beinhaltet der Begriff „Krise" die Wahrnehmung eines Wendepunkts, eines Augenblicks der Entscheidung zwischen Erfolg und Untergang. Um einen solchen Übergang mit Erfolg zu bewältigen, müssen Vergangenheit und Zukunft miteinander versöhnt und in eine gesunde Verbindung gestellt werden. Wie gezeigt werden soll, ist es genau diese Verbindung, die für eine Heilung in der Psychotherapie so wichtig ist und die sie mit Begriffen wie „Trauma" und „Heilung" zu beschreiben sucht. Wir werden im Zusammenhang mit den einzelnen Lebensgeschichten auf solche psychotherapeutischen Prinzipien zurückkommen.

Land und Migration

Das Land ist die Lebensgrundlage und der Ausgangspunkt aller Erfahrungen der indigenen Bevölkerung des Nordens. Es ist sowohl die materielle Grundlage ihrer Existenz als auch das grundlegende Symbol für alles lebenswichtige, darunter Landschaft, Territorium und Raum – Begriffe, bei denen immer auch die Betonung von „Eigentum" mitschwingt. Aber es kommt noch eine andere Dimension hinzu – eine Dimension, die in Diskussionen über Eigentum nicht immer Erwähnung findet – die Dimension der Assoziationen, Erinnerungen und

Verwandtschaft. Durch diese Inhalte wird Land zu einer ganz besonderen Art von Eigentum. Es ist dann nicht nur etwas, um das man kämpft, wie in all den Reden über die „Klangenossenschaft" (*rodovaya obschina*) oder das, was das lange Warten auf ein „Landgesetz" rechtfertigt, oder den Streitigkeiten zwischen Verwaltungsbezirken über auf dem Papier festgelegte Grenzen Inhalt verleiht. Heute ist das Land für viele auch etwas geworden, das verlassen werden oder dem man entfliehen muss. Hier könnte man natürlich einfach sagen, dass junge Menschen eben vor einem zusammenbrechenden ländlichen Wirtschaftssystem weglaufen, doch ist es eben auch so, dass sie sich von bestimmten Formen der Erinnerung und von Beziehungen abwenden.

Betrachten wir zunächst diesen Prozess des Verlassens in seinem rein geographischen und demographischen Sinne. Alles fing damit an, dass der Staat indigene Frauen und Kinder vom Land entfernte und sie von den Männern getrennt wurden, die bei ihren Herden bleiben mussten. Solche Maßnahmen wurden vor allem in den 1960er Jahren durchgeführt, und heute ist es so, dass es so gut wie keine Erwachsenen unter vierzig Jahren gibt, die ihre Kindheit auf dem Land verbracht haben. In den 1990er Jahren setzte dann ein neuer Prozess (spontaner) Abwanderung vom Land ein, der nur verständlich wird, wenn diese indigenen Völker in einem erweiterten Kontext mit anderen ethnischen Gruppen gesehen werden, von denen jede auf ihre eigene Weise unglücklich zu nennen ist. Die unorganisiert verlaufende Dekollektivierung ließ die Mehrzahl dieser Menschen ohne den Rückhalt der Infrastruktur der ehemaligen staatseigenen Betriebe. Es blieb ihnen kaum noch ein Teil jener sozialen oder ökonomischen Rahmenbedingungen, die es ihnen ermöglichen, einzeln oder als Gruppe zu funktionieren.

Bei dem Prozess war es dem sowjetischen Staat darum gegangen, indigene Bevölkerungsgruppen zu „zivilisieren" und ihre Wirtschaft zu rationalisieren. Das geschah durch den Abzug der Frauen vom Land, weil sie dort nicht nutzbringend beschäftigt werden konnten. Die Kinder wurden in neu geschaffenen Dörfern in Internatsschulen geschickt. Heute sind die meisten davon überzeugt, dass diese Maßnahmen die Familien zerstört haben, aber auch die Kinder brutalisiert und desorientiert haben. Natürlich haben diese Maßnahmen das ganze Beziehungsverhältnis der Frauen zu den Männern und zum Land tiefgreifend verändert. Vor diesen Reformen waren die Frauen der Mittelpunkt der Familienlager gewesen, in denen das Zelt ein Raum des weiblichen Handelns in einem weiteren Feld des männlichen Handelns darstellte.

Auch heute existiert noch weitgehend das Gefühl eines geschlechterspezifisch um das Zelt herum angeordneten Raumes – nur dass es heute kaum noch

Frauen gibt, die in diesem Mittelpunkt auch die Frauenarbeit verrichten. Das Zelt als Zentrum seiner eigenen Welt wurde zur Peripherie einer neuen Art von Zentrum. Die Vorstellung der Frauen von einem „Zuhause" hat sich vom isolierten Zelt in den Bergen auf die Holzhütte im Dorf verlagert. Wenn der Ehemann ein Rentierhalter ist, ist er fast nie zu Hause. Infolge dessen steht das Zelt heute in einem geschlechtsneutralen Vakuum. Die Kinder werden im Krankenhaus des Dorfes oder der Stadt geboren. Außer während der Zeit der Sommerferien gibt es nur ein einziges Zelt im Lager, und in diesem Zelt ist nur eine einzige Frau als Haushälterin und Köchin (*chum-rabotnitsa*) angestellt. Die anderen Zelte sind als Schlafräume der Männer um dieses Zelt herum gruppiert, welches mit der Frau zu einer Art Kantine wird.

Einige wurden auf dem Land zurückbehalten, nachdem sie als Jäger und Hirten in ein geregeltes Arbeitsverhältnis verpflichtet worden waren. Für die Frauen – außer der *chum-rabotnitsa* – aber löste es alle Verpflichtungen zu einem Leben auf dem Land auf. Einige ihrer früheren Rollen gingen an die Frauen in den neu erbauten Dörfern zurück, doch handelte es sich jetzt um eine institutionalisierte Regelung. Anstatt wie früher als Elemente einer vollständigen, auf die Verwandtschaft bezogenen sozialen Identität zu wirken, waren diese Aktivitäten als bezahlte Jobs organisiert und die Frauen als Angestellte der Verwaltung des Staatsbetriebs (*Sowchose)* oder der Genossenschaft (*Kolchose*) gegenüber verantwortlich. Die wichtige Rolle, die die Frau als Mutter, Ehefrau und Partnerin bei ökonomischen Entscheidungen in der Familie gespielt hatte, war damit nationalisiert worden, und die Rolle vieler Männer als Ehemänner und Väter wurde einfach abgeschafft, da diese Männer kaum Aussicht hatten, jemals eine Frau kennenzulernen oder sich zu verheiraten. Es überrascht also nicht, dass die Beziehungen zwischen den Geschlechtern sehr schwierig geworden sind; Frauen heiraten heute Männer von außerhalb, und die Selbstmordrate unter den Junggesellen ist erschreckend hoch (Wolfe und Vitebsky 2001).

Das sowjetische Projekt der „Nutzbarmachung" (*osvoenie*) der entlegenen nördlichen Gebiete sowie die ökonomische, soziale und politische Integration dieser Region setzte die Bereitstellung von billigen und häufigen Flugmöglichkeiten voraus. Durch diese neuen Strukturen sollte der Norden fest in das politische System der Sowjetunion eingegliedert werden. In den letzten Jahren sind die Doppeldecker und Hubschrauber, an die man sich hier gewöhnt hatte, jedoch selten geworden und viele Menschen sitzen jetzt in entfernt liegenden Dörfern ohne Bargeld oder Zugangsstraßen mit wenig Vorräten und nur dem Allernötigsten für den Eigenbedarf fest – vielleicht sogar ohne Hoffnung für den Rest ihres Lebens jemals wieder einen anderen Ort besuchen zu können. Im großen sowjetischen Traum bildeten Raum und Entfernung die größte Ressource dieser Region. Aber gerade diese Elemente sind jetzt zu ihrer größten Belastung geworden (Vitebsky 2000).[3] Wer heute die Gelegenheit hat, benutzt jede auch nur erdenkliche Transportmöglichkeit, die sich ihm bietet, und zieht weg. Jede der drei grundlegenden ethnischen Identitäten der Region hat allerdings ihre ganz eigene Methode, dies zu tun. Das soll im folgenden an entsprechenden Beispielen verdeutlicht werden.

Die europäischen Zuwanderer in der Region, vor allem Russen und Ukrainer, sind zum größten Teil als Bergarbeiter und Ingenieure beschäftigt. Zur Zeit aber beginnen diese Gruppen sich gänzlich zurückzuziehen. Es findet also die Umkehrung desjenigen Prozesses statt, in dessen Rahmen diese Europäer einst hierher gekommen waren und signalisiert in erster Linie das Ende der sowjetischen Periode der industrialisierten „Nutzbarmachung" des Nordens (Heleniak 1999). Doch die Republik Sakha (Jakutien) ist auch die Heimat einer zweiten ethnischen Identität. Diese Sakha (Jakuten), ein in dieser Region besonders zahlreich vertretenes turksprachiges Volk umfasst 300 000 Einwohner und lebt seit alters her von Vieh- und Pferdezucht (Vitebsky 1990; Argounova 2001). Heute geht es diesen Sakha wirtschaftlich sehr schlecht, weshalb zahlreiche junge Jakuten abwandern und nach Jakutsk strömen. Diese Entwicklung hat viel mit Prozessen gemein, die in großen Teilen der Welt spätestens seit den Anfängen der Industrierevolution zu beobachten waren. In dieser Region aber ist dies etwas Neues. Der sowjetische Staat hatte der Möglichkeit einer solchen Entwicklung durch ein effektives System von Aufenthaltsgenehmigungen entgegengewirkt, das es praktisch jedem unmöglich machte, an einem Ort zu leben und Arbeit zu suchen, an dem er/ sie nicht registriert war. Durch eine Kombination dieser Methode mit einem System direkter und indirekter staatlicher Zuschüsse, dank derer Arbeitsplätze und ein soziales Netz für jeden, der hier lebte, gewährleistet war, gelang es dem Staat, diese Gemeinschaften lebensfähig zu machen.

Indigene Minderheiten wie die Ewenen sind in einem dritten Muster verstrickt. Während die Europäer heute aus dieser entfernten Region zum Zentrum ihrer eigenen Welt in den Westen Russlands und die Ukraine zurückkehren können, und bislang auf dem Land lebende Sakha (Jakuten) die Möglichkeit haben, nach Jakutsk zu übersiedeln, leiden die nördlichsten Bevölkerungsgruppen der Region, die in den entferntest liegenden Niederlassungen wohnen, unter ländlicher Frustration, ohne jede Möglichkeit, die Region zu verlassen. Obwohl die Lage gerade dieser Menschen in den Dörfern besonders verzweifelt ist, gewinnt man den Eindruck, dass die jungen Leute hier nicht den Mut haben, abzuwandern. Die Gründung des Dorfes (das im allgemeinen einem staatlichen Landwirtschaftsbetrieb glich) war stets so etwas wie ein Vertrag, in dessen Rahmen der Staat der Bevölkerung Infrastruktur und Management als Gegenleistung für die Erzeugung tierischer Produkte zur Verfügung stellte. Da der Staat seinen vertraglichen Verpflichtungen heute nicht mehr nachkommen kann, bleiben diese Bevölkerungsgruppen sich selbst überlassen.

Die Seele des Eigentums

Man könnte sagen, dass die hier angesprochenen radikalen, über das Konzept des Landes zustande gekommenen Veränderungen in den Beziehungen zwischen Menschen und Land sowie Frauen und Männern ein sich wandelndes Verständnis des Eigentumsbegriffs und der Eigentumsverhältnisse darstellen, wie sie sich auf die Verteilung sozialer Rechtsansprüche in einer Gesellschaft auswirken (Hann 1998, S. 6). Solche Überlegungen reichen jedoch für ein echtes Verständnis der sozialen Beziehungen, wie sie bei den indigenen Völkern wie den Ewenen üblich sind, nicht aus. Um zu verstehen, wie sich die lokalen Beziehungsverhältnisse bei dieser Gruppe gestalten, ist es notwendig, den Bereich der Seele und den Bereich des Geistes in die Überlegung mit einzubeziehen. Es war nämlich genau in diesen Bereichen, in denen der sowjetische Staat durch die schwere *Verletzung* der Familienstrukturen und des Innenlebens dieser Rentierhalter wichtige Veränderungen herbeigeführt hat. Die Vorstellung von der Seele (*ommi* in der Sprache der Ewenen) oder dem Geist (*icchi* nach einem aus der Sprache der Sakha entliehenen Ausdruck) besagt, dass die Dinge, mit denen ein Mensch zu tun hat, nicht nur beliebige unbewegliche oder passive Objekte seines Handelns sind, sondern einen eigenen Willen und eine eigene Wirkungsweise besitzen können. Gemäß diesem Denkmuster können „Dinge" – und da vor allem das Land und die Rentiere – sich selbst die Person aussuchen, mit der sie eine Beziehung eingehen möchten. Wie noch folgende Beispiele verdeutlichen werden, können solche Berufungen tiefe Einschnitte im Leben eines Menschen bilden. In einem Beziehungsverhältnis zwischen zwei Partnern (seien diese nun Einzelpersonen oder verwandtschaftliche Gruppen) ist noch ein dritter Partner beteiligt – nämlich die spirituelle Kraft oder der geistige Wille anderer Dinge – besonders der des Bodens und der Tiere. Diese Kraft gibt der Beziehung zwischen den beiden anderen Partnern ihre spezifischen Konturen, hilft, sie zu definieren und sogar zu steuern. Solche Konzepte widersprechen nicht unbedingt unserem gewöhnlichen Verständnis von Eigentum und können es sogar erweitern. Objekte wirken bei sozialen Beziehungen in viel stärkerem Maße als Vermittler, wenn sie selbst Teil des Dialogs zwischen den beiden Seiten der Beziehung sind. Diesem Weltbild begegnet man auch in vielen anderen Regionen der Erde – zum Beispiel in der Südsee, doch erwarten wir es gewöhnlich nicht, ihm auch in einer sozialistischen oder postsozialistischen Welt zu begegnen.

Es gibt eine Skala, inwieweit ein Gegenstand über *ommi* oder *icchi* verfügen kann. Diese Skala entspricht mehr oder weniger der Rangfolge, die die verschiedenen Ressourcen in der Natur einnehmen und verläuft vom Mineral über die Pflanzen zum Tier. Außerdem lässt sich eine enge Entsprechung zu den ethnischen Identitäten, die mit der Nutzung dieser Ressourcen in Beziehung stehen, feststellen. Daran lässt sich ablesen, wie tief diese Ideen in der Vorstellung dieser Völker von der Rolle der natürlichen Ressourcen als Träger von Rechtsansprüchen verwurzelt sind. Mineralien wie Kohle, Zinn und Gold werden von den „Russen", das heißt den Europäern (und da insbesondere den Ukrainern) abgebaut. Obwohl ich verschiedene vage Berichte über Aberglauben (*suyeveria*) auch bei diesen Gruppen gehört habe, ist dieser nicht in vergleichbarer Weise entwickelt wie im Hinblick auf unterirdische Schutzgeister in der europäischen oder indianischen Folklore oder auf die Teufel in den Zinnminen Boliviens (Taussig 1980) oder Malaysias (Skeat 1900). Pflanzenprodukte wie Beeren, Marmeladen, Gemüsesamen und Heilkräuter dagegen werden von allen ethnischen Gruppen der Region auf eine sehr russische Weise interpretiert, das heißt, dass sich diese Produkte mit einer ihrem Wesen eingeprägten Biographie oder Stammbaum ihres früheren menschlichen Eigentümers an Orte oder in Situationen begeben können, an bzw. in die sich diese Menschen niemals persönlich begeben würden, in die aber nun ihr soziales Netzwerk hineinreicht. Solche pflanzlichen Produkte sind so etwas wie eine Erweiterung des Menschen, zu dem sie gehören und beinhalten nicht nur Bilder unendlicher Vervielfältigung und Regeneration, sondern tragen auch die Güte in sich, anderen Freude und Gesundheit zu bringen – soziales Kapital in auszweigender pflanzlicher Form.[4]

Indigene Vorstellungen von Tieren reichen viel weiter in Bereiche, in die sich das russische Bewusstsein nicht hinein begibt – außer vielleicht im Märchen. In der normalen Buchhaltungskultur der *Sowchose* besitzt ein Rentier nicht mehr Seele oder die Fähigkeit als Medium sozialer Beziehungen zu wirken, so wie ein Stück Kohle für den ukrainischen Bergarbeiter. Der indigene Buchhalter einer *Sowchose* dagegen, wird sein privates und soziales Leben unter einer anderen Voraussetzung führen. Für ihn gilt, dass die politische Ökonomie der Seele grundsätzlich von der Äquivalenz und gegenseitigen Austauschbarkeit von tierischen und menschlichen Seelen ausgeht. Diese Äquivalenz wird besonders in

Momenten der Gefahr sehr deutlich. Noch heute zum Beispiel halten sich viele Ewenen ein *kujjai*, ein Rentier, das besonders ihrem Schutz geweiht ist und als eine Art Alter Ego dient (Alekseyev 1993).[5] Der *kujjai* eines Menschen ist den Geistern geweiht und wenn diese Person bedroht wird, stellt er sich vor sie und stirbt an ihrer Stelle. Jedes Mal, wenn der *kujjai* eines Menschen stirbt, weiß dieser, dass ihn sein *kujjai* vor dem Tode gerettet hat (auch wenn der Mensch selbst nicht sagen kann, worin die Bedrohung bestanden hatte). Er muss sich dann ein neues Tier weihen lassen, um weiterhin geschützt zu bleiben. Das Tier, das gestorben ist, muss eindeutig in engster Beziehung zu der Person gestanden haben, die es gerettet hat, kann aber auch eine andere Person repräsentieren, mit dem es verbunden ist. In diesem Fall ist dann diese Person der eigentliche Retter.

So habe ich zum Beispiel einmal gesehen, wie ein junger Mann in einem Streit im Winter durch ein Messer so schwer verletzt wurde, dass um sein Leben zu fürchten war. Man versuchte einen Hubschrauber über Radiofunk zu bestellen, damit er ins nächste Krankenhaus im Dorf geflogen werden könne. Aber niedrig hängende dichte Wolken und anhaltender Schneefall in den umliegenden Bergen machten es dem Hubschrauber unmöglich zu kommen. Es vergingen Tage, während derer der Junge immer schwächer wurde. In dieser Zeit wurde ein Rentierwettrennen auf dem gefrorenen See veranstaltet. Eines dieser Tiere, ein besonders kräftiges Tier, das früher diesem sterbenden jungen Mann gehört hatte, aber einem anderen Mann gegeben worden war, gewann ein Wettrennen auf spektakuläre Weise, brach dann aber plötzlich zusammen und starb vor aller Augen. Dieses Ereignis wurde von allen als ein Zeichen gedeutet, dass der Junge überleben würde. Und tatsächlich, nach wenigen Minuten erschien plötzlich trotz der niedrigen Wolken und der sehr schlechten Sicht ein Hubschrauber, kam über der Rennstrecke herunter, nahm den jungen Mann auf und flog ihn aus. Er überlebte.

Wie könnte dieses Rentier als etwas betrachtet werden, das einem gehört wie ein Eigentumsgegenstand? War es doch ein Tier, das dieser Junge einst einem Freund geschenkt hatte, das aber schließlich zu dem Jungen zurückgekehrt war und sein Leben für ihn gab. Die Seele eines Rentieres ist eine besondere Form des Wesens eines Objektes, sie ist eine Eigenschaft, die eine Beziehung außerhalb jeglichen juristischen Zusammenhangs regelt und die weiter reicht als die von der *Sowchose* gesetzten Grenzen. Dadurch wird das Rentier zwar zu einer Art „Ware", die der Person, zu der sie gehört, nicht verloren geht, wenn sie diese verschenkt oder verkauft. Für den Buchhalter ist ein Rentier nur Fleisch, Fell und Geweih, aber die Seele des Tieres macht es zu einem Eigentumsgegenstand, der als Vermittler zwischen Personen fungieren kann. Das Land zu verlassen und abzuwandern ist also für diese indigenen Gruppen weit mehr als ein geographischer oder demographischer Prozess von der oben beschriebenen Art. Abwandern heißt für sie auch Rückzug von sozialen Beziehungen, die durch das Land verkörpert und in Anspruch genommen werden, die ihren Wert durch das Land gewinnen oder sich durch dessen Vermittlung bilden. Auf diesem großen Spielbrett sind Tiere bewegliche Figuren. Wenn sie als Vermittler eines solchen Austausches agieren, werden sie selbst zu Spielern auf dieser großen Bühne. Sie können in dieser Rolle am leichtesten als das verstanden werden, was wir „Eigentum" nennen. Doch verkörpern sie eine Kraft oder Essenz, die sich auch in Form von Bergpässen, Bächen, der Feuerstelle im Zelt und Gräbern sowie Bestattungsplätzen manifestieren kann (Vitebsky 1992).

Wie wir sehen, ist die Landflucht ist nicht einfach eine Flucht vor wirtschaftlicher Not und einer zusammenbrechenden ländlichen Infrastruktur. Es ist auch ein Abwenden von einem Prinzip der Identitätsbildung und einer spezifischen sozialen Moral. Im Lichte dessen, was ich zu Anfang sagte, ist solch eine Flucht ein Abwenden von der eigenen Vergangenheit und deshalb auch eine Abkehr von einer bestimmten Art der Zukunft, die als solche eine Weiterführung oder Fortentwicklung dieser Vergangenheit wäre. Ein Entschluss dieser Art mag absichtlich oder unabsichtlich, bewusst oder unbewusst oder in einer Mischung von diesen beiden gefasst werden. Der Misserfolg des sowjetischen Projekts ist die Illustration einer grundlegenden Wahrheit in der Psychotherapie: Der Mensch kann nicht einfach seine Vergangenheit hinter sich lassen. Viele Menschen in den postsozialistischen Ländern wollen das auch nicht. Eine der stärksten Tendenzen in der postsozialistischen Welt sind die mehrfachen Versuche, die Vergangenheit anhand konstruierter persönlicher sowie kollektiver Geschichten neu zu entdecken oder neu zu gestalten.

Ich hatte bereits erwähnt, dass die Zeit im Sozialismus und auch im Postsozialismus als moralische Dimension verstanden, aber jeweils sehr unterschiedlich interpretiert wird. In der moralischen Zeit des Sozialismus war man bemüht gewesen, die eigene Gegenwart von der Vergangenheit abzutrennen, um ohne Ballast in eine strahlende Zukunft voranzuschreiten. Im Postsozialismus genügt es nicht mehr, diese Trennung zu vollziehen, denn jetzt fließt eine (notwendigerweise neu geschriebene) Vision der Vergangenheit in dieses Vakuum ein. Ironischerweise wird die sowjetische Vergangenheit schon heute an die Stelle eines goldenen Zeitalters gerückt und somit zur „Tradition". Dadurch wird alles komplexer, da es kein vorgeschriebenes Ziel mehr gibt. D. h., dass der „Rückzug" vom Land, den Tieren und der Familie mit einer komplizierten Veränderung der Verknüpfung von Vergangenheit, Gegenwart und Zukunft verbunden ist. Diese Veränderung selbst ist in höchstem Maße paradox, da die Betroffenen versuchen, sich von bestimmten Aspekten der Vergangenheit zurückzuziehen und zugleich andere Aspekte gemäß eigener Rekonstruktionen wieder neu zu besetzen.

Verletzungen

Solche Versuche der Rekonstruktion und die zeitliche Dimension, innerhalb derer solche Rekonstruktionen vorgenommen werden, führen uns direkt zu der Rhetorik der Verzweiflung und dem weit verbreiteten Verlust des Glaubens an die Zukunft. Im psychotherapeutischen Diskurs und in verwandten Disziplinen gelten solche Sachverhalte als eindeutiger Hinweis auf die Nachwirkungen eines Traumas. Terr (1990) führt das Beispiel einer Gruppe Kinder an, deren Schulbus entführt worden war und die dann in einem unterirdischen Bunker eingesperrt wurden. Im Anschluss an dieses Erlebnis waren diese Kinder unfähig, sich sich selbst in der Zukunft vorzustellen. Diese Unfähigkeit von Menschen, die Opfer verschiedenster Misshandlungen geworden waren, sich ein Bild von der eigenen Zukunft zu machen, wurde vielfältig dokumentiert. Ein Trauma liegt vor, wenn sich die Erfahrung eines schrecklichen Ereignisses mit der Unfähigkeit verbindet, die verwirrenden Gefühle, die dieses Ereignis hervorgerufen hat, zu verarbeiten und aufzulösen. Der Verlust der Zukunft tritt ein, weil sich die Vergangenheit, die bis dahin eine gesunde Lebensvorlage gewesen war, in einen „pathogenen" Hintergrund gewandelt hat.

Dieser Ansatz wird heute oft bei der Behandlung von Flüchtlingen und Opfern von Bürgerkriegen, Erdbeben und anderen natürlichen sowie politischen Katastrophen verwendet, und er kann uns auch die Lage der Indigenen des sibirischen Nordens verständlich machen. Die Motive, von denen sich der sowjetische Staat bei seinem Umgang mit den Indigenen leiten ließ, waren ebenso komplex wie deren Auswirkungen. Slezkine (1994) und andere haben den missionarischen Eifer, die ironischen Zusammenhänge, die Grausamkeiten und die Erfolge eingehend dokumentiert. Obwohl es unmöglich ist, schon heute ein endgültiges moralisches Urteil über diese Geschehnisse abzugeben, möchte ich dennoch an dieser Stelle bestimmte gewalttätige Eingriffe in das Leben der indigenen Bevölkerung genauer darstellen. Es ist meine These, dass die Notwendigkeit, mit dieser Gewalt zu leben – ja sogar gemeinsame Sache mit ihr zu machen – viele Menschen in einen Abgrund tiefster moralischer Ambivalenz gestoßen hat, und es wird länger als eine Generation dauern, dieses Trauma und die moralischen Verwirrungen zu verarbeiten. Verhaltensmuster und Gemütszustände, die wir heute bei der nachkommenden Generation beobachten, sind das Ergebnis von etwas, das ursprünglich zur Erfahrung der Eltern gehört hatte. Solche ungelösten, aus der Vergangenheit herrührenden, Verletzungen zeigen ihre Wirkung in nachfolgenden Generationen und sind bis in die Gegenwart hinein zu spüren.

Bei den indigenen Völkern Sibiriens ist ein hoher Grad an Depressionen und Gewalt innerhalb der Familie anzutreffen. Viele meiner Freunde und Bekannten sind durch Selbstmord und infolge von Schlägereien umgekommen, oder sie sind gestorben, weil sie in trunkenem Zustand in diesem gefährlichen Land unterwegs waren. Alexander Pika (der sein Leben der Sache der indigenen Bevölkerung dieser Region verschrieben hatte und selbst während eines, für dieses Gebiet typischen, Bootsunfalls in Tschukotka sein Leben ließ) schätzte, dass ungefähr ein Drittel der Bevölkerung eines gewaltsamen oder unnatürlichen Todes stirbt (Pika 1993). Obwohl das natürlich an sich schon ein Problem ist, ist es wichtig, zunächst ein Modell zu entwickeln, das uns zeigt, welche Art von Gewalt in der Vergangenheit welche Art von sozialen Problemen – inbegriffen Gewalttaten – heute nach sich zieht. Man braucht nur an die Generation kleiner Kinder zu denken, die in Internate geschafft wurden, um sich vorstellen zu können, welches Vorbild diese Kinder für eine Elternrolle in sich aufgenommen haben und wie sich dieses Vorbild bei der Erziehung ihrer eigenen Kinder heute auswirkt.

Unmittelbare Militär- oder Polizeiaktionen gegen indigene Bevölkerungsgruppen wurden nur unter bestimmten Voraussetzungen durchgeführt. Wir müssen aber davon ausgehen, dass Gewalt in einem weiteren Sinne interpretiert werden muss und deshalb auch auf Fälle der Entweihung und Verweigerung der eigenen Identität oder rassischer Werte bezogen werden muss (Parkin 1986: S.205f.). Für diese indigenen Völker, deren Territorium von einer ihnen zunächst fremden Ideologie beherrscht wurde, kam diese Art von Gewalt noch zu den zahlreichen anderen Leiden hinzu, die viele Russen unter dem Sowjetregime über sich ergehen lassen mussten. Im Falle der ewenischen Rentierhalter hieß das unter anderem, dass eine auf gemeinschaftlichen Strukturen basierende Lebensweise, in der die Landschaft das Zuhause eines Menschen war, von einer anderen abgelöst wurde, in der die Arbeit mit den Rentierherden zur Industrieproduktion, die Landschaft zu einem großen Fabrikgelände unter freiem Himmel und die Hirten zu Fabrikarbeitern umfunktioniert wurden (Vitebsky 1992, S. 232-3). Durch dieses Vorgehen wurden diese Völker ihrer eigenen Stimme beraubt (Morris 1997). Obwohl im Laufe der Jahre die politische Ausrichtung immer wieder wechselte, hatte der Druck der Sowjetisierung – insgesamt gesehen – letztlich eine Russifizierung der Region und eine Entwertung der eigenen ethnischen Identität zur Folge. So wurden z. B. die wichtigsten Kategorien der indigenen darstellenden Kunst verboten und nur dann erlaubt, wenn sie sich streng kontrollierten europäischen Kunstformen – wie der des Romans oder des Ölgemäldes – unterwarfen. Auf diese Weise kontrollierte Aufführungen schamanischer Trancezustände waren dann im Theater der Stadt zu bewundern, während echte Schamanen draußen in den Weiten des Landes zusammengetrieben (Suslov 1931), ins Exil verstoßen, gefangen gehalten oder sogar erschossen wurden. Ein besonders wichtiges Element für die Zukunft war die Schaffung und Aufrechterhaltung von Bedingungen, die es erschwerten – wenn nicht sogar unmöglich machten – in angemessener Weise zu trauern (Falk 1996). Bis heute, zu einer Zeit, wo Listen eingesehen werden können, auf denen die Namen vieler bekannter Schamanen, die damals verfolgt wurden, verzeichnet sind (Sakha Republik [Jakutien] in: Vasil'eva 1998, S. 149-165), ist es deren Nachfahren nicht erlaubt, öffentliche Denkmäler aufzustellen. Dabei stellen solche Denkmäler kaum ein politisches Risiko dar – vor allem in Anbetracht der Tatsache, dass für viel stärker politisierte Kategorien von Opfern Denkmäler gebaut werden und der Schamanismus heute ohnehin eine nur sehr begrenzte politische Bedeutung besitzt. Ein Informant äußerte die Vermutung, es sei wohl die spirituelle Kraft der Schamanen, die heute als gefährlich eingeschätzt wird: Vielleicht befürchte man, ein solches Denkmal könne die rachsüchtigen Seelen der toten Schamanen bündeln.

Mein Bestreben, die generationsübergreifenden Auswirkungen von Gewalt zu verstehen, verlangt die Untersuchung traumatischer Muster und ihrer Heilung in individuellen Biographien. In der Folge sollen drei persönliche Schicksale als wahrscheinliche Typologie solcher Muster dargestellt werden. Die erste dieser Personen hat noch nicht einmal begonnen, nach einer Lösung des Dilemmas seiner Vergangenheit zu suchen; die zweite ist in einen komplizierten Lösungsversuch verwickelt, der ihr als solcher immer noch nicht begreiflich ist. Die dritte Person konnte traumatische Aspekte ihrer Vergangenheit mobilisieren und sie in den Dienst der Gestaltung ihrer persönlichen Zukunft stellen. Bemerkenswert ist, dass diese Frau auf Grund dieser Anstrengung zu einer Person des öffentlichen Interesses geworden ist.

Vadim

Ein besonderes, in der psychologischen Literatur über Traumata gut dokumentiertes Merkmal von Gewalt besteht darin, dass sie beim Opfer zu einer Identifizierung mit dem Täter führen kann. Bei generationsüberspannenden Zusammenhängen kann das Verleugnen der Eltern von starken äußerlichen Einflüssen durch elternfeindliche oder revolutionäre Rollenmodelle beeinflusst bzw. vorangetrieben werden (wie dies zum Beispiel bei jungen Kommunisten früherer Generationen der Fall war).[6] Vadim, mein erstes Beispiel, ergeht es wie vielen Menschen, die unter dem Kommunismus aufwuchsen. Er entstammte einer Familie von Rentierhaltern, stieg aber zum Funktionär der Kommunistischen Partei auf. In dieser Rolle nahm er an zahlreichen Aktionen teil, die die Kultur seines Volkes verunglimpften und untergruben. Außerdem wurde er ein erfolgreicher Schriftsteller und schrieb über „traditionelle" Themen der indigenen Bevölkerung (die Falle des willigen einheimischen Schriftstellers); im übrigen verhielt er sich sehr grausam gegenüber Mitgliedern seiner eigenen Gemeinschaft. Später merkte ich, dass er selbst in unserer aufgeklärten Zeit sehr bemüht war zu verbergen, dass sein Vater von den Kommunisten hingerichtet worden war. Wir haben hier einen klassischen Fall von Vaterverleugnung und Täteridentifikation. Die Verheimlichung des Schicksals des Vaters ist in Wahrheit eine Verleugnung des Vaters, und das Überlaufen zum Feind des Vaters diente der Verschleierung der eigenen Verletzlichkeit. Vadim verhält sich seinem eigenen Volk gegenüber destruktiv. Psychologisch ausgedrückt würde man sagen, er musste sie wieder und wieder „umbringen", weil sie ihn an die Schwäche seines Vaters und seinen eigenen Verrat erinnern. Bis heute gibt es für Vadim keine Lösung, noch nicht einmal eine unbewusste Suche nach einer solchen.

Iwan

Unser zweites Beispiel ist ein Mann, der nach einer Lösung für ein schwieriges Problem seines verwandtschaftlichen Erbes sucht, bis jetzt aber noch keinen Ausweg gefunden hat. Iwan kam als Kind mit seiner Mutter aus einer anderen Region in das Dorf, in dem er heute lebt. Er hat im Laufe seines bisherigen Lebens überall innerhalb der Grenzen des Gebiets des staatseigenen Betriebes als Rentier- und Pferdehalter gearbeitet. Überall, wohin er während seiner Wanderungen kam, hat er den Geist des Feuers genährt und sich genaue Kenntnisse über die Berge und Flüsse des Geländes angeeignet. Wo auch immer er hinkam beziehungsweise hinkommt, erscheinen ihm die Geister des Landes in seinen Träumen und befehlen ihm weiterzuziehen. Doch jedes Mal, wenn er diesem Befehl Folge leistet, kommt ein ihm nahestehender Mensch zu Tode und er interpretiert diese Vorkommnisse als ein Ersatzereignis für seinen eigenen knapp vermiedenen Tod. Die verstorbene Person nimmt in diesem Modell eine ähnliche

Position ein, wie der *kujjai*, das geweihte Rentier, von dem oben die Rede war. Der Fall Iwans zeigt deutlich, wie stark Land und Identität einer Person miteinander verknüpft sind. Der geographische Ursprung eines Menschen ist ein wichtiger Bestandteil seines eigenen Ichs. Im Falle Iwans nimmt das Land die ihm geschenkte Aufmerksamkeit und den ihm entgegengebrachten Respekt allerdings nicht an. Es kommuniziert zwar mit Iwan persönlich und direkt, aber nur um ihn zurückzuweisen und auszuschließen. Es gibt für Iwan – ebenso wie für Vadim – keine Erlösung, obwohl er sich bemüht, richtig zu leben; wieder und wieder läuft bei ihm dasselbe negative Szenario ab. Sein Gefühl des Gefangenseins kommt nur über das Idiom eines Ersatzes zum Ausdruck. Er hat viele Rentier Alter Egos verloren. Doch Iwans Unentschlossenheit ist viel gefährlicher als das. Zwar schafft er es, dem eigenen Tod aus dem Weg zu gehen, aber nur zum Preis eines anderen Lebens. Iwan träumt immer, er werde bedroht und ergreife dann die Flucht. Jemand anderer wird getötet und er selbst bleibt mit dem Gefühl zurück, dass dieser für ihn gestorben ist.

Olga

Nicht jeder ist dazu verurteilt, keine Lösung für seine Probleme zu finden. So kann zum Beispiel eine Neudefinierung des eigenen Ichs anhand einer nationalistischen Hinwendung oder kulturellen Erneuerung Erfüllung bringen und Probleme lösen. Auch hier sind wichtige Veränderungen im Idiom zu kennzeichnen. Das dritte Beispiel ist eine Frau, die einen Weg gefunden hat, von ihrem schamanischen Erbe ausgehend nach vorne zu schreiten, indem sie eine komplexe Umdeutung der Rolle des Schamanen in die eines Heilers unternimmt. Olga ist eine Frau mittleren Alters und die Tochter eines großen Schamanen, der schon vor vielen Jahren gestorben ist. Als Kind hatte sie unter Anfällen gelitten, die sie heute als Rufe der Geister interpretiert, als Versuche, sie durch traditionelle schamanische initiatorische Krankheit zu weihen. Doch ihrem Vater war klar, wie gefährlich diese Berufung unter den zu jener Zeit herrschenden politischen Bedingungen sein würde, und so schickte er sie in die Stadt, um Ärztin zu werden. Als sie noch ein kleines Mädchen war, wurde ihr eines Tages in der Schule mitgeteilt, ihr Vater sei gestorben. In Panik lief sie nach Hause und erfuhr, dass ihr Vater nicht gestorben, aber ernsthaft erkrankt sei und in eine geheimnisvolle Art von Koma gefallen war. Seit vielen Jahren hatten ihm die sowjetischen Behörden verboten, in Trance zu gehen oder sich seinen schamanischen Praktiken zu widmen. Eigentlich konnte er sich glücklich schätzen, all diese Jahre hindurch nicht verfolgt oder getötet worden zu sein. Als er dann schließlich krank wurde, hatte ihm der lokale Repräsentant der Sowjetmacht erlaubt, in Trance zu gehen, um sich zu heilen. Umstehende Personen beobachteten mit Erstaunen, wie dieser von seiner Krankheit so geschwächte Mann, der weder gehen noch stehen konnte, plötzlich aufstand und in eine heftige Trance verfiel. Olga ist davon überzeugt, dass ihr Vater damals krank geworden ist, weil man ihn so viele Jahre hindurch daran gehindert hatte, seiner Berufung zu folgen. So war dieser Mann gewissermaßen auf Grund eines Mangels an Trance krank geworden. Sie selbst wurde eine moderne Frau, die in der Stadt ausgebildet worden war. Bis zu der Zeit als das Schamanengewand und die Trommel ihres Vaters viele Jahre nach seinem Tod auf geheimnisvolle Weise wieder aus dem Versteck im Wald, wo er sie verborgen hatte, auftauchten und er begann, mit Olga über ein Geistmedium zu kommunizieren. Obwohl sie sich auch heute noch vor möglichen Konsequenzen fürchtet, hält sie es für möglich, dass ihr Vater sie so lange führen und unterrichten wird, bis sie sich zu einer voll ausgebildeten Schamanin entwickelt haben wird – einer Schamanin moderner Prägung, die an die kosmopolitische Welt, in der sie lebt, angepasst ist. Wie im Falle Vadims, haben wir es auch hier mit einem symbolischen Vatermord zu tun, doch wurde dieser rückgängig und wieder gut gemacht: Olgas Vater war sozusagen durch die Kommunisten umgebracht worden, dann aber wieder gesundet, weil er die Möglichkeit bekam, seine schamanischen Praktiken, die ihm zunächst verboten worden waren, wieder aufzunehmen. Später passte sie ihre vom kommunistischen Staat gebilligte medizinische Ausbildung als moderne Variante der Berufung des Vaters an. Ihre gesamte Entwicklung durchläuft sie unter der Führung des Vaters: Die medizinische Ausbildung noch zu seinen Lebzeiten, die Rückkehr zum Schamanismus – mit Hilfe eines Geistmediums – nach seinem Tode. So gelang es ihr, einen entscheidenden Schritt nach vorne zu tun – einen Schritt, zu dem Iwan noch nicht fähig ist. Sie hat begonnen, ein Trauma zu bewältigen, das sie durch die sowjetische Repression ihres charismatischen Vaters erlitten hatte.

Existenzielles und historisches Trauma: eine Gegenüberstellung

Wir haben davon gesprochen, dass verschiedene Arten psychologischen Stresses und moralischer Verwirrung der späteren sozialistischen und frühen postsozialistischen Phase ihren Ursprung in der Politik und Gewalttätigkeit des Staates hatten. Dieses Faktum bezeichnete ich mit dem psychologischen Terminus „Trauma". Für ein besseres Verständnis dieser Zusammenhänge ist es vielleicht nützlich, zwischen einem *existenziellen Trauma* und einem *historischen Trauma* zu unterscheiden. Ein existenzielles Trauma ist eine wie ein Schock erlebte und verwirrende Erfahrung, die aber von der betroffenen Person als Teil ihres Lebens akzeptiert wird, als etwas, dass eigentlich zu erwarten war. Ein typisches Beispiel hierfür wäre die schamanische Initiation oder die zahlreichen Todesverständnisse, mit denen ich mich in der Vergangenheit auseinandergesetzt habe (Vitebsky 1993). Im Gegensatz hierzu ist ein historisches Trauma ein Ereignis von der Art der Machtergreifung der Sowjets. Die erstgenannte Erfahrung basiert auf einem zyklischen bzw. statischen Zeitverständnis, während der zweiten ein lineares Zeitverständnis zugrunde liegt, wohl eben ein Zeitbild, in dem sich der Mensch wie ein Gefangener fühlt und dass ihm seine Zuversicht raubt.

Wir haben gerade von Olgas Entwicklung gesprochen, von der Entwicklung der Tochter eines vom Staat verfolgten Schamanen, die ihre eigene Karriere als Ärztin verfolgt und heute wahrscheinlich auf dem Wege ist, ihrem schamanischen Erbe neues Leben zu geben und dadurch das Trauma der Verfolgung ihres Vaters und der Unterdrückung seiner schamanischen Fähigkeiten im eigenen Ich zu transzendieren. Dieser Werdegang ähnelt in erstaunlicher Weise dem Prozess, den Olga im Rahmen einer modernen Psychotherapie durchlaufen würde. Nur vollzieht sich ihre Entwicklung auf einer viel breiter angelegten Grundlage, als dies bei einem rein persönlichen Problem der Fall wäre. Die Lösung eines historischen Traumas wird möglich: Zuerst wurde bei ihr ein existenzielles Trauma ausgelöst – die erste Etappe des schamanischen Lebensweges – eines Lebensweges, den ihr Vater gänzlich durchlaufen hatte und den sie als Kind ebenfalls einschlug. Dieses existenzielle Trauma, das als solches auch den Ursprung zu seiner eigenen Lösung durch tatsächliche Initiation und schamanischen Praxis in sich trägt, wurde in ihrem Fall in der Mitte seines Verlaufs durchbrochen und durch eine andere Art von Trauma – das historische Trauma – verdrängt. Ihr wurde eine Richtungsänderung aufgezwungen, ein Hinüberwechseln von einer zyklischen „Veränderung" zu einer unumkehrbaren Veränderung in linearer Zeit. Ihre Antwort hierauf bzw. ihr Heilungsprozess erlaubten ihr, eine bestimmte Anpassung an diese Richtungsänderung vorzunehmen, wodurch sich letztere nicht mehr völlig zerstörerisch und irreversibel auswirkte.

Olga ist eine ungewöhnliche Person. Die meisten Menschen wären unfähig, ihr Leben in ähnlicher Weise zu ordnen. Das ist einer der Gründe, weshalb Olga in ihrer Region zu einer Person des öffentlichen Interesses wurde. Ihre Erfahrungen und deren Verarbeitung stehen als Symbol für die Erfahrungen und Dilemmata vieler anderer Menschen. Der Sozialismus zwang die Bevölkerung durch seine lineare Eschatologie, ihre Ahnen zu vergessen. Dieses Vergessen verursachte eine besondere Art von Trauma – das Trauma der Trennung der Kinder von ihren Eltern. Für viele Menschen wurde der Unterschied zwischen den Lebenswegen der Vorfahren und Nachkommen ein Trauma an sich, ein Auslöser ihrer individuellen Traumata oder Ketten von Traumata im jeweiligen Leben der aufeinanderfolgenden Generationen (auch in denjenigen Fällen, in denen diese Verschiebung von den betroffenen Individuen nicht erkannt wird, siehe Vadim). Hieraus ergab sich in der postsozialistischen Periode für diese Menschen die Notwendigkeit, sich zu erinnern, ohne zu wissen, an was sie sich erinnern müssen oder wohin diese Erinnerungen führen sollten. Heute bietet der Staat keine Zukunftsvision mehr, und es fällt auf, dass sich das Bild vom Staat als elterliche Bezugsperson allmählich aufgelöst hat. Eine überzeugende Vorstellung kollektiver Verwaisung in Russland bietet die wachsende Zahl junger Eltern, die ihre Kinder verlieren oder in Kinderheime geben (Lena Rockhills persönliche Mitteilung). Im ersten Fall gibt der Staat diesen Leuten zwar zu verstehen, dass sie schlechte Eltern sind, liefert aber keine Beispiele, wie gute Eltern handeln würden. Im zweiten Fall glaube ich, dass diese Menschen die Verlassenheit, die sie selbst erfahren haben, symbolisch auf ihre Kinder übertragen.

Die jungen Erwachsenen befinden sich heute in einer Lebenswelt voller Widersprüche: Einerseits ist es ihnen möglich, ihre eigene, von Störungen durchsetzte Kindheit gegen den Hintergrund der Traumata der vorausgegangenen Generation zu durchleuchten (Skultans 1989). Gleichzeitig sind sie aber unfähig, die expliziten und impliziten Verletzungen ihrer Vergangenheit voll anzuerkennen oder zu heilen. Außerdem lenkt sie ihr wachsendes Interesse an der kosmopolitischen, konsumistischen Außenwelt, die sich wenig um derartige Probleme schert, von ihrer Vergangenheit ab. Was bedeutet diese Trennung von den Eltern in Anbetracht der Tatsache, dass diese Menschen vom Großteil ihrer Erinnerungen abgeschnitten sind? Handelte es sich dabei um eine Art von Befreiung oder vielmehr um eine Verleugnung, nur dazu geschaffen, in der Zukunft neue Probleme anzuziehen? Denn das ist das eigentliche Rätsel: Wie sollen solche Menschen ihr Verhältnis zu Vergangenheit und Zukunft regeln, damit letzteres sie nicht vergiftet, sondern nährt? Es geht darum, wie die Ambivalenz zwischen Befreiung bzw. Loslösung auf der einen Seite und Verlust bzw. Trauer auf der anderen Seite gelebt werden müssen, oder – weniger psychologisch und eher historisch ausgedrückt – um die Entscheidung für Revolution und Reaktion oder Restauration.

Schluss

Ich begann diesen Artikel mit einem Verweis auf Anna Karenina, deren Geschichte damit endet, dass sie sich unter einen Zug wirft, weil sie keine Zukunft für sich sieht. Gut zu leben oder nicht zu leben sind zwei extreme, gegensätzliche Möglichkeiten, das eigene Schicksal zu kontrollieren. Für die meisten Menschen gilt die Herausforderung, einen Mittelweg mit einem eingeschränkten und unbeständigem Grad an Kontrolle zu finden. Die Menschen im hohen Norden werfen sich nicht vor den Zug, weil es in ihrem Land so gut wie keine Züge gibt und Hubschrauber teuer und selten geworden sind, dennoch liegen die Selbstmordraten erschreckend hoch. Wie alle anderen in der postsozialistischen Welt, sind sie mit einer Vielzahl von Unsicherheiten und Möglichkeiten konfrontiert. So kann man zum Beispiel noch vorhandene lokale Strukturen nutzen und in Genossenschaften arbeiten, die von Familienverbänden betrieben werden; oder man kann sich, wenn man nicht in das Geschäft des Rentiergeweihhandels nach Korea einsteigen will, für ausländische Umweltprojekte oder ethnologische Forschungsvorhaben engagieren. Doch der Zugang zu diesen Möglichkeiten ist nicht überall gleich, und wenn eine Fabrik in der Stadt oder ein Bergwerk schließen, dann gibt es keine Alternative (Pine in diesem Band). Die *Sowchose* machte aus diesen Rentierhaltern und -jägern, die einstmals alle Veränderungen im Verhalten ihrer Tiere oder der Umwelt genau beobachteten und die sicher aus diesen Veränderungen für sie ergebenden Möglichkeiten einzuschätzen wussten, zu einem abseits von der übrigen Gesellschaft in weiter Ferne lebenden Proletariat, dessen junge Generation vergessen hat, wie man auf dem Land lebt. Diese Hirten sind verzweifelt, weil sie aus einer Situation, in der sie nicht darauf angewiesen waren, aus einer Vielzahl an Möglichkeiten wählen zu können, heute in eine andere überwechseln müssen, in der sie eine solche Vielfalt dringend benötigen, aber keinen Zugang zu ihr haben.

Auf Grund ihrer geringen Zahl und ihres nach innen gewandten Selbstzerstörungstriebes erinnern viele indigene Völker an vergangene Krisen des Massenaussterbens in der Natur. Artenvielfalt ist die beste Garantie für das Überleben und zukünftige Fortbestehen zumindest einiger weniger Lebensformen. Doch die Rhetorik vom „sterbenden Volk" (*vymyrayuschiy narod*) sagt uns, dass wir es hier mit der sicherlich brutalsten Variante des bekannten Satzes im Entwicklungsdiskurs über „Gewinner und Verlierer" zu tun haben. Jeder Ethnologe, der Feldforschung in so verschiedenen Bereichen betreibt wie Rentiergenossenschaften und polnische Fabriken (wo Rentierseelen zwar nicht zum Eigentum gehören, aber die Probleme von Vergangenheit und Zukunft ähnlich sind) hofft, dass seine eigenen Freunde zu den kleinen, bepelzten überlebenden Säugetierchen gehören, denen es gelingt, zu überleben und zu gedeihen, während die Dinosaurier um sie herum zu Boden sinken.

Anmerkungen

1. Ich danke John Tichotsky, der mich auf die Relevanz dieses Zitats hinwies. Außerdem bin ich Otto Habeck, Chris Hann, Frances Pine und Emma Wilson dankbar für ihre Bemerkungen zum ersten Entwurf dieses Artikels.
2. Die Ewenen sind ein asiatisches Volk, deren Sprache der tungusisch-mandschurischen Sprachfamilie angehört. Wie andere indigene Völker Sibiriens, waren auch sie unter den Sowjets die Zielgruppe einer besonderen Entwicklungspolitik für „kleine" (*malye*) Völker – ein Ausdruck, der vor kurzem euphemistisch in „zahlenmäßig kleine" (*malochislennye*) Völker des Nordens geändert wurde (Vakhtin 1992; Vitebsky 1996).
3. Die Republik Sakha (Jakutien) zum Beispiel umfasst nur eine Million Menschen, ist aber fast so groß wie Indien.
4. Dieses Konzept ist unter den Landwirtschaft betreibenden Bauern in den tropischen Dschungeln sehr verbreitet (Vitebsky 1993, S. 228-9).
5. Meine kleine Tochter und ich haben auch jeder unser *kujjai*.
6. Ich bin erstaunt und (besorgt) über die Ähnlichkeit dieses Prozesses mit dem Lossagen von Eltern und Ahnen unter dem Einfluss des evangelisierenden Christentums bei den indigenen Sora in Indien (Vitebsky 1998).

Literatur

Alekseyev, A.A. (1993), *Zabytyy mir predkov*, Yakutsk, Sitim.
Argounova, T. (2001), Scapegoats of *natsionalizm*: Ethnic Tensions in Sakha (Yakutia), northeastern Russia, PhD Dissertation, Cambridge, Scott Polar Research Institute.
Falk, A. (1996), *A psychoanalytic history of the Jews*, Cranbury, NJ, F. Dickinson University Press.
Hann, C. (Hg.), (1998), *Property relations: renewing the anthropological tradition*, Cambridge, Cambridge University Press.
Heleniak, T. (1999), Out-migration and depopulation of the Russian North during the 1990s, in: *Post-Soviet Geography and Economics* 40 (3), S. 155-205.
Humphrey, C. (1983), *Karl Marx Collective: Economy, society and religion in a Siberian collective farm*, Cambridge, Cambridge University Press.
Morris, D.B. (1997), About Suffering: voice, genre, and moral community, in: A. Kleinman, V. Das, M. Lock (Hg.), *Social Suffering*, Berkeley, University of California Press, S. 25-45.
Parkin, D. (1986), Violence and Will, in: Riches, D. (Hg.), *The Anthropology of Violence*, Oxford, Basil Blackwell, S. 204-223.

Pika, A. (1993), The Spatial-temporal Dynamic of Violent Death Among the Native Peoples of Northern Russia, in: *Arctic Anthropology* 30 (2), S. 61-76.

Ries, N. (1997), *Russian talk: culture and conversation during perestroika*, Ithaca, NY, Cornell University Press.

Skeat, W.W. (1900), *Malay magic: being an introduction to the folklore and popular religion of the Malay Peninsula*, London, Macmillan.

Skultans, V. (1998), *The testimony of lives: narration and memory in post-Soviet Latvia*, London, NY, Routledge.

Slezkine, Yu. (1994), *Arctic Mirrors: Russia and the small peoples of the North*, Ithaca, London, Cornell University Press.

Suslov, I.M. (1931), Shamanstvo i bor'ba s nim, in: *Sovetskiy Sever* 3-4, S. 89-152.

Taussig, M. (1980), *The devil and commodity fetishism in South America*, Chapel Hill, University of North Carolina Press.

Terr, L. (1990), *Too Scared to Cry: psychic trauma in childhood*, New York, Basic Books.

Vakhtin, N.K. (1992), Native peoples of the Russian Far North, London, Minority Rights Group (Nachdruck in: *Polar peoples: self-determination and development*, 1994, S. 29-80).

Vasil'eva, N. (1998), *Shamanstvo v Yakutii, 1920-1930 gg'* (*Shamanism in Yakutia*), unveröffentlichte Dissertation, Yakutsk State University.

Vil'chek, G.Ye., L.R. Serebryannyy, A.A. Tishkov (1996), A geographic perspective on sustainable development in the Russian Arctic, in: *Polar Geography* 20 (4), S. 249-266.

Vitebsky, P. (1990), Yakut, in: G. Smith (Hg.), *The Nationalities Question in the Soviet Union*, London, New York, Longman, S. 304-319.

-- (1992), Landscape and self-determination among the Eveny: the political environment of Siberian reindeer herders today, in: E Croll, D Parkin (Hg.), *Bush base: Forest farm - culture, environment and development*, London, New York, Routledge, S. 223-246.

-- (1993), *Dialogues with the Dead: the discussion of mortality among the Sora of eastern India*, Cambridge, New York, Cambridge University Press; Delhi, Foundation Books.

-- (1996), The northern minorities, in: G. Smith (Hg.), *The nationalities question in the post-Soviet states*, London, New York, Longman, S. 94-112.

-- (1998), A farewell to ancestors? Deforestation and the changing spiritual environment of the Sora, in: R.H. Grove, V. Damodaran, S. Sangwan (Hg.), *Nature and the orient: the environmental history of South and Southeast Asia*, Delhi, Oxford University Press.

-- (2000), *Coping with distance: social, economic and environmental change in the Sakha Republic (Yakutia), northeast Siberia*, Bericht für die Royal Geographical Society and Gilchrist Educational Trust.

Wolfe, S., P. Vitebsky (2001), The separation of the sexes among Siberian reindeer herders, in: S. Tremayne, A. Low (Hg.), *Women as 'Sacred Custodians' of the Earth?*, Oxford, Berg, S. 81-94.

10. Überreste der Revolution in China

Stephan Feuchtwang

Einleitung

Während der Sozialismus des Sowjetblocks durch wachsendes Dissidententum und ökonomische sowie politische Stagnation allmählich seines Sinns entleert wurde und seine Kraft verlor, durchlief China einen entgegengesetzten Prozess – den der Sättigung. Der Sozialismus in China war von Widersprüchlichkeiten durchsetzt, die sich einerseits aus dem vom Staat verkündeten Egalitarismus und anderseits aufgrund der Ikonenverehrung des Volkes ergaben. Nach dieser Phase der Sättigung verlangten Reform und wirtschaftliches Wachstum nach einer Abkehr vom Sozialismus, während das Weiterbestehen der Kommunistischen Partei dessen Aufrechterhaltung erforderlich machte. Eine feierliche Erklärung der Kommunistischen Partei Chinas aus Anlass ihres sechzigjährigen Bestehens im Jahre 1981 und fünf Jahre nach dem Tod Maos verdeutlicht diesen Sachverhalt.

„Der Genosse Mao Tse-tung war ein großer Marxist und ein großer proletarischer Revolutionär, Stratege und Theoretiker. Obwohl er während der ,Kulturrevolution' große Fehler gemacht hat, überwog sein positiver Beitrag zur chinesischen Revolution bei weitem seine Fehler. Seine Verdienste stehen an erster Stelle und seine Irrtümer an zweiter." (FLP 1981, S. 56)

Heute nach einer Reihe von Parteibeschlüssen – besonders die Entscheidung von 1992, „eine sozialistische Marktwirtschaft zu schaffen"[1] – sind offizielle Regelungen, Lizenzen und Gesetze an die Stelle der alten Politik der Massenmobilisierung getreten. Doch anders als beim real existierenden Sozialismus in Ost- und Mitteleuropa oder Russland war der Anfang vom Ende des Sozialismus in China eine Erneuerung der Volksrevolution.

Ich möchte diesen Beitrag mit den Fragen beginnen, was in China eigentlich schief gelaufen ist und was der Grund dieses Misserfolges war. Die Antworten auf diese Fragen sollen dann den Ausgangspunkt für die weitere Fragestellung liefern, die da lautet: „Existieren im gegenwärtigen China noch Überreste der Revolution?" Wenn ich „Überreste" sage, so deshalb, weil ich mich bei meinen Überlegungen von E. B. Tylors Methode der vergleichenden Ethnologie aus den 1860ern Jahren und seinem Evolutionsprinzip des Überrestes leiten lasse – jedoch ohne deren universeller evolutionärer Annahmen.* Es könnte sein, dass ein nicht umkehrbarer Prozess historischer Prozess vollzogen wurde, ohne unbedingt ein positiver Schritt in der Menschheitsentwicklung zu sein. Wahr bleibt auf jeden Fall, dass das, was abgelöst wurde, fortdauert. Ich würde hinzufügen, dass Menschen in zwei Geschichten und Zeitverständnissen gleichzeitig leben. In den Augen eines Evolutionisten, totalisierenden Modernisten und sogar eines Postmodernisten wären solche sozialistischen Überreste jedoch unangemessene Realität, Fossilien, deren fortdauernde Existenz den Analysten der gegenwärtigen Gesellschaft verwirrt. Dieses Gefühl der Ungereimtheit war auch der Grund dafür, dass heutige chinesische Sozialisten bestimmte populärreligiöse Praktiken als „Aberglauben" bezeichnen, als Glaubenssätze und Bräuche, die nicht mehr in das von der Partei und den Sozialwissenschaftlern verkündete evolutionäre Schema passen. Sie wurden als Produkte einer Zeit betrachtet, von der sich die Besten unter uns gelöst haben. Um eben diesen Standpunkt und den Nachdruck, mit dem die Verkünder dieses Standpunkts darauf bestehen, das er der richtige ist, soll es in diesem Beitrag gehen. Außerdem soll die Behauptung, dass die wirtschaftlichen und sozialen Beziehungsverhältnisse einen Transformationsprozess durchlaufen hätten, der die vorangehende Periode unabwendbar Vergangenheit werden ließ, kritisch beurteilt werden.

Der revolutionäre Sozialismus in sich selbst ist aus heutiger Sicht ein Aberglaube. Der Personenkult Mao Tse-tungs zum Beispiel wird oft als „feudaler Aberglaube" beschrieben. Ein besonders kritischer Forscher auf diesem Gebiet meint sogar, dass dieser Personenkult der „Höhepunkt" des chinesischen Feudalismus gewesen sei. Er schreibt:

„Im Mao-Kult wurde eine perfekte Symmetrie von Politik, Ethik, Moral und Psychologie erreicht. Wenn wir davon ausgehen, dass Qin Shihuang [der Kriegsherr, der im dritten Jahrhundert vor unserer Zeitrechnung die kriegerischen Staaten vereinte und der erste Kaiser eines vereinten Chinas wurde] der Schöpfer dieses Stils feudaler Kultur war, dann ist Mao Tse-tung deren historische Vollendung." (Li Jie in Barmé 1996, S. 144)

Sehen wir uns doch einmal an, wie das Leben von Fossilien heute aussieht.

Im postmaoistischen China ist Mao eine Ikone, die ein sehr weit verbreiteter Talisman in Autos gehängt und als Schutzgottheit verehrt wird. Im Dorf Zehnmeilen in Jinjiluyu, einem Gebiet, das früher als Basis revolutionärer Aktivitäten diente, tritt er als Teil der Hochzeitszeremonie in Erscheinung, wenn das junge Paar nicht nur den Ahnen des Bräutigams, sondern auch dem Porträt Maos auf

---

* Anmerkung des Übersetzers: „Überreste" entspricht hier dem Begriff von Tylor *survival*, der im 19. Jahrhundert auf deutsch als „Überlebsel" bezeichnet wurde.

dem Altar seine Ehrerbietung erweist (Hu Zongze 2000). Der Überrest lebt. In diesem Sinn könnte man auch sagen, dass die Kommunistische Partei Chinas ein Fossil sei, dessen fortdauerndes Bestehen daran erinnert, dass es auch noch andere Möglichkeiten gibt. Gewohnheiten und die Erinnerung an das kollektiv organisierte Leben und sozialistische Ideale leben heute weiter, obwohl sich die Revolution als solche erschöpft hat. Sie werfen ihren Schatten auf die Kommerzialisierung von Tauschgeschäften sowie die Privatisierung ehemaliger kollektiver oder vom Staat kontrollierter Wirtschaftsbeziehungen. Allerdings besteht das Einparteiensystem nicht einfach weiter wie zuvor; vielmehr ist es das Regime einer Kommunistischen Partei, die von sich behauptet, die Revolution weiter zu führen und einen Sozialismus zugleich chinesischer und kapitalistischer Prägung zu repräsentieren. Aber werden dadurch nicht Anklagen der Scheinheiligkeit und der Korrumpierung derjenigen Ideologie, durch die sich dieser Sozialismus rechtfertigt, geradezu provoziert? Letztlich läuft ein weiter bestehendes Fossil auf eine ständige potentielle Provokation hinaus. Zur besseren Beurteilung dieser Fragen beginne ich zunächst mit einer historischen Betrachtung der sozialistischen Revolution. Im Anschluss daran möchte ich einige religiöse Praktiken und Institutionen untersuchen, die vor allem – doch nicht ausschließlich – in ländlichen Gebieten anzutreffen sind und zeigen, dass diese wiederbelebten Fossilien auch Gewohnheiten und Ideale einer jüngeren sozialen und kollektiven Vergangenheit in sich tragen.

Der Parteistaat hat sich verändert. Dies zeigt sich daran, dass die Macht durch die Partei heute weniger direkt ausgeübt wird als damals, als die Partei nur Planungsmaschine und Motor für die Mobilisierung der Massen war. Die neue Situation schafft die Möglichkeit für eine offen ironische, wenn nicht zynische Einstellung sowohl der Partei selbst und ihrer Vergangenheit gegenüber wie auch für die Schaffung öffentlicher Räume, in denen eine moralische Autorität wirksam werden kann, die nicht die Autorität der Partei ist, während die Partei sich aber bemüht, diese durch indirekte Mittel zu kontrollieren. Diese nicht offizielle moralische Autorität umfasst Elemente, die nicht nur an die kollektiven und sozialistischen Ideale, sondern auch noch an ältere Konzepte des gemeinen Wohls erinnern.

Was misslang und wie misslang es?

Alessandro Russo (1998) danken wir die wichtige Einsicht, dass die chinesische Kulturrevolution ein letzter Fanfarenstoß des revolutionären Sozialismus war, ein letzter Durchlauf politischer Kategorien, die heute nur deshalb als historisch gelten, weil sie „Vergangenheit" sind. Heute haben Konzepte wie revolutionäre Klasse und Partei sowie die revolutionäre Deutung von Geschichte ihren transformatorischen Charakter verloren. Diese Prinzipien waren einst konzeptuelle und pragmatische, ihr eigenes kritisches Potential enthaltene Kategorien gewesen. Auch das Konzept der „Zivilgesellschaft" ist eine Kategorie dieser Art, und es ist vielleicht nur deshalb noch nicht zum Fossil geworden, weil es sich hierbei um eine mildere und öfter angezweifelte Kategorie des Projekts der Aufklärung handelt, als es die Kategorien des kritischen und revolutionären Marxismus waren, die dieses Projekt einfach nur radikalisierten. Russo (1998) zeigte, dass Mao diese transformatorischen Kategorien aus dem stalinistischen Denken der evolutionären Unvermeidbarkeit herausgenommen hat und sie zu einer Frage des politischen Willens machte. Mao äußerte sich dreimal (1957, 1966 und 1967) besorgt darüber, dass der Kapitalismus, die Rechten und Revisionisten „uns" (d. h. alle Revolutionäre) wahrscheinlich besiegen würde. Diese Befürchtung unterstreicht die Unsicherheit der Geschichte und die große Bedeutung der subjektiven Faktoren. Das Problem einer möglichen Niederlage und die Frage wie eine solche zu verhindern sei, und ob „wir" den notwendigen Willen zur Revolution haben, spaltete die Arbeiter und alle anderen Klassen in ihrem Kampf um die revolutionäre Tugend. In den Jahren 1966 bis 1968 ging es in China darum, ein politisches Prinzip und eine politische Organisation in einem Staat aufrecht zu erhalten, der inzwischen von einer Partei regiert wurde, die ihrerseits aufgehört hatte, die Revolution zu praktizieren. Kultur und Ideologie, Presse und Propaganda, Schulen und Universitäten standen alle in Frage, da sie aufs Engste mit dem repressiven Parteiapparat verzahnt waren und in ihren routinierten politischen Konsequenzen gleichermaßen disziplinarisch und konservativ auftraten.

Um die Unsicherheit des Sieges zu verdeutlichen, bediente sich Mao einer bekannten Volkserzählung, in der ein Affe eine Reise gen Westen macht, um „den Palast des Königs der Hölle [eine Anspielung Maos auf das Kultur- und Propagandaministerium, dem heutigen Eigentümer chinesischer Fernsehstationen] umzustürzen und die kleinen Teufel zu befreien". Die kleinen Teufel waren Studenten und Arbeiter. Zwischen Fabriken, Universitäten und Schulen bestand damals eine enge Verbindung: alle drei bildeten gemeinsam die wichtigste Basis für das Entstehen und die Konzeption neuer Formen politischer Organisation.

Von ihnen wurde erwartet, dass sie sich von den Ministerien und der Partei, die sie führte, emanzipierten. Vor diesem Hintergrund bildeten sich in der zweiten Hälfte des Jahres 1966 unzählige politische Organisationen, die nicht der Kontrolle der Partei unterstanden, sich und ihre Autorität aus sich selbst heraus bestimmten, aber immer mit ikonischem Bezug auf die Autorität Maos und die Revolution. Diese Gruppen griffen das Establishment mit großer Kraft an. Durch seine Position an der Spitze des Parteiapparates war es Mao möglich, genügend Autorität auf sich zu vereinen, um die Bürokraten dazu zu bringen, die neuen revolutionären Organisationen mit Papier, Druckmaschinen usw. zu versorgen. Die bürokratischen Verfahrensweisen blieben bestehen, aber sie mussten jetzt der Revolution von unten dienen.[2] Laut Russo war der Zusammenbruch der lokalen Administration Shanghais im Januar 1967 der Wendepunkt. Innerhalb nur weniger Monate hatte ein seltsames Phänomen um sich gegriffen: Die große Vielfalt in der politischen Organisation, die sich entwickelt hat, war in beinahe jeder Arbeitseinheit und Brigade auf ähnliche Weise in Faktionen aufgeteilt. Das Gemisch aus echtem, von unten her geführtem politischen Experiment und Opportunismus – inbegriffen die Gelegenheiten, persönliche Rechnungen zu begleichen und aus Neid heraus andere aus Posten, die man selber wollte, zu vertreiben – führte zu einer segmentierten Struktur von Faktionen, durch die Führungspositionen auf unterster Ebene mit denen im Bereich der zentralen Staatsmacht verbunden wurden. Politische Rache nach dem Motto „wie du mir so ich dir" wurde in dieser Mischung das wichtigste Element. Alle experimentellen Programme im Bildungswesen und der Arbeiterorganisation, darunter die 1968 und danach geschaffenen Revolutionskomitees, wurden schließlich auf allen Ebenen wieder dem Parteistaat einverleibt.

Zu Recht nennt Russo diese Entwicklung eine Sackgasse. Sie dauerte zehn Jahre an, bis Deng mit seiner Politik der Ungleichheit und des Geldverdienens als einziger Strategie, durch die der Parteistaat vor dem Zusammenbruch gerettet werden könnte, diesen Trend durchbrach. „Was misslang?" war seiner Ansicht nach die Politik der Revolution und ihr Ideal der Gleichheit und kollektiven Gerechtigkeit durch eine Politisierung der Arbeiter- und Betriebsorganisationen. Damit ist aber das warum des Misserfolgs noch nicht erklärt, denn zu sagen, er sei die Folge einer Sättigung an Faktionen gewesen, lässt viele Fragen unbeantwortet. Unter anderem, wie es dazu kam, dass die Revolution einfach nur in einer Vielzahl von Faktionen endete. Opportunismus und Neid als Gründe anzugeben, scheint unbefriedigend, da beide nur das Ergebnis eines bestimmten sozialen Kontexts sind, der als solcher erklärt werden muss. Eine andere Antwort könnte sein, dass ideologischer Radikalismus plus der Zersetzung der formellen

Regierungsautorität ein System schaffte, in dem nur noch persönliche Loyalität den Ausschlag gab.[3] Wie die vollständige Erklärung auch ausfallen wird, so liefert uns Russos Antwort – trotz gewisser Unzulänglichkeiten – einen nützlichen Wegweiser zum Verständnis der postsozialistischen Gegebenheiten in China. Der chinesische Faktionalismus hielt das, was er beschnitt, am Leben und führte es hinüber in eine neue Ära stark kontrollierter politischer Experimente. Deshalb wurden außerhalb der eigentlichen Organisation des Parteistaates weitere Basisinstitutionen geschaffen, die dem Staat eine neue indirekte Kontrolle abverlangten.

In der Zeit der 1950er bis 1970er Jahre war die Partei das einzige Forum für die Durchführung politischer Experimente in ländlichen Genossenschaften und der ländlichen Industrie gewesen. Dabei wurde stets dasselbe Muster angewandt: Eine auf der untersten lokalen Parteiebene in Angriff genommene Initiative wurde auf höherer Ebene bekannt und von dort aus nach oben weiter gegeben, bevor sie von der Parteispitze in einer Kampagne der Massenmobilisierung verordnet wurde. So hatte das Dekollektivierungsexperiment in der Provinz von Anhui in den späten 1970ern Jahren und das Experiment der Durchführung dörflicher Wahlen in der Provinz von Guangxi in den Jahren 1980 und 1981 auch zunächst auf lokaler Ebene begonnen, bevor es von höheren Hierarchien aufgegriffen und von dort aus (jedoch ohne die begleitenden Massenveranstaltungen und Demonstrationen der maoistischen Periode) von oben nach unten durch denselben Parteiapparat zur allgemeinen Praxis befohlen wurde.[4] Weitere Veränderungen sollen noch zur Sprache kommen, doch zunächst möchte ich auf bestehende Kontinuitäten hinweisen. Eine von Mobo Gao durchgeführte Studie (1999) zeigt, dass die Kulturrevolution niemals nur ein Machtkampf zwischen rivalisierenden Faktionen war, sondern auch tatsächliche Probleme aufwarf, die den Parteiführern auf verschiedenen Wegen zugetragen wurden, bevor sie in Angriffen auf Rivalen thematisiert wurden. Damals wie heute waren Korruption und mangelnde Fairness (*bu gongdao*, eine immer wiederkehrende Ursache von Rebellion in der chinesichen Geschichte) seitens der Machthaber ein Schlüsselproblem. Autorität wird eingesetzt, um Verwandte oder Freunde zu begünstigen, während Personen ohne Beziehungen Schwierigkeiten und sogar körperlichen Misshandlungen ausgesetzt werden. Ein von einer höheren Machtebene ausgehender Urteilsspruch in einem Fall von *bu gongdao*, der dieser hierarchischen Ebene über den Petitionsweg von unten her bekannt wurde, wird auf seinem Abwärtsweg – je nach bestehenden faktionellen Rivalitäten – ganz verschieden ausgelegt. Gleich einer Kaskade gelangt das Urteil über eine Linie von mehreren kleineren Kaisern nach unten, während zugleich die Beibehaltung zentraler Autorität auf der

Grundlage informeller, nicht aber institutioneller Prozesse gewährleistet bleibt. Was stattfindet, ist eine immer wieder aufs neue vollzogene Reproduktion des Faktionensystems.

Eine andere Studie über den Faktionalismus in der Politik des chinesichen Kommunismus liefert uns eine Beschreibung der drei grundlegenden Bedingungen für die Existenz von Faktionen in einem Einparteiensystem. Erstens müssen exklusive Kommunikationskanäle zwischen politisch Verbündeten vorliegen, zweitens werden die politischen Interessen einer Faktion ausschließlich durch diese der Außenwelt gegenüber vertreten und drittens agieren die Kräfte solcher Faktionen im Rahmen einer bestimmten Befehlsstruktur (Huang 2000, S. 7). Heute hat sich das Umfeld dieser Struktur verändert. Diesem möchte ich mich jetzt zuwenden.

Das chinesische Wort für Faktion (*pai*) bezeichnet hauptsächlich das Einnehmen von Seiten in ideologischen Kämpfen. Meine Beschreibung des Petitions- und Kaskadenmechanismus als faktionellem Prozess bezieht sich auf eine Art von politischer Organisation, die auf persönlichen dyadischen Loyalitätsverhältnissen basiert.[5] Solche Beziehungsverhältnisse werden natürlich von ideologischer Parteinahme beeinflusst und lieferten in den Jahren des ideologischen Kampfes in China auch die Terminologie, mit der sich faktionelle Loyalität ausdrückte. Heute ist die ideologische Linie weniger klar definiert und nicht so stark politisiert. Es geht nicht mehr darum, den Kommunismus durch ideologische Auseinandersetzungen zu erkämpfen, sondern um den nationalistischen Ehrgeiz, China mächtiger zu machen, seine Einheit aufrecht zu erhalten und seinen materiellen Lebensstandard zu verbessern. Außerdem haben Gesetzeskodexe, Verwaltungsbestimmungen und die allmähliche Erweiterung unpersönlicher Durchsetzungsmethoden dieser Bestimmungen die informelle Autoritätsausübung etwas eingeschränkt. Die Notwendigkeit, darüber informiert zu sein, wie der immer komplizierter werdende wirtschaftliche Sektor expandiert, hat zu einem raschen Anwachsen der Bürokratie geführt. So ist zum Beispiel die Verwaltung der Provinz Shulu in den 80er Jahren auf ein Doppeltes angewachsen (Blecher und Shue 1996, S. 205). Ein Staatskader verfügt über eine bessere Bildung und agiert oft wie eine eigene unternehmerische Kraft, die in manchen Fällen – wie zum Beispiel in Shulu – zum öffentlichen Wohl eingesetzt wird, in anderen Fällen aber im Dienste persönlicher und privatunternehmerischer Gewinne steht. Dennoch behält auch der Informalismus seine Bedeutung. Obwohl Blecher und Shue auf eine verhältnismäßig wohlwollende Demokratie stießen, waren sie dennoch

„immer wieder erstaunt über die Flexibilität, und zuweilen auch überaus lässige *ad hoc*-Methode, mit der bürokratische Prozesse und Verfahrensweisen geändert werden konnten, entweder um sich an eine veränderte Routine auf einer höheren Ebene des Staatsapparates anzupassen oder um lokalen Bedürfnissen und Interessen Rechnung zu tragen." (1996, S. 206)

Im ganzen Land herrscht Spannung – wie Bruun in einer Straße von privaten Unternehmen in der westchinesischen Stadt Chengdu, in der Provinz Sichuan, beobachten konnte. Es ist eine Spannung „zwischen dem von oben kommenden Versuch, über den Gesetzesweg Integration zu verfügen, und der von unten kommenden strategischen Anstrengung, in sich geschlossene Gesamtheiten aufzubauen. Willkür in der bürokratischen Praxis und die persönliche Auslegung von Bestimmungen füllen den Raum dazwischen" (1993, S. 125). Das Gesetz wird nur dann ein wichtiger Bezugspunkt, wenn sich die mangelnde Fairness lokaler Bürokraten zum Problem gestaltet und jemand fähig oder willig ist, die unfaire Interpretation nicht gelten zu lassen. Die Norm ist, auf Vertrauen basierende Gemeinschaften zu schaffen, die Bruun „in sich geschlossene Gesamtheiten" nennt. Dies geschieht durch persönliche Kontakte und einer persönlichen Interpretation von Bestimmungen. Nach Bruun „wird das Konzept der ‚fairen Behandlung' (*zhengdang*) in der Tat öfters angewandt als Rückverweise auf das Gesetz" (1993, S. 127).

Zusammenfassend können wir sagen, dass die überall wirksamen und gleichbleibenden Merkmale der kommunistischen Partei und ihres Staates im Bestehen von Faktionen, Bestimmungen, bürokratischem Prozedere und Streitigkeiten über Fairness liegen. Aus einer weiter ausholenden historischen Perspektive betrachtet, hat die Volksrepublik China zu den präreublikanischen Grundprinzipien des Patronagentums den enormen und zentralisierten Apparat des Parteistaates und seiner „Systeme" (*xitong*) hinzugefügt. Dabei wurde die Kategorie der Fairness ein Hoffnungselement, das in die Kategorien des Sozialismus und der Revolution integriert wurde. Heute kann dieses Element dazu benutzt werden, diejenigen anzuklagen, die bestehende Bestimmungen umgehen. In vielen Dörfern ging zum Beispiel in den frühen 1980er Jahren die Hoffnung auf Fairness bei der Landverteilung Hand in Hand mit der Vorstellung, dass jeder, der ein besseres Stück Land zugeteilt bekommen hatte, über gute Beziehungen verfügte (Liu Xin, 2000, S. 161-169).

Bisher haben wir aber die Faktionen noch nicht erklärt. Von unten angefangen ist ein Grundpfeiler für die Entstehung einer Faktion die segmentale Struktur von meist schon lange bewohnten und verhältnismäßig stabilen Dörfern, die durch Verwandtschaftsbeziehungen unterteilt sind. Einen weiteren Grundpfeiler bilden die durch Patronagebeziehungen entstandenen Netzwerke sowohl auf dem

Land als auch in den Städten. Solche Netzwerke schüren persönliche und berufliche Rivalitäten und schwappen über in die Vermittlungsprozesse zwischen Regierungsstellen und nicht der Regierung zuzurechnenden Anlaufpunkten. Diese Netzwerke sind einerseits nur aus dem Kontext formeller administrativer Bestimmungen und bürokratischer Verfahrensweisen sowie andererseits als ein, bestehende Probleme aufzeigender und Gerechtigkeit fordernder, Diskurs zu verstehen. Hinzu kommen noch persönliche Beziehungen innerhalb der parteilichen Befehlsstrukturen, Ministerien und des Militärs. All diese und noch verschiedene andere Faktoren sind Russos Studie hinzuzufügen.

Der Wert von Russos Studie liegt nicht darin, dass sie einen umfassenden Überblick aller bestimmenden Faktoren sozialer und politischer Beziehungen in China liefert, sondern darin, dass sie einen sowohl globalen als auch partikulären Postsozialismus suggeriert. Aus historischen Gründen entwickelte China innerhalb seines großen Regierungsapparates die Besonderheit des Voluntarismus (oder Informalismus) – ein Element, das von jenem Apparat selbst gefördert wird. Chinas Sozialismus ist eine Kombination aus der relativ jungen Erfahrung politischer Emanzipation und des revolutionären Kampfes, die beide durch die Organisation des großen Parteistaates gesättigt und in Gang gehalten werden – ein Staat, der den Kampf antrieb, aber zugleich auch zügelte. Heute fungiert der Staat nicht mehr als direkter Planer, sondern hat die Handhabung der rascheren Expansion kapitalistischer Beziehungsnormen und globaler Bezüge auf andere übertragen, während er in sich selbst und in seinen offiziellen Verlautbarungen Reste der revolutionären sozialistischen Vergangenheit aufrechterhält. Die widersprüchliche Politik des von oben nach unten verlaufenden Emanzipationsprozesses wurde durch „Geld", einem abstrakten und unterschiedslosen Maßstab, ersetzt. Wie der chinesische Dichter Yang Lian bemerkt, haben sich in China alle auf „Geld als Maßstab der Freiheit" geeinigt. Russo fügt hinzu:

„die ideologische Vormachtstellung des Geldes hätte ohne der fiktiven Assoziierung mit ‚Gleichheit' zustande kommen können, bzw. seine Darstellung als Alternative zum Scheitern einer besonderen egalitären Politik" (Russo 2000, S. 2).[6]

Einige zusätzliche Überlegungen sollen uns diese Freiheit weniger abstrakt und chinesischer erscheinen lassen.

„Freiheit" zum Ausbeuten

Ein in China verbreitetes Bild der Freiheit, in dem Geld als Maßstab des Erfolgs fungiert, ist der Ozean. Wer in diesen Ozean eintauchen kann, lässt eine Karriere als Angestellter einer staatseigenen Arbeitseinheit hinter sich und wechselt in das private Geschäftsleben. Der Ozean steht für die dekollektivierte Wirtschaft und entzieht sich der direkten staatlichen Kontrolle. Es ist eine Wirtschaft, die ihre moralische Dimension verloren hat. Zugleich bleibt der Parteistaat ein kognitiver Raum für moralische Anschuldigungen wie Liu Xin (2000, S. 182-3) in Bezug auf Dorfbewohner, die er im hohen Norden Chinas studierte, bemerkt.

Nach dem Ende der direkten staatlichen, administrativen Kontrolle (durch Ministerien, Gemeindeverwaltungen und Planungsgespräche) ist die gesamte Volkswirtschaft heute ein Feld direkten Tausches geworden. Aber die Komplexität der in diesem Feld getroffenen Entscheidungen wird vereinfacht durch Netzwerke persönlicher Beziehungen, die zu unterscheiden sind von fairen, vertraglich geregelten Arrangements und Ankäufen sowie einfachen Bestechungsgeschäften. Persönliche Kontakte unterliegen bestimmten moralischen Kriterien. Jeder kann unterscheiden zwischen rein nützlichen Kontakten und solchen, die eine Kombination nutzerorientierter Manipulation und moralischem Zwang darstellen, die durch die langfristigen Vertrauensverhältnisse geschaffen werden, innerhalb derer ein ausgefeiltes System gegenseitiger Geschenke wirksam wird. Der Unterschied zwischen diesen Beziehungskategorien wird durch ein traditionelles und reiches Vokabular verdeutlicht, das im Dienste der Institution der moralischen Verpflichtung steht, sich einen guten Ruf oder „Gesicht" (*mianzi*), Zuneigung (*ganqing*), Reziprozität (*bao*) und menschliche Empfindung (*renqing*) zu erarbeiten. Wie schon Yang (1994) gezeigt hat, wird die Kunst des Knüpfens von Beziehungen in städtischen Kreisen Chinas mit Genuss benannt und formuliert. Yang konzentriert sich besonders auf die praktischen Elemente, während die ethischen Aspekte langfristiger Beziehungsverhältnisse die wichtigste Rolle in den Studien der ländlichen Gegenden von Yan (1996) und Kipnis (1997) spielen. Natürlich gibt es bestimmte Verhaltensweisen und ethische Grundsätze zur Regelung zwischenmenschlicher Beziehungen in jeder Kultur, dennoch bleibt die offene und deutliche Formulierung der chinesischen Definitionen in diesem Bereich bemerkenswert.

Persönliche Loyalitäten (*lishang wanglai*)[7] verschwanden nicht während der Kollektivierungsperiode und der sozialistischen Massenmobilisierung. Im Gegenteil, sie waren ein zentrales Orientierungsmittel bei der Entstehung von Faktionen. Allerdings war der öffentliche Raum, in dem sie damals zur Anwendung kam, ein Raum organisierter Fairness bzw. Unfairness und nicht ein Ozean des Handels, der Finanzen und des Unternehmertums. Heute beziehen die Loyalitäten sich auf einen bestimmten Bereich von Verpflichtungen. Jenseits davon entsteht ein immer ausgedehnterer Ozean günstigen Zusammenwirkens von Umständen, persönlicher Vermittlung und Ausbeutung – seien diese nun reguliert oder nicht. Adaptiert man die Sprache der von Liu Xin (2000) und Yan Yunxiang (1996) beobachteten Dorfbewohner, so zeigt sich, dass der Bereich des Gewinns jenseits des Menschlichen liegt, dessen Ursachen entweder Glück (*fuqi*), Fairness, unfairer Einsatz persönlicher Beziehungen oder moralisch unzulässiger Machenschaften in den Beziehungsverhältnissen sind. Es ist ein Ozean voller Geldfische, der skrupellos und opportunistisch befischt wird. Gesetzliche Kontrolle und die Strafverfolgung von Korruption könnten diesen Fischfang fairer gestalten, doch die Norm sind individuelle Absprachen und Vetternwirtschaft. Dennoch fließen aus dieser amoralischen Wirtschaft auch Reserven in die Sphäre der Moral hinüber. Dieser ozeanische Reichtum leistet nämlich seinen Beitrag zur Geschenkwirtschaft, der Reziprozität und zu den Spenden für öffentliche Arbeiten wie den Bau von Ahnenhallen und Tempeln, die dem Spender den Ruf eines Wohltäters einbringen. Der Einsatz von persönlichem Organisationstalent und sozialen Netzwerken für den Bau und die Bereitstellung öffentlicher, nichtstaatlicher Güter stärkt sowohl auf dem Land als auch in den Städten die moralische Autorität, die ein Mensch zu Hause besitzt. Die soziale Bedeutung dieses Zuhauses, richtet sich nach dem Umfang der öffentlichen Arbeiten und dem Ehrgeiz des Spenders oder Organisators.

Ich möchte im weiteren Verlauf dieses Kapitels Beispiele für den symbolischen Wert des Zuhauses als moralische Autorität anführen. Es ist ein Raum, der über den familiären Raum hinausgeht und in dem nicht nur Gegenseitigkeit erwartet wird, sondern auch eine Atmosphäre der Fairness aufrecht zu erhalten ist. Die ersten Beispiele hierzu sind Untersuchungen zum Nachleben zweier lokaler Gruppen: Die alten lokalen Tempel und Ahnenhallen sowie die Landwirtschaftsbrigaden, die die Stelle dieser Tempel und Hallen eingenommen haben.

Territoriale Grundlagen öffentlicher Institutionen

Territorial definierte öffentliche Institutionen im ländlichen Bereich Chinas haben zwei Vergangenheiten: Die vorrevolutionäre und die revolutionäre, welche beide durch zwei Einbrüche in den Lauf der Geschichte entstanden sind. Der erste Einbruch erfolgte im Anschluss an eine Reihe von Maßnahmen, durch die die wirtschaftliche Grundlage der wichtigsten ländlichen kollektiven Institutionen der vorausliegenden Ära zerstört wurde. Verschiedene Formen des Vertrauens übten eine gemeinschaftliche Kontrolle über den Boden und andere Produktionsmittel aus wie z. B. über Bewässerungssysteme oder küstennahe Einrichtungen zur Einbringung von Meeresfrüchten und verwendeten die hieraus stammenden Einkünfte für die Durchführung von Riten zu Ehren der Ahnen und der lokalen Schutzgottheiten. Zusätzlich war es überall in China Sitte, Gebäude zu unterstützen, die für Ahnenkult, Orakelbefragungen, die Hinterlegung von Petitionen, Eide und das Abhalten von Festlichkeiten genutzt wurden.

Im Jahre 1919 begannen Intellektuelle eine direkte, gegen solche Praktiken des Aberglaubens gerichtete Bewegung zu begründen, die für wissenschaftlichen Fortschritt, Demokratie und eine Allianz von Arbeiter- und Studentenschaft eintrat und die damals das heute noch gültige, aus städtischer Vorstellung geborene Bild bäuerlicher Rückständigkeit in die Welt setzte. In den 30ern Jahren setzten lokale nationalistische Regierungen und reformfreudige Kriegsherren mit einer Welle von Attacken auf Tempel und deren Besitz fort. Die kulturtragenden lokalen Eliten, die diese öffentlichen Institutionen bislang selbst in ihren eigenen Häusern gepflegt hatten, verwandelten sich mehr und mehr in eine räuberische städtische Klasse (Duara 1988, S. 250-253). Die Tempel wurden Basis für die die Bevölkerung drangsalierende Milizen oder Gruppen rebellischer Bataillone (Thaxton 1983, S. 90, 153-156, 192). Während der Kollektivierung unter den Kommunisten wurden die Kampagnen gegen den Aberglauben ständig verstärkt. Die Landreform zerstörte die wirtschaftliche Basis dieser öffentlichen Institutionen, indem sie den Grundbesitz und das Land von Unternehmen und Treuhandgesellschaften konfiszierte und verteilte sowie durch die Kollektivierung der Produktion und einer auf dem Punktsystem beruhenden Einkommensverteilung, die eine weitere Beteiligung der einzelnen Haushalte an der finanziellen Unterstützung von Riten und rituellen Gegenständen unmöglich machte. Schließlich kulminierte der revolutionäre Eifer in einer Mobilisierung der Massen, deren Ziel es war, die „Vier Alten" (alte Ideen, alte Kultur, alte Sitten und alte Gebräuche) während der Kulturrevolution hinwegzufegen. Wir müssen jedoch bedenken, dass die Kollektivierung die alten Siedlungsverhältnisse nicht änderte. Die Grenzen von Produktionsgruppen fielen oft mit denen des Dorfes oder eines Nachbarschaftsbereichs zusammen, die sich früher auf eine Verwandtschaftsgruppe oder auf den Schrein einer lokalen Gottheit bezogen. Manchmal konnten auch verschiedene einzelne Ortschaften von einer höheren Verwaltungsebene zu einer Einheit zusammengefasst werden, aber die sogenannten „natürlichen" Siedlungen an der Basis blieben bestehen. Damit wurden sozialistische Ideale, die Partei und ihre führenden Persönlichkeiten einfach nur über verwandtschaftliche Gruppen und deren Loyalität gegenüber Ahnen und Göttern gestellt. In den 1960er Jahren wurden die Massen immer öfter mobilisiert, um feindliche Klassen zu besiegen. Eine Beschreibung dieser Zeit findet sich bei Richard Madsen (1984). Die Jugend in den Städten meldete sich freiwillig zu Kampagnen auf dem Lande, die den Pflichteifer im Einsatz für den maoistischen Sozialismus propagieren sollten. Diese Jugendlichen rivalisierten miteinander um die harte Arbeit auf den Feldern, jeder von ihnen wollte als Vorbild der Selbstlosigkeit bewundert werden. Täglich organisierten sie Studienveranstaltungen und mehrere Male am Tage verkündeten öffentliche Lautsprecher im Dorf Fälle der richtigen politischen Haltung und lobten gute Arbeit sowie Faulpelze zu kritisieren. Die Produktion stieg und die Zahl der Diebstähle nahm ab. Der Gedanke, Teil eines Kollektivs zu sein, gewann an Kraft und Respekt. Madsens Schlussfolgerung liest sich wie folgt:

„Das Ritual der Maostudien gestattete es den Bauern, manche ihrer alten ethischen Traditionen – zum Beispiel die Idee, dass der ein guter Mensch ist, der das ganze Dorf wie seine große Familie behandelt – beizubehalten und sie in die maoistische Tugendlehre zu integrieren, die besagt, dass man dem ganzen Volk in Selbstlosigkeit dienen müsse." (1984, S. 149)

So wurde frühere moralische Autorität in einer neuen Form reproduziert. Jedoch dauerte es nicht lange, bevor diese erste Begeisterung durch karrierebesessene Scheinheiligkeit und Desillusionierung zerstört war. Massenveranstaltungen wurden in den Jahren der Sättigung der faktionellen Kämpfe zur Qual. Dennoch waren im Laufe der Zeit zwei ganze Generationen nach den Grundsätzen der Massenmobilisierung und der Routine des politischen Rituals erzogen worden.[8] Die Rituale unterstrichen das Konzept der Gleichheit und des Dienstes im Namen des kollektiven Wohls und stellten die seitens der Parteiführer an das Volk gestellten Erwartungen dar. Opportunistische Rivalitäten mochten diese Ideale überlagern, doch waren letztere als potentieller Maßstab stets präsent und konnten daher als Ausgangspunkt von Anklagen korrupter oder scheinheiliger Parteiführer ins Spiel kommen. Zu gleicher Zeit erfolgte die Auflösung der alten ethischen Grundlagen und kollektiven Identität, ein langsamer Prozess, der an vielen Orten nie ganz vollendet wurde. Sogar im Dorf Zehnmeilen, wo die von den Kommunisten angeführte Kampagne zur Auslöschung alter Sitten und feudalen Aberglaubens schon Ende der 30er Jahre begonnen hatte, wurde dieser Prozess nicht zu Ende geführt. Im Jahre 1942 zerstörten Milizen die Statuen in sieben der acht Dorftempel. Es gelang einem Mann der Miliz, die Statue des Neunten Drachenherren zu retten – einer Gottheit, von der gesagt wurde, sie sei der wirksamste und hilfreichste aller im Dorf verehrten Götter. Der Mann versteckte diese Statue in seinem Haus. Im Verlaufe späterer solcher Kampagnen wurde der Neunte Drache dann von einem Haus in ein anderes gebracht. Als die Kulturrevolution ihren Höhepunkt erreichte und wieder einmal eine große Razzia stattfand, überließen die Einwohner des Dorfes eine Kopie dieser Statue der Zerstörung. Letzten Endes wurde aber die echte doch noch entdeckt und ebenfalls zerstört. Ein ähnlicher Versuche, durch die gleiche List Genealogien zu retten, war erfolgreicher (Hu Zongze 2000).

In Meifa, einem im Landesinneren liegenden Dorf im südlichen Teil der Provins Fujian, wurde einem ehrgeizigen jungen Mann namens Chen Zaimou die Brigadenmiliz unterstellt. Dieser Chen Zaimou war auch der Führer einer der beiden lokalen Faktionen. Seine Rebellengruppe griff den Dorftempel an, in dem der lokale Schutzgott Fa Zhu Gong stand und riss das Dach ab. Chen Zaimou hatte nicht den Mut, selbst direkt an dieser Aktion teilzunehmen und zwang andere, die schmutzige Arbeit zu tun. Diese konfiszierten die Hauptstatue dieses Gottes. Ein mutiger Bauer des Dorfes stahl sie zurück, doch wurde sie später entdeckt und Zaimous Faktion zurückgegeben, die sie in Stücke schlug. Das Gebäude selbst wurde jedoch gerettet, weil die Kader Chens vorschlugen, daraus eine Abendschule zu machen. Li Congmin war Führer der Oppositionsfaktion und Chef der Brigade. Er war außerdem ein Mitglied einer lokalen Familie, die von der nationalistischen Regierung der viel größeren Chen-Linie angegliedert wurde. Die Kommunisten setzten dieses Arrangement bei der Organisation der Brigaden fort. Li Congmin zwang die Dorfbewohner mit Waffengewalt, die Ahnenhalle der Chen niederzubrennen. Niemand wollte freiwillig an dieser Aktion teilnehmen, da alle vor den rachsüchtigen Geistern der Chen-Ahnen Angst hatten (Feuchtwang und Wang 2001, Kapitel 4).

Solche Beispiele belegen ein überall in China erkennbares Muster. Die Zerstörung von Schreinen und die Unterdrückung von Petitionsriten an die Schutzgottheiten und Ahnen war nur unter Zwang möglich, weil viele Dorfbewohner fürchteten, dies würde Unglück bringen. Andererseits gelang es aber, der starken Führung Maos und der vorgegebenen Tugendhaftigkeit der Partei, solche Ängste in Schach zu halten. Viele Leute ersetzten die Autorität der Götter und die alten Rituale durch die Überzeugung, dass ihre Probleme in der neuen und weltlichen, bis zu Mao persönlich hinaufreichenden, Hierarchie auf gerechte Weise gelöst werden würden. Nachdem aber Premier Tschu Enlai und der Vorsitzende Mao Tse-tung im gleichen Jahr (1976) verstorben waren, wurde es unmöglich, die Schwierigkeiten, Grausamkeiten und politischen Unsicherheiten der Zeit sowie die zu faktionellem Karrierewahn mutierten Ideale ohne weiteres in eine säkulare Zukunft hinüberzutragen.

Die Übertragung kollektivistischer Prinzipien auf lokale Loyalitäten

Die Götter und Ahnen verschmolzen in eine kollektive Gegenwart. Heute ist die Kulturrevolution zur verhassten Vergangenheit geworden und jeder, der sie durchlebt hatte, bezeichnete sich als Opfer. Die Vorherrschaft des Konzeptes der Klassen wurde durch einen von der Regierung gesponserten Patriotismus ersetzt. Eine viel größere geographische und soziale Mobilität sowie die Fokussierung auf wirtschaftliche Interessen und die Verbesserung der Chancen im eigenen Leben schwächten die alten lokalen Loyalitäten. Dennoch wurden mit Hilfe öffentlicher Beiträge und einzelner großer Spenden religiöse Gebäude wieder hergestellt oder neu gebaut und auch viele Rituale wieder aufgenommen. Ländliche Treuhandeinrichtungen wurden nicht wieder hergestellt, aber Bemühungen unternommen, an bestimmten Orten Strukturen, die früher Genossenschaften gewesen waren, so umzugestalten, dass sie als „heimischer Raum" empfunden werden können. In den Städten bilden Systeme zwischenmenschlicher Kontakte eben solche Einrichtungen in alten und neuen Vierteln. Diese Entwicklung stellt nicht nur eine Neubelebung ehemaliger lokaler Institutionen dar. Sie umfasst auch neue spirituelle und Freizeitpraktiken. Diese bilden sich, wie ich zeigen möchte, immer noch im Licht der Disziplin und Normen der erst kürzlich untergegangenen sozialistischen Vergangenheit heraus. Andererseits handelt es sich hierbei nicht lediglich um alte Formen, an die man sich unter dem Einfluss der Politik und Herrschaft des Parteistaates gewöhnt hat und die von dessen Kadern organisiert werden. Ganz im Gegenteil. Lü (2000, S. 184-189) führt mehrere Beispiele einer Wiederbelebung der Organisation auf Basis der Linie und einer Wiederherstellung der Stammbäume an – die einem semi-offiziellen System, das an die Stelle der früheren Dorfverwaltung tritt oder dessen Formen mit Inhalt füllt. Ich werde zeigen, dass ähnliches auch im Hinblick auf den Wiederaufbau lokaler Tempel gesagt werden kann.

Ein gutes Beispiel der Rückkehr sozialistischer Normen und ihrer Transformation bildet der Gebrauch des Schlagworts „Diene dem Volk!" (*wei renmin fuwu*) – möglicherweise die in der Ära Maos am häufigsten zu hörende Parole. Auch heute hört man sie, aber mit einem in der Vergangenheit nicht vorhandenen Unterton der Distanzierung von der gegenwärtigen politischen Führung. Man hört immer wieder sagen, dass während der maoistischen Periode „die Parolenschreiber das Volk nicht kannten. Wir sind das Volk. Wir dienen uns selbst und dadurch dienen wir dem Land".[9] Solche Gefühle sind die Weiterführung eines Trends, der in den 1980er Jahren von einigen Autoren lanciert wurde, um „zwischen ‚dem Vaterland und dem Volk' (*zuguo*) und ‚der Regierung oder dem Staat' (*guojia*) zu unterscheiden" (Nesbitt-Larking und Chan 1997, S. 155). Die gleiche Parole wurde auch im Jahre 1999 von einem alten Kader bei der Planung des Wiederaufbaus des Tempels für Guan Di im Dorf Zehnmeilen benutzt. Früher hätte dieser Kader seine Führereigenschaften dadurch zu beweisen gesucht, dass er den Bau von Bewässerungskanälen oder regenwasserspeichernder Teiche organisiert und sich persönlich an den Bauwerken beteiligt hätte. Heute beweist er diese Fähigkeiten, indem er die Wiederherstellung eines Tempels betreibt und beaufsichtigt.[10] Wie früher versteht er sich als jemand, der die Wünsche der Dorfbewohner erfüllt, da heute ein Tempel als öffentliches Gut gilt.

Der Wiederaufbau der Tempel in Meifa beweist, dass Ängste, die durch die Kraft der ikonenhaften Gestalt Maos und das Vertrauen in die Rechtschaffenheit der Partei entstanden, wiederkehren. Im Jahre 1981 führten zwei Ereignisse zu einer Revitalisierungsbewegung. Zuerst starb Chen Zaimou aus unbekannter Ursache im Alter von wenig über dreißig Jahren. Dann wurde Li Congmin, der Brigadenführer, der die Dorfbewohner gezwungen hatte, die Ahnenhalle niederzubrennen, geisteskrank. Manche Dorfbewohner sagten, dass dies das Werk der erbosten Götter und Ahnen sei. Solche Geschichten von Göttern, die aufgrund ihrer Heimatlosigkeit beleidigt sind", wurden auch für andere Dörfer dokumentiert (z. B. Guo Zhichao 1985). Dabei wird erzählt, dass einer in der Regel älteren Person die Dorfgottheit im Traum erscheint und ihre Verärgerung darüber kundtut, dass sie keine anständige Wohnstatt habe. Diese Person überzeugt dann andere ältere Personen, die sich noch an die früheren Feste und den Schrein erinnern können, eine Gruppe zu bilden, um Geld für den Aufbau des Tempels und die Durchführung von Tempelfesten zu sammeln. Diese Gruppe wählt einen fähigen Vertreter aus, der mit der Durchführung des Projekts betraut wird. Von dem Mann, der in Meifa mit dieser Aufgabe betraut wurde, wussten die Dorfbewohner, dass er seine politische Karriere zugunsten seiner Aufgaben im Dorf aufgegeben hatte. Er hatte als Altkader der Kommune in der schlimmsten Zeit der Hungersnot nach dem Großen Sprung nach Vorne im Jahre 1961 den Wiederaufbau der zerstörten Ahnenhalle der Chens hinter den Kulissen beaufsichtigt. Zwei Jahre später geriet er aufgrund der Tatsache, dass er auf die Chen-Familie eingeschworen war, in einen Streit zwischen Meifa und einer benachbarten Brigade. Er verlor seine Parteimitgliedschaft und offiziellen Posten und musste – als er auch noch die Protektion der Bezirksverwaltung durch das Eingreifen einer rivalisierenden Faktion verlor – für zwei Jahre ins Gefängnis. Trotz all dieser Wechselfälle verlor er nie seine Begeisterung für die von der Partei angeführte Revolution und betonte immer nachdrücklich, dass er alles getan habe, nur um dem Volk zu dienen. In den Augen der Dorfbewohner war er so ganz anders, als die derzeitigen Beamten und wurde von ihnen als das Epitom des guten Kaders betrachtet; oft wandten sie sich deshalb an ihn, damit er als ihr Vertreter agierte oder Streitigkeiten zwischen ihnen und der lokalen Parteiorganisation oder dem Staat schlichtete (Feuchtwang und Wang 2001, Kapitel 4 und 5).

Hu Zongze (2000) berichtet auch vom Erscheinen von Führerpersönlichkeiten, die nicht zur Partei gehören, ihre Vorrangstellung aber durch ihre großen Spenden und Engagements in die Tempelaktivitäten im Dorf Zehnmeilen bekommen haben. Auch solche Männer werden gebeten, bei Streitigkeiten zu schlichten. Dennoch wird in dem gleichen Dorf auch Mao Tse-tungs Bildnis auf den Hausaltären verehrt. In diesem Dorf und in Meifa haben sich Partei- und Dorfkader an dem Bau von Tempeln und Ahnenhallen beteiligt. Die alten Institutionen der Wahrsagung und der Gelübde vergegenwärtigen den Bewohnern des Dorfes einen archaischen Sinn von Zeit und Loyalität, eine transzendente Geschichte, der sie ihre persönliche Empfindsamkeit anvertrauen können, die von Menschen wie ihnen selbst, aber auch Kräften jenseits ihrer Kontrolle auf das Tiefste gestört wurde. Die in diesen öffentlichen Räumen neu konstruierte Autorität wird für diese Menschen die Grundlage für ihre Kritik am Staat und für ihre Forderung nach Gerechtigkeit. Dieses öffentliche Eigentum ist weder eine Treuhandschaft noch eine Handelsgesellschaft, sondern verdankt seine Existenz ausschließlich freiwilligen Beiträgen und dem von allen gleichermaßen ausgeübten Druck innerhalb eines gemeinsamen und ererbten Sinns von heimischem Raum.

Zusammenfassend können wir sagen, dass die Wiederbelebung pränationalistischer und präkommunistischer öffentlicher religiöser Institutionen nicht die Wiederholung ehemaliger Gegebenheiten darstellt, und zwar aus zwei Gründen. Erstens hängen diese Institutionen in einem viel größeren Maße als in der Vergangenheit von dem durch Arbeit geschaffenen Einkommen der Haushalte ab. Zweitens existieren sie heute in einem unvermeidlichen und lebenswichtigen Beziehungsverhältnis mit der Regierung. Das durch die Tempel und Ahnenhallen in Aussicht gestellte Vertrauen kann nur in bezug auf einen Parteistaat zustande kommen, der dieses Vertrauen eigentlich selbst verkörpern müsste.

Direkte Kritik und ironische Nostalgie

In China ist eine Moralökonomie geschaffen worden, die sich in einer neuen und kritischen Distanz von einem Parteistaat hält, der sowohl den Sozialismus wie eine faire Marktwirtschaft verkündet. Wenn Jing Jun (in Vorbereitung) von der Bewegung der ländlichen Bevölkerung berichtet, die aus Gebieten, in die sie zwangsweise umgesiedelt worden war, in ihr Heimatgebiet zurückkehrt, ist auffällig, wie oft sie in ihren Anträgen auf Rückkehr das Konzept Opfer (*xisheng*) verwenden. Diese Menschen waren während des Baus des berühmten Dammes am Gelben Fluss aus ihrem Heimatgebiet umgesiedelt worden. Als aufgrund eines technischen Fehlers das Wasserniveau des Reservoirs niedriger bleiben musste als anfangs geplant war, wurde das Land dieser Dorfbewohner schließlich doch nicht überflutet. Das Land wurde zu staatseigenen und militärischen Agrarbetrieben umfunktioniert. Nach dem formellen Ende der Kulturrevolution im Jahre 1976 begannen die Dorfbewohner damit, zurückzukommen und außerhalb der Staatsbetriebe Siedlungen zu errichten. Bald schickten sie Petitionen an die entsprechenden Amtsstellen in Peking, und im Jahre 1982 veranstalteten sie einen Marsch in die Kreisstadt; dabei hielten sie ein weißes Banner (Weiß ist in China die Farbe der Trauer) hoch, auf dem in schwarzen Lettern geschrieben stand: „Rückkehr in die Heimat, Opfer für die Ahnen." Sie hatten keinen Rechtsanspruch auf das Land, beriefen sich aber auf das moralische Recht, dorthin zurückzukehren, wo ihre Ahnen begraben lagen.

Das Opfer für Götter und Ahnen war in der kommunistischen Periode in die Parteiparole vom Opfer zum Wohle der größeren Gemeinschaft des „Größeren Wir" (*da wo*) geändert worden. Auch die Partei behauptete von sich, große Opfer für das Volk zu bringen und daher auch von diesem Loyalität erwarten zu dürfen. Jetzt benutzten die Antragsteller des Dorfes das alte Wort, um sich damit auf eine lokale und längere genealogische Geschichte und deren Götter zu berufen. Sie forderten Reziprozität von ihrer Regierung und damit ihr Heimatland zurück für das Opfer, dass man sie gezwungen hatte, für dieses Land zu bringen. Ihre Petitionen wurden tatsächlich erhört, denn es wurden Mittel zur Armutsbehebung freigestellt, doch die Bauern hielten das für ungenügend und fordern weiterhin die Rückkehr auf ihr Land, um damit ihrem Verständnis von Ungerechtigkeit Ausdruck zu verleihen.

Die Transition vom aktivistischen revolutionären Selbstopfer zur kritischen Distanz wird auch in dem gänzlich verschiedenen Kontext des marxistischen politischen Dissens deutlich. Kurz nach der Institutionalisierung und Internalisierung der Faktionen in den Jahren 1967 bis 1968 begannen junge revolutionäre

Enthusiasten ihren Dissens zu äußern. In Fortführung und als Zuspitzung einer Kritik, die schon Jahre vorher begonnen hatte, klebten im Jahr 1974 vier junge Männer auf die Wand der Pekingstraße in der Stadt Guangzhou ein Plakat: „Für eine sozialistische Demokratie und ein Rechtssystem". Einer von ihnen, Wang Xizhe, führte den Protest anhand eines im Jahre 1979 veröffentlichten Essays fort. In diesem Schriftstück bezeichnete er Mao als einen Bauernkaiser und stellte einen verbesserten Entwurf für ein Manifest geregelter Gesetzesordnung und eine sozialistische Demokratie vor (Chan *et al.* 1985). Dieser Dissens gegen die kommunistischen Bürokraten dauerte bis in die postmaoistische Ära fort und floss unmittelbar in die 1989er Reformbewegung ein. Diese Bewegung kann als Weiterführung einiger der Ideale der marxistischen Revolution in ein Programm für die Entwicklung demokratischer Prozesse gewertet werden. Das Selbstopfer einiger der berühmtesten Studentensprecher und ihr deutlicher Führungsanspruch, wie sie ihn im Jahre 1989 formulierten, zeigt auch die Kontinuität mit alten maoistischen Ritualen, die durch das Selbstbewusstsein individuellen Heldentums ergänzt wurden. Es lässt sich für dieselbe Zeit eine weit verbreitete Mao-Nostalgie feststellen, die in ironischen, aber liebevollen Neugestaltungen der Lieder und Bilder des Maoismus, in Poprhythmen und Modeaccessoires ihren Niederschlag fand (Barmé 1996).

Alle diese Beispiele kritischer Distanz – die Forderung nach einer gerechten Wiedergutmachung gegenüber der Opfer, das Drängen auf die Schaffung einer sozialistischen Demokratie, das Angebot heldenhafter Selbstaufopferung, der mit Ironie verbrämte Einsatz der Vergangenheit gegen die Gegenwart sowie die Vergötterung Maos sind Beispiele sozialistischer Restbestände. Die Gruppenpartizipation und Verkündigung von Kameradschaftlichkeit und gegenseitiger Unterstützung, die zu den politischen Ritualen der Massenmobilisierung der Vergangenheit gehört hatten, werden heute von der individualisierten Basis des Haushalts gestartet; dennoch sind auch die Verbindungen zu den kollektiven Institutionen nicht nur im Bereich der lokalen religiösen Praktiken stark geblieben, sondern auch in weniger fixierten Manifestationen, bei denen der Raum nur als flüchtiger Aufenthaltsort benutzt wird, ohne dass architektonische Fundamente erforderlich wären.

Die Netzwerke von Gemeinschaften

Die Zusammenkünfte frommer quietistischer Christen fanden während der Kulturrevolution – einer Periode, während derer diese Gruppierungen sich bemühten, nicht in die Politik hineingezogen zu werden – immer hinter verschlossenen Türen statt. Hunter und Chan (1993) führen hierfür u.a. das Beispiel einer Gemeinde der Apostolischen Kirche an, die sie in den Bergen des südlichen Teils der Provinz Fujians besucht hatten (S. 185-218). Diese Apostolischen Christen sind gegen die chinesische Hierarchie von Staat und Kirche, leben in einer brüderlichen und schwesterlichen direkten Demokratie und folgen einer Ethik gegenseitiger Hilfe, die über ein Netzwerk der einzelnen Gemeinden gepflegt wird. Allein ihre Existenz ist eine starke Absage gegenüber den Ungleichheiten und der Autokratie des postsozialistischen Staates, doch fehlt ihnen die mit einem festen Ort wie einer Kirche oder Tempel einhergehende öffentliche Autorität. In ihrem Fall besteht das Netzwerk ihrer religiösen Gemeinschaft eindeutig aus der Institutionalisierung Gesamtheit von Reziprozität, Fairness oder Güte, die ich als heimischen Raum bezeichnet habe. Dies ist nicht nur ein christliches Phänomen: Auch die bekannte *Falun gong*-Bewegung (das „Buddhistische Rad") bildet eines der vielen Netzwerke dieser Art, dessen Mitglieder sich in geeigneten offenen Räumen versammelten, um *Qi*-Energien auszuüben. Ein ähnliches Netzwerk von Gemeinden bildeten die *yang'ge*-Tanzgruppen. *Yang'ge* war ursprünglich ein exorzistischer Tanz, der sich zu einer verweltlichten Vorführung von Parteipolitik für die Massen wandelte. Später verlor sich diese Tradition, wurde aber schließlich durch autonome Gruppen wiederbelebt, die jeden Abend in den Straßen von Peking ihre Tänze aufführen und einmal im Jahr auf dem großen Tempelfest auf dem Berg Miaofeng, westlich der Hauptstadt, zusammenkommen.[11]

Die *yang'ge*-Tanzgruppen werden aller Voraussicht nach in die Liste zugelassener Organisationen aufgenommen und durch das Staatliche Kulturbüro anerkannt. Die *Qi*-Übungen, die auch von organisierten unabhängigen Gruppen praktiziert werden, waren zunächst Teil einer indigenen chinesischen Weisheitslehre und wurden von der Regierung gefördert und ebenfalls in die offizielle Liste der zugelassenen Interessengruppen aufgenommen. Ein in den späten 1990er Jahren von der Regierung in Peking aufgehängtes Poster trug die Aufschrift „Gesunde Aktivitäten (*huodong*) führen zu einer tiefen und dauerhaften Entwicklung der spirituellen Kultur der Massen". Gemäß der Untersuchungen von Maria Kett (2000, Kapitel 8) dienen *Qi*-Übungen – ob sie nun unter der Schirmherrschaft der Regierung durchgeführt werden oder nicht – dazu, ein umfassendes Wohlbefinden bei den Praktikanten herbeizuführen und transportieren eine explizit moralische Aussage. Es ist wichtig, hier hinzuzufügen, dass das Wort für Aktivitäten (*huodong*) eine Abwandlung des *yundong* ist – ein Terminus, der direkt mit den Veranstaltungen der Massenmobilisierung assoziiert wird. Die Methode des Buddhistischen Rads hat ebenfalls die Entwicklung von Wohlbefinden zum Ziel, aber nicht nur des Wohlbefindens des Körpers, der Psyche und des Geistes seiner Anhänger, sondern durch sie für die ganze Gesellschaft. Ihre „Körper-Psyche-Geist-Praktiken" wie sie von den *Falun'Gong* Anhängern bezeichnet werden, dienen nicht nur dazu, friedlich und erklärend gegen Falschdarstellungen ihrer Methode zu protestieren, sondern auch – wie sie sagen – ein unübertreffliches Wohlbefinden für sich selbst und die Rettung anderer zu erzielen.[12] In diesem Fall erklärte die Regierung diese Bewegung für „unwissenschaftlich" und erließ nach einer Protestkundgebung schweigender Meditation vor dem Hauptsitz der chinesischen Partei in Peking am 25. April 1999 ein Dekret (kein Gesetz), dass diese Methode als illegalen Kult einstufte. Diese Unterdrückungsmaßnahme erinnert in vieler Hinsicht an Kampagnen der Massenbewegungen der Mao-Ära sowie Versammlungen in einzelnen Werkeinheiten. Solche Kampagnen gehören zu einer Tradition, die in den 1950er Jahren ihren Anfang nahm, aber nach der Sättigung der Jahre der Kulturrevolution keine große Begeisterung mehr unter der Bevölkerung auslöst (Dutton 2001). Anhänger des *Falun'Gong* haben ihre Bereitschaft zum Selbstopfer demonstriert, indem sie sich der Brutalität der Polizei aussetzten und den Tod in Strafanstalten riskierten oder indem sie immer wieder gegen die Verhaftung Gleichgesinnter protestierten. Sie beseelt derselbe Altruismus wie die Studentenführer des Jahres 1989 und ihr Eifer steht dem der ersten Kulturrevolutionäre in nichts nach: Es ist dieselbe Bereitschaft, gegen den Strom anzuschwimmen, wie sie Mao Tse-tung selbst eine Zeitlang unterstützte (Gao 1999). Sie bewegen sich in einem Bereich jenseits der Kontrolle jener, die einem globalem Publikum ein weniger radikales Gesicht des *Falun'Gong* präsentieren möchten. Sie wollen „das Böse" in der Gesellschaft tilgen, werden jedoch nicht selbst politisch aktiv und vermeiden es, sich formell zu organisieren

Den meisten dieser Netzwerke ist gemeinsam, dass sie ihren moralischen Raum den formellen Einrichtungen des Parteistaats gegenüberstellen. Im Falle der *Falun'Gong* Bewegung fanden sich sogar viele Parteifunktionäre, Staatsbeamte, Militärs und Universitätsprofessoren unter den Mitgliedern, die als eine Form der indirekten Kontrolle hätten fungieren können. Bis heute wirkt die Partei durch den Staat in lokale Vereinigungen und Organisationen aller Art hinein, indem sie zum Beispiel verlangt, dass sie einen offiziellen Sprecher haben, registriert sind oder Gebühren erheben (Bruun 1993, S. 122). Außerdem wird von staatlicher Seite darauf geachtet, dass führende Persönlichkeiten solcher nichtoffiziellen Organisationen in wichtige politische Positionen – wie zum Beispiel die des Dorfvorstehers – gewählt werden. Bei den *Falun'Gong* aber und anderen Netzwerken ähnlicher Vereinigungen sieht sich der Staat – aufgrund deren Größe und diffuser Strukturen mit einem potentiellen „destabilisierenden" Faktor konfrontiert – ein Terminus, der negative Erinnerungen an die Kulturrevolution hervorruft.

Eine Rückkehr zu den revolutionären Umwälzungen ist heute nicht mehr möglich. Dafür dient eine mehr oder weniger greifbare Besetzung des öffentlichen Raumes dazu, eine nicht offizielle moralische Autorität einer amoralischen Wirtschaft gegenüber zu stellen – und im kritischen Vergleich zum Staat werden rechtfertigende Ideologien des Wohlbefindens der Fairness und des dargestellt. Christliche Glaubensgemeinschaften bilden immer noch eine kleine Minderheit, nehmen aber an Zahl zu. Weniger stark durchorganisierte buddhistische Gruppen finden sich häufiger. Aber es gibt keine große Kirche, die – wie in Russland oder Polen – ihre Existenz durch Abmachungen mit dem kommunistischen Staat gesichert hätte und heute als autonomes Zeichen der Legitimität dienen könnte.

In China werden heimische Räume selten von solchen Sekten geboten, wie in zunehmendem Maße im postsozialistischen Osteuropa zu beobachten ist (Richardson 1997). Einige Netzwerke ähneln eher New Age-Organisationen, befassen sich jedoch nicht wie religiöse Vereinigungen der jüdisch-christlichen Tradition mit Fragen der Ontologie und inneren Wahrheit.[13] Daneben gibt es die verwurzelten lokalen Institutionen, die aber nicht in das New Age-Modell passen.

Überall, wo große Hoffnung auf Reziprozität und Fairness gesetzt wird, hat sich eine große Vielfalt heimischer Räume mit ihren entsprechenden Inhalten und Formen herausgebildet. Einige von ihnen – wie die Apostolischen Christen, die *yang'ge*-Tänzer, oder die Bauern des Dorfes beim Damm am Gelben Fluss, die ihre Opfer anerkannt haben möchten – greifen Ideale des revolutionären Sozialismus auf oder stellen diese Ideale auf den Kopf. Andere wiederum, wie die *Falun'Gong*, erinnern mit ihrem Eifer an Traditionen charismatischer Lehren ethischer und körperlicher Regeneration, wobei eine dieser Traditionen die maoistische ist. Wieder andere sind rein politischer Natur wie die des Dissidenten Wang Xizhe. Diese Netzwerke organisieren kleine Zusammenkünfte, aber nicht die Besetzung des öffentlichen Raumes.

Die wichtigsten solcher öffentlichen Räume sind Tempel, Ahnenhallen und ihre Rituale. Hier wird ein Gefühl für historische Fairness geübt, das an die heroischen Jahre der revolutionären Führung durch die Chinesische Kommunistische Partei und deren leitender Ikone Mao erinnert. Doch wie bei allen Fossilien werden auch diese Erinnerungen in ein neues Material aufgenommen. Heute ist dieses Material eine Verschmelzung, die einer Ethik persönlicher Loyalitäten und sozialer Strategien, der Politik und den Wechselfällen der sozialistischen Marktwirtschaft, eines langsam wachsendes Rechtssystems und einer Kombination von Säkulargeschichte mit linearer Regeneration und eines transzendenten Verständnisses von Zeit gegenüber steht. Alle diese Elemente lassen sich nur in Gegensatz zu und in Wechselwirkung mit einem erweiterten und sich selbst wandelnden Parteistaat vereinen.

Anmerkungen

1 Politischer Bericht des Vorsitzenden Jiang Zemin an den Vierzehnten Parteikongress im Oktober 1992.
2 Besten Dank an Michael Schoenhals, der mich auf diesen Punkt aufmerksam gemacht hat.
3 Auf dieses unbeabsichtigte Resultat der Kulturrevolution verweist Lü (2000, S. 134 f.).
4 O'Brien und Li (2000, S. 465 bis 467) machen die Beobachtung, dass das Experiment der Dorfwahlen zuerst von ehemaligen Kadern durchgeführt wurde und so eine neue Basis für Eigeninitiative außerhalb der Partei schuf, die aber bald von der Partei übernommen und absorbiert wurde.
5 Hier wird Bezug genommen auf das zeitlich weit zurückreichende ethnologische Konzept der Faktion. Hierzu, zum Beispiel, Nicholas (1965).
6 Vergleiche hiermit die Beobachtung Ku's, der in der Region des Pearl Flusses in den Dörfern die weit verbreitete Ansicht vertreten fand, „die Kommunistische Partei sei zwar gut darin zu sagen wie Geld zu verdienen ist, sei aber schlecht darin, dem Volk zu dienen" (1998, Abschnitt 6:5).
7 Eine ausführlichere Übersetzung von *lishang wanglai* wäre: „Die Prinzipien der Gegenseitigkeit, die vertikal und lateral persönliche Beziehungen regeln". Ich bedanke mich bei Chang Xiangqun für ihre genaue Übersicht über die Literatur und ihre Feldforschung, die es mir als ihrem Prüfer ermöglicht haben, über diesen Aspekt der chinesischen Sozialethik nachzudenken, bevor sie ihre eigene endgültige Studie über *lishang wanglai* im Rahmen ihrer Dissertationsforschung für die City University (London) fertig stellen konnte.
8 Mit politischen Ritualen meine ich z. B. die von Schulkindern erlernten Tänze, Körperhaltungen und Parolen, ebenso wie das Hören von Berichten, Selbstkritik und gegenseitige Beurteilung aller Mitglieder einer kleineren Gruppe unter Aufsicht eines Gruppenleiters. Solche Gruppen finden sich nicht nur in Schulen, sondern auch in ländlichen Arbeitsbrigaden und städtischen Arbeitsabteilungen und wurden zum ersten Mal von Whyte (1974) untersucht.
9 Das sagte ein anonymer junger Mann, als er für ein Programm über das Neue China interviewt worden war. Besagtes Programm wurde über Kanal 3 der British Broadcasting Corporation im November 2000 ausgestrahlt.

10 Er sprach mit meinem Kollegen Wang Mingming, als dieser in Begleitung von Hu Zongze zu Besuch war; letzterer war gerade damit beschäftigt, in einem Dorf Feldarbeit durchzuführen, in dem zum ersten Mal das britische Ehepaar David und Isabel Crook in den 40er Jahren geforscht hatten.
11 Ich bedanke mich bei Florence Graezer für diese Information, die einem Feldforschungsprojekt für eine Dissertation beim Centre Chine, EHESS, Paris zu verdanken ist.
12 Hierzu z. B. die auf der entsprechenden Website erteilten Ratschläge ihres Meisters Li Hongzhi: www.clearwisdom.net/eng/2000/July/21/JingWen072100.html.
13 Der Rückzug von Buddhisten in asketische Stille und Disziplinen der Selbstverleugnung oder die taoistische Arbeit mit materiellen Energien und der Einheit mit dem Weg ähneln hermetischen Traditionen in anderen Teilen der Welt, christlichen Klausuren inbegriffen. Es gibt auch buddhistische Traditionen, die auf das neue Zeitalter vorbereiten und der christlichen Erlösungslehre im Zusammenhang mit der Schaffung eines postapokalyptischen Himmels auf Erden ähneln. Allerdings findet sich hier kein Gott der Schöpfung bzw. der Zerstörung. Der Nachdruck auf dem dem Selbst innewohnenden Gott und dem Selbst Gottes außerhalb findet sich nicht nur überall in diesen christlichen, sondern auch in vielen eher weltbestätigenden und „östlichen" Techniken wie sie heute von neuen religiösen Bewegungen in Nordamerika und Europa mit dem Ziel benutzt werden, die Kraft des inneren Selbst zu einer Neuschöpfung der Welt zu verwenden. Diese Techniken haben auch in Fortbildungsseminaren kapitalistischer Geschäftsleute Eingang gefunden (Wilson und Cresswell, Hg., 1999, siehe insbesondere die Einführung von Bryan Wilson und den Beitrag von Paul Heelas). Chinesische Traditionen haben jedoch eine kosmologischere Ausrichtung.

Literatur

Barmé, Geremie (1996), *Shades of Mao: the Posthumous Cult of Mao*, Armonk, M.E.Sharpe.
Blecher, Marc, Vivienne Shue (1996), *Tethered Dear; Government and Economy in a Chinese County*, Stanford, Stanford University Press.
Bruun, Ole (1993), *Business and Bureaucracy in a Chinese City: an Ethnography of Private Business Households in Contemporary China*, Berkeley, Centre for Chinese Studies Chinese Research Monograph 43.
Chan, Anita, Stanley Rosen, Jonathan Unger (Hg.), (1985), *On Socialist Democracy and the Chinese Legal System: The Li Yizhe Debates*, Armonk, M.E. Sharpe.
Duara, Prasenjit (1988), *Culture, Power, and the State: Rural North China, 1900-1942*. Stanford, Stanford University Press.
Dutton, Michael (2001), Review of Harold M. Tanner (1999) *Strike Hard! Anti-Crime Campaigns and Chinese Criminal Justice*, in: The China Quarterly 162, S. 575-577.
Feuchtwang, Stephan, Wang Mingming (2001), *Grassroots Charisma: Four Local Leaders in China*, London, Routledge.
FLP (Foreign Languages Press) (1981), *Resolution on CPC History (1949-81)*, Beijing, FLP.

Gao, Mobo (1999), Factional politics in the CPC: a case study of the rise and fall of Li Qinglin, in: *China Report* 35(1), S. 41-59.

Guo Zhichao (1985), Minnan nongcun yige shgude minjian zongjiao chutan, in: *Renleixue Yanjiu (Anthropology Research)*, Xiamen, Xiamen University.

Hu Zongze (2000), Religion and Politics in Ten Mile Inn: a historical portrait (1940s to 1990s), Sommer Forschungsbericht, Department of Anthropology, Harvard University.

Huang Jing (2000), *Factionalism in Chinese Communist Politics*, Cambridge, Cambridge University Press.

Hunter, Alan, Chan Kim-kwong (1993), *Protestantism in Contemporary China*, Cambridge, Cambridge University Press.

Jing Jun (in Vorbereitung), Big dams and cold dreams; a return-to-homeland movement in northwest China, in: Charles Stafford (Hg.), *Every Banquet Must End: the Separation Constraint in China and Beyond*, London, Athlone Press.

Kett, Maria (2000), „Accommodating the Self": health, wealth, and well-being in a suburban Chinese village, unveröffentlichte Ph.D.- Dissertation, University of London.

Kipnis, Andrew B.(1997), *Producing Guanxi: Sentiment, Self, and Subculture in a North China Village*, Durham and London, Duke University Press.

Ku Hok-bun (1998), Defining *Zeren*: cultural politics in a Chinese village. Unveröffentlichte Ph.D.- Dissertation, University of London.

Liu Xin (2000), *In One's Own Shadow: An Ethnographic Account of the Condition of Post-Reform Rural China*, Berkeley, University of California Press.

Lü Xiaobo (2000), *Cadres and Corruption: The Organizational Involution of the Chinese Communist Party*, Stanford, Stanford University Press.

Madsen, Richard (1984), *Morality and Power in a Chinese Village*, Berkeley, University of California Press.

Nesbitt-Larking, Paul, Alfred L. Chan (1997), Chinese youth and civil society: the emergence of critical citizenship, in: Timothy Brook, Michael Frolic (Hg.), *Civil Society in China*, Armonk, M.E. Sharpe.

Nicholas, Ralph (1965), Factions: a comparative analysis, in: Michael Banton (Hg.), *Political Systems and the Distribution of Power*, London, Tavistock Publications, S. 21-61.

O'Brien, Kevin, Li Lianjiang (2001), Accommodating "democracy" in a one-party state: introducing village elections in China, in: *China Quarterly* 162, S. 465-489.

Richardson, James (1997), New religions and religious freedom in Eastern and Central Europe: a sociological analysis, in: Irena Borowik, Grzegorz Babiński (Hg.), *New Religious Phenomena in Central and Eastern Europe*, Kraków, Nomos.

Russo, Alessandro (1998), The probable defeat: preliminary notes on the Chinese Cultural Revolution, in: *Positions* 6(1), S. 179-202.

-- (2000), Inequalities and "class analysis": the intellectual predicament of the Cultural Revolution, Vortrag an der University of Westminster, Centre for the Study of Democracy, International Conference on New Directions in Contemporary Chinese Cultural Studies, January.

Thaxton, Ralph (1983), *China Turned Rightside Up: Revolutionary Legitimacy in the Peasant World*, New Haven, Yale University Press.

Whyte, Martin King (1974), *Small Groups and Political Rituals in China*, Berkeley, University of California Press.

Wilson, Bryan, Jamie Cresswell (Hg.), (1999), *New Religious Movements: Challenge and Response*, London, New York, Routledge.

Yan Yunxiang (1996), *The Flow of Gifts: Reciprocity and Social Networks in a Chinese Village*, Stanford, Stanford University Press.

Yang, Mayfair Mei-hui (1994), *Gifts, Favors, and Banquets: The Art of Social Relationships in China*, Ithaca, Cornell University Press.

Teil IV

Ein ausgedehnter Postsozialismus

Inwieweit ist es sinnvoll, China als postsozialistisch einzustufen? Warum genügt es nicht, die Gesellschaften Zentralasiens auf der Grundlage von Kriterien zu beurteilen, die wir schon aus den islamischen Ländern des mittleren Ostens und/oder dem Kolonialismus kennen. Wenn der Sozialismus als Ideologie zusammengebrochen ist, stellt sich die Frage, welche der gegenwärtig im Herzen Eurasiens zur Diskussion stehenden Ideale die Grundlage für eine neue Ideologie bilden könnten, die auch an der Peripherie eine starke Resonanz hätte. Die Beiträge in diesem Teil unseres Buches dehnen den Begriff des Postsozialismus auf verschiedene Weise aus. Die Themenkreise reichen vom Pressewesen in Südchina (Latham) über Dynamiken der Dekollektivierung in Usbekistan (Kandiyoti) bis hin zur „politischen Vorstellungskraft" der Kalmücken (Humphrey). Alle Beiträge greifen Fragestellungen auf, die schon in der Einleitung im Zusammenhang mit der Frage nach der weiter bestehenden Anwendbarkeit des Begriffs „Postsozialismus" problematisiert wurden.

In Kapitel 11 befasst sich Kevin Latham mit dem problematischen Fall Chinas, den bereits Stephan Feuchtwangs Beitrag im vorhergehenden Kapitel zum Gegenstand hatte. Die Partei hat hier ihre Kontrolle aufrecht erhalten können, doch setzt der Autor ihre Legitimität nicht automatisch mit wirtschaftlichen Zuwachsraten und steigendem Konsum in Beziehung (wie dies zahlreiche Beobachter der politischen Szene in Osteuropa früher gehandhabt hatten). Zweifellos gab es in der stark kommerziell orientierten Region seiner Feldforschung eine Phase von rasantem Konsumismus. Doch sogar junge Chinesen haben in jüngster Vergangenheit diese Phase schon hinter sich gelassen, und folgen einer Tendenz verstärkter Sparsamkeit. Ohne die möglicherweise „palliative" Rolle des Konsums gänzlich zu leugnen, unterstreicht Latham auch dessen Tendenz, sichtbare soziale Unterschiede zu vertiefen. Für ihn bezieht die Kommunistische Partei Chinas ihre Legitimität nicht aus ihren Erfolgen bei der Schaffung verbesserter materieller Lebensumstände, sondern aus ihrem geschickten Gebrauch des „Transitionsvokabulars" (das Latham als erfolgreicher einschätzt als Feuchtwang). Solange die Menschen an der Überzeugung festhalten können, es gebe noch eine weitere, höhere Ebene, die es zu erreichen gilt und die ganz nah ist, vielleicht nur um die Ecke wartet, bleiben sie ruhig und die Hegemonie der Machthaber bleibt unangefochten.

In Kapitel 12 wirft Deniz Kandiyoti die Frage auf, inwieweit das von den Sozialwissenschaftlern entwickelte Instrumentarium für die Analyse des Sozialismus in Osteuropa auch für Zentralasien geeignet ist. Natürlich gibt es große Unterschiede, da die neuen Staaten Zentralasiens früher in das sowjetische imperiale System integriert waren. Kandiyoti zeigt jedoch, dass sich herkömmliche

Modelle der „Abhängigkeit" und „Postkolonialität" schlecht auf diese Regionen übertragen lassen. Noch weniger angebracht ist die Behauptung, der Postsozialismus habe diesen Ländern eine einfache „Retraditionalisierung" gebracht, die durch Wiederbelebung von Verwandschafts- und Religionsgruppen gekennzeichnet ist. In Anlehnung an Caroline Humphrey betont Kandiyoti die Bedeutung der ethnographischen Perspektive für ein praxisnahes Verständnis der Art und Weise wie Agrargenossenschaften unter dem Sozialismus tatsächlich betrieben wurden. Das gesamte genossenschaftliche System war viel mehr als nur eine „Fassade", hinter der traditionelle Praktiken ungestört weiterleben konnten. Sie hinterließen sowohl ein institutionelles Erbe, das heute noch maßgeblich an der wirtschaftlichen Entwicklung in Usbekistan beteiligt ist, als auch ein moralisches Erbe. In dieser Region beklagen sich Frauen in ländlichen Gebieten nach der teilweisen Dekollektivierung darüber, dass das allgemeine Verlangen nach eigenem Grund und Boden die sozialen Unterschiede stärker hervortreten lässt.

Humphrey befasst sich in Kapitel 13 mit einem ganz anderen Thema – dem der sich wandelnden „politischen Vorstellungskraft". Der Sowjetunion lag eine starre Ideologie zu Grunde, die durch entsprechende pädagogische Indoktrinierung und ein Ritualsystem unterstützt wurde. Dieses System ist zusammengebrochen, doch was trat an seine Stelle? Vielleicht der „Eurasianismus" – ein Gedankengebäude, das westlichen Beobachtern vielleicht inkohärent, ja sogar phantastisch anmuten mag, das aber in den kleineren Republiken Zentralasiens – angesichts der langen Geschichte asymmetrischer Beziehungen mit Russland – in den lokalen Traditionen eine starke Resonanz findet. Humphrey zeigt am Beispiel Kalmückiens – einer sehr armen Republik, wo sich die Frage einer durch den Konsum abgestützten Legitimation des Staates gar nicht stellt – wie das Konzept des Eurasianismus im Rahmen eines instabilen politischen Umfelds mit autoritären Strömungen verschmelzen kann. Auf den ersten Blick mag hier eine groteske *Hyperphantasie* im Spiel sein. Doch bietet der Eurasianismus den Menschen Prinzipien und Werte, mit denen sie sich identifizieren können. Obwohl nur einer von vielen einflussreichen Diskursen, besitzt er gemäss Humphrey das Potential, sich zu einer neuen tragenden Ideologie zu entwickeln. Die verschwommenen Grenzen des Rechtssystems in den russischen Republiken schaffen dort eine Lage, die sich stark von den Staatsformen unterscheidet, wie sie sich heute in Osteuropa herausbilden, und sie lassen Zweifel zu, inwieweit der allgemeine Begriff des „Postsozialismus" überhaupt als generelles Konzept verwendbar ist.

11. Den Konsum überdenken

Soziale Palliative und Rhetorik der Transition im postsozialistischen China

Kevin Latham

Einleitung

Das Aufkommen einer Vielzahl konsumorientierter Praktiken parallel zur Entwicklung der Märkte und eines Kapitalismus „chinesischer Prägung" ist eines der augenfälligsten Merkmale, durch die sich die postmaoistische soziale Landschaft Chinas von der vorausgehenden Periode unterscheidet. Die wachsende Literatur über das postmaoistische China hat der sogenannten „Verbraucherrevolution" in China großes Augenmerk geschenkt (Davis 2000b; Chao und Myers 1998; Li Conghua 1998; ebenso Latham, im Druck a). Doch ist heute nach über zwanzig Jahren Reform klar, dass man sich weder die Periode der postmaoistischen Reformen noch ihre typischen Konsumgewohnheiten und Verbraucherpraktiken als einheitlich und unveränderlich vorstellen darf. Ich möchte im vorliegenden Beitrag zeigen, dass es Zeit wird, die Vorstellungen von Chinas Konsumismus zu überdenken, die diesen Konsumismus als soziales Linderungsmittel, ein Palliativ, ansehen, durch das die Partei – trotz der ideologischen Leere, die das Ende des Maoismus hinterlassen hat – die Kontrolle in der Hand behalten kann.

Wir müssen natürlich den „Postsozialismus", wie er in den ehemaligen sozialistischen Ländern Osteuropas und der Sowjetunion vorlag, mit Bezug auf China aus einer anderen Perspektive betrachten. Da die Kommunistische Partei Chinas immer noch kraftvoll an der Macht festhält, möchte ich mich zunächst der Frage zuwenden, ob es überhaupt sinnvoll ist, China als postsozialistisches Land zu begreifen. Ich glaube, dass eine Analyse der Verbrauchergewohnheiten einige Aspekte aufzeigen wird, durch die China sinnvoller Weise als postsozialistisch angesehen werden kann. Was hierbei jedoch von größter Bedeutung ist, ist die Frage, *in welcher Weise* China postsozialistisch ist.

In ihrem einflussreichen Buch über den Niedergang des Sozialismus in Osteuropa und der Sowjetunion hat Katherine Verdery (1996) die These aufgestellt, dass die Schwäche des osteuropäischen Sozialismus in einer Legitimationskrise wurzelte, die mit dem Konsum in engstem Zusammenhang stand (Verdery 1996, S. 25-29; auch Gellner 1994). Würde man diese These auf chinesische Verhältnisse übertragen wollen, käme man zu dem Schluss, dass der Konsum wie ein „soziales Palliativ" funktioniert. Daher werde ich im dritten Teil dieses Beitrags die These Verderys für Osteuropa und die Beziehung zwischen Verbrauch und Legitimität im Lichte der chinesischen Situation untersuchen. Ich werde argumentieren, dass zwanzig Jahre der postmaoistischen Reformperiode gezeigt haben, dass der Konsum der Reform nicht nur einen positiven Glanz verleiht, sondern auch deren negative Seiten ans Licht gebracht hat. Sobald wir uns nämlich von der simplistischen, materialistischen Position entfernen, der Konsum mache die Menschen politisch gefügig, erkennen wir, dass Konsumpraktiken auch das Potential in sich tragen, schismatisch und bedrohlich für die Legitimität der Partei zu sein.

Schließlich werde ich zeigen, dass wir andere Quellen der Staatslegitimität im postsozialistischen China nicht unbeachtet lassen sollten – und da insbesondere die verschiedenen Formen der Vorstellung und des sich Verständlichmachens, die ich unter dem Begriff „Rhetorik der Transition" zusammen gefasst habe. Während Verdery behauptet, dass es Zeit sei, den ganzen Begriffskomplex der „Transition" im Hinblick auf Osteuropa überhaupt aufzugeben (Verdery 1996, S. 227-8), meine ich mit Bezug auf China, dass es unmöglich ist zu verstehen, wie die Partei in China ihre hegemonische Legitimität und ihre Macht aufrecht erhält, wenn nicht auch ein Verständnis dieser Rhetorik der Transition erreicht worden ist (Latham 2000).

Postsozialismus in China

Seit der Einführung der radikalen Wirtschaftsreformen Deng Xiaopings im Jahre 1978 – nach dem Tode Maos im Jahre 1976 – erfolgten in China massive soziale und wirtschaftliche Veränderungen (Davis und Harrell 1993; Davis und Vogel 1990; Davis *et al.* 1995, Feuchtwang *et al.* 1988). Die kollektive Landwirtschaft wurde schon während der ersten Phase der Reformen aufgegeben, während privates Unternehmertum vom Staate gefördert wurde. Die Regierung entzog die staatlichen Gelder vielen Bereichen des sozialen und wirtschaftlichen Lebens, beschnitt das Recht auf Sozialhilfe, schaffte zentral verwaltete Warenverteilungssysteme ab und erlaubte, dass sich überall im Land „freie" Märkte (*ziyou shichang)* etablieren konnten. Daher müssen wir nach zwanzig Jahren Reform fragen, ob China tatsächlich ein „postsozialistisches" Land ist, obwohl die Kommunistische Partei immer noch die Macht fest in der Hand hält.

Die Antwort auf diese Frage wird weitgehend davon abhängen, wie man den Begriff „Postsozialismus" versteht.[1] China wird auch heute noch von der Kommunistischen Partei Chinas regiert – einem Organ, das sich in starkem Maße der Rhetorik und den Praktiken eines sich auf Marx, Lenin, Mao und Deng berufenden Staatssozialismus verpflichtet sieht. Es ist die Partei selbst, die sich – zumindest in ihrer Rhetorik – an die Spitze der sozialistischen Transformation und Modernisierung des Landes stellt. Dennoch sind klare Umverteilungstendenzen in der Handhabung der Wirtschaft zu erkennen. Obwohl die Reform zügig voran geht, liegt immer noch ein großer – wenn auch geringer werdender – Prozentsatz der Wirtschaft in den Händen des Staates. Auf Grund dieser Faktoren könnte man sagen, dass China noch nicht in die postsozialistische Phase eingetreten sei. Der Fall Chinas ist aber sehr komplex und die Annahme des Postsozialismus hat auch einige Vorteile.

Vor mehr als zehn Jahren identifizierten Nee und Stark in China eine „hybride Version des Sozialismus, die praktische Kompromisse und gegensätzliche Prinzipien als feststehende Bedingungen allen sozialen Lebens" akzeptiert (Nee und Stark 1998, S. 31). Ich halte den Begriff einer einzigen „hybriden Version des Sozialismus" zwar für unpassend, nicht zuletzt weil – wie noch zu zeigen ist – es schon immer bedeutsame Unterschiede zwischen den kommunistischen Systemen Chinas, Osteuropas und der Sowjetunion gegeben hat. Dennoch bildet die Vorstellung von gleichzeitig existierenden, jedoch widersprüchlichen, sich gegenseitig ausschließenden Prinzipien und Praktiken einen nützlichen Ausgangspunkt für das Verständnis des chinesischen Postsozialismus.

Das Präfix „post" im Wort postsozialistisch bedeutet im chinesischen Kontext weder in logischer noch chronologischer Hinsicht einfach ein „danach".[2] Vielmehr trägt es viele der Prinzipien und Vorstellungen in sich, die schon zu den vorausliegenden Systemen gehört hatten. Das moderne China ist nicht nur im Lichte der radikalen wirtschaftlichen Veränderungen und sozialen Transformationen der letzten zwanzig Reformjahre zu verstehen, sondern auch im Lichte dessen, was sich *nicht* verändert hat.

Ein gutes Beispiel hierfür sind die chinesischen staatseigenen Betriebe. Einerseits verändert sich hier ständig etwas. Diese Betriebe durchliefen eine Entwicklung, in der sie zuerst die wichtigste Struktur der Produktionsorganisation des Landes überhaupt bildeten, bis sie nichts anderes waren, als eine Produktionsorganisation unter vielen. In den letzten Jahren hatten diese Betriebe mit schwer zu bewältigenden Reformen zu kämpfen, von denen man sich höhere

Produktivitätsraten und eine verbesserte Effizienz versprach. Andererseits sind Chinas staatseigene Betriebe auch Beispiele für „sich gegenseitig ausschließende, widersprüchliche Prinzipien", die Elemente ihrer sozialistischen Vergangenheit mit neuen, aus den Freiheiten der Reformperiode fließenden Machtbefugnissen zu verbinden. Marketisierung und Dezentralisierungsmaßnahmen innerhalb des Reformplanes des Staates führten zwar zu raschem wirtschaftlichem Wachstum, ließen jedoch viele der unterschwelligen Probleme der Industrie ungelöst. Zur gleichen Zeit lieferte die Reform für lokale Unternehmer den wirtschaftlichen Antrieb und die Mittel, ihre bisher zurückgehaltenen Überschüsse in die eigene Expansion und den Verbrauch zu investieren (Smith 1993, S. 83). In den 1980er Jahren verfolgten staatseigene Betriebe noch oft eine Politik der „blinden Expansion" und leiteten gemäß den althergebrachten sozialistischen Prinzipien der Werkeinheit – nicht aber der neuen Regeln der Marktwirtschaft – ihre Gewinne in Sozialhilfekassen um (Smith 1993, S. 65-6). Daraus folgt, dass im postsozialistischen China der Konsum nicht einfach eine Sache von Individuen ist, die in einem sich entwickelten freien Markt ihre Entscheidungen treffen, sondern auch die Ausgaben umfasst, die von Unternehmen und staatseigenen Institutionen getätigt werden.

Auch Michael Palmer liefert uns ein gutes Beispiel dafür, dass der Konsum in China ganz anderen Erfordernissen unterliegt als solchen, die gemeinhin mit dem Kapitalismus in Zusammenhang gebracht werden (Palmer, im Druck). Er erklärt, wie das Gesetz im Lichte der Wirtschaftsreform heute gelernt hat, „den Verbraucher" anzuerkennen. Dennoch, obwohl große Anstrengungen unternommen worden, einen gesetzlichen Rahmen zum Schutz der Verbraucher zu schaffen, sind diese Anstrengungen immer noch von starken staatlichen Interessen und vom Geist der alten Kampagnen geprägt und lassen sich von offiziellen Kontrollmethoden, den Prinzipien des Strafgesetzes und deren Schlichtungsmethoden, wie sie in der Vergangenheit üblich gewesen waren, leiten. So spielte der Staat zum Beispiel bei der Organisation des chinesischen Verbraucherverbands eine proaktive Rolle, blockierte aber den Vorschlag, autonome Verbraucherverbände ins Leben zu rufen, die eine Lobby für Verbraucherrechte bilden könnten. Derartige Verbände tragen im chinesischen Kontext unausweichlich einen potentiell politischen Charakter, da sie aktive Partizipation des Bürgers in der Politik voraussetzen. Doch die chinesische Regierung möchte ihre Staatsbürger lieber als passive Subjekte eines paternalistischen Systems sehen. Also wieder ein Fall nebeneinander existierender, sich gegenseitig wiedersprechender Prinzipien und Praktiken, die allesamt noch den Stempel der Vergangenheit tragen.[3]

Um China in dieser Reformperiode und das Wesen des chinesischen Postsozialismus verstehen zu können, muss den radikalen Einbrüchen und Kontinuitäten, die nebeneinander bestehenden und sich gegenseitig beeinflussen, gleichermaßen Rechnung getragen werden. Das wiederum bedeutet, dass auf die Widersprüche, Spannungen und Unterbrechungen zu achten ist, die sich aus einem solchen schwierigen Nebeneinander ergeben. Selbst wenn die heutigen Praktiken ganz neu sind, müssen sie im Lichte dessen beurteilt werden, was vor ihnen lag und was noch aus der Vergangenheit herüberreicht. Und schließlich muss noch bedacht werden, dass die Gegenwart – wie sogleich anhand des Konsums gezeigt werden soll – nicht nur durch die Vergangenheit, sondern auch durch die angestrebte Zukunft bestimmt wird.

Konsum als soziales Palliativ

Verdery schreibt, dass der Konsum unter dem Sozialismus in Osteuropa und der früheren Sowjetunion unausweichlich zum Politikum werden musste: Ein paar Blue Jeans zu tragen, konnte zum Beispiel bedeuten, dass sich der Träger einem System widersetzt, welches das Monopol für sich beansprucht, die Bedürfnisse des Volkes festzulegen und auch die Methode, wie diese Bedürfnisse zu befriedigen seien (Verdery 1996, S. 27-29).[4] In China wurde dieses Monopol seitens der Partei viel rigoroser betrieben als in Osteuropa – wie dies ja die jedem bekannten Klischees von Mao-Anzügen und Fahrrädern deutlich genug dokumentieren.[5] Seit den 1980er Jahren hat sich die chinesische Bevölkerung jedoch daran gewöhnt, die meisten, wenn nicht alle ihre täglichen Bedarfsgüter auf dem freien Markt zu kaufen. Die Chinesen haben die Möglichkeit, sich ihre Kleidung selbst auszusuchen – alles hängt nur von der Verfügbarkeit und vom Preis der Waren ab. Aber chinesische Beobachter sind auch – ganz wie ihre, die Verhältnisse in Europa beobachtenden Kollegen – der politischen Bedeutung des Konsums während der Reformzeit nachgegangen (Davis 2000a und b; Davis *et al.* 1995; Croll 1997; Tang 1996).

Vielen Debatten über die Reformperiode Chinas war die Annahme vorangestellt worden, dass die wirtschaftliche Liberalisierung zumindest Chancen einer mit ihr parallel laufenden politischen Liberalisierung eröffnet. Es wurde als selbstverständlich erachtet, dass die neuen wirtschaftlichen Freiheiten der chinesischen Stadtbevölkerung auch neue Möglichkeiten der Entscheidung und des Denkens schaffen (Davis und Harrell 1993, S. 3; Davis 2000). Dass man von dieser Vorstellung ausging, zeigte sich in Debatten der 1990er Jahre über die Entstehung einer Öffentlichkeit im mehr oder weniger Habermasschen Sinne in China.[6] Auch wenn manche Wissenschaftler vorsichtig waren, spezifisch europäische Sachverhalte und Begrifflichkeiten einfach auf das China von heute anzuwenden (Perry 1995a und b; Wasserstrom und Liu 1995; Sidel 1995; Wakeman 1993; Huang 1993a), so wurde doch allgemein davon ausgegangen, dass eine liberalisierte Wirtschaft (und da vor allem neue Formen des Konsums) auch spezifische Formen der Politik nach sich zieht.

Verdery sieht in dem Unvermögen, Verbraucherwünsche zu erfüllen, den Grund für die Schwächung und den Niedergang des Sozialismus in Osteuropa und der früheren Sowjetunion. Sie spricht von einer entscheidenden Spannung innerhalb dieser Regime „zwischen dem, was notwendig war, um diese Regime zu legitimieren – der Verteilung der Güter an die Massen – und dem, was notwendig war, um ihre Macht zu sichern – die Anhäufung von Gütern im Zentrum" (Verdery 1996, S. 26). Diese Spannung führte in den meisten sozialistischen Regimes zur Vernachlässigung des individuellen Konsums zugunsten der Produktion und der Akkumulation bzw. einer besonders intensiven Produktkontrolle (Runciman 1985). Mit Bezug auf Kornai (1980) schreibt Verdery, dass im sozialistischen System der Mangel eine zentrale Größe im System war, sowohl im Bereich der Produktion als auch des Konsums. Der Staat bezog – anders als im Kapitalismus – seine Macht nicht aus seiner Fähigkeit, den Verbrauchern zu dienen, sondern durch die Anhäufung von Ressourcen, die eigentlich von anderen gebraucht wurden. Individueller Konsum wurde in den Bereich der „zweiten" oder „informellen" Wirtschaft verlagert und somit zum Politikum (Verdery 1996, S. 27-8). Der sozialistische Staat regte den Appetit der Verbraucher an, indem er immer wieder behauptete, der Lebensstandard unter dem Sozialismus würde steigen, und auch indem er den Konsum als ein staatsbürgerliches Recht hinstellte. Zugleich aber konnte kein Konsum stattfinden, da die Waren, die die Leute brauchten, ihnen vorenthalten wurden. Katherine Verdery fasst im Anschluss an Borneman (1990) den Gegensatz zwischen dem Konsum im Sozialismus und dem Verbrauch im Kapitalismus mit den Worten zusammen:

„Der Kapitalismus ... gibt der Begierde wiederholt eine konkrete und spezifische Form und bietet – wenn auch in stets anderer Form – spezifische Güter an, um diese Begierde zu befriedigen. Der Sozialismus dagegen, stachelte die Begierde an, *ohne* diese zu ‚fokussieren' und hielt sie durch Mangel am Leben." (Verdery 1996, S. 28)

In ähnlicher Weise waren Konsum und Legitimität im postmaoistischen China eng miteinander verknüpft. Danach füllt Konsum und der Konsumismus eine nach dem Ende des Maoismus eingetretene ideologische Leere aus. So hat zum

Beispiel Ci Jiwei 1994 argumentiert, dass die dem individualistischen und materialistischen Konsum zugrundeliegende Genusssucht als Gegenstück zum Utopismus der maoistischen Periode zu sehen ist (hierzu auch Croll 1994). Ci sieht den Wandel vom Utopismus zum Hedonismus nicht einfach als eine Transition von einer nicht länger aktuellen Ideologie zu einem neuen Materialismus. Vielmehr sei der Utopismus Maos selbst ein auf hedonistische Prinzipien gebautes Konstrukt gewesen, das die in Aussicht gestellte Belohnung in eine utopische Zukunft verlegte. Mit seinem Aufruf, asketisch zu leben, wollte Mao die Befriedigung des Bedarfs an materiellen Gütern auf später verschieben. Daher sollte der Hedonismus der Reformzeit nicht einfach als eine Zurückweisung alles Vorausgegangenen, sondern vielmehr als dessen – wenn auch verzerrte – *Fortführung* verstanden werden. Diese Argumentationslinie besagt nichts anderes, als dass die Bevölkerung – in Anbetracht des Verlusts der einstigen Sicherheiten – während der Reformperiode durch materialistischen Konsum zufrieden gestellt wurde. Den Kommunismus und den Klassenkampf – also die Grundlagen des politischen Selbstverständnisses der Volksrepublik China seit 1949 – ließ der Staat hinter sich und teilte zugleich die schon immer versprochenen Belohnungen *jetzt* in der Gegenwart aus, anstatt sie wie früher auf eine niemals eintretende Zukunft zu verschieben.

Tang Xiaobing (1996) wiederum konnte zwei miteinander in Beziehung stehende soziale Diskurse in der gegenwärtigen chinesischen Kultur herausarbeiten. So liege einerseits das deutliche Bestreben vor, das tägliche Leben im Rahmen einer materialistischen städtischen Verbraucherkultur ganz normal zu leben (Tang 1996, S. 113). Andererseits wirke das Vorhandensein noch verbleibender Restelemente des maoistischen Utopismus in die Gegenwart hinein und rief die Bevölkerung dazu auf, dieses „tägliche Leben" zurückzuweisen. Diese Tendenz zeige sich z. B. in den zeitgenössischen Darstellungen der chinesischen Landschaft, die von romantischen Bildern der sozialistischen Utopie durchtränkt sind – ein weiteres Beispiel der nebeneinander bestehenden widersprüchlichen Prinzipien des postmaoistischen Chinas. Das Wichtigste an Tangs Argumentation ist jedoch, dass er den Konsum als soziales Palliativ darstellt und darauf hinweist, dass trotz der noch immer im täglichen Leben und den Darstellungen dieses täglichen Lebens wirkenden Überbleibsel der vergangenen Ideologie der postmaoistische Konsum und Materialismus benutzt werden, um die durch das Ende des Utopismus hervorgerufenen „Ängste" zu lindern.

In ähnlicher Weise hat auch Liu Kang eine bis in die Zeit Maos zurückreichende Kluft zwischen den vom Volk in seinem täglichen Leben erlebten Wirklichkeiten und der Rhetorik und den Bildern des maoistischen Utopismus, die der

Masse des Volkes heute keine ideologische Sicherheit mehr bieten konnten, herausarbeiten können (Liu 1997, S. 120). In der postmaoistischen Ära stehen Konsum und die Kulturindustrien dort, wo früher Maos „Kultur der Massen" ihren Misserfolg zu verzeichnen hatten:

„Im Gegensatz zu Maos Kultur der Massen ist die gegenwärtige Kulturindustrie – das heißt die kommerzielle Popkultur – dort erfolgreich, wo sie die soziale Bedeutung des täglichen Lebens hervorhebt. [...] Man hat den Eindruck, dass die zeitgenössische chinesische Kultur des täglichen Lebens zunehmend die Plattform für einen dialogischen Streit zwischen einer Vielzahl von Kräften geworden ist, unter denen die Kulturindustrie bzw. die kommerzielle Popkultur und Chinas lokale und nationale Formen und Stile – einschließlich des revolutionären Erbes der Kultur der Massen – sich gegenseitig kreuzen und durchdringen. [...] Trotz allem kann das tägliche Leben zeigen, bis zu welchem Punkt die menschliche Psyche fähig ist, die Irrationalität und Widersprüchlichkeiten eines wahnhaften ‚Goldrausches chinesischer Art' im Zeitalter des globalen Kapitalismus zu ertragen." (Liu 1997, S. 121-2)

Obwohl alle diese Argumente nicht homogen sind, lässt sich doch ein immer wiederkehrendes Thema erkennen, nämlich, dass in China der Konsum als soziales oder sozio-psychologisches Palliativ fungiert und hilft, die Legitimität der Partei zu erhalten, nachdem die Sicherheiten, auf denen ihre Macht traditionsgemäß gründete, durch die Reform ausgehöhlt wurden. Auch andere Versionen dieser Argumentationskette basieren auf ähnlichen Annahmen.[7]

Damit wird in China – wie auch in Osteuropa und der Sowjetunion – der Konsum mit der politischen Legitimität der Regierung verknüpft. Dagegen möchte ich hervorheben, dass das Beziehungsverhältnis zwischen Konsum und Politik viel komplexer ist, als es dieses im Grunde materialistische Argument vermuten lässt. Ein Blick auf andere Praktiken und rhetorische Gewohnheiten der Reformperiode ist nötig, um zu verstehen, wie die Kommunistische Partei Chinas ihre Legitimität aufrecht erhält, obwohl ihre Autorität offensichtlich zunehmend in den Bereich des Anachronistischen fällt.

Macht und Legitimität im postmaoistischen China

„Macht [...] steht nicht für den Verzicht auf eine Freiheit, eine Rechtsübertragung oder die Delegation der Macht aller an Einzelne [...]. Wohl kann das Machtverhältnis auf einer vorausgehenden oder permanenten Zustimmung beruhen; seiner eigentlichen Natur nach aber ist es nicht Ausdruck eines Konsenses." (Foucault 1982, S. 219-20)

Das Argument, dass der Konsum als soziales Palliativ fungiert, bringt uns zur Frage der Legitimität – ein Punkt, der in der Debatte bisher noch nicht hinterfragt wurde. Wir dürfen Legitimität allerdings nicht mit Zustimmung gleichsetzen. Die Tatsache, dass die chinesische Bevölkerung im allgemeinen der Partei gegenüber öffentlich nicht ihre Zustimmung verweigert hat, bedeutet nicht, dass sie dem Regime auch bewusst zustimmt. Die Ereignisse des Jahres 1989 zeigen das deutlich – selbst, wenn die an den damaligen Protesten aktiv beteiligten Personen, nur eine kleine Minderheit darstellten. Es wäre auch falsch zu behaupten, dass die Autorität der Partei ausschließlich auf Zwang und Gewalt oder einer kaum verdeckten Androhung von beiden begründet sei. Obwohl die Chinesen vielleicht nicht „frei" genug sein mögen, sich öffentlich gegen die Regierung auszusprechen, würden es die meisten von ihnen im privaten Kreis tun, ohne das Gefühl zu haben, in ihrem Alltagsleben der Gewalt des Staates – bzw. der Androhung einer solchen Gewalt – ausgesetzt zu sein.[8]

Legitimität ist ein komplexes Problem. Um es einfach auszudrücken, würde ich in dem uns hier interessierenden Zusammenhang sagen, dass Legitimität konstituiert wird durch die täglichen Handlungen des Volkes, die als solche schon ein Machtverhältnis zum Ausdruck bringen (siehe hierzu Foucault 1982, 1986). In China geht die Legitimität des Regimes nicht auf ein der Partei ausdrücklich übertragenes Mandat zurück, sondern bildet vielmehr das Ergebnis von Milliarden von alltäglichen Handlungen und Handgriffen um „einfach mit dem eigenen Leben voranzukommen". Auf diese Weise ist die „Legitimität" der Partei nicht etwas, das ein für alle Mal feststeht und für immer gilt; vielmehr erfordert sie eine ständige Anstrengung seitens der Ideologen der Partei und ihrer Politikmacher. Mehr als irgend jemand sonst, ist sich die Partei bewusst, dass sie ihre eigene „Legitimität" in einem kontinuierlichen Prozess ständig neu schaffen muss. Dieses Bewusstsein und das mit ihm einher gehende Gefühl der Schwäche sind beispielsweise in jüngster Zeit in der groben Art und Weise zutage getreten, mit der die Partei auf die *Falun'Gong* reagiert hat.

In einer schon klassischen, auf polnischen Beispielen beruhenden Darstellung des Staatssozialismus, umreißt Runciman (1985) den generellen Rahmen, in dem in sozialistischen Staaten Regime ihre Legitimation verlieren. Das Herzstück seiner Argumentation lautet wie folgt:

„Wenn die Widersprüche in einer bestimmten Gesellschaft so stark werden, dass ihre Institutionen nicht mehr so funktionieren, dass sie auch ein Minimum von Konsens und Ordnung aufrecht erhalten können, werden diese Widersprüche nur durch eine genügend starke Machtkonzentration (oder eine Neukonzentration der Macht) gelöst, die in jedem beliebigen Strukturbereich vorgenommen werden kann, sofern dieser solche Maßnahmen zulässt." (Runciman 1985, S. 15)

Die Situation in China ist jedoch ganz anders als die von Runciman beschriebene in Polen. Der Unterschied liegt in dem Ausmaß und der Natur der Wirtschaftsreform und der sozialen Veränderungen in China, für die das statische Modell politischer Strukturen Runcimans viel zu starr ist. Wie noch gezeigt werden soll, liegt der Schlüssel für den Fortbestand der Legitimität (aber auch für deren Schwäche) in der Kommunistischen Partei Chinas in den schnellen Veränderungen der chinesischen Gesellschaft. Diese Veränderungen sind jedoch mehr evolutionär als revolutionär, auch wenn es zuweilen den Anschein haben mag, sie erfolgten mit rasender Geschwindigkeit. Was wir also im Falle Chinas brauchen, ist ein Legitimitätsmodell, das Veränderung und Transition in sich vereint und sie nicht pathologisiert.

Obwohl ich der Meinung bin, dass Veränderung von grundsätzlicher Bedeutung für die Aufrechterhaltung der Legitimität der Kommunistischen Partei Chinas gewesen ist, glaube ich nicht, dass die eingetretenen Veränderungen alle von der Bevölkerung positiv aufgenommen wurden. Noch glaube ich, dass der Warenkonsum ein materialistisches Palliativ für eine bestehende soziale Desorientierung darstellt. Vielmehr ist es so, dass die Vormachtstellung der Partei anhand einer diskursartig eingesetzten „Rhetorik der Transition" (siehe unten) gewährleistet ist – einer Rhetorik, die auf Konzepten einer sich schnell verändernden und entwickelten Gesellschaft aufgebaut ist. Wenn die Chinesen den Eindruck bekämen, dass ihr Land aufgehört hat, sich zu verändern, würde diese Rhetorik der Transition bedeutungslos werden oder – noch schlimmer – sie würden sie als falsch ansehen. Daher ist die hegemonische Legitimität der Partei grundsätzlich an Konzepte der Veränderung gebunden. Ich werde am Ende dieses Beitrags auf diesen Punkt zurückkommen; vorher müssen wir jedoch noch einen Blick auf den Konsum in China werfen.

Den chinesischen Konsum überdenken

Der verbesserte Lebensstandard, zu dem die meisten Chinesen in der Reformperiode Zugang fanden, führte dazu, dass die Bevölkerung im allgemeinen dieser Reform ihre Unterstützung gab. Das galt insbesondere für die 1980er Jahre, als der Unterschied zwischen dem neuen Lebensstandard und dem Leben während des vorausliegenden Jahrzehnts allen deutlich und frisch vor Augen stand. Der Konsum war außerdem sowohl für die chinesische Fachwelt (Chao und Myers 1998; Davis 1993, S. 75; 2000) als auch für die ganz normalen Bürger der verständlichste Maßstab, mit dem die Verbesserung des Lebensstandards gemessen werden konnte. So sind zum Beispiel die Ausgaben für die Mitgift einer Braut heute wieder ein Zeichen für den Reichtum und Status der Familie der Braut und der Brautpreis sowie die Größe des Hochzeitsbanketts für die Familie des Bräutigams (Siu 1993, S. 180-188; Davis 1993, S. 65-6).[9] Man braucht auch die Hochzeitsgeschenke der frühen 80er Jahre, als Fahrräder, Nähmaschinen, Decken und Möbelstücke einen sehr hohen Prestigewert hatten, mit den großen Fernsehgeräten, den Motorrädern und den Laserdisk Karaoke Systemen der 1990er Jahre zu vergleichen.

Während der Feldforschungen in den 90er Jahren hörte man von Chinesen nur, dass sich ihr Leben seit dem Beginn der Wirtschaftsreform sehr verbessert habe.[10] Sie aßen besseres Essen, trugen bessere Kleidung und konnten in beiden Fällen beim Einkaufen eine viel größere Auswahl erwarten. In den Städten ist die Zahl der Lebensmittelläden um ein Vielfaches angestiegen. Chinesische Haushalte verfügen heute im allgemeinen über einen Kühlschrank, Farbfernseher, Videokassetten oder Videogerät, Stereoanlagen und Waschmaschinen. Aufgrund der Konsumgüter, der besseren Wohnungen, mehr Freizeit und größerer verfügbarer Einkommen sind die Menschen der Meinung, dass sich ihr Leben verbessert hat (Davis 1993, 2000; Wang 1995). Die meisten bestreiten nicht, dass ihr Leben heute komfortabler ist, als es unter dem Vorsitzenden Mao gewesen war.[11] Das Argument, Konsum sei ein soziales Palliativ, ist also nicht von der Hand zu weisen. Trotzdem schreibt es den materiellen Bedürfnissen eine zu große Bedeutung zu und übersieht die Tatsache, dass manche Verbraucherpraktiken auch gegen das Legitimierungsprinzip arbeiten.

Nehmen wir zum Beispiel den Bereich des Verbrauchs an Medien, in dem die Veränderungen der Reformperiode die Rolle, die die Partei den Medien in der Gesellschaft zugeschrieben hatte, untergraben (Latham 2000, im Druck, c). Für die Partei gilt auch heute noch der Grundsatz aus der Zeit Maos von 1949, dass die Medien das Sprachrohr der Partei sein sollten (hierzu auch Zhao 1998; Li 1991; Huang 1994; Lull 1991; Hussain 1990). Ihre Aufgabe ist es, die sozialistische Modernisierung der Nation voranzutreiben. Die Medienorganisationen dürfen keine Nachrichten bringen, die nicht den Interessen der Partei oder der nationalen Sicherheit dienen oder diesen gar widersprechen – lose definierte Kategorien, die es den Parteifunktionären ermöglichen, in weite, von Menschenrechten bis zur Religion reichende Bereiche einzugreifen.[12]

Jedoch ist die durch die Partei über die Medien ausgeübte Kontrolle in China keineswegs eine so monolithische Diktatur, wie sie uns von den westlichen Medien immer beschrieben wird. Vor allem die Prinzipien, nach denen die Partei die Nachrichtenverbreitung kontrolliert, sind nur *potentiell* drakonisch. In der Praxis erfolgt diese Kontrolle durch ein System der Selbstzensur, das leitenden Redakteuren die Verantwortung überträgt, durch ihre Nachrichten keine politische Unruhe zu stiften, ihnen aber die Möglichkeit in die Hand gibt, die Grenzen der gegebenen Pressefreiheit herauszufordern, besonders, wenn sie dadurch kommerzielle Gewinne erzielen können (Latham 2000; Li Zhuren 1998). Vor diesem Hintergrund war es chinesischen Journalisten während der 1980er und sogar der 1990er Jahre – trotz des Liberalisierungsrückschlags nach den Zwischenfällen am Tiananmen-Platz im Jahre 1989 – möglich, das Terrain der Berichterstattung langsam weiter auszubauen. Da die Partei auch heute noch an dem Prinzip festhält, dass die Medien ihr wichtigstes Sprachrohr sind und sie die politische Berichterstattung beschränken darf, nimmt diese in der jüngsten Vergangenheit mehr und mehr eine populistische und sensationsausgerichtete Form anstelle von politischer Sachlichkeit an (Wilson 1997; Li Zhuren 1998). Sie ist dazu da, Medienprodukte und Werbung zu verkaufen, aber nicht die Regierung zu stürzen.

Während dieser Periode des Wandels hat sich China gegenüber der restlichen Welt geöffnet (vgl. Wang 1999). Jedes Jahr besuchen mehr ausländische Touristen und Geschäftsleute China. Eine wachsende Zahl chinesischer Staatsbürger verbringt den Urlaub im Ausland oder arbeitet und studiert dort. Mehr und mehr Chinesen haben Zugang zu ausländischen Medien. Millionen, wenn nicht gar hunderte Millionen von Chinesen besitzen Mobiltelefone, Pieper und Faxgeräte, die sie mit der Außenwelt verbinden.[13] In Zeitungsläden für Touristen können ohne weiteres ausländische Zeitungen einschließlich chinesischer Zeitungen aus Hongkong gekauft werden. Der aus Hongkong sendende Satellitenfernsehsender Phoenix von Rupert Murdoch wird überall im Lande eingeschaltet. Ausländische Fernsehprogramme wie BBC und CNN sind in ausländischen Hotels und sogar in verschiedenen staatlichen Arbeitseinheiten sowie über zahlreiche illegale Satellitenverbindungen zu empfangen (vgl. McGregor 2001). In der Provinz Guangdong sind die vier Kabelfernsehkanäle Hongkongs ganz offiziell zu empfangen und werden täglich von Millionen Zuschauern eingeschaltet. Dazu kommt – trotz der Befürchtungen der Regierung und deren Versuch auf diesem Gebiet Kontrolle auszuüben – das sich schnell verbreitende Internet, durch das sowohl Internetseiten ausländischer Nachrichtensender als auch die der politischen Opposition für viele Chinesen zugänglich werden, die über einen Computer, ein Modem und einen Telefonanschluss verfügen. Nachdem China nun auch Mitglied der Welthandelsorganisation geworden ist, wird in den nächsten Jahren mit einer Verdopplung des Imports von Hollywoodfilmen zu rechnen sein.

Dieser Öffnungsprozess bietet Millionen von Chinesen alternative Formen der Medienproduktion, alternative Nachrichtenquellen und alternative Sichtweisen der Welt. Die chinesische Bevölkerung strebt im allgemeinen nicht danach, sich politischen Dissidentenpositionen zu nähern und man sollte die politische Bedeutung dieses Öffnungsprozesses nicht überbewerten. Nichtsdestoweniger lässt diese rasante Entwicklung auf dem Gebiet neuer Nachrichtenübermittlungsmöglichkeiten die Vorstellung, die sich die Partei von den Medien als ihrem Sprachrohr macht, in wachsendem Maße zu einem Anachronismus werden. Das Sprachrohrmodell geht von einer hermetisch eingeschlossenen Bevölkerung aus, die unter streng kontrollierten Bedingungen zusammengestellte Nachrichten konsumiert. Aber seitdem sich die Regierung auf eine Politik der offenen Tür eingelassen hat, ist der hermetische Verschluss schwächer und durchlässig geworden. Die chinesischen Medien können daher heute beides zugleich tun – der Parteikontrolle entgegen arbeiten und sie unterstützen.

Mit der Reform reiften auch die chinesischen Verbraucher. Der Überfluss an ausländischen Waren, die große Auswahl und die Freiheit zu konsumieren verloren allmählich ihren Reiz. Diese Entwicklung lässt sich besonders an der sich verändernden symbolischen Bedeutung der „freien Märkte" Chinas ablesen. In den 80er Jahren wurde es für private Händler möglich, auf Straßenmärkten – den sogenannten *Ziyou shichang* (wörtlich „freier Markt") – ihre Stände aufzuschlagen und Waren zu verkaufen. Obwohl diese Märkte heute immer noch existieren, haben die Vielzahl von Ständen und Händlern ihre symbolische Bedeutung und den Reiz des Neuen der ersten Tage der Reform verloren.

Es ist wichtig, sich vor Augen zu halten, dass junge Menschen, die Anfang zwanzig oder jünger sind, d. h. eine große Mehrheit der Bevölkerung, niemals etwas anderes in ihrem Leben gekannt haben. Infolge dessen sind Vergleiche mit den spartanischen Jahren unter Mao mit der heutigen Zeit für sie weniger von Bedeutung als für die älteren Generationen. Außerdem ist die chinesische verbrauchende Bevölkerung außerordentlich vielgestaltig. Sogar unter den Han-Chinesen finden sich enorme Unterschiede in den Verbrauchergewohnheiten zwischen Bauern, Fabrikarbeitern, Stadt- und Landbewohnern, Jung und Alt, Männern und Frauen sowie den Angehörigen der verschiedenen religiösen Gruppierungen. Zudem existieren wichtige Unterschiede zwischen dem Norden und dem Süden, dem Hinterland und den Küstengebieten, den Bergregionen und Ebenen sowie den verschiedenen ethnischen Minderheiten im Lande. Die Nähe zu Peking, Hongkong, Taiwan oder chinesischen Gemeinschaften in Übersee erzeugt wiederum eine andere Art und Weise zu leben, zu denken, zu handeln und zu konsumieren. Es ist daher zu überlegen, wie die Reformperiode, der diese

Periode begleitende Konsumzuwachs und die neue konsumorientierte Gesellschaft selbst zum Facettenreichtum innerhalb der chinesischen Gesellschaft beigetragen haben.

Jos Gamble (im Druck) hat am Beispiel der Stadt Shanghai gezeigt, dass Konsum und Konsumismus einen „spaltenden und trennenden" Einfluss ausüben können.[14] So verweist er insbesondere auf den „generation gap" zwischen den jungen Shanghainesen und ihren Eltern im Hinblick auf ihre Einstellung gegenüber Konsumgütern und ihrem Wunsch, diese zu besitzen. Die Eltern waren viel leichter zufrieden zu stellen. Sie beteiligten sich auch viel öfter am Konsum zugunsten anderer – vor allen Dingen ihrer Kinder. Die jüngere Generation dagegen war viel stärker motiviert, selbst zu konsumieren. Gleichzeitig hat das Konsumgebaren den großen Unterschied zwischen denen, die es sich leisten können und denen, die es sich nicht leisten können, an den Tag gebracht. Gamble entdeckte auch, dass junge reiche Shanghainesen sich viel stärker mit dem Lebensstil junger reicher Chinesen in Taiwan oder den Vereinigten Staaten identifizierten als mit den Mitbürgern auf dem Festland. Ähnlich konnte auch Veeck (2000) in ihrer ethnographischen Studie über Verbraucher und Verkäufer auf einem Markt in Nanjing die immer deutlicher werdenden Klassenunterschiede dokumentieren. Aufgrund gegenwärtig vorliegender wirtschaftlicher und struktureller Faktoren sowie bestimmter Haltungen und Erwartungen seitens der Verbraucher, lässt sich ein Trend hin zu weniger persönlichen Kontakten zwischen den Verbrauchern und Verkäufern beobachten. Veeck stellt fest, dass nirgends ein Zeichen eines größeren gemeinschaftlichen Zusammenhalts mit dem Markt als Zentrum zu beobachten ist, so wie dies für andere Gesellschaften dokumentiert wurde (Veeck 2000, S. 122-3).

Im Rahmen meiner jüngsten Feldforschung über die Herstellung und Herausgabe von Zeitungen in der südchinesischen Stadt Guangzhou, die in der Reformbewegung seit den frühen 80er Jahren eine Pionierrolle spielte, konnte ich beobachten, dass „der Verbraucher" einen immer größeren Stellenwert im Entscheidungs- und Redaktionsprozess einnimmt (Latham, im Druck, b). Einige Zeitungsverlage in dieser Stadt richten ihre Presse an bestimmte Verbraucherkategorien. Die Journalisten, die für die Zeitung arbeiten, bei der ich meine Forschung durchführte, schreiben zum Beispiel gezielt für junge aufwärtsstrebende, mobile Manager. Die Zeitung selbst richtet sich in ihren Artikeln bewusst an diese Zielgruppe und beruft sich eindeutig auf deren Verbrauchergewohnheiten. So veröffentlichte das Blatt vor allem Artikel über die blühende Restaurantkultur in Guangzhou, die Unterhaltungsbranche, den Automarkt, Designermoden und Mobiltelefone.

Diese Leserzielgruppe ist für die Zeitung nicht einfach ein abstraktes Konstrukt. Vielmehr bestimmt sie beinahe die gesamte Spanne der täglichen Arbeitsabläufe der Journalisten und Herausgeber. So beruft zum Beispiel der Chefredakteur der Zeitung jeden Nachmittag eine Redaktionskonferenz ein, auf der Inhalte und Vorankommen der nächsten Ausgabe besprochen werden. An diesem Treffen nehmen alle wichtigen Journalisten und Redakteure der Abteilungen teil. Auf einer dieser Konferenzen, bei der ich zugegen war, diskutierte das Team z. B. die Ergebnisse einer kürzlich durchgeführten Leserbefragung, die von der Zeitung in Auftrag gegeben worden war. Diese Befragung hatte gezeigt, dass – obwohl die Zeitung für manche Rubriken die gewünschte Leserschaft interessieren konnte – das allgemeine Leserprofil jünger war als man es sich wünschte. Ein großer Anteil der regelmäßigen Leser bestand aus Oberschülern und Universitätsstudenten. Obwohl sich die Verantwortlichen der Zeitschrift über diese Beliebtheit freuten, fürchteten sie, dass ihr Blatt den Ruf einer „Studentenzeitung" bekommen könnte – was für die aus der Werbung bezogenen Einkünfte nicht gut wäre.

Daraufhin machten sich Journalisten und Redakteure gemeinsam daran, Artikel zu schreiben, die einer etwas älteren, reiferen und wohlhabenderen Zielgruppe gefallen würden. Man wählte Themen der Berichterstattung ganz spezifisch im Hinblick auf die gewünschte Zielgruppe aus und bearbeitete sie entsprechend. Die Branchen- und Wirtschaftsressorts der Zeitung fanden besondere Beachtung. Der Chefredakteur der Zeitung kümmerte sich persönlich um diese Ressorts, und in den darauffolgenden Tagen wurde zusätzliche Zeit während dieser Konferenzen dazu verwandt, den direkten Zusammenhang zwischen den Artikeln und der gewünschten Leserschaft durchzusprechen. Das Konzept des Zielgruppenlesers war das grundsätzlich entscheidende Kriterium dafür, wie die Zeitung auszusehen und welche Artikel das Team zu schreiben hatte.

Konsumpraktiken sind in China heute ein wichtiges Instrument der Differenzierung und Trennung geworden (Wank 2000; Wang 2000). Die ganze Bevölkerung des Landes wird sich zunehmend der Unterschiede bewusst geworden, die zwischen ländlichen und städtischen Gebieten, Generationen, Männern und Frauen, den Küstenregionen und den Provinzen des Hinterlandes und aufgrund der Kaufkraft bestehen. Konsum und Wirtschaftsreform haben ganz allgemein eine zunehmende Spaltung in der Gesellschaft herbeigeführt, wobei der Konsum die Aufmerksamkeit auf eben diese Spaltungen lenkt und diese der Bevölkerung in ihrem täglichen Leben ständig vor Augen führt.

Die lange Entwicklung der gegenwärtig vorliegenden Konsumkultur in China ist ein urbanes Phänomen und die Verwendung des Arguments eines sozialen Palliativs in ländlichen Gebieten erfordert eine sorgfältige Berücksichtigung der unterschiedlichen Umstände. In den frühen 80er Jahren wurde auf dem Land das meiste Geld pro Kopf ausgegeben, nach 1985 verlangsamte sich dieser Prozess deutlich. Zugleich nahm der Konsum in den Städten in den 80er Jahren ständig zu und stieg kurz nach 1992 plötzlich stark an (Chao und Myers 1998, S. 353). Das zeigt, wie wichtig es ist, Daten über Konsum mit dem Kontext, in dem der Konsum erfolgt, in Beziehung zu setzen. Denn auch wenn es richtig ist, dass Konsum in den Städten Chinas eine palliative Wirkung ausübt, so kann man dieses Argument nicht unbedingt auf die ländlichen Regionen übertragen.

Als ich Ende der 90er Jahre diesbezügliche Daten zum Problem des Konsums im Flussdelta des Pearl sammelte, zeigte sich, dass unter jungen Menschen der Konsum auch zu einem Maßstab für die negativen Aspekte der Wirtschaftsreform wurde. Im Laufe eines Forschungsprojekts über Medienkonsumgewohnheiten in den Jahren 1997 bis 1999 in Guangzhou interviewte ich eine kleine Gruppe junger Leute, von denen ich einige schon über zehn Jahre kannte.[15] Es handelte sich bei dieser Umfrage vor allem um junge, unverheiratete Hochschulabsolventen in ihren Zwanzigern, aber auch Antworten älterer und verheirateter Personen fielen ähnlich aus. Alle befragten Personen waren sich der großen wirtschaftlichen Veränderungen, die seit Anfang des Jahrzehnts und seit den späten 1980er Jahren eingetreten waren, voll bewusst. Viele von ihnen sprachen von der Notwendigkeit, vorsichtiger mit Geld umzugehen, obwohl es inzwischen mehr Gelegenheiten gab, es auszugeben. Manche berichteten, dass sie in den späten 1980er Jahren ihren neuen „Reichtum" mit vollen Händen ausgaben, ohne viel ans Sparen oder die Zukunft zu denken. In den späten 1990er Jahren aber sprachen sie davon, dass sie mit ihren Ausgaben vorsichtiger umgehen. Vielleicht hängen diese unterschiedlichen Antworten damit zusammen, dass die Befragten inzwischen ein wenig älter und reifer geworden sind und verstärkt über ihre Zukunft nachdachten, was auch das Heiraten mit einschloss. Jedenfalls hatten alle in den späten 1990er Jahren ein höheres Einkommen zur Verfügung, als zehn Jahre zuvor.

Ein junger Mann Ende zwanzig sagte zum Beispiel, er sei Ende der 1980er Jahre regelmäßig mit seinen Freunden ausgegangen und habe sich nichts dabei gedacht, zehn Yuan für ein spätes Abendessen, einen Diskobesuch oder eine anderes Vergnügen auszugeben. Damals entsprachen zehn Yuan ungefähr fünf Prozent seines monatlichen Einkommens von rund zweihundert Yuan. Er sagte weiter, er würde es sich heute – obwohl er immer noch regelmäßig mit seinen Freunden ausgeht – zweimal überlegen, bevor er zehn Yuan ausgiebt, obwohl er inzwischen beinah achthundert Yuan im Monat verdient und der Wert von zehn Yuan inzwischen stark gesunken war. Seine veränderte Einstellung lässt sich deshalb nicht einfach aus veränderten wirtschaftlichen Umständen erklären. Als ich meinte, dass er vielleicht nur älter geworden war und „klüger" mit seinem Geld umginge, verneinte er dies heftig. Vielmehr sei es so, dass er gegenwärtig viel größere Summen ausgab als früher, dies jedoch mit größerer Umsicht tat. Seine Haltung habe sich verändert, sagte er. Er hatte die Schwankungen in der Wirtschaft beobachten können. Er hatte miterlebt, wie sein eigenes Unternehmen einmal besser und einmal schlechter dastand, und während der Konsum zehn Jahre früher zuweilen einfach ein „Vergnügen an sich" war, war es ihm jetzt viel wichtiger, etwas zu kaufen, dass dem Wert des Geldes, das man dafür ausgab, auch entsprach.

In einem anderen Interview sprach ich mit dem Befragten über einen gemeinsamen Freund, der kürzlich geheiratet und auch schon ein Baby hatte. Der Befragte, ebenfalls ein junger Mann Anfang dreißig, beklagte sich darüber, dass sein Freund nicht mehr ins Restaurant und zum Bowling mitkam und auch sonst keinen Spaß hatte. Als ich fragte, ob dieses Verhalten nicht in Anbetracht der Umstände verständlich sei – schließlich habe der junge Mann ja jetzt eine Familie, mit der er Zeit verbringen und die ernährt werden wollte, stimmte mir der Befragte zu, sagte jedoch auch: „Die Sache ist, alle sind so; ich habe viele Freunde, die nicht verheiratet sind, keine Kinder haben und eigentlich ganz gut verdienen, jetzt aber ans Sparen denken und nur noch fernsehen."

Ende der 1990er Jahre war die chinesische Regierung ebenfalls über die sinkenden Verbrauchszahlen besorgt. Vor allem nach der Wirtschaftskrise in Asien hatten zahlreiche Familien in den letzten Jahren damit begonnen, das Geld, das sie nicht ausgeben mussten, zu sparen, anstatt es für einen erhöhten Konsum zu nutzen. Daraufhin versuchte die Regierung durch verschiedene Anreize den Konsum anzukurbeln, unter anderem im Jahre 1999 durch die Einführung einer hohen Besteuerung der Zinsen und durch andere Maßnahmen, die es dem Verbraucher leichter machten, Bankkredite aufzunehmen (Roberts *et al.* 1999).[16] Heute ziehen es die Chinesen vor, ihr Geld entweder als Rücklage für den Fall einer wirtschaftlichen Rezession oder für die Ausbildung ihrer Kinder zu sparen. Dieser Trend deutet darauf hin, dass – anstatt nach schnellem materiellen Gewinn als Heilmittel gegen die „Ängste des täglichen Lebens" zu suchen – die Chinesen sich sehr praktischen Strategien wirtschaftlicher Vorsicht zuwenden, um zukünftige Ängste zu vermeiden. Das neue soziale Palliativ heißt offenbar sparen und nicht konsumieren.

Schluss: Chinas Rhetorik der Transition

Wie gezeigt worden ist, besitzt das Argument, Konsum sei in China ein soziales Palliativ, vor allem im Hinblick auf die 1980er Jahre, eine gewisse Kraft, es vermag aber keine adäquate Erklärung für die Legitimität der Partei in der postmaoistischen Periode zu liefern. Dennoch ist die Frage der Legitimität von größter Wichtigkeit. In den von Verdery untersuchten europäischen und sowjetischen Beispielen haben die sozialistischen Regime ihre Legitimität ganz offensichtlich verloren. In China hingegen gelingt es der Partei nicht nur die Macht so fest in der Hand zu behalten wie zuvor, sondern auch eine gewisse Legitimität zu bewahren. Dieses Festhalten an der Macht offenbart sich – vielleicht paradoxerweise – gerade zu einer Zeit, in der das chinesische Volk wahrscheinlich weniger politische Einschüchterung zu fürchten hat, als zu irgend einer anderen Zeit seit der Gründung der Volksrepublik. Eine Wiederkehr der starken und erschreckenden und allgegenwärtigen Einschüchterung wie sie für die politischen Kampagnen der Vergangenheit, z. B. während der Landreform, der gegen rechts gerichteten Kampagnen der 50er Jahre oder gar der Kulturrevolution zwischen 1960 und 1970 typisch waren, ist schwer denkbar. Die Ereignisse des Jahres 1989 bewiesen, dass die Kommunistische Partei Chinas immer noch sehr gut in der Lage ist, mit erschreckender Härte vorzugehen und aktive Dissidenten leben immer noch mit der ständigen Bedrohung, ins Gefängnis gesperrt zu werden oder schlimmerem. Doch die Mehrheit der Bevölkerung befürchtet heute nicht mehr, das nächste Ziel politischer Massenmobilisierung zu sein, sondern es beschäftigt sich einfach nur mit den wirtschaftlichen und sozialen Schwierigkeiten des täglichen Lebens.

Die staatliche Gewalt oder zumindest deren Androhung spielt nach wie vor eine gewisse Rolle. Dissidenten dürfen keine Toleranz erwarten, doch sie sind nur eine kleine Minderheit. Wir müssen also nach anderen Erklärungen für die Legitimität der Kommunistischen Partei Chinas suchen und nicht nur auf deren raschen Einsatz von Gewalt verweisen. Das größte Problem des Arguments, Konsum sei ein soziales Palliativ, besteht darin, dass es auf der materialistischen Annahme basiert, die Befriedigung der täglichen materiellen Bedürfnisse der Massen erzeuge eine politisch zufriedene Bevölkerung. Denn selbst wenn das in der früheren Phase der Reformperiode, als der Konsum noch einen gewissen Neuheitswert besaß, vielleicht noch der Fall war, hatte sich Ende der 1990er Jahre dieser Effekt weitgehend abgenutzt.

Katherine Verdery schließt ihre Studie über den Sozialismus und seine Folgen mit der Warnung, Untersuchungen über den Postsozialismus im Geist einer

Teleologie der „Transitologie" durchzuführen, d. h. die postsozialistische Periode als eine eventuelle Transition, die zu einem Kapitalismus westlichen Stils führt, zu analysieren (1996, S. 227-8). Ich halte diese Überlegung im Hinblick auf China für problematisch. Ich will natürlich nicht behaupten, dass China eine geradlinige Transition zum Marktkapitalismus und zu einer westlichen Demokratie durchmacht, aber ich glaube, dass das Konzept der Transition in der *lokalen Rhetorik* eine wichtige Rolle in der Aufrechterhaltung der Legitimierung der Partei spielt.

Wie Ci Jiwie (1994) in seinen Betrachtungen zum Hedonismus und Utopismus gezeigt hat, ist die chinesische Modernisierung seit Jahrzehnten mit irgendeiner Form der Teleologie verbunden gewesen. Dennoch sind zu Beginn dieses neuen Jahrtausends materielle Anreize und Belohnungen nicht einfach an die Stelle der außer Kraft gesetzten maoistischen utopischen Endziele getreten. Vielmehr ist es so, dass eine dominierende Teleologie durch ein ganzes Spektrum alternativer Teleologien ersetzt wurde. Diese zusammengenommen sind für mich die „Rhetorik der Transition" (so auch Latham, in Vorbereitung c). Für manche China-Forscher erfolgt der Übergang zur Marktwirtschaft in diesem Land über eine Verbraucherrevolution (Chao und Myers 1998). Für andere befindet sich China mit seiner gerade erst flügge gewordenen Zivilgesellschaft auf dem Weg zu einem offenen Regierungssystem und einer liberalen Demokratie, obwohl der Weg dorthin etwas verschlungen ist (Davis 1995; 2000a, S. 12). Ich möchte vor allen Dingen unterstreichen, dass Transition ein Schlüsselbegriff in allen Diskursen im heutigen China ist. Viele Studenten und Intellektuelle in China geben ihrer Hoffnung Ausdruck, dass es sich um eine Transition zur Demokratie handelt, selbst wenn dessen Wesen und der Pfad über marktwirtschaftliche Reformen zu dieser Demokratie dunkel bleiben. Die Kommunistische Partei Chinas betont immer wieder, dass China sich auf dem Weg zum Sozialismus befindet, auch wenn das Ziel gerade wieder einmal in weitere Ferne gerückt ist. Viele Journalisten hoffen, dass China sich langsam, aber sicher auf eine größere Pressefreiheit und größere Demokratie hinbewegt, selbst wenn bis dahin die Kontrolle durch die Partei akzeptiert werden muss (Latham 2000). Für viele Chinesen aber ist die Transition einfach eine Möglichkeit, zu mehr Wohlstand zu kommen und einen besseren Lebensstandard zu erreichen. All diese Versionen der Transition unterscheiden sich stark voneinander, aber alle sind sich darüber einig, dass sich China und seine Bevölkerung im Übergang befinden.

Der chinesische Ökonom Jin Pei zeigt in seiner Abhandlung über die Reform der staatlichen Betriebe in den späten 1990er Jahren, dass die chinesische Transition voller Zweideutigkeiten ist:

„Nur weil das Programm noch nicht klar ist, können wir ganz allgemein sagen, wir müssten ein ‚modernes System von Unternehmen' schaffen, obwohl das Konzept des ‚modernen Systems von Unternehmen' immer noch auf einen genauen Inhalt wartet, und es so verschiedenen Leuten ermöglicht, es auf ihre jeweils eigene Weise auszulegen: manche denken, dass ein modernes System von Unternehmen ein Firmensystem ist; andere denken, dass es ein System einer Aktiengesellschaft ist; und wieder andere denken, es sei nicht nur ein Firmensystem oder ein System einer Aktiengesellschaft, sondern umfasse auch noch andere Unternehmenssysteme verschiedener Art, die sich in der jüngsten Geschichte als erfolgreich erwiesen haben; manche glauben sogar, dass ein auf Verträgen beruhendes System ein modernes Unternehmenssystem darstellt." (Jin 1997, S. 10)

Dieses Beispiel zeigt, dass die chinesische Transition eine weitgehend unergründliche Transition ist, aber große Hoffnungen für die Zukunft mit sich führt. Eben weil der Begriff der Transition so viele Bezugspunkte besitzt, bringt es nichts, zu versuchen, den Telos dieser Transition zu identifizieren. Andererseits kann aber auch die Begrifflichkeit der Transition oder des Telos bei dem Bemühen, das postmaoistische China zu verstehen, nicht gänzlich aufgegeben werden, weil sie einen der rhetorischen Schlüsselmechanismen liefert, durch die die Kommunistische Partei Chinas ihre Legitimität aufrecht erhält.[17]

Die Transition zielt auf die Aufrechterhaltung einer Hegemonie ab (Laclau und Mouffe 1985), indem die eventuelle Unzufriedenheit mit der Gegenwart minimiert wird, um eine vorerst nur vorgestellte Zukunft nicht zu gefährden. Diese Hegemonie ist nicht irgend ein starrer Druck von oben, sondern eine sich in ständigem Fluss befindliche Situation sich verändernden Zusammenwirkens in der Gesellschaft. So können zum Beispiel Journalisten über die Kontrolle der Medien durch die Partei erbost sein, diese Kontrolle aber auch wieder als notwendigen Weg zu einer politisch und kommerziell entspannteren Zukunft akzeptieren (Latham 2000). Tatsächlich sind Journalisten von fundamentaler Bedeutung für die Aufrechterhaltung der Machtposition der Partei: Nur durch die Kombination ihrer Mittäterschaft und ihrer Hoffnungen für die Zukunft ist es möglich, die zahlreichen Varianten der Rhetorik der Transition über die Presse, das Fernsehen oder das Radio öffentlich ständig in Umlauf zu bringen. Auch die neureichen Unternehmer Chinas sind in Anbetracht der großen potentiellen wirtschaftlichen Macht, über die sie verfügen, Komplizen. Die Komplexität hängt jedoch in weitem Maße von den herrschenden Konzepten von Veränderung und Transition ab. Ähnlich verhält es sich mit Verbrauchern, die in der Zeit postmaoistischer Unsicherheiten verwirrt und unglücklich sind über die anachronistische Fortdauer der Einparteienherrschaft oder die für die sichtbare Korruption, die sich mit der Reform eingestellt hat, aber all diese Gegebenheiten – wenn auch zähneknirschend und im Glauben, dass die Zukunft etwas Besseres bringt – eben doch akzeptieren. Es ist nicht so sehr der Konsum, der als soziales Palliativ wirkt, sondern die Idee der Transition an sich.

Im Laufe der Reformperiode hat sich die chinesische Gesellschaft zunehmend gespalten und aufgesplittert, und ohne die versprochene Utopie Maos hat es die Partei schwer, das Volk im Namen des kollektiven nationalen Gemeinwohls hinter sich zu vereinen (Anagnost 1997). Der ganze Postsozialismus Chinas hängt an diesen ihn begleitenden Spaltungen und Widersprüchen. Unsere Untersuchung des Konsums in China hat uns auch einige Schwierigkeiten vor Augen geführt, die sich ergeben, wenn man diese Konsumpraktiken verstehen möchte. Das bedeutet nicht, dass der Konsumismus den Zusammenbruch des Staates nach sich ziehen wird. Was jedoch ernsthaft in Frage gestellt wird, ist die Behauptung, dass Konsum als soziales Palliativ fungiert. Die Legitimation des kommunistischen Regimes in China ist heute nicht mehr durch den Konsum gewährleistet – es fragt sich sogar, ob sie es jemals war. Vielmehr ist es die Rhetorik der Transition, die – zumindest vorläufig – der Partei das Instrument in die Hand gibt, die Utopie oder eine ganze Reihe neuer Utopien ein weiteres Mal in eine entferntere Zukunft zu rücken.

Danksagung

Ich bedanke mich bei der Nuffield Foundation für ein kleines Stipendium zur Feldforschung im Jahre 1996 und bei dem SOAS Research Committee sowie dem Sino-British Fellowship Trust für die Zuschüsse, die ich in den Jahren 1997 bis 1999 erhalten habe und ohne die dieser Beitrag nicht hätte geschrieben werden können. Ich möchte mich auch bei den Teilnehmern der Konferenz in Halle für die nützlichen Kommentare zu diesem Artikel bedanken. Ich stehe in besonderer Schuld bei Silvia Ferrero und Chris Hann, die beide ins Detail gehende Kommentare und Vorschläge zu früheren Fassungen dieses Beitrags geliefert haben.

Anmerkungen

1. Ich weiß, dass dies eine komplizierte Frage ist und eine vollständige Antwort darauf ist im Rahmen dieses Beitrags nicht möglich. Ich erwähne hier nur die Umrisse einiger der ins Spiel kommenden Schlüsselprobleme und zeige, warum ich glaube, dass China ein post-sozialistisches Land ist.
2. Ähnliches gilt – ganz allgemein – für das Präfix „Post..." bei Postmodernismus, Poststrukturalismus, Postkolonialismus oder Postmarxismus.
3. Genaueres zu diesen Fragen auch bei Dirlik und Zhang 1997, die behaupten, dass „obwohl China als postrevolutionäre und postsozialistische Gesellschaft dabei ist, sich von seiner revolutionären Vergangenheit zu trennen, weist es noch starke Spuren dieser Vergangenheit auf, die an frühere Angriffe des kapitalistischen Weltsystems erinnern. Die bestehenden Widersprüche zeigen sich am deutlichsten in der abnormalen Situation des Staates, der sich immer noch zum Zwecke der eigenen Legitimierung auf den Sozialismus beruft, aber diese Legitimation dadurch beweisen muss, dass er erfolgreicher mit dem Kapitalismus umgeht, als die kapitalistischen Gesellschaften selbst." (1997, S. 8)
4. Andere osteuropäische Vergleiche liefern Gellner 1994, Runciman 1985; auch Hann 1993.
5. Das China Maos war immer viel komplexer und weniger homogen, als es diese Klischees vorgeben. Für die Periode Maos und auch für später sind Genderunterschiede (Whyte 1984; Robinson 1985; Wolf 1985; Croll 1996; Judd 1994; Stacey 1983; Gilmartin *et al.* 1994; Davin 1988), Unterschiede zwischen ländlichen und städtischen Regionen (Whyte und Parish 1984; Potter und Potter 1990) und zwischen Status und Klasse (Watson 1984; Siu 1989) zu berücksichtigen.
6. Hierzu zum Beispiel: Strand 1990; Rowe 1990; Huang 1993b; Zha 1995; Link *et al.* 1989; Wang *et al.*1994; Yang 1994, S. 287 bis 311; Davis *et al.* 1995. Diese Debatte über das Entstehen einer öffentlichen Sphäre war besonders auf das städtische Milieu in China fokussiert (siehe z. B. Davis *et al.* 1995). Es ist ebenfalls richtig, dass der Konsum in China in der Forschung im allgemeinen als ein städtisches Problem angesehen wird (zum Beispiel Davis 2000b; Tang 1996) und dass eingehende Untersuchungen über den Konsum auf dem Lande noch weitgehend ausstehen.
7. Croll zum Beispiel argumentiert, dass das durch die postmaoistische Periode gegebene moralische Vakuum, dass sich durch einen blühenden Konsumismus auszeichnete, wenigstens zum Teil durch ein Wiederaufleben des Konfuzianismus und Netzwerkbeziehungen (*guanxi*) ausgefüllt wurde (Croll 1997; siehe auch Yang 1994). In dieser Argumentationslinie fungiert nicht nur der Konsum als soziales Palliativ, sondern auch die neubelebte konfuzianische Ethik.
8. Wir müssen uns erinnern, dass auch „Freiheit" ein historisches Konzept ist (Bauman 1988).

9. Gillette hat auch zeigen können, dass junge Bräute bei den Hui in der Provinz Xi'an in den späten 90er Jahren von Frauen in ihrer Familie unter Druck gesetzt wurden, als Zeichen des Reichtums und des sozialen Status ihrer Familien Brautkleider im westlichen Stil zu tragen und reichen Haarschmuck anzulegen (Gillette 2000).
10. Ich war im Rahmen meiner Feldforschungsarbeiten zwischen 1992 und 1999 regelmäßig in China unterwegs. Der größte Teil meiner Arbeit konzentrierte sich auf die südchinesische Stadt Guangzhou und hatte das Stadtleben zum Gegenstand, obwohl auch Forschungsarbeit in ländlichen Gegenden und kleinen Städten im Flussdelta des Pearl und dem nordwestlichen Teil der Provinz Guangdong durchgeführt wurden. Zusätzlich waren im Rahmen dieser Arbeiten auch kürzere Aufenthalte in Peking, Shanghai und Chengdu möglich.
11. Obwohl, soweit ich dies in Erfahrung bringen konnte, nur sehr wenige Menschen zu einer Regierungsform zurückkehren würden, die der Zeit vor der Reform entsprach und beinahe alle die seit 1978 zu verzeichnenden Lebensumstände loben, bringen viele Bewohner der Städte auch die negativen Folgen der Reform (steigende Kriminalitätsraten, Unsicherheit am Arbeitsplatz und Korruption) zur Sprache.
12. Ähnliche Bestimmungen sind in jüngster Vergangenheit auch im Hinblick auf nachrichtenübermittelnde Websites in Kraft getreten.
13. Über die Bedeutung von Faxmaschinen während der Studentenrevolten von 1989 berichtet Calhoun (1989).
14. Vgl. auch Li Conghua. Er beschreibt drei große soziale Gruppierungen während der „Verbraucherrevolution" Chinas, die sich im Hinblick auf ihre Konsumpraktiken auf der Grundlage von generationsspezifischen Gegebenheiten unterscheiden:
„Die dynamischsten Verbraucher Chinas unterteilen sich in drei voneinander getrennte Gruppen. Diese Gruppen unterscheiden sich voneinander durch ihr Alter und ihre Generationszugehörigkeit. Für alle drei ist die Verfügbarkeit von Konsumgütern und Dienstleistungen eine relativ neue Erscheinung. Die „single"-Generation, die erste Generation von Kindern, die im Rahmen der „Nur-Ein-Kind-Politik" geboren wurden, hat sich daran gewöhnt, jeden Tag neue Möglichkeiten beim Warenerwerb zur Verfügung zu haben; junge Verbraucher vom Land und auch solche mittleren Alters bewegen sich schnell auf die Modernisierung zu; Verbraucher über sechzig erfreuen sich an einer reichen und befriedigenden Rentenzeit." (Li 1998, S. 50)
15. Die Befragten gehörten zu einer Gruppe mit leicht über dem Durchschnitt liegenden Einkommen; keiner von ihnen war besonders reich.
16. Siehe auch: *Nanfang Weekend* 6. August 1999, S. 1 und 7; *Guangzhou Daily* 9. August 1999, A6; B6; *Nanfang Metropolitan News* 9. August 1999: 2, Artikel, die zum Konsum anregen.
17. Andere enthalten eine „Chaos"-Rhetorik (Latham 2000) und die Größe und „Qualität" der Bevölkerung (Anagnost 1997). Es ist meine These, dass die Angst vor dem „Chaos" als ein „leerer Hinweis" im Sinne von Ernesto Laclau (1996) funktioniert (Latham 2000). Ähnliches könnte auch über die hier besprochene Rhetorik der Transition gesagt werden.

Literatur

Anagnost, Ann (1997), *National Past-times: Narrative, Representation, and Power in Modern China*, Durham, Duke University Press.
Bauman, Zygmunt (1988), *Freedom*, Milton Keynes, Open University Press.
Borneman, John (1990), *After the Wall*, New York, Basic Books.
Calhoun, C. (1989), Tiananmen, television and the public sphere: internationalization of culture and the Beijing Spring of 1989, in: *Public Culture* 2(1), S. 54-71.
Chao, Linda, Ramon H. Myers (1998), China's consumer revolution: the 1990s and beyond, in: *Journal of Contemporary China* 7(18), S. 351-368.
Ci Jiwei (1994), *Dialectic of the Chinese Revolution: from Utopianism to Hedonism*, Stanford, Stanford University Press.
Croll, Elisabeth (1994), *From Heaven to Earth: Images and Experiences of Development in China*, London, Routledge.
-- (1996), *Changing Identities of Chinese Women: Rhetoric, Experience and Self-Perception in Twentieth-Century China*, Hong Kong, Hong Kong University Press; London, Zed Books.
-- (1997), Desires and Destinies: Consumption and the spirit of Confucianism, Antrittsrede, School of Oriental and African Studies, University of London.
Davin, Delia (1988), The implications of contract agriculture for the employment and status of Chinese peasant women, in: Stephan Feuchtwang, Athar Hussain, Thierry Paircault (Hg.), *Transforming China's Economy in the Eighties*, London, Zed Books.
Davis, Deborah S. (1993), Urban households: supplicants to a socialist state, in: D. S. Davis, S. Harrell (Hg.), *Chinese Families in the Post-Mao Era*, Berkeley, University of California Press.
-- (1995), Introduction: Urban China, in: D. S. Davis, R. Kraus, B. Naughton, E.J. Perry (Hg.), *Urban Spaces in Contemporary China: the Potential for Autonomy and Community in Post-Mao China*, Woodrow Wilson Center Series, Cambridge, Cambridge University Press.
-- (2000a), Introduction: a revolution in consumption, in: D. S. Davis (Hg.), *The Consumer Revolution in Urban China*, Berkeley, University of California Press.
-- (Hg.), (2000b), *The Consumer Revolution in Urban China*, Berkeley, University of California Press.
Davis, Deborah S., S. Harrell (Hg.), (1993), *Chinese Families in the Post-Mao Era*, Berkeley, University of California Press.
Davis, Deborah S., Ezra Vogel (1990), *Chinese Society on the Eve of Tiananmen: the Impact of Reform* Cambridge, MA, Harvard University Press.
Davis, Deborah S., Richard Kraus, Barry Naughton, Elizabeth J. Perry (Hg.), (1995), *Urban Spaces in Contemporary China: The Potential for Autonomy and Community in Post-Mao China*, Woodrow Wilson Center Series, Cambridge, Cambridge University Press.

Dirlik, Arif, Zhang Xudong (1997), Introduction: Postmodernism and China, in: *Boundary 2*, 24(3), S. 1-18.
Feuchtwang. S, Athar Hussain, Thierry Paircault (Hg.), (1988), *Transforming China's Economy in the Eighties*, London, Zed Books.
Foucault, Michel (1982), Afterword: The Subject and Power, in: Hubert L. Dreyfus (Hg.), *Michel Foucault, beyond structuralism and hermeneutics*, Chicago, University of Chicago Press.
-- (1986), Two Lectures, in: M. Foucault, *Power-Knowledge*, Brighton, Harvester Press.
Gamble, Jos (im Druck), Consumerism with Shanghainese characteristics: local perspectives on China's consumer revolution, in: Kevin Latham, Stuart Thompson (Hg.), *Consuming China: Approaches to Cultural Change in Contemporary China*, London, Curzon.
Gellner, Ernest (1994), *Conditions of Liberty: Civil Society and its Rivals*, London, Penguin.
Gillette, Maris (2000), What's in a dress? Brides in the Hui Quarter of Xi'an, in: D. S. Davis (Hg.), *The Consumer Revolution in Urban China*, Berkeley, University of California Press.
Gilmartin, C., Gail Hershatter, Lisa Rofel, T. White (Hg.), (1994), *Engendering China: Women, Culture and the State*, Cambridge, MA, Harvard University Press.
Hann, Chris (1993), Introduction: social anthropology and socialism, in: Chris Hann (Hg.), *Socialism: ideals, ideologies and local practice*, London, Routledge.
Huang, Phillip (1993a), "Public Sphere"/"Civil Society" in China?: The third realm between state and society, in: Huang, Phillip (Hg.), Symposium: "Public Sphere"/"Civil Society" in China. Paradigmatic issues in Chinese Studies III, special issue of *Modern China* 19(2), S. 216-240.
-- (Hg.) (1993b), Symposium: "Public Sphere"/"Civil Society" in China. Paradigmatic Issues in Chinese Studies III. Special Issue of *Modern China* 19(2).
Huang, Yu (1994), Peaceful evolution: the case of television reform in post-Mao China, *Media Culture and Society* 16, S. 217-241.
Hussain, Athar (1990), *The Chinese Television Industry: the interaction between government policy and market force*, London, London School of Economics and Political Science.
Jin, Pei (1997), *Where to and Where from: the Current Problems of China's State-Owned Enterprises (Hequ hecong: dangdai zhongguo de guoyou qiye wenti)*, China's Problems series, Beijing, Jinri zhongguo chubanshe.
Judd, E. (1994), *Gender and Power in Rural North China*, Cambridge, Cambridge University Press.
Kornai, János (1980), *The Economics of Shortage*, Amsterdam, North-Holland Publishing.
Laclau, Ernesto (1996), Why do empty signifiers matter to politics?, in: E. Laclau, *Emancipations*, London, Verso.
Laclau, Ernesto, Chantal Mouffe (1985), *Hegemony and Socialist Strategy: Towards a Radical Democratic Politics*. London, Verso.
Latham, Kevin (2000), Nothing but the truth: media, power and hegemony in south China, in: *China Quarterly* 163 (September), S. 633-654.
-- (im Druck a), Introduction: Consuming China: Approaches to Cultural Change in Contemporary China, in: Kevin Latham, Stuart Thompson (Hg.), *Consuming China: Approaches to Cultural Change in Contemporary China*, London, Curzon.

-- (im Druck b), Powers of Imagination: The role of the consumer in China's silent media revolution, in: Kevin Latham, Stuart Thompson (Hg.), *Consuming China: Approaches to Cultural Change in Contemporary China*, London, Curzon.
-- (im Druck c), Between markets and mandarins: journalists and the rhetorics of transition in southern China, in: B. Moeran , L. Skov (Hg.), *Asian Media Worlds*, London, Curzon.
Latham, Kevin, Stuart Thompson (Hg.), (im Druck), *Consuming China: Approaches to Cultural Change in Contemporary China*, London, Curzon.
Li, Conghua (1998), *China: the Consumer Revolution*, Singapore, John Wiley (Asia).
Li Xiaoping (1991), The Chinese television system and television news, in: *China Quarterly* 126, S. 340-355.
Li, Zhuren (1998), Popular journalism with Chinese characteristics: from revolutionary modernity to popular modernity, in: *International Journal of Cultural Studies* 1(3), S.307-328.
Link, P., Madsen R., P.G. Pickowicz (Hg.), (1989), *Unofficial China: Popular Culture and Thought in the People's Republic*, Boulder, Westview.
Liu, Kang (1997), Popular Culture and the Culture of the Masses in Contemporary China, *Boundary* 2 24(3), S. 1-18.
Lull, James (1991), *China Turned On: television, reform, and resistance*, London, Routledge.
McGregor, Richard (2001), BBC on air with blessing of Beijing, *Financial Times* 10 January.
Nee, Victor, David Stark (Hg.), (1989), *Remaking the Economic Institutions of Socialism: China and Eastern Europe*, Stanford, Stanford University Press.
Palmer, M. (im Druck), Legal Protection of the consumer in the PRC, in: Kevin Latham, Stuart Thompson (Hg.), *Consuming China: Approaches to Cultural Change in Contemporary China*, London, Curzon.
Perry, Elizabeth J. (1995a), Introduction: Urban associations, in: D. S. Davis, R. Kraus, B. Naughton, E.J. Perry (Hg.), *Urban Spaces in Contemporary China: The Potential for Autonomy and Community in Post-Mao China*, Woodrow Wilson Center Series, Cambridge, Cambridge University Press.
-- (1995b), Labor's battle for political space: the role of worker associations in contemporary China, in: D. S. Davis, R. Kraus, B. Naughton, E.J. Perry (Hg.), *Urban Spaces in Contemporary China: The Potential for Autonomy and Community in Post-Mao China*, Woodrow Wilson Center Series, Cambridge, Cambridge University Press.
Potter, S.H., J. Potter (1990), *China's Peasants: the Anthropology of a Revolution*, Cambridge, Cambridge University Press.
Roberts, Dexter, Mark Clifford, Diane Brady (1999), Playing the credit card: China is urging consumers to take on debt, *Business Week* 5 July, S. 20-21.
Robinson, Jean (1985), Of Women and Washing Machines: employment, housework and the reproduction of motherhood in socialist China, in: *China Quarterly* 101, S. 32-57.
Rowe, W. (1990), The public sphere in modern China, in: *Modern China* 16(3), S. 309-329.
Runciman, W.G. (1985), Contradictions of state socialism: the case of Poland, in: *The Sociological Review* 33(1), S. 1-20.
Sidel, Mark (1995), Dissident and liberal legal scholars and organizations in Beijing and the Chinese stae in the 1980s, in: D. S. Davis, R. Kraus, B. Naughton, E.J. Perry (Hg.), *Urban Spaces in Contemporary China: The Potential for Autonomy and Community in Post-Mao China*, Woodrow Wilson Center Series, Cambridge, Cambridge University Press.

Siu, Helen (1989), *Agents and Victims in South China: Accomplices in Rural Revolution*, New Haven, Yale.
-- (1993), Reconstituting dowry and brideprice in South China, in: Deborah S. Davis, Stevan Harrell (Hg.), *Chinese Families in the Post-Mao Era*, Berkeley, University of California Press.
Smith, Richard (1993), The Chinese road to capitalism, in: *New Left Review* 199 (May-June), S. 55-99.
Stacey, J. (1983), *Patriarchy and Socialist Revolution in China*, Berkeley, University of California Press.
Strand, D. (1990), *"Civil Society" and "Public Sphere" in Modern China: A perspective on popular movements in Beijing, 1919-1989*, Working Papers in Asian/Pacific Studies 90 – 101, Durham, Duke University Press.
Tang, Xiaobing (1996), New urban culture and everyday-life anxiety in China, in: Tang, Xiaobing, Stephen Snyder (Hg.), *In Pursuit of Contemporary East Asian Culture*, Boulder, Westview.
Veeck, Ann (2000), The revitalization of the marketplace: food markets of Nanjing, in: D. S. Davis (Hg.), *The Consumer Revolution in Urban China*, Berkeley, University of California Press.
Verdery, Katherine (1996), *What was Socialism, and What Comes Next?*, Princeton, Princeton University Press.
Wakeman, F. (1993), The civil society and public sphere debate: western reflections on Chinese political culture, in: Huang, Phillip (Hg.), Symposium: "Public Sphere"/"Civil Society" in China, Paradigmatic Issues in Chinese Studies III, Special Issue of *Modern China* 19(2), S. 108-113.
Wang, Gan (2000), Cultivating friendship through Bowling in Shenzhen, in: D. S. Davis (Hg.), *The Consumer Revolution in Urban China*, Berkeley, University of California Press.
Wang, H., L.O. Lee with M.J. Fisher (1994), Etymologies: Is the public sphere unspeakable in Chinese? Can public spaces (*gonggong kongjian*) lead to public spheres?, in: *Public Culture* 6, S. 597-605.
Wang, John (1999), Signs of opening in telecom, in: *China Business Review* (May-June), S. 8-14.
Wang, Shaoguang (1995), The politics of private time: changing leisure patterns in urban China, in: D. S. Davis, R. Kraus, B. Naughton, E.J. Perry (Hg.), *Urban Spaces in Contemporary China: The Potential for Autonomy and Community in Post-Mao China*, Woodrow Wilson Center Series, Cambridge, Cambridge University Press.
Wank, David L. (2000), Cigarettes and domination in Chinese business networks: institutional change during the market transition, in: D. S. Davis (Hg.), *The Consumer Revolution in Urban China*, Berkeley, University of California Press.
Wasserstrom, Jeffrey N., Liu Xinyong (1995), Student associations and mass movements, in: D. S. Davis, R. Kraus, B. Naughton, E.J. Perry (Hrg.), *Urban Spaces in Contemporary China: The Potential for Autonomy and Community in Post-Mao China*, Woodrow Wilson Center Series, Cambridge, Cambridge University Press.
Watson, James L. (Hg.), (1984), *Class and Social Stratification in Post-Revolutionary China*, Cambridge, Cambridge University Press.

Whyte, Martin K. (1984), Sexual inequality under socialism: the Chinese case in perspective, in: James L. Watson (Hg.), *Class and Social Stratification in Post-Revolutionary China*. Cambridge, Cambridge University Press.

-- (1992), Urban China: a civil society in the making?, in: Arthur L. Rosenbaum (Hg.), *State and Society in China: The Consequences of Reform*. Boulder, Westview.

Whyte, Martin K., W.L. Parish (1984), *Urban Life in Contemporary China*, Chicago, University of Chicago Press.

Wilson, T. (1997), Truth and dare: Chinese weekend paper rakes scandal - and bucks, in: *Far Eastern Economic Review* 14 August.

Wolf, M. (1985), *Revolution Postponed: Women in Contemporary China*, Stanford, Stanford University Press.

Yang, M. (1994), *Gifts, Favours and Banquets: The Art of Social Relationships in China*, Ithaca, Cornell University Press.

Zha, J. (1995), *China Pop: how soap operas, tabloids and bestsellers are transforming a culture*, New York, New Press.

Zhao, Yuezhi (1998), *Media, Market, and Democracy in China: Between the Party Line and the Bottom Line*, Urbana/Chicago, University of Illinois Press.

12. Inwieweit lassen sich die Analysen des Postsozialismus übertragen?
Der Fall Zentralasien

Deniz Kandiyoti

Einleitung

Mit der Sachlage in Osteuropa vertrauten Fachleuten gilt es als weitgehend sicher, dass der Staatssozialismus eine eigene Gesellschaftsform mit ihrer eigenen institutionellen Logik und ihren eigenen Entwicklungsdynamiken darstellte. Katherine Verdery (1996) zum Beispiel hat überzeugend über die „Familienähnlichkeiten" der sozialistischen Länder berichtet, die darin bestanden, dass alle diese Staaten an denselben Schwächen des zentralen Planungssystems litten: Planungsschiebereien, Überinvestitionen, Beschränkungen im flexiblen Etat, endemischer Mangel, paternalistische Verteilungsmechanismen und eine Vernachlässigung des Konsums. Zahlreiche osteuropäische Sozialwissenschaftler haben sich mit Hilfe komplexer Studien darum bemüht, diejenigen spezifischen Prozesse herauszuarbeiten, mittels derer der Staatssozialismus immer wieder reproduziert wurde (Konrád und Szelényi 1979; Kornai 1980). Nach Stark und Nee (1989) war die Logik dieser institutionellen Prozesse nicht der kapitalistischen Entwicklung abgeschaut – sei diese nun als Gegensatz zum sozialistischen Projekt gedacht oder als etwas, auf das beide Ausrichtungen letztlich hinauslaufen würden – sondern sie war etwas, das ganz spezifisch nur dem Staatssozialismus zueigen war.

Dieser Gedanke führt zu einer ganzen Reihe untereinander verschwägerter Hypothesen über die postsozialistische Transformation. Starks These ist, dass verschiedene Methoden des Herauswindens aus dem Sozialismus die Tranformationsmöglichkeiten der folgenden Phase bestimmen.

„... unterschiedliche Prozesse des Auseinanderfallens werden sich auch unterschiedlich darauf auswirken, wie politische und wirtschaftliche Institutionen in der gegenwärtigen Periode neu gestaltet werden" (1992, S. 20).

Burawoy und Verdery (1999) sind der Ansicht, dass eine all zu starke Betonung der Umgestaltung bestehender Netzwerke und Institutionen (oder Pfadabhängigkeiten) der Fluidität des Transitionsprozesses nicht genügend Rechnung tragen, eines Prozesses, der stark geprägt ist von komplexen Mikroprozessen der Aneignung und des Widerstands, aber sie stützen sich zum Teil auf ein Modell dessen, was „vorher" war. Die Fachwelt ist sich weitgehend darüber einig, dass Vergleiche mit einem idealtypischen Modell des kapitalistischen Westens für diese Prozesse ungeeignet sind.

Man könnte sich der Meinung Burawoys (1999) anschließen, dass die Einführung eines zweiten Idealtyps die sich aus dem Festhalten an einem westlichen Modell ergebenden Teleologien und Konterteleologien, an welchem die postsozialistische Entwicklung gemessen werden würde, beseitigen helfen könnte. Es stellt sich jedoch die Frage, wie so ein Model aussehen soll, wie genau er sich zusammensetzt und, was ebenso wichtig ist, wie weit er sich anwenden lässt?

Um dies zu beantworten, scheint es mir nützlich zu einem früheren Gebrauch des Begriffs der „Transition" zurückzukehren. Der Ausdruck „Transitionskrise" war unter osteuropäischen Wissenschaftlern ein gängiger Begriff, bevor er nach dem Ende der sozialistischen Staaten Marketisierung, Veränderung von Eigentumsrechten und Demokratisierung zu bezeichnen begann. Ich möchte die Bedeutung von Transition als meinen Ausgangspunkt nehmen, da es damit möglich wird, Hinweise über das zugrunde liegende Modell sozialistischer Planung zu bekommen. Die Krise, um die es dabei geht, war die lange sozialistische Depression der 70er und 80er Jahre. Die Kluft zwischen fortgeschrittenen kapitalistischen und sozialistischen Ländern, die sich in den Jahren nach dem Krieg zu verringern schien, begann sich in den 70er Jahren zu vertiefen. Es machte sich die Überzeugung breit, dass der Staatssozialismus sein Wachstumspotential erschöpft hatte. Szelényi (1989) macht auf zwei Versionen dieser Behauptung aufmerksam – eine sanfte Version, wonach der Staatssozialismus eine einigermaßen erfolgreiche Strategie für eine intensive Industrialisierung darstellte, die aber nun nicht mehr aktuell war, und eine harte Version, deren Befürworter der Meinung waren, dass es dem System noch nicht einmal gelungen war, die intensive Industrialisierung in zufrieden stellender Weise zu erreichen. Gemäß der sanften Version war die Strategie extensiven Wirtschaftswachstums in dem Moment an ihr Ende gelangt, in dem der Überschuss an landwirtschaftlichen Arbeitskräften in die Industrie absorbiert worden war. Die Wirtschaft konnte nur dann weiter wachsen, wenn die Produktivität erhöht und neue Technologien entwickelt wurden. In Szelényis Szenario waren beinah alle sozialistischen Länder mit dieser traumatischen Restrukturierung ihrer Volkswirtschaften in den

80er Jahren beschäftigt. Damals sprach man noch von sozialistischen „Mixed Economies" und hybriden Formen von Eigentum (Szelényi und Costello 1996). Trotzdem ist es möglich, auf der Grundlage dieser Untersuchungen einen schematischen Vergleich zwischen Ost- und Mitteleuropa und der früheren Sowjetunion vorzunehmen.

In Ost- und Mitteleuropa deckten sich weitgehend die Grenzen der Volkswirtschaft und des politischen Territoriums, was in den meisten Fällen auch bestehen blieb. In der früheren Sowjetunion bedeutete die Arbeitsteilung aufgrund angenommener relativer Vorteile verschiedener Regionen, mit einem verteilenden Mittelpunkt Moskau, dass einige der Republiken innerhalb der Union als Lieferant von Rohmaterialien fungierten. Die Überschüsse aus Landwirtschaft und Rohstoffgewinnung wurden, obwohl sie ihren Beitrag zum sozialen Gemeinwohl leisteten, nicht für einen umfassenden Industrialisierungsprozess verwendet – ein charakteristisches Merkmal sozialistischer Planung in Osteuropa. Diese Tatsache ist durch die schwache industrielle Basis aller Republiken Zentralasiens belegt. Außerdem führte diese Arbeitsteilung zu signifikanten soziodemographischen Unterschieden zwischen den einzelnen Republiken der Union: Während das Hinüberwechseln ländlicher Bevölkerungen in nicht landwirtschaftliche Berufe in den „europäischen" Teilen der Sowjetunion zur Realität wurde und die Geburtsraten zurückgingen, waren die Bevölkerung Sowjetzentralasiens in der Mehrzahl in der Landwirtschaft tätig und ihre Geburtsraten blieben sehr hoch (vergleichbar mit denen in den südlichen Nachbarländern).

Diese Differenzen wurden durch ethnische Arbeitsteilung innerhalb der zentralasiatischen Republiken verstärkt. Mitglieder der „europäischen" Ethnien arbeiteten vor allem in der Industrie und technischen Dienstleistungsunternehmen und lebten in der Mehrzahl in städtischen Gebieten, während indigene Ethnien vor allem im Agrarsektor der Wirtschaft zu finden waren (Lubin 1984). Das Erbe der russischen Eroberung Zentralasiens – von einer auf Besiedelung basierenden Kolonialisierung bis hin zum militärischen Verwaltungsapparat – gaben der landwirtschaftlichen Entwicklung (vor allem dem kommerziellen Baumwollanbau) in der Region, die früher Turkistan hieß, ihre ganz spezifische Form. Trotz dieser Kolonialgeschichte war die Vorstellung, Zentralasien sei eine Erweiterung der türkisch-iranischen Welt und der islamischen Zivilisation, der Ausgangspunkt für die Ansicht, dass sowohl die zaristische wie die sowjetische Periode lediglich eine Unterbrechung viel älterer historischer Entwicklungen darstellte (McChesney 1996). Die „muslimische" Peripherie wurde dabei als so marginal betrachtet, dass der Zerfall der Sowjetunion zu Spekulationen Anlass gab, wonach hier ein „neuer Mittlerer Osten" im Entstehen sei; derartige Gedankengänge beruhten auf den mutmaßlichen kulturellen Ähnlichkeiten und sich neu konstituierenden geopolitischen Ausrichtungen der kürzlich unabhängig gewordenen Republiken (Eickelman 1993; Menashiri 1998). Die jüngere Literatur über Zentralasien ist beherrscht von Fragen zur Identität und einer erneuten Beurteilung der sowjetischen Nationalitätenpolitik. Die soziokulturellen Auswirkungen der Sowjetisierung und Russifizierung dieser Gebiete werden häufig privilegiert über eine seriöse Analyse der Wirtschaftsinstitutionen des Staatssozialismus und ihrer lokalen Formen.

Dies bedeutet, dass die wesentlichen Erkenntnisse, die über den Staatssozialismus und die postsozialistische Transition in Ost- und Mitteleuropa vorliegen, wenig oder gar nichts zur Erforschung der zentralasiatischen Gesellschaften beitragen können. Eine kritische Herausforderung dieser Lage erfordert zuerst eine Analyse des theoretischen Rahmens, innerhalb dessen die zentralasiatischen Regionen bislang untersucht wurden.

Zwischen Abhängigkeit und Postkolonialität

Man kann an die Probleme der zentralasiatischen Volkswirtschaften und Gesellschaften anhand zweier Arten von Theorien herangehen. Die erste ist die Abhängigkeitstheorie, die im sowjetischen Kontext Parallelen zieht zu den Zentrum-Peripherie-Dynamiken ungleichen Handelns zwischen den Zentren und unterentwickelten Peripherieregionen. Die zweite ist die postkoloniale Theorie, nach der der hegemonische Westen (hier auch das zaristische Russland und das Sowjetregime umfassend) den unterworfenen Völkern (in diesem Falle Muslime) seine westliche Version von Modernisierung aufzwingt; eine Art Orientalismus.

Die Abhängigkeitstheorie war ursprünglich entwickelt worden, um die Eingliederung der sogenannten Dritten Welt in ein expandierendes kapitalistisches Weltsystem zu erklären. Doch wurden ähnliche Ideen von Fachleuten vorgebracht, um die Begegnung zwischen dem Sowjetstaat und seiner zentralasiatischen Peripherie einer kritischen Beurteilung zu unterwerfen (Gleason 1991). Nove und Newton (1967) machten auf die Schwierigkeiten aufmerksam, die sowjetische Herrschaft als einen klaren Fall von kolonialer Herrschaft zu beschreiben, weil dieses Konzept zu viele Widersprüchlichkeiten mit sich brachte; trotz der zentralisierenden Praktiken des sowjetischen Staates und der Dominanz der Russen wurden Ressourcen auch in weniger entwickelte Gebiete geleitet, ohne dass dafür eine wirtschaftliche Notwendigkeit bestand. Shahrani (1993) sprach vom sowjetischen Staat als Fortsetzung der russischen Kolonisation und argumentierte, dass die sowjetische Politik in Zentralasien ein auf wirtschaftliche und ideologische Kontrolle gesteuertes Kolonialprojekt darstellte. In ökonomischer Hinsicht sei die muslimische Peripherie dabei ein Opfer der Ausbeutung ihrer Rohstoffe geworden, insbesondere Erdöl in Aserbaidschan und Baumwolle in Zentralasien. In ideologischer Hinsicht sei für die Modernisierung der Bevölkerung Zentralasiens nichts anderes geschehen als ein systematischer Angriff auf existierende soziale Institutionen, Identitäten und Loyalitäten. Dies wurde durch territoriale Zerstückelung, die Bildung künstlicher ethnonationaler Gruppierungen, die Abtrennung sowohl vom türkisch-persischen Erbe wie auch von der weiteren muslimischen Welt mit der Einführung verschiedentlich modifizierter Formen des kyrillischen Alphabets und die systematische Zerstörung muslimischer Institutionen erreicht.

Während für Shahrani die sowjetische Politik ihre strategischen Zielsetzungen erreichte, blieb für Anatoly Khazanov (1995) das wichtigste Problem der Region bestehen: ihre wirtschaftliche Unterentwicklung. Seiner Ansicht nach blieb die Modernisierung in dieser Region mit nur minimaler Beteiligung der indigenen Bevölkerung weitgehend eine Illusion:

„Die seitens des Moskauer Zentrums betriebene Politik der sogenannten interregionalen Arbeitsteilung stand im klaren Gegensatz zu den Interessen Zentralasiens und Kasachstans, da sie diese Regionen in die Rolle eines Rohstofflieferanten zwangen, die die Region größtenteils in unverarbeiteter Form verließen und in andere Teile des Landes transportiert wurden." (1995, S. 115)

Die vom Zentrum bezahlten Zuschüsse waren nur ein ungenügender Ausgleich für die durch den „ungleichen Handel" erzielten Gewinne, ein Problem, das während der letzten zehn Jahre des Sozialismus sowohl durch die im Vergleich mit den im Rest der Union sehr niedrigen Pro-Kopf-Investitionen wie auch einen wesentlichen Rückgang der Kapitalinvestitionen verschärft wurde. Diese eingeschränkte Industrialisierung führte nicht zur Schaffung einer indigenen Arbeiterklasse und die im Industriesektor erzielten Einkommen reichten nicht, um lokale Etats zu decken. Daher schließt Khazanov mit Bedauern, dass in der postsowjetischen Periode diese Region offensichtlich „eine weitere Region mit Drittweltcharakter, mit ungelösten Strukturproblemen und einem sehr niedrigen Potential für einen raschen wirtschaftlichen Aufschwung und soziopolitische Entwicklung" ist (ebd. S. 155).

Was all diese Darstellungen vermissen lassen, ist, dass sie sich nicht konsequent genug mit den tatsächlichen Funktionsweisen des sowjetischen Systems in

Zentralasien aus einer ethnographischen Perspektive befassen. Nehmen wir zum Beispiel den „Baumwollskandal" in Usbekistan, (auch die „usbekische Affäre" genannt), der im Jahre 1987 zu der posthumen Ungnade des Ersten Sekretärs der Usbekischen Kommunistischen Partei, Rashidov, und der Einkerkerung von über 2600 Regierungsfunktionären führte, nachdem bekannt wurde, dass die Usbeken auf allen Ebenen der Republik die zentrale Regierung durch ein ausgeklügeltes Schmiergeldsystem und andere falsche Berichte betrogen hatten. Dies zeigt, dass hinter dem System der überschüssigen Produktion mehr steckte, als auf den ersten Blick festzustellen war. Es beinhaltete einen Prozess der Subversion und des Widerstands seitens der republikanischen Eliten des Landes angesichts unrealistischer Planziele, aber auch einen Prozess der Anpassung auf Seiten des Zentrums, indem politische Loyalität gegen ein nicht unerhebliches Maß an interner Freiheit gehandelt wurde. Die anschließenden Antikorruptionsbestrebungen und Säuberungen brachten das Gleichgewicht der Kompromisse, das sich unter der langen Herrschaft Breshnevs entwickelt hatte, aus den Fugen, was zu einem Aufflackern nationalistischer Leidenschaften führte. Diese Ereignisse sind oftmals kommentiert worden, doch hat keiner der Beobachter die verschiedenen hier ins Spiel kommenden Mechanismen auf der Ebene der Landwirtschaftsbetriebe oder der Bezirksverwaltungen und zentralen republikanischen Dienststellen untersucht, die diese Anpassung und Subversion möglich machten.

Die Frage der Verteilung ethnischer Gruppen innerhalb der Arbeitsstrukturen macht auch die begrenzten Anwendungsmöglichkeiten des Abhängigkeitsansatzes deutlich. Für Khazanov erklärt sich die geringe Zahl indigener technischer Kader aus einem Prozess der Diskriminierung und des Ausschlusses, der vor allem darauf zurückzuführen ist, dass gute Russischkenntnisse notwendig waren, um in der sozialen Hierarchie aufzusteigen und Karriere zu machen. In diesem Zusammenhang wirft Lubin (1984) jedoch die recht provokative Frage auf, ob die indigene Bevölkerung solchen Berufen tatsächlich viel Prestige einräumte und nicht lieber im Handel, Dienstleistungsgewerbe und der zweiten Wirtschaft tätig bleiben wollte. Obgleich diese Erwerbszweige im Lichte der offiziellen sowjetischen Kriterien nicht viel Prestige besaßen, brachten sie höhere finanzielle Erlöse, die in die Fortführung des usbekischen Lebensstils fließen konnten und in das, was Koroteyeva und Makarova (1998) die „einheimischen Konsummuster" nannten, darunter verschwenderische Zeremonien in Zusammenhang mit lebenszyklischen Ereignissen und die Pflege von Klientel-Netzwerken. Beschäftigungsstatistiken geben hierüber wenig Auskunft, außer sie werden von Gedanken zu den Methoden, wodurch sich die zweite Wirtschaft und geringfügige Güterproduktion in die zentralasiatische Planwirtschaft einfügen, begleitet.

Im Gegensatz zu Ost- und Mitteleuropa, wo sich lokale Forscher um ein Verständnis der Arbeitsweise des Staatssozialismus bemühten und innovative Ansätze für ein derartiges Verständnis entwickelten, sind die institutionellen Merkmale und Arbeitsweisen auf der Mikroebene der Planwirtschaft in Zentralasien im Großen und Ganzen bis jetzt nicht erforscht worden. Das Zentrum-Peripherie-Modell setzte sich auch in der Produktion von Wissen unter der zentralasiatischen Gesellschaft fort, auf Grundlage aus der Sicht sowjetischer Ethnographen und Soziologen zusammengetragener Daten einerseits und den Arbeiten westlicher Sowjetologen andererseits. Unter Zuhilfenahme einer spezifisch sowjetischen Variante der Modernisierungstheorie ordneten sowjetische Ethnographen die zentralasiatischen Gesellschaften unter die Rubrik des „Traditionalismus" ein (Kandiyoti 1996). Die Verknüpfung des Begriffs des *ethnos* mit Stalins evonutionstheoretisches Verständnis sozio-ökonomischer Formationen machte es den sowjetischen Ethnographen möglich, lokale Praktiken als „Überreste der Tradition" auf dem Wege zu der vom Sozialismus versprochenen Transformation zur Modernität einzustufen. Diesen Analytikern kam es niemals in den Sinn, dass diese „Praktiken" nur Artefakte des sowjetischen Systems sein könnten. Dies führte zu einem Genre paradoxer Abhandlungen, die aus ideologisch motivierten Bejubelungen der Leistungen des sowjetischen Systems bei der Transformation der zentralasiatischen Gesellschaften (Entschleierung der Frauen, Beseitigung des Analphabetentums, Schaffung einer sozialistischen Arbeiterschaft usw.) bestanden und einem anderen Genre ethnographischer Schriften, die die offensichtlichen Unzulänglichkeiten der schon erstrittenen Erfolge zur Sprache brachten.

Wie der mit dem Prinzip der Abhängigkeit arbeitende Ansatz im Hinblick auf den zentralasiatischen Zusammenhang Mängel aufweist, trifft dies auch für das Konzept der Postkolonialität zu. Die Region war tatsächlich im Verlauf der zaristischen Expansionsphase im späten 19. Jahrhundert kolonisiert worden, bevor sie nach dem Sieg der Bolschewiken neuen Formen der Domination durch ein nicht kapitalistisches Zentrum unterworfen wurde. Was diesen Fall kompliziert macht, ist die Tatsache, dass die Bolschewiken im Rahmen ihrer eigenen ideologischen Kritik des *ancien régime* eine Kritik des Kolonialismus formulierten. Die Frage der Kontinuitäten und Diskontinuitäten zwischen der Kolonialperiode und der sowjetischen Periode beschäftigt weiterhin sowohl Historiker wie Sozialwissenschaftler. Gemäß der sowjetischen Auslegung von Geschichte nahmen die zentralasiatischen Republiken freiwillig an dem kommunistischen Projekt teil und stellten lokale Eliten als feudale Unterdrücker dar (Pierce 1960). Wie jedoch Brower (1997) in seiner Untersuchung der russischen Kolonialpolitik in Turkistan bemerkt, existierten auch zahlreiche Bereiche der Kontinuität und sogar der weiteren Verfeinerung der kolonialen Politik nach der bolschewistischen Revolution – wie zum Beispiel das ethnographische Projekt, ethnische Gruppen der Region zu entdecken und zu beschreiben. Die Versuche im Rahmen des Postkolonialismus-Ansatzes lassen sich in zwei grundlegende Ansätze untergliedern. Der erste dieser Ansätze, der vor allem in Arbeiten wie Sahnis *Crucifying the Orient* (1997) angewendet wird, basiert auf einem Modell des „Kulturraubs", dass das Aufeinandertreffen der kolonisierenden Nation mit der kolonisierten Gruppe als ein rein „äußerliches" Ereignis für letztere darstellt. Der zweite Ansatz, für den die Arbeiten Roys (1991/92, 1999, 2000) das wohl durchdachteste Beispiel bieten, entwickelt das Konzept der umgekehrten Bewegung, wonach die kolonisierenden Institutionen selbst „kolonisiert" und von den lokalen Gesellschaften, die sie zu formen versuchen, vereinnahmt werden. Wir wollen diese der Reihe nach betrachten.

Sahni beschreibt die Bolschewiken als die unmittelbaren Erben des russischen Orientalismus, ein Erbe, das sich in der Eurozentrizität und dem Rassismus ihrer Führer manifestierte. Diese Eurozentrizität wird der Tatsache zugeschrieben, dass sich die russische Elite selbst zunehmend von ihren kulturellen Wurzeln auf Grund der Übernahme europäischer Kader und Ideen entfernt hatte. Russen waren also „geistig kolonisiert" worden, ohne selbst kolonisiert zu werden. Dieser Gedankengang impliziert eine vollkommene Übereinstimmung der zaristischen und bolschewistischen Projekte.

„Wie die zaristische Regierung versuchte, ihre kolonisatorische Betätigung durch das Christentum und Russlands Mission auf Erden als die des Dritten Roms, des Retters der Menschheit zu rechtfertigen, berief sich die sozialistische Regierung auf den Marxismus. Diese beiden Konzepte sind sich auf beinahe unheimliche Weise ähnlich: Jedes sah sich in der Rolle des einzigen Vertreters der Wahrheit und Rettung und versprach ein Paradies am Ende des Weges." (1997, S. 110)

Für Sahni hat das sowjetische Projekt nichts als Zerstörung hinter sich gelassen: Die Verwüstung einer empfindlichen Ökologie, die Vernichtung lokaler Geschichte, das Verbot lokalen Schrifttums und lokaler Sprachen sowie indigener Kulturformen. Die postkoloniale Bewegung besteht deshalb in einer Rückkehr zu den indigenen Stimmen und Traditionen – jenen Dingen, für die sich auch die postsozialistischen Eliten in ihrem Bemühen um ihre politische Legitimation stark machten. Sahni zieht seine schematischen Schlussfolgerungen ausschließlich auf der Grundlage schriftlicher Quellen literarischer, historiographischer und wissenschaftlicher Art. Er beschreibt Realität nicht mit Hilfe empirischer Untersuchungen täglicher Praktiken verschiedentlich situierter Bevölkerungsgruppen, sondern auf der Basis eines eingehenden Studiums von Texten, von denen er annimmt, dass sie diese Realität wiedergeben.

In deutlichem Gegensatz hierzu setzt sich Roy direkt mit den Institutionen der sowjetischen Periode und ihren lokalen Auswirkungen auseinander. Er stimmt mit Sahni darin überein, dass die Gründung der Sowjetrepubliken im Jahre 1924 – Republiken, zu denen später Titularvölker zugeschrieben wurden – nicht das Ziel hatte, lebensfähige, unabhängige Einheiten zu schaffen, obwohl diesen Republiken das Gerüst echter Staaten gewährt wurde. Vielmehr sagt Roy, in Anlehnung an Benedict Anderson (1991), war es der Kolonialstaat (in diesem Fall der sowjetische Staat), der die (historischen, ethnographischen und linguistischen) Begrifflichkeiten schuf, die den muslimischen Republiken die für ihre Legitimation und ihr Selbstverständnis notwendigen Elemente in die Hand gaben. Er betont weiterhin, diesmal gegen Anderson, dass der Kolonialstaat von der traditionellen Gesellschaft soziologisch erobert wurde und dass eine „Zurücknahme von sowjetischen Resten durch lokale Eliten" stattfand. Wie war dies möglich? Roys Antwort auf diese Frage zeigt, dass das sowjetische Projekt der Zerstörung einer traditionellen Gesellschaft durch „soziales Engineering" zu einem Paradox führt:

„Eine Umgruppierung solidarischer Gruppen im vom System vorgegebenen Rahmen und eine auf zwei verschiedenen Ebenen ins Leben tretende politische Kultur: Einerseits der Anschein der Konformität mit dem von außen übergestülpten sozialen Projekt, andererseits eine Subversion dieses Projektes durch faktionalistische und klientistische Praktiken." (2000, S. 85)

Roy setzt voraus, dass die zentralasiatische postsozialistische Gesellschaft sich genau um diejenigen Elemente herum konstituiert hat, die erdacht worden waren, sie zu zerstören. Dies geschah durch das Kolchosen-/kommunitäre System von bereits existierenden Solidaritätsgruppen sowie eine Neuzusammensetzung der politischen Welt auf der Grundlage von regionalem Faktionalismus und der Internalisierung einer gemäß den Kriterien sowjetischer Ethnologie konstruierten ethnischen Identität.

In Roys Augen handelt es sich mehr um eine Neuzusammensetzung als um eine einfache Fortführung der traditionellen Gesellschaft. Seiner Ansicht nach beinhaltet die Kollektivierung, deren Beginn mit dem Anlaufen des ersten Fünfjahresplanes (1928 bis 1932) gleichzusetzen ist, eine systematische Territorialisierung von Solidaritätsgruppen, die auf diese Weise an das Kolchosensystem angepasst werden sollten. Die erweiterte Familie (*awlad*), die Nachbarschaft (*mahalla*) und (in den tribalen Gebieten) Lineagesegmente standen als Unterabteilung der Kolchosen wieder auf.

Was daher „als ‚Retraditionalisierung' erscheint, ist eigentlich nur die Anpassung an ein Erfordernis der vom Staat eingeführten sozialen Organisation: Die Solidaritätsgruppe, sei diese nun einfach übernommen oder neu zusammengesetzt, bildet das Tor, durch das ein Individuum in das System eintritt; sie ist der Vermittler zum Staat und zur übrigen Gesellschaft." (2000, S. xiii)

Es ist wichtig, im Auge zu behalten, dass die hier angesprochene Neuzusammensetzung „in dem von diesem System vorgegebenen Rahmen" stattgefunden hat. Das System wird als solches niemals in seiner Erscheinungsform als Teil der sowjetischen Nationalitätenpolitik und des ideologischen Projekts des Sowjetstaates theoretisiert. Roys analytische Inklinationen zeigen sich in den Parallelen, die er zu den Reformen Atatürks zieht, die, so behauptet er, einen stärkeren modernisierenden Einfluss auf die Türkei ausübten als Stalins Reformen in Zentralasien, die, gemessen an Kriterien wie dem niedrigen Maß an Urbanisierung und den hohen Geburtsraten, stärker in der „Tradition" verhaftet blieben. Nach Roys Auffassung sind diese Ergebnisse unterschiedlichen Ideologien zuzuschreiben. Er übersieht dabei, dass die in den ländlichen Gebieten der Türkei eingetretenen Veränderungen weniger mit der Ideologie des Atatürkismus zu tun hatten als mit dem, zu einem viel späteren Zeitpunkt stattfindenden, Eindringen kapitalistischer Prinzipien in die Landwirtschaft. In ähnlicher Weise sollten wir nicht außer Acht lassen, dass die konkret existierenden Institutionen der Planwirtschaft und Kollektivierung gewisse Eigenschaften in sich trugen, die die „Neuzusammensetzung" der traditionellen Gesellschaft in Zentralasien vorantrieben. Wir müssen ebenfalls untersuchen, ob der Prozess der „Subversion" der formellen Autoritätsstrukturen durch inoffizielle Klientel- und Patronagenetzwerke nur den muslimischen Republiken eigen war oder ob es sich dabei um eine lokale Version eines viel breiter angelegten Musters handelt, das einem auch in anderen sozialistischen Staaten begegnet. Mit anderen Worten, es ist notwendig, die ökonomischen Institutionen des Staatssozialismus innerhalb konkreter Kontexte theoretisch zu erfassen, wenn wir ihre gegenwärtige Transition begreifen wollen. Der einzige Versuch demnach ist Caroline Humphreys ethnographische Studie einer sibirischen Kollektive (1983), die mit Olivier Roys Darstellung derselben Institution in Zentralasien sinnvoll verglichen werden kann.

Kollektive Landwirtschaftbetriebe im Vergleich

Roy argumentiert, dass die Kolchose in Zentralasien nicht unbedingt dazu verurteilt ist, im Laufe des Privatisierungsprozesses zu verschwinden, sondern vielmehr einen Rahmen für kollektive Identitäten bietet, auf der schließlich eine Zivilgesellschaft aufbauen könnte. Selbst wenn die Kolchosen nicht die vor der Sowjetisierung in der Region existierenden lokalen Identitätsgruppen sind, haben sie heute eine „neotraditionelle" Identität angenommen, deren greifbare Form die *mahalla* und *awlad* sind. Dies, meint Roy, ist der Unterschied zwischen der „europäischen" und zentralasiatischen Kolchose. Dort ist

„das Kolchosensystem ‚traditionell', nicht nur als ‚sowjetisches' System, sondern auch als Ausdruck einer segmentierten islamischen Gesellschaft, die sich oberflächlich gemäß sowjetischer administrativer Vorgaben reformiert hat - Vorgaben, deren wichtigste Leistung darin bestand, administrative und politische Interessen für diese Segmentierung zu schaffen." (2000, S. 114)

Dieses Argument macht es schwer, Vorgänge in Zentralasien in Debatten über die Transition des Marktes einzubringen, da die Planwirtschaft hier als ein lediglich oberflächliches Phänomen betrachtet wird, als ein importiertes System, das von „der Rache der traditionellen Kultur und Gesellschaft" (2000, S. 111) verdrängt wurde. Dieser Ansatz schließt eine detaillierte Analyse der sich entwickelnden Formen von Eigentum aus und verleiht der Debatte unversehens einen Zug von Neo-Orientalismus. Der Wandel von Zugangsmöglichkeiten zu Land und Eigentum wird nicht in einem institutionellen Rahmen sich entwickelnder Besitz- und Produktionsverhältnisse untersucht, sondern in das kulturelle Modell der Kolchose in ihrer Eigenschaft als Solidaritätsgruppe zurückgespiegelt.

Roy betrachtet zwei Mechanismen, derer sich die Kolchosenleiter in der postsowjetischen Periode bedienen, um die Integrität der Genossenschaft zu wahren und gleichzeitig die Produktivität und die Autonomie der Familien zu erhöhen: die Abschaffung des Brigadensystems zu Gunsten von Pachten auf Ebene der Familie und die Einführung von kleinen Kollektiven (*ijara*). Roy missinterpretiert diese Praktiken, weil er sie von den täglichen Arbeitsprozessen der Agrarkollektive und den Unwägbarkeiten der stattfindenden Agrarreform loslöst.

Der Wechsel von Arbeitsbrigaden zu Familienbrigaden (*oila pudrati – arenda* auf russisch) fand schon einige Jahre vor dem Ende des sowjetischen Systems statt und war das Produkt von Reformen in der gesamten Sowjetunion, die im Rahmen der *perestroika* eingeführt wurden. Der wichtigste Effekt des neuen Systems war ein leichter Rückgang der Zahl der Arbeiter, doch ohne bemerkenswerten Produktionsanstieg. Das Prinzip der Familienbrigaden war in Anlehnung an das chinesische System der Haushaltsverantwortung ins Leben gerufen worden. Allerdings gab es den Bauern nicht die Entscheidungsfreiheit, die der Schlüssel zu den chinesischen Erfolgen bei den Landwirtschaftsreformen der 80er Jahre war (Pomfret 2000). Die Bauern Usbekistans blieben weiterhin Teil des staatlichen Beschaffungssystems, das dazu bestimmt war, soviel Baumwolle wie möglich für den Export zu niedrigen Einkaufspreisen anzukaufen, während die Pflanzer immer höhere Betriebskosten zu tragen hatten. Dies ließ ihnen wenig Überschuss, abgesehen von den für den Eigenbedarf produzierten Produkten, und daher kein Kapital, das sie in private Landwirtschaftsbetriebe hätten investieren können, wie dies für das postmaoistische China charakteristisch gewesen war. Das System der Familienbrigaden ist also weder eine lokale Initiative, noch hatte es die erhoffte Wirkung einer Steigerung der Produktivität oder der Stärkung nicht-landwirtschaftlicher Unternehmen.

Roys Gleichsetzung des *ijara*-Systems mit der vorsowjetischen Sitte des kollektiven Anbaus ist nicht weniger problematisch. Das Wort *ijara* bezeichnet Pachtverhältnis, was sich in verschiedenen Formen darbieten kann. Doch bei allen diesen Formen bleibt die Kolchose der Eigentümer des Landes, das an die Bauern für unterschiedliche Zeitperioden und auf der Grundlage verschieden ausgehandelter Bedingungen verpachtet wird. Während der ersten Phase der Landwirtschaftsreform wurden „unabhängige" Farmen geschaffen, deren Pachtverträge bis zu zehn Jahre laufen konnten. Dabei handelte es sich typischerweise um unterdurchschnittlich produktive Felder aus den Landreserven der Kolchose. Die mit der Führung der Genossenschaft abgeschlossenen Pachtverträge zwangen die Bauern, ihre Produkte zu Preisen zu verkaufen, die sogar noch niedriger lagen als die staatlichen Einkaufspreise. Die neuen Landwirtschaftsbetriebe waren deshalb sehr anfällig. Da man außerdem der Ansicht war, dass sie die Fähigkeit der Genossenschaften einschränkten, die ihnen auferlegten Quoten für Weizen- und Baumwollproduktion zu erfüllen, wurde die Entstehung solcher Pachtfarmen bald stark eingeschränkt (Mearns 1996). Hinzu kommt, dass die Genossenschaften aufgrund der allgemeinen staatlichen Finanzkrise in chronische Zahlungsrückstände bei den Bauern gerieten und dadurch den Ruin sehr vieler dieser „Unabhängigen" verursachten. Letztere wurden schließlich durch ein Parlamentsdekret vom 18. März 1997 offiziell von den Genossenschaften getrennt und erhielten somit einen eigenen Rechtsstatus, das Recht, eigene Bankkonten zu eröffnen und mit Verkaufsorganisationen direkt zu verhandeln. Diese Landwirtschaftsbetriebe unterliegen immer noch den staatlichen Beschaffungsquoten und sind gezwungen, Verträge mit Ernteverarbeitungseinrichtungen abzuschließen. Dennoch bleibt ihnen gegenüber den Genossenschaften mehr Spielraum als vorher und sie können Pachtverträge bis zu fünfzig Jahre abschließen.

In einem derartig fließenden und komplexen Umfeld ist es sehr irreführend zu sagen, dass die Kolchosenführung das *ijara*-System befürwortet, weil es hilft, die Integrität der Kolchose zu erhalten. Das System des kollektiven Anbaus ist nur eines der gegenwärtig üblichen Pachtarrangements, die getroffen werden, um einen verbesserten Zugang zu Land für Private entsprechend den von den internationalen Geldgebern bestimmten Richtlinien zu gewährleisten, ohne dass der staatliche Baumwollbeschaffungsprozess abgeschafft werden müsste. Angesichts der immer noch bestehenden Abhängigkeit der usbekischen Wirtschaft von der Baumwollproduktion als wichtigstem Exporterzeugnis, ist es dem Staate (von der Weltbank abgesehen) unmöglich, einen uneingeschränkten Privatisierungsprozess in die Wege zu leiten, der die Produktion dieses zentralen Landwirtschaftserzeugnisses stören könnte. Die Notwendigkeit, kleinere eigenständige Landwirtschaftsbetriebe mit Agrarflächen zur besseren Selbstversorgung in Form von *tamorka* zu versorgen und zugleich verschiedene Arten von Pachtarrangements zu entwickeln, verlangt von den Genossenschaftsmanagern einen risikoreichen Balanceakt. In dicht bevölkerten Gebieten, wie zum Beispiel dem fruchtbaren Ferghana-Tal, müssen *tamorka*-Zuteilungen eingeschränkt werden, wenn Land durch Langzeitpachtverträge verpachtet wird; neue Familien können überhaupt kein Land bekommen, wenn die Genossenschaft das erforderliche eigene Produktionsniveau beibehalten möchte. Die Genossenschaftsdirektoren, die ich interviewte, bestätigten dieses Dilemma. Die lokalen Führungskräfte der Genossenschaften können zwar durchaus daran interessiert sein, die Autonomie ihrer Betriebe zu maximieren und sie gegen die Forderungen des Staates abzuschirmen. Diese Manager als „Neo-Landadel" (nach Roy) zu bezeichnen, der nicht länger Gesandter der zentralen Bürokratie ist, bedeutete jedoch folgende Tatsache zu übersehen: diese Führungskräfte werden bis heute von den Provinzgouverneuren (*hokims*) ernannt. Diese wiederum sind vom Zentrum eingestellt und ihre politische Lebensdauer hängt immer noch von der Planerfüllung ab. Wie mit seiner Beurteilung des *ijara*-Prinzips vernachlässigt Roy bei seiner Beschreibung des Kampfes der Kolchosen um die Aufrechterhaltung ihres Zusammenhaltes die Komplexität der Verhandlungsprozesse zwischen den internationalen Geldgebern, dem usbekischen Staat, den lokalen Genossenschaftsdirektoren und anderen ländlichen Gruppen, die alle als Gewinner aus der Agrarreform hervorgehen möchten und in diesem Sinne miteinander konkurrieren.

Oberflächlich betrachtet und von den verschiedenen Untersuchungsmethoden abgesehen, ist Caroline Humphreys (1983) Studie der Karl-Marx-Genossenschaft in Burjatien derjenigen Roys über die zentralasiatischen Kolchose insofern ähnlich, als auch sie die gegenseitige Durchdringung lokaler sozialer Organisationen und der sowjetischen Institutionen betont, nur dass sie bei ihren Untersuchungen ganz anders vorgeht als er. Humphreys Untersuchung gründet sich auf eine detaillierte Studie der Ökonomie der Genossenschaft, in der sie wichtige Ursachen für interne Widersprüche entdeckt. Sie stellt fest, dass das strenge Kontrollsystem zur Erreichung der Produktionsziele und der Arbeitsorganisation die Bildung inoffizieller Ressourcen an Materialien und Menschen nicht verhindern konnte. Vielmehr zeigt sie, dass bestimmte inoffizielle bzw. ungesetzliche Praktiken für einen glatten Ablauf des Arbeitsprozesses der Kolchosen im Bereich der Bereitstellung von Material und des Verkaufs von Kolchoseprodukten notwendig waren. Die außerhalb des Plans erwirtschafteten Güter und Gelder – auf privatem Land erwirtschaftete Erzeugnisse inbegriffen – bildeten „manipulierbare Ressourcen". Diese konnten nicht im kapitalistischen Sinne investiert werden, sondern fanden ihren Weg in ein System ritualisierten Tauschs, das von Individuen kontrollierte Güter zu Status schaffenden Instrumenten werden ließ. Ein besserer Posten konnte seinem Inhaber eine ganze Reihe zusätzlicher persönlicher Rechte verschaffen, wie zum Beispiel größere Reisefreiheit, Zugang zu Gütern, die auf lokaler Ebene nicht verfügbar waren oder Zugang zu besonderen Läden. Die Struktur der Planwirtschaft ähnelte nicht zufällig der „Geschenkökonomie" der Burjaten, sondern ganz im Gegenteil verlieh dieser letztlich ihre Form. So wurden burjatische Prinzipien der Reziprozität auf ganz neue Arten von Beziehungen ausgedehnt. Diese Mechanismen lassen sich nicht anhand der offiziellen sowjetischen Politik oder der burjatischen Sozialorganisation erklären, sondern können nur durch eine sorgfältige Ethnographie des Genossenschaftssystems ans Licht gebracht werden. Es ist dieses wichtige Element, das in den meisten Untersuchungen über Zentralasien unberücksichtigt bleibt.

In der zweiten Ausgabe ihrer Untersuchung (1998) legt Humphrey die Folgen dieser Vernachlässigung bei der Interpretation der postsowjetischen Entwicklung dar. Nachdem sie dem Leser vor Augen geführt hat, dass die offiziellen Institutionen der sowjetischen politischen Ökonomie – der Staat, die Genossenschaften und die Haushalte – durch eine Vielzahl inoffizieller Beziehungsverhältnisse (Verwandtschaft, Patronage und Schwarzmarkt) miteinander verknüpft waren, zeigt sie, wie der Bereich des informellen Handels, der in der Vergangenheit im Hintergrund geblieben war, mit dem Zusammenbruch des „senkrechten" Verteilersystems in den Vordergrund gerückt ist. Ein solcher Ansatz verlangt eine sorgfältige Untersuchung des Zusammenwirkens bestehender wirtschaftlicher, politischer und sozialer Bedingungen in der neuen institutionellen Organisation der Kollektivbetriebe. Für Roy dagegen hat der Zusammenbruch des sowjetischen Systems nur zu einer Rückkehr zu präsowjetischen Formen der Solidarität und Kontrolle geführt, die letztendlich Zeit und Kontext transzendieren. Dass die postsozialistische Agrarreform neue Zustände hervorbringen könnte, die nicht wirklich durch eine Analyse der präsowjetischen Modelle oder deren Neuzusammensetzung unter dem Sowjetsystem verstanden werden können, fasst Roy gar nicht ernsthaft ins Auge. Ich möchte nun auf der Basis meiner eigenen Feldforschung in der Provinz Andijan in Usbekistan versuchen darzustellen, wie die Fluidität neu entstehender Beziehungen im Agrarbereich neue Belastungen für den Gesellschaftsvertrag zwischen den Führungskräften der Kollektivbetriebe und ihrer Belegschaft nach sich zieht.[1]

Verschiebung von Rechtsansprüchen: ein Blick von unten

Das in dem fruchtbaren, aber dicht bevölkerten Ferghana-Tal gelegene Dorf Eski Kishlak befindet sich nahe der Stadt Andijan und nicht weit von umliegenden lokalen Märkten. Der wichtigste Arbeitgeber im Dorf ist die Eski Kishlak-Sowchose. Anfangs war sie ein aus *shirkats* (*shirkat uyushmasi*) bestehender Verband, der im Jahre 1992 umstrukturiert und schließlich in eine geschlossene Aktiengesellschaft umgewandelt wurde. Diese Aktien wurden 1999 unter allen Genossenschaftsmitgliedern verteilt.[2] Als ich Eski Kishlak im Jahre 1997 besuchte, wurde das Land der *shirkat* für den Anbau von Baumwolle (1429 ha), Weizen (429 ha), Reis (10 ha), Obstgärten (8 ha) und verschiedene andere Früchte (90 ha) genutzt. Die Haushalte lieferten die Arbeitskräfte für hauptsächlich zwei Typen von Anbauflächen: einerseits von Familien gepachtete Baumwollfelder (*oila pudrati*) für die *shirkat* und *tamorka* und andererseits Selbstversorgungsackerflächen[3], auf denen im wesentlichen eine lokale Art von Reis, *devzire*, neben dem im Hausgarten (*agarot*) wachsenden Gemüse die wichtigste private Einkommensquelle bildete (Kandiyoti 1998). Die *shirkat* fand sich in chronischem Lohnrückstand gegenüber ihren Arbeitern, die nur unregelmäßig und in Naturalien bezahlt wurden. Das Ergebnis hiervon war, dass sich der Lebensunterhalt dieser Menschen aus folgenden Posten finanzierte: Selbstversorgung, Verkauf oder Tausch von Produkten eigener Anbauflächen oder Tiere,

Einkünfte aus Handel und anderen informellen Aktivitäten sowie staatliche Ansprüche und Leistungen (wie Renten und Mutterschaftszulagen). Es gab wenig Anzeichen für das Vorhandensein eines Marktes von Pachtland. Selten pachteten Privatpersonen zusätzliches Ackerland von der *shirkat*, und dieses Land war dann meistens unbewässertes Hügelgelände (*adir* oder *bogara*). Es gab aber die Möglichkeit, weitere Produkte nach der Weizenernte auf dem gepachteten *shirkat*-Land zu pflanzen. So hatte zum Beispiel Mukarram, eine Witwe, die mit ihren zwei verheirateten Söhnen lebte, im Sommer 1997 ein Stück Land nach der Weizenernte gepachtet. Sie brachte eine Ernte von vier Tonnen Möhren ein und gab als Bezahlung für das Land der Kolchose eine Tonne davon ab. Obwohl sie für die Miete des Traktors und für Düngemittel bezahlen musste, (wofür sie die Ersparnisse nahm, die sie als Ladeninhaberin eines kleinen Lebensmittelgeschäftes in ihrem Hauses erwirtschaftete), hatte sie sich damit eine Einkommensquelle geschaffen, für die sie kein großes Kapital benötigte.

Seither haben sich die Anbaumuster in Eski Kishlak sehr verändert. Das seit 1991 bestehende Bestreben, eine für den Eigenbedarf genügend große Getreidemenge anzubauen, hat dazu geführt, dass ein Teil des Landes, auf dem ehemals Futtermittel und Baumwolle angebaut wurden, allmählich für den Anbau von Weizen verwendet wurde. Im Jahre 2000 wurde mehr als die Hälfte des Landes in Eski Kishlak für den Anbau von Weizen benützt (1050 ha) – das bedeutet, dass innerhalb von drei Jahren doppelt so viel Weizen angebaut wurde als zuvor. Es liegt klar im Interesse der Manager der *shirkat*, den wenig Gewinn bringenden Baumwollanbau aufzugeben, der sie an ein staatliches Liefersystem bindet. Stattdessen kann man Produkte anpflanzen, die ihnen eine größere Flexibilität erlauben. Obwohl auch Weizen bestimmten Lieferquoten unterliegt, ist es nach der Ernte möglich, die Felder für andere Erzeugnisse noch einmal zu bestellen – was im Falle von Baumwolle unmöglich ist, da sich hier die Ernte bis in den Monat Oktober hineinzieht. Der Wechsel zum Weizenanbau hat einen Markt für Pachtland entstehen lassen. Wer es sich leisten kann, pachtet nun nach der Weizenernte Land von der *shirkat*, um Reis anzubauen. Außerdem ist ein Wechsel eingetreten von *devzire* hin zu weißem Reis (*ak shali*), der viel höhere Erträge bringt und zu einem ähnlich hohen Preis verkauft werden kann. Während der herkömmliche *devzire*-Reis zu Beginn des Frühjahrs gepflanzt wurde, ist es jetzt möglich, nach der Weizenernte im Juli weißen Reis anzubauen, der im September geerntet wird. Obwohl die Reisernte zeitlich mit der Saison des Baumwollpflückens zusammenfällt, scheint es keine allzu großen Schwierigkeiten bei der Bereitstellung von Arbeitskräften zu geben, da es viele Arbeitslose (*bekarjlar*) gibt. Die Anzahl der Landarbeiter hat in Eski Kishlak aufgrund der steigenden Arbeitslosigkeit und veränderter Anbaumuster zugenommen; letztere führten zu einem starken Anstieg arbeitsintensiver Vorgänge. Im Jahre 1997 gab es die ersten Anzeichen, dass arbeitslose Frauen Gruppen von Tagelöhnerinnen (*mardigor*)[4] bildeten, die ihre Dienste hauptsächlich auf Reisfeldern anboten. Drei Jahre später beschäftigte jeder, der über größere Parzellen landwirtschaftlich nutzbaren Bodens verfügte, ebenso wie die unabhängigen Farmer, solche *mardigors*. Arbeiteten 1997 zwanzig unabhängige Farmen auf Basis von Einjahrespachtverträgen und drei mit Zehnjahresverträgen mit der *shirkat*, so verfügten im Jahr 2000 schon zweiunddreißig solcher Farmen über Pachtverträgen auf zehn Jahre.

Es mag paradox erscheinen, aber der Landhunger der einfachen *shirkat*-Arbeiter wurde zu einem Zeitpunkt stark, als – absolut gesehen – mehr Land für private Pachtverträge zur Verfügung stand. Direktoren der *shirkat*, die zugeben, dass die Zuteilung von Land zum persönlichen Gebrauch (*tamorka*) oder für den Bau eines neuen Hauses (*check*) immer problematischer wird, verweisen nicht selten auf den Bevölkerungsdruck.[5] In der Regel werden jung verheiratete Paare, die einen Antrag auf ein Grundstück für ein eigenes Haus stellen und sich als eigener Haushalt registrieren lassen möchten, die gesetzliche Vorbedingung für ein zusätzliches Stück Land zur Selbstversorgung, abgewiesen. Das führt dazu, dass Mehrfamilienhaushalte weiterhin zusammenleben und sich ein einziges Stück *tamorka* für den Eigenbedarf teilen müssen. Da diese Gemeinschaften, technisch gesehen, einen einzigen Haushalt bilden, gelten sie nicht als landlos. Es ist jedoch offensichtlich, dass ihre Arbeitskraft ihren Zugang zu bebaubarem Land übertrifft. Außerdem finden diese Ansprüche auf *shirkat*-Land heute in einem Kontext eines Pachtlandmarktes statt. Wer es sich leisten kann, pachtet Land für Bargeld und vergrößert seine bewirtschaftete Fläche auf Kosten von Antragstellern aus der *shirkat*-Arbeiterschaft. Mukarram, die noch vor vier Jahren gegen einen geringfügigen Anteil aus ihrer Produktion eigene Möhren anbauen konnte, wird heute – wie viele andere ihrer Art – aus dem Geschäft verdrängt. Das schafft tiefes Ressentiment unter den *shirkat*-Arbeitern.

Oyashkhon ist das Oberhaupt einer Gruppe von vier Familien, die zusammen auf fünf Hektar Pachtland Baumwolle anpflanzen.[6] Ihr und den vier anderen Mitgliedern ihrer Gruppe – Khatija, Zamira, Roziya und Kizlarkhon – wurden die Löhne nicht ausbezahlt, obwohl sie alle manuellen Arbeiten auf den Baumwollfeldern ausgeführt hatten. Stattdessen bekam jede von ihnen 1 kg Butter, 2 kg Reis, 5 kg Nudeln und 100 kg Weizen. Als ich sie fragte, ob ihnen auch ein Stück Land nach der Weizenernte angeboten wurde, sprachen alle von gebrochenen Versprechungen und unfairen Machenschaften. Khatija sagte: „Sie haben uns nur 10 *sotka* Land gegeben.⁷ Darauf habe ich Sonnenblumen angepflanzt. Ich musste 1000 *Sum* hinlegen, um einen Traktor zu mieten. Auch um die Bewässerung mussten wir uns kümmern. Sie hatten uns zwar versprochen, uns Maschinen zu geben, aber sie taten es nicht." Roziya erklärte: „Ich bin gerne Bäuerin *(dekhkan)*. Wenn es Land geben würde, würde ich auch arbeiten. Sie haben das Land denen gegeben, die Geld haben. Wir befinden uns jetzt in einer schwierigen Situation." Um diese Beschwerden besser verstehen zu können, müssen wir uns die Bedingungen des Gesellschaftsvertrags zwischen den Leitern der Genossenschaft und ihrer Belegschaft während der sowjetischen Zeit erneut vor Augen halten. Die Arbeit auf den Baumwollfeldern gilt schon seit langer Zeit, insbesondere seit dem Zusammenbruch des Genossenschaftssektors, als eine Art Sklavenarbeit – so schlecht bezahlt, dass man damit kaum seinen Lebensunterhalt bestreiten kann. Aber die Arbeiter auf der Kolchose erhielten – als Gegenleistung für ihre im Genossenschaftsbetrieb geleistete Arbeit – verschiedene Arten von Nutzrechten auf das kommunale Land sowie auf ihre persönlichen Parzellen. Sie konnten auch bestimmte Hilfsleistungen bei der Bereitstellung von Traktoren und Düngemitteln für die Bewirtschaftung ihrer persönlichen Parzellen erwarten. Diese formellen Zugeständnisse wurden ergänzt durch informellere Mechanismen paternalistischer Verantwortlichkeit wie zum Beispiel finanzielle Zuschüsse zur Abdeckung der durch Feste verursachten Kosten oder im Falle persönlicher Krisen.⁸

Vor der Ausweitung des Weizenanbaus konnte in Eski Kishlak nur eine verhältnismäßig begrenzte Menge des kommunalen Landes zur persönlichen Nutzung freigestellt werden, weil der Baumwollanbau keine Bepflanzung der Felder nach der Ernte gestattet. Die Landressourcen der einzelnen Haushalte bestanden nur aus zum Haus gehörenden Anbauflächen, *tamorka*-Land und in Einzelfällen unbewässertem Pachtland. Durch den Weizenanbau wurde die für die Verteilung auf Einzelhaushalte zur Verfügung stehende Landmenge aus dem kommunalen Land vergrößert. *Shirkat*-Arbeiter, die außer einer begrenzten Menge Nahrungsmittel keinen Lohn empfangen, vertreten die Ansicht, ein Recht auf einen Teil dieses Landes zu haben und zeigen sich verbittert, wenn sie mit kleinen Parzellen schlechter Qualität abgespeist werden, während sich reichere Dorfbewohner die besten Stücke aussuchen können.

Man hat den Eindruck, dass die Agrarreform in Usbekistan neue Widersprüche mit sich gebracht hat. Einerseits liegt es im Interesse der Elite von Taschkent, die Baumwollproduktion künftig in Gang zu halten, da dieses Produkt weiterhin der einträglichste Exportartikel ist und dem Lande den größten Teil ausländischer Währungseinkünfte bringt. Bemühungen, das gegenwärtige Niveau der Baumwolllieferungen aufrecht zu erhalten, laufen den Interessen der lokalen Unternehmensleiter andererseits zuwider. Denn sie verlieren ihre Kontrolle über die Landverteilung mit der Bereitstellung (des Landes) für die unprofitable Baumwollproduktion. Den Direktoren von Eski Kishlak ist es zweifellos gelungen, das Gleichgewicht zu ihren Gunsten zu verschieben.[9] Unternehmerisch gesehen jedoch ist der Versuch, den *shirkat*-Arbeitern Land für ihre Selbstversorgung zu geben, auf das sie von Rechts wegen Anspruch haben, und zugleich einen Markt für Pachtland zu entwickeln, ein unmöglicher Balanceakt. Alles Land, das unabhängigen Farmern und Pächtern kurz- oder langfristig verpachtet wird, verkleinert die Landmenge, aus der den einzelnen Haushalten zugeteilt werden kann. Bestehende Ansprüche der *shirkat*-Arbeiter hinsichtlich zusätzlicher Landzuteilungen werden zu Gunsten anderer, die die Mittel haben zu zahlen, beiseite geschoben. Da solche Machenschaften in einem Umfeld stattfinden, in dem Alternativlösungen wie Arbeitsplätze in nicht landwirtschaftlichen Bereichen, die eine Diversifizierung der Wirtschaft nach sich ziehen könnten, immer weniger werden, steigt der Landhunger und führt bei den Betroffenen zu einem Gefühl des Verratenseins.[10]

Diese Situation ist ganz anders als das Bild, das uns Roy von der Kolchose als einer Gemeinschaft von Menschen mit einheitlichen Interessen zu malen sucht. Die tatsächliche Situation ist eher dazu angetan, die sozialen Unterschiede zu vertiefen, wenn die Politik der Agrarreform den privaten Zugang zu Land erweitert (selbst wenn diese vor einer *de facto*-Privatisierung halt macht). Weder das Verständnis der vorsowjetischen und sowjetischen Institutionen noch eine Analyse der sich verändernden rechtlichen Grundlagen können uns ein umfassendes Bild dieser sich entwickelnden Realitäten liefern. Diese sind nur anhand detaillierter ethnographischer Studien zu erfassen, welche sowohl die beabsichtigten wie unbeabsichtigten Auswirkungen dieser politischen Strategien sowie die Reaktionen derer aufzeigen können, die den Resultaten dieser Politik ausgeliefert sind.

Die Pfade des Postsozialismus in Zentralasien

Nach dem Hervorheben der großen Bedeutung eines ethnographischen Ansatzes zum Verständnis der postsowjetischen Transformationen in Zentralasien ist es notwendig, sich über die verschiedenen Richtungen Gedanken zu machen, die Forschungen in Zentralasien *de facto* einschlagen. In den ersten Abschnitten dieses Kapitels habe ich versucht, einige der hauptsächlichsten diskursiven Elemente zu identifizieren, die die Forschung in Zentralasien beeinflussen und die bedeutenden Abweichungen, die zwischen diesen Erkenntnissen und den bisherigen Studien über den Staatssozialismus in Osteuropa bestehen, aufzuzeigen. Nach dem Zerfall der Sowjetunion schlugen die unabhängigen Republiken Zentralasiens unterschiedliche Wege nationaler Konsilidierung und Entwicklung ein, je nach wirtschaftlichen Möglichkeiten, regionalen und ethnischen Unterschieden und geopolitischen Ausrichtungen. Die wachsende Literatur über die „Nachfolgestaaten" unterstreicht diese Mannigfaltigkeit anhand analytischer Modelle, die vor allem den Prozessen der Staatsbildung und der Herausbildung von Eliten oder Ausformulierung makroökonomischer politischer Strategien Aufmerksamkeit widmen (Rubin und Snyder 1998; Bremmer und Taras 1993; Dawisha und Parrott 1997; Gleason 1997; Kaminski 1996; Rumer und Zhukov 1998). Das Ende der Sowjetologie hat der „postsowjetischen" Forschung das Tor in die Paradigmen der verschiedenen sozialwissenschaftlichen Disziplinen – und hier vor allem der Politik- und Wirtschaftswissenschaften – geöffnet. Die Betonung der Makroebene spiegelt auch die Tatsache wider, dass es keine Sprache gibt, um die Sachverhalte auf der Mikroebene und dem „Lokalen" in Zentralasien auszudrücken, außer mittels Idiomen von Brauchtum, Tradition und Ethnizität. Dies ist ein Ergebnis des vereinten Erbes sowjetischer Ethnographie und der Assimilierung von Zentralasien in die breitere Kategorie „muslimischer Gesellschaften".[11] Es gibt keine Region, auf die der Vergleich des blinden Mannes, der einen Elefanten beschreiben möchte, besser zutrifft: Aus gewissen Gesichtspunkten heraus wird Zentralasien als eine sozialistische (oder postsozialistische) Region wahrgenommen und aus anderen als „muslimische", weil unsere selbstverordnete Blindheit verhindert, die Integration dieser beiden Merkmale in einem klar erkenntlichen lebendigen Organismus zu begreifen.

Zwei aufkommende Trends in der Wissenschaft können einen Ausweg aus diesem Dilemma zeigen. Der erste dieser Wege bleibt auf den Staat und die Eliten konzentriert, untersucht diese jedoch im Rahmen eines intensiven Vergleichs wie Stark und Bruszt (1998) dies in ihren Arbeiten über Ost- und Zentraleuropa getan haben. Jones und Weinthal (2001) zum Beispiel liefern sorgfältige Vergleichsstudien, um die unterschiedlichen politischen Entwicklungen im Bereich des Erdöls und Erdgases in fünf sowjetischen Nachfolgestaaten im breiteren Kontext ölerzeugender Staaten zu erklären. Sie kommen zu dem Schluss, dass politische Entscheidungen von den im Land bestehenden Zwängen abhängen, vor allem von der Verfügbarkeit alternativer Einkommensmöglichkeiten aus Exportgeschäften und der Intensität interner politischer Opposition. Diese Zwänge lassen die Machthaber solche Strategien wählen, die es ihnen erlauben, Ressourcen für die Erhaltung jener Strukturen zu schaffen, auf denen ihre politische Machtstellung gründet. Solche Arbeiten zeigen die Veränderung, die durch den Untergang der Sowjetunion bei analytischen Studien berücksichtigt werden muss. Anstatt das sozialistische Planungssystem und die Verteilerrolle des Zentrums Moskau in den Mittelpunkt der Untersuchung zu stellen, geht es heute darum, wie unabhängige Eliten mit den Quellen ihrer nationalen Ressourcen umgehen. In einem Land wie Turkmenistan werden die *rentier* Ölstaaten mit ihren autoritären Eliten und schwachen Zivilgesellschaften der Referenzpunkt sein, und nicht andere postsozialisische Länder. In Anbetracht der zusätzlichen Wiedererstarkung des Islam mag es sogar sein, dass die Forschungsergebnisse über Postsozialismus für diese Länder völlig irrelevant geworden sind.

Andererseits erkennen wir, sobald wir unseren Blick von den Staaten und Eliten abziehen und uns auf die sozialen, in diesen Ländern beim Kampf ums tägliche Leben eine Rolle spielenden Transformationsprozesse einlassen, dass aus den ethnographischen Ansätzen zum Postsozialismus viel zu lernen ist. Dieser Überlebenskampf beinhaltet veränderte Formen von Lebensunterhalt, informellen Netzwerken, alternativen Sicherheitsnetzen, neuen Formen des Konsums und das Mitspracherecht internationaler Entwicklungsinstitutionen auf lokaler Ebene. Und damit kommen wir zu dem zweiten sich entwickelnden Trend in Zentralasien: er baut auf detaillierten Mikroebeneanalysen auf, die sich auf ethnographische und soziologische Fragestellungen und Methoden beziehen. Kandiyoti und Mandel (1998) liefern zahlreiche Beispiele darüber, wie lokale Formen sozialen Zusammenlebens und Zusammenarbeitens neue Verwendungsformen finden, wie ein sowjetischer *habitus* des Konsums sich wandelt und wie ethnische und religiöse Identitäten auf eine neue Weise mobilisiert werden.

Es ist paradoxerweise auf der Ebene des Alltagslebens, wo Gewohnheiten und Erwartungen sowie wichtige Generationsunterschiede, die sich während der Sowjetzeit entwickelt haben, am deutlichsten zum Ausdruck kommen – im Gegensatz zu Kommentatoren, die das sowjetische Element in der zentralasiatischen Identität als Fassade verstehen. Die ältere Brigadechefin, deren Lebensgeschichte ich in einem Agrarkollektiv in Khorezm aufnahm, lieferte mir eine klassische „Biographie" nach sowjetischer Art, in der nichts fehlte, auch nicht die Zahl der roten Fahnen, die ihre Brigade für ihre beispielhafte Leistung während der Ernten bekommen hatte. Fast im gleichen Atemzug erzählte sie auch, dass sie gerne eine Pilgerfahrt nach Mekka (die *hajj*) unternehmen würde. Sie war vor allen Dingen über den kontinuierlichen Wertverlust ihrer Pension erbost, dem Schlüsselelement des paternalistischen Gesellschaftsvertrages des sowjetischen Sozialismus.¹² Ein derartiges Nebeneinander existiert überall sowohl in den Gedanken wie in den Praktiken des täglichen Lebens. Öffentliche Veranstaltungen beginnen gemeinhin mit Reden im sowjetischen Stil und zahlreichen Trinksprüchen, die den Konsum von Alkohol einschließen und enden mit der *fotiha*, dem islamischen Gebet.¹³ Der rituelle Besuch, den frisch verheiratete Paare dem nächstgelegenen Lenin-Denkmal abstatteten, lebt heute in der Praxis fort, die Statue des neuen Nationalhelden, Amir Timur, zu besuchen. Selbstverständlich haben die Usbeken eine eigene Art die sowjetische und muslimische Identität zu verbinden. Dies kann auf neue und unvorhergesehene Art und Weise politisiert werden, wenn lokale und transnationale Einflüsse miteinander in Beziehung treten. Wir können deshalb bei unseren vergleichenden Studien über den Postsozialismus, aber auch über islamische Gesellschaften viel von Zentralasien lernen. Damit jedoch diese Lektionen wirklich verstanden werden, müssen wir der Versuchung widerstehen, die gelebten Realitäten der zentralasiatischen Gesellschaften dem einen oder dem anderen Ideal unterzuordnen.

Schluss: Was lässt sich anwenden, was nicht?

Zu Anfang dieses Kapitels hatte ich gesagt, dass Studien über den Staatssozialismus in Ost- und Mitteleuropa von zwei impliziten Annahmen ausgehen: Die Industrialisierung als Modell für sozialistische Planung und des Nationalstaats als die Einheit der politischen Analysen. Doch solche Analysen lassen sich nicht ohne weiteres im Hinblick auf imperiale Staatsgebilde wie die Sowjetunion anwenden, besonders aus der Perspektive „peripherer" Gebiete wie den zentralasiatischen Republiken.¹⁴ Die theoretischen Analysen zentralasiatischer Gesellschaften hatten das Ziel, ihre Integration in das sowjetische System zu untersuchen. Eine sowjetische Variante der Modernisierungstheorie und kritischere Zugänge, die sich der Begriffe Abhängigkeit und Postkolonialismustheorie bedienten, haben die meisten Diskussionen dieser Region bestimmt. Zehn Jahre nach Auflösung der Sowjetunion stellt sich heraus, dass sich die Entwicklung der zentralasiatischen Staaten am besten anhand politisch-ökonomischer Modelle erklären lässt, die auf Probleme der Hersteller der Grundbedarfsgüter achten, und nicht wie vorher über Modelle, die ihr Augenmerk auf den Staatssozialismus richten. Das erklärt, weshalb sich die wissenschaftliche Betrachtung Zentralasiens, die schon immer eine Außenseiterrolle in der diskursiven Analyse des Staatssozialismus gespielt hatte, mit der Entwicklung der zentralasiatischen Gesellschaften noch weiter von osteuropäischen Modellen entfernen wird.

Es war jedoch meine These, dass der Mangel an ethnographischen Daten über die lokalen Auswirkungen der sozialistischen Warenproduktion, Eigentumssituation und Lage des Gemeinwohls das Verständnis der postsowjetischen Transformation stark behinderte. Ein zu großer Teil der jüngsten Forschung hat sich einfach von der Analyse eines Typs offizieller Diskurse (sowjetische Ideologie und Nationalitätenpolitik) auf einen anderen verschoben (politische Strategien nationaler Eliten und das Feiern „traditioneller" kollektiver Identitäten). Eine der Lektionen, die wir aus den postsozialistischen Ethnographien gelernt haben, ist die, dass die Transitionsprozesse von großen Unsicherheiten durchsetzt sind. Diese Unsicherheiten bekommen ständig neue Nahrung durch nicht einschätzbare Interaktionen zwischen Institutionen auf der Makroebene und politischen Strategien sowie deren Aufnahme auf der Mikroebene, wo Familien, Arbeitsplätze und Gemeinschaften oftmals auf unbeabsichtigte, aber dennoch den weiteren Verlauf der Entwicklung prägende Art und Weise reagieren. Diese These hat zumindest den Vorteil, dass sie in vielen verschiedenen Zusammenhängen angewendet werden kann. Die verschiedenen Reformpakete, die gegenwärtig in den Staaten Zentralasiens durchgeführt werden, aktivieren neue Interessenkonstellationen und rufen widersprüchliche Reaktionen und verschiedene Formen von Widerstand hervor, die Mobilisierung der Bevölkerung durch Symbole der religiösen und ethnischen Identität inbegriffen. Die vor Ort beobachteten Vorgänge mögen in jedem einzelnen Fall einmalig scheinen, aber die ins Spiel kommenden Prozesse lassen sich gut bei vergleichenden Studien einbringen.

Anmerkungen

1 Der erste Teil dieses Forschungsprojekts (1997 bis 1999) erfolgte im Rahmen eines ESCOR (DFID)-Stipendiums und wurde in den Provinzen Andijan und Kashkadarya realisiert. Die zweite Periode betraf die Provinzen Khorezm und Andijan (1999 bis 2001) und wurde im Rahmen eines umfassenderen Forschungsprojekts unter der Schirmherrschaft der UNRISD über Veränderungen im ländlichen Sektor, dem Bereich Genderbeziehungen und Landrechte in Südafrika, Brasilien und Usbekistan durchgeführt.

2 Das Ziel der Restrukturierung im Rahmen der seit der Perestroika durchgeführten Zentralisierungspolitik war die Schaffung kleiner autonomer Einheiten, die gewinnbringender und

eigenverantwortlicher sein sollten. *Shirkat* (Unternehmen oder Firma in usbekisch) hat die Bezeichnung Sowchose und Kolchose ersetzt, da diese starke sowjetische Assoziationen beinhalteten. Die jüngsten Privatisierungsmaßnahmen machten Kolchosenarbeiter zu Aktionären in Aktiengesellschaften. Die verschiedenen Abteilungen dieser Genossenschaft in Eski Khislak sind auch heute wieder einer einzigen Führung unterstellt. Die Verteilung der Aktien erfolgt auf der Grundlage der Kalkulation des gesamten Betriebsvermögens und die Nennwerte der einzelnen Anteile beruhen auf der Dauer des Beschäftigungsverhältnisses und dem Lohnniveau des Aktieninhabers. Eigentumsrechte an Land bleiben dadurch unberührt: Land kann nicht gekauft, verkauft, mit Hypotheken belegt oder verschenkt werden, und der Zugang zu diesem erfolgt ausschließlich über die Vermittlung der Unternehmensleitung.

3   Die *tamorka* ist ein zur Selbstnutzung bereitgestelltes Stück Land, auf das alle Einwohner ein Anrecht haben, dessen juristische Grundlage seit der Perestroika erweitert worden ist. Seit der Unabhängigkeit hat sich die jedem Haushalt zugeteilte Landmenge, verglichen mit 1989, mehr als verdoppelt. Die juristisch zulässige Größe privater Parzellen ist von 0,06 ha auf 0,25 ha und schließlich auf 0,35 ha bewässerten Landes sowie 0,5 ha nicht bewässerten Landes erhöht worden. Die tatsächliche Größe der Parzellen und ihre Entfernung von der Wohnung hängt von der lokalen Verfügbarkeit vom Land ab.

4   Es gibt eine geschlechterspezifische Trennung der Tagelöhner: Mit Sensen ausgestattete Gruppen von Männern (*orakchi*) arbeiten in Teams bei der Reisernte, während Frauengruppen zum Unkrautjäten eingesetzt werden. Männer bekommen 6 kg Reis pro sotka (was mindestens 1500 Sum pro Tag bedeutet), während Frauen einen täglichen Lohn von ungefähr 700 Sum – also weniger als die Hälfte – erhalten. Dies bedeutet, dass das männliche Familienoberhaupt oft die Frauen des Haushalts weiterhin bei der Baumwollernte für die *shirka* behält, während er als ein *orakchi* für einen höheren Lohn arbeitet. Das heißt zugleich eine weitere Feminisierung der Arbeit in der *shirkat*.

5   Obwohl die genaue Anzahl von Haushalten ohne Zugang zu Land schwer zu schätzen ist (die Anzahl der landlosen Arbeitslosen – *yersizler ve veishsizler* – wird auf bis zu 30 Prozent geschätzt). Es wird davon ausgegangen, dass ihre Zahl zunimmt.

6   Eine Familienpacht stellt unter dem neuen System der *shirkat* eine separate Buchhaltungseinheit dar. Die Familien erhalten ein Registerbuch, in dem sie ihre Ausgaben aufschreiben, die sie im Moment der Auszahlung nach der jährlichen Ernte mit dem *shirkat*-Management verrechnen. In Eski Kishlat führen ehemalige Brigadechefs die Bücher von aus vier oder fünf Pächterfamilien bestehenden Gruppen. Doch die neue Buchführungsmethode ist im allgemeinen für die Leute schwer verständlich und die Pächter beschweren sich darüber, dass sie die für die Bewirtschaftung des Landes notwendigen Maschinen und Ausrüstungen weder zur rechten Zeit noch in genügender Menge bekommen, dann aber für Produktionslücken bezahlen müssen.

7   Ein *sotka* ist 1/100 ha.

8   Es gehört zum allgemeinen Brauch, dass die *shirkat* bei Hochzeiten, Beschneidungsfesten und Beerdigungsfeiern Öl, Reis und Fleisch beisteuert. Der Manager einer *shirkat* in Khorezm erzählte, dass 600 Familien auf diese Weise bei der Kollektive „verschuldet" und seine Defizite zu einem großen Teil auf solche Leistungen zurückzuführen seien.

9 Zwangsquoten für die Aufteilung von Anbauflächen werden von Taschkent über die Provinz und den Distrikt an die Farmen weitergegeben. Farmer versuchen in diesem engen Raster Land für sich zu erhandeln.

10 Die Schließung ländlicher Industriebetriebe und der Niedergang der sozialen Infrastruktur (insbesondere im Bereich des Gesundheitswesens und der Bildung) haben eine wachsende Anzahl der Bewohner von Eski Kishlak dazu gezwungen, ihren Lebensunterhalt durch Nutzung ihres Landes zu bestreiten.

11 Diese Neigung findet sich besonders bei Autoren, die sich mit Gesellschaften im Mittleren Osten und Südasien befassen. So ist zum Beispiel Eickelmans Einführung zur Ethnologie des Mittleren Ostens 1998 erweitert worden, um auch Zentralasien mit einzubeziehen. Obwohl der Islam in diesem Buch eingehend besprochen wird, bleibt die Darstellung des sowjetischen Systems oberflächlich.

12 Schon die Sprache, die benützt wird, um solche Rechte zu formulieren – eine Mischung aus russisch und usbekisch (zum Beispiel *pensiaya chilmak* = Rentner werden, oder: *gruppaya chilmak* = Invalidenrente bekommen, infolge von Zugehörigkeit zu einer bestimmten „Gruppe" von Körperbehinderungen) zeigt, wie stark diese beiden Facetten verschmolzen sind.

13 Für einen Forscher, der sich vor allem mit dem Mittleren Osten beschäftigt hat, hat diese Information viel erklärt, da im Mittleren Osten solche Situationen natürlich auch vorkommen, doch nie zusammen.

14 Die regionalen Unterschiede, wie sie in Ost- und Mitteleuropa zu beobachten sind, sind nicht so stark ausgeprägt wie innerhalb der früheren Sowjetunion.

Literatur

Anderson, B. (1991), *Imagined Communities*, London, Verso, 2. Auflage.

Bremmer, I., Taras, R. (Hg.), (1993), *Nations and Politics in the Soviet Successor States*, Cambridge, Cambridge University Press.

Brower, D.R. (1997), Islam and Ethnicity: Russian Colonial Policy in Turkestan, in: D.R. Brower, E.J. Lazzerini (Hg.) *Russia's Orient: Imperial Borderlands and Peoples, 1700-1917*, Bloomington, Indiana University Press, S. 115-135

Burawoy, M. (1999), Afterword, in: M. Burawoy, K. Verdery (Hg.), *Uncertain Transition: Ethnographies of Change in the Postsocialist World*, Lanham, MD., Rowman and Littlefield, S. 301-311.

Burawoy, M., K. Verdery (Hg.), (1999), *Uncertain Transition: Ethnographies of Change in the Postsocialist World*, Lanham, MD., Rowman and Littlefield.

Dawisha, K., B. Parrott (Hg.), (1997), *Conflict Cleavage and Change in Central Asia and the Caucasus*, Cambridge, Cambridge University Press.

Eickelman, D.F. (Hg.), (1993), *Russia's Muslim Frontiers*, Bloomington, Indiana University Press.

-- (1998), *The Middle East and Central Asia: An Anthropological Approach*, Upper Saddle River, NJ, Prentice-Hall.
Gleason, G. (1991), The Political Economy of Dependency under Socialism: The Asian Republics in the USSR, in: *Studies in Comparative Communism* 24(4), S. 335-353.
-- (1997), *The Central Asian States: Discovering Independence*, Boulder, Colorado, Westview.
Humphrey, C. (1983), *Karl Marx Collective: Economy, Society and Religion in a Siberian Collective Farm*, Cambridge, Cambridge University Press.
-- (1998), *Marx Went Away but Karl Stayed Behind*, Ann Arbor, The University of Michigan Press.
Jones L.P., E. Weinthal (2001), Prelude to the Resource Curse: Explaining Oil and Gas Development Strategies in the Soviet Successor States and Beyond, in: *Comparative Political Studies* 34(1), S. 367-399.
Kaminski, B. (Hg.), (1996), *Economic Transition in Russia and the New States of Eurasia*, New York, M.E. Sharpe.
Kandiyoti, D. (1996), Modernization without the Market? The Case of the 'Soviet East', in: *Economy and Society* 25(4), S. 529-542.
-- (1998), Rural Livelihoods and Social Networks in Uzbekistan: Perspectives from Andijan, in: *Central Asian Survey* 17(4), S. 561-578.
Kandiyoti, D., R. Mandel (1998), Editors' Preface, Special Issue on 'Market Reforms, Social Dislocations and Survival in Post-Soviet Central Asia, in: *Central Asian Survey* 17(4), S. 533-537.
Khazanov, A.M. (1995), *After the USSR*, Madison, The University of Wisconsin Press.
Konrád, G., I. Szelényi (1979), *The Intellectuals on the Road to Class Power*, Brighton, Harvester Press.
Kornai, J. (1980), *Economics of Shortage*, Amsterdam, Oxford, North Holland Publishing Company.
Koroteyeva, V., E. Makarova (1998), Money and Social Connections in the Soviet and Post-Soviet City, in: *Central Asian Survey* 17(4), S. 579-596.
Lubin, N. (1984), *Labour and Nationality in Soviet Central Asia*, London, Macmillan.
McChesney, R.D. (1996), *Central Asia: Foundations of Change*, New Jersey, Darwin Press.
Mearns, R. (1996), *Commons and Collectives: The Lack of Social Capital in Central Asia's Land Reforms*, IDS Working Paper no. 40, Sussex, IDS.
Menashiri, D. (Hg.), (1998), *Central Asia Meets the Middle East*, London, Frank Cass.
Nove, A., J.A. Newton (1967), *The Soviet Middle East: A Model for Development*, London, George Allen & Unwin.
Pierce, R.A. (1960), *Russian Central Asia 1867-1917*, Berkeley, Los Angeles, University of California Press.
Pomfret, R. (2000), Agrarian Reform in Uzbekistan: Why has the Chinese Model Failed to Deliver?, in: *Economic Development and Cultural Change*, January, S. 269-284.
Roy, O. (1991/92), Ethnies et Politiques en Asie Centrale, in : *Revue du Monde Musulman et de la Meditérranée* 59-60, S. 17-36.

-- (1999), Kolkhoz and Civil Society in the Independent States of Central Asia, in: M.H. Holt, D.C. Waugh (Hg.), *Civil Society in Central Asia,* Center for Civil Society International, University of Washington Press, S. 108-121.
-- (2000), *The New Central Asia: The Creation of Nations,* London, I. B. Tauris.
Rubin, B., J. Snyder (Hg.), (1998), *Post-Soviet Political Order: Conflict and State Building,* London, Routledge.
Rumer, B., S. Zhukov (Hg.), (1998), *Central Asia: The Challenge of Independence,* New York, M.E. Sharpe.
Sahni, K. (1997), *Crucifying the Orient,* Bangkok, White Orchid Press.
Shahrani, N. (1993), Soviet Central Asia and the Challenge of the Soviet Legacy, *Central Asian Survey* 12(2), S. 123-135.
Stark, D. (1992), Path Dependence and Privatization Strategies in East Central Europe, in: *East European Politics and Societies* 6(1), S. 17-54.
Stark, D., L. Bruszt (1998), *Postsocialist Pathways: Transforming Politics and Property in East Central Europe,* Cambridge, Cambridge University Press.
Stark, D., V. Nee (1989), Toward an Institutional Analysis of State Socialism, in: V. Nee, D. Stark (Hg.), *The Economic Institutions of Socialism: China and Eastern Europe,* Palo Alto, Stanford University Press.
Szelényi, I. (1989), Eastern Europe in an Epoch of Transition: Toward a Socialist Mixed Economy?, in: V. Nee, D. Stark (Hg.), *The Economic Institutions of Socialism: China and Eastern Europe,* Palo Alto, Stanford University Press, S. 208-232.
Szelényi, I., E. Costello (1996), The Market Transition Debate: Toward a Synthesis, in: *American Journal of Sociology* 101N (4 January), S. 1082-1096.
Verdery, K. (1996), *What Was Socialism and What Comes Next?,* New Jersey, Princeton University Press.

13. „Eurasianismus" – Ideologie und politische Vorstellung in der russischen Provinz

Caroline Humphrey

Einleitung

Es ist eine weitgehend bekannte Tatsache, dass die neunundachtzig in der Russischen Föderation zusammengefassten Provinzen im Laufe der 1990er Jahre eine immer größere Unabhängigkeit von Moskau erringen konnten. Doch hat die ethnologische Forschung den verschiedenen, von den Regierungen dieser Territorien entwickelten Ideologien und deren Beziehung zu ihren eigenen Kulturen bislang wenig Beachtung geschenkt. Wir werden uns in diesem Kapitel mit dem „Eurasianismus" beschäftigen, aber nicht in erster Linie mit der neuen, in Moskau von Alexander Dugin gegründeten und von Präsident Putin gebilligten Bewegung (Yasmann 2001). Mich interessiert viel mehr wie das Konzept „Eurasien" den regierenden Eliten zahlreicher Regionen im asiatischen Teil Russlands geholfen hat, eigenständige Ideen über ihre Existenz innerhalb der Föderation zu entwickeln. Die Idee – oder, vielleicht richtiger, das Ideal – Eurasien kann großen Einfluss auf die Gestaltung der Beziehungen zwischen den einzelnen Teilen der Föderation wie auf die Gestaltung des politischen und kulturellen Lebens der verschiedenen Regionen nehmen.

Ideologie, Subjektivität und politische Vorstellung

Wenn man mit „Ideologie" die Manipulation eines Systems von Ideen im Dienste bestimmter herrschender politischer Interessen meint, dann gab es in sowjetischer Zeit nur eine einzige Ideologie in Russland, nämlich die der Kommunistischen Partei.[1] In den letzten zehn Jahren aber hat eine ideologische Unsicherheit im Zentrum um sich gegriffen, während in den Provinzen neue Ideologien im Entstehen waren. Während die Regierung in Moskau sich bemüht, eine neue „Idee" für Russland zu finden[2], haben zahlreiche regionale Führungsgruppen kühn ihre eigenen Ideologien verkündet, die politische Werte, politische Ausrichtung, Bildungsprogramme, Rituale, Feste u. a. umfassen. Nicht nur die Regierungen von Republiken mit spezifisch ethnischer Prägung (wie zum Beispiel Tatarstan) sind in dieser Hinsicht aktiv geworden, sondern auch solcher russischer Provinzen (*oblast*), deren politische Führer ihrer Region einen bestimmten Charakter und eine besondere Politik geben möchten.[3] Diese neuen Ideologien unterscheiden sich insofern von der sowjetischen, als sie noch nicht einmal in ihrer eigenen Region hegemonisch sind (oder vorsichtiger ausgedrückt, bis jetzt noch keine hegemonische Vormachtstellung besitzen). Diese Ideologien sind auf den Geschmack verschiedener Wählergruppen und Geschäftsinteressen zugeschnitten, in einem Umfeld, in dem verschiedene Alternativen existieren. Zugleich – und dies ist ein Faktor, der sie von den Ideologien unabhängiger Länder unterscheidet – sind sie auch „nach oben" auf ein einziges Zentrum, d. h. Moskau orientiert. Die zentrale Regierung behält eine enorme finanzielle Macht über die Provinzen, besonders solche, die bei ihr verschuldet sind, was die meisten asiatischen Regionen, von denen in diesem Beitrag die Rede sein wird, betrifft. Solchen ressourcenarmen Provinzen ist es unmöglich, ihre Etats ohne die jährlichen substantiellen Transfersummen aus Moskau auszugleichen. Eine solche Situation kann gar nichts anderes als instabil sein: Der Impuls zur Unabhängigkeit und Konsolidierung lokaler Interessen wird durch die regelmäßige Notwendigkeit, sich wie loyale Untertanen zu gebärden, in Schach gehalten, (Vertreter der regionalen Regierung reisen zum Beispiel persönlich nach Moskau, um mit dortigen Ministern über Anleihen und Subventionen zu verhandeln). Zu gleicher Zeit gingen von Moskau in den letzten Jahren stark voneinander abweichende Signale aus – von Jelzins 1990 an die Provinzen gerichteter Aufforderung „Nehmt euch soviel Macht wie ihr könnt!" bis zu Putins Versuch, direkte Kontrollen über die Verwaltung dieser Regionen auszuüben. In der Zwischenzeit wurde es auch mächtigen und reichen „Oligarchen" möglich, ganz plötzlich das Profil lokaler politischer Ausrichtungen zu verändern, indem sie ein großes Geschäft in der Region zum Abschluss brachten oder sich vielleicht sogar selbst als Kandidaten bei Wahlen aufstellen ließen.[4] Die in den Provinzen verkündeten Ideologien sind von diesen volatilen Umständen abhängig, die nicht mehr, wie in der klassischen Formulierung von Ideologie, im Geheimen wirken oder „naturalisierte" Tagesordnungen bilden, sondern in gewisser Weise allen durch die Medien, Klatsch und Gerüchten „bekannt" sind.

Deshalb genügt die Ideologie als Kategorie heute nicht mehr allein, um die die russische Politik bestimmenden Gedankengebäude zu erklären. Während die expliziten und relativ gleichbleibenden Diskurse regionaler Führer, die darauf abzielen, die Machtposition in der eigenen Region zu erhalten, als echte Ideologie gelten können, bilden sie in der tatsächlichen politischen Praxis nur eine unter vielen anderen offeneren, vielseitigeren und kreativeren Meinungen und Ideen. Es sind diese Ideen, die ich „politische Vorstellung" nenne. Dieser Begriff ermöglicht es uns, darüber zu schreiben, wie politisches Leben gedacht wird, ohne dabei vorauszusetzen, dass die Gesamtheit solcher Vorstellungen mit irgendwelchen versteckten Motiven oder wirtschaftlichen Interessen mächtiger sozialer Gruppen verbunden sind. Bei unseren Betrachtungen müssen wir die politischen Ideen der Armen mit einbeziehen, derer, die ein Vermögen erarbeitet hatten und es wieder verloren, der sich Mühenden und Mittellosen sowie der von der Hand in den Mund Lebenden, der hartnäckig „anders" sein Wollenden und der offenbar Leichtsinnigen, die – wenn man es recht bedenkt – alle zusammen genommen, die große Mehrheit der wählenden Bevölkerung bilden (und aus deren Reihen auch viele der heutigen Machthaber hervorgegangen sind). Wenn wir mit dem Begriff der Ideologie arbeiten, legen wir unserem Verständnis der Situation Grenzen auf und würdigen nicht ausreichend die Mannigfaltigkeit der Ideen, Gefühle und Triebe, mit denen wir konfrontiert werden. Im Rahmen des vorliegenden Beitrags soll gezeigt werden, dass die politische Vorstellung nicht nur mit Ideologien interagiert, sondern sie in ein Ganzes zusammenfasst, das heißt eine größere Arena schafft, innerhalb derer Ideologien existieren. Das macht aus Ideologien besondere und begrenzte Ausformungen der politischen Vorstellung. Das Konzept der politischen Vorstellung befähigt uns, diejenigen kulturellen Quellen zu identifizieren, aus denen heraus neue eigenständige Ideologien entstehen.

Ideologien wie auch politische Vorstellung werden in Reden, Deklarationen, Flugblättern, Ritualen usw. sichtbar. Das heißt, die politische Vorstellung hat eine Geschichte, was sehr wichtig ist, selbst wenn eine nur so kurze Periode wie die 1990er Jahre, betrachtet wird. So hat zum Beispiel eine aus einem besonderen Anlass stattfindende Manifestation einer nationalen Ideologie – wie zum Beispiel die Präsidentschaftsrede, die die Khalmg Tangch (Kalmückische Republik) im Jahre 1994 einweihte – ein anderes Ziel und eine andere Resonanz als dieselben Ideen einige Jahre später gehabt hätten. Nicht nur ist ein solcher besonderer Augenblick nicht wiederholbar, auch andere Praktiken der politischen Vorstellung haben „ihre Zeit". Es gibt eine Zeit, in der sie populär sind, bevor sie später fade oder als trügerisch empfunden werden; noch später können sie sogar Motive für Witze abgeben, bevor schließlich andere Ideen an ihre Stelle treten. Es gibt weitergefasste, dauerhaftere Kulturressourcen, insbesondere religiöse Ideen, die die regionalen Konzepte von „Eurasien" durch Prozesse der Aushöhlung und Neufüllung zu bestimmten Zeitpunkten des letzten Jahrzehnts neu genährt haben.

Zugleich ist zu bedenken, dass ein in die politische Vorstellung hineinprojiziertes Ideal – wie das von der „neuen kalmückischen Person, die nichts mit dem alten sowjetischen Untertanen gemein hat" (Nuskhaev 1996, S. 123) – nur in einem Umfeld von Disziplinen und Praktiken Sinn machen und wirksam werden kann. Während die politische Vorstellung in den Auswirkungen des Vorhandenseins eines regionalen „souveränen Staates" greifbar wird, halten die täglichen Praktiken des Regierens und des scheinbaren Regierens, des Annehmens, Ignorierens oder Widerstandleistens gegen solche Praktiken die Lebensfähigkeit der durch diese Vorstellungen transportierten Ideen aufrecht – oder auch nicht. Die Idee der „kalmückischen Person" muss sich in der Bildung und im Ritual durchsetzen – so, dass zumindest einige sich als diese neue Art Person erleben. Was ich hier also tue, ist, die zentrale Bedeutung der Dimension der Subjektivität vor Augen zu führen. Wie Paul Veyne schreibt, ist das Individuum nicht in Opposition zur Gesellschaft, nicht einmal zum Staat, denn es ist an das Herz der öffentlichen Macht insofern angebunden, als es in seinem Selbstbild, in seiner Beziehung zu sich selbst beeinflusst ist, wenn es dem Staat und der Gesellschaft gegenüber gehorsam ist (1987, S. 7).

Im Licht eines anderen Ansatzes argumentiert Mark Urban, dass jede ideologische Konfiguration im Russland der 1990er Jahre wie zum Beispiel die Synthese von Kommunismus und Patriotismus sofort rivalisierende, spiegelbildartige ideologische Fetzen vor sich aufsteigen sah. So sind die Erzählungen von Nationalisten etwas Performatives, nicht aber etwas Praktisches. Die Eliten rufen bestimmte Elemente ins Leben, die in ihrem Diskurs eine wichtige Rolle spielen wie das „Volk", das „Besatzerregime im Kreml" usw. Aber, schreibt Urban,

„eine auf solchen Fundamenten aufgebaute Führerschaft wird Opfer ihrer eigenen Konstrukte und verfängt sich, ohne einen Weg zur Praxis zu finden, weil die Einheiten, die durch diesen Diskurs herauf beschworen werden, selbst die Wirkungskraft einer anderen Ordnung haben als die, der wirkliche Menschen angehören. Sie existieren 'über' der Ebene weltlicher Belange". (Urban 1998, S. 978)

Urban argumentiert hier im Sinne einer Trennung, die in einem hermetisch abgeriegelten Raum mystischer, binärer Konfrontationen existiert, politische Vorstellung, von den Gegebenheiten des praktischen Lebens, und zwar nicht abstrakt, sondern ganz präzise auf den besonderen Fall des Russlands von heute bezogen. Ich stimme diesem Standpunkt Urbans (und dessen lokalen Autoren, z. B. Guchinova 1997a) insofern zu, als hier tatsächlich eine „mystische Ebene" existiert, würde aber sagen, dass ein *theoretisches* Argument, wonach politische Vorstellungen auch in historisch stattfindenden Handlungen zu Tage treten und ihre ganz besonderen Subjektivitäten schaffen können, verdient, Gegenstand ethnographischer Untersuchung zu werden. Insbesondere ein bestimmter Typ von politischer Führung, den ich die „exemplarische Autokratie" nenne, kann denjenigen intersubjektiven Raum bieten, der es möglich macht, die bestehende politische Vorstellung in der Gesellschaft zu aktualisieren. So gesehen mag Eurasien in Moskau ein mystisches Konzept sein, wo es ständiger Herausforderung ausgesetzt ist und sogar verhöhnt wird. In den Regionen aber, in denen Subjektivitäten sich selbst an dieses Konzept hängen, besitzt es eine ganz andere Art von Existenz.

Eurasien und die asiatischen Völker Russlands

Die Idee, dass Russland, im Gegensatz zu einer rein slawischen, eine eurasische Zivilisation besitzt, ist seit vielen Jahrzehnten in den Diskussionen über russische Identität ein zentrales Thema.[5] Solche Diskussionen fanden jedoch nur unter russischen Intellektuellen statt, und diese Idee war, mit wenigen Ausnahmen, für die asiatischen Völker unannehmbar. In jüngster Zeit aber haben sich viele asiatische Autoren und Politiker diese Idee zu eigen gemacht und sie in den Dienst ihrer eigenen Ziele gestellt. Dabei projizieren sie regionale Visionen über das Wesen der Föderation. Zur gleichen Zeit schaffen und erhalten sie Ideen vom Wesen ihrer eigenen Gegenwart und kulturellen Identität. Ich werde mich bei meinen Untersuchungen auf die „innerasiatischen" Regionen konzentrieren, das heißt, die Republiken der Kalmücken, Burjaten, Tuwiner, Sakha-Jakuten und des Altai. Es wird gezeigt werden, dass es sich dabei um ein gemeinsames neues Vokabular handelt, nicht aber um eine gemeinsame Vision. Die Idee der von Moskau ausgehenden Bewegung ist nur lose mit den Vorstellungen verbunden, die in den Provinzen bestehen, weil jede einzelne Region ihre eigene Perspektive besitzt, die durch ihre geographisch-strategische Position, die Art ihrer politischen Führungselite, des Gleichgewichts der Wählerschaft und der ethnischen Geschichte während und vor der sowjetischen Periode bedingt ist.

Die wichtigen Fragen, die sich ergeben, betreffen nicht den gegenwärtigen Typ von Regierung, der in diesen Regionen anzutreffen ist; sie alle unterliegen einem „präsidentiellen" und nicht einem parlamentarischen Machtsystem (Afanasyev 1998). Sie betreffen die besondere Bedeutung (sowie die Gründe dieser besonderen Bedeutung), die kleinen peripheren Völkern innerhalb des vorgestellten Gesamtbildes der Russischen Föderation beigemessen werden soll. Es geht also um ein Szenario, das ganz und gar anders gestaltet ist als das der europäischen Kolonialregime, in dem, nach Cooper und Stoller, das wichtigste Spannungselement darin bestand,

„wie der Grundsatz des Andersseins unaufhörlich und mit viel Eifer verkündet wurde, während die Völker in den Kolonien den von den Europäern formulierten Anspruch auf Überlegenheit umformulierten und bestritten" (1997, S. 3-4).

Im Russland von heute dagegen, ignorieren die Eurasianisten in der Provinz bewusst die früheren Regimen der Differenz und spielen den Schrecken früherer Episoden des Terrors und der Unterdrückung herunter. Statt dessen wird eine Art zivilisatorischer Gemeinsamkeit zwischen den entfernt liegenden Regionen und dem Ganzen dargestellt, und dies wird in die Idee hineinprojiziert, dass der eurasische Kontinent dazu bestimmt ist, ein großes Reich zu sein, unabhängig davon, ob es von tatarischen Khanen, russischen Zaren oder den Bolschewiken beherrscht wird. Dies öffnet Raum für ein phantasmagorisches rhetorisches Bild der eigenen regionalen Kultur, die ihre eigenen Werte und Praktiken in das Projekt „Eurasien" als Ganzes einfließen lässt.

Zudem liefert die Idee vom „Eurasien" eine Arena für die Entwicklung neuer politischer Beziehungen zwischen den verschiedenen Regionen. Während der sowjetischen Periode hatten die innerasiatischen Völker Russlands verhältnismäßig wenig Kontakt untereinander, da die herrschende politische, wirtschaftliche und kulturelle Struktur eine Hierarchie zentripedaler Beziehungsverhältnisse hin zu Moskau war. Hätten die einzelnen Regionen untereinander laterale Beziehungen politischer Art ins Leben gerufen, wäre dies als eine Verletzung der zentralen Entscheidungsrolle der Partei ausgelegt worden. Daher ist es signifikant, dass im Laufe der 1990er Jahre horizontale Beziehungen zwischen den einzelnen Regionen, zumindest im Bereich der Politik und Kultur, wenn auch nicht in der Wirtschaft, aufgebaut wurden. Obwohl Präsident Putin versucht, zu starken vertikalen, den Verhältnissen des Sowjetstaates nicht unähnlichen Strukturen zurückzukehren, dürfte es ihm schwerfallen, die Konsolidierung lokaler Machtstrukturen zu verhindern. Von dieser verhältnismäßig sicheren lokalen Ausgangsposition gelingt den politischen Machthabern in Innerasien die Schaffung lateraler Beziehungen untereinander. So hat zum Beispiel im Jahre 1998 der Präsident von Kalmückien, Kirsan Ilyumzhinov, interveniert, um den Hauptkandidaten für das Amt des Präsidenten in Burjatien zu unterstützen. Im Bereich der Kultur statten sich Vertreter der verschiedenen Regionen regelmäßige Besuche ab, um religiösen Ritualen, Konferenzen, Jugendkongressen und ähnlichem beizuwohnen.

Auf welcher vorgestellten Grundlage beruhen solche neuen Kontakte? Eine mögliche historische Vorlage scheint das Reich der Mongolen des 13. und 14. Jahrhunderts zu sein, das natürlich ebenfalls ein multi-ethnischer Staat war und zum mongolischen, türkischen und tungusischen Sprachbereich gehörende Völker umfasste, darunter die Vorfahren aller hier zur Debatte stehenden Gruppen. Doch ist das dschingisdische Erbe, d. h. die Idee, dass bestimmte Formen mongolischer Staatsführung heute von Bedeutung sein könnten, nicht das Prinzip, das zu einer Ideologie ausgearbeitet wurde, obwohl es als solches in der politischen Vorstellung in diesen Regionen Russlands vorhanden ist. Einige Intellektuelle haben sich für das Wiederbeleben eines Weltbildes mit mongolischem Zentrum stark gemacht,[6] aber führende Politiker der kalmückischen, altaiischen und burjatischen Völker können sich nicht *öffentlich* mit dieser Idee *identifizieren*, obwohl ein positives Bild vom mongolischen Reich als politisches Konzept nicht eine unmögliche Idee scheint. Grund ist, dass der heutige Staat der Mongolei als ökonomisch schwach angesehen wird. Außerdem sind immer noch Erinnerungen daran lebendig, dass sich jeder, der „panmongolische" Sympathien hegte oder sich heute für einen Panmongolismus aussprach, der immer noch als „gefährlich" gilt, schweren Strafen ausgesetzt sah (Kuzmin und Svinin 1997).[7] Angesichts der Ereignisse in Tschetschenien scheint es so zu sein, dass eine zu offene Bezugnahme auf die politische Bedeutung der Mongolei noch immer mit der Idee der Gefahr assoziiert wird, der Gefahr des Verrats gegenüber dem russischen Staat. Solches Winden und Schlängeln im Umgang mit dem Konzept, dass „Eurasien" im mongolischen Reich einen Vorgänger haben könnte, zeigt den politischen Charakter des modernen Konzepts.

Es besteht wenig Klarheit darüber, was Eurasien wirklich beinhaltet. Dies liegt zum Teil an den nebligen und mystischen Darstellungen des wichtigsten Befürworters dieser Idee in jüngster Zeit, dem Historiker Lev Gumilev. Er rühmt den Glanz und die Stärke der Union von Slawen und den Völkern der Steppe, die formative Wirkung vage beschriebener Umwelten, den entscheidenden Ausschlag, den „leidenschaftliche" Anführer bei der Schaffung spirituell mächtiger Staaten geben, und gleichzeitig (wenn auch paradoxerweise) die „unabweisbare wissenschaftliche" oder „natürliche" Grundlage der Erfolge oder Misserfolge ethnischer Gemeinschaft. Die Bücher Gumilevs erfreuen sich seit einem Jahrzehnt bei allen Gruppen der Russen und nichtrussischen Völker der Föderation allergrößter Beliebtheit. Wie Shnirelman und Panarin (2001) zeigen, lässt Gumilevs Missachtung verantwortungsvoller historischer Wissenschaftlichkeit jeder

Art fantastischen Aberglaubens und gefährlicher ethnischer Vorurteile freien Lauf und verleiht diesen eine pseudo-wissenschaftliche Legitimation. Dennoch legte Präsident Putin vor nicht allzu langer Zeit, im Herbst 2000, während eines Besuchs in Kasachstan einen Kranz an Gumilevs Denkmal nieder und sagte, dass der Eurasianismus die Ideologie des neuen Russlands bilde. Damit bekräftigte er, und vielleicht nicht nur für seine Zuhörer in Kasachstan, eine Vision von der russischen Geschichte, determiniert von einer emotionalen und wertebeladenen Interpretation ausdrücklich *ethnischer* Ruhmestaten, Untergänge, Siege und Momente des Verrats. In dieser Geschichtsvision findet sich kein Wort über die gegenwärtige soziale und politische Organisation der Gesellschaft (zum Beispiel Regierungsform und Steuerwesen). Sie werden vernebelt durch transzendente Begriffe wie „Zivilisation der Steppen" oder „nationales Schicksal". Das Ideenfeld für das Konzept „Eurasien" hat zur Schaffung mystifizierter binärer Kategorien geführt, die die politische Phantasie der innerasiatischen Regionen hin zu einer Begeisterung für die eigenen „spirituellen Werte" führt. Für mich ist all dies (gegen Urban 1998) viel mehr als reine „Rhetorik", weil dieses Ideenfeld den gegenwärtigen politischen Initiativen eine ganz spezifische Richtung verliehen hat, Initiativen, die zwar auf Fantasiegebilden beruhen mögen, aber trotzdem die Fähigkeit besitzen, die Gesellschaft zu verändern.

Eurasien im politischen Kontext

Das Konzept Eurasiens war immer eine gegen den Einfluss des Westens in Russland gerichtete Idee, denn es setzt voraus, dass Russland seinem Wesen nach kein europäisches Land, sondern eine durch die Verbindung der slawischen und der turko-mongolischen Steppenvölker zustande gekommene eigenständige Zivilisation ist. Die Idee erlebte in den Kreisen der großstädtischen Elite in den 1990er Jahren eine neue Blüte als Reaktion auf die als Misserfolg wahrgenommenen „westlichen" Modelle von Demokratie und Kapitalismus in Russland. In der modernen Fassung geht es unter anderem um die Bedeutung „des Staates". So schreibt zum Beispiel A. S. Panarin, dass das, was die russische Geschichte von der europäischen unterscheidet, ist, dass in Russland der Fortschritt – ja, alle wichtigen Initiativen vom Staat ausgehen und nicht von der Zivilgesellschaft, die Dinge also „von oben herunter kommen" (Panarin 1994). Der ideale Staat ist kein Ausbeuter, sondern ein Beschützer der Armen und Schwachen (Panarin 1995).[8] Ein anderes zentrales Thema ist das der Einheit und Gleichheit aller

Völker in einer gemeinsamen eurasischen „Super-Nation", wodurch sie sich von den europäischen Kolonialreichen unterscheiden würde (Lyrye 1994). Eine weitere Eigenschaft von „Eurasien" ist sein messianischer Charakter. In Anlehnung an Toynbee, dass, um ein bestimmtes Ziel zu erreichen, man nicht danach streben muss, sondern nach *etwas Höherem*, schreibt Panarin, dass dieser Gedanke ganz besonders auf Russland mit seinem religiösen, manichäischen Radikalismus zutreffe. Russen würden sich nicht einfach für alltägliche Dinge in Bewegung setzen, sie brauchen eine große Idee. Eurasien als das Bild einer moralisch-ethisch reinen Zivilisation ist solch eine Idee. „Hat die Welt wirklich schon alle möglichen kosmogonischen Prozesse zur Schaffung neuer Zivilisationsmodelle durchlaufen?", fragt Panarin. Sollte die Antwort auf diese Frage ein „Ja" sein, dann stünden alle Völker der Erde vor einer grausamen Entscheidung: Sich entweder dem Westen anzuschließen oder an der barbarischen Peripherie zu verbleiben und dort wahrscheinlich auszusterben (1994, S. 86).

Gedankengänge dieser Art führen zu ungelösten Kontroversen über die Frage der Grenzen Eurasiens. Falls „Ökologie" und die Ablehnung der Modernisierung und des Fortschritts als grundlegende spirituelle Werte gelten, verschiebt sich die Geographie nach Osten. Wenn aber die orthodoxe Frömmigkeit und das asketische Ideal als die wichtige historische Quelle der Spiritualität verstanden werden, dann erscheinen Armenien und Griechenland verhältnismäßig „nah", und eine ganze Kette katholischer slawischer Länder werden nicht mit einbezogen (Polen, Litauen usw.). Noch schwieriger ist die Frage der islamischen Gebiete. Einige vertreten die Meinung, dass diese Länder nicht zu Eurasien gehören können, da sie zu einer gänzlich anderen Zivilisation gehören, eine, die sich bis weit jenseits der heiligen Grenze Russlands erstreckt. Andere bestehen darauf, Kirgisistan und Kasachstan, aber nicht Usbekistan mit einzubeziehen, da die beiden erstgenannten nur oberflächlich islamisiert und „echte" Steppenkulturen seien, während Usbekistan mit seiner alten städtischen islamischen Entwicklung seinem Wesen nach ein Fremdkörper wäre. Noch andere Vertreter des Eurasianismus sind der Ansicht, dass die Gesamtheit der islamischen Länder der früheren UdSSR in „Eurasien" enthalten sein müssen, weil der Islam – wie fremd er auch sein mag – einen festen und grundsätzlichen Stand gegen die Korruption und Macht des Westens eingenommen habe. Eine gute Zusammenfassung dieser Positionen gibt Malashenko (1996). Dies entspricht dem Gedanken: „Der Feind meines Feindes ist mein Freund". Wir sehen also, dass „Eurasien" kein klar definierter geographischer Raum ist, sondern – um dies noch einmal zu wiederholen – eine zutiefst politische Idee. Einige Reaktionen auf das Konzept des Eurasianismus aus nicht-russischen Regionen sind vorsichtig, wenn nicht direkt feindlich. Rimma Urkhanova (1995) aus Burjatien schreibt, dass trotz all des Geredes über die Bewunderung östlicher Kulturen der Eurasianismus letztlich auf dem Konzept Russlands als Großmacht beruhe. Daher sei die ungenaue „Inklusivität" Eurasiens ein gefährlicher Gedanke, dazu geschaffen einen neuen russischen Imperialismus zu verschleiern und die noch ungefestigte Souveränität der regionalen Republiken zu gefährden. Urkhanova kommt jedoch zu dem Schluss, dass die Burjaten Eurasien nicht ablehnen können, da es schon jetzt über sie gekommen ist. Der Höhepunkt dieser Entwicklung sei die Sowjetunion gewesen, die die Geschichte der Burjaten und Russen unauflösbar miteinander verbunden habe, indem sie beide zu Erben des tragischen Nachlasses von Terror und Straflagern gemacht habe. Tatarische Autoren wie Khakim andererseits verwerfen das Konzept des Eurasianismus grundsätzlich. Für sie ist es nichts als eine „Vergöttlichung des Staates", das keinen Raum lässt für das Individuum oder überhaupt eine andere Meinung. Die Achillesferse des Eurasianismus sei, so schreibt er, dass die modernen Tataren und alle russischen Staatsbürger *schon jetzt* freie und gebildete Individuen sind, die bestimmt den atavistischen Holismus und die kollektive Wesenhaftigkeit des Konzepts zurückweisen würden (Khakim 1998, S. 54-55).

Demnach taucht das Konzept „Eurasien" sowohl bei den Machthabern vom *nomenklatura*-Typ der sowjetischen Zeit wieder auf, die sich in dem neuen Russland selbst neu erfunden haben wie auch bei den Führern der Generation in den Regionen Innerasiens und den Staaten Zentralasiens.[9] Diese Vorgehensweise ist weit davon entfernt, naiv zu sein. Vielmehr sehen diese Führer „Eurasien" als eine Öffnung zu neuen Möglichkeiten, wobei diese je nach der geopolitischen Position variieren können. Für die innerasiatischen Regionen bietet das Konzept Eurasien vor allen Dingen die Möglichkeit, der Peripherie, dem Unbekanntsein und der Bedeutungslosigkeit zu entkommen. Dies geschieht durch Konfrontation des rationalen, materialistischen, technologisch-fortgeschrittenen, individualistischen „Westens" mit der Spiritualität, Irrationalität, dem Mystizismus und Kollektivismus des „Ostens". Die dominante Tendenz unter Eurasianisten ist es, den „Dritten Weg" Russlands, der diese beiden „Prinzipien" verbindet, auf eine metaphysische Ebene zu heben, die höher als jede der beiden liegt.[10] Der russische „Geist" (*dukha*) wird bei dieser Auslegung als überlegen betrachtet und steht für die ganze Menschheit, da er verschiedene mystische Antithesen in sich vereint. So schreibt Yugai in seiner Neuformulierung eines Gedankens Berdyaevs:

„Das Wesen der [dritten] Antinomie des russischen Geistes besteht aus einer weiteren Mischung von sich widersprechenden Gegensätzen – eine endlose Freiheit von Geist und sklavischer Unterwürfigkeit" (1998, S. 31).

Dieses Bild der russischen Zivilisation soll, verstärkt durch die im Volke weit verbreiteten vitalistischen Ideen wie die der „*passionarnost*"[11] Gumilevs im Zusammenhang mit der ethnischen Historie das spirituelle Element in den Vordergrund stellen.

„Vor der russischen Seele öffnen sich die weiten Fernen und es gibt keinen begrenzten Horizont, der sich vor ihren spirituellen Blick legen könnte" (Yugai 1998, S. 31).

Es ist dieser Raum der „weiten Entfernungen", der die Öffnung für die innerasiatischen Völker bringt. Sie können behaupten, dass sie die spirituelle Überlegenheit des Ostens repräsentieren und für sich beanspruchen, dass es gerade dieser Beitrag zu Russland ist, der diesem Land durch seine besondere Qualität der „*dukhovnost*" (Spiritualität) neue Kraft zuführen kann.

Daher liegt für die lokalen politischen Führer Innerasiens die Antwort auf ihre Ängste im Zusammenhang mit wirklichen historischen Problemen, nämlich, dass ihre Völker in den zaristischen und sowjetischen Reichen als periphere bedeutungslose Gruppen empfunden wurden, einfache, Rohmaterial für das Zentrum herbeischaffende Anhängsel (Guchinova 1997a) darin, dass sie die neue Bedeutung verkünden und publizieren, welche das Konzept auf sie übertragen kann. Ein weiterer Schritt ist es, den begrifflichen Mittelpunkt von „Eurasien" von Moskau weg in den Osten zu verlagern. Sowohl Tuwa wie auch der Altai verstehen sich selbst als die geographischen Zentren des eurasischen Raumes.[12] Eine Folge dieser Verschiebung ist, dass jetzt Moskau als materialistisch, individualistisch und von den „westlichen Werten" korrumpiert erscheint. In beiden Provinzen preisen Bücher, Landkarten und Denkmäler diese Vision. Die Grundlage, die diese Regionen für ihre spirituelle Vorrangstellung angeben, ist interessanterweise die „Natur", insbesondere die heiligen Berge des Altai. In Burjatien hat der reine und heilige Baikalsee dieselbe Bedeutung. Berühmte Eurasianisten werden zitiert, um solchen parareligiösen Ansprüchen Gewicht zu verleihen. So wird zum Beispiel der Orientalist und Mystiker N. Roerich herangezogen, um die Idee zu untermauern, dass der Berg Uch Sumbur im Altai ein direktes Bindeglied zum Kosmos darstellt und das gesamte Land um ihn herum Schambala sei, das heilige Land der Rechtschaffenheit der nördlichen Buddhisten (Problemy 1992, S. 58). Mit solchen Bezugnahmen wird diesen Ansprüchen eine Art Unausweichlichkeit und Unverletzbarkeit beigelegt: Man kann mit den Menschen aus der Altai-Region ins Gespräch kommen und ihre spirituelle Überlegenheit hinterfragen, doch es ist schwierig, einen heiligen Berg zu kritisieren. Zugleich werden so postsowjetische Ängste vor Umweltverschmutzung ausgenutzt (nach dem Motto: „Wir sind zwar arm hier, aber, anders als die vom Materialismus korrumpierten Menschen, kennen wir das Geheimnis des reinen Lebens").

In diesem Bild des heiligen Berges wird erkennbar, wie die von Mark Urban aufgeworfene Problematik der „Mystifizierung" sich in der Praxis niederschlägt. Der Berg Uch Sumbur wird in zahlreichen Epen, Gebeten, Weisheitssprüchen usw. als ein Berg mit drei Gipfeln beschrieben, weil die Zahl drei im mythologischen Bereich die angemessene Zahl für einen heiligen Berg ist. Tatsache ist, dass jeder der zum Uch Sumbur kommt, um dort Andacht zu halten, sehen kann, dass er zwei Gipfel hat.[13] Es wäre aber falsch zu sagen, dass dadurch einfach ein Widerspruch zwischen „Mythos" und „praktischem Leben" aufgedeckt wird, denn im wirklichen Leben vollziehen die Altaier Verehrungszeremonien vor diesem Berg, weil er heilig ist und daher drei Spitzen hat.

Eine politische Konfiguration: Das Beispiel Kalmückiens

Es besteht ein großer Unterschied zwischen Burjatien und dem Altai-Gebiet einerseits und Tuwa, Sakha-Jakutien und Kalmückien andererseits. In Burjatien und dem Altai bildet die indigene Bevölkerung als Wähler eine Minderheit, und die politische Kontrolle liegt in der Hand von ehemals kommunistischen Russen, Kadern sowjetischer Prägung. Infolge dessen werden Verkündigungen bezüglich des nationalen Schicksals usw. aus Angst vor den Machthabern gemildert. In Tuwa, Sakha und Kalmückien dagegen besteht die politische Führung weitgehend aus Vertretern der indigenen Bevölkerung.

In Kalmückien dagegen herrscht eine ganz andere, politisch gespanntere Lage. Die Kalmücken haben gegenüber den Russen und anderen Nationalitäten die knappe Mehrheit. Im Jahre 1993 wählten sie einen jungen Präsidenten mit Namen Kirsan Ilyumzhinov, einen millionenschweren Geschäftsmann. Ilyumzhinov ist eine gutaussehende und außerordentlich charismatische Persönlichkeit; außerdem stilisiert er sich selbst in einer Weise, dass er den Eindruck erweckt, er sei die Wiedergeburt Janggars (des Helden des berühmten kalmückischen Epos) oder von Ayuki Khan aus dem 17. Jahrhundert. Er trägt seinen Reichtum zur Schau in der korrekten Annahme, dass dieser für viele einfache Leute seines Volkes das leuchtende Zeichen seines Glücks und seiner Auserwähltheit darstellt (Guchinova 1997b). Zugleich ist Ilyumzhinov entschlossen, Kalmückien bekannt zu machen und ihm einen Platz auf der Weltkarte zu verschaffen. Es gelang ihm, sich als Präsident der Internationalen Assoziation für Schachspieler (FIDA) wählen zu lassen und eine seiner zahlreichen extravaganten Aktionen war der Bau eines luxuriösen Zentrums, „Schach-City", in der Hauptstadt für die Abhaltung der Schacholympiade. Ilyumzhinov ist ein Befürworter des Konzepts „Eurasien" und nennt die Republik von Kalmückien „das Land des Geistes, der Tempel des Geistes, der Planet des Geistes" (Ilyumzhinov 1997, S. 8). In Wahrheit ist dies eine der ärmsten Regionen der Föderation, und während der 1990er Jahre wurden die statistischen Werte immer schlechter (Katushov 1998; Humphrey 2000). Riesige Schafherden hatten in den 80er Jahren auf den Weiden des Landes eine ökologische Katastrophe herbeigeführt, und nun wurde die Zahl der Tiere drastisch reduziert, so dass die Landbevölkerung auf das einfachste Subsistenzniveau absank. Es gibt kaum andere Ressourcen. Von der ersten Aids-Epidemie in Russland betroffen, an die Kriegsregion des nördlichen Kaukasus angrenzend, wäre es also durchaus verständlich, wenn die Kalmücken aus der Position ihres staubigen Landes und durch ihre schreckliche Armut eingeschüchtert, mit Furcht auf die Welt blickten. Doch gerade in diesem Land trägt die politische Phantasie die leuchtendsten Blüten.

Vom Tage seines Amtsantritts an im Jahre 1993 begann Ilyumzhinov damit, eines der autokratischsten Regime in ganz Russland aufzubauen. Er schaffte die Sowjets ab und ernannte seine eigenen Leute zu Ministern und „Vertretern des Präsidenten" (i.e. die Bezirksgouverneure). In Kalmückien gibt es heute keinerlei lokale Selbstverwaltung. Alle wichtige Entscheidungen werden vom Präsidenten persönlich getroffen (Guchinova 1997a, S. 22). Ein Jahr nach seinem Regierungsantritt erlaubte Ilyumzhinov die Durchführung allgemeiner Parlamentswahlen (ein kleines Parlament mit lediglich 27 Abgeordneten), doch besitzt dieses Regierungsorgan wenig wirkliche Macht. Bald darauf schrieb der Präsident eine neue Verfassung, die auf einer kalmückischen Vorlage aus dem 17. Jahrhundert beruhte, den „Code der Steppe", und gründete einen Ältestenrat, in dem verschiedene angesehene weißbärtige Männer, die von Fabriken, Landwirtschaftsgenossenschaften u. a. eingesetzt wurden, zusammenkommen. Er führte die Einheit von Religion und Staat wieder ein. Seine Wiederwahl im Jahre 1995 benutzte er dazu, die Verfassung zu ändern und die Amtsdauer des Präsidenten zu verlängern. Dann begann er verschiedene große Bauprojekte, die alle unvollendet sind: Der Bau eines riesigen buddhistischen Tempels, eines internationalen Flughafens, der größten Lederfabrik Russlands und eines neuen Seehafens (Volgin 1999, S. 28). Präsident Ilyumzhinov fliegt in der Welt herum, um den Papst, den Dalai Lama und Saddam Hussein zu treffen. Er versucht, Kalmückien für internationales Kapital attraktiv zu machen, indem er sein Land zu einem Steuerparadies erklärt.

Einerseits haben wir es hier mit einer kühnen innovativen Variante von Machtausübung zu tun wie sie für den herausragenden Autokraten typisch ist

(Humphrey 2000). Zumindest zu Beginn standen die Wähler begeistert hinter den Machtverhältnissen, die Ilyumzhinov etabliert hatte (Guchinova 1997b).[14] In ganz Innerasien konnte man die einfachen Leute während der Mitte der 1990er Jahre sagen hören: „Wenn wir nur so einen Führer hätten! Wenn wir nur Kirsan hätten!". Es ist kein Geheimnis, dass Ilyumzhinovs Millionen aus zweifelhaften Quellen stammen und dass er und seine nächsten Verwandten in einen finanziellen Skandal nach dem anderen verwickelt waren. Aber vielleicht empfinden die Menschen die Notwendigkeit eines magischen und absoluten Führers, jemanden, der die schwarze Boshaftigkeit der Macht mit der Geschicklichkeit eines Schach-Champions zu absorbieren weiß, und der Welt ein leuchtendes, auf seine Weise bewunderungswürdiges Äußeres bietet.

Einerseits symbolisiert die Verfassung Ilyumzhinovs, der „Code der Steppe", die schicksalhafte Natur der Beziehungen Kalmückiens mit Russland. Von dem ersten „Code der Steppe" (1640) wird gesagt, dass er Ausdruck der einzigen Zeit ist, in der es etwas wie einen kalmückischen „Staat" gab. Zwischen den Jahren 1640 und 1741 gab es ein kalmückisches Khanat innerhalb des größeren politischen Gebäudes des russischen Zarenreiches (Guchinova 1997a, S. 57-59). Warum sollte ein heutiger Staatsmann dieses frühere Vorbild wieder zum Leben erwecken wollen? Wir sollten uns daran erinnern, dass die Geschichte der Kalmücken eine zutiefst tragische ist. Zahllose Menschen verloren ihr Leben, als im Jahre 1771 die Elite der Torguten und deren Anhänger vor den russischen Invasionen zurück in ihr ursprüngliches Herkunftsland, in die Mongolei flohen (was zum Ende des Khanats führte), später auch während des Bürgerkrieges um 1920 und dann wiederum im Jahre 1943, als die gesamte Bevölkerung nach Sibirien, Zentralasien und Sachalin deportiert wurde. Das Khanat wird heute als ein goldenes, all diesen Tragödien vorausgehendes, Zeitalter angesehen. Die Angliederung an Russland wird als „freiwillige Union" dargestellt, personifiziert durch ein Treffen von Ayuki Khan und Peter den Großen.[15] Dieses Bild reflektiert die übliche sowjetische Darstellung der Situation wie auch die eurasische Vision einer mythischen Harmonie von Metropole und Steppe. Doch wichtiger ist wie Aspekte der politischen Kultur der Mongolen, ohne dass dies besonders erwähnt wird, in dem neuen „Code der Steppe" zum Vorschein kommen: Politische Beziehungen werden in ähnlich „königliches" Vokabular gefasst wie in mittelalterlichen mongolischen Chroniken, wo individuelle Führer für ganze Völker sprechen und Loyalitätsschwüre das höchste Gut bedeuten.

Der „Code der Steppe" der 1990er Jahre sagt nichts über eine Sezession von der Russischen Föderation. Ilyumzhinov wurde denn auch von einer Quasiopposition an diesem Punkt kritisiert. „Warum hast du nicht dieselbe Souveränität verlangt, die sich andere Regionen genommen haben?" fragte man ihn. Aber das war nur reine Rhetorik, im mythischen Sinne Urbans, „Oppositionisten", die eigentlich Kommunisten waren, im gleichen Atemzug energisch eine mit militärischen Mitteln herbeigeführte Durchsetzung der Ordnung des Zentralstaates im benachbarten Tschetschenien verlangten. Guchinova, eine kalmückische politische Beobachterin verweist darauf, wie die gesamte, sporadische Opposition gegen Ilyumzhinov sich eines Vokabulars bedient, das dem alten sowjetischen System entstammt (1997a, S. 26). Auch besitzt diese Opposition kein positives, alternatives Wirtschaftsprogramm, sondern arbeitet nur mit abgestandenen Anklagen von „Verrat" (*izmena*) und „Schuld" (*dolg*) gegenüber dem Volk. Es ist ziemlich klar, dass Ilyumzhinov seine „Loyalität" gegenüber Russland (die er dadurch zum Ausdruck brachte, dass seine Verfassung nichts über eine Trennung von Russland aussagt) als einen Verhandlungsvorteil benutzt, um Zuschüsse zu seinem Staatsetat zu bekommen, Mittel, durch die seine Wirtschaft überhaupt lebensfähig bleibt. Aber vielleicht hat diese Situation noch eine tiefere Bedeutung, denn die von den Sowjets durchgeführten Deportationen wurden von vielen einfachen Kalmücken als eine vom Schicksal bestimmte Strafe für ihre Sünden verstanden, die darin bestanden, den Buddhismus vernachlässig zu haben (Guchinova 1997a, S. 61). Obwohl die dreizehn Jahre Exil heute als eine Ungerechtigkeit gelten, schämten sich die Kalmücken über Jahrzehnte nach ihrer Rückkehr und hatten Angst dieses Geschehnis zu erwähnen – so sehr, dass die meisten der jüngeren Generation davon erst in den 1990er Jahren hörten und dann häufig aus öffentlichen Quellen. Ein anderes Beispiel dieser Haltung ist der Fall eines Russen aus Moskau, der in Ilyumzhinovs Regierung zum Premierminister ernannt wurde. Dieser Mann wurde zum Rücktritt gezwungen, nachdem er eines Tages spontan, ohne weiter zu überlegen, das Wort „Rückführung" gebraucht hatte; obwohl dies in einem ganz anderen Zusammenhang geschah, bestand weitgehend die Ansicht, dass die direkte Ausdrucksweise des Mannes die lokalen Normen des Anstandes, des Schweigens und der Beibehaltung eines sanften, lächelnden „asiatischen" Gesichts im Falle unausgesprochener Meinungsverschiedenheiten und Erniedrigung missachtet habe (Volgin 1999). Schuldgefühle, Scham und Zorn sind ungelöst und in dieser Situation erscheint der russische Staat in greifbarer Form als unvermeidbare Gegenwart, als quasi- heiliges Instrument der Strafe, von vielen vielleicht bis heute als ein Mittel der Wiedergutmachung von Sünden gesehen.

Ilyumzhinov vereinigt extreme lokale Autokratie mit recht nahen „prinzlichen" Beziehungen zu Moskau, die noch durch eine Heirat gefestigt wurden (unglücklicherweise für ihn mit Luzhkov, dem Bürgermeister von Moskau, und nicht den neuen Kräften Putins). Er nennt die Russische Föderation „Eurasien" und ist selbst das beste Beispiel für die Strategie, sich zum Repräsentanten des spirituellen Reichtums Asiens zu erklären. Im Falle Kalmückiens kann dieser Anspruch nicht an kosmischen Bergen oder heiligen Seen festgemacht werden. Statt dessen verkündet die Ideologie Ilyumzhinovs seine Förderung der Weltreligionen, an erster Stelle des Buddhismus, aber auch des russisch-orthodoxen Glaubens und des Katholizismus. Nachdem er zum Präsidenten gewählt worden war, hatte Ilyumzhinov die Absicht, dem Dalai Lama in Kalmückien Land für eine ständige Heimat zu geben. Dieser Gedanke musste angesichts der chinesischen Proteste und aus Sicherheitsgründen aufgegeben werden; doch ließ der Präsident neben zahlreichen, von Laien erbauten buddhistischen Tempeln, eine große Marmorstatue Buddhas im Zentrum seiner Hauptstadt Elista aufstellen. Als man feststellte, dass die Statue Lenins, (dessen kalmückische Teilabstammung nicht vergessen ist), in die entgegengesetzte Richtung blickte, wurde der Sockel des Monuments des Führers der Bolschewisten so gedreht, dass beide sich gegenüber stehen (Guchinova 2001). Ilyumzhinov ließ einen großen und schönen orthodoxen Dom und nach seinem Besuch beim Papst sogar eine katholische Kirche erbauen. Auf Plakaten und Porträts lässt sich der Präsident stets neben einem oder mehreren religiösen Führern der Welt abbilden. Schließlich aber beruft er sich auch auf eine noch ursprünglichere Quelle der Inspiration, die „Weisheit der Ahnen" (*mudrost' predkov*). Seine politische Vision ist es, eine neue Generation junger Kalmücken heranwachsen zu lassen, die durch die (religiöse und weltliche, jedoch immer „spirituelle") Weisheit der Ahnen in neue Menschen verwandelt nach Russland-Eurasien strömen sollen, um diesem Land Inspiration und neue Lebenskraft zu bringen. Er ernannte einen Minister für Ideologie und entwickelte ein Schulprogramm, das auf der Grundlage neuer pädagogischer Methoden helfen soll, diese neuen jungen Menschen hervorzubringen. Diese jungen Leute nennt er *lichnosti* („Personen" oder „Persönlichkeiten"). Ihnen obliegt es, moralische Harmonie, die Fähigkeit unabhängiger Urteilsbildung und jugendliches Supertalent und Energie in sich zu entwickeln. All dies soll durch das Studium und die Praxis der Weisheit der Ahnen zustande kommen. So ist zum Beispiel die kalmückische Version des Schachspielens in allen Schulen Pflichtfach, da es heißt, dass dieses Spiel die spezifisch „asiatische" Fähigkeit des Nachdenkens und mutiger Entscheidungen fördert. Weisheit soll aber ebenfalls, das ist ebenso wichtig, dadurch entwickelt werden, dass die Schüler dem Beispiel des Präsidenten selbst folgen. Lehrer und Botschafter wurden in alle Regionen Innerasiens geschickt, um diese Ideen zu verkünden.

Dabei kann man beobachten, dass solche Visionen, die von Intellektuellen aus dem nächsten Umkreis des Präsidenten sowie von Ilyumzhinov selbst zusammengestellt werden, mit der Populärkultur interagieren und auch eine eigene Geschichte haben. Der epische Held Janggar wird tatsächlich von vielen Kalmücken bewundert und Anfang der 1990er Jahre reagierten viele noch positiv auf die Idee, Ilyumzhinov sei eine Inkarnation dieses Helden. Man sagte von ihm, er sei „von Gott gegeben" worden und Klanführer beteten zu ihren Stammes-Gottheiten, damit diese ihn beschützten (Guchinova 1997b). Aber Ende der 1990er Jahre wurde seltener im Sinne einer Vergöttlichung des Präsidenten, als tatsächliche Inkarnation einer mythischen Gestalt, gesprochen. Von einem anderen interessanten Beispiel solch historischen Kommen und Gehens wurde mir bei den Altaiern erzählt. Dort wurden bei einem öffentlichen Ritual an einem heiligen Ort im Jahre 1998 drei pensionierte Lehrerinnen von Geistern „besessen". Eine diesem Fest beiwohnende Kalmückin hatte das Ereignis mit den Worten kommentiert:

„Ihr Altaier seid drei Jahre hinter den Kalmücken zurück. Bei uns bekamen alte Frauen solche Botschaften aus dem Kosmos schon vor einigen Jahren; heute messen wir solchen Dingen nicht mehr so große Bedeutung bei." [17]

Ein solches Kommen und Gehen bestimmter Ideen bedeutet nicht, dass die politische Vorstellung von Eurasien am Verschwinden ist. Vielmehr scheint es, dass sie sich in alltäglichere, grundsätzlichere Gedankenmodelle verwandeln, die Teil des persönlichen Selbstverständnisses von Subjektivitäten werden. Ein Beispiel hierfür ist der Diskurs über ethnische „Gen-Fonds", der zur Zeit überall in Russland als die wichtigste Methode zur Identitätsbestimmung herangezogen wird. Bei den Völkern Innerasiens kann die Idee des „Gen-Fonds" auf eine imaginierte Geschichte eines eigenen Staates aufgepfropft werden. Altaier sagen zum Beispiel, Russland ist der *genetische Nachfolger* der eurasischen turkomongolischen Staaten des 7. bis 12. Jahrhunderts wie sie selbst die genetischen Nachkommen derjenigen Völker seien, die einst unter dem Khanat der Dsungaren zusammengefasst waren. Ein Altaier sagte, dass

„die Staatlichkeit ist wie ein Kleidungsstück. Es wechselt ständig, hundert Jahre lebst du in diesem Staat, dreihundert in einem anderen. Dein Name mag sich ändern, aber wir bleiben die gleichen, in genetischer und spiritueller Hinsicht. Wir sind Wir."[18]

Die Idee vom Gen-Fonds steht im Zusammenhang mit dem neuen Diskurs über Klanzugehörigkeit und der Aristokratie der „Weißen Knochen", Gedanken, die in sowjetischer Zeit streng verboten waren. Heute können zum Beispiel einfache

Kalmücken sagen, ein bestimmter Mensch sei zum Regieren geeignet, *weil er ein Torgut ist*.[19]

Ein weiterer Bereich der politischen Vorstellungen ist die Idee der „Ethnopädagogik", wonach bestimmte lokale kulturelle Traditionen der jungen Generation eingeimpft werden können. In Tuwa und dem Altai-Gebiet zum Beispiel werden Schulkinder zu heiligen Stätten (Quellen, Bergen, heiligen Bäumen usw.) geführt und dort darin unterrichtet, wie man den entsprechenden Ritualen beizuwohnen hat. In Kalmückien erfolgt Ethnopädagogik heute in Form einer spirituellen Ausbildung, die alles in der Philosophie des Buddhismus und dem Geist und Willen der Kalmücken umfasst. Es gibt heute eine Verzahnung der Idee des Gen-Fonds und des Konzepts der Ethnopädagogik, da Generationen junger Personen angesehen werden als „unser Gen-Fonds, den wir für Russisch-Eurasien als Geschenk geben" (Nuskhaev 1996, S. 117).

Ideen wie die der Reinkarnation eines historischen Helden, der spirituellen Bedeutung der Landschaft oder der zyklischen Übertragung des Geistes der Ahnen auf neugeborene Kinder gehören zum normalen Gedankengut des einfachen Menschen. Diese Ideen und die von politischen Machthabern geschaffenen Bilder nähren sich gegenseitig und setzen den „modernen", „wissenschaftlichen" genetischen Diskurs in Beziehung zum Konzept einer „wesenhaften asiatischen Spiritualität". Fragmentarische Hinweise deuten an, dass die Interaktion zwischen der spezifischen, von Ilyumzhinovs Regierung geschaffenen Ideologie und dem weiteren Feld politischer Vorstellung gewisse subjektive Resultate hervorbringt, was heißen soll, dass diese Kombination in Aktionen und Reden von Subjekten auftreten, die emotional diese Ideologie entweder unterstützen oder dagegen revoltieren. So scheint es zum Beispiel, dass Ilyumzhinov stapelweise Briefe von Leuten erhalten hat, die ihm mitteilen, dass sie so große Meinungsverschiedenheiten über seine neue Politik in ihren Familien hatten, dass es schließlich zu endgültigen Familien„spaltungen" (*raskol*) führte: Eheleute ließen sich scheiden und Kinder verließen ihr Familie (Ilyumzhinov 1996, S. 15-6). Natürlich nimmt die Subjektivität in einem autoritären politischen Kontext verschiedene Formen an und äußert sich durch verschiedene Arten der Identifikation (Salecl 1994, S. 50). Wenn es aber soweit kommt, dass man sich „wegen Ihnen" scheiden lässt, wie Ilyumzhinov geschrieben hat, wird klar, dass die neuen Ideologien nicht einfach durch staatliche Strukturen und staatliche Gewalt dem Volk aufoktroyiert wurden; sie werden von den Menschen in irgendeiner Weise tief als Teil ihres Lebens empfunden. Dieser Sachverhalt zeigt sich nicht nur in Konflikten zum Beispiel zwischen dem Atheismus der älteren Generation und den neuen Glaubensbildern, sondern umfasst eine viel weitere und komplexere Fläche voneinander getrennter Ideen. Das Konzept „Eurasien" schafft ein neues Feld, in dem Bilder vom Körper, körperlicher Schönheit und Verwandtschaftsbeziehungen neue Zuordnungen erfahren können. Wie Guchinova (2001) zeigt, versuchen junge Kalmücken, die die Idee eines grundlegenden „asiatischen Phänotyps" anerkennen, dennoch ein neues Bild ihrer selbst zu schaffen, das sich zugleich auch an spezifisch europäischen Schönheitsbildern und Vorstellungen sexueller Attraktivität orientiert. Befragt nach unterschiedlichen geographischen Begrenzungen, wo Europa beginnt und wo Asien endet (Bassin 1991), antworten sie, sie seien „die einzigen Buddhisten Europas" (Guchinova 2001).

Schlussbemerkungen

Vorliegender Beitrag sollte zeigen, dass das Konzept Eurasien eine Arena für eine politische Vorstellung liefert, in der die zentralasiatischen Völker einen würdigen Platz für sich beanspruchen können. Die Logik des Gegensatzes von West und Ost, mit der Überlegenheit Russlands über beide, ein Anspruch, der sich auf die eigene zivilisatorische harmonische Spiritualität gründet, drängt die kleinen innerasiatischen Völker in die einzige Richtung, in die sie gehen können, nämlich, dass ihre Werte eine der Super-Spiritualität seien. Es ist mir gesagt worden, dass viele einfache Kalmücken solche Aussagen für eine ideologische Übertreibung halten, für eine überspannte Behauptung von jemandem, der in die allerfrüheste Periode der kalmückischen Staatlichkeit passte. Dennoch nehmen die großen Ideen Nuskhaevs wie zum Beispiel der Gedanke, dass die „Persönlichkeiten" dazu bestimmt sind, nach Russland hineinzuströmen, innerhalb der Gesamtstruktur der politischen Vorstellung eine ähnliche Position ein wie das „traditionelle" innerliche Bild der drei Gipfelspitzen des heiligen Berges der Altaier. Diese Ideen haben inzwischen einen Prozess der Ideologisierung durchlaufen, doch kommen sie aus einer genau festgelegten, eigenen Ecke der postsowjetischen Welt. Wie Ram in einem interessanten Artikel über den kasachischen Schriftsteller Suleimenov schreibt (2001, S. 310), ist der Eurasianismus mehr als nur eine ideologische Präferenz. Er beinhaltet auch eine poetische Reflexion über für selbstverständlich genommene zentrale Kategorien wie Sprache und Geschichte im Falle Suleimenovs oder Verwandtschaft und Individualität im Falle der Kalmücken. Tatsächlich finden wir in Kalmückien eine Art besonderer *Hyperphantasie*.[20]

Was hat all das mit wirklicher Politik zu tun? Es ist wahr, dass „Eurasien" keinerlei wirtschaftlichen Inhalte hat und der einzige Versuch, der gemacht wurde, das Konzept als ein in der Gegenwart mögliches politisches Grundraster einzuführen, was in den Mitneunzigern von Nazarbaev, dem Präsidenten von Kasachstan unternommen wurde, stieß damals weitgehend auf taube Ohren (Prazauskas 1995). Dessen ungeachtet hat die eurasische Bewegung in jüngster Vergangenheit in Moskau zunehmend an Bedeutung gewonnen. Sie hat eine Reihe bedeutender religiöser Führer aus dem Lager der Orthodoxen, Muslime, Juden und Buddhisten angezogen. Zudem bilden die Werte des Eurasianismus ein wichtiges Element in dem breiten Strom des russischen Nationalismus und das in seinem Zusammenhang gebrauchte Vokabular wird mit vielen politischen Kräften – von den Kommunisten bis zu den nationalistische Sozialisten – geteilt (Malashenko 1996, S. 105). Begriffe aus der Esoterik sowie die Diskussion über das Wesen von „Mentalität" (*razum*) werden unter Intellektuellen verwendet. Wir sollten nicht vergessen, dass sowohl Jelzin als auch Putin öffentlich gesagt haben, das Russland von heute brauche eine eigene klar umrissene Ideologie, um dem russischen Volk die für das neue Jahrtausend erforderliche Kraft geben zu können. Von dieser Position ist es kein weiter Weg zu der spirituellen Revolution (*perevorot*), zu der Eurasianisten wie A. S. Panarin (1994, S. 90) aufrufen. Was das russische Volk anbetrifft, so hat Putin seine Karten klar auf den Tisch gelegt. Seine erste richtige Rede als Präsident verlangte eine neue Lesart der „russischen Idee", die sich aus vier Bestandteilen zusammensetzt: Glaube an die Größe Russlands, Staatlichkeit, Gemeinschaftssinn und Patriotismus. Auch dass er das Konzept des Eurasianismus in Kasachstan begrüßte, zeigt, dass er sich der Bedeutung dieses Gedankens in den asiatischen Regionen genau bewusst ist. Gegen diesen Hintergrund wird die Attraktivität des Konzepts für Nichtrussen deutlich. Sie wissen, dass es in gewissem Sinne Phantasie ist. Aber es ist eine Phantasie, die sie mit einem kraftvollen Diskurs in Bezug setzt und es ist die phantastische Seite des Konzepts, die es möglich macht, sich über die Erniedrigungen der Vergangenheit hinwegzusetzen. Wie die drei Spitzen des heiligen Berges, handelt es sich um eine Super-Realität, die dennoch das Volk dazu bringt, in bestimmter Weise zu handeln.

In der Welt von heute und besonders im postsowjetischen Raum – gibt es viele selbst verkündete politische Richtungen, die innerhalb größerer politischer Einheiten über einen nur unsicheren politischen Status verfügen. Sie sind international nicht anerkannt und in der Regel ökonomisch abhängig. Niemand innerhalb ihrer Wirkungsfelder kennt seine Rechte und niemand außerhalb dieser Felder kümmert sich um sie. Solche Orte lassen die Frage aufkommen, wie Ethnologen über „den Staat" nachdenken sollten (Trouillot 2001). Hier passt keine einfache strukturelle Vorlage, da verschieden gewichtige Standorte innerhalb des politischen Raumes „Staat" existieren, aus denen heraus Vorstellungen von einer kraftvollen Existenz entstehen. Visionen gehen von der Übereinstimmung zwischen kultureller Identität und Staatlichkeit aus, etwas, was in der Vorstellung immer möglich ist, was aber vor allem deutlich wird in solchen Gebieten des heutigen Russlands, wo ein autokratischer, beispielsetzender Staatschef in der Lage ist, diese umzusetzen. Der Begriff Eurasien beinhaltet gewisse Gefahren – vielleicht vor allem in seinen russisch-nationalistischen Lesarten, auf die im Rahmen dieses Artikels kaum eingegangen werden konnte – da die Auseinandersetzung von den Institutionen, Rechten und Verantwortlichkeiten ablenkt und die endemische Armut und Korruption des Landes völlig unbeachtet lässt. Paradoxerweise wird er jedoch vorangetrieben durch eine großzügige Vision von innerasiatischen Völkern, in deren Rahmen kulturell-politische Gruppen sich gegenseitig bereichern, anstatt sich zu schaden oder zu bekriegen. Die interessanten Fragen, die sich stellen sind: Inwieweit sich der russische Staat weiter aus solchen phantastischen Ideen nähren kann; ob Eurasien aufhören wird, ein Diskussionsfeld zu sein und sich zu einer echten Ideologie kristallisieren kann und, falls ja, ob es auf die Sphäre der internen Politik begrenzt sein wird wie in der Gegenwart oder ob es auch an die internationale Bühne vordringen kann?

Anmerkungen

1   Lane 1981 zeigt, wie diese Ideologie anhand des Systems sowjetischer Rituale verbreitet wurde.
2   Im Jahre 1996 gründete Jelzin einen Ausschuss, der eine Ideologie für Russland ausarbeiten sollte, aber nichts Endgültiges zustande brachte (Urban 1998, S. 969). Quasi die erste Handlung Wladimir Putins nach seinem Amtsantritt war die Verkündigung seiner Version „der russischen Idee"; es gelang jedoch damals immer noch nicht, eine Einigung über den Wortlaut der Nationalhymne zu erreichen (Suny 1999, S. 140).
3   Beispiele hierfür sind die Provinzen Kemerovo: unter der Führung von Aman Tuleev (Lukyanova 1999) und Saratov: unter der Führung von Dmitrii Ayatskov (Malyakin 1998).
4   So ließ sich zum Beispiel der reiche, angeblich kriminellen Kreisen nahe stehende Moskauer Sänger Josif Kobzon bei den Kreistagswahlen im Nationalen Kreis Aga Burjat im Jahre 1997 als Kandidat aufstellen und wurde mit großer Mehrheit gewählt (Namsaraeva 1997). Eurasisches Gedankengut erfuhr jedoch erst in den 80er Jahren eine Wiederbelebung.
5   Diskussionen über das eurasische Wesen Russlands waren besonders in den 20er Jahren unter russischen Emigranten beliebt, die sich über die besondere Mission Russlands in der

Weltgeschichte den Kopf zerbrachen. Einer der herausragendsten Autoren auf diesem Gebiet, N. S. Trubetskoi, stellte die These auf, Russland habe aus zwei formativen Strömungen, der arisch-slawischen und der turanischen (d. h. türkischen, mongolischen und finnisch-ugrischen) Kultur, eine eigene dritte messianische Zivilisation geschaffen. Auch P. N. Savitskii betont die Vereinigung ansässiger Bevölkerungsgruppen und Steppennomaden sowie die große Bedeutung des „tatarischen Jochs" in der politischen Tradition Russlands (Sokolov 1999). Hierzu auch Bassin 1991, sowie Artikel zu diesem Thema in: *Anthropology and Archaelogy of Eurasia* 36 (4), 1998 und 37 (1), 1998.

6   Persönliche Mitteilung von Galina Manzanova.

7   Kuzmin und Svinin sind der Meinung, dass eine Wiederbelebung des Pan-Mongolismus auf eine Dominanz der Halh-Mongolen hinauslaufen würde und dadurch Turkvölkern wie den Tuwinern und Kasachen zum Nachteil gereichen würde. Sie schließen daraus: „Es müssen andere Wege gefunden werden, die Völker auf ethnischer Grundlage zu integrieren und diesen gefährlichen Bereich zu vermeiden, da dadurch geschichtlich verankerte Staatsgrenzen neu gezogen werden würden." (1997, S. 9).

8   A. S. Panarin ist ein konservativer, anti-westlich eingestellter Moskauer Philosoph, dessen Gedankengut Begeisterung für eurasianische Themen mit der russischen Orthodoxie vereint.

9   Präsident Nazarbaev von Kasachstan gefiel diese Idee so gut, dass er im Jahre 1994 die Schaffung einer „Eurasischen Union" (EAS) als Alternative zu der Gemeinschaft unabhängiger Staaten vorschlug. Siehe Prazauskas 1995, S. 173-178.

10 „Die Welt ist auf ewig in zwei Teile geteilt – den Osten und den Westen. Es geht dabei nicht nur um eine geographische Teilung, sondern auch um eine auf dem eigentlichen Wesen intelligenten Seins beruhende Weltordnung; es handelt sich dabei um zwei Prinzipien, die zwei dynamischen Naturkräften entsprechen, zwei Ideen, die [als solche] die ganze Lebensstruktur der menschlichen Rassein sich vereinen." P. Ja. Chaadaev, *Sochineniya*, 1989, Moskau, 145 f., zitiert in Yugai 1998, S. 104.

11 „*Passionarnost*" ist die ungewöhnliche Fähigkeit kleiner, patriotisch begeisterter Bevölkerungsgruppen, die bereit sind, sich über alle sozialen Normen hinwegzusetzen, und leidenschaftlich versuchen, neue ethnische Einheiten zu schaffen - und diese Einheiten sowohl „biologisch", wie politisch zu einer Blüte zu führen (Shnirelman und Panarin 2001, S. 20-27).

12 So kann man in einem Bericht aus dem Altai lesen: „Auf der Forumsdiskussion gab es eine Landkarte von Eurasien zu sehen. Diese Landkarte zeigte den Berg Altai, der mit einem Viereck umrahmt ist. Es ist außerordentlich interessant und bedeutungsvoll, dass sich dieser Punkt in gleicher Entfernung von allen vier Ozeanen befindet (dem Atlantik, dem Pazifik, dem Polarmeer und dem Indischen Ozean). Gleichermaßen ist es sicher kein Zufall, dass die alten indischen Sutren und das heilige Buch der Altaier, der *Sudur-Bichik*, diesen Punkt auf dem eurasischen Kontinent als den Nabel der Welt, auf altaiisch: *d'erdig kindigi*, bezeichnen." (Problemy 1992, S. 58)

13 Ich danke Agnieszka Halemba für diese Information.

14 Umfragen in der Periode von 1997 bis 1998 ergaben, dass knapp über die Hälfte der Bevölkerung „kein Vertrauen" in die kalmückische Regierung haben (Katushov 1998, S. 327). Es ist jedoch nicht klar, ob dies auch im Hinblick auf Ilyumzhinov persönlich zutrifft.

15 In den Worten des Präsidenten war dieses Abkommen auf Anraten (*zavet*) von Ayuki Khan und Peter den Großen, mit dem Ziel einer enge Union dieser beiden Völker, zustande gekommen (Ilyumzhinov 1997, S. 13).

16 Agnieszka Halemba, persönliche Mitteilung

17 Agnieszka Halemba, persönliche Mitteilung
18 Agnieszka Halemba, persönliche Mitteilung
19 Elza-Bair Guchinova, persönliche Mitteilung. In den letzten Jahren benennen Menschen stolz ihre Dörfer, Handelsunternehmen und Geschäfte gemäß dem Namen ihres Klans um.
20 Ein weiteres Beispiel siehe Nuskhaev (1996, S. 142-3). Der Eurasier (*yevraziets*), schreibt Nushkhaev, Kalmückiens Minister für Propaganda, „ist pan-ethnos, ganz-ethnos oder Ganz-Geist. Und Ganz-Geist bedeutet, alle Geister in sich zu vereinen und zu absorbieren: russische, kalmückische, tatarische, baschkirische, burjatische usw." (1996, S. 125).

Literatur

Afanasyev, M. (1998), Ot volnykh ord do khanskoi stavki, in: *Pro et Contra* 3(3), S. 5-20.
Bassin, Mark (1991), Russia between Europe and Asia: the Ideological Construction of Geographical Space, in: *Slavic Review* 50(1), S. 1-17.
Cooper, Frederick, Anne Stoller (1997), *Tensions of Empire: Colonial Cultures in a Bourgeois World*, Berkeley, Los Angeles, London, University of California Press.
Guchinova, Elza-Bair (1997a), *Respublika Kalmykiya: Model' Etnopoliticheskogo Monitoringa*, Moscow, RAN.
-- (1997b), Power relationships in an ethnocultural context: the perception of the president among the Kalmyks, in: *Etudes Mongoles et Siberiennes* 27, S. 299-304.
-- (2001), Metamorfozy kalmytskoi etnichosti v period transformatsii, unveröffentlichtes Ms.
Humphrey, Caroline (2000), Leadership, innovation, and the political imagination in postsocialist Kalmykia, unveröffentlichtes Ms.
Ilyumzhinov, Kirsan (1996), Materialy konstitutsionnogo sobraniya Respubliki Kalmykii, 1994, in: E.-B. Guchinova (Hg.), *Kalmykiya: Etnopoliticheskaya Panorama. Ocherki, Dokumenty, Materialy*, tom 11, Moscow, RAN.
-- (1997), *Kalmykiya – Zemlya Dukha: Natsional'naya Ideya*, Elista, KKI.
Katushov, K. (1998), *Kalmykiya v geoprostranstve Rossii*, Elista., Kalmytskii Institut Gumanitarnykh i Prikladnykh Issledovanij.
Khakim, Rafael (1998), Russia and Tatarstan, in: *Anthropology and Archaeology of Eurasia* 37(1), S. 30-71.
Kuzmin, Yu. V., V.V. Svinin (1997), "Panmongolizm"v XX veke, in: *Materials for Parliamentary Hearings October 1997*, Irkutsk, Irkutsk State University.
Lane, Christel (1981), *The Rites of Rulers: Ritual in Industrial Society – the Soviet Case*, Cambridge, Cambridge University Press.
Lukyanova, Inna (1999), Aman vo spaseniye, in: *Profil'* 25(147), S. 59-62.
Lurye, S. V. (1994), Rossiiskaya imperiya kak etnokul'turnyi fenomen, in : B. Yerasou (Hg.), *Tsivilizatsii I Kul'tury*, vol. 1, Moscow.
Malashenko, Aleksei (1996), Russkii natsionalizm i islam, in : *Acta Eurasica 'Vestnik Evrazii* 2(3), Moscow, RAN, S. 116-152.
Malyakin, I. (1998), Saratovskaya regional'naya ideologiya: poisk v mifologicheskom pole, in : I. Alksnis (Hg.), *Perestroika i Posle: Obshchestvo i Gosudarstvo v SSSR, Rossii I novykh nezavisimykh gosudarstvakh, 1988-1998*, Moscow, IGPI, S. 37-40.

Namsaraeva, Sayana (1997), Deputat Buryat, in : *Kommersant-Vlast'* 34(240).
Nuskhaev, Aleksei (1996), *Konservativnaya Kalmykiya v konservativnoi Rossii*, Elista, Kalmytskoe Knizhnoe Izdatel'stvo.
Panarin, A. S. (1994), Zablyudivshchiyesya zapadniki i probudivshchiyesya evraziitsy, in: B. Yerasou (Hg.), *Tsivilizatsii i Kul'tury*, vol. 1, Moscow, RAN, S. 82-94.
-- (1995), Vybor Rossii: mezhdu atlantizmom i yevarziistvom, in: B. Yerasou (Hg.), *Tsivilizatsii I Kul'tury*, vol. 2, Moscow, RAN, S. 31-49.
Prazauskas, A. (1995), Evraziiskoe prostranstvo: integratsionnyi potentsial i ego realizatsiya, in: *Acta Eurasia - Vestnik Evrazii* 1, S. 173-178.
Problemy formirovaniya i razvitiya ekologo-ekonomicheskoi zony 'Gornyi Altai' (1992), Materialy Mezhdunarodnogo Simpoziuma, Pravitel'stvo Respubliki Altai, Gorno-Altaisk.
Ram, Harsha (2001), Imagining Eurasia: the poetics and ideology of Olzhas Suleimenov's AZiIA', in: *Slavic Review* 60(2), S. 289-311.
Salecl, Renata (1994), *The Spoils of Freedom: Psychoanalysis and Feminism after the Fall of Socialism*, London, Routledge.
Shnirelman, V., S. A. Panarin (2001), Lev Gumilev: His Pretensions as a Founder of Ethnology and his Eurasian Theories, in: *Inner Asia* 3(1), 1-18.
Sokolov, S. M. (1999), Yevraziiskaya kontseptsiya etnicheskoi istorii Rossii, in: T. D. Skrynnikov (Hg.), *Gumanitarnyye Issledovaniya Molodykh Uchenykh Buryatii*, vol. 2, Ulan-Ude, Izdatel'stvo BNTs So RAN, S. 93-5.
Suny, Ronald Grigor (1999), Provisional Stabilities: The Politics of Identity in Post-Soviet Eurasia, in: *International Security* 24(3), S. 139-178.
Trouillot, Michel-Rolph (2001), The Anthropology of the State in the Age of Globalization: Close Encounters of the Deceptive Kind, in: *Current Anthropology* 43(1), S. 125-138.
Urban, Michael (1998), Remythologising the Russian State, in: *Europe-Asia Studies* 50(6), S. 969-992.
Urkhanova, Rimma (1995), Evraziitsy i Vostok: pragmatika lyubvi?, in: *Acta Eurasica - Vestnik Evrazii* 1, Moscow.
Veyne, Paul (1987), L'individu atteint au coeur par la Puissance publique, in P. Veyne (Hg.), au colloque de Royaumont *Sur l'Individu*, Paris, Seuil.
Volgin, V. (1999), Konflikt v sisteme vlasti, in : *Byulleten'*, no. 23, Set' etnologicheskogo monitoringa I rannego preduprezhdeniya konfliktov, Institut Etnologii i antropologii RAN, S. 27-31.
Yasmann, Victor (2001), The rise of the Eurasians, in: *RFL/RL Security Watch* 2(17).
Yugai, G. A. (1998), *Srednij Put' Rossii: konvergentnoe obshchestvo*, Moscow, Moskovskij Obshchestvennyi Nauchnyi Fond.

Teil V

Der Export der Demokratie und die globale Zivilgesellschaft

Die vorausgegangenen Teile unterstrichen die weit verbreitete Suche nach neuen moralischen Grundlagen, die an die Stelle der Ideologie des Sozialismus treten könnten. An alternativen Schlagworten fehlte es während dieser Suche bislang nicht. Die Autoren dieses letzten Teils konzentrieren ihre Aufmerksamkeit auf eines der beliebtesten, vom Westen angebotenen Schlagworte, das in allen großen Hilfs- und Entwicklungsprogrammen systematisch zur Anwendung kommt. Dieses Ideal ist unter der programmatischen Bezeichnung „Zivilgesellschaft" bekannt. Doch was bedeutet dies in der Realität? Liefert er uns aus der Sicht der Betroffenen mehr als eine neue Ideologie – möglicherweise eine, die noch entfernter von ihren Bedürfnissen ist, als die Ideologie des Sozialismus?

In Kapitel 14 untersucht Ruth Mandel die Mechanismen ausländischer Intervention in Zentralasien, und zwar in Kasachstan, während der 1990er Jahre. Sie zeigt, dass große Geldgeber internationale NGOs zwar unterstützen, die Saat dieser Aktionen jedoch bisher nicht auf fruchtbaren Boden fielen. Das bislang nachhaltigste Resultat der internationalen Hilfsaktionen ist das Aufkommen einer neuen lokalen Elite von „Entwicklungsexperten", die sich jedoch primär darum kümmern wie sie die Zielsetzungen bestimmter Projekte durch „Vorzeige-Resultate" erreichen, die aber kaum die immer schlechter werdenden Lebensbedingungen der Masse der Bevölkerung verbessern können. Diese neuen Eliten nehmen für sich westliche Werte in Anspruch, erhalten Gehälter nach westlichem Standard und werden im Kontext ihrer eigenen Gesellschaften zu unvermittelbaren Arbeitskräften. Manche von ihnen fungieren schließlich nur noch als Finanzquelle ihrer Großfamilien, einige suchen Arbeit im Ausland und brechen allen Kontakt mit ihrer Herkunftsgesellschaft ab. Ferner weist Mandel auf die potentiellen konfliktträchtigen Folgen von Hilfsprogrammen im Hinblick auf interethnische Beziehungen hin. Im Ergebnis hält sie fest, dass Nichts auch nur entfernt im Hinblick auf das normative Ziel der Schaffung einer westlichen Zivilgesellschaft erreicht wird.

Die Ideale des guten Regierens und der Zivilgesellschaft – das erforderliche Zusammenspiel zwischen Demokratie, Recht und Markteffizienz sind dieselben wie anderswo. Doch Mandel zeigt, dass die politischen Gegebenheiten nach dem Kalten Krieg Zentralasien einer außergewöhnlich aggressiven Variante der missionierenden Globalideologie westlicher Geldgeber auslieferten. Wie bei einem Cargo-Kult scheint es auch in diesem Fall, dass die lokalen Entwicklungseliten die Zuversicht trotz wiederholter Misserfolge, die Ware zu liefern, doch nicht verlieren.

In dem anschließenden Kapitel bezieht sich Steven Sampson auf seine persönlichen Erfahrungen im Rahmen Zivilgesellschaftsprogramme in Südosteuropa. Er analysiert eine Konstellation neuer Eliten, deren Aufkommen beweist, dass die Anfangsphase des Postsozialismus nunmehr ihr Ende erreicht hat. In dieser neuen Ära wird der Schock des Neuen abgelöst von neuen Formen des sich Unterwerfens unter globale Kräfte. Letztere ziehen verschiedene Integrations- und Fragmentierungsprozesse für die vier Gruppen neuer Eliten nach sich, die Sampson identifiziert: Berufspolitiker und Staatsangestellte, die *comprador*-Bourgeoisie, lokale Unternehmer-Eliten und die Mafia-Bosse. Sampson konzentriert seine Aufmerksamkeit vor allem auf die Euro-Eliten, eine Untergruppe der *comprador*-Bourgeoisie, deren Mitglieder hauptsächlich in kurzlebigen, von westlichen Geldgebern initiierten Projekten arbeiten. Diese neuen Eliten vermitteln globale Ressourcen und üben ihre Macht nach unten aus. Zugleich sind sie aber auch in neue Hierarchien der Verpflichtung eingebettet, darunter Verpflichtungen gegenüber den Projektorganisationen und verschiedenen abstrakteren Prinzipien. Wie in Zentralasien, müssen diese Euro-Eliten auf dem Balkan neue Verantwortungsverhältnisse mit ihren privaten Zielen vereinbaren.

An unserem Symposium in Halle beteiligte sich Don Kalb zwar nicht mit einem eigenen Vortrag, doch erschien er uns aufgrund seiner Kommentare während dieser Veranstaltung als ideale Person für ein Nachwort zu diesem Band. Er lieferte uns sogar noch mehr: Einen Rückblick auf alle vorausgehenden Kapitel und eine Betrachtung des Postsozialismus aus der weiteren Perspektive einer sich stets ändernden „globalistischen Erzählung". Kalb fasst eine Liste der Gründe, weshalb die Modelle der „Transitologie" sowie das ausgehöhlte, ethnozentrische Modell der Zivilgesellschaft heute zurückzuweisen sind, zusammen. Die grundlegenden Schwierigkeiten der postsozialistischen Gesellschaften sind nicht von den Problemen ihrer westeuropäischen Nachbarn zu unterscheiden. Angesichts der Halbherzigkeit, mit der die Europäische Union ihre Erweiterungsziele verfolgt, vertritt Kalb eine originelle und optimistische Vision von der Rolle, die der Ethnologe in der Beobachtung der „zweiten Phase" übernehmen könnte.

14. Das Säen der Zivilgesellschaft in Zentralasien

Ruth Mandel

Beobachter des Postsozialismus benutzen gerne Bilder aus dem Bereich des Transports, wenn sie die Herausforderungen beschreiben, denen sich diese Gesellschaften während der letzten zehn Jahre gegenüber sahen. So schreibt zum Beispiel Gerard Roland: „Der Übergang vom Kommunismus zur freien Marktwirtschaft ist dasselbe wie ein Motorwechsel beim Flugzeug in vollem Fluge" (2001). Elster *et al.* (1998) verlassen den Bereich der Luftfahrt und begeben sich in den der Schifffahrt, wenn sie für ihr Buch den Untertitel *Rebuilding the Ship at Sea* wählen. Doch welch metaphorisches Fahrzeug auch immer, es besteht weitgehende Einigung darüber, dass große – wenn nicht unlösbare – Probleme vorliegen. Trotz der Kritik an dem Versuch, die westlichen Marktdemokratien und die damit verknüpften Vorstellungen von „Transitologie" in Bausch und Bogen in die postsozialistische Welt zu exportieren, ist die „Transition" selbst ein „mythisch-poetisches Konzept" geworden und bleibt als solches auch „eine Beinahe-Orthodoxie" (Holmes 2001, S. 32). Dennoch ist eine ganze Fülle unverhoffter Hindernisse aufgetaucht, die den erwarteten einspurigen Verlauf des Übergangs gestört hat. Im Anschluss an die großflächige Privatisierung staatseigener Betriebe und die Einführung neuer Märkte sahen sich die Transitionsländer einer wirtschaftlichen Rezession ausgesetzt, so dass die von den freien Märkten erwartete Effizienz nie eingetreten ist. Ein Jahrzehnt nach der Gründung der Gemeinschaft Unabhängiger Staaten ist es Zeit zu erkunden, was schief gelaufen ist und warum sowie die anfänglichen Annahmen über die Transition zu hinterfragen. David Abramson ruft die Ethnologen auf, zu ermitteln

„ob das Konzept der ‚Transition' nicht einfach nur ein diskursives Instrument ist, mit dessen Hilfe Dichotomien aus der Zeit des Kalten Krieges wie ‚Erste Welt' und ‚Dritte Welt' oder ‚entwickelte' und ‚sich entwickelnde' Länder in neue Formen ‚ziviler' und ‚nichtziviler' Gesellschaften gegossen werden" (2001, S. 8).[1]

Es ist auch an der Zeit, etwaige unbeabsichtigte soziologische Konsequenzen zu untersuchen. Ich befasse mich in diesem Beitrag mit einem unerwarteten Nebenprodukt der westlichen „Transitionshilfe", wie sie während des letzten Jahrzehnts geleistet wurde: Dem Aufkommen indigener Entwicklungsfachleute, einer ehrgeizigen Elite, die als solche das menschliche Nebenprodukt der internationalen Entwicklungshilfe bildet. Bevor wir uns mit dieser neuen Gruppe im einzelnen auseinandersetzen, wird es nützlich sein, das Umfeld zu beschreiben, in dem diese Fachleute ausgebildet wurden. Zu diesem Zweck möchte ich zuerst das Konzept und die Rolle der Zivilgesellschaft in Beziehung zu der internationalen Entwicklungshilfe besprechen. Diese Darstellung führt uns zu einer Beurteilung der Rolle der Geldgeber und nichtstaatlichen Organisationen, kurz, den NGOs. Schließlich werde ich die als ein Ergebnis dieses Prozesses entstandene Gruppe indigener Fachleute näher untersuchen. Der größte Teil – doch nicht alle – der in vorliegendem Beitrag einfließenden Daten stammt aus meinen persönlichen Aufzeichnungen in Kasachstan sowie meinen Kontakten mit dem wichtigsten internationalen Geldgeber der Region, der United States Agency for International Development (USAID). Andere Hilfsorgane haben etwas unterschiedliche Programme sowie andere Aufgaben und Herangehensweisen.

Die Zivilgesellschaft und die Entwicklungsprogramme

Die Entwicklungsdienstleister haben das Konzept der Zivilgesellschaft unkritisch als ein notwendiges moralisches „Gut" verstanden: als das letztendliche Ziel der Bemühung, die früheren Mitgliedsländer des Sowjetblocks mit westlichen Erwartungen und Werten in Einklang zu bringen. Es zeigte sich aber, dass das Säen der Zivilgesellschaft mit Schwierigkeiten verbunden ist. Verarmte Bevölkerungen sehnen sich nach „der guten alten Zeit" der UdSSR, die im Rückblick für viele ein goldenes Zeitalter war, gekennzeichnet durch Stabilität, eine akzeptable „Gleichheit der Armut", garantierte Beschäftigung, großzügige soziale Dienstleistungen, Bildung und Gesundheitspflege für alle und das Fehlen von Straßenkriminalität. Diese nostalgische Sicht der Vergangenheit wird bestätigt durch eine von USAID im August 1999 gesponserte Umfrage über den Wunsch der Bevölkerung zu den kommunistischen Wirtschaftssystemen zurückzukehren. Die Umfrage erfasste die Bürger von vier zentralasiatischen Staaten, von denen mehr als sechzig Prozent allein in Kasachstan das frühere System zurück haben wollten (USAID 2000, S. 11).[2] Diese Ergebnisse stellen nicht nur die Gestaltung der USAID-Politik in Frage, sondern auch den Erfolg ihrer Wirkung und Durchführbarkeit.[3] Die betroffenen Bevölkerungen sind offenbar nicht besonders empfänglich für die westlich-liberale bürgerliche Begrifflichkeit der Zivilgesellschaft, weil die Transition scharfe soziale und wirtschaftliche Unterschiede, massive Arbeitslosigkeit, unsichere Straßen und allgegenwärtige Korruption mit sich gebracht hat. Dennoch bildet die Bemühung, die Zivilgesellschaft so schnell wie möglich herbeizuführen, immer noch das wichtigste Anliegen aller privaten und staatlichen Entwicklungshilfeorganisationen.[4]

Es ist wichtig zu unterstreichen, dass sich diese Anstrengung der Entwicklungshilfe nicht nur auf die Welt des Postsozialismus bezieht, sondern auch in vielen anderen Teilen der Welt einen Bestandteil der „guten Regierungspolitik" (*good governance*) und der politischen Bedingung für die Durchführung von Hilfsprogrammen bildet. Der Plan der „guten Regierungspolitik" war insbesondere von der Weltbank befürwortet worden. Nachdem diese nun eingestehen musste, dass ihre Politik der strukturellen Anpassung ein Fehlschlag war, hat sie ihre Methode geändert. Sie hat zugegeben, dass ein diesen Fehlschlag verursachendes Problem im Wesentlichen darin besteht, dass diese Länder, denen Kredite zur Verfügung gestellt wurden und bestimmte Konditionen aufgestellt worden waren, oft von einer hartnäckigen Kombination alldurchdringender Korruption, Mangel an Transparenz und tiefgreifender Ineffizienz ihrer Regierungen geplagt sind. Diese Erkenntnis führte schließlich zu einer neuen Strategie der Rhetorik von der Notwendigkeit vom Rückzug des Staates und die Unterstützung von Rechtsreform, Antikorruptionstraining usw.[5]

Zum besseren Verständnis des Kontexts, in dem dieser Wandel stattfinden konnte, sollte man wissen, dass im Rahmen des orthodoxen traditionellen Entwicklungsdenkens die Demokratie stets als ein Ergebnis von Entwicklung begriffen wurde. Im Gegensatz dazu greift heute das, was Leftwich die „neue Orthodoxie" nennt, nicht mehr auf Modelle der Modernisierungstheorie der 1960er Jahre zurück, sondern auf „die Idee, dass die Demokratie ein notwendiges *a priori* bzw. eine Parallelbedingung für die Entwicklung, nicht aber ihr Endergebnis bildet" (1993, S. 605). Dieses Konzept habe frühere Argumente der Modernisierungstheorie auf den Kopf gestellt. Sie betonten, dass eine stabile Demokratie eine wirtschaftliche und soziale Entwicklung voraussetzt, wie dies auch vielerorts der Fall [...] in der gegenwärtig entwickelten Welt war, wo das Vorantreiben der Industrialisierung gewöhnlich der Demokratisierung voraus lag" (ebd.).

Die Länder Zentralasiens stellen – in Anbetracht der Tatsache, dass das sowjetische Erbe der Industrialisierung auf sie übergegangen ist, sie aber in den letzten zehn Jahren durch eine Periode der Deindustrialisierung hindurch gehen mussten – eine Herausforderung dar, sowohl für die Modernisierungstheorie als auch für Leftwichs „neue Orthodoxie". Dennoch sagt USAID von sich, sie:

„fördere die Dezentralisierung und die gute Regierungspolitik in Pilotstädten vor allem durch eine Politik des Dialogs mit der zentralen Regierung, dem Parlament und anderen interessierten Kreisen. USAID fördert Maßnahmen der Einbeziehung der Öffentlichkeit und Bürgerpartizipation durch die Einführung neuer Praktiken wie öffentliche Anhörungen" (USAID 2000).

Die den postsozialistischen Staaten zur Verfügung gestellte Hilfe ist dadurch gekennzeichnet, dass sie zwar die Kreation einer Zivilgesellschaft *ex nihilo* voranzutreiben versucht, nicht aber ein Programm der guten Regierungspolitik *per se* liefert. Das besondere Modell der Zivilgesellschaft, das der postsozialistischen Welt aufoktroyiert wurde, wurde idealisiert und unterkonzeptionalisiert. In den meisten Fällen wurde dabei an ein Assoziierungsmodell gedacht, das in der Tradition von Tocqueville (1969) stand und weniger die komplexen Modelle der heutigen Theoretiker der Zivilgesellschaft berücksichtigte (Cohen und Arato 1995). Viele mit der Einführung der Zivilgesellschaft im Zusammenhang stehende Projekte nahmen die Form der Unterstützung des öffentlichen Sektors an und boten eine Alternative für den zusammengebrochenen und ineffizienten Staatssektor. So traten zum Beispiel NGOs wie „Save the Children" und „Mercy Corps" dort in Aktion, wo staatliche Dienststellen für solche Tätigkeiten nicht mehr vorhanden waren.

Es wurde jedoch sehr bald klar, dass ohne den notwendigen rechtlichen Rahmen zur Unterstützung solcher neuer Maßnahmen die manichäische Flugbahn der Transition zu einer Marktwirtschaft keinerlei Erfolgsaussichten besaß. Dieser rechtliche Rahmen ist aber von der Einführung von Rechtsstaatlichkeit abhängig und diese wiederum von der idealistischen Zivilgesellschaft.

Man ging von der Annahme aus, dass ein erfolgreicher Übergang zur Marktwirtschaft automatisch die Bedingungen schaffen wird, die die Zivilgesellschaft für ihre Entstehung braucht. Eine neue Mittelklasse von Grundeigentümern und kleinen Entrepreneuren würde entstehen, die als „Teilhaber" eine stabile und sichere Demokratie verlangen und schaffen würde. Die Ökonomen, die Übergangsprogramme ausarbeiten, glaubten, dass solche Veränderungen direkt und geradlinig stattfinden würden und rechtfertigten diese optimistische Annahme damit, dass sie auf das große menschliche Kapital in der früheren Sowjetunion verwiesen. Entwicklungsplaner gingen davon aus, dass nur eine gewisse Menge technischer Hilfe nötig sein würde, eine schon gut gebildete Bevölkerung in die gewünschte Richtung zu lenken. Sie glaubten, dass es lediglich notwendig wäre, das entsprechende „Know-how" zu importieren. So wurde zum Beispiel britische Entwicklungshilfe für postsozialistische Staaten durch eine neue Organisation abgewickelt, die unter Margaret Thatcher eingerichtet worden war und tatsächlich auch „Know-how Fund" hieß.[6] Das bedeutete, dass die Entwicklungsberater nicht selber Brunnen und Brücken bauten, sondern nur Hilfestellung in Anlehnung an die nunmehr ins Feld geführte Politik der strukturellen Anpassung leisteten. Finanzfachleute von der Wall Street und der City wurden eingeflogen, um Börsen und lokale Finanzmärkte zu gründen. Vertreter der sechs großen Wirtschaftsprüferfirmen erteilten Rat in Bankangelegenheiten, Rechtsexperten auf dem Gebiet der Privatisierung und des Eigentumsrechts, sie formulierten neue Gesetzte zu Fragen des Bankrotts und der rechtlichen Bestimmungen über Eigentum. Die Entwicklungsagenden der größeren Geldgeber umfassten wirtschaftliche und Restrukturierungsprojekte, die ebenfalls mit der Demokratisierung (Zivilgesellschaft), dem Bereich von Gesetz und Ordnung sowie Regierungsführung (institutionelle Kapazitäten) in Verbindung standen. Diese Aktionen unterschieden sich stark von vorigen Entwicklungskonzepten und Praktiken in den Entwicklungsländern des Südens. Und sie gehören zu den wichtigsten Veränderungen im Entwicklungsdenken, seitdem die Praktiken der strukturellen Anpassung verbreitet werden.

In Bezug auf die postsozialistische Welt erschien es zunächst angebracht, dass im Lichte der Ideologien des Kalten Krieges die Sektoren der Wirtschaft und der Politik eng verknüpft würden, um nunmehr ein ausdrücklich westlich orientiertes Wertesystem von Mehrparteiendemokratie, Pluralismus und Marktwirtschaft einzuführen (Leftwich 1993, S. 609). Hierin bestand dann die Mission der Europäischen Bank für Wiederaufbau und Entwicklung, welche nach dem Modell der Weltbank geschaffen und spezifisch auf die Bedürfnisse der Wirtschaftsneustrukturierung der Länder des früheren Ostblocks abgestimmt war. Entsprechend formulierte auch die von der US-amerikanischen Regierung ins Leben gerufene „Strategie der Seidenstraße" (*Silk Road Strategy*):

„Das alles überspannende Ziel der US-amerikanischen Außenpolitik für die fünf Republiken ist eine stabile, demokratische und marktorientierte Entwicklung um Konflikte und die Erweiterung globaler Bedrohungen zu verhindern sowie die Gewährung des westlichen Zugangs zu den bedeutenden Öl-, Gas- und Mineralressourcen zu sichern." (Pressley 2000)[7]

Solche Texte zeigen deutlich, dass die für Demokratisierung und zur Aufbau der Zivilgesellschaft zur Verfügung gestellte Entwicklungshilfe nicht von ökonomischen Interessen und einer Marktreform abzukoppeln ist.

Die Projekte zum Aufbau einer Zivilgesellschaft beruhen auf der grundsätzlichen Überzeugung, dass – wie schon erwähnt – eine postsozialistische Zivilgesellschaft von Grund auf neu zu errichten sei, da die entsprechenden sozialen und politischen Voraussetzungen hierfür in der sowjetischen Landschaft einfach nicht existierten. Alle zu jener Zeit existierenden Prozesse oder Gruppen, die eine solche Grundlage hätten bilden können, unterstanden der Kontrolle des

Staates im Namen der Kommunistischen Partei, die die Gesellschaft im Namen des Volkes organisierte. Der Gedanke, der hinter der Zivilgesellschaft steht, ist das Einnehmen eines kritischen Raumes *außerhalb* des staatlichen Bereichs. Doch das war unter dem alten Regime unmöglich, da gerade dieser Raum nicht zur Verfügung stand. Janine Wedel fasst diese Situation folgendermaßen zusammen:

„Da das Fehlen einer Zivilgesellschaft zum Wesen des alles durchdringenden kommunistischen Staates gehörte, wird die Schaffung einer solchen Gesellschaft sowie vom Staate unabhängiger Organisationen – den NGOs – von Geldgebern als das Bindegewebe der demokratischen politischen Kultur angesehen: Ein im Grunde positives Ziel." (1994, S. 323, zitiert aus Hann und Dunn 1996, S. 1)

Nachdem klar war, mit welchem grundlegenden Unterschied in der sozialen Organisation der postsozialistischen Staaten zu rechnen war, gingen Hilfsprogramme davon aus, dass ohne die *Zivilgesellschaft* die demokratischen Werte und die Prozesse des freien Marktes nicht gedeihen können. Dieses Modell wurde größtenteils von den USA und Westeuropa abgeschaut, wo kleine Bürgergruppen und Vereine, Umweltaktivisten und unkontrollierte Medien in großer Menge vorhanden sind. Man beschloss, dass die wichtigsten Bausteine der Zivilgesellschaft die NGOs seien, und daher unterstützen die internationalen Geldgeberorgane auch die Schaffung solcher Organisationen. Eines der klar formulierten Ziele von USAID liegt in der

„Stärkung nichtstaatlicher Organisationen (NGOs) in Zielgebieten, inbegriffen die Bereiche der Gesetzgebung und der Umwelt, um Mitsprache zu unterstützen und Bürgern zu helfen auf unterste Ebene die Initiative zu ergreifen, um positive Veränderungen in lokalen Gemeinschaften durchzuführen" (USAID 2000).

Aber der Prozess zur Schaffung der Zivilgesellschaft ist nicht einfach und die Erwartungen liegen „lächerlich hoch", wie mir ein kritischer Angestellter der USAID beteuerte. Die Schaffung einer Zivilgesellschaft anhand der Gründung unzähliger NGOs erweist sich also nicht als der Königsweg hin zur Gründung marktorientierter Demokratien westlicher Prägung.

Ein Land, das sich mit den Erwartungen der westlichen Demokratien auseinandersetzt, ist Kasachstan. Dessen Präsident Nursultan Nazarbaev hat den klaren Wunsch geäußert, das Land soweit zu bringen, dass es von der westlichen Staatengemeinschaft akzeptiert werden könne. Doch obwohl Kasachstan ein Mitglied der OSZE ist, will sein Präsident den Preis hierfür nicht bezahlen. Mit anderen Worten, es widerstrebt ihm, Bürgerrechte zu gewähren, ethnischen Minderheiten Schutz zu geben oder die politischen Mehrparteienstrukturen, die von den internationalen Beobachtern und Kritikern geforderten werden, einzuführen. Internationale Überwachungsorgane wie die OSZE kritisieren Kasachstan in regelmäßigen Abständen, weil es die versprochenen Reformen in seinen Wahlsystemen nicht durchführt oder sich nicht an die vereinbarten Richtlinien hält.[8] Es kam sogar soweit, dass die OSZE wegen der allgemeinen Nichtbeachtung ihrer Auflagen keine Beobachter zu den Präsidentschaftswahlen im Jahr 1999 nach Kasachstan entsandte. Das „war ein harter Schlag für Nazarbaevs Bemühungen, seine Wahlen auf internationaler Ebene anerkannt zu wissen" (Dave 2000, S. 25); prompt beschuldigte er die OSZE, das Wesen der „asiatischen Demokratie" nicht zu verstehen. Die kapriziösen Praktiken der Regierung im Hinblick auf Politiker der Opposition erreichten ihren Höhepunkt im Falle des ehemaligen Premierministers Kazhegeldin, der als einziger die Hegemonie Nazarbaevs bedrohte. Da er zum Rücktritt gezwungen und zahlreicher Verbrechen angeklagt wurde, lebt er heute schon seit einigen Jahren im Exil. Im Jahre 2001 wurde ihm der Prozess gemacht und er wurde *in absentia* verurteilt. Trotz dieser Geschehnisse und ständiger Einschüchterung und Kooptation der Opposition, hat sich die Regierung „bislang in Zurückhaltung bei ihrem Umgang mit prominenten Aktivisten und unabhängigen Kritikern geübt" (ebd.). Die meisten der letzteren haben viele Verbindungen zu westlichen NGOs, Stiftungen (z. B. Soros) und anderen internationalen Organisationen. Das einfache Vorhandensein der internationalen Entwicklungs-NGOs hat die Regierung Kasachstans gezwungen, sich in Richtung auf die Zivilgesellschaft hin zu bewegen, da sie befürchtete, im Westen in Verruf zu geraten. Aber auch dies hat weder Kasachstan noch andere zentralasiatische Regierungen daran gehindert, sich einer großen Anzahl von Aktivitäten zu widmen, die normalerweise weder zur Funktionsweise einer Zivilgesellschaft, noch zur Beachtung der Menschenrechte angebracht sind. So werden unabhängige Radio- und Fernsehstationen durch Störsender und Zensur daran gehindert, ihre Programme auszustrahlen; unabhängige Zeitungen und Zeitschriften verboten; Telefone abgehört; private E-Mail-Sendungen heimlich überwacht; Büros von Organisationen, von denen zu befürchten ist, dass sie eine politische Bedrohung darstellen könnten, in Brand gesteckt, und oppositionelle Aktivisten verhaftet (besonders in Usbekistan: hierzu HRW, 2000a, b).

Diese bedrohliche Situation im Bereich der Bürger- und Menschenrechte veranlasste Evgeny Zhovtis, einen bekannten Aktivisten mit internationalen Verbindungen, sich leidenschaftlich dafür einzusetzen, dass internationale Organisationen eine wichtigere Rolle bei den zur Schaffung einer Zivilgesellschaft erforderlichen Reformen in Kasachstan übernehmen (1999). Als Gründer des

Internationalen Büros für Menschenrechte Kasachstans glaubt er, der einzige Ausweg aus dem quasi-totalitären Sumpf, in dem sich sein Land zur Zeit befindet, liege in der Ausbildung neuer Kadereliten im Westen. Besonders im Bereich der Menschenrechte hält er es für

„notwendig, eine neue Generation von Gesetzesmachern zu Hause und im Ausland auszubilden, Personen, die sich in internationalem Recht gut auskennen und dann allmählich die gesetzgeberischen Grundlagen der Gesellschaft verändern könnten" (1999, S. 67).

Nichtstaatliche Organisationen: Exogene Agenden und Fachpersonal

Die postsowjetischen Regionen Zentralasiens sind ein gutes Beispiel für William Fishers Beobachtung, dass die NGOs

„das ‚Lieblingskind' der offiziellen Entwicklungsorgane geworden sind, [...] vorgestellt, wie ein ‚Zaubergeschoss', welches auf mysteriöse, aber wirkungsvolle Weise sein Ziel erreichen wird" (1997, S. 442).

Als Empfänger enormer Geldmittel seitens der Entwicklungsorganisationen gelten sie als die geeignetsten Instrumente zur Schaffung partizipatorischer Demokratien nach der besten Kleinstadttradition: Gemeindeversammlungen, Lehrer-Eltern-Räte und Laienvorstände. Dank des Vorhandenseins von Millionen von Dollar Entwicklungsunterstützung sind Tausende von NGOs überall in Zentralasien, gegründet worden. Diese Organisationen stehen für eine ganze Reihe verschiedener Interessen wie die der Kriegsveteranen, Umweltschützer, Frauen, Künstler, Flüchtlinge und Behinderten.[9]

Eines der größten Probleme für die NGOs besteht – in der Entwicklungssprache – darin, „Nachhaltigkeit" (*sustainability*) zu erreichen, das heißt, die Lebensfähigkeit eines Projektes nach dem Ende der Entwicklungshilfe zu gewährleisten: Gibt es ein Leben nach dem Ende der Finanzierung von außen? In der Praxis sind Hilfsprojekte oftmals von kurzer Lebensdauer und hängen von der Gnade einer ganzen Reihe äußerer Kräfte ab, darunter von der Fähigkeit, wohlformulierte Anträge zu schreiben; oder von der Geschicklichkeit ihrer Beraterfirmen und Hauptsitze ihrer Organisationen, die sich in Brüssel, Genf oder der Umgebung von Washington befinden. Bei manchen von USAID finanzierten Projekten sind auch die ideologischen Überzeugungen des US-amerikanischen Kongresses entscheidend, ganz besonders bei so heiklen Fragen wie der Gewährung finanzieller Hilfe für gynäkologische Initiativen.[10]

NGOs müssen lokales Personal einstellen und eine wichtige Gruppe von Leuten hat sich herausgebildet, die in zwei Welten zugleich ihren Stand haben: Einerseits halten sie an ihren schlecht bezahlten, aber prestigereichen Regierungsposten fest, andererseits arbeiten sie zu gleicher Zeit für neue „unabhängige" NGOs. Das NGO-Hilfsprojekt für Zentralasien von USAID Counterparts Consortium hat eine Richtlinie angenommen, wonach lokale NGOs gänzlich indigen sein müssen und sich „natürlich" entwickeln sollten. Doch die meisten Angestellten von Entwicklungsprojekten hielten diesen Standpunkt für naiv, sogar unproduktiv. US-amerikanische Bestimmungen verbieten es USAID, irgendetwas oder irgendjemanden in der lokalen Regierung mit ihren Mitteln zu unterstützen – doch was, wenn es keine nichtstaatlichen Gruppen gibt, mit denen auf lokaler Ebene verhandelt werden kann? Wenn solche Fälle eintreten, haben USAID-Unterhändler die Aufgabe, mögliche lokale Gesprächspartner zu finden. Diese, ausnahmslos im Staatsdienst stehend, sollten bei der Durchführung der geplanten Programme nützlich eingesetzt und bei der Schaffung der besagten NGOs unterstützt werden.[11] Die USAID finanziert NGO-Trainingsprogramme, bei denen die Teilnehmer lernen, Anträge zu schreiben, Bescheinigungen auszufüllen, Etats aufzustellen usw. Auf diese Weise werden Staatsangestellte auch zu NGO-Direktoren und damit berechtigt, finanzielle Mittel von den Entwicklungsprojekten zu bekommen, um deren jeweiligen Ziele auszuführen. Dies verschafft diesen Personen Eingang in die lokalen Entwicklungsnetzwerke – was stets mit persönlichen Vorteilen – wie den sehr begehrten Studienreisen ins Ausland (mit den entsprechenden Tagegelder) oder einer zusätzlichen Berufsausbildung verbunden ist. Die Situation ist also die, dass die lokalen NGOs von lokalen Eliten und Fachleuten betrieben werden, die schon zu Sowjetzeiten für höhere Posten ausgebildet worden waren. So weiß ich zum Beispiel von einer in einem Krankenhaus angestellten Frauenärztin in Usbekistan, die sich für die Gesundheitsforsorge der Frauen interessierte, jedoch herausfand, dass ihre Klinik als staatlich betriebenes Krankenhaus keine direkte Unterstützung für dieses Projekt bekommen würde. Diese Ärztin wurde als ideale Ansprechpartnerin für eine gesundheitsorientierte internationale NGO erkannt und nachdem ein entsprechender Kontakt hergestellt worden war, half man ihr, eine eigene NGO ins Leben zu rufen. Sie konnte ihren Posten im Krankenhaus beibehalten und ist außerdem, als Direktorin einer NGO, dazu berechtigt, Mittel im Rahmen der Entwicklungshilfe zu empfangen. Kritisch in diesem Fall war, was ich „von Entwicklungshelfern vorangetriebene NGO-Entwicklung" nenne.

In vielen Fällen ist sogar die Bezeichnung „NGO" fehl am Platze, da es sich dabei um Organisationen handelt, die von USAID-Geld abhängen und auch kontrolliert werden, d. h. von bewilligten Zuteilungen des US-amerikanischen Kongresses, die kaum als nichtstaatliche Maßnahmen bezeichnet werden können. Diese Art von NGO wird heute „DONGO" oder „donor organized NGO" genannt (Fisher 1997, S. 448). Sie sind, technisch gesehen, von der Regierung unabhängig, aber sowohl im gesetzlichen wie im regulativen Sinne, von anderen Kräften innerhalb des geldgebenden wie des gelderhaltenden Staates untergeordnet. Ein USAID-Mitarbeiter benutzte das Wort „Geldgeberartifakte", um die lokale Heranbildung von Fachleuten zu beschreiben, die für ihre Existenz ausschließlich von westlichen Geldgebern abhängen. In diesem Umfeld trifft man immer wieder auf dieselben Individuen, da die lokalen NGOs, die als Adressaten für finanzielle Zuschüsse ausgewählt wurden, von Leuten geleitet werden, die schon von anderen Geldgebern unterstützt worden waren. Solche Personen wissen den NGO-Jargon zu gebrauchen und die einfache Tatsache, dass sie schon früher Geld von anderen westlichen Geldgebern bekommen haben, dient wie ein Empfehlungsschreiben für weitere mögliche Geldgeber.

Ich gehörte einmal ein Jahr lang dem Verwaltungsrat des oben erwähnten, von der USAID finanzierten Counterparts Consortium-Projekt an, dessen ganze *raison d'être* darin besteht, lokale NGOs zu finanzieren und potentielle NGO-Mitarbeiter in den zur Schaffung von NGOs erforderlichen Fertigkeiten auszubilden. Nicht überraschend fand ich die Tatsache, dass NGOs, die erfolgreich ihre Projekte finanzieren können, schließlich über die Fertigkeit verfügen, die von den ausländischen Hilfsorganisationen formulierten Prioritäten als solche sofort zu identifizieren. Dazu gehören zum Beispiel Frauen-, Flüchtlings- und Umweltthemen sowie andere Interessen unterprivilegierter und unterrepräsentierter Teile der Bevölkerung: Rentner, Behinderte, Opfer atomarer und ökologischer Katastrophen, mit der Gesundheitspflege befasste Gruppen – allesamt Empfänger von Hilfsgeldern. Unberücksichtigte Anträge waren immer solche, unter denen sich die westlichen Geldgeber nichts vorstellen konnten; sie waren sozusagen „zu lokal". Es ging dabei um Angelegenheiten, die vielleicht eine gewisse religiöse oder ethnisch-irredentistische Färbung hatten – oder überhaupt keinen stichhaltigen Zweck zu beinhalten schienen. Wenn sich eine Interessengruppe um Unterstützung bewarb, aber noch nicht die notwendigen Bedingungen erfüllen konnte, wurde ihren wichtigsten Vertretern ein Trainingsprogramm angeboten, damit sie es in der nächsten Runde schaffen würden.

Ein weiterer Typ von NGO ist unter dem Namen von GONGO bekannt geworden – ein Kürzel, das für „government-organized NGO" steht. Wie die DONGOs sind auch diese Organisationen ein Widerspruch in sich selbst. Die Regierungen zentralasiatischer Staaten betrachten die NGOs im allgemeinen als eine Bedrohung ihrer hegemonialen Stellung. Gleichzeitig sind sie jedoch verzweifelt bemüht, diejenige Legitimation zu erringen, die nur von westlichen Regierungen kommen kann. Sie wissen, dass wenn sie sich nicht für Projekte engagieren, die den USA und den EU-Staaten wichtig erscheinen, sie nicht das bekommen werden, was sie suchen: Zugang zu Krediten, Anleihen bei der Weltbank sowie internationales und innenpolitisches Prestige. Außerdem erledigen einige der NGOs selbst die Regierungsarbeiten und stellen Dienstleistungen zur Verfügung, die früher zum öffentlichen Dienstleistungssektor gehört hatten; in solchen Fällen schauen die Regierungen geflissentlich weg. Hin und wieder gründen die Regierungen solcher Länder deshalb ihre eigenen NGOs, deren Leitung dann stellvertretenden Ministern und anderen höheren Staatsbeamten übergeben wird. Und wenn das betreffende Land eine Delegation von NGOs zu einer internationalen Konferenz schicken muss, erlaubt es nur diesen GONGOS als Stellvertreter des Landes daran teilzunehmen. In autoritären Staaten ist der Erhalt eines Ausreisevisums ein Privileg und nicht ein Recht (obwohl solche Visa, wie so vieles andere, gewöhnlich gegen informelle Bezahlung erhältlich sind).

In einer sich entwickelnden kritischen Literatur zu NGOs in der früheren Sowjetunion scheinen Probleme erkannt zu werden, die denjenigen, die im Feld tätig sind, schon längst bekannt sind. Holt Ruffin und Waugh (1999, S. 12) unterscheiden zwischen den „traditionellen" NGOs „vom US-amerikanischen Typ" und anderen, von ausländischen Mitteln abhängigen und für Zentralasien typischen NGOs. Zhovtis beschreibt die wie eine Farce ablaufenden Regulierungs- und Kontrollmechanismen, die in Kasachstan im Hinblick auf NGOs zum Einsatz kommen sowie die „frivole" Interpretation der Rolle des Justizministeriums bei der Hinderung und Überwachung unabhängiger Gruppierungen (1999, S. 64). Zhovtis fragt, inwieweit es verfassungsmäßigen Richtlinien entspricht, die NGOs zu zwingen, sich registrieren zu lassen und oft sehr hohe Gebühren für dieses Privileg zahlen müssen. Warum, fragt er, sollten Gruppen für ihr verfassungsmäßig verbürgtes Recht, sich zu versammeln, bezahlen? Er zeigt weiterhin, dass im Laufe der letzten zehn Jahre die früheren Versprechen demokratischer Reform vom Gesetzgeber zunehmend abgewürgt wurden und zur Zeit eine Situation besteht, in der der Staat „Mitglieder öffentlicher Vereinigungen als eine gefährliche Kategorie von Staatsbürgern hinstellt" (ebd., S. 65).

Viele der erfolgreicheren NGOs – sofern wir Erfolg davon abhängig machen, inwieweit eine solche Organisation überlebt hat – verdanken ihren Erfolg ihrer Leitung. Die Leiter vieler neuer NGOs sind eine neue Art von höheren, von ausländischen Entwicklungseliten beförderten Entwicklungsfachleuten. So entstand mit diesen Fachleuten, unabhängig von der Lebensdauer einzelner Entwicklungsprojekte, ein nachhaltiges „Nebenprodukt". Es handelt sich dabei um Einheimische, deren neue Wertvorstellungen im Rahmen der verschiedenen Entwicklungsagenden zustande kamen, in vielen Fällen von den Prinzipien von USAID die „Regional USAID Mission in Central Asia". Das wichtigste Entwicklungsorgan der Region umfasst drei, unter der Formel „Transition" vereinte Hauptabteilungen:

- das Office of Market Transition (OMT)
- das Office of Social Transition (OST)
- das Office of Democratic Transition (ODT)

Ein typisches Vorhaben des OMT war bisher die Massenprivatisierung, der später besondere Kleinprojekte sowie die Schaffung eines Handelsgesetzbuches folgten. In den Bereich des OST fallen Wohnraumreform, Rentenreform und Gesundheitsreform, während das ODT sich mit der Bildung und der finanziellen Unterstützung von NGOs befasst. Die wichtigste Aufgabe eines beim ODT beschäftigten „Demokratisierungsbeauftragten" bestand soweit darin, neue NGOs in der Region zu unterstützen, wobei deren demokratische Ausrichtung als selbstverständlich vorausgesetzt wurde.

Entwicklungshilfeprojekte in der von USAID abgedeckten Region Zentralasiens fallen jeweils in eine dieser drei Rubriken, und lokale Kräfte lernen, die sie umgebende Welt entsprechend der Erfordernisse dieser Bereiche zu unterteilen. Solche Mitarbeiter sind nicht eine spezifische Klasse lokaler Entwicklungshelfer *sui generis*, sondern repräsentieren die lokale Schicht der größeren Gruppe internationaler Entwicklungsfachleute. Ihr soziales Kapital umfasst eine ganze Reihe beruflicher Qualifikationen wie zum Beispiel die Fähigkeit der Geldbeschaffung, politisches Know-how und Lobbying. Sie sind ausgebildet, Entwicklungsprojekte zu begleiten und die gewünschten Erfolge sicherzustellen. Da letztere nicht anhand der üblichen Standardmaße der Wirtschaftswissenschaftler bewertet werden können, bemisst sich ihre Produktivität durch PR und von Informationsverbreitung. Die von ihnen hervorgebrachten „Werte" sind nicht Güter, sondern Dienstleistungen gegenüber internationalen Organisationen wie Konferenzen, Schulungsseminare, Unterweisungen und Studienreisen.

Während der gegenwärtigen Periode großzügiger Entwicklungshilfebudgets sind diese neuen Entwicklungsfachleute viel herumgekommen und haben gelernt, mit jedem beliebigen Entwicklungsprojekt umzugehen. Sie können sich schnell anpassen und die Interessen jedes Projekts, für das sie arbeiten, gegenüber den entsprechenden Abteilungen oder Ministerien ihrer Regierungen vertreten. Während sie diese wichtigen Fertigkeiten lernen und in der Praxis anwenden, ergeben sich verschiedene Transformationen. Eine davon ist, dass diese lokale Vertreter, die im Rahmen der Hilfsprogramm-Industrie ausgebildet sind, nicht mehr geeignet sind, Posten in ihrer eigenen Regierung zu übernehmen. An erster Stelle steht die große Differenz in den Bezügen: Je nach Posten können sich diese auf ein Dreifaches bis Zwanzigfaches belaufen. Darüber hinaus sind solche neuen Kader in eine nichthierarchische Organisationsstruktur westlichen Stils hinein sozialisiert. Eine Struktur, die Offenheit schätzt und die auch einen leichten Zugang zu höheren Machtpositionen innerhalb ihrer internationalen Organisationen sowie zum Vertreter ihren eigenen Regierungen ermöglicht. Auch der Arbeitstypus ist ein gänzlich anderer. Im sowjetischen System wurden Arbeiter aller Ebenen weitgehendst ignoriert und oft auch bestraft, wenn sie Initiative oder Unabhängigkeit zeigten. Im Gegensatz hierzu besteht in der Entwicklungsindustrie die Tendenz, persönliche Initiative und Kreativität zu begrüßen und sogar zu erwarten. Daher konnten auch zahlreiche der von mir befragten „lokalen Kräfte" erklären, sie würden es unerträglich finden, wieder für ihre eigene Regierung arbeiten zu müssen. Für viele trat auch eine zusätzliche Veränderung ihrer Rolle im Familienzusammenhang ein, da sie aufgrund ihrer internationalen Arbeit die einzige Stütze eines großen, weit verzweigten verwandtschaftlichen Netzwerks wurden. So kann zum Beispiel ein energischer englischsprachiger 28-jähriger ein Einkommen beziehen, das vier- bis zehnmal höher ist, als das Durchschnittsgehalt in seinem Heimatland und damit einen zentralen Beitrag zur Unterstützung der arbeitslosen bzw. nichtvermittelbaren Mitglieder seiner Familie leisten.

Fallstudien

Zwischen 1994 und 2000 verbrachte ich zweieinhalb Jahre zu Forschungszwecken in Kasachstan. In der Folge sollen nun einige der komplizierten Situationen, die ich dort erlebt habe, kurz dargestellt werden. Namen und andere persönliche Angaben habe ich zum Schutz der Betroffenen geändert.

Der erste Fall ist Bota, eine zwanzigjährige Englisch-Studentin, die sich im USAID-Büro vorstellte und sagte, sie könne in Russisch, Englisch und Kasachisch arbeiten. Bota war schon als Austauschstudentin in Amerika gewesen und sprach auf eine reizende Art Englisch. Sie war freundlich und offen und wurde als Teilzeit-Sekretärin eingestellt. Bald begann sie, mit Übersetzungen und Dolmetschen auszuhelfen und begann Überstunden zu machen, da ihre Familie auf zusätzliche Einkünfte angewiesen war. Ihre Eltern, ein Arzt und eine Beamtin, verdienten zusammen ungefähr zweihundert Dollar im Monat. Botas Teilzeitbeschäftigung brachte zusätzliche dreihundert Dollar, die der fünfköpfigen Familie plus zwei Cousins, die aus der Provinz stammten, aber während ihres Studiums bei ihnen lebten, halfen, über die Runden zu kommen. Nach ihrem Diplomabschluss nahm Bota einen lukrativen Job in der Privatindustrie an und arbeitete dort als Werbeagentin für eine lokale Coca Cola-Niederlassung. Bald wurde dieses intelligente, offene und selbstsichere Frau von der präsidialen Transitionsmannschaft eingeladen, um für sie zu arbeiten und mit ihnen den Umzug in die neue Hauptstadt Astana zu gestalten.[12] Ein solcher Posten hätte sie bis in die obersten Echolons der Einflussnahme und Macht befördert, ihr Gehalt aber hätte sich nur auf die Hälfte dessen belaufen, was sie bei Coca Cola verdiente. Sie lehnte das Angebot mit der Bemerkung ab: „In vielerlei Hinsicht ist es sehr spannend und ich fühle mich geschmeichelt, aber selbst wenn die Bezahlung nicht so schlecht wäre, bin ich nicht sicher, für eine solche Organisation arbeiten zu wollen, ich würde dort nicht die Freiheit haben, die ich in meinem jetzigen Job habe."

Sergej unterrichtete Volkswirtschaftslehre an der Universität von Almaty. Da er kein ethnischer Kasache war, war ihm oftmals geraten worden, sich nach einer neuen Stelle umzusehen und schließlich zwang man ihn zu gehen. Nach ein paar schlimmen Jahren während der frühen 90er besorgte ihm ein Freund, der Kontakte zu einer ausländischen Firma besaß, eine Anstellung als Dolmetscher. Seine Intelligenz war viel größer als seine Fähigkeit, Englisch zu sprechen. Aber obwohl er beinahe nichts von Grammatik wusste, brachte er entsprechende Leistungen, um sich einen zweiten und schließlich einen dritten Dolmetscher-Job zu verschaffen. Er konnte ebenfalls sehr gut verhandeln und führte seine Arbeitgeber geschickt durch das Labyrinth der postsowjetischen Bürokratie. Schließlich bekam er eine Vollzeitanstellung bei einem neuen Projekt der USAID im Bereich der Versicherungsreformen. Nachdem er zunächst als Dolmetscher angeheuert worden war, wurde er bald zum unersetzlichen „Mann für alles" des Chiefs of Party.[13] Während dieser Periode eignete er sich ein gutes Fachwissen im Bereich der Versicherungen und Renten an. Er nahm an zahlreichen Weltbankmissionen und an Projektevaluierungen teil. Der Projektleiter hatte den Eindruck, Sergej vergeude seine Talente und ermutigte ihn, einen Antrag auf Weiterbildung im Ausland zu stellen. Er half ihm seine Bewerbung zu schreiben und Sergej bekam ein sehr begehrtes Stipendium in den USA für ein zweijähriges Masterstudium der Volkswirtschaft. Nach seinem Abschluss half ihm ein Freund, bei der Weltbank ein Sommerpraktikum anzutreten. Dieses Praktikum entwickelte sich zu einer Reihe Vollzeitberatertätigkeiten in der Bank, wo er auch heute noch arbeitet.

Gulbanu hatte Englisch an der Universität in Almaty studiert. Eine Freundin empfahl sie als Dolmetscherin an eine zeitweilig in der Stadt arbeitende Beraterin, Sharon, die an einem Projekt über Frauengesundheit teilnahm. Die beiden kamen gut miteinander aus und Gulbanu begleitete Sharon auf mehreren Beraterreisen. Als für ein neues USAID-Geburtenkontrollprojekt ein Büro eröffnet werden sollte, empfahl Sharon Gulbanu als Person mit lokalen Kenntnissen und gutem Russisch und Kasachisch. Prompt wurde sie Büroleiterin der Niederlassung und heiratete einen englischen Berater, den sie bei einer Weltbankmission kennengelernt hatte. Obwohl sie heute nicht mehr verheiratet ist, kann sie immer noch in Großbritannien leben, wo sie gerade dabei ist, ein Universitätsstudium abzuschließen. Sie weigert sich, auch nur an die Möglichkeit zu denken, wieder nach Kasachstan zurückzukehren und dort zu arbeiten, vielmehr strebt sie eine Beschäftigung in der internationalen Entwicklungsgemeinschaft an.

Marina studierte Englisch an dem zu sowjetischen Zeiten angesehendsten Sprachinstitut Moskaus. Als sie in den frühen 90er Jahren nach Almaty zurückkehrte und immer noch fast fließend Kasachisch sprach, war es leicht für sie, in den Kreis der qualifiziertesten freiberuflichen Dolmetscher der Stadt Eingang zu finden. Schon bald bot man ihr eine feste Anstellung als Dolmetscherin im Büro der Niederlassung einer New Yorker Rechtsanwaltsgruppe in Almaty an. Ihr Arbeitgeber erkannte ihre Fähigkeiten und bildete sie als juristische Hilfskraft aus. Sie machte ihre Arbeit sehr gut und wenig später wurde ihr ein Stipendium bei einer juristischen Fakultät in den USA angeboten, insofern sie einwilligte, bei ihrem gegenwärtigen Arbeitgeber auch nach ihrem Abschluss weiter zu arbeiten. Vor kurzem machte sie ihren Abschluss in Rechtswissenschaften an einer US-amerikanischen Universität.

Anatoly war Nuklearphysiker, doch nachdem sein Heimatland unabhängig geworden war, gab es auch keine finanzielle Unterstützung mehr für das Labor, in dem er gearbeitet hatte. Er war zwei Jahre lang arbeitslos, bis ihm ein Freund auf seinem eigenen Arbeitsplatz – einem Gesundheitsreformprojekt – wo fähige Computerprogrammierer benötigt wurden, eine Stelle besorgte. Anatoly hatte keine Schwierigkeiten, seine eigenen Computerkenntnisse auf die für dieses Projekt erforderlichen umzustellen. Nachdem er einige Jahre hier gearbeitet und seine Arbeitgeber seine Fähigkeiten erkannt hatten, schickten sie ihn zur Weiterbildung in die USA. Dank der Kontakte, die er sich hier aufbaute, konnte er anschließend als freiberuflicher Berater bei internationalen Entwicklungshilfeprojekten zusammen mit westlichen Beratern Arbeit finden. Zur Zeit hofft er, sich mit seiner Familie endgültig im Westen niederlassen zu können und ist gerade dabei, in Großbritannien ein weiteres Fachtraining zu absolvieren. Frühere britische Arbeitgeber in Almaty verhalfen ihm, das notwendige Visa und einen Studienplatz an einer englischen Universität, ebenso wie Beraterjobs, mit denen er sich über Wasser halten kann, zu bekommen.

All die genannten Personen waren in ihren Zwanzigern, als der Sozialismus zusammenbrach. Dina war beinahe fünfzig. Sie war eine erfolgreiche und bekannte Professorin für Geschichte, doch war es ihr unmöglich, in den frühen 90er Jahren mit ihrem Universitätsgehalt zu überleben. Nach einigen Jahren großer Armut fand sie eine Stelle bei einer internationalen Stiftung, die im Jahre 1994 in Almaty eine Niederlassung eröffnete. Bei dieser Stiftung leitete sie zahlreiche Kulturprogramme. Ihre Englischkenntnisse waren damals noch minimal, daher schickten sie ihre Arbeitgeber zu Intensivkursen in die USA. Als aber ein amerikanischer Projektleiter die Stiftung übernahm, verlor sie ihren Job. Ein Freund in der amerikanischen Entwicklungsgemeinschaft expatriierter Entwicklungsfachleute, den ihre Dynamik und Intelligenz beeindruckten, empfahl sie bei einem neuen Hilfsprojekt, für das ein Büroleiter mit englischen und russischen Sprachkenntnissen gesucht wurde. Sie bekam den Job und behielt ihn, bis die Mittel für das Projekt ausblieben. Sie hatte sich aber zu dem Zeitpunkt die Fähigkeiten angeeignet, mit Beratern von USAID zu verhandeln, mit großen Etats umzugehen und die entsprechend notwendigen Berichte und Memos zu schreiben. Nach einer kurzen Zeit der Arbeitslosigkeit wurde sie als Büroleiterin eines erfolglosen USAID-Projekts eingestellt. Sie reorganisierte das Büro, kündigte einigen inkompetenten lokalen Angestellten und half, eine neue Niederlassung in der neuen Hauptstadt zu eröffnen. Ihr Gehalt war erstaunlich hoch, etwa 20 000 Dollar – eine sehr hohe Summe im lokalen Kontext, die es ihr ermöglichte, ihre Tochter zum Studium ins Ausland zu schicken und ein Auto zu kaufen. Heute lebt sie allein in der neuen Hauptstadt und sagt von sich, dass sie sich zum ersten Mal in ihrem Leben wirklich unabhängig und glücklich fühlt. Sie ist heute in der Lage, ihre Aufgabe als (von USAID bezahlte) Beraterin in einem Ministerium, wo sie arbeitet, zu erfüllen und mit den anfallenden politischen Komplexitäten zurecht zu kommen. Jeder, angefangen vom Minister, hat große Achtung vor ihr. Sie aber beklagt sich darüber, dass sie von der allgegenwärtigen Korruption angewidert ist und daher fort möchte. Sie hofft, einen Job in der internationalen Entwicklungsgemeinschaft außerhalb Zentralasiens zu bekommen. Sie hat ihr zweites Auto innerhalb von zwei Jahren gekauft – diesmal einen Audi. Auch die

Erfahrungen, die sie in den Verhandlungen zwischen den Ministerien sammeln konnte, haben ihr gute Dienste geleistet, denn vor nicht zu langer Zeit trat sie eine neue Arbeitsstelle bei der lokalen Vertretung einer der größten internationalen Geldgeberorganisationen im Lande an.

Mahalla, Indigenisierung und Nationalismus

Nachdem die erste Welle der Entwicklungsprojekte nicht die erhofften Resultate gebracht hatte, nahm die (in der zweiten Hälfte der 90er Jahre beginnende) „zweite Runde" teilweise eine neue Richtung. Es ist heute „politisch korrekt" geworden, indigene gesellschaftliche Traditionen aufzudecken, um auf diese Weise den Eindruck zu vermeiden, westliche Modelle an unpassender Stelle durchzusetzen. Usbekistan liefert hierfür mit seinen *mahallas* ein lebendiges Modell. USAID hat im Rahmen ihrer auf die Schaffung der Zivilgesellschaft ausgerichteten Aktivitäten solche *mahallas* erkundet und versucht, diese mit ihren eigenen Gemeinschaftsprojekten und Entwicklungsvorhaben im Bereich der Kleinunternehmen und den entsprechenden Berufsausbildungs- und Arbeitsplatzvermittlungsprogrammen in Einklang zu bringen (Pressley 2000). Ein solches Vorgehen erweist sich als Ideal für bestimmte Entwicklungsprojekte, für andere jedoch als problematisch. *Mahallas* sind einheimische Organisationen, die oft auf Gemeindebasis eingerichtet sind und sich um das Wohlbefinden ihrer Mitglieder kümmern. Zum Beispiel üben diese *mahallas* eine soziale Kontrolle auf alleinstehende Frauen und Kinder in „Problemfamilien" aus. Und sie stellen ebenfalls sicher, dass alle Familien unter ihrer Obhut genügend finanzielle Mittel zur Verfügung haben, um zum Beispiel die notwendige Gastfreundlichkeit bei Beschneidungsfeiern oder Hochzeiten zu zeigen und damit niemand hungrig bleibt. Die *mahalla*-Organisation erfüllt ihre Aufgabe durch freiwillige Spenden. Dies trägt, zusammen mit ihrem patriarchalischen Charakter, zu ihrer islamischen Färbung bei. David Abramson vergleicht die an solchen *mahallas* beteiligten Usbeken mit

„denjenigen, die in der offiziellen wie inoffiziellen Wirtschaft unter dem Versuch des Staatssozialismus die Verteilung von Gütern und Dienstleistungen zu kontrollierten ...[und] soziale Netzwerke als Strategie einsetzen, um sich gegen die Unsicherheiten der heutigen wirtschaftlichen Transition zu schützen" (Abramson 2001, S. 8).

Die Charakteristika können für westliche Organisationen insofern problematisch werden, als letztere dem Säkularismus, Feminismus und der Demokratie verschrieben sind. Aber auch für lokale Eliten, insbesondere Frauen, können sie Probleme aufwerfen. Verschiedene der lokalen Frauen-Eliten, die durch das sowjetische Modernisierungsprojekt sozialisiert wurden, empfinden die Notwendigkeit, mittels dieser *mahalla*-Strukturen zu arbeiten, als retrograd. Sie befürchten den Vormarsch der *aksakals* (wörtlich „Weißbärte"), alter, für gewöhnlich mit der Leitung solcher Organisationen betrauter Männer. Die *mahallas* überlebten zwar die Sowjetperiode, aber blieben aufgrund ihrer Eingliederung in das System lokaler Sowjetverwaltung nicht unverändert, zum Beispiel durch die zusätzliche Schaffung von Frauenkomitees usw. Heute unterliegen sie als Bestandteil einer die ganze Region umfassenden Indigenisierung einer erneuten Neudefinition.

Ein noch größeres Problem stellen die neuen, in der Region aufkommenden Formen des Nationalismus dar. In Kasachstan ergibt sich aus der unverhältnismäßig großen Anzahl nichtethnischer Kasachen in der Welt der NGOs, die der unverhältnismäßig hohen Zahl ethnischer Kasachen in der Regierung gegenüber steht, ein schwieriger Sachverhalt. Dieser Zustand ist nicht nur die Folge, sondern auch Ursache bestehender zwischenethnischer Spannungen. Die zunehmende Indigenisierung konsolidiert die Macht in den Händen der Vertreter titularer nationaler Gruppen innerhalb der Regierung und des Staatsdienstes. So obliegt es den gerade erst sich bildenden privaten Entwicklungshilfe- und NGO-Sektoren, für die erst in jüngster Vergangenheit ausgeschlossenen Minderheiten Arbeitsplätze zu liefern (obwohl in Kasachstan der russische Bevölkerungsanteil bis vor kurzem höher war als der der Kasachen). Einige dieser unerwünschten Nichtkasachen sind die qualifiziertesten und motiviertesten Bürger der Länder, aus denen sie stammen. Viele ausländische Mitarbeiter der NGOs sehen insbesondere in den nichtethnischen Bewohnern Kasachstans die neue Elite und begründen diese Ansicht privat mit der Tatsache, dass diesen Personen im staatlichen Sektor nur beschränkte Möglichkeiten offen stehen. Zu gleicher Zeit tragen sie dem Indigenisierungsprogramm Rechnung und – da Entwicklungshilfeprojekte von dem guten Willen von Ministerien und Regierungsstellen abhängen – beeilen sich, ethnische Kasachen einzustellen. So kann es vorkommen, dass sie bei Verhandlungen auf höchster Ebene eher einen kasachischen anstelle eines russischen Dolmetschers engagieren, in dem Glauben, dass dies ihrer Sache dienlich sein könnte. So werden westliche Organe Komplizen nationalistischer Projekte. Sie können sich nicht für ethnisch blinde, leistungsbezogene Einstellungspraktiken einsetzen, da die Hauptgeschäftsstellen und Klienten enormen Druck machen, die benötigten Resultate zu unmöglichen Fristen zu liefern. Durch solche

Manöver werden sie selber Gefangene der nationalistischen Projekte von Regierungen, mit denen sie sich so sehr bemühen, Alternativen auszuarbeiten.[14]

Abschließende Bemerkungen

Prozesse der Entwicklungshilfe haben in Zentralasien zu einer Zivilgesellschaft geführt, die eher wie ein Parastaatsdienst arbeitet. Es funktioniert wie eine nichtstaatliche Institution, die zwar parallel zu denen des Staates läuft, doch eine weniger starre Organisation besitzen. In verschiedenen Formen dient es dem Staat und der Masse der Bevölkerung, besonders dort, wo die staatlichen Organe zusammengebrochen sind. Doch viel zu oft sind die Nutznießer das lokale Personal oder Angestellte desjenigen Landes oder der Organisation, die für die Finanzierung des Projekts verantwortlich sind und im Dienste exogener politischer Agenden stehen. Die Staaten der Region betrachten die Entwicklungsfachleute oft als Agenten einer unerwünschten, jedoch vielleicht wichtigen ausländischen Intervention. Diese neue Klasse wird im besten Fall toleriert, besonders im Falle der mit der OSZE verbundenen Organisationen, deren Unterdrückung eine peinliche Situation für die Regierung schaffen könnte.

Wie sich die Laufbahn dieser tolerierten lokalen Entwicklungsfachleute noch genauer gestalten wird, ist noch nicht klar. Doch die von mir aufgezeigte Situation spricht nicht für die These Zhovtis (1999), der sich für die Integration dieser Fachleute in den Hauptstrom der politischen und staatlichen Arbeitsprozesse ausspricht. Vielleicht bietet die Zukunft diesen Menschen irgendwann eine solche Rolle an, doch bis jetzt haben sich viele von ihnen für eine attraktivere Fluchtmöglichkeit entschieden: Die Emigration. Diese Menschen verfügen über ein beträchtliches soziales Kapital, doch dieses gilt nur dem geschickten Ausfüllen von Anträgen für Studienplätze im Ausland oder der Vermittlung eines überzeugenden Bildes bei Interviews mit prüfenden Konsulatsbeamten. Dies fördert nur ihren entwurzelten Kosmopolitismus. Westliches Personal der Entwicklungshilfeprojekte fördert die Zersetzung dieser ungefestigten lokalen, professionellen Kategorie, indem es sie ermutigt, sich auf den Weg des eigenen Fortschritts zu begeben und in vielen Fällen die Region zu verlassen.

Es würde sich lohnen zu untersuchen, ob diese soziale Schicht eine Analogie bei den lokalen Entwicklungseliten und Entwicklungsfachkräften in Südamerika und Afrika hat, oder ob es sich bei ihnen um eine spezifisch postsozialistische Variante handelt. Ein Unterschied jedenfalls besteht in den missionierenden und

„Cargo-Kult"-ähnlichen Erwartungen der früheren Jahre. Damals waren diese Gesellschaften in Bezug auf westliche Ideen, Werte und Prioritäten weitgehend unerschlossen, und die neuen lokalen Eliten spielten eine wichtige Rolle bei Prozessen der allmählichen Einführung ganz bestimmter Ideen und Werte auf transnationaler und sogar transkultureller Ebene. Entwicklungsarbeiter und ihre Akolyten glauben heute gleichermaßen, dass sie sich aus schlechten Denkmustern hinaus- und in erleuchtete Denknormen hineinbewegen. Diese erleuchtete Perspektive setzt voraus, dass alles Vorausgehende in ein schlechtes Licht gestellt wird und das ganze sozialistische Wertesystem dementsprechend verleumdet wurde. In Gegensatz zu ihren Landsleuten, die in der Regierung tätig sind, ist diesen Fachleuten ein genau zusammengestelltes, vorverpacktes Wertepaket in die Hand gedrückt worden. In Entwicklungsländern anderswo in der Welt konnten lokale Entwicklungsfachleute zumindest manchmal einen kritischen Standpunkt gegenüber den Ideen und Botschaften der Entwicklungshelfer einnehmen, während in Zentralasien vieles noch selbstverständlich akzeptiert wird.

Die Folge davon ist, dass sich nach zehn Jahren Transition ein sehr düsteres Bild bietet. Die Europäische Bank für Wiederaufbau und Entwicklung hat in ihrem kürzlich veröffentlichten Zehnjahresbericht (1999) zugegeben, dass der anfänglich eingeschlagene Weg viel zu instrumentalistisch war und der Notwendigkeit einer fundamentalen Reform der Institutionen nicht genug Beachtung geschenkt wurde, dafür aber einer ganzen Menge ungeordnet zusammengewürfelter Projekte. Die Bank gab zu, dass neue Gesetze als solche nicht genügen, sondern auch Methoden der Durchführung und Durchsetzung von größter Wichtigkeit sind, wenn der Heilige Gral der Zivilgesellschaft errungen werden soll. Solche Schlussfolgerungen entsprechen der veränderten Strategie der Weltbank. Auch USAID hat für ihre Anfangsphase einige Irrtümer zugegeben.

Patricia Carley (1995) hat behauptet, dass das Fehlen von zivilgesellschaftlichen Prozessen die präsowjetische Periode weiter führe – eine Zeit also, zu der nomadische wie sesshafte Bevölkerungen unter verschiedenen Rechtssystemen lebten: Das lokale Gewohnheitsrecht, das bis ins 19. Jh. hinein nicht verschriftlicht wurde, das Islamische Recht, regionale Emirate mit absolutischen Herrschern, und nicht zuletzt die kaiserlich-russische Verwaltung. Während der sowjetischen Periode war die „sozialistische Rechtssprechung" den „kapriziösen" Interpretationen der Partei ausgesetzt, was zur Folge hatte, dass

„die Völker Zentralasiens wenig, wenn überhaupt irgendeine Erfahrung mit Systemen hatten, in denen niedergeschriebenes, kodifiziertes Recht wirklich als ein objektiver Schiedsrichter der Gesetzlichkeit agiert, an die sich jeder in der Gesellschaft halten müsse, sogar die Herrscher." (Carley 1995, S. 303)

Carley stellt fest, dass Gruppen, die die Zivilgesellschaft befürworten, sich selbst organisieren, wie im Sinne der meisten westlichen Definitionen. In den zentralasiatischen Republiken wie in der früheren Sowjetunion ganz allgemein, war dies nicht der Fall. Wem es heute gelingt, finanzielle Hilfe für bestimmte Vorhaben zu bekommen, gehört zu jener neuen Klasse von Personen, die schon mit der „Kultur" westlicher NGOs etwas vertraut sind. Lokale Mitarbeiter bei Entwicklungshilfeprogrammen sind zu Proselyten der Entwicklungsmissionaren geworden und die Rhetorik der Zivilgesellschaft, Privatisierung und Demokratisierung ist ihr Katechismus. Das Aufkommen dieser Klasse lokaler Fachleute, die dazu ausgebildet sind, in der internationalen Entwicklungskultur zu funktionieren und zu arbeiten, bildet eines der wenigen Beispiele eines nachhaltigen Erfolges im Entwicklungshilfeprozess. Ihre Integration ist aber nicht erreicht worden und ihre Aktivitäten bilden eine parallele Struktur zu jenen des Staates, die eher als rivalisierend, anstatt als komplementär erlebt wird. Das postsozialistische Schiff – nachdem es auf hoher See neu zusammengebaut wurde – segelt mit einer transformierten Ladung in noch unbekannte Gewässer.

Danksagungen

Ich möchte mich bei Deniz Kandiyoti, Scott Newton und Michael Borowitz für ihre wissenschaftlich fundierten Beiträge und Empfehlungen bedanken. Ich danke auch Chris Hann für seine hervorragende Arbeit als Herausgeber.

Anmerkungen

1 Eingehende Diskussionen der mit diesem Ausdruck zusammenhängenden Probleme liefern: Hann und Dunn 1996; Berdahl *et al.* 2000; Abramson 2001; Burawoy und Verdery 1999; Cohen 2000 liefert eine scharfe Kritik der US-amerikanischen Politik im Bereich der postsozialistischen Transition.
2 Bei den anderen Ländern lagen die Werte etwas niedriger: Usbekistan ca. 27 Prozent, Tadschikistan und Kirgisien ca. 50 Prozent
3 In einem offiziellen Bericht von USAID über die anfängliche Begeisterung für die Privatisierung findet sich die Bemerkung, dass die zentralasiatischen „Angestellten meinten, dass ein gewisser Teil der Programmentwicklung Früchte getragen habe, dass aber die Programmdurchführung enttäuschend gewesen sei... Die tatsächliche Nützlichkeit von ...

Privatisierungsmaßnahmen in Kasachstan wurde von einigen in Bezug auf ihren Beitrag zum Wirtschaftswachstum in Frage gestellt; Zyniker würden sogar sagen, dass sie nur die Art der Korruption geändert haben" (USAID 2000, S. 118).

4   Außerdem – während staatliche Agenturen in den postsozialistischen Ländern eine entscheidende Bedeutung besitzen – spielen auch Programme zur Schaffung einer Zivilgesellschaft und der Herbeiführung der Demokratisierung eine große Rolle im Arbeitsplan privat finanzierter NGOs, wie die von BP finanzierten NGOs in Südamerika. (Ich bedanke mich bei C. Briggs, mich auf diesen Punkt aufmerksam gemacht zu haben.)

5   In Zentralasien verfährt USAID nach dem Prinzip der Zusammenarbeit „mit dem Parlament bei der Einführung von Verfahren und legislativer Übersicht, die die Verantwortlichkeit verbessern. Dazu gehören eine verbesserte Transparenz positiver Dialoge mit den NGOs und anderen Interessengruppen sowie öffentliche Arbeitssitzungen und Anhörungen über in Arbeit befindliche Gesetzesvorlagen" (USAID 2000).

6   Dieser Fund unterstand staatlichen Angestellten des Foreign and Commonmwealth Office (FCO) sowie der Overseas Development Administration (ODA); die gegenwärtige Labour-Regierung verlieh der ODA Ministeriumstatus und nennt sie heute Department for International Development (DFID). Der Know-how-Fund ist in den zentralasiatischen Regionen immer noch als Bezeichnung vorhanden, in London aber als Einrichtung ausgelaufen. Für eine Darstellung eines Know-how-Fund-Projektes in Kasachstan: eine pädagogische Seifenoper, siehe Mandel (im Druck).

7   Als Pressley diese Rede hielt, war er Assistant Administrator bei dem Bureau for Europe and Eurasia, US Agency for International Development.

8   Im Rahmen ihrer im Anschluss an die Wahlen abgegebenen Erklärung nach dem zweiten Wahldurchgang am 24. Oktober stellte das Wahlbeaufsichtigungsgremium der ODIHR fest, dass die Wahlen, obwohl sie einen zögernden Schritt gen internationaler Standards machten, den Maßstäben der OSZE (wie sie in dem Dokument von Kopenhagen 1990 formuliert wurden) nicht Genüge getan haben. Der Wahlprozess war durch allgegenwärtiges, intensives und ungesetzliches Eingreifen seitens staatlicher Stellen sowie durch mangelnde Transparenz schwer beeinträchtigt worden (OSZE / ODIHR 1999).

9   Jay Cooper schätzt, dass allein in Kirgisien 1000 NGOs registriert sind. Er liefert eine genaue Analyse und vollständige Liste dieser und anderer zentralasiatischer NGOs, siehe Cooper 1999.

10 Der US-amerikanische Kongress hat die Finanzierung von Projekten verboten, die – direkt oder indirekt – die Abtreibung fördern. Diese Tatsache erweist sich bei solchen Hilfsprojekten der USAID, die mit lokalen Frauen-NGOs in Verbindung steht, als problematisch, da diese die reproduktive Gesundheit sehr hoch einschätzen.

11 Diese Vertreter sind von USAID unter Vertrag genommene Personen und Firmen, die, die von USAID ausgearbeiteten Projekte durchführen. Neue Projekte werden über einen komplizierten Prozess der Ausschreibung vergeben.

12 Infolge der intensiven Sowjetisierung und Russifizierung sind viele Kasachen – besonders die besser gebildeten Bevölkerungsanteile – nur der russischen Sprache mächtig. Seit der Unabhängigkeit werden kasachisch sprechende Personen, das heißt ungefähr die Hälfte der Bevölkerung, privilegiert behandelt. Hierzu: Dave 1996; Fierman 1997.

13 Die Projektleiter kontraktueller USAID-Projekte werden als „Chiefs of Party" bezeichnet.

14 Dies trifft weniger auf Usbekistan und Kirgisien zu, deren demographische Situation eine ganz andere ist als die Kasachstans, wo bis in die jüngste Vergangenheit mehr ethnische Russen lebten als Kasachen.

Literatur

Abramson, David (2001), Putting Central Asia on the Anthropological Map, in: *Anthropology News* (May), S. 8.
Berdahl, Daphne, Martha Lampland, Matti Bunzl (Hg.), (2000), *Altering States: Ethnographies of Transition in Eastern Europe and the Former Soviet Union*, Ann Arbor, University of Michigan Press.
Burawoy, Michael, Katherine Verdery (Hg.), (1999*)*, *Uncertain Transition: Ethnographies of change in the Postsocialist World*, Oxford, Rowman and Littlefield.
Carley, Patricia (1995), Soviet Legacy in Central Asia, in: Vladimir Tismaneanu (Hg.), *Political Culture and Civil Society in Russia and the New States of Eurasia*, London, M.E. Sharpe, S. 303.
Cohen, Jean, Andrew Arato (1995), *Civil Society and Political Theory*, Cambridge, MA, MIT Press.
Cohen, Stephen (2000), *Failed Crusade: America and the Tragedy of Post-communist Russia*, USA, Norton.
Cooper, Jay (1999), The Real Work: Sustaining NGO Growth in Central Asia, in: M. Holt Ruffin, Daniel Waugh, S. Frederick Starr (Hg.), *Civil Society in Central Asia*, Seattle, University of Washington Press, S. 214-231.
Dave, Bhavna (1996), Language Revival in Kazakhstan: Language Shift and Identity Change, in: *Post-Soviet Affairs*, Bd. 12 (1), January-March, S. 51-72.
-- (2000), Democracy Activism in Kazakhstan: Patronage, Opposition, and International Linkages, unveröffentlichtes Manuskript.
Elster, Jon, Claus Offe, Ulrich Preuss (1998), *Institutional Design in Post-communist Societies*, Cambridge, Cambridge University Press.
Europäische Bank für Wiederaufbau und Entwicklung (EBWE), (1999), *Transition Report 1999: Ten years of Transition*, London, EBWE.
Fierman, William (1997), Language, Identity, and Conflict in Central Asia and the Southern Caucasus, in: *Perspectives on Central Asia*, Bd. II (5), August, Center for Political and Strategic Studies.
Fisher, William F. (1997), Doing Good: The Politics and Antipolitics of NGO Practices, in: *Annual Review of Anthropology* 26, S. 439-464.
Hann, Chris, Elizabeth Dunn (Hg.), (1996), *Civil Society: challenging western models*, London, Routledge.
Holmes, Stephen (2001), Transitology, in: *London Review of Books* 19 April, S. 32.
Holt Ruffin, M., Daniel C. Waugh (Hg.), (1999), *Civil Society in Central Asia*, Center for Civil Society International, Seattle and London, University of Washington Press.

HRW (Human Rights Watch) (2000a), *Leaving no witnesses: Uzbekistan's campaign against rights defenders*, Bd. 12 (4), March, New York, HRW.
-- (2000b), *"And It Was Hell All Over Again": Torture in Uzbekistan*, Bd. 12 (12), New York, NRW.
Leftwich, Adrian (1993), Governance, democracy and development in the Third World. in: *Third World Quarterly* 14 (3), S. 605-624.
Mandel, Ruth (im Druck), A Marshall Plan for the Mind: The Political Economy of a Kazakh Soap Opera, in: Lila Abu-Lughod, Faye Ginsburg, Brian Larkin (Hg.), *The Social Practice of Media*, Berkeley, University of California Press.
OSZE/ODIHR (1999), *Semi-Annual Report, Autumn 1999, Election Observation*, available at www.osce.org/odihr/docs/sar1299.htm.
-- (1999), *Final Report on 1999 Parliamentary Elections in Kazakhstan*.
Pressley, Donald L. (2000), Democracy in the Central Asian Republics, Hearing at Subcommittee on Asia and the Pacific and Subcommittee on International Operations and Human Rights of the Committee on International Relations, United States House of Representatives , 12 April, Distributed by the Office of International Information Programs, U.S. Department of State. Web site: http://usinfo.state.gov
Roland, Gerard (2001), *International Herald Tribune* 30 March, S. 14.
Tocqueville, Alexis de (1969), *Democracy in America*, J.P. Mayer (Hg.), New Jersey, Anchor Books.
USAID (United States Agency for International Development) (2000), *USAID's Assistance Strategy for Central Asia 2001-2005*, www.usaid.gov/regions/europe_eurasia/car/PDABS400.pdf
Wedel, Janine (1994), US aid to Central and Eastern Europe, 1990-1994: an analysis of aid models and responses, in *East-Central European Economies in Transition, Study Papers submitted to Joint Economic Committee, Congress of the United States*, Washington, US Government Printing Office, S. 299-335.
Zhovtis, Evgeny (1999), Freedom of Association and the Question of Its Realization in Kazakhstan, in: M. Holt Ruffin, Daniel C. Waugh (Hg.), *Civil Society in Central Asia*, Seattle and London, Center for Civil Society International, University of Washington Press.

15. Jenseits der Transition
Elitekonfigurationen auf dem Balkan neu gedacht

Steven Sampson

Einleitung: Eine neue Ära

Die Erforschung der osteuropäischen Gesellschaften wird durch bestimmte Konzepte erschwert. Vor 1989 haben wir „sozialistische" Gesellschaften erforscht. Nach 1989 hießen sie „Transitions-" oder „postsozialistische" Gesellschaften (Hann 1994). Postsozialistische Gesellschaften wurden zu einer Variante der „Transitologie" bei der die Transition zur Demokratie, die wir aus Lateinamerika und Südeuropa kennen, jetzt mit dem Übergang von der Plan- zur Marktwirtschaft verbunden wurde. Als Bezeichnung für eine ganze Epoche ist „Postsozialismus" aus verschiedenen Gründen hilfreich. Er erinnert uns daran, dass die sozialistische Vergangenheit in vieler Hinsicht noch in der Gegenwart fortlebt. Außerdem verpflichtete dieser Terminus durch seine Vagheit niemanden dazu, sich genauer auf einen bestimmten Zeitraum festzulegen. Schließlich haben Ausdrücke wie Postsozialismus und Transition (bzw. „Transformation") langsam ihren Weg aus dem Bereich der transitologischen Theorie hinab in die Umgangssprache gefunden; für unsere Informanten waren sie eine Art Reise zum besseren Leben und dienten ihnen als besondere sprachliche emische Bezeichnung zum besseren Verständnis ihrer eigenen Realitäten.

Wie zahlreiche abgekürzte Begriffe dieser Zeit, entwickelten auch die Ausdrücke Postsozialismus (oder „Postkommunismus") und Transition ihr eigenes Leben. Einige benutzten Postsozialismus als ein theoretisches Konzept, andere erklärten mit ihm all ihre Probleme und wiederum andere verwendeten ihn als passendes Schlagwort für einen Forschungsantrag oder für eine Fachtagungsanmeldung. Wie dem auch sei, der Postsozialismus und die Transition haben tiefgreifende Auswirkungen auf das Leben aller Betroffenen, sowohl in den Diskursen als auch in den Prozessen. Die ethnologische Forschung der 90er Jahre dokumentiert den „Schock des Neuen". Die postsozialistische Ethnologie beschreibt die westliche Einflussnahme auf das Leben der Menschen im Osten in Form von allgemeinen Kriterien im Konsumbereich, der Massenkultur, neuen sozialen Klassen, einem neuen Verständnis von Reichtum, neuen Diskursen über Demokratie und einem neuen Identitätsverständnis. Es war eine Periode, die Katherine Verdery (1996) „Handeln über Struktur" (*agency over structure*) nannte, in der die Grenzen der menschlichen Wahrnehmung von der Welt und dem Handeln in ihr zusammenbrachen. Wir haben gesehen wie sich die Menschen bemühten, mit neuen und nur undeutlich erkennbaren Normen zurechtzukommen, um ihren Platz in der Welt zu finden, wie sie neue Kriterien des guten Geschmacks entwickelten und wie sie sich von anderen als ethnische Gruppen, Bürger und Klassen abgrenzten.[1] Doch vor allem sahen wir neue Kosmologien entstehen – das Aufkommen neuer sozialer Welten und den eigenen, elementaren Sinn für Raum und Zeit. Die Transition wurde zu einem wirklich neuen Horizont, innerhalb dessen „alles möglich war und nichts feststand" (Sampson 1994b).

Diese Transitionsperiode, die wir Postsozialismus nennen, ist vorbei. Wir befinden uns heute in einer Post-Transitionsphase, die ich als Post-Postsozialismus bezeichnen würde (PPS). Es ist eine Zeit, in der der Schock des Neuen seine Wucht verloren hat und die weiteren Strukturen der neuen globalen Ordnung nun schon in das Bewusstsein der Bevölkerungen eingebettet sind. Wenn ich sage, der Schock habe an Wucht verloren, so meine ich, dass die Völker Mitteleuropas, des Balkans und der ehemaligen UdSSR sich heute so verhalten, als hätten sie inzwischen eine einigermaßen klare Vorstellung von dem neuen Rahmen ihrer Existenz. Die Menschen der post-postsozialistischen Welt sind nicht mehr so verwirrt wie sie es einmal waren. Sie werden zu Konsumenten oder zu Nationalisten politisiert. Sie sind zornig und niedergeschlagen oder einfach nur müde. In Osteuropa, wo „der Westen", um den typischsten Diskurs zu nehmen, für die meisten etwas „dort drüben" gewesen war, weiß man heute, dass der Westen auch Forderungen stellen kann. Sie haben verstanden, dass man im Kapitalismus nicht nur Geld verdienen, sondern es auch verlieren kann – genauso wie den Arbeitsplatz. Sie wissen, dass ihre Zeit kostbar ist, dass ihre Sicherheit und der Sinn ihres Lebens von ihren eigenen Anstrengungen abhängen und es nicht mehr genügt, die Schuld auf die Regierung oder das System (oder die Zigeuner oder die Juden) zu schieben. Der PPS ist eine neue Lebensart und unterscheidet sich von Grund auf von der Transitionsperiode. Wenn das postsozialistische Interim eine Zeit des Handelns über Struktur war, so sind die Strukturen im Post-Postsozialismus mit all ihrem Nachdruck zurückgekehrt.

PPS und die neuen Eliten

Aus der Erkenntnis, dass wir uns in einer Post-Transitionsperiode oder dem PPS befinden, ergeben sich direkte Konsequenzen für diejenigen Gruppen, die wir Eliten nennen sowie für unsere Methoden, diese Eliten zu erforschen. Mit dem Beginn der postsozialistischen Periode entstanden zwei unterschiedliche Typen von Eliten – die technokratischen Eliten und die Kultureliten. Zur ersten Gruppe zählten die ehemaligen Parteiführer, Direktoren und Technokraten, die sich sogleich an die Spitze der neu entstehenden politischen Organisationen setzten und Eigentümer neuer Wirtschaftsunternehmen wurden; es fand ein Wechsel – wie Stark (1992) sagte – „vom Plan zum Klan" statt. Diese Machtübernahme mag mal gewaltsamer oder rücksichtsloser, mal eleganter und legaler vor sich gegangen sein, war jedoch im Grunde nur das Weiterbestehen früherer Kader, die sich von den Fesseln des Marxismus befreit zu haben schienen. Diese Leute waren geschickte politische Drahtzieher, deren Ideologien wechselten während sie ihre Länder zur Marktwirtschaft reformierten oder sich zu erfolgreichen Geschäftsmännern entwickelten.

Die zweite Gruppe der Transitionseliten legitimierte sich durch moralische oder kulturelle Aktivitäten. Unter ihnen fanden sich Intellektuelle, die einst mit Dissidentenbewegungen in Verbindung gestanden hatten, Personen von moralischem und intellektuellem Rang: Literaturkritiker, Soziologen, Universitätspräsidenten, Menschenrechtsaktivisten, Musikologen und Historiker. Sie wurden Minister und sogar Staatspräsidenten, deren wichtigstes Losungswort: „Zurück nach Europa!" war.

Während die erste Gruppe versuchte, aus dem vorausgegangenen System stammende Ressourcen an sich zu bringen, bemühte sich die zweite, Kontakte zu solchen Kreisen im Westen zu pflegen, die als Quellen kulturellen Kapitals galten. Beide Projekte sind im Laufe der letzten zehn Jahre erfolgreich gewesen und – so gesehen – haben diese Eliten ihre Nützlichkeit jetzt erschöpft: Die Privatisierung findet statt; Staatsapparate werden abgebaut; die europäische Integration ist Wirklichkeit geworden – sofern die Zahl der laufenden Projekte, besuchende IWF Delegationen oder die Stabilität sichernden Einsätze der EU/NATO in Südosteuropa als Maßstab für Integration genutzt werden. Der Westen ist nicht länger einfach „dort drüben", er ist „hier", unter uns. Er ist nicht mehr wie früher nur eine Vorstellung. Der Westen ist zu einer Realität geworden, mit der die Menschen fertig werden müssen, seien es Regierungsbeamte, die versuchen, EU-Bestimmungen zu erfüllen, oder einfache Arbeiter, die eine weitere Fabrikschließung oder Umschulungsprogramme über sich ergehen lassen müssen. Diese unwiderrufliche Integration in globale Strukturen ist das große Merkmal des Post-Postsozialismus, steht aber auch für das Aufkommen von vier neuen Elitegruppen. Erstens, einer neuen politischen Klasse; zweitens, einer *comprador*-Bourgeoisie; drittens, einer lokalen Unternehmerelite, und viertens, Kriegsherren und Mafiabosse in konfliktgeplagten Gebieten. Im Laufe dieses Artikels werde ich zeigen, dass sich diese Eliten von ihren Vorgängern durch die Art und Weise unterscheiden, wie sie sich in die globalen Netzwerke integrieren, welcher Diskurse sie sich bedienen und welche Ressourcen sie zum Einsatz bringen können. Zunächst aber eine Beschreibung dieser vier Typen.

Die politische Klasse, ein französisches Konzept das oft, aber nicht unbedingt in abfälliger Absicht, in Rumänien zu hören ist, ist eine Klasse, deren Aktivität sich im wesentlichen darauf richtet, politische Maßnahmen zu entwickeln und durchzusetzen. In diesem Sinn unterscheidet sich diese Klasse von den ehemaligen kommunistischen Funktionären und Parteibonzen, die ausschließlich darauf bedacht waren, Macht an sich zu reißen bzw. sich an der Macht zu halten; sie unterscheidet sich ebenfalls von denjenigen Persönlichkeiten, die nach dem Ende der sozialistischen Periode in die Politik getrieben worden waren und das Lippenbekenntniss von sich gaben, die politische Bühne wieder zu verlassen, sobald sich die Lage beruhigt hätte. Für die Politiker des PPS hingegen ist Politik eine Berufung. Sie sind für die Politik ausgebildete Kader, Absolventen der großen juristischen Fakultäten oder Verwaltungshochschulen ihres Landes und haben ihre Ausbildung durch Studiengänge, Arbeit oder eine Zusatzausbildung im Ausland ergänzt. Im Gegensatz zu ihren Vorgängern sprechen die Vertreter dieser politischen Klasse Englisch. Die Bildung dieser Klasse von Berufspolitikern in Osteuropa ist an Integrationsforderungen des Westens und an Bedingungen für ökonomische Hilfe gebunden. Daher besuchen alle diese Kader ständig angebotene Trainingsprogramme für moderne Managementtechniken, Verwaltungswissenschaften und selbstverständlich PR-Methoden. Die Nutznießer dieser Trainingskurse umfassen Gesundheitsminister, Personalvertreter in der Regierung, Bürokraten der unteren Echelons und sogar Militärs und Polizeibeamte. Bezeichnend für Vertreter der politischen Klasse ist auch, dass sie jeweils ihr eigenes lokales Projekt haben, mit dem sie ihr eigenes lokales – als politische Partei maskiertes – „Imperium" planen. In PPS-Gesellschaften entstehen viele neue Parteien, die alle von Parlamentariern, sezessierenden Faktionen und Bündnissen gegründet worden sind und deren Mitglieder zum großen Teil eine politische Ausbildung US-amerikanischer bzw. deutscher politischer Stiftungen genossen haben oder noch genießen werden.

Das Konzept der *comprador*-Bourgeoisie stammt aus der Abhängigkeitstheorie wie sie aus Lateinamerika bekannt ist und bezeichnet eine lokale Elite, die zugleich nach innen und nach außen orientiert ist. Bei dieser Klasse handelt es sich um eine flexible, effizient vorgehende Gruppe, die vom ausländischen Zentrum erteilte Befehle ausführt und sich auch in letzter Instanz stets auf dieses Zentrum hin ausrichtet und ihm verbunden bleibt. Die heutigen *comprador*-Eliten fungieren als Repräsentanten der westlichen Metropolen in ihren eigenen Ländern. Manche von ihnen übernehmen Beraterposten im Zentrum bzw. verlagern ihren Aktionsradius direkt in dieses Zentrum und verlassen zu diesem Zweck auch zeitweilig ihr Land. In dem Rahmen, in dem ich den Begriff anwende, umfasst die *comprador*-Bourgeoisie all diejenigen, die in von Ausländern dominierten Unternehmen oder Organisationen arbeiten. Es schließt lokale Geschäftsleute und Mitarbeiter von Entwicklungshilfeprojekten ein, d. h. oftmals sehr gut bezahlte Fachleute mit kosmopolitischen Attitüden, Konsumgewohnheiten und Lebensstil. Auf Osteuropa und den Balkan bezogen, umfasst diese Gruppe eine Art neuer Sparte, da ein großer Teil der gesetzlich zugelassenen Unternehmen hier eigentlich zum Entwicklungshilfebereich gehört. Der Manager der lokalen Coca Cola-Niederlassung hat viel mit dem Programmleiter der Soros-Stiftung gemein, denn beide verfolgen dieselbe „Modernisierungsmission", so dass sie ein und derselben Kategorie, der der *comprador*-Elite zugeordnet werden können.

Die dritte Gruppe des PPS setzt sich aus einheimischen Geschäftsleuten, Managern oder Eigentümern von Unternehmen, Banken und Import/Export-Firmen sowie örtlich bekannten Persönlichkeiten zusammen, deren Geschäft von lokalen Schirmherren abhängt. Ebenso gehören zu dieser Gruppe Zeitungsverleger, Prominente und Financiers, die häufig in Skandale verwickelt und dann gezwungen werden, fluchtartig das Land zu verlassen. Diese Klasse zeigt stets auffälliges Konsumgebaren, baut sich immer größere Luxusvillen, beginnt aber heute schon damit, sich aus der öffentlichen Welt der Nobelrestaurants und Luxusautos zurückzuziehen, um in abgeschiedenen Landhäusern großen Stils, Privatclubs oder einem Zweitwohnsitz auf Zypern zu residieren. Sie sind die Berlusconis des PPS, die für ihre Aktivitäten ein stabiles innenpolitisches Umfeld brauchen, aber im Gegensatz zur *comprador*-Bourgeoisie die eigene Laufbahn nicht an globale Netzwerke gekoppelt sehen. So mancher dieser lokalen Geschäftsleute lässt sich denn auch – nicht überraschend – als Kandidat einer „Recht-und-Ordnungs-" Partei aufstellen.

Die vierte Kategorie der PPS-Eliten sind die gewaltbereiten Geschäftemacher, die Mafiabosse und Kriegsherren, die häufig in den Ländern der ehemals sozialistischen Welt zu finden sind, die eine staatliche Fragmentierung bzw. ethnische Konflikte durchlaufen haben: im Kaukasus, Teilen Zentralasiens, Ostbosnien sowie in Regionen in und um Albanien und dem Kosovo. Ihre Beschäftigung besteht heute darin, sich an illegalen Handelsgeschäften, grenzüberschreitendem Transport von bestimmten Ressourcen (Menschen, Waffen, Drogen, Schmuggel, Bargeld) sowie irgendwelchen nationalistischen/regionalistischen politischen Programmen zu beteiligen. Dies sieht man besonders deutlich in Regionen mit schwacher zentraler Regierung, da sich in solchen Regionen Formen des Banden- und Guerillakrieges mit gewalttätigen Unternehmungen dieser Art überlappen. Dass diese Gruppe nicht einfach als vorübergehende Erscheinung abgetan werden kann, zeigt sich an dem immer größeren Raffinement ihrer Vorgehensweise und der internationalen Bedeutung bzw. von der Bekämpfung des organisierten Verbrechens durch „Antikorruptionsbestrebungen".[2]

Diese vier Eliten konnten ihre Position während der Zeit konsolidieren, in der die PPS-Gesellschaften aus dem Zusammenbruch ihrer Vorgängerstaaten und einer Schocktherapie hervorgegangen sind. Diese neue Konstellation ist kaum mit dem Potpourri von Altkadern und früheren Dissidentengruppen der Mitte der 90er Jahre zu vergleichen. Viele der einstigen Gruppen haben den Schauplatz verlassen. Einige, weil sie in den Ruhestand geschickt wurden, andere weil ihre Unternehmen ein Misserfolg waren und wieder andere sind in die Kulturszene zurückgekehrt, aus der sie kamen. Wer von dieser Garde geblieben ist, lebt in einem System, in dem die alten persönlichen Kontakte oder Zuständigkeiten ehemaliger Parteikader ihre Nützlichkeit verloren haben oder in dem es für die eigene Karriere als Verleger oder Direktor einer lokalen NGO bedeutungslos geworden ist, ob man früher Dissident war oder nicht. Dagegen lässt die neue Elitenkonstellation (in der alle miteinander interagieren und rivalisieren) keinen Zweifel daran, dass die Post-Transitionsära angebrochen ist.

PPS-Eliten und die globalen Kräfte

Das Neueste an diesen PPS-Eliten ist die Geschicklichkeit, mit der sie mit „globalen Kräften" umgehen. Wir benutzen Metaphern wie „Kräfte" und „Strömungen", um Globalisierungsprozesse zu beschreiben, vergessen jedoch leicht, dass kulturelle Praktiken und Vorstellungen nicht von selbst „reisen". Sie werden geschoben, gezogen, vermittelt, zurückgewiesen; man lässt sie abprallen oder sie werden assimiliert. Die PPS-Eliten konfrontieren globale Kräfte mit Gruppeninteressen und strategischen Praktiken; sie reagieren nicht nur, sondern agieren auch. Genau das macht sie zu Eliten.

Obwohl die einzelnen osteuropäischen Staaten von Anfang an verschiedene Wege der Reform einschlugen, gilt doch für alle von ihnen, dass – durch die Transition und die Einwirkung der globalen Kräfte – eine Reduktion der Staatsfunktionen eintrat und die Funktionen des Wirtschaftssektors auf private Unternehmen sowie die einst vom Staat getätigten Sozialleistungen auf den Markt oder die sich herausbildende Zivilgesellschaft übertragen wurden. Dieser Prozess vollzog sich durch innere Reformen auf Verlangen der westlichen Geldgeber oder dem Verschwinden (bzw. der Plünderung) staatlicher Ressourcen im Laufe der Privatisierung. Wie auch anderswo, ist der Staat in der einstigen Zweiten Welt eben nicht mehr so wichtig. So haben Staatsbeamte sogar der höchsten Echelons einen entschieden niedrigeren Lebensstandard als die meisten Vertreter der neuen Elitegruppen, da sie ihre Gehälter nicht so leicht durch irgendwelche Privilegien aufbessern können. Die wichtigsten außenpolitischen und volkswirtschaftlichen Entscheidungen liegen nicht mehr in der Hand des Staates, sondern werden von nichtstaatlichen oder internationalen Institutionen gefällt. Es erweist sich daher als sinnvoller im Hinblick auf Osteuropa und die PPS-Welt im allgemeinen von Regionen oder Formationen mit jeweils eigenen wirtschaftlichen und sozialen Besonderheiten und eigenen Eliten zu sprechen. So ließe es sich denken, von der „ersten Staffel" von Ländern zu sprechen, die für einen Beitritt zur EU ins Auge gefasst wurden, dann von einer zweiten und von späteren Staffeln. Die Staffel wäre somit die brauchbarste Kategorie für wissenschaftliche Analysen, nicht der Staat. Und da die Staaten ihren Eliten immer weniger politische Ressourcen zur Verfügung stellen können, verändert sich die Zusammensetzung und die strategischen Praktiken dieser Gruppen; ganz zu schweigen von ihren Konsummustern.

In Anbetracht der schrumpfenden Funktionen des Staates und der Rolle der globalen Kräfte konzentrieren sich die Praktiken der Eliten weitgehend auf die Möglichkeit, die Wirkungsweise und deren Druck im Rahmen der PPS-Landschaft ihrer Region für sich selbst zu nutzen bzw. sie zu behindern. Während die sozialistischen Eliten noch ganz provinziell waren und die postsozialistischen ihre Stellung im eigenen Land durch Plünderung des Staates zu festigen trachteten oder einfach nur irgendwie mit der neuen Situation fertig werden wollten, sind die neuen Eliten geschickter. Sie wissen um ihre transnationale Position und darum, dass sie zugleich innen und außen sein können. Sie leben in einem Land, brauchen aber nicht zu diesem Land zu gehören. Sie sprechen vielleicht die Landessprache, agieren aber auf der Grundlage eines ganz anderen Orientierungssystems – eines Systems, das entweder kosmopolitische Ziele verfolgt oder auf illegalen Kommerz ausgerichtet ist. Sie geben sich bewusst als Vermittler der globalen Kräfte und handhaben gekonnt die Kontrolle und den Zugang zu globalen Ressourcen.

Die globalen Kräfte selbst haben eine doppelte Wirkungsweise, da sie sowohl Fragmentierung als auch Integration herbeiführen. Fragmentierung im Hinblick auf Klasse, ethnische Gruppe, regionale oder soziale Gegebenheiten erfolgt im wesentlichen außerhalb der Zonen der Akkumulation und des politischen Entscheidungsbereichs. Abwärtsmobile soziale Gruppen und vergessene Regionen in den Kerngebieten Europas sowie Regionen ethnischer Spannung auf dem Balkan fallen solcher Fragmentierung am leichtesten zum Opfer. Integration dagegen erfolgt in Zonen oder Gruppen, die an Kreise der Akkumulation und Entscheidungsfindung angeschlossen sind. Die städtischen Gebiete Mitteleuropas liegen in diesen Zonen, ebenso wie all jene Landstriche, in denen umfangreiche westliche Investitionen in neue Unternehmen vorgenommen oder humanitäre Hilfsprogramme durchgeführt wurden. Hier funktioniert das Telefon, das Internet Café ist ganz in der Nähe, die Straßen sind gepflastert und nicht alle jungen Leute sind abgewandert.

Fragmentierung und Integrationsprozessen begegnet man gleichermaßen in kapitalistischen Zentren und nicht nur in postsozialistischen bzw. in denen der Dritten Welt. Zeichen der Fragmentierung in den kapitalistischen Metropolen sind der Eifer rivalisierender Bürgergruppen bei der Konzipierung neuer Modelle für eine bessere Zukunft, bei der Schaffung neuer persönlicher Identitäten, der Äußerung von Anti-EU-, Anti-Einwanderer- oder Anti-Globalisierungsgefühlen sowie größerer regionaler Autonomie. In Westeuropa finden sich diese Tendenzen unter großen Teilen der ehemaligen Fabrikarbeiterschaft, die mit dem Gefühl leben, Kontrolle über die Ereignisse verloren zu haben und, dass ihre Eliten nicht mehr für sie sprechen. In der ehemaligen Zweiten Welt und in der Dritten Welt äußert sich Fragmentierung in ethnischer oder klassenbedingter Polarisierung – beide nicht selten mit regionalen Sezessionsbewegungen verbunden und immer mit lokaler Korruption als Ursache oder Wirkung. Politische Einheiten sind in solchen Regionen kleiner geworden und periphere Regionen weniger kontrollierbar; es bilden sich Mafianetzwerke zwischen den integrierten und weniger integrierten sowie zwischen diesen Regionen und der EU heraus. Ethnische Konflikte vermischen sich hier mit solchen zwischen der zentralen Regierung und den an den und über die Grenzen hinweg agierenden Kriegsherren, die stets die ethnischen Bindungen zu nutzen wissen. Dieses Gemisch aus wirtschaftlichen Unterschieden, schwacher zentraler Autorität und ethnischen Grenzzonen liefert die Grundlage für all die ethnisch bedingten Unzufriedenheiten, die Kriminalität und das paramilitäre Banditentum, das wir im westlichen Balkan an den Grenzen zu Albanien, Mazedonien, dem Kosovo und Serbien sowie im Kaukasus beobachten können.

Fragmentierungsprozesse sind weder im Postsozialismus noch im Post-Postsozialismus eine neue Erscheinung. Die sozialistischen Staaten waren auch fragmentiert, doch über lange Zeiträume hinweg. Es gab eine klare kastenartige Unterscheidung zwischen der Parteielite und den Massen. Dissidententum, informelle Netzwerke, Zweite Wirtschaft, Rückzug in den häuslichen Bereich, Witze, Gerüchte usw. waren die kreativen Mittel und Wege der Bevölkerung, sich mit der Situation zu arrangieren (Sampson 1986; Wedel 1986, 1992). In der frühesten Phase des Postsozialismus war die Fragmentierung nicht so leicht zu erkennen. Die Risse und Spalten hatten sich noch nicht herausgebildet. Die Grenzen zwischen dem „wir" und dem „Anderen" waren noch fließend. Heute, in der Phase des PPS, sieht man die Risse besser. Die Leute wissen, woran sie sind; auch wenn sie mit ihrer Position unzufrieden sein mögen, wissen sie wenigstens, wer die Anderen sind. Letztere können korrupte Politiker sein oder lokale, sich kosmopolitisch gebende Aktivisten der nichtstaatlichen Organisationen oder auch die „fremden Herrscher" – d. h. die verschiedenen Büros des Hohen Repräsentanten (Bosnien/Kosovo) oder Beamte des IWF – oder irgendwelche kriminellen Elemente, die „unsere Jugend verderben" oder „unsere Chancen kaputt machen, in die europäische Integration einbezogen zu werden".

Fragmentierung an sich ist schon eine Metapher für immer rascher eintretende soziale Unterschiede und widersprüchliche politische Praktiken. Doch obwohl sehr oft und in weiten Kreisen von Fragmentierung gesprochen wird, dürfen wir nicht vergessen, dass Gesellschaften nicht irgendwelche Ganzheiten sind, die in Stücke aufgespaltet werden können. Bei der Fragmentierung einer sozialen Welt oder einer politischen Ordnung geht es eigentlich nur um verschiedene Arten von Konflikten, verschiedene Wege von Menschen, zu Ressourcen zu gelangen und fundamentale Unterschiede wie Menschen ihren Lebensprojekten nachgehen. So würde ich zur größeren Präzisierung die Fragmentierung in folgende Metaphern unterteilen: Das Bild des „Abhebens" für Eliten, die ihre Gesellschaften verlassen, um sich mit Zentren höherer Ebenen zu verbinden; das Bild des „Sich Abkoppelns", wenn Teile einer Gesellschaft das nationale Projekt einfach verlassen, von ihrem Staat abfallen oder sich absondern; das Bild des „Überschneidens", wenn neue soziale Demarkationslinien gezogen werden und sich bestehende Grenzen zwischen sozialen Klassen und ethnischen Gruppen überschneiden; und schließlich die Idee des „Sich Verschanzens" für Eliten, die sich eine neue

Machtbasis schaffen, indem sie eine bestimmte Sphäre politischer oder wirtschaftlicher Aktivität (legaler oder illegaler Art) übernehmen – also zum Beispiel eine korrupte lokale Regierung, Bereiche des illegalen Unternehmertums, extremistische nationalistische Gruppen oder paramilitärische Kräfte. Wenn wir sagen, eine Gesellschaft falle der Fragmentierung zum Opfer, so meinen wir solche dezentralisierenden Prozesse.

Das Gegenteil der Fragmentierung ist die Integration, die die in einer Gesellschaft bestehenden Risse und Spaltungen lindert oder beseitigt und die Mitglieder dieser Gesellschaft in immer größeren Einheiten zusammenfasst. In diesem Verständnis ist Integration nicht notwendigerweise synonym mit Zentralisierung. Vielmehr ist sie zu verstehen als der Beitritt einer größeren Zahl von Individuen zu einem gemeinsamen System von Normen, einem bestimmten kulturellen oder politischen Projekt usw. Die mit einem solchen Ziel vor Augen ins Leben gerufenen neuen Formen dezentralisierten/privatisierten öffentlichen Managements sind nicht zu verwechseln mit Fragmentierung und Desintegration. Beispiele von Integrationsprozessen sind unter anderem: Von außen kommende Bemühungen, die Machtstellung lokaler Eliten durch die Forderung nach Reformen zu unterminieren (oder sie vor den Den Haager Gerichtshof zu zitieren); Anstrengungen, die Gesellschaften von oben her zu modernisieren und – durch die Schaffung einer Zivilgesellschaft – von unten her aufzubauen und einen von innen heraus erfolgenden Restrukturierungsprozess in Gang zu setzen (institutionelle Entwicklung). Hier geht es um das Bild des Aufbaus bzw. Wiederaufbaus der Gesellschaft als sei sie ein Gebäude. (In diesem Sinne hat das Konzept vom Aufbau von Institutionen eine geradezu unheimliche Ähnlichkeit mit Stalins Aufbau des Sozialismus.) Integration ist nicht nur Sache der lokalen Gesellschaften, denn Integration und Entwicklung unterstehen heute der Lenkung durch internationale, ihre eigenen Ressourcen beisteuernde, eigene Interessen fördernde und eigene Diskurse und Projekte in den Entwicklungsprozess einbringende Akteure. In den frühen 90er Jahren zum Beispiel wurde eine „Schocktherapie" und „Marktreform" in Mitteleuropa durchgeführt. Heute erfolgt eine „Stärkung der staatlichen Institutionen", die „Durchsetzung der Rechtsstaatlichkeit" oder die Schaffung einer „Gesellschaft der Toleranz" auf dem Balkan.

Die internationalen Akteure können ihre Aufgabe nicht ohne die Unterstützung der einheimischen Institutionen und Akteure erfüllen. Dieses Zusammenwirken fördert das Aufkommen einer neuen, professionelleren und flexibleren politischen Klasse sowie die Entstehung einer *comprador*-Bourgeoisie; innerhalb derer eine unverkennbare Art einer Euro-Elite entsteht. Auch wenn sie das europäische Integrationsprojekt nicht selbst ausformuliert, ist es doch diese Elite, die es zur Durchführung bringt. Von der Perspektive der Integration sind die PPS-Gesellschaften die Landschaft, in deren Rahmen Integrationsprojekte verwirklicht werden müssen. Eine gelungene Integration belohnt alle jene Gruppen, die Beziehungen zu den Vertretern westlichen Kapitals herstellen können – sei dieses finanzieller, politischer oder kultureller Natur. Gruppen, die sich dem Westen nicht verständlich machen können – d. h. Computer-Analphabeten, nicht Anglophone, traditionelle Arbeiter- und Bauernbevölkerungen in der Provinz – haben weniger Möglichkeiten: Sie können nur warten, dass ihnen der Staat durch Sozialhilfeleistungen unter die Arme greift, sie können der Partei eines lokalen Politikers ihre Stimme geben oder sich einer Gang gewalttätiger Geschäftemacher anschließen und versuchen, auf irgendeine Weise Konsumgüter zu verkaufen.

Die post-postsozialistischen Gesellschaften erfuhren dementsprechend die verschiedensten Fragmentierungs- und Integrationsprozesse. Diese Prozesse stehen ihrerseits mit verschiedenen Kategorien von Eliten und Elitepraktiken in Beziehung. Im Großen und Ganzen wird die Integration mit der Zustimmung der politischen Klasse und der aktiven Unterstützung der *comprador*-Bourgeoisie vorangetrieben. Diese stellen in der gegenwärtigen Konstellation Euro-Eliten dar, die sich von der sie umgebenden Gesellschaft abheben. Die Euro-Eliten wetteifern mit anderen Elementen der politischen Klasse, den lokalen Business-Eliten und den Mafiosi, deren politische Aktivitäten für Fragmentierungsprozesse verantwortlich sind. Um sich gegen Angriffe auf ihre Machstellung zu schützen, verschanzen sich letztere, um die Basis ihrer Machtposition zu festigen. Die unklare Gesetzeslage in den PPS-Gesellschaften bedeutet, dass die Notwendigkeit, zwischen Legalität und Illegalität zu unterscheiden nur für ausländische Akteure wichtig ist, nicht aber auf der lokalen Bühne.

Die sich von den baltischen Staaten zu den – heute befriedeten – Regionen des Balkans und weiter über die Klientenstaaten Zentralasiens zu den fragmentierten Kriegsregionen des Kaukasus erstreckende post-postsozialistische Landschaft bietet eine Vielzahl verschiedenster Integrations- und Fragmentierungsprozesse und infolgedessen auch Elitekonfigurationen. Alle vier Kategorien sind präsent: Die politische Klasse, die *comprador*-Bourgeoisie, die einheimischen Business-Eliten und die Mafiosi und Kriegsherren. Wie überall rivalisieren diese Gruppen miteinander um Anhänger und persönlichen Zugang zu Ressourcen. Diese Rivalitäten können entweder tatsächliche Wettstreite oder eher komplementärer Natur sein oder einfach nur aneinander vorbei gehen. Eliten können abheben und sich kosmopolitisch orientieren. Sie können sich in einem bestehenden politischen System verschanzen und durch Abkoppeln ihre jeweils eigene Machtbasis schaffen. Sie können sich aus der Öffentlichkeit zurückziehen und ihren eigenen, privaten – mitunter sogar geheimen – Konsumgewohnheiten frönen und sie können den Weg der Kriminalität einschlagen oder nationalistischen Bewegungen dienen. Eliten sind deshalb Eliten, weil sie sich ihren Aktionsbereich aussuchen bzw. die entsprechenden Prozesse in Gang setzen können. Sie können in die Politik gehen, sich in den Bereich der Kulturschaffenden zurückziehen oder zwischen Politik und Geschäftsleben, legalen und illegalen Unternehmungen usw. hin und her pendeln.

Die Praktiken der Eliten spiegeln die Integrations- und Fragmentierungsprozesse in einer Region wieder, ebenso wie sie erkennen lassen wie die entsprechenden Integrations- und Fragmentierungsdiskurse in einer Gesellschaft wahrgenommen werden. Solche Diskurse beziehen sich dann auf Themen wie „Der Weg nach Europa" oder was zu tun wäre, um zur ersten oder zweiten Staffel zu gehören oder – in eher pessimistischer Sicht – Diskurse vom „Stehen bleiben" bzw. von der Stagnation, abzusinken oder – in dem unvermeidlichen Vergleich zwischen den Ländern, die sich um eine EU-Mitgliedschaft bemühen – „zurückzufallen" und dem Diskurs über „den Verrat des Westens". Ein Verständnis der Integrations- und Fragmentierungsprozesse zusammen mit einer Analyse der Diskurse der Eliten sowie deren praktischer Handlungsweisen können zeigen, dass der PPS wirklich eine neue Ära ist. Der PPS liegt jenseits der Transition.

Eine Untersuchung der wichtigsten großen Themenberichte sowie der sie begleitenden Praktiken verdeutlichen wie diese neuen Elitenkonfigurationen vorgehen. Einer der großen Themenberichte ist die „Demokratisierung", die sich mit dem Export von Menschenrechtsnormen und Institutionen, Rechtsstaatlichkeit, Entwicklung der Zivilgesellschaft, Transparenz der zivilen Verwaltung und freie Wahlen befassen. Andere Themenberichate betreffen die „Marktreform und Privatisierung", „europäische Integration", den „Kampf gegen soziale Ausgrenzung", „verbesserte Sicherheit" und „Antikorruption und den Kampf gegen das organisierte Verbrechen".

Ich möchte nun genauer darlegen wie die Prozesse des Abhebens, der Abkopplung, des Überschneidens und des Verschanzens im Zusammenhang mit einem bestimmten Integrationsprozess – nämlich dem, der Demokratisierung – sowie innerhalb einer bestimmten Elitegruppe – nämlich der *comprador*-Bourgeoisie in ihrer Rolle als Mitarbeiter bei Hilfsprogrammen – vollzogen werden. Die Demokratisierung beinhaltet stets den Export westlicher Modelle und die Förderung der Rechtsstaatlichkeit, einer verbesserten Regierungsführung, zivilgesellschaftlicher Organisationen, Einhaltung der Menschenrechte und die Notwendigkeit einer Reform des öffentlichen Verwaltungswesens. Das Bemühen, die Demokratie voranzutreiben, führt zwar zu einer Integration bestimmter Aspekte dieser Gesellschaften in westliche Institutionen, wirkt sich aber in mancher Hinsicht auch fragmentierend aus, wodurch lokale Eliten und ihre Anhänger in Opposition zueinander geraten können. Wir erleben die Entstehung neuer Eliten sowie deren Isolation oder Verschwinden. Ich bin selbst in der Demokratie-Exportbranche tätig und habe als externer Berater an verschiedenen Projekten zur Förderung der Zivilgesellschaft in Albanien, Bosnien, Rumänien und dem Kosovo teilgenommen (Sampson 1996). Solche Projekte sind schon seit langem Normalität geworden, ein System zur routinemäßigen Bewegung von Ressourcen, Menschen, Geld, Wissen und Praktiken zwischen Ost und West. Da die Ost-West-Beziehungen nicht gleichgewichtig sind, bewegen sich verschiedene Ressourcen nur in eine Richtung. Das Projekt zur Förderung der Demokratie wird daher über viele Mittelsmänner durchgeführt, die z. B. zwischen der zentralen Dienststelle in Brüssel und einer Zielgemeinschaft oder -gruppe irgendwo in Ostmoldawien vermitteln. Das Projektleben wird zu einem globalen Strom von Macht, zu einem Fluss, in dem verschiedene lokale Eliten eine strategische oder vermittelnde Rolle spielen.

Projektleben auf dem Balkan

Der Balkan mag eine Welt der Großfamilien, Klans und der Ethnizität sein, eine Welt von bäuerlichen Familien, die versuchen, genug zum Leben zusammenzubekommen, eine Welt der Folklore, der Migration und der Gewalt; aber der Balkan ist auch eine Welt der Projekte. Mit Projekt meine ich ein kurzfristig gültiges Programm mit besonderer Zielsetzung und besonderem Resultat, ein Programm, dessen Zeitplan und Budget von Geldgebern (den Vertragspartnern) kontrolliert werden, das eine Zielgruppe hat und den verschiedenen, an dem Projekt beteiligten Parteien Rechnung tragen muss. Projekte gehen immer dadurch zu Ende, dass sie sich zu Politik entwickeln oder durch neue Projekte ersetzt werden. Eine Gesellschaft der Projekte bedarf eines bestimmten Ensembles von Strukturen und Aktivitäten: Die Projektidentifizierung, dem Projektimplementationspartner, der Projekteinheit, dem Vorstand, den Mitarbeitern, dem Monitoring, der Projektevaluierung und natürlich dem Geldgeber. Das Projektleben bedeutet, eine bestimmte Sprache zu sprechen – eine Sprache, die beinahe so hölzern klingt wie die Sprache des Stalinismus. Etwas lernen heißt „Ausbilder ausbilden", Fortschritte zu machen heißt „Kapazitäten aufbauen", jemandem Kontrolle zu übertragen heißt „Bevollmächtigung" (*empowerment*). Wird ein Projektziel formuliert, nennt man das „Missionsstatement", wird Information weitergegeben, spricht man von „Transparenz". Wer herausbekommen will, was eigentlich läuft, betreibt „networking". Geld zu beschaffen nennt man „fund raising", weiterzumachen, nachdem das Geld aufgebraucht ist, heißt „sustainability" und wenn die Sponsoren ihr Geld nicht ausgeben können, liegt das – wie das ein dänischer Bericht einmal nannte – an „Geldgeberverstopfung".

Die Projektgesellschaft und der Projektjargon spiegeln die Projektideologie wieder. Das ist eine Reihe von Ideen über den sozialen Aufbau, die oft mit einem „Problemtree" beginnt. Ausgehend von diesem Entwurf erarbeiten Berater eine Reihe von Zielsetzungen, Aktivitäten, „inputs" und „outputs", wofür sie Methoden wie den „Logical Framework Approach" verwenden. Projektleben heißt, bestimmte Schlüsselworte oder Konzepte zu kennen und zu verstehen und insbesondere Wörter oder Konzepte, die am besten dazu geeignet sind, Geld herbeizuschaffen. Diese Wörter können ein Jahr „empowerment", das Jahr darauf „Gute Regierungsführung" lauten, danach „income generation" oder „institution building", „Netzwerkentwicklung", „Antikorruption" und – wie könnte es anders sein – „Partnerschaft". Soziale Praktiken und Vorstellungen werden als Teil der Transition zu Kategorien von Fördermittelanträgen. Der Begriff der „Zivilgesellschaft" z. B. bezeichnet einerseits die Mobilisierung von Menschen, um Probleme zu lösen. Aber „Zivilgesellschaft" ist auch eine Finanzierungskategorie. Projektleben ist eine Welt, in der abstraktes Wissen die wichtigste Rolle spielt, ein Wissen, das denjenigen größere Macht bringt, die am geschicktesten bestimmte Schlüsselsymbole und -konzepte zu handhaben wissen. Da diese Symbole von außen in die betroffenen Regionen importiert werden, spielt die *comprador*-Bourgeoisie – nennen wir diese Gruppe einfach Euro-Elite – eine Schlüsselrolle im gesamten Schema und rivalisiert mit der lokalen politischen Klasse um politischen Einfluss bei den wichtigsten ausländischen Akteuren und im Hinblick auf den Lebensstandard. Ob diese Euro-Eliten als „Klasse" bezeichnet werden können, ist Ansichtssache. Jedenfalls haben die Vertreter dieser Gruppe einen Lebensstil, politische Meinungen und private Ambitionen, die sie von vielen anderen normalen Staatsbürgern und Elitegruppen unterscheidet. Darüber hinaus haben sie großes Talent, diese Merkmale um ein Vielfaches zu steigern. Diese Eliten haben einen besonderen Lebensstil, verfolgen stets genau, was im Westen das Neueste ist, versäumen es nicht, ihren Kontakt zu den Geldgebern zu pflegen und sind unsicher, was geschehen wird, wenn diese Geldgeber eines Tages nicht mehr da sind. Geldgeber können auch eines Tages verschwunden sein – doch in vielen Fällen nur, um von anderen ersetzt zu werden, die dann andere Zielsetzungen haben.

Die Projektwelt wie sie zur Zeit auf den Balkan eingeführt wird, bringt für manche Vorteile und provoziert andere. Wie alle Welten dieser Art, gründet auch diese auf bestimmten Vorstellungen – wenn nicht gar Mythen – über unsere eigene Gesellschaft. Es existiert die Idee, dass man Sektoren unserer Gesellschaft exportieren könnte. In unserem Fall sind diese eben die Demokratie und die Zivilgesellschaft, als ob diese von anderen Aspekten des gesellschaftlichen Lebens (wie effektivem Regieren, funktionierenden Märkten, Rechtsstaatlichkeit, einer stabilen Mittelklasse usw.) unabhängig wären. Man geht davon aus, dass unsere *Modelle* die Wirklichkeiten der Demokratie in unseren eigenen Gesellschaften wiedergeben. Es gibt auch die Idee einer einzigen „internationalen Gemeinschaft", die eigentlich weder international noch kommunal ist. Es herrscht die Vorstellung, dass die NGOs des Westens und die internationalen Organisationen ohne Probleme miteinander und mit dem jeweiligen Staat zusammenarbeiten. Man denkt, die westlichen NGOs arbeiten auf der Grundlage der Freiwilligkeit und des Altruismus, dass unsere Aktivitäten wirklich das Resultat eines strategischen, nach den Prinzipen des Logical Framework Approach verfahrenden Denkens sind, nicht aber die Improvisationen, die jedes Mal stattfinden, wenn sich neue Förderkategorien ergeben und die Fördermittelanträge an diese angepasst werden müssen. Man tut so, als seien die einzigen Kapazitäten, die aufgebaut werden müssen, die des Ziellandes und nicht unsere eigenen. Es existiert auch die Vorstellung, dass das Vorhandensein einer großen Anzahl mit ausländischem Kapital finanzierter NGOs schon ein Indikator für Demokratie sei. Angesichts solcher Meinungen überrascht es wenig, wenn der Balkan sich über die westliche Scheinheiligkeit enttäuscht zeigt oder wenn zahlreiche Individuen die Aktivitäten der NGOs nicht als soziale Verpflichtung, sondern als eine alternative Bereicherung für Intellektuelle sehen, die gerne viel Geld verdienen und eine andere Arbeit ablehnen. Die Einstellungen und Konflikte, die daraus resultieren, führen zur Desillusionierung unter den Geldgebern, die dazu tendieren, den Einheimischen ihre Kooperationsunfähigkeit vorzuwerfen und plötzlich die unter dem Namen „Sponsorenmüdigkeit" bekannte Krankheit entwickeln.

Man kann das Projektleben unter zwei Aspekten veranschaulichen: Erstens als Austausch von Ressourcen, Menschen und Wissen und zweitens als eine Kombination von konzentrischen Machtkreisen. Im Falle des Austauschmodells gehen verschiedene Ressourcen vom Westen in den Osten/Süden, einige andere in umgekehrter Richtung. Aus dem Westen kommt Geld, das über komplizierte „Abschnitte" und oftmals verschlungene Routen nach Ländern versandt wird, wo das Bankensystem auch heute noch primitiv ist. Mit dem Geld kommen Menschen: ausländische Berater und Projektmanager, Kurzzeitevaluierungsexperten und Ausbilder. Diese Leute gehen meistens von einem Land zum anderen, verbringen den größten Teil ihrer Zeit in Gesprächen mit anderen Geldgebern – man nennt das „Sponsorenkoordinierung" – oder in Verhandlungen mit Regierungsbeamten, um die ersten Projektabschnitte in Gang zu setzen. Die Regierungsbeamten sind zwar keine Geldgeber, können jedoch immer noch gute Dienste beim glatten Ablauf der Programmverwaltung leisten; sie agieren auch immer häufiger als Partner, wenn Geldmittel von der EU, der Weltbank oder der UNDP anzufordern sind. Erweist sich einer von ihnen als besonders geeignet, wird er oft als Projektmanager übernommen und entweder von seiner eigenen Regierung oder – was natürlich attraktiver für ihn ist – von der mit der Durchführung des Projekts beauftragten Organisation oder Firma bezahlt, als deren Mitarbeiter er dann fungiert.

Der von Westen nach Osten verlaufende Transfer von Geld und Fachleuten wird teilweise durch eine Bewegung in umgekehrter Richtung ausgeglichen. Fähige lokale Projektmanager werden zu Konferenzen, Treffen, Praktika und Schulungen in den Westen eingeladen. Tausende NGO-Aktivisten, Journalisten und Beamte sind schon zu kürzeren oder längeren Studienaufenthalten im Westen gewesen um mit ihren eigenen Augen zu sehen wie Demokratie funktioniert. So hat z. B. die von der dänischen Regierung finanzierte Democracy Foundation in den letzten zehn Jahren ungefähr 100 Millionen Dollar ausgegeben, um 70.000 ausländische NGO-Mitarbeiter, Regierungsbeamte, Parlamentarier, Lehrer, Sozial- und Gesundheitsarbeiter zu kurzen Studienreisen nach Dänemark einzuladen. Andere westliche Regierungen haben sich auf Mitarbeiter der NGOs, Journalisten und Regierungsbeamte konzentriert. Lokale Mitarbeiter der NGOs werden in die Welt der Hilfsprojekte hineinsozialisiert, indem man sie durch Teilnahme an Trainingskursen, Besprechungen mit Vertretern der Geldgeber, Antragstellungen für Geldmittel und die Leitung von Projekten in den globalen Zivilgesellschaftsdiskurs einführt.

Die Arbeit an Projekten darf jedoch nicht ausschließlich im Licht dieses Flusses von Ressourcen gesehen werden, da sonst der ebenfalls mit dieser Arbeit zusammenhängende Machtaspekt nicht wahrgenommen wird. Projektleben ist auch ein System hierarchisch angeordneter konzentrischer Kreise. In der Mitte des inneren Kreises stehen die Geldgeberorganisationen im Westen sowie ihre Finanzierungspolitik. Letztere wird von Fachleuten ausgearbeitet, die diesen Organisationen bei der Definition der strategischen Zielsetzungen eines Projekts helfen. Dieser innere Kreis produziert die abstrakteste Form von Wissen. Am anderen Ende stehen die betroffenen Länder mit dem konkreten Wissen der Menschen und ihren täglichen Problemen vor Ort. Dorthin schicken wir Experten, die einschätzen sollen, welche „Bedürfnisse" bestehen und wo die „Zielgruppen" sind – einschließlich der „gefährdeten Gruppen" wie Flüchtlingsfrauen, Familien von Arbeitslosen in geschlossenen Bergbauregionen, Behinderte oder Roma-Kinder, die keine Schulbildung besitzen.

Erkundungen durch Projektmitarbeiter an der Peripherie sind notwendig, um wichtige Informationen zu sammeln, neue Zielgruppen oder –themen zu identifizieren oder um laufende Projekte zu überwachen und zu evaluieren. Im Kosovo, einem internationalen Protektorat, in dem über 300 internationale Organisationen tätig sind, wimmelt es nur so von Geldgebern, die ihre Projekte miteinander zu koordinieren suchen und sich gegenseitig aushorchen. In der Praxis bedeutet das eine ungeheure Anzahl von Sitzungen, Memoranda zur Beschreibung des letzten Stands der Dinge und Interaktion mit allen Kategorien von PPS-Eliten.

Das Bild einer nach dem Muster konzentrisch angeordneter Kreise organisierten Hierarchie zur Beschreibung von Entwicklungshilfeprojekten verdeutlicht die im globalen Projektleben enthaltene Machtdimension. Ressourcen, Menschen und Ideen „fließen" ja nicht einfach von einem Ort zum anderen. Sie werden geschickt, kanalisiert, zurückgewiesen und umgewandelt auf ihre Reise gen Osten, von einer Vielzahl von Mittelsmännern am Ausgangspunkt, während der Reise und auch im lokalen Kontext. Lokale Eliten rivalisieren miteinander um die Kontrolle über die Ressourcen – seien es Geld, Menschen, Fachwissen oder Konzepte.

- *Kontrolle über das Geld* zu haben, bedeutet, Anträge für Geldmittel stellen zu können, Geldmittel ausgeben zu dürfen und die Buchhaltung führen zu können.

- Die *Kontrolle über die Mitarbeiter des Projekts* haben westliche Berater und Projektleiter, von denen einige eingeflogen werden, andere an Ort und Stelle wohnen. Diese Kontrolle umfasst die Einstellung und das Einsetzen von zusätzlichen ausländischen Fachleuten sowie die Einstellung lokaler Führungskräfte und Helfer. Der Vertreter des westlichen Geldgebers befindet sich in einem Informationsnetzwerk, innerhalb dessen er mit Geldgebern, Diplomaten und lokalen Regierungsbeamten interagiert, um die „Transparenz" der Projektarbeit sicherzustellen.

- Wer die *Kontrolle über Wissen* hat, entscheidet, wem über was Bescheid gegeben wird. In der Welt der Projekte bedeutet Wissen, informiert zu sein über: Termine, Budgets, welche Schlüsselwörter in Anträgen erscheinen müssen, damit diese bewilligt werden, welche großen Konferenzen gerade irgendwo stattfinden, wie Zeitpläne mit Anderen zu koordinieren sind. Auf der lokalen Seite muss man wissen, wer der nächste Geldgeber ist. Da es die meisten westlichen Berater der Geldgeberorganisationen immer eilig haben, muss ständig beobachtet werden, wo das nächste Angebot oder Projekt herkommt, welche Reise als nächste anfällt. Die hierarchische Anordnung aller Beziehungen innerhalb eines Projekts lässt sich am besten am Beispiel der Zeit verdeutlichen, die sich ausländische Berater für einen bestimmten Gesprächspartner nehmen und wie lange man warten muss, bis man zu ihnen vorgelassen wird. Termine für solche Gespräche müssen festgesetzt und wieder verschoben werden, wobei Geldgeber und ausländische Organisationen vor lokalen Gesprächspartnern oder Bittstellern der NGOs den Vortritt haben. Je größer die Menge der Informationen, die ausgetauscht werden müssen, desto schneller nimmt auch die Zahl der Treffen zu, was wiederum bedeutet, dass umdisponiert werden und länger gewartet werden muss. Logistische Probleme – die örtliche Verkehrslage, schlechtes Wetter, ein nicht funktionierendes Telefonnetz, verlorengegangene Nachrichten, Stromausfall, verspätete Flugzeuge, unerwartete letzte Termine für die Antragsstellung und die damit heraufbeschworene Notwendigkeit, besondere Kuriere einzusetzen – schaffen eine äußerst hektische Atmosphäre, in der die ausländischen Berater pausenlos hin und her hetzen und die unglückliche Zielgruppe immer nur wartet.

- Die *Kontrolle über Konzepte* ist die letzte Art von Kontrolle innerhalb des gesamten Projektsystems. Ideen zu Projekten werden versandt, empfangen und manipuliert und die entsprechenden Ressourcen sind stets an sie gebunden. Bei Projekten geht es immer darum, Ideen mit Aktivität zu verbinden und Aktivität erfordert Geld. Dieser Prozess setzt voraus, dass der Geldgeber verstanden, die Zielgruppe erkannt und der für die Durchführung des Projekts notwendige Partner gefunden wird. Es ist nicht schwer, eine „Partnerschaft" zwischen dem Geldgeber und dem Durchführungspartner herzustellen, wenn es schon einen lokalen Partner gibt, der die Verwirklichung des Projekts in die Hand nehmen kann. Dieser Partner kann ein schon eingerichtetes Netzwerk, eine NGO oder eine Dienststelle der Regierung sein. Die Idee, die es zu verwirklichen gilt, kann zum Beispiel die Errichtung einer Anlaufstelle für misshandelte Ehefrauen, ein Büro für unentgeltlichen Rechtsbeistand oder eine Antikorruptionszentrale sein. Problematisch wird es nur, wenn es für den Geldgeber keinen potentiellen Durchführungspartner gibt. Dann muss ein solcher erst geschaffen werden.

Die Schaffung solcher NGOs oder Projektdurchführungsorgane heißt „institutionelle Entwicklung", „Kapazitätenaufbau" und zuweilen auch „Klonen". In manchen Fällen benutzt der internationale Geldgeber oder die NGO einfach sein bzw. ihr in dem betreffenden Land schon bestehendes Sekretariat, um eine ortsansässige NGO zu gründen. Das Klonen von NGOs rechtfertigt die Rolle der Mutterorganisation, erleichtert die kontinuierliche Finanzierung der neu gegründeten NGO und löst auch einige der Probleme der Nachhaltigkeit des Projektes, wenn die Geldgeber an einen anderen Ort gegangen sind.

Dieses Einfliegen und Wieder-Abfliegen von Beratern und Persönlichkeiten, das seltsame Vokabular, das da zu hören ist und die ewige Jagd nach Geld könnte den Eindruck erwecken, Projektleben sei nur eine Art Fassade, eine Opportunistenkutsche, nur erdacht, damit gewisse Leute ihre eigenen Ambitionen verwirklichen können. Wenn ein Projekt nicht erfolgreich oder Korruption im Spiel ist, trifft das sicherlich manchmal zu. In solchen Fällen untergraben private Ziele die Möglichkeit, etwas gemeinsam zustande zu bringen, Organisationen hören auf zu bestehen oder zerfallen in mehrere Teile und die Geldgeber sind entmutigt. Die Existenz tausender solcher nur zum Schein existierender NGOs überall in den Ländern des PPS ist sicher ein Beweis für die Realität dieses Phänomens. Wir können aber auch unzählige Fälle anführen, wo Entwicklungshilfeprojekte einen positiven Beitrag geleistet haben und die Ergebnisse der geleisteten Arbeit von ausschlaggebender Bedeutung sind. Die Balkanregion ist reich an erfolgreichen Projekten; hier erbringen lokale NGOs wichtigste Dienstleistungen bei der Linderung der durch unkontrollierte Märkte verursachten Schäden oder als Ergänzungseinrichtungen für lokale soziale Programme. So helfen z. B. Zivilbildungs- und Flüchtlings-NGOs, Gesetze bekannt zu machen, so dass Flüchtlinge und Personen, die nach der Flucht wieder in ihre Heimat zurückkehren, ihre Rechte kennen; Menschenrechts-NGOs unterrichten Polizeikräfte in Schulungslehrgängen über internationale Menschenrechtsbestimmungen. NGOs, die auf dem Gebiet der Umwelt- bzw. Gesundheitsfragen arbeiten, führen Umfragen unter der lokalen Bevölkerung durch oder halten Vorträge über bestimmte, für die betroffene Region wichtige Themen. Im Bildungsbereich tätige NGOs helfen bei der Bereitstellung von Schulbüchern oder betreiben Lobbying, um die Situation in den Schulen zu verbessern, während NGOs für Frauen und Jugendliche Beratungen finanzieren oder Unterkünfte bereitstellen.

Sofern lokale NGOs von ausländischen Geldgebern und deren Projekten unterstützt werden, besteht ein Zusammenhang zwischen der transnationalen Projektgesellschaft und dem Zustandekommen neuer Eliten. Die internationale Projektgesellschaft als solche ist ein Feld allgemeiner Kämpfe um begrenzte Mittel.

Man kämpft um Geld, Einfluss, Zugang und Wissen. Man verteilt diese Ressourcen auf die eigenen Netzwerke und versucht zu verhindern, dass sich andere Zugang zu ihnen verschaffen. Die erfolgreichen Akteure in diesem Wettstreit werden zu Projekteliten. Diese Gruppen sind aufs Engste mit westlichen Ideen und Finanzierungskanälen verbunden und haben die Fähigkeiten zur Projektleitung erworben. Diese Euro-Elite wird nicht nur gut bezahlt, sie nimmt auch insofern eine besondere Position ein, als sie über leichten Zugang zur Geldgebergemeinschaft verfügt. Die meisten davon sind jünger und sprechen Englisch. Als erprobte Mitarbeiter bei Projekten stehen sie auf der untersten Stufe der internationalen Gehaltsleiter, verdienen aber mehr Geld als die meisten ihrer Nachbarn und mehr als die höchsten Beamten in ihren Regierungen. Meistens wandern sie von einem Projekt zum nächsten, schaffen sich ihren Freundeskreis innerhalb der Projektgesellschaft, finden dort auch ihre Ehepartner, möchten im Westen studieren und auch ihre Kinder dort ausbilden lassen. Viele Kriterien würden dafür sprechen, diese Eliten als eine „Klasse" zu bezeichnen. Aber diese Klasse hat keine eigenen Ressourcen. Sie arbeiten für Lohn für ausländische Projekte. Der Fluchtpunkt ihrer Welt liegt draußen, so dass die meisten von ihnen letztlich eine Auswanderung ansteuern – oder zumindest eine intensive Teilnahme an den Netzwerken der globalen Zivilgesellschaft. Eine potentielle einheimische Elite der Länder des PPS geht verloren. Wir beobachten hier also eine soziale „Köpfung", ein mit der Integration der globalen Kräfte Hand in Hand gehendes Abheben von Eliten.

Selbst wenn diese Kräfte nicht wirklich emigrieren, ist ihr Lebensunterhalt von regelmäßigen ausländischen Zahlungen abhängig. Dies gibt dieser Gemeinschaft eine kosmopolitische Ausrichtung und führt zu konfliktreichen Beziehungen zur eigenen eher lokal orientierten politischen Klasse. Schließlich führt ein zu starkes Abheben zu einer Isolation einiger einheimischer Projekteliten, zu ihrer Entfremdung von der eigenen Situation – was seinerseits zur Folge hat, dass sie für die westlichen Geldgeber nicht mehr zu gebrauchen sind. Der typische Projektmitarbeiter wie ihn ausländische Berater, Geldgeber oder im Bereich der NGOs arbeitende Ethnologen kennen, ist nicht selten für verschiedene Aspekte seiner Arbeit überqualifiziert. In Anbetracht ihrer Stellung und ihres Zugangs sind diese Leute oft überlastet, weil sie an mehreren Projekten zugleich arbeiten oder Freunden oder Kollegen helfen müssen, eine Stelle zu finden. Alle kennen Vertreter der politischen Klasse ihres Landes gut, doch im Gegensatz zu Personen dieser Kategorie in Westeuropa, die die Politik als eine mögliche Karriere ins Auge fassen würden, möchten diese lokalen Projekteliten die Nische, die sie sich erarbeitet haben, beibehalten.

Zum besseren Verständnis des Drucks, dem diese Eliten ausgesetzt sind, möchte ich nun einen Bereich des Projektlebens beschreiben, in dem die bestehenden Konflikte besonders transparent sind. In Rumänien, Bulgarien, Albanien und im Kosovo gibt es Projekte, die der Entwicklung der Zivilgesellschaft dienen sollen und in deren Rahmen ortsansässige Stiftungen ins Leben gerufen werden, die dann Stipendien und Schulungen für die lokalen NGOs bereitstellen. Die Mittel dieser Stiftungen kommen von ausländischen Geldgebern wie der USAID, der EU, einzelnen europäischen Regierungen oder privaten Stiftungen. Solche Projekte bilden einen Vorstand und eine Belegschaft aus Mitarbeitern, die Anträge lokaler NGOs entgegennehmen, Lehrgänge in Organisationsführung abhalten, Informationen über ihre Arbeit an die Öffentlichkeit und an potentielle Geldgeber verteilen, entscheiden welche Themen für die Schaffung einer Zivilgesellschaft in der Region strategische Priorität haben und ganz allgemein den NGO-Sektor überwachen. Die ausländischen Berater (zu denen auch ich zählte) helfen die gesetzliche Seite der Gründung solcher Stiftungen zu ordnen, deren Arbeit mit der anderer Geldgeber zu koordinieren, fachkundige Personen zu finden, die als Vorstandsmitglieder fungieren können bzw. diese – sofern sie schon eine gewisse Erfahrung auf diesem Gebiet haben und eine Vorstellung darüber, was für die Schaffung einer Zivilgesellschaft notwendig ist – für diese Arbeit auszubilden und den Vorstand über die geplante Strategie und Arbeit der Stiftung unterrichten. In all diesen Ländern sind diese Stiftungen durch mehrere unabhängige Gutachter positiv eingeschätzt worden und genießen die Achtung vieler internationaler Geldgeberorganisationen. Eine Erklärung für die positive Einstellung gegenüber diesen Projektstiftungen liegt wohl in der Tatsache begründet, dass sie „empowerment" betreiben. Anstatt neue Bittsteller für Fördermittel ins Leben zu rufen, schaffen diese Projekte Geldgeber. Wie alle Geldgeber (und sogar Regierungen) sind sie selbstverständlich ihren Geldgebern gegenüber verantwortlich, dennoch sind sie auch selbst Geldgeber.

Obwohl diese Stiftungen zur Förderung einer Zivilgesellschaft lokalen Charakters sind, wohnen ihre Führungskräfte auch Treffen von Geldgebern bei, die im weiteren NGO-Sektor aktiv sind. Als gleichzeitige Geldgeber und Empfänger von Fördermitteln, sind sie an beiden Welten beteiligt und haben an den Gewinnen aus dem einen wie auch dem anderen Bereich teil – ebenso wie sie auch dem Druck beider Seiten ausgesetzt sind. Daraus entsteht eine ganz spezifische lokale Elite: die Vorstandsmitglieder, die sich durch ihre Tätigkeit Respekt und Macht erarbeiten können sowie die Mitarbeiter des Projekts, die eine gut bezahlte Gruppe mit besonderem Status bilden. Sowohl Vorstand als auch Mitarbeiter dieser Stiftungen werden von ausländischen Geldgebern wegen ihrer „Kompetenz" und ihrer „professionellen Arbeitsweise" geachtet; gleichzeitig stehen sie auch im Rampenlicht und werden von der lokalen Bevölkerung wegen ihres Zugangs zu ausländischen Ressourcen (Geld, Wissen, Kontakte) beneidet. Diese Elite wird mit Loyalitätskonflikten konfrontiert. Sie muss ihre Loyalität gegenüber der Stiftung und ihre Verpflichtung, das Projekt ordnungsgemäß zu leiten, mit ihrer Loyalität gegenüber Freunden und Familie, die ihre Ressourcen nutzen möchten, ins Gleichgewicht bringen. Lokale Projektleiter erzählen manchmal, dass einer ihrer Freunde oder Kollegen sie um einen Job bei einem Projekt oder gar um ein eigenes Projekt gebeten hatte, sie diesem Bekannten aber nicht gefällig sein konnten, weil er nicht qualifiziert war, von jenem dann aber der mangelnden Loyalität ihm gegenüber bezichtigt wurden. Da die meisten Verfahren kompliziert und für Außenstehende undurchsichtig sind, kommt es leicht zu Anschuldigungen wegen Begünstigung: Wieso hat X Geld bekommen, um an der Konferenz teilzunehmen und nicht Y? Wieso hat die NGO von A Geld bekommen, um ein Projekt durchzuziehen und nicht von B? Die Aufgabe der Eliten besteht aber gerade darin, abstrakte Konzepte zu konkreten Entscheidungen zu führen, Ressourcen zu kanalisieren. Diese Arbeit des Kanalisierens ist eine Kombination aus abstrakten Entscheidungen, basierend auf bestimmten Prinzipien und konkretem Wissen (das sich aus der Tatsache ergibt, dass die Vorstandsmitglieder den Bittsteller persönlich kennen).

Es könnte scheinen, dass ein Projekt dann erfolgreich ist, wenn die lokale Projektelite ihre privaten Verpflichtungen den Bedürfnissen der Projektorganisation unterordnet. In Wirklichkeit ist es aber so, dass übertriebene Loyalität gegenüber der Organisation leicht zum Abheben führen kann, da die lokale Elite so kosmopolitisch wird, dass sie sich von der Bevölkerung und ihren Bedürfnissen entfremdet. Solche Personen werden dann leicht zum Gespött ihrer Gemeinde – haben sie doch genau die Kenntnisse und Kontakte verloren, um deretwillen sie am Anfang von dem Geldgeber für den Job am Projekt ausgesucht worden waren. Es ist keinesfalls so, dass Eliten, die sich ihrem ausländischen Schirmherrn gegenüber besonders loyal verhalten, auch die fähigsten sind. Nicht weil jemand seine persönlichen Ziele dem Projekt untergeordnet hat, ist der Erfolg des Projekts sicher, sondern weil die Strategien des Projekts und die eigenen Anliegen geschickt miteinander verflochten wurden. Projektmitarbeiter werden gut bezahlt, haben Status und Beziehungen zu wichtigen westlichen Geldgebern. Diese Vorteile können genutzt werden, um zum Beispiel gute Freunde zu empfehlen, wenn ein Geldgeber etwas Neues organisiert. Es interessiert den Geldgeber nicht, ob Mitarbeiter ihre informellen Kontakte nutzen, sondern nur ob die Personen, die für das Projekt engagiert werden, auch dafür qualifiziert sind. Zur

Elite zu gehören heißt – auf dem Balkan, wie auch überall sonst – zu wissen, wer wen wofür empfehlen kann.

Konflikte bleiben nicht aus, wenn die eigene Position genutzt wird, um die Zielsetzungen der Organisation zu fördern und gleichzeitig private Verpflichtungen zu erfüllen. So empfahl zum Beispiel ein Projektleiter einen sehr guten Freund als Informationsbeauftragten; dieser Freund stammte aus einer bekannten Akademikerfamilie, die auch zu den Dissidenten gezählt hatte. Es zeigte sich jedoch, dass der Freund zwar große Talente hatte, aber auch trank, psychisch labil war und daher entlassen werden musste. In einem anderen Fall, begann ein Freund, der als Buchhalter eingestellt worden war, kleine Summen aus der Reisekasse zu unterschlagen; auch er musste entlassen werden. In einem dritten Fall dachte ein Vorstandsmitglied der lokalen Stiftung, er habe das Recht, sich Geld aus dem Projektbudget auszuleihen. Man riet ihm, um seine Kündigung zu bitten. Wer zur Projektgesellschaft gehört, ist also nicht dazu aufgerufen, seine Fähigkeiten, die Projektressourcen einzusetzen, zu persönlichen Zwecken zu maximieren. Es geht auch um die Schaffung neuer Loyalitäten: Loyalitäten zur Organisation, zum Projekt, zu abstrakten meritokratischen Prinzipien wie Transparenz, die mit der eigenen sozialen und persönlichen Verantwortung in Einklang zu bringen sind. Ein gutes Beispiel für solche Konflikte war ein Projektleiter im Kosovo, der sich entscheiden musste entweder dem Begräbnis eines Onkels beizuwohnen oder einen wichtigen Geldgeber in Genf zu treffen. Der Mann entschied sich für Genf – was ihm eine enttäuschte Familie und große Schuldgefühle einbrachte.

Wer die Rolle von Eliten verstehen will, muss zuerst die neuen transnationalen Hierarchien und Kombinationen von Macht und Verpflichtungen verstehen. Die hier gültigen Muster variieren je nach Gruppe. Die politische Klasse ist den europäischen Institutionen gegenüber verpflichtet, deren Integrationsansprüche dem Regime gegenüber geltend gemacht werden. Der neue Geschäftsmann der Region hat Verpflichtungen gegenüber lokalen Politikern und vielleicht seinen Exportpartnern. Auch die Mafiabosse und Kriegsherren haben gegenüber ihren internationalen Kollaborateuren oder korrupten Politikern Verpflichtungen sowie die *comprador*-Bourgeoisie und die Euro-Elite Verpflichtungen gegenüber den Geldgebern und den Projekten haben. Zur Elite zu gehören heißt also vor allem, Mittelsmann zu sein. Die vier Elitegruppen können ihre privaten Ambitionen maximieren und Konflikte minimieren, wenn es ihnen gelingt, innerhalb bzw. zwischen allen Kategorien von Eliten horizontale Kontakte aufrechtzuerhalten. Die Tatsache, dass es immer mehr private Eliteclubs gibt beweist, dass das Rezept funktioniert. Doch entstehen so auch immer mehr gesellschaftliche Verpflichtungen. Korruptionsvorwürfe und illegaler Ressourcenfluss zwischen den Eliten zeigen was geschieht, wenn solche Verpflichtungen außer Kontrolle geraten.

Projekte, Eliten und PPS-Staaten

Diese Beschreibung des Projektlebens in PPS-Gesellschaften könnte zunächst den Eindruck erwecken, dass wir es hier mit einem Fall von Unterminierung des Staates durch Globalisierungsmechanismen zu tun haben. Die Spannungen zwischen Regierungsstellen und dem NGO-Sektor sind ein Beispiel dafür. Das enge Beziehungsverhältnis zwischen NGOs und westlichen Geldgebern ist für manche der schlecht bezahlten, schlecht ausgerüsteten Regierungsbüros ein Objekt des Neids. Minister und Staatsbeamte beschweren sich, es gebe „zu viele NGOs" und „sie" bekommen Geld, das eigentlich für „uns" (die Regierung) bestimmt ist. Vereinzelte Fälle von Verschwendung durch NGOs, von Missbrauch von Fördermitteln oder Ineffizienz werden ins Feld geführt, um den gesamten Sektor in Verruf zu bringen.

Angesichts der in den NGO-Sektor einfließenden Ressourcen denken sich einige Regierungsbeamte Strategien aus, mit denen sie die Projektressourcen anzapfen können, was von Kooptation bis zu Sabotage gehen kann. Die häufigste Methode ist das Klonen der eigenen NGOs, genannt „GOs" und quasi-NGOs bzw. QUANGOS.[3] Überall in Osteuropa findet man unabhängige Organisationen, die mit den vom Staat geförderten (zuweilen auch politisch engagierten) Jugend-, Sport-, Umwelt- und Frauengruppen rivalisieren. In sozialistischen Zeiten hätte man solche Organisationen „Fronten" genannt. Heute können nichtwestliche Länder westliche Förderung erfahren, sofern sie sich für die Schaffung einer „Zivilgesellschaft" und „Menschenrechte" einsetzen. Dabei ist es die Regel, dass ein großer Teil des Geldes auf informellem Wege an Regierungsbeamte geht; weitere Summen werden für Auslandsreisen oder politische Kampagnen abgezweigt. So tragen internationale Mittel unbeabsichtigt zur Entstehung der lokalen politischen Klasse bei, während von eifersüchtigen Rivalen organisierte Skandale um die „NGO-Mafia" oder „Soros-Mafia" die Glaubwürdigkeit der *comprador*-Bourgeoisie in der Öffentlichkeit untergraben.

Staatliche Akteure kennen noch einen zweiten Weg, um an die Ressourcen der Projektgesellschaft heranzukommen: Sie lassen sich einfach – als Zeichen dafür, dass sie an einer „Partnerschaft" zwischen Staats- und Zivilgesellschaft interessiert sind – in den Vorstand verschiedener NGOs wählen. Daran ist im Prinzip nichts auszusetzen, da sich beim Staat angestellte Personen tatsächlich für dieses Projekt interessieren und auf diese Weise eine Lobby für die Mission des Projekts bei ihrer Regierung bilden können. So kann es zum Beispiel für eine NGO für körperlich behinderte Jugendliche von Vorteil sein, ein Vorstandsmitglied zu haben, das im Gesundheitsministerium arbeitet. In den meisten Fällen ist es jedoch so, dass die Teilnahme von Staatsbeamten an NGO-Projekten dazu dient, der Regierung Kenntnis über die Prioritäten der Geldgeber zu verschaffen und sie zu informieren, wie der Zivilgesellschaftsorganisation intendierte Mittel von dieser weggeleitet und direkt der Regierung zugeführt werden könnten. So begegnet man überall in Osteuropa neuen Regierungsstellen für „Zivilgesellschaftspartnerschaften" oder „NGO-Koordinierung". In Geldgeberkreisen interessiert man sich heute sehr für diese Stellen oder Sekretariate.[4]

Außerdem versuchen Regierungen die Aktivitäten der NGOs zu sabotieren, indem sie die Zusammenarbeit zwischen den NGOs und den ausländischen Geldgebern durch den Einsatz gesetzlicher, steuerlicher oder informeller Formen der Schikane behindern. Manche soziale und humanitäre Hilfsorganisationen lässt man ungehindert agieren, da sie als Ergänzung zu staatlichen Diensten gesehen werden. Dagegen werden Menschenrechts-, Rechts-, Medien-, Umwelt- und Anti-Korruptions-NGOs als politische Gegner betrachtet, die als Teil der Opposition verstanden werden. Dieser Konflikt spitzt sich heute überall zu, wo NGOs durch ihre Lobby und ihre „Fürsprecher"-Aktivitäten an Einfluss gewinnen.

Dieses Paket von Praktiken mit seinen dazugehörigen Ressourcen, sozialen Gruppen und ideologischen Konstrukten ist zugleich Bedrohung und Ressource für den Staat. Man könnte eine Unterscheidung treffen zwischen „schwachen" und „starken" Staaten, je nach dem wie gut sie sich an die Projektgesellschaft anzupassen oder sie zu kooptieren verstehen. Starke Staaten haben starke, aber gut abgegrenzte NGO-Sektoren. In solchen Staaten gibt es viele Interessengruppen mit ihren eigenen Organisationen und die Politiker fühlen sich verpflichtet oder sind zumindest gewillt diese Gruppierungen anzuhören. Schwache Staaten agieren entweder aktiv gegen die Projektgesellschaft oder versuchen diese mittels Schaffung von quasi-NGOs und amorphen Partnerschaftsarrangements mit vagen Verpflichtungen zu zerstören. In diesen Staaten gibt es keine klaren Grenzen zwischen dem Staat und der Projektgesellschaft; daher tendieren beide dazu, sich gegenseitig zu untergraben. Anstelle von Partnerschaft gibt es Konflikt, mangelhafte Verantwortlichkeit und Spannungen zwischen den verschiedenen Elitegruppen. Der Westen drängt auf Demokratisierung und die Herbeiführung der Zivilgesellschaft und fördert dadurch das Aufkommen neuer Gruppen – der NGO-Mitarbeitereliten. Somit beflügelt er die Rivalität zwischen dieser Elite und der politischen Klasse.

Schluss

Die Spannbreite von transnationalen Waffenschmugglern, die auf einem Bergpfad zwischen dem Kosovo und Mazedonien gestellt wurden, bis zu den kosmopolitischen NGO-Eliten auf ihrem „Sprung" nach Genf zeigt uns, dass die Welt des PPS eine Vielzahl verschiedenster Elitekonfigurationen umfasst. Ich habe in diesem Beitrag die These vertreten, dass die postsozialistischen Gesellschaften eine grundlegende Transformation erfahren haben. Neue historische Perioden erkennt man an der Entstehung neuer sozialer Gruppen mit neuen eigenen Projekten. Dieser Umstand verlangt nach einem neuen ethnologischen Verständnis der Elitewelten. Die an ausländische Projekte gebundenen Euro-Eliten sind ein Beispiel für die neuen Eliten des PPS-Zeitalters. Globale Integrations- und Fragmentierungsprozesse sichern diesen Eliten eine lange Zukunft. Solche Gruppen zeigen die sozialen Kräfte an, durch die sich die neuen Gesellschaften in größere westliche Projekte integrieren. Doch wirken diese Kräfte auch fragmentierend, insofern sie sie „köpfen", d. h. sie ihrer vielversprechenden Eliten berauben, indem sie diese in einen kosmopolitischen Lebensstil hineinziehen und rivalisierende Tendenzen zwischen den einzelnen Eliten entfachen. Diese Rivalität ist deshalb so stark, weil PPS-Eliten nicht nur eigene Macht besitzen, sondern auch von der Macht höherer Echelons im globalen System abhängen.

Die Euro-Eliten der Projektgesellschaft sind als Teil einer neuen *Bourgeoisie* des *comprador*-Typs zu verstehen. Da sie einer internationalen politischen Klasse angehören, befinden sie sich im Wettstreit mit der lokalen politischen Klasse, dem lokalen Unternehmertum und den Mafiosi/Kriegsherreneliten. Als rivalisierende Elitegruppen entscheiden sich manche für ein lokales Betätigungsfeld, andere für ein transnationales. Die lokale Unternehmerelite befindet sich im Wettstreit um Einfluss mit der politischen Elite, während die ortsansässigen Kriegsherren und/oder Mafiosi mit lokalen und transnationalen Netzwerken zusammenarbeiten. Ein genaues Bild der Elitelandschaft ermöglicht wertvolle Einsichten in den Post-Postsozialismus.

Es genügt jedoch nicht, bei der Beschreibung des PPS einfach von „globalen Kräften" zu sprechen oder zu sagen, der Staat würde „geschwächt". Diese Kräfte müssen als konkrete Praktiken verstanden werden, die zum „Abheben" seitens dieser Eliten sowie anderen Prozessen mit fragmentierender oder integrierender Wirkung führen. Schwache Staaten schwächen alte Eliten, schaffen aber auch neue. Die neuen Eliten des PPS sind in neue Subordinierungshierarchien eingebettet. Indem wir uns aufmerksam mit diesen Gruppen auseinandersetzen, verstehen wir besser, wie und weshalb die Transition als beendet zu betrachten ist und weshalb die Epoche des PPS vermutlich eine größere Spannkraft besitzt und ihre Eliten zäher sind als die meisten Kommentatoren bisher dachten.

Danksagung

Ich möchte allen Teilnehmern der Konferenz von Halle – und besonders Barbara Cellarius und Chris Hann – für die konstruktiven Kommentare und kritischen Bemerkungen danken, die sie zu früheren Versionen dieses Artikels eingebracht haben.

Anmerkungen

1 Hierzu Sampson 1994a; Verdery 1996; ebenso interessant in diesem Zusammenhang: Zahlreiche Ausgaben vom *Anthropology of East Europe Review* und dem *Anthropological Journal on European Cultures*.
2 Ein typisches Beispiel für den Umfang und den internationalen Charakter solcher Vorkommnisse liefert folgender Bericht: „NATO beschlagnahmt Waffen im Kosovo": Italienische KFOR-Truppen nahmen am 10. Mai in der Nähe von Peja sieben Männer fest und konfiszierten „einen großen Lastwagen voller Waffen" berichtete die AP. Roy Brown, Sprecher der KFOR, sagte einen Tag darauf in Prishtina: „Das ist eine der größten Beschlagnahmungen, seit wir hier sind." Er fügte hinzu, dass der Transport „52 Raketenabschussgeräte, einige Dutzend Panzerabwehrgranaten, fünf SAM 7 Flugzeugabwehrraketen, [eine nicht genannte Menge von] Panzerfäusten, eine 82-Millimeter Kanone, verschiedene Gewehre und eine große Menge Munition" umfasste. Der Lastwagen hatte bosnische Nummernschilder. (RFE/RL *Newsline*, 16. Mai 2001)
3 Ein in Zusammenhang mit der Privatisierung häufig verwendeter Ausdruck unter Margaret Thatcher.
4 Seltsamerweise gibt es in Westeuropa keine solchen Dienststellen; hier ist dieser Sektor zu groß und zu unterschiedlich, um in irgendeiner Weise koordiniert werden zu können – außer unter ganz groben Rubriken wie: „Frauen", „Jugendliche", „Entwicklung" oder „Umwelt".

Literatur

Hann, C. M. (1994), After Communism: Reflections on East European Anthropology and the Transition, in: *Social Anthropology* 2, S. 229-249.

Sampson, Steven (1986), The Informal Sector in Eastern Europe, in: *Telos* 66, S. 44-66.

-- (1994a), Money without Culture, Culture without Money: Eastern Europe's Nouveaux Riches, in: *Anthropological Journal of European Cultures* 3, S. 72-99.

-- (1994b), All Is Possible, Nothing Is Certain: Horizons of Transition in a Romanian Village, in: D. Kideckel (Hg.), *East European Communities: The Struggle for Balance in Turbulent Times*. Boulder, Westview Press, S. 159-178.

-- (1996), The Social Life of Projects: Exporting Civil Society to Albania, in: Elizabeth Dunn, Chris Hann (Hg.), *Civil Society: Challenging Western Models*, London, Routledge, S. 121-142.

Stark, David (1992), Privatization in Hungary: From Plan to Market or From Plan to Clan, in: *East European Politics and Societies* 4, S. 351-392.

Verdery, Katherine (1996), *What Was Socialism and What Comes Next?* Princeton, Princeton University Press.

Wedel, Janine (1986), *The Private Poland. An Anthropologist's Look at Everyday Life*, New York, Facts on File.

-- (Hg.), (1992), *The Unplanned Society: Poland During and After Communism*. New York, Columbia University Press.

Nachwort
Globalismus und postsozialistische Perspektiven

Don Kalb

> „In einem Zeitalter, in dem das Leben von einer formlosen, unteilbaren Infrastruktur abhängt, sind die Strategien politischer Gruppierungen wichtiger als die ökonomischen Entscheidungen des Einzelnen."
>
> Ernest Gellner 1993, S. xiii

Einleitung

Valeru Galit ist Kriminalkommissar in Chisinau, Moldawien. Im Jahre 2000 deckte er einen Ring von Organschmugglern auf, der einige hundert junge Moldawier – in der Mehrzahl Männer in ihren Zwanzigern – nach Istanbul brachte, wo man ihnen in einer früheren Textilfabrik, die in eine Klinik umfunktioniert worden war, eine Niere herausnahm. Diese Nieren wurden dann eingeflogenen nierenkranken Kindern aus dem Westen implantiert, deren Eltern wohlhabend genug waren, die langen Wartelisten europäischer öffentlicher Krankenhäuser zu umgehen und 15 000 US Dollar für die Rettung ihrer Kinder zu bezahlen. Die jungen Moldawier bekamen jeweils 3 000 US Dollar in bar – das Äquivalent von einem Einkommen, das ihnen zehn Jahre harter Knochenarbeit in der heimatlichen Landwirtschaft eingebracht hätte. Einige Wochen vor den Wahlen in Moldawien, bei denen die ehemaligen Kommunisten die Mehrheit im Parlament bekamen, sagte Galit dem Journalisten der niederländischen Tageszeitung, die diese Geschichte veröffentlichte: „Unsere Babys werden an Eltern aus dem Westen verkauft, unsere Mädchen arbeiten in euren Puffs, unsere Jungs verkaufen ihre Nieren. Das ist die freie Marktwirtschaft. Wir sind einfach nur Fleisch." (NRC *Handelsblad*, 9. April 2001). Dieselbe Zeitung berichtete auch von einer Umfrage in Russland, bei der zwanzig Prozent der erwachsenen weiblichen Befragten sagten, sie würden ernsthaft ins Auge fassen, ihren Körper für kommerzielle Sexdienste zu verkaufen, wenn man ihnen diese Möglichkeit anböte.

Die gegenwärtige Globalisierungswelle hat drei alles andere überschattende Merkmale: Erstens, erodiert sie – von wenigen Kern-Staaten abgesehen – die Kohäsion und Kohärenz von Nationalstaaten; zweitens, ist sie charakterisiert durch steil ansteigende Einkommensungleichheit und Machtverhältnisse zwischen den Kern-Staaten und der Peripherie, zwischen den einzelnen Nationalstaaten, aber auch innerhalb jedes einzelnen derselben; und, drittens, nimmt sie in verschiedenen Ländern jeweils in einem Bündel sehr ungleicher Komponenten (Kapital, Güter, Informationen und Menschen) Einzug. Nationale Hierarchien werden dabei durch imaginäre globale ersetzt, unabhängig davon, was das in den einzelnen Regionen konkret bedeutet. Illusionen reisen im Allgemeinen viel leichter und weiter als die Mittel, die notwendig sind, um sie in wirkkräftige Realität umzusetzen. Angesichts des systematischen Mangels an öffentlichen Gütern verwandeln sich individuelle Ambitionen gerne in diejenige Art von Illusionen, aus denen kollektive Selbsttäuschungen entstehen.[1] Die gruselige Kraft unserer moldawischen Geschichte liegt in ihrem Hinweis darauf, dass eine institutionelle Entropie in Verbindung mit einem drastischen Schwund von öffentlichen Gütern die Bevölkerung in schutzlose Opfer verwandelt.

Übertragbare Zivilgesellschaft

Welche möglichen Zukunftentwicklungen konnten wir, realistisch gesehen – außer der fortschreitenden Auflösung der kommunistischen Parteien und sozialistischen Parteistaaten – in den Jahren 1989 und 1992 innerhalb der postsozialistischen Gesellschaften erwarten? Rückblickend wissen wir, dass eine, den Bedingungen des globalen Monetarismus gehorchende Zivilgesellschaft für eine aktive soziale Teilnahme der ehemaligen sozialistischen Arbeiter – entgegen aller anderweitigen Verkündigungen – nicht förderlich ist. Ganz im Gegenteil. Während die neuen gesellschaftlichen Formen den Gebildeten (d. h. vor allem denen, die in den frühen 90er Jahren zwischen 30 und 40 Jahren alt waren) und den schon vorhandenen Eliten große Vorteile brachten, haben sie die Armen, die unqualifizierten Arbeitskräfte, Frauen, Kinder, Minderheiten und alle, die in den Peripherien und nicht in einem der neuen postsozialistischen Drehpunkte des sich entfaltenden globalen Systems leben können, enteignet.[2] Gegenwärtige Diskussionen über die relative „Flachheit" von Armut in den postsozialistischen Staaten (Milanovic 1996) im Vergleich zu anderen Ländern mittlerer Einkommensquoten oder darüber, oder dass die Armut in Mittel- und Osteuropa auf Grund einer älteren sozialistischen Moralökonomie immer zu hoch geschätzt wird, nutzen hier nichts. Die besondere Richtung, die der soziale Wandel in den postsozialistischen Ländern unter der Aufsicht einer engen Allianz von lokalen Eliten und transnationalen Akteuren einschlägt, impliziert die Selbsttäuschung vor allem in Fragen der Macht, der sozialen Beziehungen und der Neuverteilung von Risiken, Ressourcen und Möglichkeiten.

Zivilgesellschaft war der Slogan aller osteuropäischen „Refolutionen".[3] Sie ist bislang aber auch der einzige ideologische Nachlass, der uns von dieser Blüte der Nationen des späten zwanzigsten Jahrhunderts – die so genannte Dritte Welle der Demokratisierung – geblieben ist. Die Zivilgesellschaft ist dank immer aktiver werdender transnationaler Institutionen und Beraterkanäle in allen postsozialistischen Ländern systematisch implantiert worden – einschließlich auch der neuen Nationen, die dieses Konzept nicht selbst entwickelt haben. Es handelt sich um keine neue Idee, doch ist sie durch und durch westlich in ihrem Ursprung. Zahlreiche, in den 1990er Jahren nicht nur in Osteuropa, sondern global aufkommende politische und intellektuelle Eliten versetzte das Konzept in schiere Begeisterung.[4] Die Zivilgesellschaft – dieser aus der Aufklärung stammende und auf Immanuel Kant und Alexis de Tocqueville zurückgehende Begriff – war mit einem Mal das symbolische Instrument geworden, mit dessen Hilfe der Nachkriegsskeptizismus des Besitzbürgertums in eine positive Nostalgie seiner unterstellten wirtschaftlichen Unabhängigkeit und aufgeklärten kulturellen und moralischen Rolle verkehrt werden sollte. Dass die „Zivilgesellschaft" in den 1980er Jahren immer aktueller wurde, war der Ausdruck einer Erschlaffung der sozialistischen und sozialdemokratischen Visionen, die sich breit gemacht hatte, nachdem die verschiedenen Projekte der „Modernisierung in einem Land" im Sande verlaufen waren. Der Fall der Berliner Mauer im Jahre 1989 gab neuen transnationalen Koalitionen, die die osteuropäischen Eliten mit anderen eurasischen Eliten verknüpften, enormen Auftrieb. Dieses Konzept steuerte die Erarbeitung der gesamten institutionellen Gestaltung der postsozialistischen Länder – von neuen Verfassungen bis hin zur privatisierten Wirtschaft und den Grundlagen ihrer Sozialpolitik (Elster et al. 1998; Kalb und Kovács, im Druck). Das Konzept half dabei, einen bedeutenden Teil der Menschheit, der immer mehr in Selbstzweifel verfallen war, von einer erniedrigenden autoritären Herrschaft zu befreien. Wer würde das nicht begrüßen?

Und dennoch hat die Anwendung einer offenkundig westlichen Definition von Zivilgesellschaft, als Therapie und unabdingbares Schicksal, in den postsozialistischen Landschaften zu einem unmissverständlich hohen Maß an „Unzivilisiertheit" geführt. Ursprünglich war Zivilgesellschaft der Schlachtruf und das Selbstverständnis des aufkommenden städtischen Bürgertums Europas gewesen, das sich gegen die autokratischen Herrscher des achtzehnten und neunzehnten Jahrhunderts wendete. Aber die Lebensbedingungen der postsozialistischen Bürger des späten zwanzigsten Jahrhunderts – abgesehen vielleicht von denen der Intelligenz – ähnelten kaum der Situation, in der sich die historische europäische Bourgeoisie dereinst befunden hatte. Fabrikarbeiter in monoindustriellen Randregionen, alleinerziehende Mütter in Provinzstädten oder Arbeiter ehemaliger kollektiver Landwirtschaftsbetriebe sind nur schwer mit der klassischen bürgerlichen Familie in Königsberg nach dem Einzug Napoleons zu vergleichen; was Wunder also, dass das Experiment nicht für alle Betroffenen optimale Resultate brachte. Die riesigen geographischen Gebiete der eurasischen Ebenen, die in einem Netzwerk zentral verwalteter, kontinentübergreifender Verteilung von Arbeitskräften verbunden waren, gleichen kaum den sozialen Strukturen dichter städtischer Netzwerke in West- und Mitteleuropa mit ihrer seit langem geltenden Praxis einer lokalen Verwaltung und staatsbürgerlichen Autonomie.[5] In Sibirien und Zentralasien konnte die Zivilgesellschaft nur ein Gegenstand des Luxuskonsums werden. Das Konzept ermöglicht lokalen Netzwerken von gebildeten Bürgern NGO's ins Leben zu rufen und „gute Arbeit" zu leisten, indem sie zum Beispiel Probleme der Sozialpolitik oder Wirtschaftsberatung in professionelle Hände legen und helfen, den Staat für staatsbürgerliches Engagement zu öffnen und demokratische Kompetenzen auszudehnen. Unter der Landbevölkerung, kleinstädtischen Industriearbeitern, weniger Gebildeten, Frauen und Kindern dagegen hat die Idee viel weniger zu bewirken vermocht als sie versprach. Denn so wurden ganz bewusst einige der vormals seitens der öffentlichen Hand bereitgestellten Möglichkeiten beseitigt, die diese Menschen inzwischen für selbstverständlich hielten. Auch sonst hat das Konzept viel weniger bewirkt als Regierungseliten und globale Institutionen gewillt sind zuzugeben: Während die Mächtigen ihre Erfolge feierten, stahlen die Programme der Zivilgesellschaft den Schwachen die Waffen.[6]

Das bedrückendste Beispiel dieser immensen sozialen Spaltung begegnete mir in der Person Adam Michniks, der in einer Rede aus Anlass des Falls der Mauer seine eigenen Erfahrungen als erfolgreicher Zeitungsverleger und Vertreter der globalen Zivilgesellschaft im Anschluss an die Gespräche am Runden Tisch mit dem gegenwärtigen Elend der Industriearbeiter in Polen verglich.[7] Er beschrieb die Verarmung dieser gewöhnlichen Akteure der sozialen Bewegung, durch die allein sein eigener Erfolg möglich wurde, indem er argumentierte, dass diese Menschen ausschließlich dafür ausgebildet wurden, Statuen von Wladimir Iljitsch Lenin herzustellen, die nach 1989 aber niemand mehr kaufen wollte. Natürlich eine Metapher, aber eine aufs Höchste erniedrigende Metapher, die rückwirkend jeglichen Ausweg aus der wirtschaftlichen Sackgasse der spätsozialistischen 1980er Jahre einfach dadurch zur Unmöglichkeit werden lässt, indem sie die Arbeiterschaft rundweg für die neue kapitalistische Wirtschaft und Zivilgesellschaft disqualifiziert. Es stimmt traurig, wie Michnik hier ein sprechendes Beispiel für Edward Thompsons Ausspruch (1963) von der „erschreckenden Herablassung der Nachwelt" liefert.

Sogar innerhalb des ihr ganz eigenen Aktionsfeldes der Förderung staatsbürgerlicher Beteiligung und Selbstverantwortung hat die Zivilgesellschaft nicht viel gebracht. Wie Mandel und Sampson in ihren Beiträgen zu diesem Buch zeigen (siehe auch Wedel 1998), haben die Zivilgesellschaft und die transnationalen philanthropischen und politischen Netzwerke, in die diese eingebunden wurden, oft zu einer Abwanderung hochqualifizierter Arbeitskräfte, einer *„comprador* Bourgeoisie" und politischen Parallelstrukturen geführt und eine von außen aufoktroyierte Übermacht bestimmter Gruppen politischer Akteure über andere Gruppen zur Folge gehabt, von der Korruption ganz zu schweigen. Die allgemeine rachsüchtige Diffamierung der Industriearbeiter in den postsozialistischen Ländern hat das Konzept der Zivilgesellschaft nicht mildern können (Kideckel, in diesem Band).[8] In ländlichen Regionen hat sie sich nach der Phase der Liberalisierung und Privatisierung als gänzlich unfähig erwiesen, einen Ersatz für die Zerstörung der sozialen Netzwerke, des sozialen Kapitals und der Hoffnungen der Dorfbewohner zu finden (Creed, Giordano und Kostova, in diesem Band). In den Jahren von 1995 bis 2000 „verlor" Bulgarien erschreckende 10 Prozent seiner Bevölkerung, darunter möglicherweise 50 Prozent der besser Gebildeten der Alterskohorten der Zwanzig- bis Vierzigjährigen.[9] Soviel zur aktiven Partizipation: die verschiedenen Formen der „Abwanderung" haben gegenüber dem „Widerspruch" völlig die Oberhand gewonnen (siehe hierzu Greskovits 1998, nach Hirschmann).

Bleibt die Frage, ob dieser Misserfolg eingetreten ist, weil ein westliches Konzept auf nichtwestliche Regionen und Bevölkerungen angewendet wurde, wie Chris Hann vorschlägt. Ein genauerer Blick auf die Liste der Errungenschaften und sozialen Funktionen der Zivilgesellschaft in Mittel- und Osteuropa zeigt jedenfalls, dass ihre Revitalisierung in den 1980er Jahren nicht infolge der willkürlichen Aufoktroyierung des Konzepts durch den Westen zustande kam, sondern dass hier starke lokale Wurzeln wirkten – zumindest in Mitteleuropa. Zugleich war es den meisten Beobachtern ebenfalls klar, dass die Zivilgesellschaft als Konzept im mitteleuropäischen Diskurs noch stärker mit dem Monetarismus verknüpft war als im Westen (Szacki 1995). Die osteuropäischen „Refolutionen" verstanden sich vor allem als Bündnisse des Marktes und der Zivilgesellschaft gegen den Staat. In den 1990er Jahren wurde der Begriff zunehmend mit der Fähigkeit assoziiert, den Druck des Marktes zu verinnerlichen und sich diesem anzupassen. Diese Fähigkeit galt als Indikator übernommener Selbstverantwortung. Märkte wurden den lokalen Bevölkerungen von ihren Eliten bewusst als ein Weg aufgezwungen, sie die „Zivilisation" zu lehren und ihnen zu helfen, sich der korrupten Schleichwege des Sozialismus zu entwöhnen – „Fischsuppe in ein Aquarium zu verwandeln" – wie Lech Wałęsa das formulierte, und vor allem, um die Tugenden des privaten Eigentums zu re-affirmieren. Warum legen die neuen postsozialistischen Eliten so großen Wert auf das private Eigentumsrecht?[10] Hat das zwanzigste Jahrhundert nicht gezeigt, dass die größten wirtschaftlichen Erfolge von der Erschaffung von Oligopolien abhängig sind, von integrierten und synchronisierten Hierarchien und einer staatlichen Politik, die es versteht, Anstauungen und andere Probleme der kollektiven Aktion zu verhindern? Wie Gil Eyal gezeigt hat (2000), ist der Nachdruck auf die Notwendigkeit privaten Eigentums schon beinahe eschatologischer Natur – ging es dabei doch ebenso sehr um moralische Bereinigung und Bestrafung wie um Effizienz. Auf einem Workshop in Wien hörte ich einmal wie Leszek Balcerowicz, der polnische Finanzminister, sagte, „Staaten können nur das Gewissen verdrängen".[11] Der Kollaps der Grundthemen der Zivilgesellschaft zeigt sich in diesem monetaristischen Vokabular. Die ganze Idee der Zivilgesellschaft wurde diesen Ländern nicht einfach vom Westen aufgezwungen, denn einige der „Eingeborenen" sprachen sich dafür aus und bekamen eine Menge Beifall.

Lokale Eliten bevorzugten es, auf Monetaristen und Befürworter des Privateigentums zu hören, doch hätte mehr Interesse der globalen Politikmacher und der für eine globale Politik eintretenden Intellektuellen an den Forschungsergebnissen der Ethnologen und regional spezialisierten Experten geholfen, zivilgesellschaftliche Programme mit den Eigentümlichkeiten dieser Völker abzustimmen? Die Antwort auf diese Frage ist von entscheidender Bedeutung sowohl für die Zukunft der Ethnologie als auch für die Rolle der Politik in diesen Ländern und liegt verborgen in der ehrgeizigen Liste der programmatischen Aufgaben ethnologischer Postsozialismusforschung, die Katherine Verdery (in diesem Band) aufgestellt hat. Meine eigene Kurzfassung lautet: Der Fall der Berliner Mauer im Namen der Zivilgesellschaft verschaffte den herrschenden Monetaristen im Westen – die seit den Mitsiebzigern ihr Handwerk in der Bekämpfung von Stagflation und Sozialdemokratie gelernt hatten – die Gelegenheit, eine neue große Erzählung der Weltgeschichte zu entwickeln: Die Narration des Globalismus (Kalb 2000). Die im Anschluss an das Ende des Kalten Krieges einsetzende Auflösung der entgegengesetzten globalen Kräfte und ihrer territorialen Grenzen kam dem Triumph des Neoliberalismus als einziger Grundlage für einen Fahrplan sozialer Veränderung und Entwicklung zugute und wurde fortan entsprechend vage „Reform" genannt. Dieser Fahrplan posaunt das Dreigespann von

Liberalisierung, Stabilisierung und Privatisierung in die Welt hinaus und verkauft dieses politische Paket im Namen von Zivilgesellschaft und Entwicklung (der Washington Konsens).[12] „Area Studies" und Ethnologie als die Botschafter sozialer und kultureller Komplexität und die Prediger der Achtung vor dem Unterschied – haben unter dem monetaristischen Programm für post-nationale Hegemonie bislang sehr zu leiden gehabt. Niemand möchte dem eigenen Handlungsfreiraum hinderliche partikularistische Warnungen hören, wenn von anderer Seite unbegrenzter kognitiver und instrumenteller Zugang zu allen Regionen und Völkern der Welt versprochen wird; wenn den Eliten ein tragbarer Werkzeugkasten in die Hand gedrückt wird, in der alle ins Spiel kommenden Kräfte auf einige wenige – größtenteils von Geschichte und Geschehensort unabhängige – Faktoren reduziert werden. Das neue Mantra verspricht, dass die zwischen diesen wenigen Faktoren existierenden Beziehungen und Kausalitäten überall gleich sind, solange sie nicht von den dunklen Kräften der lokalen Geschichte und Kultur gestört werden.

Obwohl – je nachdem wohin der Blick gerichtet ist – verschiedene Lesarten existieren, basiert die globalistische große Erzählung auf fünf wichtigen Grundprinzipien, und zwar: (1) Wenn Waren zwischen Orten und Gruppen frei ausgetauscht würden, (2) würden die Leute lernen, sich an eigenen Interessen zu orientieren, (3) was ihnen helfen würde, sich in Gemeinschaften unabhängiger, der Mittelklasse angehörender Staatsbürger zusammen zu finden, (4) die weitere zivile Rechte von ihren Regierungen fordern und gegen Ineffizienz votieren würden, (5) um wiederum das Handelsvolumen zu erhöhen, den Wohlstand und die Freiheit zu vergrößern und die Wachstumsraten steigern zu können. Kurz, der hegemone Globalismus hat an die Stelle der Komplexität von Ethnographie eine einfache, sich selbst verstärkende Spirale aus historischer Kausalität und moralischer Teleologie gesetzt – eine Spirale, die sich von Märkten zum Individualismus, zur Zivilgesellschaft, zur Demokratie und zum Wohlstand aufschwingt. Dieses Programm wird für das wahre Abbild der Geschichte des Westens und als Erklärung für dessen globale Vorherrschaft gehalten. Globalismus ist Monetarismus groß geschrieben und gekoppelt an eine enge Auslegung des Begriffs der Zivilgesellschaft – für die Mittel- und Osteuropa sowohl Sender als auch Empfänger waren. Warum sollte man sich also die Mühe machen, ethnologische Untersuchungen zu lesen, wenn es doch gilt, kulturelle Besonderheiten zu beseitigen statt zu respektieren, und vor allem, wenn es doch das Werkzeug gibt, mit dem dies alles möglich zu machen ist?

Vision und Methode der postsozialistischen Ethnologie

Die ethnologische Postsozialismusforschung hat entdeckt, dass ihr besonderer Forschungsgegenstand sogar noch unmittelbarer den Kräften und Paradoxien dieses globalen Programms ausgesetzt wurde als andere Regionen der Welt – obwohl gerade sie am wenigsten dafür gerüstet waren. Aber genau hier liegen die reichen Möglichkeiten der Postsozialismusforschung, mit ihrer Arbeit zum Aufbau einer neuen globalen und vergleichenden Ethnologie beizutragen. Die zentralen Konzepte dieses Bandes (Vertrauen, soziales Kapital, Zivilgesellschaft) zählen noch nicht lange zu den Themen ethnologischer Forschung. Die Ethnologen des Postsozialismus mussten lernen, die großen „konkreten Abstraktionen" auf der Tagesordnung der globalen Institutionen, Beratungsgremien, Imageberater und lokalen Eliten zu hinterfragen – während sie gleichzeitig die ganz und gar nicht abstrakten Folgen dieser Abstraktionen auf dem Boden der Realitäten untersuchten. Dabei wurde soziales Kapital zu einem Werkzeug, Erfolg im Anschluss an die Privatisierung zu erklären (Lampland). Die Dynamik der Netzwerke von Zigeunern wurde zur Aufforderung, die Vorannahmen des Begriffs der „underclass" zu analysieren (Stewart). Oder die Kulturrevolution konnte als wichtiger Hinweis darauf erkannt werden, warum im postsozialistischen China die Volksreligion heute zu neuer Blüte gelangt (Feuchtwang). Und schließlich konnte gar die Situation der Kirchen in den Ländern des Balkans zu einer Untersuchung der Demokratie und der Rolle der internationalen Gemeinschaft Anlass geben (Hayden). Auf diese und andere Weise werden Ethnologen der Postsozialismusforschung mehr und mehr damit vertraut, sowohl globale und lokale Vertreter der Politik als auch ein interessiertes akademisches Publikum anzusprechen. Es scheint mir in der Tat, dass dies der Weg ist, den Ethnologen in dem heutigen Kontext der transferierbaren globalen Gestaltung einschlagen müssen. Allgemeiner gesagt, müssen „Area Studies" ihre ausschließliche Ausrichtung auf „kulturinterne" Logiken des sozialen und persönlichen Lebens ändern und das ethnographische Auge auf die Interaktion von lokalen und globalen Geschichten lenken. Dabei wird es niemals nur um ein Aufeinandertreffen kultureller Billardkugeln gehen, sondern immer um die komplexen Strukturen sozialer und in höchstem Grade persönlicher Erfahrung.

Ich würde vorschlagen, dass Ethnologen in der Postsozialismusforschung sogar noch ehrgeiziger werden müssen, als sie es jetzt schon sind, und Verderys Vorstellung, wie die ethnologische Forschung für die Zeit nach dem Kalten Krieg aussehen müsste, zeigt auch schon die Richtung an, in die dieser Ehrgeiz zu lenken wäre. Die Idee einer Ethnologie des Postsozialismus ist immer noch defensiv und rückwärtsgewandt. Sie argumentiert, dass die Ergebnisse von Transformation nicht unmittelbar durch Transitionsprogramme erklärt werden können, sondern durch unintendierte Folgen vorhergehender (sozialistischer) Bedingungen, Erwartungen und Vermögensaufteilungen geprägt sind. Das ist genau das, was ich ein „retrospektives Kulturareal-Argument" nenne. Die politische Botschaft dieser Argumentationsweise sagt: Vorsicht! Die Geschichte ist hier präsent. Gesellschaften definieren sich ebenso durch das, was sie waren, als auch durch das, in was Eliten glauben, sie verwandeln zu können. Diese Haltung ist eine begrüßenswerte Reaktion auf diejenigen neoliberalen Ökonomen, die glauben, man könne Vergangenheiten durch den entschlossenen und wohldosierten Einsatz von schocktherapeutischen Maßnahmen einfach dem Vergessen preisgeben. Ein großes methodologisches Schlagwort, das hier ins Spiel kommt, lautet Pfadabhängigkeit.[13] Indem auch sie sich dieses Konzepts bedient, schließt sich die postsozialistische Ethnologie einer immer wichtiger werdenden kritischen Gegenbewegung seitens solcher Institutionen- und Evolutionsökonomiker sowie historischer Soziologen an, die in Bezug auf die Resultate der Transformation mit diesem Begriff arbeiten (Lampland in diesem Band). Institutionenökonomiker haben zum Beispiel behauptet, dass das globale Paket schneller Liberalisierung, Stabilisierung und Privatisierung dazu führe, die Fähigkeit bestehender Institutionen, Informationen zu sammeln, zu vernichten und die informierte Anpassung an Wandel zu behindern (North 1997; Poznański 1996; Stiglitz 1995, 2000). Die in den postsozialistischen Ländern im Laufe der Transition aufkommenden Krisen, meinen sie, seien nur aus diesem Grund unnötigerweise schmerzhaft, tief und lang gewesen – und zum Teil einfach nicht richtig gehandhabt wurden (Russland, Ukraine). Sie behaupten, dass diese Situation zukünftige positive Entwicklungen ernsthaft behindert hat, weil durch sie vorhandenes produktiv verwertbares Kapital entwertet, private Reserven aufgebraucht und die öffentliche Moral geschädigt worden seien. So gesehen, nehmen die Dinge für sie in China mit seinem gemäßigten Wandel einen positiveren Verlauf. In diesem Land seien die institutionellen Kapazitäten noch intakt, das Wirtschaftswachstum ungebrochen durch steigende Quoten gekennzeichnet und die Einkommenssteigerung beeindruckender als selbst in den erfolgreichsten Ländern Mitteleuropas.[14]

Ethnologen, die sich mit dem Postsozialismus beschäftigen, gehen bei der Anwendung des Konzepts der Pfadabhängigkeit noch einen Schritt weiter und zeigen, dass die Praxis notwendigerweise durch „sich entfaltende Unsicherheiten der Makro-Institutionen" (Burawoy und Verdery 1999, S. 7) und ihrer zahlreichen Konsequenzen für das tägliche Leben überdeterminiert ist. Pfadabhängige

Ursächlichkeit ist also nicht nur rückblickend. Die Umstände, Erwartungen und die frühere Verteilung der Ressourcen formen das Werkzeug für Improvisationen in der alltäglichen Praxis; im Hier und Jetzt auf einem unbeschriebenen und unsicheren Terrain, dass die Vergangenheit mit möglichen Zukünften verbindet. Hier liegt die Stärke der Ethnographie. Sie kann uns zeigen, wie die Praktiken des täglichen Lebens und soziale Beziehungen in die jeweiligen Besonderheiten des Weges des sozialen Wandels und in den Verlauf des möglichen Werdegangs einer Region eingebettet sind. Unsicherheit ist das bestimmende Element, mit dem unter den Bedingungen des globalen Monetarismus in allen kapitalistischen Gesellschaften zu rechnen ist, und es ist diese Unsicherheit, die die Akteure dazu veranlassen kann, sich gerade denjenigen Kräften der Marktentwicklung und der Staatsbildung bzw. dem Rückzug zu widersetzen, von denen ihre Eliten möchten, dass sie diese begrüßen. Wie schon Karl Polanyi vorausgesagt hat, kann das Schicksal der Haushalte nicht vollständig den Märkten überlassen werden. Eine effizient arbeitende Landwirtschaft, zum Beispiel, steht in größerer Abhängigkeit zu der sozialen und staatlichen Organisation eines Landes als zum Privateigentum, wie Giordano und Kostova oder Lampland betonen. Ethnologen können im Gegensatz zu den formaleren Institutionalisten aufgrund ihrer vor Ort geführten Untersuchung der kapriziösen Mikro-Grundlagen von Handlungen im Rahmen des Postsozialismus einen realistischen Einblick in die Dynamik der Pfadabhängigkeiten vermitteln. Dynamische Pfadabhängigkeit erklärt, wie und warum Erinnerungen, Wissen und Netzwerke der Vergangenheit in der Gegenwart neu zusammengesetzt werden, um im Dienste des Überlebens oder aufgrund von Vorteilen, die sich aus sozialen Praktiken im Rahmen der neuen Bedingungen ergeben, eingesetzt zu werden. Auf diese Weise hilft uns dieses Konzept zu verstehen, weshalb so viele Menschen in den postsozialistischen Ländern nicht zu Transitionsenthusiasten geworden sind, sondern auf der Grundlage von Versuch und Irrtum ihre eigenen, zutiefst ambivalenten Strategien und Selbstverständnisse entwickelt haben. Die Beiträge in diesem Buch stellen hierfür exzellente Illustrationen zur Verfügung.

Dennoch darf nicht übersehen werden, dass die Methoden der Pfadabhängigkeit durch die analytische Vernachlässigung der Pfade durch den Raum zu Unrecht auf Pfade in der Zeit beschränkt worden sind. Daher ist ein wirklich ehrgeiziger Rahmen für ethnologische Forschungsarbeit – ein Rahmen, der auch die Aufmerksamkeit der Öffentlichkeit auf sich ziehen würde – nur so zu denken, dass Pfade durch die Zeit systematisch mit ihren „Schnittpunkten" im Raum in Beziehung gesetzt werden, d. h. eine systematische Untersuchung der räumlichen Vernetzungen und sozialen Beziehungen, die Territorien und soziale Gruppen definieren. Hier geht es also um einen Aufruf, aufwärts und auswärts gerichtet zu forschen, stark lokale Erfahrungen und lokal erzeugte Resultate in ihren weiteren Kontext von Gemeinsamkeiten und Divergenzen zu setzen. Diese Resultate entspringen nicht nur den Pfadabhängigkeiten, sondern auch den oftmals perversen Logiken determinierter Verbindungen. Es wäre passender, nicht von Pfadabhängigkeit zu sprechen, sondern von einer Reihe punktueller Schnittstellen – von „Punkten" also, die sich aus den weiter ausholenden Netzwerken von Zwang und Austausch ergeben, in die Territorien und menschliche Gemeinschaften eingebettet sind. Ein herausragendes Beispiel dieser Forschungsmethode ist die ethnologische Arbeit Eric Wolfs, dessen Begriff der „verborgenen Geschichten" sehr gut das Zusammenspiel von lokalen und globalen Geschichten erfasst, die durch ihr Zusammenwirken sowohl „universalisierende" wie „lokalisierende" und differenzierende Resultate hervorbringen.[15] Die Stärke der Ethnologie des Postsozialismus ist zum Teil darin zu sehen, dass uns dieser Forschungsbereich von Anfang an dazu gezwungen hat, solche räumlichen Knotenpunkte in unsere Betrachtung einzubeziehen, ob wir nun den Rückzug der polnischen Frauen in den Haushalt (Pine) oder Konsumgewohnheiten am anderen Ende des Kontinents im Delta des Pearl Flusses untersuchen (Latham). Es fragt sich nur, ob die Aufzeichnung der räumlichen Netzwerke systematisch und analytisch genug vorgenommen wurde. Waren die, auf der Grundlage eher lokaler Beziehungssituationen durchgeführten Befragungen dieser Forscher wirklich sachdienlich? Haben wir den ethnologischen Stolperstein der rein lokal abgelichteten Ursächlichkeiten hinter uns gelassen? Hat sich die Feldforschung ausreichend der Methoden des Forschungsjournalismus, der politischen Analyse, Archiv- und Bibliothekenforschung bedient? Diese methodologischen Fragen würde ich Verderys Aufruf zu einer spezifisch auf die Zeit nach dem Kalten Krieg ausgerichteten ethnologischen Forschung noch ergänzend hinzufügen. Sie benutzt diese Formulierung als Kritik an der starken, in der westlichen Kultur ganz allgemein – und in der Ethnologie ganz besonders – feststellbaren Tendenz des „Andersmachens" (*othering*) und bringt damit einen wichtigen Einwand in die Diskussion ein. Sie kommt zu dem außerordentlich bedeutungsvollen Schluss, dass der Kalte Krieg keineswegs vorbei ist, und betont, dass das, was der Westen anderen Teilen der Welt als Heilmittel und Schicksal verschreibt, nichts anderes als ein genereller Transfer westlicher Institutionen ist. Mit anderen Worten, der Kalte Krieg hat nur in einen anderen Gang geschaltet. Nachdem er seine ehemalige Obsession mit Grenzen und Demarkationslinien hinter sich gelassen hat, widmet er sich viel komplizierteren Aufgaben der institutionellen Neugestaltung. Die große Erzählung des Globalismus – ebenso ihr Kapitel zur Transition – soll genau diese

Aufgabe erleichtern. Sie ist nicht nur eine Erzählung des Kapitalflusses, obwohl die Beschleunigung der Kapitalströme während der letzten zehn Jahre die Transition sicher vorangetrieben hat. Es geht auch nicht nur darum, die Bilder und Symbole der westlichen Kultur in alle Welt zu verbreiten. Es geht – wie Susan Strange (1996) und Saskia Sassen (2000) argumentiert haben – vor allem darum, die Institutionen und administrativen Standards des Westens in Krisengebiete zu exportieren, die nicht anders können, als sich auf die vom Westen gebotenen schemenhaften Perspektiven einzulassen.

Die Ethnologie muss diesen bedeutungsvollen und mehrstrangigen Prozess ernst nehmen. Mit ihrem fundierten Wissen über Orte und Akteure besitzt die Disziplin alles, was notwendig ist, um eine systematische Untersuchung darüber zu beginnen, wie Regionen und lokale Akteure im Lichte ihrer jeweiligen Verbindung zur globalen Arena diese Belastung wahrnehmen, sich auf sie einlassen und reagieren. Ein solcher „umfassender" Vergleich (Tilly 1984, S. 125-144) erfordert ein breit angelegtes Programm vielfältigster Fallstudien – nicht nur in postsozialistischen Regionen, sondern bezogen auf die ganze Welt – um das globalistische Programm zu reflektieren, zu untergraben und vielleicht neu zu gestalten.

Die zweite Phase aufspüren

Die Fakten sagen uns, dass wir in eine neue Phase eintreten. Nach einem ganzen Jahrzehnt von Post-Mauer Globalismus lassen die Unsicherheit – sogar die offenen Meinungsverschiedenheiten in Bezug auf die Rolle des IWF, der Weltbank und der EBWE die Vermutung zu, dass der bestehende Konsens über eine globale Weltordnung zu bröckeln beginnt, auch wenn noch niemand eine Alternative gefunden hat (Wade und Veneroso 1998; Wade 2001). Das ist nicht unbedingt eine begrüßenswerte Situation, scheint doch ein kohärentes globales Regime notwendiger denn je. Doch die Ethnologie könnte gewinnen, wenn der „Ökonomismus" an Prestige verliert. Die im Zusammenhang mit dem Konzept der Zivilgesellschaft von den globalen Institutionen gesponserten Programme könnten unter den gegebenen Umständen „ermittelt, relativiert und den lokalen Gegebenheiten angepasst werden", wie Hann fordert (siehe S. 23). Wenn es Ethnologen gelingt, ihre lokalen Kenntnisse mit Forschungsvorhaben zu verbinden, die jene kritischen Schnittpunkte untersuchen, an denen lokale Prozesse mit institutionellen Krisenlagen auf höheren Ebenen in Berührung kommen und durch diesen

Kontakt beeinflusst werden, wird es ihnen möglich sein, größeres öffentliches Interesse für ihre Arbeit zu wecken als bisher.

Die zweite Phase wird wahrscheinlich durch tiefe Uneinigkeiten darüber geprägt sein, welchen Rahmen die öffentliche und territoriale Politik im Zusammenhang mit den transnationalen Märkten bekommen soll (Arrighi 1994; Brenner 1998; Gowan 1999; Kalb *et al.* 2000; Sassen 2000). Die Zentren der Kapitalakkumulation in den USA, Japan und der EU, Konkurrenten, die gleichwohl voneinander abhängig sind, haben ein objektives Interesse daran, größere Räume für ihre Kapital- und Arbeitsmärkte zu schaffen. Der von diesen territorialen Zentren des Reichtums und der Macht aus organisierte Kapitalexport in Form von direkten Auslandsinvestitionen, Portfolioinvestitionen und Währungsspekulationen hat in den letzten zwei Jahrzehnten eine ebenso große Beschleunigung erfahren wie die Investitionen im Bereich der Technologie und Firmenzusammenlegungen. Aber das globale System multilateraler Institutionen, das all dies möglich gemacht hat, wird in bestimmender Weise von dem „Dollar-Wall Street Regime" (Gowan) beeinflusst. Ein großer Teil der Weltwirtschaft ist *de facto* vom US Dollar, der FED und der New Yorker Börse abhängig. Wir sind also Zeugen der Entstehung eines neuen US-amerikanischen „Weltreichs", dem bisher die Erweiterung der EU und die Ausdehnung des japanischen Beziehungsnetzes sowie dessen Einfluss auf den ostasiatischen Kontinent als Gegengewicht in gewisser Weise Einhalt gebot. Auch die „Zwei Systeme – ein Land" Politik Chinas und die Inkorporation der chinesischen kapitalistischen Diaspora in die Dynamiken des chinesischen Festlands bildeten weitere potentiell wichtige Gegenkräfte. Heute scheint aber außer Zweifel zu stehen, dass diese regionalen Rahmen zur Förderung der Kapitalgewinnung und des sozialen Fortschritts einige der operativen Funktionen der globalen Infrastruktur für sich beanspruchen, und dass die Streitigkeiten darüber, welche Form und welche Kompetenzen diese regionalen Systeme haben sollten, zunehmen. Die Zukunft der postsozialistischen Länder dürfte weitgehend davon abhängen, wie diese Konflikte gelöst werden.

Nehmen wir zum Beispiel die EU-Erweiterung: Was wird mit den östlichen Gebieten Polens, der Slowakei und Ungarns geschehen, wenn die im Rahmen der gemeinsamen Agrarpolitik der EU bereitgestellten Mittel gekürzt werden? Und in fernerer Zukunft: Wie wird es der Peripherie in Rumänien ergehen, wenn Polen nur unter der Voraussetzung dem Beitritt Rumäniens zur EU zustimmt, dass die Polen auch weiterhin, den „ihnen zustehenden Anteil" von EU-Zuschüssen bekommen? Wie viele Jahre werden die Bewohner dieser Länder warten müssen, bis sie in den alten EU-Ländern Arbeit suchen dürfen? Wo werden die neuen Grenzen gezogen werden – und wie lange werden sie Geltung besitzen? Interessenkonflikte und widersprüchliche Vorstellungen charakterisieren auch die EBWE (Andor und Summers 1998). Unter dem gegenwärtigen französischen Vorsitz der Bank sind frühere Pläne der französischen Außenpolitik für Osteuropa wieder hervorgeholt worden, aber die US-amerikanischen Vertreter – die bedeutendsten Teilhaber der Bank – sind dagegen. Ob die Bank in nächster Zukunft in Programme zur Armutsbekämpfung, Gesundheitsfürsorge und städtische Infrastrukturen investieren wird – wie dies von dem französischen Premierminister Laurent Fabius vorgeschlagen wurde, wird für die Bevölkerung der osteuropäischen Staaten einen großen Unterschied machen.[16]

Was hier letztendlich zur Debatte steht, ist die Frage, ob Märkte und eine „Öffnung nach außen" die Zivilgesellschaft schaffen können. Sind Märkte allein ausreichend, um die weite Ausdehnung von Wohlstand herbeizuführen, ohne die die Zivilgesellschaft ein Phantom bleiben muss? Das Experiment der von der USA angetriebenen globalistischen Transition gründete in der Annahme, dass der transnationale Kapitalfluss den wichtigsten Antrieb für Wachstum und Entwicklung liefert. Inzwischen haben wir gelernt, dass dieser Gedanke die Möglichkeiten transnationaler Märkte überschätzt und mehr mit einem gigantischen Cargo-Kult gemein hat als mit fundiertem Wissen. Transnationales Kapital ist nicht in erwarteter Menge nach Osteuropa geflossen, und die lokalen Gegebenheiten haben sich lediglich innerhalb der engen Zonen nahe der Grenzen zur EU verändert. Der Produktionskorridor entlang der Autobahn zwischen Wien und Budapest ist bis heute der größte seiner Art geblieben und Ungarn ist – dank seiner frühen Öffnung nach Westen – bei weitem der bedeutendste Empfänger transnationaler Kapitalströme (auf einer Pro-Kopf Basis). Aber sogar in diesem Land waren im Jahre 2000 die Investitionen in die güterproduzierende Wirtschaft schon weitgehend versiegt. Neuer Kapitalzufluss in den Bank-, Versicherungs- und Telekommunikationsbereich verschafft zwar gebildeten jungen Leuten in den Hauptstädten Arbeit und Einkommen, aber sie werden nicht genügen, das Wirtschaftswachstum aufrechtzuerhalten, wenn – wie es den Anschein hat – die Wachstumsraten im Westen sinken.[17]

Weit entfernt von der Hoffnung, dass ein groß angelegter Kapitaltransfer zu einer Renaissance der hauptsächlich auf den Export spezialisierten Industrien führen würde, zeigt die Erfahrung heute, dass es in Osteuropa zu einer Deindustrialisierung gekommen ist. Vorhandene Kapitalströme haben aufgrund hoher Zinssätze, der Aufkündigung von bestehenden Verträgen mit östlichen Nachbarn und der oligopolistischen Konkurrenz aus dem Westen kaum einen Bruchteil der industriellen Infrastruktur retten können.[18] Es sind vielmehr die kleinen Dienstleistungsbetriebe, der Einzelhandel, Reparatur- und Wartungsfirmen, die Freizeit-, Tourismus-, Gesundheits- und Beratungsunternehmen sowie der Immobilienhandel zusammen mit den Einkommen der Arbeitsmigranten aus dem Westen, die in Mitteleuropa den wahren Motor des Wirtschaftswachstums bilden. Das ist in Anbetracht der bekannten Unterentwicklung des Dienstleistungsbereichs unter dem Sozialismus verständlich, wird aber wohl nach Beendigung der Aufholphase nicht mehr so spürbar sein. Alles in allem können wir wahrscheinlich ohne Übertreibung sagen, dass Mittel- und Osteuropa zu einer präindustriellen Sozialstruktur zurückgekehrt ist und nur sehr wenige Regionen Zugang zu Einkommen haben, das sich aus dem Export ihrer Produkte herleitet. Daher sind alle osteuropäischen Volkswirtschaften brüchig und verletzlich. Sogar die neuen Einkaufspassagen amerikanischen Stils in den Städten, die ihre Existenz enormen Investitionen aus dem Westen verdanken und stark benötigte Arbeitsplätze für junge Menschen bereitstellen, sind gänzlich abhängig von dem für die Zukunft erhofften Einkommensanstieg in der Bevölkerung, der völlig unrealistisch sein könnte (das ist jedem klar, der gesehen hat, welche vier oder fünf Produkte des Grundbedarfs die meisten Menschen nur kaufen, nachdem sie sich den halben Sonntag lang den Warenüberfluss in den Schaufenstern angeschaut haben).

Nach zehn Jahren Transformation unterscheidet man heute drei Gruppen postsozialistischer Länder (EBWE 1999). Die erste Gruppe umfasst diejenigen „erfolgreichen" mitteleuropäischen Staaten, deren BSP sich bis 1999 von der „Transitionsrezession" erholt hatte und die Quoten von 1989 entweder wieder erreicht (die Tschechische Republik, Ungarn, die Slowakei) oder gar überschritten hatte (Polen, Slowenien). Die zweite Gruppe (Südosteuropa und die baltischen Staaten) hatte zum selben Zeitpunkt 60 bis 75 Prozent ihres vor der Transition bestehenden Niveaus zurückgewonnen. Die dritte Gruppe (die Staaten der GUS) ist sehr ungleich und erreichte im Schnitt nur 50 Prozent ihrer während der letzten Jahre des Sozialismus vorliegenden Quoten. Einigen Ländern in dieser Gruppe ging es allerdings entschieden besser als anderen: Die autoritären Staaten Usbekistan und Weißrussland erreichten 90 bzw. 78 Prozent, während die Ukraine, Georgien und Moldawien bis auf 35 Prozent abgefallen waren. Armutsquoten und wirtschaftliche Ungleichheit sind so drastisch angestiegen, dass jeder, der vom „Erfolg" der Transition in Mittel- und Osteuropa spricht, entweder ein Zyniker ist oder unfähig ist, weiter zu blicken als auf die Makro-Ebene institutioneller Politik.[19]

Zwischen den Staaten Mitteleuropas und den Mitgliedern der GUS existiert eine große Kluft. Russland und die Ukraine haben nicht nur ein drastisches Absinken ihres offiziellen BSP erleben müssen; auch ihre Armutsquoten und die Einkommensungleichheit befinden sich heute auf lateinamerikanischem Niveau (EBWE 1999, S. 18). Hinter diesen Ziffern verbirgt sich ein bedeutender institutioneller Gegensatz den auch Michael Stewart in seinem Beitrag hervorgehoben hat. In Mitteleuropa hat sich die Industrie von einem ganzen Heer von Industriearbeitern mittels Entlassung und Pensionierung getrennt, und die Raten der Industrieproduktivität sowie das Niveau der Löhne wurden angehoben. Das zeigt, dass in dieser Region der Kapitalismus um sich greift. Zugleich wurden im tertiären Sektor neue Vollzeitarbeitsplätze geschaffen. Im Gegensatz hierzu ist in Russland und den Staaten der GUS der Industriesektor bei der alten sozialistischen Methode geblieben. Man hat das Lohnniveau viel tiefer gehalten als die Inflationsrate und Lohnrückstände aufkommen lassen, anstatt Entlassungen vorzunehmen. Auch die Produktivität konnte nicht gesteigert werden. Die Industriegemeinden wurden nicht aufgerüttelt wie in den mitteleuropäischen Staaten, Stagnation ist an der Tagesordnung, die Armut nimmt zu, die Abhängigkeit der Arbeiterschaft von ihren Arbeitgebern dauert fort, und die Entwicklung eines formalen und professionellen Dienstleistungssektors wurde verhindert. Neoliberale Beobachter würden den Kontrast in der Entwicklung der institutionellen Ergebnisse und wichtigen Klassenbeziehungen dadurch erklären, dass Mitteleuropa, insbesondere Polen, für eine Politik der Stabilisierung, Liberalisierung und Privatisierung Punkte verdienen, während sie bei der russischen Regierung eine ganze Reihe politischer Fehlentscheidungen anprangern würden (z. B. Åslund 1995; Boycko et al. 1995). Pfadabhängigkeitsforscher – seien sie nun Ethnologen, Soziologen oder Institutionenökonomiker – schauen tiefer und verweisen auf die großen Unterschiede, die in diesen Staaten in Bezug auf die Kapazitäten der zentralen Regierung und die Natur der jeweiligen postsozialistischen Volkswirtschaften bestehen. Institutionenökonomiker vertreten zum Beispiel den Standpunkt, die ehemalige sowjetische Wirtschaft sei monopolistischer organisiert gewesen als die fragmentierteren mitteleuropäischen Varianten, was die Liberalisierung der Preise zu einer Einladung zur Selbstbereicherung der Produzenten machte (Stiglitz 1995). Andere führen den Zerfall der Handelsbeziehungen und die Auflösung der Netzwerke des Warenaustauschs auf überhöhte Zinssätze, den auf Kreditengpässen basierenden Liquiditätsschwund und dem daraus entstandenen Tauschhandel sowie dem damit verbundenen Aufstieg territorialer *power-brokers* zurück (Burawoy 1994; Burawoy und Krotov 1993; Clarke et al. 1993: Humphrey 2002). Was Mitteleuropa anbetrifft, so verweisen diese Beobachter auf die lange Geschichte der Versuche Polens und Ungarns, ihre Volkswirtschaft zu dezentralisieren, was diese Länder besser darauf vorbereitet, auf die Signale des Marktes und die Herausforderungen der Konkurrenz zu reagieren. Manche unterstreichen bei solchen Überlegungen die relativ gute Befähigung einer organisierten Zivilgesellschaft, ungewollte Resultate zu vermeiden (Minev *et al.* 2001).

Die Neoliberalen scheinen sich gegenwärtig aus der Diskussion zurückzuziehen, um sich mit ihrer Beratertätigkeit zu beschäftigen (und dabei so weiterzumachen, als sei nichts geschehen). Der Reichtum ethnologischer, soziologischer und institutioneller Berichte ist heute natürlich bei weitem überzeugender. Nichtsdestotrotz hat keiner dieser Ansätze es geschafft, dem Raum und den räumlichen Verbindungen als Dimensionen des sozialen Wandels analytische Bedeutung beizumessen. Um eine Erklärung dafür zu finden, wieso diese Prozesse in Russland andere Resultate gezeigt haben als in Mitteleuropa, muss vor allem bedacht werden, dass Böhmen, Schlesien und die Regionen westlich der Donau direkt vor der Haustür des kapitalistischen Kerns der EU liegen. Wenn Russland an Deutschland gegrenzt hätte, wäre die monopolistische russische Praxis durch die subventionierten Ausfuhren deutscher Firmen aufgebrochen worden, die Netzwerke des Tauschhandels hätte man untergraben, um den lokalen Machtspielen weniger Raum zu lassen und hätte so den Zerfall der administrativen Strukturen verlangsamt. Der Misserfolg Russlands war ein Misserfolg der Regierung Jelzins, aber auch ein Misserfolg der westlichen Berater und Hilfsprogramme. Die Theoretiker des Pfadabhängigkeitsprinzips haben Recht, wenn sie sagen, man müsse schrittweise vorgehen und Institutionen aufbauen, anstatt zu einer „Schocktherapie" zu greifen. Doch der wichtigste Grund des russischen Misserfolgs könnte wohl der des Raumes gewesen sein.

Was die mitteleuropäischen Staaten anbelangt, so kommen wir mit unserer Analyse besser voran, wenn wir die Methode der dynamischen Pfadabhängigkeit mit räumlichen Verbindungen verknüpfen. Den größten Erfolg unter den mitteleuropäischen Staaten kann Slowenien verbuchen, dessen Pro-Kopf BSP fast doppel so hoch ist wie das der Tschechischen Republik, die an zweiter Stelle kommt. Dieser Erfolg wurde weder mit Rückgriff auf irgendwelche Schocktherapierezepte realisiert, noch dadurch, dass das Land dem Beispiel Ungarns gefolgt wäre, und sich auf eine vom Fonds für Direkte Auslandsinvestitionen gesteuerte Erneuerung spezialisierte. Die EBWE stand dem slowenischen Gradualismus stets kritisch gegenüber. Das Land ist aber konkurrenzfähig geworden, weil es sich sehr früh zu den europäischen Volkswirtschaften hin geöffnet hat und zugleich seine vorhandenen räumlichen Vorteile zu nutzen verstand.

Schließlich dürfen wir nicht diejenigen politischen Verbindungen vergessen, die sowohl im Rahmen der liberal-globalistischen wie der pfadabhängigen Erklärungsmuster unbeachtet bleiben. Der Erfolg Polens verglichen mit Russland hat viel zu tun mit den geopolitischen Interessen des Westens, der schon vor dem Zerfall der Sowjetunion in einer gemeinsamen Anstrengung Polen zu einem Ausstellungsstück der Transition machen wollte. So wurden dem Land die Hälfte seiner Auslandsschulden schon vor 1988 erlassen – eine Geste, um die die ärmsten Länder der Welt seit Jahren bitten, doch ohne großen Erfolg. Es ist gut möglich, dass die Bundesrepublik Jugoslawien ein anderes Schicksal gehabt hätte, wenn Premierminister Markovic in seinen Unterhandlungen mit dem Internationalen Währungsfonds im Jahre 1990 in ähnlicher Weise gerettet worden wäre. Aber im globalen Szenarium zählte Belgrad nicht. („Wir haben keine Hunde in diesem Kampf", sagte Außenminister James Baker später, als alles auseinander fiel.) So musste Jugoslawien sofort nach den Gesprächen bei seinen öffentlichen Ausgaben drakonische Kürzungen vornehmen – was die ganze tödliche Abfolge von Schuldzuweisungen, nationalistischer Sezession, Krieg und Genozid unumkehrbar in Gang setzte.

Schluss

Den Bürgern der postsozialistischen Staaten wurde nach 1989/92 kein Marshallplan angeboten. Dafür brachte ihnen die erste Phase ihrer Transition den Globalismus, vom *Harvard Institute for International Development* und den *Big Six* Beraterfirmen bereitgestellte „technische Hilfe" sowie ein dürftiges Modell der Zivilgesellschaft. Die zweite Phase macht sich jetzt schon mit neuen Dilemmas auf allen institutionellen Ebenen der Politik bemerkbar. Je nachdem wie diese Dilemmas gelöst werden, können sich für diese Regionen und Länder neue Möglichkeiten auftun, die zukünftige Entwicklung und das Zusammenwirken von Staat, Gesellschaft und Markt so zu gestalten, dass ein Gewand entsteht, das den örtlichen Bedürfnissen besser angepasst ist als der „Einheitsanzug" der ihnen bislang angeboten wurde. Ob diese Dilemmas in einem Umfeld demokratischer Entscheidung, technokratischer Kontrolle oder autoritären Zwangs gelöst werden, wird sehr von den lokalen Bedingungen der Region und den zivilen Aktivitäten abhängen. Ethnologen, die dieser zweiten Phase nachspüren möchten, müssen vor allem untersuchen, wie Einzelpersonen, Familien, Lokalitäten, Gemeinden und Regionen auf die Öffnungen vorbereitet sind, die ihnen die Akteure auf den höheren Ebenen schaffen bzw. nicht schaffen und wie sie damit umgehen.

Das globale Wiederaufleben von Nationalismus und Religion sowie die Wiederkehr des Autoritarismus in vielen Teilen Eurasiens dürfen nicht als eine Neuinszenierung lokaler Kulturtraditionen interpretiert werden, die sich gegen den Kosmopolitismus zu stemmen suchen, sondern als eine konzentrierte Anstrengung, die Welle der Demoralisierung und Korruption nach einer langen Periode einer ausschließlich von Marktinteressen bestimmten Transformation aufzuhalten. Reaktionäre Bewegungen, die versuchen, den Schwund nationaler Hierarchien aufzuhalten, die Verschiebungen der Geschlechterbeziehung zu kontrollieren und das Wegsickern sozialer und öffentlicher Macht auszugleichen, gehen selten auf die aufgeklärteste und gerechteste Weise vor. Sie sind unfähig, diejenige effiziente und demokratische Bereitstellung von öffentlichen Gütern zu erreichen, die die meisten westlichen Intellektuellen sehen möchten. Dagegen können Nationalismus, Religion und Autoritarismus durch die Steuerung kollektiver Wünsche soziale Aktionen auf lokaler Ebene erzeugen. In dieser Beziehung sitzen wir natürlich alle im selben Boot: Auch die Westeuropäer knüpfen an das sozialdemokratische und sozialistische Erbe ihrer Vergangenheit an. Umfragen haben gezeigt, dass in den westeuropäischen Ländern ein starker Wunsch nach der Aufrechterhaltung der Grundlagen des Sozialstaates innerhalb einer sich festigenden EU vorhanden ist, der mit der Verbundenheit der Bevölkerungen mit der Idee des Nationalstaates als Garant demokratischer Prinzipien und potentieller autonomer Entscheidungskapazität des Bürgers verknüpft wird. Wir alle sind eifrig damit beschäftigt, die notwendigen Reparaturen an unseren fundamentalen Institutionen und unseren Zivilgesellschaften vorzunehmen.

Anmerkungen

1   Siehe hierzu Appadurai 1996; Hannerz 1996; Kalb 2000; Mittelman 2000. Der Großteil der Literatur über kulturelle Konsequenzen von Globalisierung versäumt es meiner Meinung nach, die ganz spezifische Schnittstelle von „Finanzialisierung" (hierzu Arrighi 1994), Monetarismus und der damit verbundenen Erosion der Regierungspolitik zu untersuchen. Die drei Eigenschaften, die ich hier hervorhebe, verweisen insbesondere auf diesen Zusammenhang.

2   Dieses Muster ist dem des Westens nicht unähnlich, abgesehen von dem Zusammenhang zwischen der Armut und den ländlichen Peripheriegebieten. Die tatsächliche Situation ist natürlich noch viel schlimmer. Für eine detaillierte Diskussion über die Schaffung und Transformation der Funktionsweisen der Regierungspolitik und die Armut in Ungarn, Polen und der Tschechischen Republik siehe: Kalb und Kovács (im Druck). Außerdem gibt

es eine Fülle von Fallstudien zur Sozialpolitik in Mittel- und Osteuropa, die im Rahmen des SOCO Programms („SOCO Project Papers") unter der Schirmherrschaft des Instituts für die Wissenschaften vom Menschen (IWM) in Wien durchgeführt wurden (http:/www.univie.ac.at/iwm/main-e.htm).

3 Der Begriff stammt von Ash (1989). Die Zivilgesellschaft spielte als Konzept und politische Vision eine besonders wichtige Rolle in Mitteleuropa, besaß aber auf dem Balkan und in den Ländern der früheren Sowjetunion, wo der Nationalismus die eindeutige Kraft war, weniger Gewicht. Schließlich wurde der Begriff jedoch im Rahmen der Interaktion mit westlichen Geldgebern und anderen Akteuren des staatenübergreifenden Gesamtsystems erneut in diese Staaten zurückgeführt. Siehe u. a. die gegenwärtige Literatur zur Zivilgesellschaft: Cohen und Arato 1995; Hall 1995; Hann und Dunn 1996; Putnam 1993; Shafir 1998. Eine umfassendere Studie, in deren Rahmen die Visionen von der Zivilgesellschaft mit einer Diskussion über politisch-ökonomische Traditionen kombiniert werden, findet sich bei Janoski 1998; sehr nützlich in diesem Zusammenhang ist auch: Katznelson 1996.

4 Zum Beispiel die politischen Eliten der sozialdemokratischen Bewegung des Dritten Weges. Hierzu: Giddens 1998, 2000.

5 Hierzu Tilly 1997. Diese Erkenntnis liegt auch meiner Bemühung zugrunde, die Dynamiken des Klassenkampfes und der Zusammenarbeit in Westeuropa im Vergleich mit Eurasien und den USA zu erfassen. Hierzu: Kalb 2002.

6 Obwohl die *World Development Reports* und *Human Development Reports* die Probleme der Armut eingehender untersuchen, haben sie es bislang noch nicht fertiggebracht, die Sozialpolitik, Ziele der Bildungspolitik und der Gesundheitsfürsorge mit den Notwendigkeiten der „strukturellen Anpassung", die in der Regel aller Logik entbehren, auf einen Nenner zu bringen. Eine intelligente Darstellung der Perversität „struktureller Anpassung" liefert Epstein 2001.

7 Hierzu Michnik 1999. Diese Rede wurde auf einer Konferenz des Instituts für die Wissenschaften vom Menschen in Wien gehalten und im Herbst 1999 in der Zeitschrift *Dissent* abgedruckt: S. 14-16.

8 Der prominente polnische Soziologe Jerzy Szacki weigerte sich auf einem Seminar des Instituts für die Wissenschaften vom Menschen in Wien im Herbst 1998 explizit, die Gewerkschaften in die Zivilgesellschaft einzubeziehen. Sein Grund: ihre „fordernde Haltung". Seiner Meinung nach geht es bei der Zivilgesellschaft hauptsächlich um „Selbstverantwortung".

9 Persönliche Mitteilung von Dr. Diana Mishkova, Sept. 2000.

10 Hierzu: Grabher und Stark 1997; Stark 1997; Stark und Bruszt 1998; ebenso: Hann 1998. Für eine etwas einseitige Darstellung vom Nutzen starker Eigentumsrechte für die Armen (sic) siehe auch Soto 2000.

11 Rede am Institut für die Wissenschaften vom Menschen, Mai 1998.

12 Die Idee des Washington Konsens stammt von dem Ökonomen John Williamson 1990. Eine gute Darstellung der osteuropäischen Erfahrung bietet Kolodko 2000.

13 Hierzu: Aminzade 1992; ein klassischer Text zu diesem Thema ist Tilly 1981; siehe ebenfalls Stark und Bruszt 1998. Der Begriff ist inzwischen in der Forschung über Zu-

ständigkeitsbereiche der öffentlichen Hand ein sehr gepriesenes Konzept geworden – z. B.: Esping-Andersen 1999.
14 Hierzu: Grabher und Stark 1997; auch Stark 1997; Stark und Brust 1998.
15 Siehe Schneider und Rapp 1995. Burawoy *et al.* 2000 gibt eine sehr gute methodologische Einführung in die Feldforschung als „aufwärts und nach außen" gerichtetes Instrument. Einige interessante Parallelen zu der früheren methodologischen Entwicklung im Zusammenhang mit der auf Europa gerichteten Ethnologie ergeben sich aus einem Vergleich zwischen Boissevain 1975 und Hann 1993, S. 16-20.
16 (*Financial Times*, 24. Apr. 2001). Es geht darum, dass sich der Beitritt dieser Länder letztlich als eine ebenso unerfreuliche wie paradoxe Erfahrung erweisen könnte wie es die „Transition" des letzten Jahrzehnts gewesen ist – außer die EU ist in der Lage, einen solchen Ausgleich für das im Stabilitätspakt aufgeführte Verbot, budgetäre Defizite aufzufahren, zu schaffen (Kalb und Kovács, im Druck).
17 Das bedeutet nicht, dass ausländische Direktinvestitionen unwichtig sind; ich möchte nur unterstreichen, dass diese sehr selektiv gehandhabt werden und dass die meisten, östlich der Achse Budapest-Warschau gelegenen Gebiete in dieser Region, *de facto* von solchen Vergaben bisher ausgeschlossen waren (Zysman und Schwartz 1998). Eine ähnliche Geschichte könnte man auch von den subkontraktuellen Arrangements zwischen westlichen Textil- und Schuhfabrikanten und rumänischen, kroatischen oder polnischen Firmen erzählen. Solche Arrangements waren für diese Unternehmen ein wichtiges Mittel, um an Exportmöglichkeiten heranzukommen und Geschick im Marketing zu entwickeln, doch konnten sie nur im Rahmen bestimmter Raum-Zeit-Netzwerke zustande kommen. Auf sich allein gestellt, arbeitet Kapital nach dem Prinzip der Auswahl des Ortes statt des Ausgleichs über den Raum.
18 Das Gebiet um Breslau (Niederschlesien), wo ich den Wiederaufbau und Privatisierungsprozess in den letzten Jahren genauestens verfolgt habe, ist ein gutes Beispiel für eine solche „erfolgreiche" Region.
19 Ausgehend von der für Länder mittlerer Einkommensziffern von der UNO festgesetzten niedrigsten Armutsgrenze von 4 US-Dollar pro Tag je Haushalt, stieg die Zahl der Haushalte unter dieser Grenze in der ersten Gruppe von 1,4 Prozent Mitte der achtziger Jahre auf 12 Prozent in der Mitte der neunziger Jahre. Die Tschechische Republik und die Slowakei erreichten weniger als 1 Prozent und Polen über 20 (EBWE 1999, S. 16). Oberflächlich betrachtet liegen diese Werte nahe den nominalen westeuropäischen Armutsziffern. Die Gini Koeffizienten, auf deren Grundlage Einkommensunterschiede gemessen werden, sind für diese Länder ebenfalls denen der westeuropäischen ähnlich. Doch obwohl die Kurven einen vergleichbaren Verlauf nehmen, sind die absoluten Werte natürlich nicht dieselben. Bei einem ähnlichen Preisniveau deckt die Armutsgrenze der UNO bestenfalls ein Viertel der z.Z. von westeuropäischen Regierungen benützten Armutsgrenzwerte (die Niederlande oder Deutschland). Mediane Einkommen in Mitteleuropa liegen ebenfalls bei 25 Prozent der medianen Einkommen in Westeuropa. Daher liefern auf lokaler Ebene durchgeführte Messungen der Einkommensminima, wie sie von mitteleuropäischen Regierungen verwendet werden – und die von einem Einkaufswagen notwendiger Güter pro Haushalt pro Monat ausgehen und die tatsächlichen Preise mit einbeziehen – ein realistischeres Bild der wirklichen Notlage. Im Jahre 1989 lagen in Polen ca. 14,8 Prozent

der Haushalte unter dieser Grenze. 1997 waren es 47 Prozent (Tarkowska 2000). Die Armutsgrenze war in Polen bei ca. 700 DM festgesetzt worden. Die Werte für die Länder der zweiten Gruppe liegen noch tiefer. Im Jahre 1997 stand Bulgarien (im Anschluss an die Gründung der Währungsaufsichtsbehörde) mit 80 Prozent seiner Haushalte unter der Armutsgrenze (Minimum: 111 DM) an erster Stelle (Mitev 1998). Die Ungleichheit der Einkommen war – die Staaten der GUS ausgenommen – in Rumänien schärfer als irgendwo sonst in Europa.

Literatur

Aminzade, Ronald (1992), Historical sociology and time, in: *Sociological Methods and Research* 20(4), S. 456-480.

Andor, László, Martin Summers (1998), *Market Failure. Eastern Europe's 'Economic Miracle'*, London, Pluto Press.

Appadurai, Arjun (1996), *Modernity at Large*, Minneapolis, University of Minnesota Press.

Arrighi, Giovanni (1994), *The Long Twentieth Century. Money, Power, and the Origins of Our Times*, London, Verso.

Ash, Timothy Garton (1989), Refolution in Hungary and Poland, in: *New York Review of Books* 36, S. 9-15.

Åslund, Anders (1995), *How Russia Became a Market Economy*, Washington D.C., The Brookings Institution.

Boissevain, Jeremy (1975), Introduction: towards a social anthropology of Europe, in: Jeremy Boissevain, J. Friedl (Hg.), *Beyond the Community. Social Process in Europe*, The Hague, Department of Education.

Boycko, Maxim, Andrei Schleifer, Robert Vishny (1995), *Privatizing Russia*. Cambridge, MA, MIT Press.

Brenner, Robert (1998), The economics of global turbulence: a special report on the world economy, 1950-1998, in: *New Left Review* 229, S. 1-264.

Burawoy, Michael (1994), Why coupon socialism never stood a chance in Russia: the political conditions of economic transition, in: *Politics and Society* 22(4), S. 585-594.

Burawoy, Michael, Pavel Krotov (1993), The economic basis of Russia's political crisis, in: *New Left Review* 198, S. 49-70.

Burawoy, Michael, Katherine Verdery (Hg.), (1999), *Uncertain Transition, Ethnographies of Change in the Postsocialist World*, Boulder, London, Rowman and Littlefield.

Burawoy, Michael et. al. (2000), *Global Ethnography: Forces, Connections, and Imaginations in a Postmodern World*, Berkeley, University of California Press.

Clarke, Simon, Peter Fairbrother, Michael Burawoy, Pavel Krotov (1993), *What About the Workers? Workers and the Transition to Capitalism in Russia*, London, Verso.

Cohen, Jean, Andrew Arato (1995), *Civil Society and Political Theory*, Cambridge, MA, MIT Press.

Elster, Jon, Claus Offe, Ulrich Preuss (1998), *Institutional Desing in Post-Communist Societies*, Cambridge, Cambridge University Press.
Epstein, Helen (2001), The global health collapse, in: *New York Review of Books* 6, S. 33-40.
Esping-Andersen, Gosta (1999), *Social Foundations of Postindustrial Economies*, Oxford, Oxford University Press.
Europäische Bank für Wiederaufbau und Entwicklung (EBWE) (1999), *Transition Report 1999, Ten Years of Transition*, London, EBRD.
Eyal, Gil (2000), Anti-politics and the spirit of capitalism: dissidents, monetarists, and the Czech transition to capitalism, in: *Theory and Society* 29(2), S. 49-92.
Gellner, Ernest (1994), *Civil Society and Its Rivals*, London, Hamish Hamilton.
Giddens, Anthony (1998), *The Third Way*, Cambridge, Polity Press.
-- (2000), *The Third Way and its Critics*, Cambridge, Polity Press.
Gowan, Peter (1999), *The Global Gamble, Washington's Faustian Bid for World Dominance*, London, Verso.
Grabher, Gernot, David Stark (1997), Organizing diversity: evolutionary theory, network analysis, and post-socialism, in: Gernot Grabher, David Stark (Hg.), *Restructuring Networks in Post-Socialism: Legacies, Linkages, and Localities*, Cambridge, Cambridge University Press.
Greskovits, Béla (1998), *The Political Economy of Protest and Patience. East European and Latin American Transformations Compared*, Budapest, Central European University Press.
Hall, John A. (Hg.), (1995), *Civil Society: Theory, History, Comparison*, Cambridge, Polity Press.
Hann, C.M. (Hg.), (1993), Introduction: social anthropology and socialism, in: Hann (Hg.), *Socialism, Ideals, Ideologies, and Local Practice*, London, Routledge, S. 1-26.
-- (1998), *Property Relations: renewing the anthropological tradition*, Cambridge, Cambridge University Press.
Hann, C.M., Elizabeth Dunn (Hg.), (1996), *Civil Society: Challenging Western Models*, London, Routledge.
Hannerz, Ulf (1996), *Transnational Connections. Culture, People, Places*, London, Routledge.
Humphrey, Caroline (2002), *The Unmaking of Soviet Life: Everyday Economies after Socialism*, Ithaca, Cornell University Press.
Janoski, Thomas (1998), *Citizenship and Civil Society; a Framework of Rights and Obligations in Liberal, Traditional, and Social Democratic Regimes*, Cambridge, Cambridge University Press.
Kalb, Don (2000), Localizing flows: power, paths, institutions and networks, in: D. Kalb, Marco van der Land, Richard Staring, Bart van Steenbergen, Nico Wilterdink (Hg.), *The Ends of Globalization. Bringing Society Back In*, Boulder, London, Rowman and Littlefield, S. 1-29.
-- (2002), Social class and social change in postwar Europe, in: Rosemary Wakeman (Hg.), *Themes in European History, Vol. 4, Postwar Europe*, London, Routledge.
Kalb, Don, János Kovács (Hg.), (in Vorbereitung), *Americanization or Europeanization? Social Policy Formation in the Czech Republic, Hungary and Poland*.

Kalb, Don, Marco van der Land, Richard Staring, Bart van Steenbergen, Nico Wilterdink (Hg.), (2000), *The Ends of Globalization : Bringing Society Back In*, Boulder, London, Rowman and Littlefield.

Katznelson, Ira (1996), *Liberalism's Crooked Circle; Letters to Adam Michnik*, Princeton, Princeton University Press.

Kolodko, Grzegorz (2000), *From Shock to Therapy. The Political Economy of Postsocialist Transformation*, Oxford, Oxford University Press.

Michnik, Adam (1999), Ten years after 1989, in: *Dissent* (Herbst 1999), S. 14-16.

Milanovic, Branko, (1996), Income, inequalities and poverty during the transition: a survey of the evidence, in: Stanislawa Golinowska (Hg.), *Social Policy Towards Poverty: A Comparative Approach*, Warsaw, IpiSS (auf polnisch).

Minev, Douhomir et. al. (2001), *Strategic Objectives and Equity in Policies of Transition: Bulgarian and Polish Cases*, SOCO project paper no. 91, Vienna, IWM.

Mitev, Petar-Emil (1998), *Bulgarian Country-Report*, Sofia (später veröffentlicht in: Rebecca Emigh, Iván Szelényi (Hg.), (2000), *Poverty, Ethnicity and Gender in Eastern Europe during the Market Transition*, New York, Praeger).

Mittelman, James (2000), *The Globalization Syndrome*, Princeton, Princeton University Press.

North, Douglass (1997), Understanding economic change, in: John M. Nelson, Charles Tilly, Lee Walker (Hg.), *Transforming Post-Communist Political Economies*, Washington D.C., National Research Council.

Poznański, Kazimierz (1996), *Poland's Protracted Transition: Institutional Change and Economic Growth*, Cambridge, Cambridge University Press.

Putnam, Robert D. (1993), *Making Democracy Work: Civic Traditions in Modern Italy*, Princeton, Princeton University Press.

Sassen, Saskia (2000), The state and the new geography of power, in: D. Kalb *et.al.* (Hg.), *The Ends of Globalization: Bringing Society Back In*, Boulder, London, Rowman and Litllefield, S. 49-65.

Schneider, Jane, Rayna Rapp, (Hg.), (1995), *Articulating Hidden Histories: Exploring the Influence of Eric R. Wolf*, Berkeley, University of California Press.

Shafir, Gerson (Hg.), (1998), *The Citizenship Debates: A Reader*; Minneapolis, London, University of Minnesota Press.

Soto, Hernando de (2000), *The Mystery of Capital: Why Capitalism Succeeds in the West and Fails Everywhere Else*, New York, Bantam Press.

Stark, David (1997), Recombinant property in East European capitalism, in: G. Grabher, David Stark (Hg.), *Restructuring Networks in Post-socialism: Legacies, Linkages and Localities*, Cambridge, Cambridge University Press.

Stark, David, László Bruszt (1998), *Postsocialist Pathway:. Transforming Politics and Property in East Central Europe*, Cambridge, Cambridge University Press.

Stiglitz, Joseph (1995), *Whither Socialism?* Cambridge, MA, MIT Press.

-- (2000), What I learned from the world economic crisis, in: *New Republic* 17 (April), erhältlich in http://www.tnr.com/041700/stiglitz041700.html.

Strange, Susan (1996), *The Retreat of the State: The Diffusion of Power in the World Economy*, Cambridge, Cambridge University Press.

Szacki, Jerzy (1995), *Liberalism after Communism*, Budapest, Central European University Press.
Tarkowska, Elżbieta (2000), An underclass without ethnicity: the poverty of Polish women and agricultural laborers, in: Rebecca Emigh, Iván Szelényi (Hg.), *Poverty, Ethnicity and Gender in Eastern Europe during the Market Transition*, Westport, Praeger.
Thompson, Edward (1963), *The Making of the English Working Class*, New York, Vintage.
Tilly, Charles (1981), *As Sociology Meets History*, New York, Academic Press.
-- (1984), *Big Structures, Large Processes, Huge Comparisons*, New York, Russell Sage Foundation.
-- (1997), Democracy, social change, and economies in transition, in: Joan Nelson, Charles Tilly, Lee Walker (Hg.), *Transforming Post-Communist Political Economies*, Washington D.C., National Academy Press.
Wade, Robert (2001), Showdown at the World Bank, in: *New Left Review* 7, S. 124-138.
Wade, Robert, Frank Veneroso (1998), The East Asian crash and the Wall Street – IMF Complex, in: *New Left Review* 228, S. 3-24.
Wedel, Janine, R. (1998), *Collision and Collusion. The Strange Case of Western Aid to Eastern Europe*, New York, St Martin's Press.
Williamson, John (Hg.), (1990), *Latin American Adjustment: How Much Has Happened?*, Washington D.C., Institute for International Economics.
Zysman, John, Andrew Schwartz (Hg.), (1998), *Enlarging Europe: the Industrial Foundations of a New Political Reality*, Berkeley, University of California Press.

Autorenliste

Gerald W. Creed:	Department of Anthropology, City University of New York
Stephan Feuchtwang:	Department of Anthropology, London School of Economics
Christian Giordano:	Séminaire d'Ethnologie, Université de Fribourg
Chris Hann:	Max-Planck-Institut für ethnologische Forschung, Halle (Saale)
Robert M. Hayden:	Department of Anthropology, University of Pittsburgh
Caroline Humphrey:	Department of Social Anthropology, University of Cambridge
Don Kalb:	Faculteit Sociale Wetenschappen, Universiteit Utrecht
Deniz Kandiyoti:	Department of Anthropology, School of Oriental and African Studies, University of London
David A. Kideckel:	Department of Anthropology, Central Connecticut State University
Dobrinka Kostova:	Institut po soziologija, Bulgarska akademija na naukite

Martha Lampland:	Department of Sociology, University of California, San Diego
Kevin Latham:	Department of Anthropology, School of Oriental and African Studies, University of London
Ruth Mandel:	Department of Anthropology, University College, London
Frances Pine:	Department of Social Anthropology, University of Cambridge
Steven Sampson:	Socialantropologi, Lunds Universitet
Michael Stewart:	Department of Anthropology, University College, London
Katherine Verdery:	Department of Anthropology, University of Michigan
Piers Vitebsky:	Scott Polar Research Institute, University of Cambridge

Register

Aberglaube 235, 273, 288, 298, 299
Abhängigkeitstheorie; in Zentralasien 348-351; Comprador-Bourgeoisie 429
Abrahams, Ray 14
Abramson, David 401, 417, 421
Abwanderung 96, 97
Achim, V. 219, 227
Afanasyev, M. 377
Akuli 134, 136
Alekseyev, A. A. 274
Altai 377, 379, 383, 384, 389, 390, 394
Ambrus, Péter 214
Anagnost, Ann 19
Anderson, Benedict 353
Anderson, David G. 13-14, 23
Andor, László 466
Andor, Mihály 73, 77, 86
Arandarenko, Michail 190
Arato, Andrew 404
Arbeiterklasse 175, 176, 177, 180, 181, 182, 187, 190, 195; Kritik der 175-176; Neokapitalismus 175; Rumänien 184-195; Subalternität 180-183
Arbeitslosigkeit 147, 150, 156, 162, 163, 166; Roma 202-206; Rumänien 175, 179, 182-183, 191-193
Arbeitsplatz: Feminisierung 148; Sexualisierung 149
Arendatori 128-129, 123, 134, 135-136, 137, 138
Arendt, Hannah 241
Argounova, T. 271
Armut 15, 204, 205, 212, 214, 215, 216, 225, 226, 454, 466, 467, 468, 471, 472
Arrighi, Giovanni 465, 471
Ashwin, Sarah 190
Åslund, Anders 56, 86
Atwood, L. 149
Autoritarismus 471
Ayuki-Khan 384, 386, 394

Baban, A. 150
Bacon, Walter 185
Badone, Ellen 91
Bahro, Rudolph 26, 40, 180
Baker, James 470
Balcerowicz, Leszek 166, 458
Balkan: Ethnizität 17; Euro-Elite 399; Fragmentierung 436; Projekte 437; heilige Stätten 237 *siehe* Bulgarien; Moldavien; Rumänien; Jugoslawien
Balzer, Marjorie Mandelstam 19
Banac, Ivo 245
Banja Luka 246
Bârgau, Valeriu 181
Barmé, Geremie 288, 305
Barşana 220, 221
Bassin, Mark 391
Baumwollskandal 350
Bax, Mart 18, 19, 246
Bell, John 126, 139
Bellér-Hann, Ildikó 19
Benovska-Săbkova 109
Benvenisti, Meron 247
Berdahl, Daphne 13, 99
Bernbeck, Reinhard 238, 249
Betteln 208
Bigenho, Michelle 105
Binder, David 250
Binns, Christopher 91
Birtalan, Laura 185
Blanchard, Oliver Jean 176
Blecher, Marc 293
Bobek, Marin 180
Boissevain, Jeremy 91
Borneman, John 17
Böröcz, József 60
Bosnien 234; Multi-multi-Protektorat 237, 249; Nationalismus 252; religiöse Stätten 246, 256; Ritual 97-98; Toleranz 237-239
Bougarel, Xavier 240, 253
Bourdieu, Pierre 52, 61, 62, 64, 68, 69, 78, 95, 206
Bowman, Glenn 248, 249

481

Boycko, Maxim 468
Brada, Josef 56
Brandtstädter, Susanne 10, 19
Brasilien 219
Braudel, Fernand 122
Brenner, Robert 465
Bridger, Sue 15, 20, 149, 150, 153
Bringa, Tone 18, 97, 98, 99, 106, 107, 237, 240
Brook, Timothy 23
Brower, D. R. 351
Bruno, Marta 16
Bruszt, L. 99, 364
Bruun, Ole 99, 294, 307
Buchanan, Donna 94, 104, 107, 109
Buchführungsverfahren 66
Budapest 208, 210, 214, 216, 220, 225, 226
Buddhismus 387, 388, 390
Buddhistisches Rad 306
Budrala, Gh. 220, 221
Bulag, Uradyn 18
Bulgarien 9, 14, 202, 457, 474; Landreform 119-139; Misstrauen 118; Ritual 91-112
Bunce, Valerie 34, 42
Burawoy, Michael 20, 28, 42, 346, 461, 468, 473
Burg, Steven 251, 259
Bürokratie 293
Burjatien 14, 378, 382, 383; kollektive Landwirtschaftsbetriebe 358; Eurasianismus 382, 391, 392
Bush, Larry 186, 187, 196

Cahalen, Deborah 18
Campbell, David 241
Câmpeanu, Pavel 40
Candau, Joël 125
Carley, Patricia 420, 421
Cartwright, Andrew L. 14
Castellan, Georges 120
Castells, Manuel 183
Cellarius, Barbara 22
Chan, Alfred 302
Chan, Anita 14, 305
Chan Kim-kwong 306

Chao, Linda 317, 326, 331, 335, 339
Chemiearbeiter 146, 178, 180, 193
Chen Zaimou 300, 302
China 9, 90, 235, 287-309, 462, 463, 467; Konsum 314, 317-339; Wirtschaft 295-297; Haushaltverantwortungs-System 356; Netzwerke von Gemeinden 305-309; Postsozialismus 317, 318-321; Macht und Legitimität 324-329; öffentliche religiöse Institutionen 297-303; Rituale 91, 93; Transition 334-337; Frauen 15; *siehe* Kommunistische Partei (China)
Chłopecki, J. 165
Christen: Balkan 239, 243, 244-245, 249; China 306, 308; Palästina 247, 248
Cigány siehe Roma
Ci Jiwei 323, 335
Clarke, Simon 205, 468
Cockerham, William C. 194
Code der Steppe 385-386
Cohen, Jean 404
Coleman, James 61, 62, 85
Comisso, Ellen 60, 70
Comprador-Bourgeoisie 428-429, 434-436, 438, 447, 448, 450; Euro-Eliten 435, 438, 450; *siehe* Entwicklungsfachleute
Cooper, Frederick 378
Corrin, C. 153
Costigliola, Frank 36, 42
Cowan, Jane 18
Cozma, Miron 187, 188, 190
Crampton, Richard 120
Creed, Gerald W. 14, 16, 18, 59, 91, 93, 96, 97, 98, 105, 109
Croll, Elisabeth 15, 221, 321, 323, 338
Crowley, Steven 190
Czakó, Ágnes 60
Czegledy, André 15

Dalai Lama 385, 388
Danforth, Loring 107
Dave, Bhavna 407, 422
Davin, Delia 15

Davis, Deborah 317, 318, 321, 326, 327, 335
Dawisha, K. 364
Day, S. 217
De Soto, Hermine 13, 23
Deindustrialisierung 466; Polen 147, 150; Dekollektivierung 55, 59; Bulgarien 53, 124, 130; China ; Ungarn 73, 75-77; Sibirien 267
Demokratie 18, 251, 253, 425, 426, 437, 439-440; China 335; Konsolidierung 117-118; und Entwicklung 403-404, 417, 436-440; als Lockesches Projekt 251-255; maskulinistisch 158; und soziales Kapital 104
Demokratisierung 40, 92, 105-106, 111
Deng Xiaoping 236, 291
Denitch, Bogdan 237
Dobrudscha 120-122, 125, 127-129, 130, 131, 134, 135-136, 137, 138, 139
Dominanz 30
DONGOS (donor-organized NGOs) 410
Donia, Robert 237, 245, 246
Dorfstudien 13
Dritte Welt 35, 36
Duara, Prasenjit 298
Dubisch, Jill 91
Dudwick, Nora 13
Dugin, Alexander 373
Duijzings, Ger 18, 243
Dunn, Elizabeth 15, 23, 105
Durst, J. 214-215

Eberhardt, Piotr 127
EBWE (Europäische Bank für Wiederaufbau und Entwicklung) 405, 420, 464, 466, 467, 468, 469
Eickelman, D. F. 348
Eigentum 15, 28, 38, 55, 346, 347, 355, 367, 460; Sibirien 268, 269, 272-275; *siehe* Kollektivierung; Dekollektivierung
Einbettung (embeddedness) 23
Einhorn, B. 149, 153, 158

Elias, Norbert 122
Eliten 58, 60, 62, 75, 79, 82, 427-438, 441-445, 448-450; *siehe* Entwicklungfachleute
Elster, Jon 118, 401, 455
Emigh, Rebecca 206, 207, 220
Engebrigsten, Ada 208, 209, 217, 218
Engels, Friedrich 207-208
Entwicklungsfachleute; Zentralasien 399, 402, 411-412, 416, 419-420; Entwicklungshilfe 402-409; Balkan 437-448; Zentralasien 399-400; und Zivilgesellschaft 419
ERRC (European Roma Rights Center) 204
Ethnische Säuberung 18, 238, 250, 253 256
Ethnizität 17-18, 54; Zentralasien 364; Rumänien 182; *siehe* Eurasianismus; Roma
Ethnographie 41; Zentralasien 358, 364, 367
Ethnologie 8, 11-12; Postsozialismus 458-464
Ethnopädagogik 390
Euphemisierung 69, 78-79
Eurasianismus 30, 31, 316, 373 380-382, 391; Kalmückien 391; politischer Kontext 381-392
Euro-Eliten 400, 435, 438, 450
Eurozentrizität 352
Evans, Richard 223
Evolutionsökonomen 62-64
Existenzielles Trauma 281
Eyal, Gil 458

Fabius, Laurent 466
Fabrikarbeiter 15, 179
Făgăraş 178-180, 188, 192, 194
Fairness 292, 294, 297, 306, 308
Faktionalismus 292-293
Falk, A. 278
Falun` Gong 306, 307-308, 325
Familien 148, 157, 163, 165, 179, 188, 214-215; Rituale 93-95, 102
Fastenzeit 91
Ferree, E. M. 150

Feuchtwang, Stephan 17, 19, 300, 302, 318
Fine, John 237, 246
Firlik, E. 165
Fisher, William F. 408, 410
Fleiner, Lidija Basta 254
Fleiner, Thomas 254
Fóti, J. 205
Foucault, Michel 23, 39, 324, 325
Fox, Richard 238
Fragmentierung 430, 432-434
Frauen 15, 27 Landwirtschaft 76, 145, 155-156; Haushaltspflichten 144; Exklusion 148, 168; und *mahallas* 417, Mutterschaft 157; öffentlicher und privater Bereich 155-156; Rechte 152; Rumänien 184; Sibirien 269-270; Arbeitslosigkeit 147-148, 157; Usbekistan 389
Freitag, Sandria 237
Frolic, Michael 23
Froot, Kenneth 176

Gábor, István 65
Gal, Susan 15, 153, 158, 169
Galit, Valeru 453
Gambetta, Diego 118
Gamble, Jos 330
Gans, H. 211
Gao, Mobo 292, 307
Geertz, Clifford 241
Gellner, Ernest 22
Gen-Fonds 389-390
Georgien 467
Geschenkeökonomie 95-96, 358
Geschichte 9, 57, 133, 138, 139; Aktualisierung 121-124; verborgene 465; umkehrbare 124-127
Geschlecht 149-153, 158-159, 166, 170
Gesetzeskodex 16
Gesundheit 175
Gewalt 18, 21 Bosnien 237-247; Indien 253; Palästina 253; Sibirien 267-268, 276-278, 281
Gewalttätige Unternehmer 430, 435, *siehe auch* Kriegsherren

Gewerkschaften 175, 178, 179, 180, 183, 186, 187, 189
Ghetto 210, 220
Giordano, Christian 120, 121, 126, 134, 139
Glaube 68, 151, *siehe auch* Religion, Aberglaube
Gleason, G. 348, 364
Globalismus 458, 459, 463-464; und Eliten 430-437
Goati, Vladimir 254
GONGOS (government-organized NGOs) 411
good governance 403
Gowan, Peter 465
Grabher, Gernot 60
Grant, Bruce 13
Graves-Brown, Paul 238
Greskovits, Béla 457
Griechenland 107
Grüne Barone (Ungarn) 70-71
Guangzhou 332
Guchinova, Elza-Bair 376, 383-391
Gumilev, Lev 379, 382
Guo Zhichao 302
GUS (Gemeinschaft Unabhängiger Staaten) 467, 473; *siehe* Sowjetunion

Habitus 62, 69
Hajnal, L. 214
Halpern, Joel 18
Hammel, Eugene 237
Haney, L. 149, 150
Hankiss, Elemér 65
Hann, Chris 10, 14, 16, 22, 23, 32, 41, 42, 59, 65, 85, 105, 258, 272, 285, 425, 451, 457, 464, 472, 473
Hannerz, Ulf 121, 215, 225
Harrell, S. 318, 321
Hasluck, F. W. 243, 244, 259
Haukanes, H. 151, 170
Häuslicher Bereich 155, 159, 160, 165, 167-169
Havel, Vaclav 24, 42
Hayden, Robert M. 238, 240, 242, 247, 249, 251, 253, 258

Heleniak, T. 271
Hettlage, Robert 134, 139
Hirschhausen, Béatrice von 14
Historisches Trauma 282, *siehe* Geschichte
Hivon, Myriam 14, 154
Hochzeiten 93, 94, 96, 104, 109
Hoher Repräsentant 251-253, 433
Holmes, Stephen 401
Holt Ruffin, M. 411
Holy, Ladislav 16
Horváth, A. 221, 222
Howe, Leo 217
Hu Zongze 289, 300, 303
Huang Jing 293
Huang, Philip 322, 338
Huang Yu 327
HRW (Human Rights Watch) 201, 407
Humphrey, Caroline 10, 14, 16, 17, 26, 91, 111, 154, 266, 385, 468; Kollektiven 354, 358
Hunter, Alan 306
Hussain, Athar 327
Identität: konstruierte 241; Ethnizität 18; nationale 18
Ideologie 7, 12, 15, 19, 24, 26, 30, 31, 40, 373-375, 380, 388, 390, 392, 393
Ignatiev, N. 216
Ilyumzhinov, Kirsan 378, 384-390, 394
Indien 237, 238, 249, 253, 256
Indigene Völker: Zentralasien 347; Sibirien 265-285; *siehe* Eurasianismus
Industrialisierung 222, 223
Informelle Domäne 61, 63-68
Informelle Wirtschaft 60-64, 166-167, *siehe* Zweite Wirtschaft
Integration 427-428, 432-436
Islam *siehe* Muslime
Israel 248, 249, 256
Ivanova, Radost 96

Jakuten 271, 377
Jakutien 265, 271, 278, 384
Jakutsk 271
Janggar 384, 389

Jay, John 254
Jelavich, Barbara 245
Jelzin, Boris 374, 392, 393, 469
Jing Jun 14, 19, 304
Jiu-Tal 175, 178-181, 184, 186, 187, 191, 192, 194
Jones, Luong 364
Jones, Siân 238
Jowitt, Ken 60
Judd, Ellen 15
Jugoslawien 18, 36, 249-252, 257, 258, 470; *siehe* Bosnien; Kroatien; Kosovo; Mazedonien; Serbien; Slowenien

Kalb, Don 455, 457, 465, 471, 472, 473
Kaleta, A. 167, 168
Kallay, Benjamin 245
Kalmückien 378, 384-388, 390-391, 394
Kalter Krieg 22, 34-36, 39-40, 460, 463
Kaminski 364
Kandiyoti, Deniz 13, 15, 25, 42, 351, 359, 365
Kaneff, Deema 14, 19, 134
Kant, Immanuel 455
Kapital *siehe* Kulturelles Kapital, Soziales Kapital, Transnationales Kapital
Kapitalismus 11, 22, 26, 176, 470; und Konsum 320; *siehe* Neokapitalismus
Karneval 106
Kasachstan 380, 391, 392, 402, 406-407, 411, 415; Entwicklung 420; Entwicklungsfachleute 418; NGOs 407-408
Kató, Cs. 220, 221
Katushov, K. 385, 394
Kay, R. 150, 153
Kemény, István 204, 212
Kenedi, János 66
Kereszty, Zs. 213
Kertesi, G. 203, 204, 225
Kett, Maria 306
Khakim, Rafael 382
Khalmg Tangch 375

Khazanov, Anatoly 18, 349, 350
Kideckel, David A. 14, 15, 18, 59, 91, 100, 102, 104, 178, 181, 186
Kinder 148, 151, 158, 165-166, 269-270, 276, 277, 283
Kipnis, Andrew 23, 296
Kirgistan 28
Kisbán, Eszter 108
Klan-Organisation 18
Klasse; *siehe* Arbeiterklasse
Kligman, Gail 15, 23, 91, 94, 107, 110, 153, 158, 159
Kognitives Kapital 138-139
Kolchose 270, 353, 355, 356, 357, 358, 360, 362, 363, 368
Kollektivierung 14, 55-56, 58; Bulgarien 122, 130; Zentralasien 354; Ungarn 70; Usbekistan 359-362; *siehe* Kolonialismus
Kolonialismus 27, 36, 38, 39, 237, 245, 258
Kommunistische Parteien 29
Kommunistische Partei (China) 289, 308; Legitimität 317, 324, 334-336; Medien 327-329, 336; und Netzwerke 306-308
Konrád, György (George) 40, 180, 345
Konsolidierung 117-118, 126
Konstantinov, Yulian 9, 16
Konstitutioneller Nationalismus 240
Konsum 13, 25, 35, 38, 315-316, 318; China 320, 321-324, 326-327, 330-334, 337
Kooperativen *siehe* Kollektivierung
Kornai, János 40, 82, 181, 322, 345
Koroteyeva, V. 350
Korruption 236, 292, 297
Koselleck, Reinhart 138
Kosovo 247, 250, 254, 433, 437, 441, 445, 450; religiöse Stätten 243
Kostova, Dobrinka 120, 126, 134
Kovács, János 455, 471, 473
Kovács, Katalin 59, 73, 74
Kovalcsik, Katalin 213, 224
Kováts, A. 208, 214, 215, 216, 226
Krementsov, Nikolai 58
Kriegsherren 428, 429, 432, 435, 447, 450

Kroatien 246, 250, 259, 260
Krotov, Pavel 468
Kubik, Jan 18
Kubínyi, Zs. 213
Kuczi, Tibor 60, 73, 79
Kultur 20-22, 30, 42, 109-111
Kultur der Armut 212-215, 225, 226
Kultureller Rassismus 21, 42, 237, 258
Kulturelles Kapital 60, 69, 83, 207, 212
Kulturrevolution 287, 290, 292, 298, 300, 301, 304, 306, 307
Kundera, Milan 240
Kuroń, Jacek 154
Kürti, László 18
Kusmer, K. 210, 225
Kuzmin, Yu. 379, 394

Laclau, Ernesto 336
Ladányi, János 201, 205, 210, 219, 222, 224
Lampland, Martha 14, 42, 47, 89, 99, 114, 181, 192, 197, 262
Landbau; *siehe* Landwirtschaft
Land, Sibirien 268 - 270
Landreform 298; *siehe* Dekollektivierung
Landwirtschaft 13, 15, 37, 155, 156, 164, 167, 169, 168; Ungarn 55, 56, 67, 70, 71, 75, 76, 85; Turkistan 347; *siehe* Kollektivierung;
Lane, Christel 91, 393
Langman, Juliet 18
Lasić Igor 251
Lass, Andrew 108
Latham, Kevin 317, 318, 327, 328, 330, 335, 336, 339
Lebenserwartung 194
Ledeneva, Alena V. 139, 159
Legalität 120, 137, 138, 139
Leftwich, Adrian 403, 405
Legitimität 24, 29, 53, 54, 118, 120, 137, 138, 139; China 318, 322, 324-326, 334, 336; Konsum 317-18, 322-24
Lehmann, Rosa 20
Lemon, Alaina 47
Lewis, Oscar 212, 225, 226

Li Conghua 317
Li Congmin 300, 302
Li Jie 288
Li Xiaoping 342
Li Zhuren 328
Lincoln, Abraham 241
Linz, Juan 117
Liu Kang 323, 324
Liu Xin 14, 294, 296, 297
Li Xiaoping 342
Li Zhuren 328
Lincoln, Abraham 262
Linz, Juan 140
Liu Kang 323, 324
Liu Xin 14, 48, 296, 296, 297, 309
Liu Xinyong 343
Locke, John 239, 255
Lockwood, William 239
Łódź 147, 155-158, 165
Long, K. 165
Lü Xiaobo 301
Lubin, N. 347, 350, 370
Ludden, David 249
Lull, James 327
Lyrye, S. V. 380
Luzov, I. 126

Mach, Zdzisław 91
Madison, James 254
Madsen, Richard 299
Mafiabosse 428, 429, 447
mahallas 417-419
Mahmutćehajić, Rusmir 237, 262
Makarova, E. 350, 370
Malashenko, Aleksei 384, 393, 396
Maleck-Lewy, M. 150
Malhotra, K. C. 249
Maliqi, Shkëlzen 262
Mandel, Ruth 13, 16, 22, 422
Männer: Landwirtschaft 155, 162; Sibirien 269, 270
Mao Tse-tung 287, 288, 290, 291, 300, 301, 302, 303, 305, 307, 323
Märkte 15, 38, 465-466
Marmot, Michael 180
Marx, Anthony 218-219, 220
Marx, Karl 207, 223, 257

Matvejevic, Predrag 122
Maurer, William 37
Mauss, Marcel 95
Mayhew, Henry 208
Mazedonien 94, 245
McChesney, R. D. 347
McDonald, C. 204
McDonalds 16
McGregor, Richard 328
Mearns, R. 356
Medien; China 327-329, 331, 336
Medina, N. 204
Medjugorje 19, 246
Menashiri, D. 348
Mendus, Susan 239
Menschenrechte 218, 222, 407-408
Mertus, Julie 250
Mészáros, A. 205
Michnik, Adam 456, 457, 472
Migration: Bulgarien *siehe* Abwanderung; Roma 215; Sibirien 268-272
Milanovic, Branko 456
Mill, John Stuart 239, 255
Minev, Douhomir 469
Minkov, Mihail 126
Minnich, Robert 102
Mirić, Jovan 250
Misstrauen 118-120, 138-139
Moderne 39, 152, 154-155, 239
Modernität 152, 154, 257
Modernisierungstheorie 403
Mollov, Jordan 126
Monetarismus 457-459
Mongolei 9, 28, 379, 386
Moralische Autorität 289, 297, 299, 308
Moralisches Vakuum 24
Moralökonomie 236, 304
Morris, D. B. 277
Mouffe, Chantal 336
Müller, Birgit 15
Multi-multi-Protektorat 237, 249
Murrell, Peter 62, 63
Muslime: Balkan 239, 244-247; Zentralasien 348; Eurasianismus 392; Palästina 249-252
Mutterschaft 157
Myers, Ramon H. 317, 326, 332, 335
Myrdal, Gunnar 206, 207

Nation 239-240
Nationale Identitäten 34
Nationale Ideologie 19, 375
Nationale Souveränität *siehe* Souveränität
Nationalismus 17, 54, 243, 251, 258, 418, 471; Bosnien 254; und Eurasianismus 392; Polen 164; und Ritual 108; *siehe* konstitutioneller Nationalismus
Nazarbaev, Nursultan 391, 406
Nee, Victor 319, 345
Negative Toleranz 235
Neokapitalismus 146, 175-180; Subalternität von Arbeit 180-183
Neoleibeigenschaft 146, 177
Neoliberal 62
Neoliberalismus 458
Neue Institutionenökonomie 62
Nesbitt-Larking, Paul 302
Newton, J. A. 348
NGOs (nichtstaatliche Organisationen) 22, 404, 406, 408-413, 439-445, 448-450
Nie, Lili 14
Niedermüller, Peter 19
North, Douglass C. 62, 63-64, 461
Nostalgie 146, 170, 190, 305
Nove, A. 348
Nuskhaev, Aleksei 376, 390, 391

Ockenga, Edzard 186, 187
Offe, Claus 176
Öffentlicher Bereich 158-159, 160, 166
Oi, Jean 15
Ökonomie *siehe* Wirtschaft
Oprea, Ion 181
Organschmuggler 453
Orientalismus 348, 352
Ostdeutschland 17, 99-100
Österreich 245
OSZE 406
Palästina 247-248, 253, 256
Palmer, Michael 320
Panarin, A. S. 379-381, 392, 394
Pandey, Gyanendra 237
Parkin, D. 277

Parrott, B. 364
Pasti, Vladimir 176
Pawlik, W. 165
Perry, Elizabeth J. 322
Péteri, György 58
Peukert, D. 210
Pfadabhängigkeit 461-463, 469
Philps, Alan 248
Piasere, L. 208
Pierce, R. A. 351
Pika, Alexander 277
Pilkington, Hilary 151, 154
Pine, Frances 14, 15, 20, 25, 100, 104, 149, 150, 151, 154, 155, 156, 159, 169, 170, 217, 218
Pinnick, K. 150
Pittaway, Mark 58
Pluralismus 238-239
Pluskota, A. 167, 168
Pol, Louis G. 185
Polanyi, Karl 23, 64, 462
Polen 467; Wirtschaft 470, 472; Homogenität 254; regionale Identität 19; Religion 19; Rituale 104-105; Urbanisierung 127
Politik, und Ritual 104-111
Politische Klasse 428, 434, 435, 438, 444, 447, 448, 450
Politische Vorstellungskraft 375
Pollack, Susan 238, 249
Pollert, Anna 156, 190
Pomfret, R. 356
Popescu, A. 187
Portes, Alejandro 61, 62, 80, 87
Pospai, Mircea 181
Postkolonialität 32-37, 39-41, 257, 319, 370; Zentralasien 348, 352, 351-354, 355-358
Post-Postsozialismus 430, 459; Eliten und globale Kräfte 434-441; und neue Eliten 431-434; Projektgesellschaft und Eliten 452-454
Postsozialismus 8-41, 176, 425, 426, 433; Ethnologie 11-26, 460-463; Zentralasien 345-365; China 319, 321, 322-334, 337
Potter, Jack M. 14, 19
Potter, Sulamith Heins 14, 19

Poznański, Kazimierz 461
Pressley, Donald L. 405, 417, 422
Privater Bereich 155, 156, 159, 160, 162, 164, 165, 167, 168, 170
Privatisierung, *siehe* Dekollektivierung
Projekte 455
Prónai, Cs. 208, 214
Protić, Milan 245
Przeworski, Adam 62
Putin, Vladimir 373, 374, 378, 380, 387, 392
Putnam, Robert 61, 62, 104, 472

Qi-Übungen 306
Qualitative ethnologische Daten 12

Rai, S. 153
Rainbow Farming 137
Ram, Harsha 391
Rašeta, Boris 251
Rassendiskriminierung 218-222
Rawls, John 239
Reading, A. 165
Regionale Identität 18-19
Reich der Mongolen 379
Religiöse Stätten 240, 243, 246, 248, 256
Religion 18-19, 237, 471; Balkan 243-249, 256; China 298, 300, 303, 306-309
Rentiere 273-274
Rév, István 40, 55, 102
Rheubottom, D. B. 94
Richardson, James 308
Ries, Nancy 15, 266
Ringold, D. 203, 204, 217
Ritual 18, 91-93, 111-112, 297-300, 305, 308; und Wirtschaft 93-104; und Politik 104-111
Roberts, Dexter 333
Rockhill, Lena 283
Rodina, Vladimir 186
Roerich, N. 383
Roland, Gerard 401
Roma 17, 107, 201-206, 214-216, 222-223; Kultur der Armut 212-216;
Aussichten 216-218; Rassendiskriminierung 219-222; als *underclass* 206, 208-211
Ron, James 247
Róna-Tas, Ákos 60, 65
Rosental 91
Roth, Klaus 91
Roy, O. 352-358, 359, 363
Rubin, B. 364
Rudolph, Lloyd 237
Rudolph, Susanne 237
Ruf, Gregory 14
Rumänien 14; Arbeiterklasse 175, 178-195; Hochzeiten 94; politische Klasse 428; Rituale 104-105, 107-108; Roma 208-209, 217-218, 219-220; Urbanisierung 127, Wirtschaft 202
Rumer, B. 364
Runciman, W. G. 205, 322, 325, 326
Russische Föderation 27, 153-154, 373; Ökonomie 202; Eurasianismus 30, 316, 377-384, 391-393; Ideologie 373-377; *siehe* Kalmückien; Sibirien
Russo, Alessandro 290, 291, 292, 295

Sahlins, Marshall 64
Sahni, K. 352
Sakha *siehe* Jakutien
Sampson, Steven 16, 22, 181, 426, 433, 437, 451
Sanders, Irwin 96
Sapolsky, Robert M. 194
Sassen, Saskia 464, 465
Schamanismus 19, 278, 281
Scheidung 191, 192
Schrader, Heiko 16
Schreine 238-248
Schwarzmarkt 185
Scott, James C. 138
Seabright, Paul 16
Sells, Michael 237
Serbien 246, 250, 259
Shabad, Goldie 177
Shahrani, N. 349
Shanghai 330, 339

Shahrani, N. 349
Shanghai 330, 339
Shanin, Teodor 128
shirkats 359
Shnirelman, V. 19, 379
Shoup, Paul 251, 259
Shreeves, R. 150, 170
Shue, Vivienne 293
Sibirien 13, 263, 277; Landwirtschaftsbetrieb 356-359; Land und Migration 268-272; Seele des Eigentums 272-276; Gewalt 276-281; *siehe* Burjatien; Jakutien
Sidel, Mark 322
Sik, Endre 60
Silverman, Carol 106
Siu, Helen F. 17, 19, 327, 338
Skeat, W. W. 273
Skultans, Vieda 20, 266, 283
Slezkine, Yu 267, 276
Słomczyński, Kazimierz 177
Slowakei 211, 465, 467, 473
Slowenien 469
Smith, Richard 320
Sneath, David 13, 17
Snyder, Jack 253, 364
Snyder, Tim 176
Soldaten 93-94, 109
Souveränität 240, 244-245, 249, 253, 257
Sowchose 273, 274, 284; *siehe auch* Landwirtschaft, Dekollektivierung
Sowjetunion 19; Ethnizität 17; Imperialismus 27, 32, 33; indigene Völker 270; Schamanismus 19, 21; *siehe* GUS
Soziale Ausgrenzung 143
Soziale Gerechtigkeit 60
Soziale Netzwerke 81, 100-102, 113; und Ritual 102-03; Rumänien 191-194, 197
Soziales Kapital 60-62, 68, 70, 80, 84, 85, 96, 101, 103; Bourdieu 68-70; und Demokratie 104; Entwicklungsfachleute 419-420; Geschenkökonomie 95-96; und Ritual 102-103, 104-105; Arbeiter 180-183

Sozialismus 19-22, 27, 37; China 287-289; und Konsum 322 -323; häuslicher Bereich 165, 168; Fragmentierung 433; Nostalgie 166-167, 170, 190; Politik 27-28; und Ritual 91; Subalternität der Arbeit 180-181; Frauen 159; Arbeit 160; Arbeiterklasse 175
Soziologie 8, 12
Spender-organisierte NGOs *siehe* DONGOS (donor-organized NGOs) 410 Sprache 212
Staat 240, 380-381, 392, 448-449
Staddon, Caedmon 22
Stambolijski, A. 124, 126
Staniszkis, Jadwiga 40, 60
Stark, David 60, 62, 64, 65, 66, 67, 99, 319, 345, 364, 427
Stedman-Jones, G. 210
Stepan, Alfred 117
Stewart, Michael 17, 204, 217, 223, 225
Stiglitz, Joseph 461, 468
Stoianovich, Traian 245, 246
Stolcke, Verene 237
Stoller, Anne 378
Stone, Richard 180, 194
Strange, Susan 464
Strathern, Marilyn 27
Straussner, Shulamith 194
Stress 194, 195
Subalternität 180-182, 187, 191-195
Subjektivitäten 377
Südafrika 219
Sugar, Peter 246
Summers, Marin 466
Suslov, I. M. 278
Svinin, V. V. 379
Swain, Nigel 55, 59, 70, 71, 73
Swedenberg, Ted 108
Symbole, Bosnien 241-253, Rumänien 190, Ukraine 18
Symbolische Manipulation 186-190
Synovitz, Ron 186
Szacki, Jerzy 457
Szalai, Erzsébet 60
Székelyi, M. 204
Székesfehérvár 221-222

Tang Xiaobing 321, 323
Taras, R. 364
Tataren 382
Tauber, E. 208
Taufe 93, 95
Taussig, M. 273
Tempel 297, 298, 301, 302, 303, 306-309
Terr, L. 276
Thaxton, Ralph 298
Thompson, Edward 457
Thompson, Stuart 341
Thurnwald, Richard 23
Tilly, Charles 118, 178, 464
Tishkov, Valery 18
Tocqueville, Alexis de 404, 455
Todesrituale 18, 107-108
Todorov, Tzvetan 242,
Toleranz 237, 239-241, 244, 256, 257
Tolstoi, Leo 265
Tonev, Velko 120
Totalitarismus 22, 35
Tradition 152, 154, 275, 351
Transition 56-58, 117, 176, 346, 401, 425-426; China 318, 326, 334-337; und Zivilgesellschaft 404-405; formelle und informelle Bereiche 59, 60, 63-68; soziales Kapital und Erfahrung 61-63
Transitologie 24, 117, 400, 401, 425
Transnationales Kapital 466
Trauma 276, 278-281; existentielles und historisches 281-283
Trouillot, Michel-Rolph 392
Tschechische Republik 202, 203, 220, 254, 469
Tsiaras, Alexander 107
Tudor, Coreliu Vadim 190
Turkistan 347-348
Turlichene 91-92
Turner, Victor 137
Tuwa 383, 384, 390
Tuwiner 377
Türkei 354
Tylor, E. B. 287

Uch Sumbur 383-384

UdSSR *siehe* Sowjetunion
Ukraine 18, 467-468
Umkehrbarkeit der Ereignisse 119, 121-127
Ungarn 468; Kollektivierung 14, 55; Wirtschaft 202, 468-469; Homogenität 254; Landreform 70-72; postkollektive Landwirtschaftsbetriebe 72-83; Roma 204, 205, 208-209, 210, 212-216, 216-217, 222; transnationales Kapital 466; Urbanisierung 127
Underclass 17, 146, 201, 206-211, 218-219; Kultur der Armut 212-216
Unternehmer: *arendatori* 54, 128-134, 135, 136, 137
Unterwelt 208
Urban, Mark 376-377, 380, 383, 386
Urbanisierung 127
Urkhanova, Rimma 381
USA 218, 219, 406, 465, 466
USAID (United States Agency for International Development) 402, 403-404, 406, 420; *mahallas* 417; NGOs 408-410, 412
Usbekistan 315, 316, 350, 407, 467; kollektive Landwirtschaftsbetriebe 355-357, 359-363; Eurasianismus 382; *mahallas* 417-418; NGOs 408-410
Utopismus 323, 335

Vachudova, Milada 176
Vajda, I. 208, 214
Van der Veer, Peter 238
Vašečka, Michal 211
Vasileva, N. 278
Veeck, Ann 330
Veneroso, Frank 464
Verdery, Katherine 14, 17, 20, 28, 33, 34, 59, 60, 176, 182; Eigentumsrechte 14; Familienähnlichkeit 345, 346; Geschichte 19; Handeln über Struktur 426; Konsum und Legitimität 317-318, 321; Pfadabhängigkeit 461; Rituale 18, 91, 108; Transition 22, 317-318, 334-335

Vereinigte Staaten *siehe* USA
Vermeer, Eduard B. 14, 17
Vertrauen 53, 60, 80, 118, 166
Verwandtschaft *siehe* Familien
Veyne, Paul 376
Vickers, Miranda 250
Vilchek, G. Ye. 268
Vitebsky, P. 270, 271, 275, 277, 282
Vogel, Ezra 318
Volgin, V. 385, 387

Wacquant, L. J. D. 220
Wade, Robert 464
Wahlen 54
Wakeman, F. 322
Walder, Andrew 15
Wałęsa, Lech 458
Wang Gan 331
Wang Mingming 17, 300, 303
Wang Shaoguang 327
Wang Xizhe 305, 308
Wank, David L. 331
Wanner, Catherine 18
Wasserstrom, Jeffrey N. 322
Watson, Peggy 149, 158, 180, 185, 194
Watson, Rubie 19
Waugh, Daniel C. 411
Weber, Max 23, 118, 120, 129, 137, 138, 242
Wedel, Janine R. 16, 22, 23, 60, 65, 105, 159, 406, 433, 457
Weidner, Gerdi 194
Weindling, P. 210
Weinthal, E. 364
Weltbank 24, 205
Williams, Raymond 68
Wilson, T. 328
Wilson, William Julius 206, 209
Wirtschaft 58, 59, 346-347, 467-469; China 296-297, *siehe* Moralökonomie; formelle und informelle Strukturen 60; und Ritual 93-104, 111; *siehe auch* Zweite Wirtschaft
Wirtschaftliche Allianzen 60
Wissen 34, 35, 60, 441
Wolchik, S. 150
Wolf, Eric 463

Wolfe, S. 270
Wolfe, Thomas 20
Woodward, Susan 249

Yan Yunxiang 16, 23, 297
Yang Lian 295
Yang, Mayfair Mei-hui 23, 91, 93, 99, 296
yang'ge 306, 308
Yasmann, Victor 373
Yugai, G. A. 382-383, 397
Yurchak, A. 159

Zentralasien 13, 347-348, 366-367, 399-400; kollektive Landwirtschaftsbetriebe 355-359; Abhängigkeit und Postkolonialität 348-354; Entwicklungshilfe 403-413, 419-421; postsozialistische Wege 363-366; *siehe* Kasachstan; Kirgistan; Usbekistan
Zhao, Yuezhi 327
Zhovtis, Evgeny 407, 411, 419
Zhukov, S. 364
Zielińska, E. 150
Zigeuner *siehe* Roma
Zimmermann, Warren 250
Zivilgesellschaft 7, 22, 105, 454-459, 466; Zentralasien 419; China 290; und Entwicklung 399, 402-408, 419, 420, 438, 439, 445
Žižek, Slavoj 237
Zoon, I. 201
Zukunftslosigkeit 267, 276
Zweite Wirtschaft 53, 55, 65, 77, 98-99, 165-166, 181, 182